燕京大学人物志

第 一 辑

燕京研究院 编

北京大学出版社

图书在版编目(CIP)数据

燕京大学人物志 第1辑/燕京研究院编. – 北京：北京大学出版社,2001.4
ISBN 7-301-04891-2

Ⅰ.燕… Ⅱ.燕 Ⅲ.燕京大学-校友-生平事迹 Ⅳ.K820.81

中国版本图书馆 CIP 数据核字(2001)第 15877 号

书　　　　名：燕京大学人物志（第一辑）
著作责任者：燕京研究院 编
责 任 编 辑：陈　洁
标 准 书 号：ISBN 7-301-04891-2/K·296
出　 版　 者：北京大学出版社
地　　　　址：北京市海淀区中关村北京大学校内　100871
网　　　　址：http://cbs.pku.edu.cn/cbs.htm
电　　　　话：出版部 62752015　发行部 62754140　编辑部 62752032
电 子 信 箱：zpup@pup.pku.edu.cn
排　 版　 者：北京大学印刷厂
印　 刷　 者：北京大学印刷厂
发　 行　 者：北京大学出版社
经　 销　 者：新华书店
　　　　　　　787×1092 毫米　16 开本　26.5 印张　723 千字
　　　　　　　2001 年 4 月第一版　2001 年 4 月第一次印刷
定　　　　价：55.00 元

主　编：侯仁之
副主编：卢念高　　张　定　　轲　犁　　夏自强
顾　问：王钟翰　　张芝联　　柯　华　　陈永龄
　　　　朱良漪　　方　圻　　蒋丽金　　林　焘
　　　　赵　靖　　钱辛波　　吴小如　　王百强
　　　　康　奉　　刘力生
编写组：卢念高　　夏自强　　洪一龙　　蔡次明
　　　　刘美德　　邓历耕

（名单以学号先后为序）

校訓

因真理
得自由
以服務

吳雷川

出 版 说 明

燕京大学创办的33年中,学生和工作人员近万人,众多的教师、职工、学生在学术上、事业上取得了优异的成绩,有些人更有突出的卓越成就。为了向世人介绍燕京大学校友的风貌,积累燕京办学的宝贵资料,为进一步研究燕京的历史和办学经验打下基础,燕京研究院编辑了《燕京大学人物志》。由于收集的资料较多,我们将分辑出版。第一辑刊出的人物是中国科学院院士、工程院院士、中国科学院哲学社会科学部委员、烈士、教职工和建校之初到1932年入学的学生。第二辑将刊出1933年以后入学的学生、附中附小学生、索引、历年入学的学生名单和后记。

一、《我从燕京大学来》一文是侯仁之教授1996年5月25日在美国克莱蒙·麦肯纳大学举行的"燕京经验与中国高等教育学术研讨会"上的英文发言,它曾获得满场掌声,受到与会者的重视与好评。现在他把中文稿略加修改后发表在这里,作为本书的序言。

二、刊出的教职工,系按姓氏笔画多少为序。刊出的学生,系按学号先后排列。其余各部分所刊人名,均按到燕京工作或学习的时间先后排列,以便检阅。

三、本书索引中的所有人名都按汉语拼音先后排列。外籍教职员学生,除按中文名字列入外,还按外文名字字头列入。例如,夏仁德(R.C.Sailer),除列入"X"部分外,也用英文名列入"S"部分。

四、人物照片均随文刊出;没有收集到的则付阙如;夫妻二人都是校友的则尽量刊出合影照片。

五、我们编写此书时,参阅了许多书刊,引用了一些文章,未能一一注明出处,特此致谢。

六、本书出版得到了海内外燕京校友、北京大学出版社和美国鲁斯基金会、美中学术交流委员会的大力支持,特此致谢。

七、燕京人才辈出,对国家、社会贡献巨大者难以胜数。而我们知之甚少,虽经海内外校友和其他人士热忱提供资料,但仍有遗漏。本书内容虽经多方核实,仍难免有所错讹,请读者予以指正。

来信请寄北京市海淀区北土城西路197号燕京研究院,邮政编码:100083

编 者
2000.4

目　录

我从燕京大学来(代序) ……………………………………… 侯仁之 （1）
燕京大学概述 ………………………………………………… 夏自强 （7）

中国科学院院士　中国工程院院士

傅　鹰(1902—1979) ………………………………………………… （19）
蔡镏生(1902—1983) ………………………………………………… （21）
黄祯祥(1910—1987) ………………………………………………… （22）
孟昭英(1906—1995) ………………………………………………… （24）
刘承钊(1900—1976) ………………………………………………… （26）
黄家驷(1906—1984) ………………………………………………… （28）
胡经甫(1896—1972) ………………………………………………… （30）
张文裕(1910—1992) ………………………………………………… （31）
谢希德(1921—2000) ………………………………………………… （32）
李连捷(1908—1992) ………………………………………………… （34）
梁树权(1912—　　) ………………………………………………… （36）
王承书(1912—1994) ………………………………………………… （38）
谈家桢(1909—　　) ………………………………………………… （39）
谭其骧(1911—1992) ………………………………………………… （41）
毕德显(1908—1992) ………………………………………………… （42）
侯祥麟(1912—　　) ………………………………………………… （44）
侯仁之(1911—　　) ………………………………………………… （46）
卢鹤绂(1914—1997) ………………………………………………… （48）
王应睐(1907—　　) ………………………………………………… （50）
梁植权(1914—　　) ………………………………………………… （51）
吴阶平(1917—　　) ………………………………………………… （53）
王世真(1916—　　) ………………………………………………… （55）
沈　元(1916—　　) ………………………………………………… （56）
蒲蛰龙(1912—1997) ………………………………………………… （58）
关肇直(1919—1982) ………………………………………………… （60）
黄　昆(1919—　　) ………………………………………………… （62）
张　滂(1917—　　) ………………………………………………… （64）
翁心植(1919—　　) ………………………………………………… （65）
裴文中(1904—1982) ………………………………………………… （67）
葛庭燧(1913—　　) ………………………………………………… （68）
曹天钦(1920—1995) ………………………………………………… （70）
谢家麟(1920—　　) ………………………………………………… （72）

蒋丽金(1919—) ……………………………………………………………(74)
严东生(1918—) ……………………………………………………………(76)
张金哲(1920—) ……………………………………………………………(78)
金建中(1919—1989) …………………………………………………………(79)
阎隆飞(1921—) ……………………………………………………………(81)
张树政(1922—) ……………………………………………………………(83)
钦俊德(1916—) ……………………………………………………………(85)
胡亚美(1923—) ……………………………………………………………(86)
王　夔(1928—) ……………………………………………………………(88)
史轶蘩(1928—) ……………………………………………………………(89)
关肇邺(1929—) ……………………………………………………………(90)
孙家钟(1929—) ……………………………………………………………(91)
刘元方(1931—) ……………………………………………………………(92)
朱起鹤(1924—) ……………………………………………………………(94)
唐孝炎(1932—) ……………………………………………………………(95)
孙　燕(1929—) ……………………………………………………………(96)
顾诵芬(1930—) ……………………………………………………………(98)
张宗烨(1935—) ……………………………………………………………(99)

中国科学院哲学社会科学部委员

陈翰笙(1897—) ……………………………………………………………(100)
陆志韦(1894—1970) …………………………………………………………(100)
陈　垣(1880—1971) …………………………………………………………(102)
郑振铎(1898—1958) …………………………………………………………(103)
陈寅恪(1890—1969) …………………………………………………………(104)
翦伯赞(1898—1968) …………………………………………………………(105)

烈士

刘谦初(1897—1931) …………………………………………………………(108)
张采真(1905—1930) …………………………………………………………(110)
魏士毅(1904—1926) …………………………………………………………(111)
唐振庄(1903—1928) …………………………………………………………(112)
王　铸(1901—1937) …………………………………………………………(113)
董文田(1903—1935) …………………………………………………………(114)
卓还来(1912—1945) …………………………………………………………(115)
王　助(1913—1941) …………………………………………………………(116)
郑国樑(1900—1944) …………………………………………………………(117)
王　册(1921—1943) …………………………………………………………(118)
曹秉衡(1917—1944) …………………………………………………………(120)
张炳元(1916—1939) …………………………………………………………(121)
李肇基(1920—1955) …………………………………………………………(122)
黄　琪(1925—1947) …………………………………………………………(123)

- 孟昭和(1927—1951) ……(125)
- 李炳衡(1928—1955) ……(126)
- 高健飞(1927—1951) ……(127)

教职工
- 丁　荫(Samuel Dean 1891—1986) ……(129)
- 卫尔逊(Earl O. Wilson 1890—1949) ……(131)
- 王克私(Philipe de Vargas 1888—1956) ……(133)
- 王静如(1903—1990) ……(133)
- 王廖奉献(1890—1970) ……(135)
- 马　鑑(1883—1959) ……(136)
- 韦尔巽(Stanley D. Wilson 1880—1971) ……(137)
- 贝卢思(Lucy Marian Burtt 1893—1968) ……(138)
- 邓之诚(1887—1960) ……(140)
- 巴尔博(George Brown Barbour 1890—1977) ……(142)
- 白　坚(1911—1968) ……(145)
- 包贵思(Grace M. Boynton) ……(145)
- 鸟居龙藏(1870—1953) ……(147)
- 司徒雷登(John Leighton Stuart 1876—1962) ……(148)
- 卢广绵(1906—1995) ……(149)
- 吕　复(1879—1955) ……(150)
- 毕范理(Harry B. Price 1905—　) ……(152)
- 刘　节(1901—1977) ……(153)
- 刘廷芳(1890—1947) ……(154)
- 伍英贞(Myfanwy Wood 1882—1967) ……(155)
- 全绍文(1886—1962) ……(156)
- 米　德(Lawrence M. Mead) ……(156)
- 许仕廉(1896—?) ……(157)
- 许兴凯(1900—1952) ……(158)
- 孙瑞芹(1898—1971) ……(159)
- 孙楷第(1898—1986) ……(160)
- 杨　堃(1901—1998) ……(162)
- 杨开道(1899—1981) ……(163)
- 杨兆麟(1923—　) ……(164)
- 李方桂(1902—1987) ……(165)
- 李汝祺(1895—1991) ……(166)
- 李荣芳(1887—1965) ……(167)
- 李瑞德(Richard Ritter 1894—1989) ……(168)
- 吴　宓(1894—1978) ……(169)
- 吴文藻(1901—1985) ……(171)
- 吴廷璆(1910—　) ……(173)

吴雷川(1869—1944) ……………………………………………………… (174)
吴路义(Louis E. Wolferz) ……………………………………………… (175)
步多马(Thomas Elza Breece 1881—1971) …………………………… (176)
步济时(John Stewart Burgess 1883—1949) ………………………… (178)
沈体兰(1899—1976) ……………………………………………………… (179)
张友渔(1898—1992) ……………………………………………………… (181)
张东荪(1886—1972) ……………………………………………………… (182)
张星烺(1888—1951) ……………………………………………………… (182)
张琴南(1900—1956) ……………………………………………………… (184)
林　庚(1910—　　) ……………………………………………………… (185)
林汉达(1900—1972) ……………………………………………………… (187)
林迈可(Michael Lindsay 1909—1994) ………………………………… (188)
范天祥(Bliss Mitchell Wiant 1895—1975) …………………………… (190)
周诒春(1883—1958) ……………………………………………………… (191)
周学章(1893—1945) ……………………………………………………… (192)
周许淑文(1901—1990) …………………………………………………… (193)
宓乐施(Camilla Mills 1899—1982) …………………………………… (194)
柯安喜(Anne Cochran 1902—1999) …………………………………… (196)
费宾闺臣(Alice B. Frame 1878—?) …………………………………… (197)
施美士(Ernest K. Smith 1873—1954) ………………………………… (198)
施美瑞(Dorothea Smith Coryell 1916—　　) ………………………… (201)
赵人隽(1900—1955) ……………………………………………………… (202)
赵紫宸(1888—1979) ……………………………………………………… (203)
俞大纲(1905—1966) ……………………………………………………… (204)
俞平伯(1900—1990) ……………………………………………………… (205)
洪　谦(1909—1992) ……………………………………………………… (207)
洪煨莲(1893—1980) ……………………………………………………… (208)
班维廉(William Band ?—1993) ………………………………………… (210)
聂士芬(Vernon Nash 1892—1970) ……………………………………… (211)
袁贤能(1900—1983) ……………………………………………………… (212)
都启明(1916—　　) ……………………………………………………… (213)
顾　随(1897—1960) ……………………………………………………… (214)
顾颉刚(1893—1980) ……………………………………………………… (216)
夏仁德(Randolph Clothier Sailer 1898—1981) ……………………… (217)
钱　穆(1895—1990) ……………………………………………………… (219)
徐中舒(1898—1990) ……………………………………………………… (220)
徐淑希(1892—1982) ……………………………………………………… (221)
郭绍虞(1893—1984) ……………………………………………………… (222)
高厚德(Howard Spilman Galt 1872—1948) …………………………… (224)
容　庚(1894—1983) ……………………………………………………… (225)

桑美德（Margaret B. Speer 1900—1997） ……………………………………………（226）
梅贻宝（1900—1997）………………………………………………………………（227）
萧　田（1908—　　） ……………………………………………………………（228）
萧公权（1897—1981）………………………………………………………………（230）
黄国安………………………………………………………………………………（231）
黄宪昭（1888—1939）………………………………………………………………（233）
梁启雄（1900—1965）………………………………………………………………（234）
梁思庄（1908—1986）………………………………………………………………（235）
博晨光（Lucius Chapin Porter 1880—1958） ……………………………………（236）
博爱理（Alice Middleton Boring 1883—1955） …………………………………（238）
韩儒林（1903—1983）………………………………………………………………（239）
斯　诺（Edgar Snow 1905—1972） ………………………………………………（240）
海伦·福斯特·斯诺（Helen F. Snow 1908—1997） ………………………………（242）
董　璠（1896—1953）………………………………………………………………（244）
谢玉铭（1893—1986）………………………………………………………………（245）
谢迪克（Harold Shadick 1902—1993） ……………………………………………（246）
赖朴吾（Ralph Lapwood 1909—1984） ……………………………………………（247）
雷洁琼（1905—　　） ……………………………………………………………（249）
路思义（Harry Luce 1868—1941） …………………………………………………（251）
窦维廉（William H. Adolph 1890—1958） ………………………………………（252）
蔡一谔（Stephen Tsai 1899—1991） ………………………………………………（253）
潘昌煦（1873—1958）………………………………………………………………（255）
戴乐仁（J. B. Tayler 1878—1951） …………………………………………………（255）

学生

1919
许地山（1893—1941）………………………………………………………………（257）
冰　心（1900—1999）………………………………………………………………（259）
傅泾波（1900—1988）………………………………………………………………（260）
熊佛西（1900—1965）………………………………………………………………（262）
瞿世英（1901—1976）………………………………………………………………（262）
祁国栋（1894—1961）………………………………………………………………（264）

1920
孟用潜（1905—1985）………………………………………………………………（266）

1921
董秋斯（1899—1969）………………………………………………………………（266）
聂崇岐（1903—1962）………………………………………………………………（267）
赵锡禹（1901—1970）………………………………………………………………（268）
张鸿钧（1901—1972）………………………………………………………………（269）
张　铨（1899—1977）………………………………………………………………（271）
王荫圃（1897—1989）………………………………………………………………（272）

1922

凌叔华(1900—1990) ……………………………………………………………… (273)

章　克(1902—1989) ……………………………………………………………… (274)

张　放(1901—1995) ……………………………………………………………… (275)

周兰清(1899—　　) ……………………………………………………………… (276)

卿汝楫(1902—1976) ……………………………………………………………… (278)

曹　亮(1904—1992) ……………………………………………………………… (278)

王汉章(1904—1972) ……………………………………………………………… (279)

崔毓林(1900—1971) ……………………………………………………………… (279)

蔡咏春(1904—1983) ……………………………………………………………… (280)

1923

于毅夫(1903—1982) ……………………………………………………………… (281)

童世光(1904—1996) ……………………………………………………………… (282)

王达成(1905—1989) ……………………………………………………………… (283)

刘北茂(1903—1981) ……………………………………………………………… (283)

吴其玉(1904—1995) ……………………………………………………………… (285)

1924

李安宅(1900—1985) ……………………………………………………………… (286)

徐　英(1902—1994) ……………………………………………………………… (288)

焦菊隐(1905—1975) ……………………………………………………………… (289)

严镜清(1906—　　) ……………………………………………………………… (290)

陈允敦(1902—2000) ……………………………………………………………… (292)

朱士嘉(1905—1989) ……………………………………………………………… (293)

房兆楹(1908—1985)　杜联喆(1902—1994) ………………………………… (294)

严景耀(1905—1976) ……………………………………………………………… (296)

刘　隽(1905—　　) ……………………………………………………………… (297)

1925

陈鸿舜(1905—1986) ……………………………………………………………… (298)

裘祖源(1904—1988) ……………………………………………………………… (298)

夏晋熊(1902—　　) ……………………………………………………………… (299)

郭秉宽(1904—1991) ……………………………………………………………… (300)

吴瑞萍(1907—1998) ……………………………………………………………… (300)

吴继文(1904—1980) ……………………………………………………………… (302)

汪绍训(1907—1986) ……………………………………………………………… (303)

林其煌(1908—1995) ……………………………………………………………… (304)

李霁野(1904—1997) ……………………………………………………………… (304)

1926

王琇瑛(1908—2000) ……………………………………………………………… (305)

赵承信(1907—1959) ……………………………………………………………… (306)

郑　骞(1906—1991) ……………………………………………………………… (307)

郑德坤(1907—   ) …………………………………………………………（308）
许英魁(1905—1966) ………………………………………………………（310）
黄克维(1907—1996) ………………………………………………………（312）
冯家昇(1904—1970) ………………………………………………………（313）
邓家栋(1906—   ) …………………………………………………………（314）
叶绍荫(1907—2000) ………………………………………………………（315）
林悦明(1908—1996) ………………………………………………………（316）

1927
赵以成(1908—1974) ………………………………………………………（317）
方觊予(1904—1972) ………………………………………………………（319）
佘韫珠(1907—   ) …………………………………………………………（320）
齐思和(1907—1980) ………………………………………………………（321）
郑林庄(1908—1985) ………………………………………………………（323）
林启武(1907—   ) …………………………………………………………（324）
林观得(1905—   ) …………………………………………………………（326）

1928
林嘉通(1908—1962) ………………………………………………………（327）
谭刅就(1908—   ) …………………………………………………………（329）
赵萝蕤(1912—1998) ………………………………………………………（330）
王明贞(1912—   ) …………………………………………………………（331）
邓嗣禹(1905—1988) ………………………………………………………（332）
黄振勋(1910—1990) ………………………………………………………（333）
熊大绛(1909—1996) ………………………………………………………（334）
刘尊棋(1911—1993) ………………………………………………………（334）
邓金鎏(1908—1973) ………………………………………………………（336）
廖泰初(1910—2000) ………………………………………………………（337）
郭德隆(1905—   ) …………………………………………………………（339）
杨　刚(1905—1957) ………………………………………………………（340）
林耀华(1910—2000) ………………………………………………………（341）
翁独健(1906—1986) ………………………………………………………（342）
吴世昌(1908—1986) ………………………………………………………（344）

1929
叶恭绍(1908—1998) ………………………………………………………（345）
刘修业(1910—1993) ………………………………………………………（347）
薛　正(1901—1995) ………………………………………………………（348）
张宗炳(1914—1988) ………………………………………………………（349）
周科征(1909—1980) ………………………………………………………（349）
白寿彝(1909—2000) ………………………………………………………（350）
萧　乾(1910—1999) ………………………………………………………（352）
约翰·戴维斯(J. P. Davies Jr. 1908—1999) …………………………………（354）

严　群(1907—1985)……………………………………………………(355)
褚圣麟(1905—　　)………………………………………………………(357)
1930
丹尼(1912—1995)…………………………………………………………(357)
周一良(1913—　　)………………………………………………………(358)
费孝通(1910—　　)………………………………………………………(359)
瞿同祖(1910—　　)………………………………………………………(361)
贺宗生(1912—1993)………………………………………………………(362)
黄肃秋(1911—1989)………………………………………………………(363)
卢观全(1911—1994)………………………………………………………(364)
姚曾廙(1912—1976)………………………………………………………(364)
叶笃义(1912—　　)………………………………………………………(365)
袁家骝(1912—　　)………………………………………………………(365)
1931
陈芳芝(1914—1995)………………………………………………………(366)
许汉光(1913—　　)………………………………………………………(368)
胡懋华(1912—1997)………………………………………………………(370)
区棠亮(1914—　　)………………………………………………………(371)
张家驹(1914—1973)………………………………………………………(372)
陈源远(1908—1993)………………………………………………………(373)
周舜莘(1915—　　)………………………………………………………(374)
蒋荫恩(1910—1968)………………………………………………………(375)
周华康(1914—　　)………………………………………………………(377)
顾廷龙(1904—1998)………………………………………………………(378)
丁汉波(1912—　　)………………………………………………………(380)
邝荣禄(1911—　　)………………………………………………………(381)
李有义(1911—　　)………………………………………………………(382)
黎秀石(1914—　　)………………………………………………………(382)
林昌善(1913—2000)………………………………………………………(384)
刘瑞森(1912—　　)………………………………………………………(385)
陈　纮(1914—　　)………………………………………………………(386)
1932
张淑义(1914—1994)………………………………………………………(387)
龚普生(1913—　　)………………………………………………………(388)
邓　懿(1914—2000)………………………………………………………(389)
张兆麟(1911—1988)………………………………………………………(390)
张晓楼(1914—1990)………………………………………………………(390)
赵宗复(1915—1966)………………………………………………………(392)
陈翰伯(1914—1988)………………………………………………………(393)
陈梦家(1911—1966)………………………………………………………(394)

冯传汉(1914—)……………………………………………………………(396)
徐献瑜(1910—)……………………………………………………………(397)
黄　华(1913—)……………………………………………………………(398)
李肇特(1913—)……………………………………………………………(399)
曾宪九(1914—1985)…………………………………………………………(400)
魏宗铎(1912—)……………………………………………………………(402)
金荫昌(1915—)……………………………………………………………(402)
李晋华(？—1937)……………………………………………………………(403)
刘　柯(1911—)……………………………………………………………(405)

我从燕京大学来(代序)

侯仁之

一、中西文化与时代趋向

我作为一年级新生进入燕京大学,是在1932年的秋天。那时大学校园按着预定的规划设计,经历了前后十年时间,已经基本建设完成。整个校园里,风景秀丽,光彩焕发,洋溢着蓬勃向上的朝气。这是我初入学时的第一个印象,至今难忘。因此在这里先追记一下,这座校园建设的本身所给我的影响。先从以下两个方面说起:

1. 风景如画的校园与中国古典式的建筑。
2. 校园历史的探索与传统文化的研究。

新建成的燕京大学校园,选址在北京城的西北近郊,是历史上有名的园林区。校门西向,遥对西山。校门以内,跨过一个波平如境的池塘上的一座大石桥,就进入了教学中心。中国古典建筑形式的大楼,三面环列,中间场地开阔,绿草如茵。从教学中心深入校园腹地,岗阜逶迤,林木丛茂。大路起伏,畅通无阻。羊肠曲径,经过其间。出人意外的是穿过这一区岗阜,突然展现在眼前的是一片微波荡漾的湖泊,水光天色,视野开阔,这就是享有盛誉的未名湖。湖中有小岛,点缀其间,平添无限景色。男生的宿舍大楼,一座又一座,并列在湖泊的北岸。深藏在湖泊南岸岗阜密林之后的则是传统庭院式的女生宿舍。从入学的第一天起,我就为这座校园的自然风光所吸引,只是后来我才了解到,这里原是二百多年前,与清朝皇室有密切关系的一座名园叫做淑春园。园中河流湖泊的上游,来自紧相毗连的勺园。而勺园的开辟,早在三百多年前的明朝,就已经是一座以水取胜的名园了。可是到了1921年燕京大学在这里开始建校的时候,这两处历史名园的建筑,都已荡然无存。燕京大学正是在这两处名园的旧址上,经过独出心裁的规划设计,充分利用其自然条件,建造起一座独具特色的大学校园。还有更重要的一点,即这座校园的建筑物,一律采用了中国古典的建筑形式,这更是历史传统与现代化要求的相互结合。

还须指出,校园的规划设计,乃是在美国建筑师Henry K. Murphy的主持下进行的,实际上这也正是在中西文化交流的影响下所完成的足以代表时代趋向的一种新创造。①

需要补充说明的是在燕京大学校园里,还有一些类似景点的建筑物,如小山上古松下的钟亭、俯视水面的临湖轩、湖中小岛上的思义亭和湖边上凌空而立的博雅塔,都是十分引人注目的。而"湖光塔影",更成为校园风景中颇负盛名的写照。在这里特别值得一提的是博雅塔和思义亭。

博雅塔的命名和当时燕京大学哲学系的美籍教授博晨光(Lucius C. Porter)有密切关系。他深受中国传统文化的影响,曾兼任哈佛燕京学社在北平办事处的工作。更重要的是他的前辈曾为燕京大学前身之一的通州协和大学的发展做出过贡献。为了纪念这一历史渊源,燕京大学为供给校园内自来水而建成的水塔,就采取了通州有名的古建筑"燃灯塔"的造型而兴建起来,并且取名博雅塔。"博"字是Porter一字第一声的音译,"雅"字有"儒雅学者"的含义。英文就直接叫做"Porter's Pagoda"了。

比起博雅塔更有纪念意义的是思义亭。在这里"思"字是Luce一字简化的音译,"义"字有"义举"的含义。英文名称就是Luce Pavilion。这是为了纪念燕京大学第一任副校长Henry W. Luce为燕京大学的筹款兴建所作出的贡献。②

我深感幸运的,不仅是燕京大学校园新落成时就来到了这里而深受其幽美环境的感染,更重要的是当时洪煨莲教授对于校园历史的研究,又使我深受启发,一直影响到我日后的研究方向。

最初,还是在我入学不久的时候,洪煨莲教授关于勺园研究的重要著作《勺园图录考》由燕京大学引得编纂处精印出版(序文写于1932年10月29日)。这部书影印了明万历45年(公元1617年)勺园主人著名书法家米万钟手绘的《勺园修禊图》,使300多年前校园一隅的景象重现于眼前。早在燕京大学建校之初,洪煨莲教授从记载中获悉这幅画卷尚流传在人间,遂刻意访求,终为燕京大学图书馆所购得。煨莲师在影印之后,又进一步收录了晚明以来有关米万钟家世以及描述勺园景物的诗文记载,并且进行了勺园故址及其地理位置的考证。卷末还附有校园以及附近地区河湖水系的略图,极有参考价值。其中也包括了清朝乾隆年间,英国使臣 Lord George Macartney 来朝时暂住勺园故址的记述。随后,他又用英文写成了关于淑春园的研究。涉及到燕京大学校园中大部分地方的重要历史情况,而且他还用英文在"大学讲演"中作了专题报告,深得师生欢迎。③

正是煨莲师关于校园历史的研究,引导我进行对于北京西北郊区历史上著名园林区的实地考察,进而又扩大到对整个北京地区开发过程的研究。

在课堂教学上煨莲师的独出心裁和严格要求,更使我深受教益。例如我还在二年级的时候,从他学习"初级史学方法"一课,主要内容之一,是科学论文写作的训练,他的要求十分具体,例如必须掌握第一手资料,必须在写作中注明资料的来源、必须有新的发现或新的说明,然后按照一定的格式写成论文。课堂讲授时间只用了半个学期。然后分配给每一位学生一个问题,要求学生到图书馆去查阅资料,分门别类写成卡片,进行研究整理,写成学期论文,作为学习成绩。当时我所分配到的问题是"历史上最爱藏书的是谁?"经过查阅图书资料,我认为有三位学者符合要求,根据收集所得,进行比较研究,在课堂上向煨莲师做了口头报告,最后选定其中明朝的学者一人,写成我的"学期论文":《最爱藏书的胡应麟事绩考略》。结果我得到煨莲师两个字的墨笔评语:"佳甚"。这使我深受鼓舞,就把这篇写作珍藏起来,整整62个年头过去了,虽然历经沧桑,仍得一直保存到今天,这是燕京大学所给我的学术训练的第一课。

煨莲师对我的教导,还不仅限于课业指导,他还有意在课外为我创造条件,使我得到更为广泛的业务训练。在我作为他的研究生之后,更是如此。例如有一次,学校医学预科主任 Professor Alice Boring 约我为 PAUW 用英文做一次报告,题目是 Geographical Peking。这个组织的英文全名是 Peking Association of University Women,它的会员自然都是长于说英语的,可是我从来还没有用英语做过讲演,心里有些胆怯,极力推辞。于是 Professor Boring 就直截了当地告诉我说,她原来是要请洪煨莲教授去讲 Historical Peking,而洪教授却一定要推荐我去讲 Geographical Peking。我了解到这一情况后,就立刻去见煨莲师,说明我的英语程度还难以做公开讲演,希望他另外推荐别人。可是煨莲师却十分郑重地指点我说,"这正是你练习的好机会嘛!"他一定要我写好稿先面对他试讲,然后再到会上去作报告。这是有意对我进行训练,我也就只好同意了。

煨莲师早已体会到我的学术兴趣已经从历史学转向历史地理学,就有意为我安排出国深造的机会,以便从学科理论上得到更好的训练。1938年的秋学期,一天上午,我应命来到煨莲师家中的书房,他开头第一句话就说:"择校不如投师,投师要投名师。"随后稍一停顿,他又进一步解释说:"美国哈佛大学是有名的大学,可是那里没有地理系。英国的利物浦大学,虽然不如哈佛大学那样有名,可是那里却有一位地理学的名师,对中国地理很有研究,就是 Professor Percy Maude Roxby。现在经过学校研究,已经决定明年秋学期送你到那里去进修历史地理学。"煨莲师和哈佛燕京学社有密切关系,曾派遣燕京大学历史系的研究生到哈佛大学去进修。可是为了我的学术兴趣,他推荐我到利物浦大学去专攻历史地理学。只是转年欧战爆发，我未能成行。一直到大战结束后，我前往利物浦大学的时候，Professor Roxby 已经退休，而他的继任者 Clifford Darby 正是现代历史地理学奠基人之一，我深受 Professor Darby 的影响，并把他所倡导的历史地理学的理论与方法，第一次介绍到中国来，并对中国历史地理学的发展作出了自己的贡献。现在讲到这一点，我还是不能不想到当初燕京大学所给我提供的机遇。

以上我举出洪煨莲教授如何教导和培养我的一些例子，我在燕大学习期间所深受教益的，不仅是洪煨莲教授一人。当时历史系还有其他两位专任教授，即顾颉刚和邓之诚。他们两位都是著名的历史学家，却不像洪煨莲那样长于英语，学贯中西。如果说洪煨莲来燕大做教授是有历史渊源的，他既是基督教徒，又与燕大的创办有密切关系，可是顾颉刚和邓之诚两位既不是基督教徒，又不谙英语，但在中国史学界都有特殊贡献，因而受聘于燕京大学。邓之诚教授曾指导我研究中国史学专著，顾颉刚教授又进一步启发了我研究北京历史地理的兴趣（详见下文）。顾颉刚教授和洪煨莲教授一样，都受聘于哈佛燕京学社北京办事处，洪煨莲还曾兼任该办事处的负责人。在这里应该顺便提到，由哈佛燕京学社资助，由燕京大学编辑出版的《燕京学报》，被认为是研究中国文学、历史和哲学的最重要的学术刊物之一，传播于海内外。与《燕京学报》同样见重于中外学术界的，还有关于中国古代图书典籍的《引得》丛刊的编纂出版。洪煨莲教授对《引得》丛刊的规划设计以及印刷，贡献最大。在这里还应该附带提到的是 1952 年燕京大学与北京大学合并后，上述两种出版物都停刊了，可是两者的影印本还继续传播于世。更重要的是 1993 年在北京的燕京大学校友会与北京大学分校（Branch Campus of Peking University）又进行合作，成立了燕京研究院，为继承和发扬燕京大学的办学精神而努力。同时又组织以燕京校友为主的学术力量，重新编辑出版《燕京学报》，首期复刊即"新一期"已于 1995 年 8 月出版。

还应该附带提到的是 1952 年燕京大学合并于北京大学后，校址范围已经大为扩展，可是原来燕京大学校园，保留如昔，湖光塔影，无异当年。1990 年，北京市人民政府决定将未名湖周围的原燕京大学校园，列为全市文物保护单位，刻石立碑，永作纪念。

二、爱国主义传统与献身精神

燕京大学校园虽然风景如画，却不是"世外桃源"。它虽然是从旧时代的园林废墟上建设起来，可是整个国家的命运还处在动荡不安之中。学校创办的最初几年间，北京政府一直在争权夺利、卖国求荣的军阀与官僚的控制之下。相继而来的南京中央政府，又面临着外患日亟的情况，也就是在这时候，日本侵略者于 1931 年阴谋制造了"九·一八"事变，入侵东北三省，中国人民以不同方式所进行的抗日救亡运动，也就是从这时候进一步发展起来。

以上情况，就是我在 1932 年作为一年级新生进入燕京大学时的时代背景。当时，因为中央政府南迁，北京已经称北平，而"九·一八"事变以后的北平，也日渐接近国防的最前线。

在我入学后不久，有一天，我在校园里散步，来到图书馆附近一处溪流环绕的丘岗之间，忽然看到一座笔直的石碑耸立在面前，碑的正面自上而下刻着一行大字：

魏士毅女士纪念碑

碑座上刻着魏士毅女士的小传和纪念她的铭文。最后三行小字刻的是立碑的时间和立碑人如下：

中华民国十六年燕京大学男女两校及女附中学生会全体会员敬立

原来这是为纪念 1926 年 3 月 18 日在北京青年学生的爱国运动中，被军阀政府所枪杀的二年级女同学魏士毅而树立在校园中的。这次在北京被杀学生多人，是震动全国的大惨案，被叫做"三·

一八"惨案。惨案发生时我所在的中学虽然远离北京,可是也深受这次学生运动的影响。没有料到,我在进入燕京大学之后,竟然又一次感受到这次爱国运动的深刻教育,这一点,从石碑上所刻的铭文中又充分地反映出来,兹将铭文抄录如下:

国有巨蠹政不纲　城狐社鼠争跳梁
公门喋血歼我良　牺牲小己终取偿
北斗无酒南箕扬　民心向背关兴亡
愿后死者长毋忘

细读这篇铭文,我不禁联想到,如此强烈地谴责当时的军阀以及反动政府的石刻,既是燕京大学青年学生爱国主义的重要标志,又是燕京大学领导维护和发扬青年学生爱国主义思想的无可争辩的说明。如今回想,这应该是我在燕京大学所接受的爱国主义教育的第一课。

在我进入燕京大学本科后的四年间,正是日本侵略者入侵东北三省之后,又进一步向华北的万里长城沿线推进的时候。燕京大学的校园里在正常的教学工作之外,师生的抗日活动也在不断地进行中。教师中曾流传着一个宣传抗日的内部刊物,封面上印着"火把"两个大字,记得是中国文学系教授容庚所题。历史系教授顾颉刚组织大家利用业余时间,编写抗日救国的宣传材料,用《通俗读物编刊社》的名义出版发行。学生中不断发起支援长城沿线抗日将士的活动。但是由于南京中央政府的"不抵抗政策",终于激发了1935年12月9日这一天开始的爱国学生运动,逐渐扩展到其他城市。从运动的一开始,燕京大学的学生就起了重要的领导作用,并且得到教师们的支持,还包括了外籍教师在内,最突出的有两位,一位是在教学上深受欢迎的心理系美籍教授夏仁德 Randolph Sailer。另一位是美籍新闻记者同时又是燕京大学新闻系的兼任讲师 Edgar Snow。那时主张抗日统一战线的中国共产党已经在延安建立了根据地。就是在这次"一二·九"学生运动之后,Edgar Snow 前往延安从而写出了他那部影响广泛的 Red Star over China。也是通过这次学生运动,Dr. Sailer 进一步获得了学生们的敬佩,因为他对饥寒交迫中长途奔跑去参加游行的学生们,表示了极大的关怀和支持。

"一二·九"学生运动后的半年,我在燕京大学本科毕业。毕业的前夕,顾颉刚教授告诉我说,学校从下学年起聘他兼任历史系的系主任,要我留校做他的助教。从1936年9月到1937年6月,顾颉刚教授别出心裁地开设了一门课,叫做"古迹古物调查实习",每两个星期的星期六下午,要带学生到他事先选定的古建筑或重要古遗址所在地,或在北京城内,或在城外近郊,进行实地考察。事先他要我先根据他所提供的参考资料和我自己的检阅所得,写成书面材料,印发给同学作参考。这对我是个极为难得的训练,也进一步启发了我对研究北京历史地理的兴趣。

1937年7月7日,日本侵略者阴谋制造了北平郊区的卢沟桥事件也就是七七事变,进而攻占北平城,全民抗日战争从此开始。这时顾颉刚教授为避免日寇的逮捕,仓促离开北平南下。其后,我得到哈佛燕京学社的奖学金,在洪煨莲教授的指导下,作硕士研究生。早自卢沟桥事件发生后,北平的国立大学如北京大学和清华大学都已南迁。燕京大学虽然处在沦陷区,因为是美国教会所创办,得以继续存在,犹如一片孤岛,使华北沦陷区的青年还可以升学进修。我自己作为一个研究生,首先遇到的一个问题,就是研究领域和论文题目的选择。实际上,早在大学本科写作论文时,煨莲师就向我建议过一个题目,因为他知道我的兴趣已经转入历史地理,希望我把明末清初著名学者顾炎武《天下郡国利病书》中的山东一省,加以续修,从清朝初年一直续到清朝末年和民国初期。至于选择山东一省,因为我的故乡在山东,而燕京图书馆所藏山东一省的地方志书又最为丰富。更重要的一点是这时我对顾炎武最初编写《天下郡国利病书》的目的,有了进一步的认识。他生在明朝末年,痛感社会政治腐败,人民生活于困苦患难之中。于是他立志编写《天下郡国利病书》。在全书的序文中,就写下了如下两句话:"感四国之多难,耻缝生之乏术"。于是他开始提倡"经世致用"之学,痛斥当时读书人的虚浮学风,进而公开提倡"保天下者,匹夫有责"。并且大声疾呼:"今日者,拯斯人于涂炭,为万世开太平,此吾辈之责也。"及至清兵入关之后,夺取了明朝的统治权,他却始终反抗清朝的统治,不为所用。我在当时国难当头的情况下,进一步了解他一生的事迹,深受感动。我用了三年时间,在北平沦陷后国难深重的时刻,完成了《天下郡国利病书》山东一省的续编。煨莲师又及时推荐,把这篇硕士论文,作为《燕京学报》专号之十九付印出版,在敌伪统治下这本书包含着挽救祖国、重建家园的思想,如果不是在燕京大学和洪煨莲教授的指导下,是不可能问世的。

可是,就在这本书于1941年冬刚刚出版之后,正在入侵中国遭到中国人民坚决抵抗的日本侵略军,又突然于12月8日(北京时间),空中偷袭美国的珍珠港海军基地,发动了太平洋战争。这天一早,日本宪兵立即包围了燕京大学,继而侵入校园。全体学生与教职员被驱逐出校。美籍教职员被关押到集中营,部分教职员与学生被逮捕,关押在北平日本宪兵队本部,司徒雷登校长也被拘留。被捕的教职员共11人,我也在其中,是最年轻的一个。我的老师洪煨莲和邓之诚两位教授,也同遭逮捕。

这里需要说明一下我被捕的原因。

1940年6月我完成硕士学业后,已决定留校任教,并已开始备课。这时司徒校长忽然约我谈话,要我在教课之外还兼管学生工作,因为当时学校处在沦陷区,学生中所遇到的问题很多,有的学生因战争的影响,经济来源困难;有的学生在敌伪统治下不能安心学习等等,这些都需要给予关心和帮助。因为我在校做学生已有8年时间,比较了解学生情况。经过三次商谈,最后决定成立一个"学生辅导委员会"(Student Welfare Committee),由深受学生钦佩的Sailer教授做主席,也便于对付日本人来学校找麻烦。我做副主席,便于和学生联系。从文学院、理学院和法学院的年轻而又热心的教师中各选一人为委员,并特邀教务主任做秘书,便于和全校的教学领导机构,即院长会议进行联系。1940年6月21日司徒校长签字发给任命通知书。(我个人收到的这份通知书,保存至今。)因此在我尚未走进课堂之前,就先走进了设在办公大楼的学生辅导委员会的办公室了。

我接受这项任务,也和燕京大学所给予我的教育有关。燕京大学的校训"因真理、得自由、以服务"(Freedom Through Truth for Service)是每个燕京学生都熟悉的。对于这个校训的理解,或浅或深可能各有不同,但是有一点却是每个学生都能或多或少亲身感到的,那就是洋溢在校园中的服务精神。这种服务精神体现在师生关系上最为具体、也最为突出。校长所提出的成立学生辅导委员会的设想,也正是这种服务精神的一种具体体现。遵循校训的要求,对我来说也正是"义不容辞"。

从整体来说,燕京大学的学生生活,除去业务学习之外,也自有其特点。特别是在国难日深,学生的课外活动日益受到限制的时候,这一特点也就格外突出,这就是基督教小团契(Small Christian Fellowship)的组织。燕京大学作为一所由外国教会主办的大学,师生的宗教信仰是自由的。这些小团契主要是由信教的学生带头组织,非教徒的学生可以自由参加,有的小团契还约请教师中的基督徒参加为顾问。小团契各有名称,有的与宗教有关,如"耶稣之友"、"光盐",但并不是都如此。例如有一个小团契,开始是由六个人组成的,就叫做"六人团"。这些小团契富有生命力,因为除去研读《圣经》讨论教义之外,还涉及到日常生活中的问题,更重要的是时事讨论。如果不是在小团契聚会的名义下,集体的时事讨论是不可能的,因为这在当时的敌伪统治下是被明令禁止的。后来又从小团契的组织形式,发展成一些专门讨论业务学习的小组。我还参加组织过一个与业务学习有关的小组,在每个周末大家聚到一起,互相介绍自己业务学习的心得,就叫做"星期六座谈会"(Saturday Symposium)。实际上这些学生中的组织,在当时的客观情况下,真正起到了学生自我教育的效果,而爱国主义的思想也就因之而得到传播。因为我自己在学生时代是这样走过来的,因此为学校分担一些关心学生的工作,也是心甘情愿的。

在学生辅导委员会的办公室里,我和Dr. Sailer轮流值班,开始了我们"业余"的学生工作。我做学生的时候,没有听过他的课,尽管他的"心理卫生"(Mental Hygiene)一课,有口皆碑,是深受学生欢迎的。现在我亲眼看到他在工作中的献身精神,我不由得想到燕京大学校训中所强调的"服务"这一点,在他身上已经具体地体现出来。他主要负责为经济上急需的学生安排各种各样的"自助工作"(Self Help Work),因工种的不同,计时付酬。当时由于战火的影响,申请自助工作的学生与日俱增。他工作的负担也就有增无减。可是他对待学生的态度和他认真负责的工作精神,却使我永远难忘。

至于我所负责的主要工作,则是学生中所遇到的另一方面的问题,即随着抗日战争的日益发展,日本侵略者的"大扫荡"也日益疯狂,这时有少数学生宁愿放弃个人学习的机会,要投身到抗敌救国的斗争中去。其中有我所熟悉的学生直接找到我,也有学生径直去找校长司徒雷登提出他们的设想。校长就要我具体负责这件事,但是他也确定了一个原则,只要是停学去参加"抗日统一战线"的工作,无论是自愿到大后方(即国民党统治区),或是到解放区(即共产党八路军的抗战区),都应一律对待,给予支持,包括联系路线和给予路费补助。至于要求转学或就业的,不在此例。就是根据这一原则,我开始了帮助学生离校的工作,只是不得公开进行,只能在严格保守秘密的情况下,予以帮助。当时有一位国际友人艾黎(Rewi Alley)在四川办起了"中国工业合作社",主要是把内地分散的手工业组织起来,扩大生产,支援抗日。他的一位好朋友,燕京大学的英籍讲师赖朴吾(E. Ralph Lapwood)已应约于1939年从燕京大学步行、穿越西山,经过八路军解放区前往四川,支援工业合作社的工作。在他的影响下,有些在校学生自愿前往、支援工业合作社。另外也有学生主动要求就近参加八路军解放区的抗日斗争。从1940年秋以后的一年间,我以学生辅导委员会副主席的身份,掩护这些学生分批离校。详细情况见于我所写的《燕京大学被封前后的片断回忆》,收入在公开出版的《日伪统治下的北平》一书④。不幸的是,南下大后方的学生有人走漏了消息,因此我遭到日本宪兵逮捕。1942年6月,被日本军事法庭判徒刑一年,缓刑三年,取铺保开释,但无迁居旅行自由。我的缓刑刚期满,日本侵略军战败投降。校长司徒雷登获释,立即召集成立复校委员会,该委员会共7人,我虽年轻,也被邀参加。复校委员会作出一项严格规定,即凡是在燕京大学被日寇封闭期间,参加了敌伪工作的,一律不得返校复职。这一规定,再一次显示了燕京大学坚持原则的严正立场,得到了全体师生的坚决拥护。

我在燕京学习、工作、生活了近二十年。燕京的一草一木对我是那样的熟悉,燕京的师长和同学对我是那样的难忘。我如今已是八十多岁的老人了,回顾过去,我写了《我从燕京大学来》。

注:
① Jeffrey William Cody, *Henry K. Murphy, An American Architect in China*, Chapter 5, "Old Wine in New Bottle:" Yenching University, 1918 – 1927. A Dissertation of Cornell University for the Degree of Doctor of Philosophy, Cornell University, 1989.
② 以上参考侯仁之《燕园史话》,北京大学出版社,第74－75页。Susan Chan Egan, *A Latterday Confucian, Reminiscenes of William Hung*, pp. 81 – 85, Harvard University, 1987.
③ 最近,我又借助于一些新发现和历史地理的考察,在煨莲师研究的基础上,写了一篇《记米万钟〈勺园修禊图〉》,刊在北京大学中国传统文化研究中心的《国学研究》第1卷,1993。
④ 中国人民政治协商会议北京市委员会文史资料研究委员会:《日伪统治下的北平》,北京出版社,1987。

燕京大学概述

夏自强

燕京大学创建于1919年,1951年改为公立,1952年与北京大学合并。在33年中,毕业学生和教职工近万名。绝大多数燕京人,正如校歌中所说的那样,都能"服务同群,为国效荩忠",在不同年代,不同岗位上,为祖国做出了各自应有的贡献。如今不少人已经与世长辞,健在的大多也已年逾古稀。为了介绍燕京校友的风貌,表彰他们的业绩,慰藉他们的心灵,也为了展示一些罕见的材料,积累燕京办学经验,我们编辑了这本《燕京大学人物志》,本书收入的只是很少的一部分校友,记录的也仅是他们事迹中有限的一部分。

那么,燕京大学是一所什么样的学校?燕大学生在那里受过什么样的教育?燕大师生在那里是如何学习、工作和成长的?这就需要做一番历史回顾和人物介绍,以就教于燕大的良师益友和社会上的关心者。

一

燕京大学原是一所由美国教会在中国创办的高等学府。19世纪以来,中国近现代化的高等教育是由三类学校组成的,即,国家设立的学校,私人开办的和外国教会举办的学校,也就是国立大学、私立大学和教会大学。教会大学是在特殊环境下出现的,它是历史的产物。在中国近现代大学教育体系中有着特殊的作用。由于办学有其特点,因此,在培养人才上,也有着特殊之处。燕京大学是教会大学的佼佼者之一,较能集中地典型地反映出这些特色。

外国教会,实际上是以美国教会为主,它在中国办学有较长的历史。起初,由于借助不平等条约,在中国传教虽有一些进展,但只因武力征服不能取代文化认同,传教事业一直举步维艰。于是把"办学"和"施医"作为传教的辅助手段,办学主要是为外国子弟上学提供条件,培养神职人员,同时也为培养"领袖人才",使中国基督化。后来,教会越来越重视教育。1877年,在上海举行第一次全国基督教(新教)传教士大会上,就把基督教教会与教育的关系问题作为讨论的重点。1890年,在上海召开第二次传教士大会时,进一步统一认识,强调教会应该创办学校,尤其是要把重点放在创办大学上。这时,中国大地上开始掀起的维新运动,倡导设立新式学堂,传播西学的思潮给教会大学获得发展的机会。传教士韦廉臣(Alexander Williamson)对此表述得很明白。"中国的希望寄托在青年身上,未来的中国就在于他们如何把它建立起来。因此,我们的努力应当大部分着眼于他们。""(中国的)青年是我们的希望,如果我们失去他们,我们就失去一切。"[1]圣约翰大学校长卜舫济(F.L.Hawks Pott)把教会大学喻为"设在中国的西点军校","正在训练未来的领袖和司令官,他们在将来要对(中国)大众施加最巨大和最有力的影响。"[2]一向积极鼓吹发展教会学校的狄考文(C.W.Mateer)认为:"一个受到(高等)教育的人,是一支点燃着的蜡烛,未受到教育的人将跟着他的光走。……儒家思想的支柱是受过儒家思想教育的士大夫阶层,如果我们要对儒家的地位取而代之,我们必须培养受过基督教和科学教育的人,使他们能够胜过中国的士大夫,从而取得旧式士大夫所占的统治地位。"[3]这些话语清楚地告诉我们:教会大学的共同办学宗旨是什么,它也必然深深地印在燕京大学创办者的脑海里。

在20世纪初,教会教育在竞争中要求联合。为了在质量上和国立、私立大学相抗衡,增加更多的图书、设备,聘请更好的师资,教会大学在进行调整联合。于是,出现了齐鲁、金陵、之江、文华等一批学校。正在这时,在北京,酝酿十多年的燕京大学(起初英文名称为北京大学)就应运而生了。燕京大学的前身是建于1869年的潞河书院和建于1870年的汇文学校,后改为华北协和大学和北京汇文大学。在物色新大学的校长人选时,43岁的司徒雷登(John Leighton Stuart)成为看中的首选人物。司徒雷登1876年出生于杭州一个美国传教士兼教育家的家庭,1887年回美国接受系统教育。1904年,学业完成后再度来到中国。1907年在杭州协助兴办"育英书院",是为之江大学的前身。1908年在金陵神学院任教。在协调金陵神学院内部自由主义和保守主义两个宗教派别的论争中表现出了他具有很强的组织和领导才能。经过考察,"北京大学"董事会决定正式聘请司徒雷登担任校长。④从此他就开始了为之奋斗了27年的教育事业。

当时的"北京大学"情况极其窘迫,经费短缺,校舍简陋,人员很少,质量不高,矛盾又多。他不禁感叹:"我接受的是一所不仅分文不名,而且似乎是没有人关心的学校。"⑤然而,这个"烂摊子",这些困难并没有使司徒雷登却步不前,相反由此开始了他一步一步为建设一所新校而努力的艰难旅程。他采纳"燕京大学"作为正式校名,结束了长期实质上是派系之争的校名之争。1920年,他说服华北协和女子大学并入燕京,设立女部,使燕大成为国内最早实行男女合校授课的大学之一。建校之初,男校位于北京城内东南角盔甲厂一带10处院落;女校仍沿用灯市口佟府夹道协和女大旧址,由于条件所限,未能合于一处。1921年,司徒雷登通过亲自勘察,从北洋军阀、陕西督军陈树藩手中买下了原淑春园和勺园故址作为校址,委派美国建筑师亨利·墨菲(Henry Killam Murphy)负责规划设计。墨菲融合中西建筑为一体。新校于1921年动工,1926年开始迁入,1929年基本完工。一座崭新的校园建立在北京西郊风景区,十分引人注目。1928年至1931年,燕大先后征得周边的朗润园、鸣鹤园、镜春园、蔚秀园等。从此,构成了燕园的总体格局。

燕京大学最初成立时只设文理科,不分设学系。学制初为专科3年,预科2年。后改为本科4年,预科1年。1929年,对系科进行一系列调整,重新组织,成立文、理、应用社会科学三个学院。后将应用社会科学院改名法学院(英文名为公共事务学院)。另有宗教学院。共有20个学系,学校系科设置不断有所变动。1926年协和医学院把预科交给燕京办理。抗战胜利后增设机械工程系。

1922年至1936年,司徒雷登连续10次赴美募捐。参加募捐活动的还有专司财务(捐款)的副校长哈利·鲁斯(Harry Luce)、史学家洪煨莲、宗教学家刘廷芳等。他们不辞辛苦,巡回演说,耐心介绍,多方筹资,给燕大开辟了广阔的财源。据统计,燕大前身1917—1918年财政预算为35000美元,而1936—1937年已达到215000美元,充裕的财政收入为学校多学科的发展和建设提供了有利的条件和保证。

正当学校稍事稳定,步入轨道的时候,却面临着一系列的风暴。风暴考验着学校,学校顺应形势,进行了必要的改革;正由于改革,推动了学校的发展。这些改革,举其荦荦大端,主要有三项。

(一) 促使教会学校进一步世俗化,按照西方模式办学

五四运动之后,中国人民的反帝爱国运动持续发展。1922年发生了非基督教运动,接着1922—1928年发生收回教育主权运动。这对刚刚成立的燕京大学是个巨大的冲击。在这场运动中,燕京没有被动地成为革新的对象,而是成为革新的参与者,适应潮流,站在运动的前面。燕大宗教学院成为基督教现代派和激进派的大本营和本色化(自养、自治和自传)运动的策源地。吴雷川、赵紫宸、刘廷芳、徐宝谦、简又文等宗教学院的教授,成为运动的领袖人物,他们主编的《生命》(以后改为《真理与生命》)成为当时爱国基督徒最有影响力的刊物。司徒雷登站在革新者的一边。他认为,"任何一个自尊的民族有权采取此种行动。"于1928年在宗教刊物《教务杂志》(《The Chinese Recorder》)上发表了一篇重要文章:《基督教高等教育的危机》。指出基督教大学缺乏专业训练,图书及实验设备不足,中文教学不够水平,中国教职员的阵营亟待加强。他认为,当初教会靠条约保护来中国传教,并未以学术研究为急务,如今财政状况突变,各教会大学应警觉,立即改善设备与课程,增加优良的中国师资,教育政策必须反映中国舆论的要求。燕京大学的工作正是实践这些要求而向前推进的。

首先,燕大成立之初,便废除了宗教作为全体学生必修课程的规定,进而又改变学生必须做礼拜的旧例,并将宗教学院单独成立,对外不把它作为学校的组成部分。由学生自愿组织参加的宗教团契,进行一些宗教活动。后来团契的宗教色彩日益淡薄,成为一般性的群众组织。学生中的基督徒比例一度很高,如1924年为72%,⑥而到后来,比例越来越小了。在学校里既有信仰宗教的自由,也有不信仰甚至反对宗教的自由。这些措施使宗教教育在燕京下降为从属的地位,从而突出了燕大的教育职能。当然,司徒雷登并没有放弃他的宗教信仰和办学理念。作为一个基督教的自由派,他懂得只有通过满足中国青年的求知渴望,反映中国舆论的要求,才能更好地赢得中国青年的信任和对美国的好感。他着力提高大学的教学水平,开展学术研究,按照西方模式,建立了一套高效率的行政管理体系和一套教学体系,包括制度、内容和方法,以培养中国的青年。

(二) 使燕京大学彻底"中国化"与"国际化"

燕京大学最初在美国纽约州立案,经费来自美国的托事部。在收回教育主权的运动中,根据中国政府的要求,燕京大学于1926年11月和1927年12月分别向北洋政府和南京政府申请,表示愿意接受中国教育部的一切有关规定。注册工作于1929年完成。教育部规定:大学校长必须由中国人士担任。经过推举,由爱国基督徒、著名学者、前清翰林吴雷川出任。司徒雷登改称校务长,掌握实权。文、理、法、宗教学院的院长基本由华人担任。中国教员由创办时占教员总数的三分之一发展到1927年的三分之二,并一直保持这个比例。燕大还重视中文课程,除聘请名师提高中文教学水平外,还曾规定学生在60个必须要求的学分中选修12个学分的中国文学和4个学分的中国历史课程。

燕大注意让中国人在教学、行政、宗教、财务和其他部门发挥日益增多的作用。向设在美国的决策机构托事部建议,把托事部基金会化,把校产管理、经济分配、人事任免的权力下放给北京董事会。1929年,校董会经过调整,由21位中国人和13位外国人组成,中国成员占了三分之二,其中包括孔祥熙、颜惠庆、胡适、陶行知等人。燕大经费来源也日益世俗化,前述1917—1918年度学校预算,其中87%来自教会,而到1936—1937年,教会来源仅占10%,55%来自美国私人捐赠,美国赫尔(Charles M. Hall)基金、洛克菲勒(Rockefeller)基金、鲁斯(Luce)基金和普林斯顿燕京(Princeton-Yenching)基金等都对学校有数目不等的资助,中国方面也提供了10%的资金,这为燕大由宗教职能向教育职能转化进一步打下了基础,也为司徒雷登掌管学校改进教学工作提供了条件。

燕京在进行"彻底中国化"的同时,也推行着国际化。司徒雷登在创办燕大之初,就提出要把燕大建成一所国际性学校的设想。燕大教师来自四面八方,世界各地,来自美、英、法、日、意、德、瑞士等国。学生也有来自国外的。这些国籍、信仰不同的师生和中国师生相聚在一起,一般地能够平等相处,友爱互助,形成一种很强的凝聚力,称之为"燕大一家"。

燕京大学和国外特别是美国的一批大学建立了校际交流,和英、美、法、德、意等国进行留学生交流。燕大毕业生出国留学人数经常名列各大学之首。燕京大学和密苏里新闻学院合办新闻系，和普林斯顿大学合办社会系。由于得到美国铝业资本家赫尔的遗产基金资助，燕京大学和哈佛大学联合创办了"哈佛燕京学社"，研究领域集中于中国的艺术、考古、语言、文学、历史、哲学和宗教史。这是一个成功的范例。

不论是中国化还是国际化对燕大的发展提高无疑都起着重要作用。中国化是办学要适应中国国情，更多启用中国师资包括行政领导。国际化要加强与世界大学的联系。两者不仅不矛盾，而且是互补互利的。使得西方的教育制度能在中国落根，又给中国的教育体制注入了新鲜活力，为中国文化走向世界进一步打开了门户，中西文化的交流得以展开。

（三）要成为"现在中国最有用的学校"，发展新兴应用学科，同时努力提高质量，提高学术水平

为要使燕京中国化，必须要使燕京大学适应中国的需要。旧中国生产力低下，科技文化落后。在这样的情况下，燕京大学期望"成为现在中国最有用的学校"，究竟要开办哪些专业？培养哪些方面的人才？是要认真考虑的。

本着这样的认识，燕大在20年代吸收美国发展职业教育的经验，在美国专家帮助下先后建立了制革、家政、农科、陶瓷、劳工统计调查、教育、宗教事业和社会服务等一系列职业性专科，为中国培养出一批既具有职业技能又适应社会需要的专业人才。燕大的职业技术教育一度十分兴旺，1927—1928年达到顶峰，其学生占在校生总数的26%。以后，由于经费、师资、生源等多方面的困难，职业技术教育逐步萎缩。

但是，燕大却发展了另一些带有应用性的学科。最为引人注意的是新闻系和社会系，开启了中国高等新闻教育和社会学教育的先河。由此，也带动了燕大师生关心现实，深入社会，开展调查，进行社会救济等活动，培养了一批革命者。这在引进美国教育制度的初启时，是始料所不及的。

燕京大学，要跻身于中外高等学府之列，必须重视提高学校质量，提高研究水平。于是，从1921年开始设立研究生课程。1934年，燕京大学成立了研究院，下设文、理、法3个研究所。1928年，哈佛燕京学社成立后，在燕京大学成立了国学研究所，1931年改名研究院，成为中国乃至国际上汉学研究的一个重要基地，在整理典籍、编纂工具书、出版刊物、培养人才、开展专题研究等方面做了许多卓有成效的工作。

上述三项改革，或者三项措施，是相互关连，相互促进的。这决定了燕京大学的发展方向，也对中国的近现代高等教育起着重要影响，在教会大学中起了带头作用。这是燕京大学的成功之处。但是，司徒雷登和其他教会人士在办学上虽有某些不同，而更有其共同之处。贯彻在这三项改革中的一个非常重要也是非常动听的口号，就是"要中国化"或是"彻底中国化"。甚至说："把学校最终办成一所中国大学"。由于司徒雷登的局限，是不可能做到的。要实现彻底中国化还有很多路要走。司徒雷登的"中国化"是和"基督化"也就是"西方化"联系在一起的。司徒雷登和教会办学人士都知道培养人才的重要性，要培养他们所期望的掌握未来命运的人才。可是事情的发展远远超出了他们的主观设想，这主要是由于燕京大学所处的年代正是中华民族濒临危亡奋起抗争的时代。时代培育了广大师生。从而，燕京大学的办学宗旨和所起的作用也就不受办学者的主观意图所限制了。

二

燕京大学成立于1919年正是中国人民新觉醒的年代。从此，中国人民的爱国、民主、争取独立的斗争汹涌澎湃,一浪高过一浪。燕京大学正是伴随着这个伟大斗争而成长的,可以毫不夸张地说,广大的燕京师生始终站在斗争的前列,做出了巨大贡献以至牺牲。

1919年5月7日,在司徒雷登主持的第一次毕业训章典礼(讲道)上,燕大学生因去欢迎五四运动释放被捕同学而几乎无人与会。司徒雷登对此感触颇多,在以后写给美国托事部的报告和友人的信中,一再表示:"中国学生运动是一个很大的希望。……它将成为反对外国侵略和军阀卖国的有力武器。"

1925年,上海发生五卅惨案,燕大师生立刻发表公开宣言,抗议帝国主义租界当局对爱国学生的镇压,要求取消不平等条约。司徒雷登对燕大师生的抗议表示支持。1926年的"三·一八"惨案和1928年的"五·三"惨案的抗议活动,燕大师生都走在前头。

在激烈的斗争中,1923年燕京大学有了第一名共产党员戎之桐,⑦1925年建立了第一个中国共产党的支部,这在全国高等学校是建立最早中的一个。⑧在中共北方区委和李大钊同志领导下,多次参加北平人民反帝示威大游行。"三·一八"惨案当场有魏士毅同学光荣牺牲,戎之桐右手中弹致残,另有郭灿然等三位同学负了重伤。此后,除了短期(1934年1月—1935年11月)组织停顿外,党组织一直活跃在燕京大学。他们在困难的条件下,艰苦奋斗,团结广大师生员工,为实现党的任务而努力。他们善于做各方面人士的工作,包括司徒雷登,宣传党的政策和主张,使得许多人,其中有不少著名人士,成为共产党的亲密朋友。

1931年"九·一八"事变发生,日寇的枪声震惊了中国人民。9月22日发出《燕京大学全体学生对日本侵占东北宣言》。燕大师生立即行动起来,先后成立了"燕大学生抗日救国委员会"、"抗日战士后援会"等组织。全校师生即刻动手做卫生包,支援抗日将士。1933年3月17日,以大约三天的时间完成卫生包33,300个,送交红十字会。并捐赠钢盔10,000顶,同时派出代表团赴古北口前线,慰问将士,赠送钢盔。

1935年底,爆发了声势浩大的"一二·九"学生运动,要求国民党政府停止内战,一致抗日。燕大学生在这次运动中发挥了带头骨干作用。燕大学生高名凯为十校学生自治会起草了《为抗日救国争自由宣言》,宣言内容深刻,文笔犀利,有很强的感染力。随后成立了北平大中学联合会。陈絜、张兆麟、黄华、陈翰伯、龚普生、龚澎等成为运动的中坚,燕大学生成为游行队伍的一支主要力量。他们中间不少人参加了南下扩大宣传,并成为中华民族解放先锋队的成员,有的光荣加入了中国共产党,走上了与工农结合的革命道路。燕大师生还组织了慰问团,由雷洁琼任团长,到绥远慰劳在百灵庙打击日寇的傅作义部队。他们深入到战士中,到医院、到蒙古包、共庆百灵庙大捷。

1937年七七事变爆发,燕大在校园曾升起了美国国旗,成了一顶保护伞,将日军拒之门外。司徒雷登一方面与日本占领当局周旋;一方面通过关系,秘密掩护爱国师生前往国民党统治区或共产党的抗日根据地,具体工作由当时在学生生活辅导委员会工作的侯仁之负责。这时,燕大也像一块磁石吸引着沦陷区的爱国青年,一批不愿接受日本奴化教育的青年学子抱着"燕大存在一日,华北一日不亡"的信念报考燕大。一些著名教授如张子高等也到燕大任教。1941年9月,燕大学生注册人数达到了创记录的1128人。可是不久,爆发了太平洋战争。1941年12月8日,日军侵占燕大。司徒雷登和一些著名教授共27位师生被捕入狱,投入铁窗生活。他们不低头,不媚寇,表现出高尚的气节。燕大也随之在成都复校。广大师生坚持读书不忘救国的传统,在陋巷、在破庙,在食不果腹的困难环境下刻苦求学。同时,积极组织和参加"大后方"的爱国民主运动,被社会各界誉为"民主堡垒"。

1945年,抗日战争胜利,人们欢欣鼓舞。燕大以团结协作的精神,高效率抢时间,在日军还没有完全撤出校园的情况下,在短短的两个月内恢复招生上课。可是,这时中国向何处去已经尖锐地摆在每个人的面前,两个命运,两种前途的抉择日趋明朗。抗议美军驻华暴行,反饥饿、反内战、反迫害;反独裁,争民主的斗争风起云涌。燕大爱国师生又一次走在斗争的前列。而这时美国帝国主义已经取代日本帝国主义,成为中国人民的主要对手。他们日渐撕下了中立的伪装,站在蒋介石的一边,支持内战,镇压人民。难能可贵的是,一所由美国教会兴办,经费主要依靠美国私人捐赠的学校,其中绝大多数师生都站在人民一边,反对国民党统治,反对美国支持蒋介石,反对貌似公允实际趁机掠夺的《中美商约》。燕大师生多次举行游行示威、抗议集会。应当提到,在1948年8月19日国民党对进步青年在北平实行大逮捕的关键时刻,燕京大学代理校长陆志韦先生挺身而出,为保护学生发表了义正辞严、大义凛然的演说,在全国高校是绝无仅有的。不仅如此,一些美国教授如夏仁德(Randolph C. Sailer)先生等也站在中国人民一边,支持和帮助爱国学生运动。而这时的司徒雷登已当上了美国驻华大使,成为美国政策的代言人,越来越对爱国的学生运动不满。在反美扶日运动中,针对司徒雷登的"燕大学生拿着美国救济就不应该说什么"的谬论,学生们气愤地将救济证贴在图书馆墙上,表示拒绝,并以"不食嗟来之食"为主题贴出多幅漫画和大字报,表现了中国人民的民族气节。司徒雷登成了他的学生的对立面。"吾爱吾师,吾尤爱真理",就是学生对他的回答。

燕京大学是一所教会大学,在动乱的旧中国可以说是"世外桃源"。可为什么在五四以后的中国历次的民族民主运动中却扮演了重要的角色呢?这是一个人们经常提出的问题。著名记者,中国人民的朋友埃德加·斯诺(Edgar Snow)曾写道:"燕京大学是一个为上层社会办的教育机构,在通常情况下,这所大学的学生政治上本来应当是保守派。但是,随着民族危机的加深,阶级斗争和日本侵占华北这两件事搅和在一起了,激进的思潮就开始在这所大学传播开来。"(《旅行于方生之地》)。首先,正是现实教育了燕大师生。燕大师生虽多数来自较为富裕的家庭,可他们绝大多数是善良的、单纯的。在那暗无天日的半殖民地半封建社会,几乎每时每刻都有一些受压迫受凌辱的事件在刺激着他们,引发他们去深思,转而奋起抗争。第二,燕京的进步组织进行了卓有成效的工作。他们进行了大量的、耐心的、深入细致的团结群众、教育群众、组织群众的工作,帮助师生认清形势,投身爱国民主运动的洪流。第三,由于燕京的特殊环境,在专制落后封闭的旧中国,燕大在政治上相对民主一些,思想上相对自由一些,文化上相对开放一些。再加上由于在中美两国双方注册,一个"美国大学"的招牌,不论在北洋军阀、在国民党统治或是北平沦陷时期,都起到一些保护作用。1926年"三·一八"事件中,北平几所高校都有牺牲的烈士,都立有烈士的纪念碑,而惟独燕大为魏士毅烈士所写的铭文最为鲜明。

国有巨蠹政不纲　　城狐社鼠争跳梁
公门喋血歼我良　　牺牲小己终取偿
北斗无酒南箕扬　　民心向背关兴亡
愿后死者长毋忘

在谈到燕大的特殊环境时,不能不提到燕大的报刊和斯诺等一批友好人士在宣传报道上所起的特殊作用。在30年代,由于国民党的政治高压,北平地区许多进步报纸杂志被迫停办。惟独燕大的两份报刊《燕京新闻》和《燕大周刊》依然出版,给黑暗中的北平以至全国带来了一线光明。《燕京新闻》是燕大新闻系独立发行的一份中英文实习报纸。创办以来,一直坚持新闻自由,如实报道日本侵华和全国人民的抗日活动。《燕大周刊》原是一份校刊,1935年5月转由学生自治会主办,从此成为学生运动的喉舌。"一二·九"运动前后,该刊发表过许多揭露反动派,宣传抗日的文章。1936年12月5日,《燕大周刊》在第7卷第17、18期中,连续发表了埃德加·斯诺的《毛泽东访问记》,突破了国民党的文化封锁,在国内中文报刊中首次公开展示了毛泽东及其战友的形象。这在当时是很难做到的。到了解放战争时期,《燕京新闻》仍坚持出版,发表了大量揭露国民党黑暗统治,美国侵略扩张的文章,如实报道了学生运动,在北平以至全国引起很大反响。

中国人民的朋友斯诺30年代在燕大新闻系任教。他参加了"一二·九"大游行,随队采访拍照。当国民党对示威游行的消息严密封锁时,斯诺在当天晚上给纽约《太阳报》发了独家电讯,把中国人民抗日的吼声传到了国外。1936年6月,经北平地下党和宋庆龄夫人的安排,斯诺访问了陕北苏区。此行的成果后来写成《红星照耀中国》(即《西行漫记》)。据《燕京新闻》报道,1937年2月5日和22日,新闻学会和历史学会在临湖轩分别召开会议,放映了斯诺入陕拍摄的反映苏区生活的照片一百多张、幻灯片三百多张、电影三百余尺。许多师生第一次看到毛泽东、周恩来、彭德怀等红军领袖的形象以及苏区人民艰苦奋斗、蒸蒸日上的精神面貌,受到很大鼓舞。参加会议的,除本校学生,还有本校一些教授,清华大学的学生以及上海慰劳抗日军队代表团的陈波儿、北平的演员等。参加的人十分踊跃。接着4月,地下党又组织了两次西北访问团,(其中一次与他校合组),到达延安。毛泽东、朱德、博古、林伯渠等向他们介绍了党的政策,长征经过、苏区建议等情况,影响很好。

燕京大学在为争取民族独立,人民民主的爱国主义斗争中,涌现出许多英雄人物。其中最为突出的当数烈士。现在查明的燕京大学在革命战争年代包括建国以后,共有17位烈士。其中12名共产党员。他们中最年轻的仅21岁,最大的也才38岁。他们中有党的领导骨干,也有普通人物。在第一次国内革命战争时期牺牲的1人,第二次国内革命战争时期牺牲的4人,抗日战争时期牺牲的7人,第三次国内革命战争时期牺牲的1人,建国后牺牲的4人。我们收集的材料是不完备的,还有一些被敌人残酷杀害或是英勇牺牲的校友,至今还不为人知。有的虽然知道了,却没有正式命名为烈士。而他们的业绩同样与日月同辉,他们的英名同样炳照千秋,同样值得我们永远怀念。

燕大校方对中国人民的革命斗争和爱国的学生运动总的说来是同情和支持的。这对燕大的特殊环境的形成起着重要作用。当司徒雷登被任命为美国驻华大使之初,各方面曾对他寄以希望。而他却成为执行美国政策的代表。这是他一生的重大转折。真是无可奈何花落去。

三

经过几年的努力,燕大的迅速崛起引起了教育界的瞩目。燕京的教学质量和学术水平是高的,吸引许多青年,在这里完成他们的高等教育学业,丰富的校园生活又促使他们更好地成长。燕京的教学特点可说的很多。这里主要谈四点。

(一) 重视师资队伍、完善图书设备

从办学初起,燕大就重视师资队伍的建设。在30年代先后通过聘任和兼课方式网罗了一支阵营强大的教师队伍。他们中间既有从国外学成归来的博士、硕士,如刘廷芳、洪业、赵紫宸、徐宝谦、周学章、冯友兰、萧公权、徐淑希、许地山、熊佛西、马鑑、张星烺、黄子通、李荣芳、陆志韦、吴文藻、谢冰心、雷洁琼、齐思和、翁独健、严景耀、林耀华、周一良、侯仁之、高名凯、赵承信、林嘉通、孟昭英、赵萝蕤、胡经甫、戴文赛、陈芳芝等;又有在国内已负盛名的学者,如陈垣、吴雷川、周作人、郭绍虞、容庚、钱穆、钱玄同、马裕藻、俞平伯、朱自清、顾颉刚、张尔田、金岳霖、邓之诚、张东荪、郑振铎、聂崇岐、褚圣麟、裴文中、张子高、葛庭燧等。以后在成都燕京,有陈寅恪、吴宓、萧公权、李方桂等一流学者。在建国初期,又有翦伯赞、沈志远、林汉达等教授进入阵营。还有一批优秀的外籍教师,如高厚

德(Howard S.Galt)、博晨光(Lucius Porter)、窦维廉(William H. Adolph)、夏仁德(Randolph C. Sailer)、韦尔巽(S.D. Wilson)、林迈可(Michael Lindsay)、班维廉(William Band)、赖朴吾(Ralph Lapwood)、博爱理(Alice M.Boring)、范天祥(Bliss Wiant)、谢迪克(Harold Shadick)、包贵思(Grace Boynton)、柯安喜(Anne Cochran)等。燕大的师资阵营堪称国内一流。

燕大图书馆藏书丰富。从20年代末开始,在哈佛燕京学社的帮助下大量购置珍、善本书籍。到1937年,燕大的中、西、日文藏书已由原来的几万册增加到31万余册。其中中文书尤以丛书、史地、文集、金石为大宗。有的院、系还有自己的图书室,完备的实验室和校外实验基地。

燕大注意不断改善对中国教职工的待遇。1922年就宣布正式实行中西籍教职员均等待遇,教授月薪360元,校长也如此。对教职工还采取了养老金制,按薪金的一定比例,以美元储存,退休后可以一次付给。

燕大重视师资队伍的建设还表现为利用和国外著名大学进行人员交流的协议或者利用奖学金的名额,有计划地选派青年教师出国攻读学位。最为成功的例子是在洪煨莲教授的安排下,通过哈佛燕京学社资助一批中国学者到哈佛大学攻读学位,进修或工作。他们中间有齐思和、翁独健、邓嗣禹、周一良、林耀华、蒙思明、郑德坤、王伊同、聂崇岐、王钟翰、陈观胜等人,日后其中大多成为学贯中西、卓尔成家的知名学者,开辟了用西方方法研究中国问题的比较文化研究的新领域。燕大还实行学术休假制度,七年之后有一年假期,不少教授借此到国外收集材料,汲收信息,开展研究。

在中国各大学中,燕大教师与学生比例一直很低。在稳定发展的二三十年代,宁可在其他方面节约开支,也基本保持1:3的师生比,而这一时期教会大学的平均水平是1:65。⑨在"燕大一家"的氛围里,师生关系显得更为亲密。冰心在《当教师的快乐》一文中写道:"回忆起那几年的教学生涯,最使我眷恋的是,学生们和我成了知心朋友。"中科院院士黄昆1938年进入燕京大学,年轻的英国教师赖朴吾正好来到学校。于是,赖朴吾就把物理系和数学系的优秀学生组成一个课外研究小组,共同学习、研讨当时世界上刚刚显现的两个新兴学科,相对论和量子力学。师生一起捕捉科学信息,勇攀科学高峰,对他们以后的发展起了重要作用。

1939年前后,燕京大学曾实行燕京－牛津合办的导师制专修班,挑选一批学生入专修班学习,该班称作Modern Greats,由英籍教授林迈可创始,主要教学形式不采取班级授课制,而是仿照牛津以导师辅导自学为主。辅导又分三种形式:一是导师讲学;二是小组辅导;三是个别辅导。小组可轮流活动。可惜这个导师制只实行了三届到1941年太平洋战争爆发就中止了。

(二) 重视基础,严格要求

燕京大学重视培养学生的基本功,实行美国所倡导的"通才教育",扩大学生知识面,增强适应能力,要求掌握好基本的、必需的东西,为日后深入研究或从事各项工作做好必要的准备。每个学生有主系与副系(或称辅系),主辅系可以"跨学院"。课程设置分主修、必修和选修,或是公共必修、专业必修和选修。燕京规定在本科四年中必须修满140—146学分的课程才能毕业,其中共同必修课和专业必修课一般要占95—99个学分。

30年代初,来燕大教国文课的钱穆在《师友杂记》中比较了北大、清华、燕京的情况,写道:"燕大,女生最多。""上课,学生最服从,绝不缺课,勤笔记。""在课外之师生集会则最多。"可见,燕大教学管理较为完善,教学要求比较严格,学生学习也较勤奋,女生比例大也是一个特色。燕大对新生入学要求比较严,1937年以前,录取新生和报考人数的比例一直保持1:6左右。⑩入学以后,仍然有可能因学习成绩不好而被淘汰。淘汰人数还不少。有的系科如医预,淘汰率较高。

燕大为了鼓励学生学习设立了奖学金。当学生毕业时,对优秀学生发给"金钥匙"(斐陶斐荣誉会员称号)。同时,也为优秀学生提供出国深造的机会。

对家境贫寒的学生也提供帮助。帮助他们寻找工作,自助上学。学校也可以向学生贷款,毕业后归还。有材料认为,在1927年燕京大学有占全体三分之一的学生靠奖学金、贷金和自助工作维持学业。⑪一大批贫寒子弟通过苦读成了优秀人才。

学校的严格要求,培养了学生认真、踏实的学风。中科院梁植权院士写道:"在燕大第一次上普通化学实验时,给我很深印象的是老师强调整洁,强调基本操作的正规化,至今不忘。老师亲自表演如何清洗玻璃用具,如何拿吸管,如何标定吸管,如何正确读滴管,如何标定滴管,如何使用天平,如何标定砝码等。对写实验记录也有一套严格要求。……从而,培养了我严肃、严格、严密的科学学风。"

(三) 重视文化交流,努力融贯中西

燕京大学既是中西文化交流的产物,也是开展中外文化交流的基地。

这里的环境有利于师生接触西方,了解西方,学习西方。这里有很多外籍教师,有大量的外文书刊,学习、运用外语的机会比较多。同时,燕大对学生的中文水平要求也比较高,要具有一定的中国历史文化知识。要求学生"确实生活在讲两种语言的环境中","能够灵活地从一种语言转到另一种语言。"⑫燕大的学术空气也比较自由,在课内,在课外,可以接触到各种思潮,"要是你愿意,你可以从马克思研究到克鲁泡特金,一直到三民主义,五权宪法"。⑬这就为进行文化交流、融贯中西,培养各种人才提供了有利条件。

燕大有一批中西兼通,学识渊博的师资,正由于他们的传承,培养了人才,促进了文化交流,只可惜燕京存在的时间太短,也就戛然中断了。陆志韦教授在五四时期就以新派诗人崭露头角,他也能写律诗。后留学美国,学习心理学,是我国现代心理学的奠基人之一。30年代中期以后,由于日寇进逼,不能开展实地调查,逐步由心理学转向语言学,致力于中国传统音韵学的研究,把自然科学方法引入语言学,成为我国卓越的语言学家。再如吴宓教授,既教西洋文学,"人生文学",又开《红楼梦》系列讲座。李方桂教授既为国文系开课,又为外语系开语音学。在他们身上闪烁着中西文化的光辉,这些都是他们中西素质的结晶。

在中西文化交流,融会贯通的漫长过程中,一个突出的问题是如何切合中国国情,如何做到以我为主。为此,燕大师生也做过很多探索和尝试。吴文藻教授在燕京十年(1929—1938年)所进行的民族学和社会学的"中国化"是个突出例证。他尖锐地指出:中国的民族学和社会学始而由外人用外国文字介绍,例证多用外文材料,继而由中国人用外国文字讲述,有多讲外国材料者。他大声呼吁,组织学术界同仁共同行动起来,找寻一种有益的理论框架,并把它与中国的国情结合起来进行研究,努力训练出中国"独立的科学人才,来进行独立的科学研究"。他有计划地安排人力,分赴全国各地开展调查,撰写材料,取得很大成绩。由于抗战曾一度中断,但在成都复校后又得以继续发展。这种探索还反映在其他方面。如齐思和教授对中国古代史的研究就多以欧洲古史做对比,历史地理学家侯仁之教授曾把北京市和华盛顿特区的城市规划进行了对比研究,魏晋南北朝史专家周一良教授曾主编《世界通史》和《中外文化交流史》,他们都突出以中国人的眼光和视角看待问题。

（四）重视全面发展，培养多种才能

燕京是一所新式学校，很注意学生的体育锻炼，注重培养学生的音乐素养以及动手能力和接触社会的能力，以培养学生多方面的才干。这也可以说是燕大教育的又一特色。

燕大师生普遍喜爱体育运动。男女生各有一座体育馆，这在当时国内大学里是少有的。燕大设有体育系，虽然专修的学生很少，而他们面向全校，担负着全校的体育课程，课外体育活动辅导以及代表队的教练培训等工作。体育系老师把全国以及全校主要是田径各项的最好成绩醒目地写在体育馆内，引起人们的景仰并鼓励运动员们打破记录。燕大的篮球代表队曾是"华北五虎之一"，享誉京津。燕大的体育工作把普及与提高较好地结合起来，很好地发挥了体育在整体教育中的作用。

燕大原是一所教会学校，有着爱好音乐的传统和风气。随着形势的发展，大众音乐进入了校园。所以，在燕大宗教音乐和世俗音乐，高雅音乐和通俗音乐交响在一起，体现着时代的特征。燕大设有音乐系，培养了不少优秀人才，而它又面向全校，每逢星期天主持不定期的音乐欣赏会，对提高全校音乐水平起着一定作用。每逢圣诞节，燕大师生通过细心排练，演出的《弥赛亚》合唱，这种合唱活动，并不强调宗教气氛，而成了一个高水平的音乐欣赏，一些非教徒也参加了活动。群众性的歌咏活动，随着学生运动的展开，更是唱遍学校内外。音乐不仅陶冶了师生的情操，而且成为前进的号角。高唱队、舞蹈队、燕剧、海燕剧团活跃在各种舞台上，嘹亮的歌声和生动的形象，鼓舞了教育了广大群众，在院校中和社会上都有着很好的影响。京剧也受到师生的特别喜爱，1934年，燕大就组有国剧社。

燕大注重学生实践能力、动手能力的培养。普遍重视学生的写作，包括中英文写作能力的培养。对理科学生，注重培养他们的实验能力和制作能力。著名物理学家谢玉铭1926年自美国学成后回到母校任教，后任物理系主任，十分重视实验工作，注重培养学生的实验能力。他建立了一个小型仪器车间，系里所用的教学仪器有不少就是由这个车间制造的。研究生和高年级本科生在技师指导下自己设计制造所需实验设备，这对于造就既能动脑又能动手的人才好处极大，形成为燕大物理系的一个好传统。谢玉铭在多年教学经验的基础上与郭察理合编了一部名为《物理学原理及其应用》的教材，运用了许多当时中国学生日常生活中能经常接触到的事例以阐明物理学的原理，引导学生把理论和实际结合起来。对文科学生，则注意培养他们接触社会，调查采访的能力以及查寻运用资料的能力。

燕大一向以热心社会救济工作著称。1920年华北五省大旱，刚成立不久的燕大组织演剧队上街募捐，并派人在保定、石家庄等地设立灾童学校。抗战爆发后，燕大在海淀设立育材、诚孚、燕园三所贫民学校，定期救济贫民，其中以诚孚最有成效。二三十年代，燕大重视农村工作。1928年，在北平郊区清河镇设立乡村实验区，后又参加"乡村建设运动"，多次派师生赴河北定县，山东汶上县进行社会实验和平民教育。清河实验区主任、燕大社会系教授张锡钧曾任汶上县县长，训练学生进行农村社会调查，帮助农民改善农作物和农村医疗卫生状况。

在燕京大学进行教学的过程中也传授着西方的意识形态。西方的世界观、人生观、价值观必然对师生有着很大的影响。这种影响可能比其他大学要更大更深一些。这是一个应该正视的问题，同时，也是一个复杂的问题。因为固然要看到受到西方意识形态影响的一面，同时，也要看到西方意识形态并不全是糟粕，也有着优秀的内涵。在燕大，也不只是念洋文，读洋书，也传授着中国的文化，特别是传统文化中的精华部分也同样影响着师生。更重要的是，时代不同了，在校园里，还传播着马克思主义社会主义的思潮。燕京的小环境脱离不了整个中国和世界的大环境，而大环境制约

着小环境。燕大师生的世界观、人生观、价值观正是在这样错综复杂的情况下成长着,变化着,发展着。司徒雷登和博晨光等从新约圣经中选出了两句话,组成"因真理得自由以服务"作为全校师生理应服膺,为大家共同接受的校训。现在看来,这个校训在字面上是可以认同而实质上是存在歧义的。对什么是真理,什么是自由,为什么人服务,如何服务,不同的人是有着不同的理解和认识的。这就表明存在着世界观、人生观、价值观的分歧。不论这些分歧如何,生于忧患、长于忧患的广大燕大师生,最为突出的是他们的热爱祖国、追求进步的思想情怀。在这本《燕京大学人物志》中所写的许多人以及没能写到的许多人,他们不顾个人的得失,待遇的厚薄,名位的高低甚至人身的安危,毅然以祖国利益为重,在不同岗位、不同地域、不同年代、以不同方式默默为祖国奉献,就是最好的实证。"服务同群,为国效荩忠"的爱国主义精神始终是燕大师生的主旋律,这也是"燕京精神"的集中体现。

四

燕大三十多年所培养毕业生的全面状况,由于年代较久,资料分散,难以找到比较确切完整的数据。但是从我们了解的情况看,从事教育工作和医疗工作的人比较多,其比例之高在最好的几所教会大学中十分少见。"我们不能不说如此之多的燕大学生投身于教育事业反映了某种精神上的追求。这种追求与燕大教育的影响应该说是有联系的。"⑭

燕大的系科设置有其特点,教学工作也有其优势。毕业生大多数为中高级知识分子,比较集中在教育界、新闻界、医务界、外交界、科技界和学术界。

新闻系是燕京的一个著名大系,为我国培养出最早的一批受过系统专业教育和训练的新闻工作者,受到国内各大新闻单位,尤其是国际新闻部门的青睐。"有一段时间,中国新闻社派往世界各大首都的代表全是我系的毕业生,他们在中国报纸编辑人员中的地位也同样突出。"⑮新闻系人才辈出,第二次世界大战结束,在密苏里舰上采访日本投降的三位中国记者都是燕大学生,他们是朱启平、黎秀石和曾恩波。直到80年代,新华社、人民日报社、中国新闻社派驻美国、英国、法国、德国、中东、香港等地的首席记者,很多都出自燕京新闻系。

燕京设有医预系和护预系。他们在燕京苦读三两年,打好基础后,再转考协和医学院(或其他医学院),学医的继续攻读五年,学制最长,毕业后相当于博士学位。学护士的,再学三年,毕业后具有美国注册护士资格。由此,产生了许多"华佗"、"扁鹊",在中国医务界具有突出的地位。他们中的很多人是一门新兴学科在中国的创始人,或是出类拔萃的专家。他们医术精湛,医德高尚。他们不仅在国内而且在国外医治了不少疑难病症。

燕京没有外交系,由于它的特殊环境,却培养了不少外交、外事人才。有意思的是,有一时期海峡两岸的外交部长,国民党和新中国的驻美大使,都是燕大校友。早在建国以前,燕大的一批学生就投身于解放区的外事工作,建国以后成长为新中国的外交家。他们在不同时期代表中国主持或参与具有历史意义的外交谈判和交涉,在复杂的情况下,胜利完成任务。这里有朝鲜停战谈判,万隆会议,日内瓦会议,中美建交,香港、澳门回归等载入史册的重大事件。燕大学生还有多人代表国家出任大使(包括女大使)和国际组织的代表,有的多年从事民间外交工作。有的成为出色的翻译家、国际问题专家。

至于科技界,首先引人注目的是中科院和工程院的院士。燕大学生人数不多,燕大存在时间又短,可在两院院士中燕大学生占有相当比重。共计科学院院士43人,工程院院士11人(有四人重合)。除院士之外,燕大还培养了一批科学技术界的专家。

文学艺术界、史学界、社会学界、经济界都有不少优秀的人才,享誉海内外。

在教育界工作的人就更多了。有许多默默无闻的优秀教师,有一大批办学有方的校长。有许多是出色的内行,为祖国教育事业做出过重大贡献。

燕大33年确实人才济济。每个燕大人成长的道路各不相同,成长的因素也不尽一致,但都满怀深情,感谢燕大对他们的培养教育。这本《燕京大学人物志》希望能记录下他们生活的轨迹、事业的成就和对母校的眷恋。

注：

① 《Records of the General Conference of the Protestant Missionaries of China, Held at Shanghai May 7－20,1890》Shanghai：American Presbyterian Mission Press《在华基督教(新派)传教士大会记录,1890,上海》,上海美国长老会印制 P.530。

② 同上 P.497。

③ 同上 P.458。

④ 韩迪厚：《司徒雷登传》,原载香港《南北极》月刊1976年6、7、8号。

⑤ 司徒雷登：《在华五十年》程宗家译,北京出版社。

⑥ 史静寰：《狄考文和司徒雷登在华的教育活动》(台湾)文津出版社,1991年。所引资料与菲力浦·魏斯特书中有所不同。

⑦ 北京大学党史校史研究室：《战斗的历程》P.14.北京大学出版社。

⑧ 北京大学党史校史研究室：《战斗的历程》P.15.北京大学出版社。

⑨ Philip West《Yenching University and Sino－Western Relations:1919－1952》菲力蒲·魏斯特：《燕京大学与中西关系：1919—1952》哈佛大学出版社,P.141。

⑩ 史静寰：《狄考文和司徒雷登在华的教育活动》(台湾)文津出版社,1991年。转引 William P. Fenn P.80。

⑪ 韩迪厚：《司徒雷登传》,转引托事部档案。

⑫ 司徒雷登：《在华五十年》。

⑬ 唐海：《记司徒雷登》,《燕大双周刊》第17期,1946。

⑭ 史静寰：《狄考文和司徒雷登在华的教育活动》(台湾)文津出版社,1991年。

⑮ 司徒雷登：《在华五十年》。

中国科学院院士　中国工程院院士

傅　鹰

傅鹰(1902—1979)，物理化学家和化学教育家，中国科学院第一批(1955年)学部委员(院士)，中国胶体和表面化学的开拓者和奠基人，他在胶体和表面化学方面的突出贡献已为国际学术界所公认。

1919年他入燕京大学化学系学习，是燕大成立后的首届学生。轰轰烈烈的五四运动和《新青年》杂志对他有很大影响，从此他立志走科学救国的道路。1922年赴美国就读于密执安大学化学系，1928年获得博士学位。1929年回国，先后执教于沈阳东北大学、北京协和医学院、青岛大学、重庆大学和厦门大学。曾任厦门大学教务长和理学院院长。当时厦门大学校长萨本栋很器重傅鹰的学识和为人，在病中推荐他接任校长职务。同一时刻，国民党当局却诱迫他参加国民党。傅鹰坚定地表示"我宁可不当院长、校长，也绝不加入国民党"。在1944年他毅然离开厦大返重庆，在重庆大学教书，同时在重庆动力油脂厂当实验室主任，但当时无法开展研究工作，1944年底再度赴美密执安大学继续进行表面化学研究工作，接连发表了许多有创见性的论文。1949年10月新中国成立，他回到祖国，先后到北京大学、清华大学、石油学院任教。1954年再度调回北京大学，1962年被任命为北京大学副校长。

他是我国胶体和表面化学研究的开拓者和奠基人，他早在20年代师从著名胶体和表面化学家巴特尔(Bartell)教授，进行表面化学特别是吸附的研究，并曾取得许多重要的结果。1929年他发表的博士论文就对著名的特劳贝(Traube)规则进行了修改和补充；最早设计了利用润湿热测定固体粉末比表面的方法(比B.E.T.法早8年)；发展了测定多孔固体比表面的气体吸附热力学方法；开展了一系列液相吸附热力学的研究；发现并确证固体自溶液中的吸附也存在多分子层的情形等等。这些都是国际学术界所公认的，并经常被有关专著、教科书和科学文献所引用。

新中国成立后，他上书学校和教育部门领导，申明胶体科学是利国利民的科学，建议在我国发展这一门学科，于1954年在北京大学成立了以他为主任的我国第一代胶体化学教研室，从此为他开展研究工作创造了有利条件。他选择研究课题，既重视基础，又注重实际应用。例如在40年代初，根据实际需要，就曾研究气体对桐油聚合的影响，以及萃取分析方法。在他的指导下教研室完成了一批具有较高理论水平和实用价值的开创性的论文。如聚电解质的加溶作用、铜矿浮选电动现象与应用、非电解质溶液吸附、泥浆流变性、离子交换理论与方法、活性炭孔结构与吸附关系、脂肪醇的泡沫性能、濛脱土的润湿与吸附等，并继续研究萃取法，用极简单的方法，从理论上推导出了化工单元操作中很重要的萃取分离最佳体积比的公式。

傅鹰执教于化学讲坛半个世纪之久，为国家培养了几代化学人才，堪称桃李满天下。当年那些跟随傅鹰共同为新中国胶体和表面化学事业奋斗的研究生、年轻教师而今都已成为我国科技、教育战线上的专家、教授和学术带头人。

傅鹰对教学工作热情负责,不仅传授知识,还培养学生科学的思维方法和严谨的治学态度,实事求是和理论联系实际的好学风,以及热爱祖国和发展科学的献身精神。曾先后讲授过物理化学、无机化学、胶体化学、化学动力学、化学热力学和胶体热力学等课程,为此他曾编写过多种教材。这些教材内容丰富、逻辑严密、文字生动、文笔流畅,深受师生们的欢迎。但他治学态度严肃,从不肯轻易正式出版。例如他编写的胶体化学讲义,曾用多年,校内外师生都希望能正式出版。但他认为后来胶体化学诸多发展,非重写不足以反映当代胶体科学的面貌,不同意将原稿整理出版。他生前得以亲睹出版的只有《化学热力学导论》一本。而他在30年代就开始倾注心血、50年代曾铅印过的《大学普通化学》还是在他逝世后才正式出版。该书被授予1987年国家级优秀教材奖。

傅鹰在不同场合,坦诚直率地发表过许多有胆识、有创造性的意见。最有代表性的是1955年9月,在《化学通报》第9期上发表的"高等学校的化学研究——一个三部曲"就集中反映了他对发展祖国科学事业和教育事业的赤诚之心和系统看法。

《三部曲》的第一部是献给学校当局的。他说"我们的国家正在过渡时期,高等教育之发展,至少在广的方面一日千里,因此学校的领导人中做过科学研究的并不多,做过化学研究的就更少了。这也就是说,我们的领导人对于化学研究不是行家。"有感于此,他就什么是研究,对待研究的态度和如何提倡研究发表了"供领导参考"的看法,恳请领导"本着言者无罪的精神,以容忍的态度对待一个科学工作者的意见"。

在其第二部曲中,献给指导研究的教师,指出学校当局创造了有利条件之后,研究之能否顺利的展开,首先要看导师们对待研究的态度。他指出"我们每一个人全应当体会,时代已经变了。现时中国化学家的首要任务是帮助祖国发展工业和建立我们的化学,从前的那一套应当铲除了。"他把"为科学而科学"的脱离现实的观点,"不顾一切企图将自己造成一个大师的倾向","不合作"的歪风和"轻实验重理论的"的"本末倒置"的毛病,统统列入"必须纠正"之列。最后诚恳告诫做导师的人"要为学生指出明路,不要只为自己打算而将学生领到牛角尖或泥塘里去"。

傅鹰以师长的身份,把第三部曲献给下一代。他充满挚爱、信任和希望、深情地嘱咐他的学生:"你们应当认清你们的责任。我们的祖国能不能成为一个独立的、现代化的国家和我们的科学水平有极重要关系,其中最重要的一种就是化学水平,而提高化学水平的责任主要是在你们的肩上。……时间和机会全是站在你们的方面。……我们不能允许你们使我们失望,因为这也是全国人民的希望。"最后他要青年们记住:"……世界上还有比建立祖国的工业和科学的事业更严肃更愉快的吗?"

这个著名的三部曲,既表现出他作为一个科学家敢于直面现实的勇气,又表现出他在科学研究上的真知灼见。

1979年9月7日,傅鹰因病逝世。邓小平同志亲自批示隆重悼念这位勤勤恳恳,顽强奋斗,为科学和教育事业贡献一生的伟大爱国者。傅鹰的渊博学识、高尚品德、襟怀坦荡、刚正不阿、求实作风和爱国精神,将永远为人们颂扬与景仰。

(董贻中摘编)

蔡镏生

蔡镏生(1902—1983)物理化学家。中国催化动力学研究的奠基人之一，光化学研究的先驱者。中国科学院学部委员(1958年，现称院士)

（一）蔡镏生是一个学习、工作、生活在燕京大学几乎大半生的学者。1920年他在泉州培元中学毕业后，以优异成绩被推荐免费就读于燕京大学化学系。1924年大学毕业后考入燕大研究院并兼任助教。他的研究论文是关于鞣皮方面的，1927年获燕大化学系第一批硕士学位。他学以致用，与吕兆清(制革工业实业家)等人，应用鞣皮制革的新技术，创建了中国第一家"洋法"制革厂。1929年由学校派赴美国留学，在芝加哥大学化学系攻读光化学和化学反应动力学。他不仅刻苦地学习化学基础理论知识，还特别注意学习所需的物理知识和实验技术。他还掌握了精湛的吹制玻璃仪器的技术。这对当时从事实验物理化学研究是非常重要的。1932年获博士学位。他当即回国在燕京大学先后担任讲师、教授、系主任。他在物理化学的教学与科研工作中不懈地拼搏，曾与本校物理系葛庭燧教授合作，研究了"鱼藤酮的紫外吸收光谱"和"鱼藤酮的光化学分解"，还开展了有关溶液吸附规律的探索研究。在几年时间里，他在中国化学会会志上连续发表了十余篇论文。

1937年七七事变，北平沦陷，他因不愿受日寇欺凌，回南方逃难，去厦门大学任教。后厦大从沿海迁至内陆长汀，为了内迁，他和化学系师生日以继夜地将仪器装箱，因劳累过度而得病，只得留在鼓浪屿休养，后得知燕大未遭日寇侵占，又于1939年重返燕大，直至珍珠港事变，燕大暂时关闭。他不愿在日本人把持的学校工作而去私立中国大学任教。1945年抗日胜利，燕大复校，他立即回校负责化学系的恢复工作，任化学系主任。经他和系里师生的共同努力，在当年10月即招生复校，1948年应邀去美国华盛顿大学做访问学者，与卡门教授合作，共同开发示踪原子技术在化学研究中的应用，用C^{14}研究了若干氰化物的反应动力学。他们所做的开创性研究证明，示踪原子技术是研究化学反应动力学的最有效的手段之一，这一技术至今仍被广泛采用。1949年学术访问结束时，虽然这时美国圣路易医科大学聘请他当教授，但他毅然决定回国，于当年春回到燕园，而且带回C^{14}样品，以便回国开展这项新技术的研究。正在他准备开展这项研究工作时，全国进行了院系调整，1952年他被调去东北人民大学任教而离开了燕园。

（二）蔡镏生为吉林大学化学系的创建做出重大贡献。蔡镏生到东北人民大学(后改名为吉林大学)创建化学系。他毅然响应号召，临行时，他和夫人一起处理了多年积累的家具及其他珍爱的物品，而带了一批回国时带回的仪器和药品以及图书资料。到了长春，他与唐敖庆教授等通力合作，率领7名中青年教师和11名应届大学毕业生，开始创建现今的吉林大学化学系。他首先抓教学计划，认真组织几门基础课的教学梯队，让学术水平高和有丰富教学经验的教师进行示范教学，这样就很快培养出一批主讲教师，保证了教学质量。此后他又抓科研队伍的建设，自己搭实验台，做实验仪器，迅速地在各门化学学科中形成了具有特色的科研方向。由于蔡镏生和这批知识分子对教育和科研事业的执著追求，到80年代，吉大化学系培养本科生约5000人，研究生近400人，并承担和完成了一系列国家重点科研任务，许多项目还获得国家级、部委级的奖励。

（三）中国催化动力学研究的奠基人之一，光化学研究的先驱者。蔡镏生到了吉大化学系，在他所专长的物理化学研究领域里，首先开展了催化动力学的研究，1963 年，国家把建立催化动力学研究中心的重任交给了蔡镏生，在两年的时间里，吉大化学系建立了具有 30 人规模的催化动力学研究室。他为研究室选定的研究课题为"甲烷氧化制甲醛"，这是一个既具有重要学科意义、又具有重大应用前景的领域。在研究过程中，容易发生爆炸，蔡镏生不顾危险，经常亲自参加实验。这个项目的研究成果在学术上达到了国际水平。

此外，他除继续发展示踪原子技术之外，又建立质谱、色谱分析技术和闪光光解技术等物理实验方法。

蔡镏生又是中国光化学研究的先驱。70 年代，他承担了国家重点科研项目"光与激光催化的研究。"1975 年他同吉林化工研究院合作，采用光化学方法合成甲基苯基二氯硅烷，利用这种硅烷可以进一步合成硅橡胶。这种硅橡胶是我国航天工业中急需的材料。这个研究成果在吉林化工研究院通过了小试和中试鉴定，生产出的硅橡胶解决了航天工业的急需，并获得 1981 年化工部二等奖。

此外他还进行了光催化分解水和光助催化分解水合成 NH_3 以及红外振动激光化学的研究均取得了具有重要学术意义的结果。他所承担的国家重点科研项目，在项目结束时，顺利地通过了专家评议，受到同行的好评。

（四）蔡镏生治学态度严谨，他既有很高的理论水平又掌握精湛的实验技术。他为人谦虚忠厚、热情友善、平易近人。他尊重同辈，善待小辈，他从不自以为是强加于人，而总是认真地充分地交换意见经过讨论取得共识，让年轻人自觉地进行工作。

自 1960 年以后，他所领导的研究集体先后发表近百篇论文，每篇文章虽都经过他的认真推敲和修改，但其中许多文章在发表时并不署他的名字。他说："我年龄大了，参加的实验工作不多，发表文章应真实地、充分地反映年轻人的工作水平，我希望青年迅速成长起来。"他要求自己指导的研究生，个个都要实验技术过硬，对所得实验数据都一一进行审核。他就是这样用自己的一言一行潜移默化地培养着年轻的一代人。

（董贻中摘编）

黄 祯 祥

黄祯祥（1910—1987），1910 年 2 月 10 日出生于福建省厦门市，1987 年 3 月 24 日病逝于北京。

他于 1929 年从燕京大学医预系以优异的成绩考取了当时的医学最高学府——北京协和医学院。1934 年毕业后留院工作，1941 年赴美国，在普林斯顿洛克菲勒医学研究院任研究员，1942 年在纽约哥伦比亚医科大学任讲师，1943 年 12 月回国，先后在中央卫生实验院和该院的北平分院工作。解放后 1949 年至 1956 年任中央卫生研究院微生物系主任，1956 年至 1958 年任中国医学科学院病毒系主任，以后一直在中国医学科学院和中国预防医学科学院病毒所从事病毒研究工作。1981 年至 1987 年任病毒所名誉所长。1980 年当选为中国科学院学部委员，1984 年至 1987 年任中华医学会病毒学会主任委员。曾被收录入 1982—1985 年美国各版《世界名人录》中。

黄祯祥是我国医学病毒学的奠基人之一,也是中国医学科学院病毒系的第一任主任,他对我国医学病毒学的发展和人才培养做出了很大贡献。

在科学研究上,黄祯祥提倡理论必须与实际相结合,病毒研究必须与防治病毒病的实际相结合。他思想活跃,思想开阔,既实事求是,又敢想敢干,对科研工作他经常强调两点:一是要注重创新,科研是探索未知的,这就要创新,创新是科研工作的核心;二是要注意抓苗头,苗头是希望所在,对苗头要紧抓不放,一抓到底。他治学态度严谨,认真,要求严格,容不得半点马虎。

40年代初,国际上病毒学研究处于起步阶段,研究方法落后。病毒是极小的微生物,在普通显微镜下观察不到;病毒又是寄生于活细胞内生存,不像细菌可以在培养基上培养繁殖。当时,检测病毒采用动物测定法,即将感染材料注射动物或接种鸡胚,观察动物和鸡胚的发病和死亡情况来判断。许多学者都试图培养病毒而未获结果。

40年代初,黄祯祥试用组织块培养病毒,他用西方马脑脊髓炎病毒和特异性免疫血清在组织培养上进行中和试验,获得成功,并先后发表了《西方马脑炎病毒在组织培养上滴定和中和作用的进一步研究》等6篇论文,阐述了病毒的组织培养技术。这一成就具有极其重要的学术价值,它使病毒学研究从实验动物和鸡胚的动物水平提高到组织培养的细胞水平。美国1982—1985年各版《世界名人录》称这一技术为现代病毒学奠定了基础。这一技术又有很大的实用价值,应用这一技术,国际上许多学者因此而成功地分离到多种新的病毒,解决了许多当时还鲜为人知的疾病的病毒病因问题,有些学者还用此方法研制疫苗。美国一些学者曾公正地指出,50年代美国病毒学家恩德斯(Enders)获得诺贝尔奖金的成就,其基础正是黄祯祥创建的组织培养技术。

解放后,黄祯祥开始在我国进行流行性乙型脑炎病毒的研究工作,他带领中国医学科学院病毒学系的科研人员开始了乙脑病毒分离、实验诊断方法的建立、乙脑传播媒介昆虫生态学、乙脑病毒特性等方面的研究,基本摸清了我国乙脑的流行规律、传播途径等特点,指出蚊子是传播乙脑的媒介昆虫,阐明了消灭蚊子对控制乙脑传播的意义。黄祯祥还是我国首先进行乙脑疫苗研制工作的学者,这项工作从1949年开始,一直持续了十几年,从最初研究死疫苗开始,继而发展到利用组织培养技术研究乙脑病毒活疫苗。此项乙脑疫苗研制工作获得了1978年全国科学大会奖。

预防医学研究取得的成果往往需要经过许多人甚至几代人的共同努力,我国乙脑研究工作经过整整40年,终于获得了显著成效并被社会所承认。1988年这项成果获得卫生部科技进步一等奖。颁奖时虽然黄祯祥已不在人世,但是人们不会忘记他在我国乙脑研究中所起的开拓者的作用。

1954年世界上分离麻疹病毒获得成功,用组织培养技术研制麻疹病毒疫苗就成为世界病毒学界探讨的重要课题。黄祯祥以极大的热情和充沛的精力投入到麻疹疫苗的研究工作中。他和著名儿科专家诸福棠教授合作,对麻疹病毒的致病性、免疫原性进行了深入的研究。他们的工作对当时我国麻疹病毒的研究起到了推动作用。此后,黄祯祥对麻疹病毒的血凝素、麻疹疫苗的佐剂、疫苗生产工艺等进行了广泛的研究。《福尔马林处理的麻疹疫苗》是他这一时期发表的重要论文。这篇论文在第四届国际病毒学大会上宣读,得到了与会者的好评。

十年浩劫以后,黄祯祥致力于病毒免疫的研究,先后发表了《被动免疫对活病毒主动免疫的影响》等论文。在病毒免疫治疗肿瘤的研究方面,他指导研究生进行了大量探索性工作,发表了《不同病毒两次治疗腹水瘤小鼠的初步研究》、《病毒与环磷酰胺联合治疗小鼠瘤的研究》等多篇论文。这些研究成果无疑对肿瘤治疗提供了有价值的线索和依据。黄祯祥提出的病毒免疫治疗肿瘤的新设想,将是肿瘤研究有待开发的一个具有广阔前景的领域。

黄祯祥先后出访过苏联、罗马尼亚、荷兰、埃及、法国、菲律宾、美国等十多个国家,进行讲学和学术交流。1983年他率中国微生物学代表团赴美参加第13届国际微生物学大会,美国丹顿市授予他金钥匙奖和荣誉市民称号,为祖国赢得了荣誉。

黄祯祥在国际上享有一定的声望,他是美国实验生物医学会会员,前苏联与东欧社会主义国家合办的《病毒学问题》杂志的编委,担任美国《国际病毒学》杂志、《传染病学论丛》编委,并被特邀为国际比较病毒学组织咨询委员会委员。

黄祯祥热心我国医学病毒学事业,在他的倡议下,1984年9月成立了中华医学会病毒学会,创办了《实验和临床病毒学》杂志,他先后主编了《医学病毒学总论》、《常见病毒实验技术》和《中国医学百科全书·病毒学》分卷。在他晚年生病住院期间,还主持编写了《医学病毒学基础及实验技术》和《医学病毒学词典》。

黄祯祥逝世后,为了纪念他在医学病毒学研究中取得的成绩,黄祯祥在海内外的同事、亲友共同发起成立了黄祯祥医学病毒学基金会,以黄祯祥的名义颁发奖学金,奖励在医学病毒研究中做出贡献的科学工作者。

中华医学会病毒学会和预防医学科学院病毒所还共同出版了《黄祯祥论文集》,以纪念他在病毒学研究中的贡献。

他的夫人叶恭绍也是燕京大学校友,也是一位著名的医学教育家。

(据中国预防医学科学院《专家荟萃》第一卷)

孟 昭 英

孟昭英(1906—1995),中国科学院院士,实验物理学家、电子学家和科学教育家,中国无线电电子学事业的奠基人之一。

孟昭英出生于河北省乐亭县,1924年由北京汇文中学保送进燕京大学,他选学物理。当时燕大教授安德逊和谢玉铭都是实验物理学家,在他们的教导下,孟昭英具有很强的动手能力,后来就一直从事实验方面的工作。在大学二年级时因家境困难几乎辍学,幸而得到燕京大学的贷金和工读的机会以及后来获得奖学金,才能继续学习到毕业。毕业时成为斐陶斐学会的荣誉会员,拿到了金钥匙奖。此后,他一直热心帮助那些家境贫寒的学生。1991年,他把自己40年代在美国工作期间的大部分积蓄捐赠出来,设立"清华大学孟昭英助学金"帮助物理系和电子工程系的贫困学生。

大学毕业后,孟昭英留在燕大物理系当助教兼做研究生,1931年获得硕士学位。1933年,由燕京大学推荐,获美国洛克菲勒基金资助,到美国加州理工学院攻读博士学位。经过三年的努力,他用自制微型电子管获得1cm波长的连续振荡,这是当时用电子管获得振荡波长最短的世界纪录,完成博士论文《利用巴克豪森—库尔兹效应产生厘米电磁波》,获得哲学博士学位。由于出色的工作,还获得"真空电子专家"的称号。

1936年,孟昭英回到燕京大学任副教授,讲授无线电及电子学方面的课程。他是国内开设这类课程最早的学者之一。七七事变时,他与一些清华大学教授转赴内地参加全民抗战。此后,他就一直在清华大学工作。他先在长沙临时大学任教并创办业余无线电台,培训一批学员掌握收发报技术,其中有些后来到了解放区从事军事通讯工作。以后孟昭英在昆明西南联大与任之恭教授创办了无线电研究所,又培养了一批无线电通讯人员,直接为抗日战争中的通讯事业服务。孟昭英克服重重困难,完成了《三极管射频放大器线性调幅》的研究工作,又继续研究了《四极管的直线调幅》和《五极管阻容耦合的最佳设计》。孟昭英在学术上造诣精深,治学严谨,不但具有深湛的理论与实验素养,而且具有很强的实际科研工作能力。

1943年,孟昭英利用学术休假,第二次赴美进行研究工作,任加州理工学院客座教授。这期间他发展了微波波导中阻抗的精确量度法而获得专利。后又在麻省理工学院辐射实验室参与了雷达系统中微波双工器的创始性研究和发展工作,就是可使雷达只用一副天线就能实现发送很强的微波脉冲后随即可以接收微弱的反射波信号,成果载于世界名著《雷达丛书》中。麻省理工学院的"辐射实验室"就是雷达研究所的别名,是一个十分著名的研究机构。原子弹和雷达在第二次世界大战中,发挥了重要作用。孟昭英战后在该实验室从事微波波谱方面开创性的研究,成为微波波谱学的先驱者之一。

1947年初,孟昭英拒绝了美国许多单位的高薪聘请,毅然回到祖国,这之前还积极设法筹款为清华大学购置了一些仪器设备。回到清华他把高新科技成果介绍给学生,开设新课程,建设实验室,当时在国内都是最先进的。

1953年清华大学成立了无线电系,孟昭英担任首届系主任。努力发展电真空专业,1956年,又率先在国内建立了半导体专业。1955年,孟昭英当选为中国科学院学部委员,也就是科学院院士。

孟昭英是一位富有正义感的科学家,1957年整风运动中,他本着实事求是的准则,对许多问题提出了意见,但却受到了不公正的待遇,而此时他仍辛勤著作和研究,1962年完成教材专著《阴极电子学》,这本书是国内该领域的第一本专著,书中提出了"光照测法"精确测量阴极温度,至今仍在使用。十年动乱期间,孟昭英个人和家庭都遭到极大不幸。他的长子孟宪振,才华出众的物理学家,被迫害致死;次子孟宪超,一位采矿工程师,因受迫害精神失常,至今未愈。孟昭英被迫害摔断一条腿,和他年仅4岁的孙子相依为命,1977年,才与另一位遭遇不幸的老人贺苇女士结婚。

四人帮被粉碎后,孟昭英和他两个儿子的冤案得以彻底平反昭雪。1979年,已是73岁高龄的孟昭英仍壮心不已,积极工作。他根据科学发展和自己的实际情况,转而参加谐振电离光谱小组,指导单原子探测技术的研究。1985年后,他指导并推动了清华大学激光单原子探测实验室的建设,先后招收了9名博士研究生,并取得了多项重要研究成果。他热心科学普及工作,曾亲自担任《科技导报》主编、中国电子学科普丛书主编等。他还积极推动中外科技学术交流,1979年以后,他曾四次组团访美,取得了良好的效果。

1986年,清华大学为孟昭英执教58周年暨80寿辰举行了隆重的庆祝会。1996年,清华大学校内建立了孟昭英铜像,以纪念他为无线电电子学和物理学等学科的建设和发展,以及为国家培养大批人才做出的重大贡献。

(夏自强)

刘 承 钊

刘承钊(1900—1976),原名承韶,字令擎。动物学家,教育家。我国两栖爬行动物学的主要奠基人之一,中共党员,中国科学院院士。早在30年代,他发现了雄蛙的一种新的第二性征:雄性线。长期从事两栖类自然史的研究并发现大量新种属,对横断山区两栖动物的分类区系与角蟾亚科的分类系统有深入的研究和独到的见解。在他的《华西两栖类》及《中国无尾两栖类》两部科学著作中,除了按照传统研究方法依据固定后的标本的形态特征进行了分类外,还结合生态、生活史和地理分布等资料,进行分类学的研究,得到国际动物学界的高度评价。他治学严谨,在长期的教学工作中身体力行,为中国培养大批动物学科学工作者。他多年担任教育领导工作,为我国医学教育的发展作出重要贡献。

刘承钊1900年9月20日出生于山东省泰安县一个农民家庭。刘承钊的青少年时代,中国正处于反动军阀、官僚的残酷统治下,帝国主义疯狂侵略中国,国势衰微,民不聊生。当时流行的科学救国思想,在他的心里留下深刻的影响。由于家庭经济困难,两次辍学回家,帮助父亲种地,后又到泰安博济医院做护士。在学习同时,兼做一些打钟、扫地的杂活,得到一些补贴。在这样艰苦的条件下,终于1922年完成中学学业。

刘承钊怀着科学救国的思想,来到北京,进入北京汇文大学预科,1924年以优秀成绩考入燕京大学心理学系。第二年,由于对动植物产生浓厚兴趣,转入生物系。刘承钊学习勤奋、认真,成绩优良,同时还兼做生物系的标本整理工作,以得到一些补贴,解决学习费用。生物系主任胡经甫、教授李汝祺对他十分器重。1927年大学毕业,被留校任助教,同时读研究生,在李汝祺教授指导下进行两栖类动物的研究,他和李汝祺共同发表了题为《黑斑蛙和北京狭口蛙在蝌蚪变态期消化系统变化》的研究论文。由于勤奋努力,1929年获硕士学位,得到金钥匙奖励,晋升为讲师。同时,他又在美籍教授博爱理(Boring)的指导下,对北方两栖类动物的第二性征、性行为和生活史进行研究。后来就这方面的研究成果发表了一系列研究论文,引起动物学界的广泛注意。1932年,他与博爱理、周淑纯合写的《华北两栖爬行类手册》,与一般鉴定手册只注重形态描写不同,对多种两栖动物的繁殖习性也做了介绍。

1932年,刘承钊经博爱理的推荐,获得美国洛克菲勒基金会的赞助,到美国康乃尔大学深造。在著名动物学家芮特(Wright)教授指导下主攻两栖爬行动物学。他学习非常勤奋刻苦,成绩也非常优异。芮特对他的评语是"特别能干的学生","他是我所遇到的最有才华的学生之一",并在评语单上的最高档次"Excellent"之前用笔加上"Very"一词。由于刘承钊的认真、严谨治学,在习见的青蛙解剖中,而长期未引起人注意的第二性征,却没有逃脱他的注意,经过深入研究,结果证明是雄蛙的一种新的第二性征。后来他把这一发现写成论文《无尾目中一种新的第二性征:雄性线》,也是他的博士论文《中国无尾两栖类的第二性征》。刘承钊的这个新发现引起了国际生物学界的极大注意,并推动了这个新的第二性征与形态机能的关系的研究。刘承钊获得了科学和教育两项金钥匙奖励。被选为Sigma Xi自然科学荣誉学会会员。芮特教授为了让刘承钊得到进一步的提高和深造,支持他到欧美各主要自然历史博物馆参观和查阅两栖类动物标本,进行研究,特别是研究核对这些博物馆中收藏的中国两栖类动物标本。刘承钊在美、英、法、德、意、奥地利等国的参观和研究中,获得了大量的资料。但在同时,所看到的属于中国的两栖类动物标本,完全是由外国学者进行研究,并以外国学者的名字命名为新种,"模式标本"也完全留在国外。中国的两栖类动物,几乎没有中国人自己所进行的研究,这种情况使刘承钊感到羞辱。决心回国后,全力进行中国两栖类动物研究,把这方面的资源全面研究清楚,让外国科学家在读到中国两栖类动物时,所引用的材料是由中国人第一手提供的。

刘承钊回国后获得当时教育部部聘教授的职称,在东吴大学生物系任教。1936年,日本动物学会邀请刘承钊去日本参加学术会议,并为他提供开展科学研究的各种便利条件。当时日本军国主义者正在大肆侵略中国,面对这种邀请,富有爱国心的刘承钊断然拒绝,他不愿到一个侵略自己祖国的国家去搞学术交流。

1937年,抗日战争开始。刘承钊率领生物系部分师生,于11月内迁,经过长途跋涉,历经艰辛,1938年3月到达成都。这期间,刘承钊带领师生一面学习,一面制作生物标本、模型出售,师生同甘共苦,弦歌不绝。1939年这支师生队伍进入成都华西协和大学生物系。

1938年暑假,刘承钊带领十几名教师、学生到峨眉山进行来西南后第一次野外采集。到中国西部高山高原自然条件下研究动物,特别是蟒蜥与蛙类的生活,是他多年梦寐以求的愿望。他省吃俭用,从薄俸中挤出钱来,开展活动。从1938年到1944年,共进行野外调查11次,主要到川、康一带,兼及陕、甘、青的部分地区,行程八千余公里,其中半数靠双腿步行。1942年在西康昭觉的一次考察,患重病几乎丧命。而他自述那时的心情是:"种类繁多,千姿万态的两栖爬行动物,使我忘掉了所有的艰难与险阻。"川西生态环境的多样性为种类众多的两栖动物提供了生存条件。这一期间,刘承钊共发现两栖动物29个新种,并建立了1个新属。尤其对许多种类的生活史做了详尽的观察与研究,为中国两栖类生活史的研究积累了大量宝贵的第一手资料。刘承钊对俗名"胡子蛙"的髭蟾,进行了深入的研究,确定为蛙的新属,新种,于1945年将它定名为Vibrissaphora boringii,以纪念他的老师博爱理Miss Boring教授。

1946年,刘承钊受美国国务院资助,再度访美。在讲学之余,他在美国的大部分时间是在芝加哥博物馆度过,用自己带来的标本、资料、彩图进行研究,夜以继日地奋笔疾书,用10个月时间完成长达400页的英文专著《华西两栖类》,此书1950年由该馆出版后,在国际两栖爬行学界引起极大反响,至今仍被视为研究中国两栖动物的经典著作。荣获美国芝加哥自然历史博物馆名誉研究教授、美国鱼类两栖爬行动物学会国外名誉会员称号。该会会刊、著名杂志《Copeia》1950年第4期对该书的评价是:"这部巨著积累了作者20年的研究成果,其所采集的地域又是世界上鲜为人知的地方,绝大部分材料,特别是生活史及蝌蚪完全是新的。这部书无疑是一项重大贡献……"

1947年刘承钊回国后仍任华西协合大学生物系教授。当时的国民党政府倒行逆施,发动内战,民不聊生,学生运动如火如荼。刘承钊毅然站在革命学生一边,参加他们的秘密集会,掩护进步学生,做了大量有益于革命的工作,同时仍坚持利用机会就地作专业调查。

1949年12月成都解放,1950年他应燕京大学聘请,回到燕园,担任生物系主任。1951年夏,又被请回成都担任政府接管后的华西大学第一任校长,1953年,院系调整后,华西大学改为四川医学院,刘承钊改任院长,直至1976年去世。

(夏自强)

黄 家 驷

黄家驷(1906—1984),医学家、胸外科学专家和医学教育家,中国科学院院士。在上海创建中国胸腔外科学专业,是中国胸腔外科学奠基人之一;毕生从事并主持医学教育,创办八年制医科大学,主编《外科学》;长期担任中国医学科学研究机构的领导,制定规划并组织重大科研项目的实施,努力探索中国医学现代化的方向,晚年致力于中国生物医学工程学的奠基工作。积极关心并支持燕京校友会的活动,曾当选为北京校友会名誉会长。

黄家驷1906年出生在江西玉山县一个封建书香门第。4岁起由母亲教认字、读书。13岁时,正值五四运动,因受新思潮的影响,兄弟几人离家出走。于1921年春季考入天津南开初中二年级,与吴大猷、万家宝(曹禺)等同窗共读,成绩名列前茅。他读书比较用功,自学能力较强。在燕京大学读医预二年级时,物理教师写出博士学位考试的全部30道物理笔试题,激发学生对物理学的思考。初看这些题目,没有一道会做的,但这却引起了他的兴趣。他吃饭时在想,睡觉时在想,与同学散步时也在想。想出一个答案,就写出来,再想另一道题。两个月后,老师问起那些题,全班没有人能解其中的一道,而黄家驷答出了27道。1930年,获燕京大学理学士学位,1933年在协和医学院毕业,获美国纽约州立大学医学博士学位。

1925年,五卅惨案震惊全国,黄家驷和燕京同学冲破禁令,上街游行、讲演。1932年日军进逼热河,他参加了林可胜教授组织的首批救护队,奔赴前线。1937年,"八·一三"事变,他担任所在单位上海医学院医疗队的副队长,在无锡组建伤兵医院。返回时,上海已被日军占领,他不愿在日军刺刀下生活,也不愿在租界内龟缩,积极参加学校的内迁,先至昆明,再至重庆。1941年,他以优异成绩考取清华大学庚款留美惟一的医学名额,到美国密歇根大学医院钻研胸腔外科学。1943年获得外科硕士学位,还通过美国的全国专家考试,取得外科专家称号。

他所在的密歇根大学医院胸外科享有盛名。他的导师约翰·亚历山大(1891—1954)教授是欧美胸腔外科学专业的创始人。当时由于战争有大批伤员和肺病患者急需外科手术,黄家驷经常被导师派往各地完成手术。他还结合临床实践深入探讨结核性支气管炎的病理学问题。由于他卓有成效的工作,当美国胸外科专家委员会成立时,推选他为创始委员。

1945年,抗日战争胜利刚刚两个月,黄家驷急急忙忙离开美国,乘坐极不舒服而又易出事故的美军运输机,经过三天三夜颠簸飞行,回到祖国。回国之前,许多中国同学集会欢送他。他在会上当众表示:"我们有义务回祖国去服务,把我们的技术用在祖国的建设事业上。"他要求大家监督他,不要去开业赚钱。他一直信守这个诺言。回国后,他一方面积极开展胸外科工作,一方面主动掩护进步青年。1949年4月,他同一些教授联名写信给上海警备司令部,要求释放被捕学生。他还在家中掩护过进步学生和地下党员并帮助医务人员支援东北解放区。

1950年冬,他带头参加上海市抗美援朝志愿医疗手术队,担任总队长兼第二队大队长,率队开赴东北前线,不仅出色完成了抢救伤员的医疗任务,而且帮助部队医院进行正规化建设。他还组织编译出版了《军事外科学》(六册)。同时,他积极开展胸腔外科的创建工作,在困难的条件下,他细心大胆地开展了控制压力麻醉下的开胸手术,治疗多种疾病。起初,相当一段时间内由于专业技术人员短缺,他独自担负教学、专科门诊和两所医院40张病床的医疗工作。随着事业的发展,他的学生和助手逐步成长,有些后来成为知名的胸外科专家。黄家驷不断拓宽研究领域,注视着心脏血管外科的建设,积极组织低温麻醉和体外循环直观手术的实验研究和临床应用,对中国心胸外科的发展起了指导和推动作用。1957年建立了上海胸科医院,黄家驷任院长,这是中国最早的心胸疾病专科医院。

1958年,黄家驷调往北京,任中国医学科学院院长。1959年,他负责筹建八年制的中国医科大学,并担任校长。他忙于讲课、听课、检查备课、观看实验、手术示范、主持教学巡诊和临床病理讨论会,逐步完善教学行政管理机构,还亲自规划,落实了教学大楼的建造。黄家驷提出了"形态结合功能、局部联系整体,基础结合临床"的教学方案,并在教学内容中增加了对不同学派的介绍和分析,补充了中、西医的最新发展成就;在教学上加强了集体备课,并运用各种不同的辅导方式和考核办法,启发学生独立思考。1961年,他总结一年多的教学工作,起草了《中国医科大学当前工作的九条意见》,1962年,形成了《老协和医学院教学工作经验初步总结》。"文化革命"中,八年制医科大学被迫停办。在周恩来总理的关怀下,医科大学逐步恢复。1979年,医大复校,改名为中国首都医科大学。在复校的5年间,黄家驷多次召开专家、教授和教师会议。强调要充分吸收国内外高层次大学的先进经验和继承协和的优良传统,在新的历史时期把学校办得更好。

为了提高教学质量,黄家驷十分重视教材编写。卫生部委托黄家驷主持编写外科学教材。1960年,中国第一本《外科学各论》出版。1964年,出版了总论、分论合编的《外科学》。黄家驷写了外科学总论又增写了外科学发展史。1979年,第三版《外科学》问世。随着外科学的发展,1983年决定重新编写第四版。黄家驷写了《胸部损伤》作为样稿供编委讨论,可惜通过样稿后第二天他就去世了。1986年,出版的第四版命名为《黄家驷外科学》。

黄家驷重视医疗为绝大多数人服务,他对中国医药卫生事业和医学教育提高与普及的辩证关系有很深的体会。他多次下乡下厂,去农村基层。组织巡回医疗,办农村卫生员短训班,两年学制的半农半读的医学班,还帮助建立小型农村医院。1973年,在日内瓦召开的第26届世界卫生大会上,他宣读了《为十亿人民包括老龄人口的医疗卫生服务》的论文,介绍中国农村卫生工作,深受欢迎。

自1958年起,黄家驷连续26年担任中国医学科学院院长、名誉院长,这是中国医学科学的最高学术机构和研究中心。他指出,必须"在注意普及的同时,为提高组织必要的力量,保证必要的工作条件",应以"应用的基础理论为主",以"科研为中心,研、教、医三结合,出成果,出人才"。他为医学科学院的发展指明了方向。同时他还制订规划,组织重大科研项目的实施,开展医药卫生的国际协作和学术交流,努力探索实现医学的现代化。

(夏自强)

胡 经 甫

胡经甫(1896—1972),曾用名胡宗权,笔名胡烈,1896年11月21日生于上海,1972年2月1日卒于北京。中国生物学家、昆虫学家。祖籍广东三水。

胡经甫师从美籍生物学教授祈天锡,于1917年毕业于苏州东吴大学生物学系。1919年在东吴大学研究院毕业,获理学硕士学位。1919年春,胡经甫通过清华大学公费留美考试,1920年秋进入美国康乃尔大学研究院昆虫学系深造,两年后毕业,获哲学博士学位。1922年7月回国,先后在东南大学、东吴大学执教,1926年,应聘到燕京大学任生物系教授、系主任。由于在燕京大学任正教授7年可有一年休假的制度,他于1933—1934年应聘为美国康乃尔大学生物系客座教授,于1934年夏返回燕京大学继续任生物系教授。在1941年他应聘为美国明尼苏达州立大学生物系客座教授,但在应聘途中,太平洋战争爆发,被阻于菲律宾的马尼拉达4年之久,此间,他于45岁时考进菲律宾大学医学院,1945年返回祖国重庆,补足了医学实习期,由湘雅医学院正式发给毕业证书。从此,他兼具生物学家和医生双重身份,这为他日后从事医学、昆虫学打下基础。1946年春他重返北平,继续在燕京大学生物系执教直至1949年7月,此间,他同时兼任燕京大学和清华大学校医至1951年11月。在辞去燕京大学教授职务后,于1949年12月在北京城开业行医。1952年春他被邀请参加反对美帝国主义细菌战的工作,同年冬在全国卫生会议上荣获爱国卫生运动模范奖状。1953年他应聘到中国人民解放军医学科学院,任一级教授,在晚年为祖国医学昆虫学事业做出了新的贡献。

胡经甫是中国昆虫学科研事业最早开拓者之一,著述很多。在1923年他发表的博士论文《襀翅目(叉蟋属)之形态解剖及生活史研究》,为中国昆虫学早期的优秀著作。1936—1938年发表的《中国襀翅目昆虫志》,总结了中国襀翅目昆虫的研究成果,堪称中国石蝇研究的权威著作。胡经甫在青年时代就立下宏愿,要把全世界有关中国昆虫的记载搜集齐全,编成一部名录,列示每一虫种的分类地位,地区分布,同物异名和文献出处等,为研究中国昆虫提供最基本的查考资料。为了编写这部巨著《中国昆虫名录》,他从1929年起,成年累月,仔细核实,广征博引,到1933年才完成初稿,1933年至1934年他利用出国讲学的机会,亲赴欧美七国(美、英、法、比、德、瑞士、意大利)考察核对有关中国昆虫的模式标本和原始文献。全书六卷,几经修订,历12年至1941年才完全出版,是20至40年代中国昆虫学研究的一个里程碑。主要编著还有《中国水生昆虫》、《无脊椎动物学》、《中国重要医学动物鉴定手册》(合编)等。

胡经甫有杰出的教学才能,他在燕京大学生物系任教授时,所编的讲义取材新颖,详明充实,并着重介绍中国的昆虫种类和有经济价值的资料。他的课堂讲解条理清晰,重点突出,鲜明生动、富于吸引力,他写的板书和手绘的图表,清新悦目。他能双手同时在黑板上勾勒出图像,使学生赞叹不已。他常带领学生及助教一道到野外如北京樱桃沟等地采集标本,做调查研究,注意从实践中培养人才。在指导论文时,他经常同青年作者一起讨论,反复推敲,认真修改,直到科学内容和文字表达上都让师生满意为止。他是一位深受学生欢迎和爱戴的教授。他的许多学生已是国内知名学者,如徐荫祺、陆近仁、刘承钊、林昌善、张宗炳、蒲蛰龙、赵修复、唐冀雪等,还有不少成为著名的医生,如邓家栋、吴光、祝海如、谢少文等。

胡经甫的父亲胡松圃中英文根基深厚,1897年出任苏州省立高等学堂英文总教习。胡经甫自幼聪敏颖悟,在5岁到15岁之间,在家随其父学习中国古代典籍及英文,很受教益。他于1923年与老黛西(1902—1940)结婚,并有一女胡蕗犀(于1946—1952年在燕京大学数学系任教,1952年以后在清华大学应用数学系任教),老黛西对胡经甫的科研和教学工作,给予了极大的支持和鼓励。他们那时家住燕东园31号,周末常是高朋满座,客人多是他的学生,老朋友陆志韦先生、赵紫宸夫妇及李荣芳夫妇,也是常客。胡经甫喜欢旅游、照相、种花、中国古典诗词及中国历史,他的记忆力极强,口才也好,故席间常谈笑风生。老黛西逝世后,1946年胡经甫与龙乘云结婚。龙乘云曾是北京协和医院护士长,这时他们家住燕东园22号。胡大夫在家中设妇科义诊,由其妻协助,给许多燕大教职工家属和附近居民看病,胡大夫对人热情,工作认真,如他在没有什么设备的条件下,查出李欧(燕大数学系教师)只有一个肾,后来李欧到协和医院吴阶平大夫处去检查,得到了证实。他们对贫苦病人还常予以接济,声誉极佳。1949年秋在他离开燕京大学进城开业之际,这一带的数百人曾合送给他一块大匾。

胡经甫在中外生物学界享有很多荣誉,1922年被选为美国Sigma Xi科学荣誉学会会员,1924年在东吴大学获金质奖章,1929年获生物学β、β、β(Beta,Beta,Beta)金质奖章,他先后兼任过中华教育文化基金会委员、中央研究院第一届评议会评议员(1935年)、中华海产学会会长、中国动物学会会长、北京博物学会会长、北京博物学杂志总编辑、中国动物图谱编辑委员会委员、中国科学院科学名词编审委员会委员 1955年当选为中国科学院生物学部委员。

(高巨真*　胡蕗犀)

*高巨真同志已故,生前是胡经甫在军事医学科学院的同事。

张 文 裕

张文裕(1910—1992),高能物理学家。1910年1月9日生于福建惠安,1992年11月5日卒于北京。1931年毕业于燕京大学。1938年获英国剑桥大学博士学位。历任中国科学院高能物理研究所研究员、所长、名誉所长兼中国科学院高能物理实验中心筹备处主任。并曾任中国高能物理学会理事长,《中国科学》副主编、《科学通报》主编,中美高能物理合作联合委员会中方主席等职。1957年被增聘为中国科学院院士(学部委员)。主要从事核物理和宇宙线等方面的实验研究并取得突出成就。验证了N.玻尔的液滴模型。发明了多丝火花计数器。40年代后期发现μ子系弱作用粒子和μ$^-$子原子,被誉为"张原子"和"张辐射",突破卢瑟福—玻尔原子模型,开拓了奇特原子研究的新领域。在Λ°超子与粒子散射研究、北京正负电子对撞机建造的奠基性工作、筹建高山宇宙线实验室等方面作出重要贡献。

以下摘自《张文裕自述》

我出生于福建省惠安县的一个农民家庭,家境贫困。在本村念了两年私塾,又到外村念了四年小学,之后考取了泉州培元中学。在培元中学读书的三年半时间里,主要靠学校的奖学金和自己半工半读坚持下来。

1927年秋中学毕业。老师、同学鼓励我继续深造,学校并表示如果我考取了北京的大学,可为我提供奖学金。当时的校长许锡安先生给燕京大学物理系主任、也是培元中学校友的谢玉铭先生写信推荐我。信中讲了我在培元中学的成绩,并说明我由于家境贫苦中途曾辍学半年,因此没有毕业文凭。学校的老师、同学帮助我筹集了路费。于是,我只身一人从厦门乘船辗转到北京。

当我到达北京时,考期已经错过了,生活又无着落,谢玉铭先生介绍我到一家皮革厂当学徒,边工作边准备功课,并为我争取到补考的机会。经过补考我被燕京大学物理系录取了。

在大学读书的几年里,是我一生中最穷困的时期。每月的膳费时常发生问题,食不果腹,只能和几个穷同学住在宿舍楼顶搁行李的仓房。我在学校的果园里干过活,帮老师批改过卷子,帮低年级的学生补过课。暑假里,我把铺盖送进当铺换些钱作路费,到内蒙古河套一带的开渠工地打工挣些钱,维持生活和学业。

燕京大学是美国教会办的以美国大学作为规范的一所大学。在物理学的教学中强调实验,在实验课与理论课的教学中以实验教学为主。由一位教授负责实验课,几位助教配合,具体讲解每一个实验的原理、要求和作法,数据怎样收集,怎样作成一个实验报告,并看着学生做实验。实验报告要经过助教签字,特别注意有效数字的取舍和误差的处理。系里还设有几台机床,鼓励学生自己动手做零件,培养学生的实际动手能力。我在这里接受了最初的科学实验的基本功和工作态度的训练。

燕京大学的另一个特点是举办 seminar(讨论会)。每星期一次,半天时间,一人或二人讲,接着讨论。主要是由学生讲国际近况,有时报告自己的工作。当时燕京大学讲课用英文,seminar 也是用英文。这样一边学物理一边学英文。

1931年我由燕京大学物理系毕业,学校留我任助教,同时在燕京大学研究生院学习,1933年我获得理学硕士学位。

(摘自《院士自述》)

谢 希 德

谢希德(1921—2000),女。物理学家。1921年3月19日生于福建泉州。1927年,6岁到北京进入燕京大学幼儿园,只上了半年就到附小一年级上课,不久又从一年级跳到三年级。1932年,小学毕业,进燕大附中就读。第二年转入贝满女中。1946年毕业于厦门大学。1951年获美国麻省理工学院物理系哲学博士。1952年回国后历任复旦大学物理系讲师、副教授、教授、副校长、校长。1984年任上海市第三届科学技术协会主席。曾任中国物理学会副理事长。1980年当选为中国科学院院士(学部委员)。1981年当选为中国科学院主席团成员。从1981年起先后获美国史密斯女子文理学院、纽约市立大学市立学院、英国里茨大学、美国霍里约克山学院、日本关西大学、美国贝洛特学院、纽约州立大学阿尔巴尼分校、索福克大学、加拿大麦克马斯特大学授予的名誉科学博士学位;日本东洋大学授予的工学博士荣誉学位;还被选为美国物理学会的院士(Fellow);1988年被选为第三世界科学院院士;1991年被选为美国文理科学院外国院士。长期从事固体理论研究,为培养科学人才,开展国际学术交流,促进半导体物理和表面物理的科学研究作出了重要贡献。

2000年3月4日,谢希德病逝于上海,享年79岁。

以下摘自《谢希德自述》

当别人对我的称呼由"同志"变成"老谢",转而又成为"谢老"时,我认识到一个难以否认的事实:我已步入古稀之年。值得庆幸的是我还能保持人老心不老。虽然已不担任第一线的工作,但还有不少职务,有的是荣誉的,也有不少是要干实事的,后者仍占用不少时间,加上看书看报,没有多少时间可以"闭目养神"或看电视了。我的书桌上仍堆满东西,虽然也怪我不善整理,但的确是清了一批又来一批。好在常能以一句名言来自慰,"A clean desk is a sign of a sick mind"(一个清洁的书桌是病态头脑的标记)。桌子零乱,说明脑子还是健康的。虽然有时也提醒自己,为了身体健康,应该把节奏放慢一点。但另一方面,忙也有忙的好处,可以带来乐趣,排除烦恼。

我幼年是在北京燕京大学的校园中度过的。父亲谢玉铭每天晚上都要在书房中工作到深夜,给我留下深刻印象,我也养成晚上一定要看书的习惯。经常听到父亲谈起物理系的几个高材生,例如孟昭英、张文裕、王承书等,特别是有几位诸如王承诗、王承书、王明贞、盛希音、洪晶等出色的女生,引起了我对物理的兴趣,树立了女性也可以学好物理的信念,决心以他们为榜样,勤奋读书,以加倍的努力,弥补天赋的不足。

回顾过去走过的历程,最大的安慰是培养了不少学生。有些是直接教过的,也有些是间接的。他们中的不少人以后成长为一些部门中的业务骨干。改革开放以后,我亲笔写信,介绍过许多同事和学生出国做访问学者或研究生。其中不少人回来后担任教学科研和部门业务骨干或领导,发挥很大作用。虽然其中还有不少人,由于种种原因,至今仍留在国外,相信他们仍是心系祖国,愿意为祖国服务的,是我国社会主义建设中的一笔潜在的财富。在祖国的许多城市和世界各地,在街头巷尾、机场车站,常会遇到有人对我说:"老师,你好!"听后心中感到特别温暖。这可能是做教师的最大的安慰。

在科学研究上,我没有特殊的贡献,只是和其他同志一起,为在国内推动半导体物理和表面科学的研究尽了微薄之力。1992年夏在北京召开了第21届国际半导体物理会议(ICPS—21);1993年在上海召开了第四届国际表面结构会议(ICSOS—IV)。这两个会议都是国际纯粹物理和应用物理联合会(IUPAP)所属的C8及C10委员会主管的会议,开会地点要通过有关国际委员会表决。能争取这两个会议在中国召开,说明在这两个领域中,我国国际地位的提高。特别是ICPS—21,这个两年一次的会一向被认为是对该领域研究成果的一个大检阅。这次会议能在中国召开,为我国许多年轻同志争取到向国外同行学习的机会。然而在争取这个会议在中国召开的过程中,我遇到不少困难。当我在1988年ICPS—19会上提出申请时,C8委员会全票通过了1992年ICPS—21在北京召开。会议结束时,许多人都对我说:"1992年,北京见!"然而在1989年夏天之后,C8委员会中的有些委员提出要抵制在北京召开。后来在1990年夏再一次通讯表决,以一票的优势维持原议。达到这个目的,我得到了国内外许多朋友和同行的帮助。对ICSOS—IV的争取,也是如此。本来预定1990年夏在上海召开的会不得不推迟到1993年。好在由于整个国家的形势很好,政治稳定,社会稳定,经济发展迅速,两个会议都得以顺利进行。与会的朋友对两会给予较高的评价,我心中感到特别兴奋和鼓舞,特别为所有会议组织工作人员的能力和奉献精神感到骄傲。

我自幼体弱多病,中学毕业后得股关节结核,休学四年,并留下了终身的残疾;1958年肾结石动手术;1966年又患乳腺癌。但我从未因这些病痛而丧失信心,略事休息后我仍继续学习与工作。特别是患乳腺癌之后,我一方面抓紧治疗,一方面仍保持革命的乐观主义,使我能存活了已经近28年。在这段时间,我又经过了不少折磨和考验,其中最大的打击是丈夫曹天钦的病。我们从初中一时即相识,多少年来,他一向对我无微不至的照顾,对我的工作给予热情的支持。我之所以能做出一点成绩,都有他的一份功劳。当我由于股关节结核,卧病在床时,是他的信给予我无限温暖和鼓励,使我能满怀信心克服病痛。在我们成长道路上最关键的时刻是他做出了正确的抉择。回忆在1951年,当我俩相继在英国和美国获得博士学位后,由于当时美国政府阻止学理工科的中国留学生和学者返回新中国,他放弃了原来去美国工作一段时间再回国的念头,坚决要我去英国结婚后立即回国。我从美国到英国,在争取签证上也遇到了一些困难,后在友人李约瑟博士的帮助下,终于成行。我们于1952年9月底在"五星红旗迎风飘扬"的歌声中踏上了我国的国土深圳,10月1日回到解放后的新上海。我们在1956年5月的同一天,被各自的支部通过接受为中国共产党党员,从此我们不仅是夫妻,而且是同志。1980年11月,我们又同时当选为中国科学院学部委员。然而不幸的是从1987年8月底起,他却一病不起了,而且病情每况愈下。这个无情的打击带给我的痛苦不是任何文字或语言所能表达的。现在我听不到他的声音,只能从他默默的眼神中体会到他对我的鼓励。我是唯物主义者,但有时也希望在医学上能出现奇迹,使他的思维又会活跃起来,丰富的词句从口中再次发出。我怀着这个信念,在人生旅途中继续向前。

(摘自《院士自述》)

李 连 捷

李连捷(1908—1992),著名土壤学家,中国科学院院士。

李连捷出生于河北省玉田县的一个农民家庭。1927年在北京汇文中学毕业后,考入山东齐鲁大学医学院。1928年日军侵占济南,造成"五·三"惨案。李连捷被迫离开济南,转入燕京大学理学院生物系和地质地理系,为他以后从事土壤学工作打下了基础,1932年毕业,获理学学士学位。

毕业后,被聘为中央地质调查所调查员,曾协同美国土壤学家梭颇(J. Thorp)到全国许多省份进行土壤、地质等调查。他积极参加野外工作,积累经验,增长知识,为中国的土壤分类作出贡献。1932年,他参加了陇海路西北考察团,赴渭河流域为陇海路西延,修建潼关至兰州段而进行地质、土壤及农业环境资源的调查。当时正值关中大旱,霍乱流行,到处新冢累累。在死亡线上挣扎的饥民的悲惨情景激起他强烈的忧国忧民的责任感。他不顾个人安危,坚持在疫病流行区完成调查工作。这次秦川之行,迈出了他考察祖国山河的第一步。1933年,他到河北定县作详细的土壤调查和分类研究,并绘制成图。1934年,他又赴江苏、安徽、浙江等长江下游近百个县进行土壤调查,他往返于大江南北,徒步万里,采集土样近千个,对太湖流域、长江三角洲进行了土壤成因及地貌的分析,还绘制了十万分之一的水稻分布图。1935年,李连捷和梭颇一起到两湖、江西等地调查长江两岸及湘赣支流谷地红壤的发生和分布,这是对我国这一地区最早的土壤调查。在对红壤和水稻土壤研究的基础上,提出了许多新的土壤类型。当时正值土壤科学由简单的机械论向土壤发生学过渡的阶段,他的研究成果引起了国内土壤学界的重视。

1936年,李连捷赴山西五台山山地、汾河河谷等地考察土壤。后来再度与梭颇合作,深入到福建沿海、两广等地进行细致的、长期的土壤调查。1939年,又在贵州进行了为期1年的土壤调查。在上述调查的基础上,李连捷对红壤、黄壤的形成与第四纪地质及水文的关系提出了见解,撰写了

3册有关广西、贵州土壤的著作,并首次就土壤分类提出了3个土纲,即:自型土纲、水型土纲和复成土纲。

1940年,李连捷获中华文化基金奖,被派往美国考察水土保持并深造。1941年,在美国田纳西大学农学院获理学硕士,并于当年秋季转入伊利诺斯大学农学院,边学习边研究有关土壤发育速度的课题。1949年,获哲学博士后,应美国军事制图局之聘到美国联邦地质调查所军事地质组工作,专门从事土壤地理分布与行军条件、土壤学在工程应用等方面的研究。在美期间,他进行了大量的野外考察,参观访问了二十几个州的农业院校,试验场和水土保持站,足迹遍及大半个美国。他本可留在美国工作,但他思念着正在遭受日本侵略军铁蹄蹂躏的灾难深重的祖国,谢绝了美国朋友真诚的挽留,于1945年毅然踏上归国的旅程。

回国后,李连捷经多方奔走,联合中央地质调查所土壤室、中央农业实验所的土壤工作者发起成立了中国土壤学会。李连捷当选为第一届理事会理事长。在我国土壤科学事业发展进程中,中国土壤学会起了重要的推动作用。1947年,李连捷应北京大学农学院之聘,任土壤学教授,土壤系主任。1949年,北京农业大学成立后,任土壤农化教研室主任,为我国土壤科学培养人才。

1951年,他受政务院派遣,两次去西藏,为开拓世界屋脊的农牧业立下了汗马功劳。进藏初期,李连捷和他的工作队遇到重重困难。首先是交通困难,其次是恶劣气候,"一日分寒暑,十里异葛裘","风云突变,雨雪交加"。然而,工作队战胜了险恶条件,考察了青藏高原独特的地理环境和农牧业生产,采集了许多标本和样品,帮助兵站建立农场,为他们提供种子和技术。建立八一农业试验站,医兽人员还筹办了兽医班和血清厂。在工作队和驻藏部队的共同努力下,各方面工作都取得很大成绩。他们试种的黑麦亩产达400公斤,引进的苜蓿等豆科牧草深受广大牧民的欢迎。内地的冬小麦、圆白菜、大白菜、萝卜也在高原上安了家,世界屋脊上首次结出了西瓜,他们用自己的智慧和汗水唤醒了西藏这块沉睡多年的土地,开创了那里有史以来的农业科研工作。西藏之行是李连捷人生历史上珍贵的一页。

1956年,他率领由150人组成的中国科学院新疆考察队,对新疆的土壤、气候、植被、地质、地貌、农学、畜牧、水利等进行了考察。经过调查,证明阿尔泰地区有丰富的水源,可以引用额尔齐斯河水灌溉北疆的草地。后因在这一问题上与考察队中的苏联专家发生意见分歧,考察队没有取得预期的成果。

在五六十年代,他多次会同北京市和全国的农业科技人员组成综合考察队,到北京山区、东北、西北、黄河后套、海南岛等地进行科学考察。1963年,在黄河后套考察后,李连捷等建议将全后套70万亩盐碱土农田,按其盐渍化程度分为四大段,进行系统排灌,分段治理。1964年,对北京山区进行综合考察,针对怀柔县山地水源未能在农业上利用,降雨随地流失的情况,李连捷建议引水截流,在干河床上凿浅井,使麦田得到充足的水源,以利灌溉。在水土流失严重的地区,则建议修建水平梯田和禁止在25°以上的坡地上耕种。他还亲自在山地种植了几十亩小麦做示范,从而结束了当地农民从未种过细粮的历史。1974年,年逾花甲的李连捷和北农大师生一起投入综合治理河北省的周县盐碱地的工作,根据"盐随水来随水去"的原理,制定了一套以浅井深沟为主体的工程,三四年内,就将昔日的盐碱荒地治理成米粮仓,这一成就引起国内外的关注。

1976年,他又应邀到湖南城步苗族自治县进行草山的开发治理研究。大南山地处湘桂交界,是荒凉的山地森林草地。李连捷一到这里,就跋山涉水实地考察了3个月,每天步行七八十里,查看那里的草、土、岩石及生态环境。根据调查,李连捷决定一方面引种优质牧草,另一方面实行"条带垦殖",形成水土保持林带。经过几年努力,改变连续25年的亏损现象,扭亏为盈。南山草场的开发利用,为我国华南黄壤地区山地合理开发利用摸索出宝贵的经验。因而于1982年,他荣获农牧渔业部颁发的技术改进一等奖。在南山大雪中,李连捷冒雪调查了十几天,有人问他为的啥?他以一首七律诗回答:"问君何事到南山?路滑坡陡百草寒。踏雪寻梅非我愿,缘木求鱼索自然。敢将冬茅化鲜乳,不让寸草空仰天。岁暮晚年争朝夕,白发苍苍益壮年。"

1978年,他出席了全国科学大会,荣获"科学大会奖"。他又积极促进遥感技术在农业生产上的应用,经多方努力,于1979年,在北京农业大学成立了全国第一个农业遥感中心。李连捷出任主任。在短短几年里,中心举办了20期培训班,除为我国培训了500多名农业遥感的应用人才外,还完成了国家水土保持、土壤监测、作物估产、草场监测等项科研任务。

80年代末,李连捷已年逾八旬,仍在孜孜不倦地指导研究生,撰写书籍,编写教材,研究以土壤特性为依据的土壤系统分类学,希望促进我国土壤学数量化和科学化,为跻身于世界先进水平而努力。

(夏自强)

梁 树 权

梁树权生于1912年9月17日,广东中山人。分析化学家,中国科学院首批学部委员。

他在北京汇文中学上学时,化学老师循循善诱的讲课,以及课上课下的化学实验,使他对化学发生了浓厚的兴趣。这样在1929年入燕京大学本科时就选化学作主修。做毕业论文时,导师E.O. Wilson教授给了一份磷灰石样,是谢家荣先生采自安徽当涂大凹山,让他作全分析,这是他作科学研究的开始。该论文在北平地质调查所出版的《地质专报》上以中、英文同时发表,这篇论文奠定了他一生从事分析化学的基础。1933年他燕大毕业后,进入北平地质调查所任助理,从事矿石、岩石的化学分析。

他在大学学习期间,虽然用的是英文课本,但物理、化学书中引用的文献德文居多。此外,当时获得诺贝尔化学奖的以德国学者居多,因此,他于1934年去德国慕尼黑大学化学系深造。他用了两学期的时间取得报考主试资格并通过考试。后随O. Hoenigschmid教授从事原子量测定。1937年冬获博士学位。他的博士论文是测定铁的原子量。用化学法测定原子量其原理似不甚复杂,但要把它测得准确,决非易事。实验过程中要把所有可能发生的误差降低至最低限度,如所有药品要从市场出售最纯的药品再自行提纯,但更关键的是要有纯熟的实验技术和精湛的化学知识,否则是难以完成这一测定的。梁树权精心制备与提纯了全部药品,经过十余次的反复测定求得

$$Fe = 55.850 \qquad (O = 16.0000)$$

1939年,在梁树权的博士论文发表的次年,国际原子量委员会根据这数值,定铁原子量为55.85。1961年为了物理与化学的原子量标度统一,经国际纯粹与应用化学联合会第十一次大会讨论改用$C-12=12$为标度,因此铁原子量换算为55.847,而非修订。应该说梁树权测定的数值沿用多年,实验结果是经得起考验的。这是梁树权最早的学术成就,实验完成时他仅25岁。成为30年代获得重大成果的化学家之一。

1938年他回国,经海防、河内、昆明而抵达成都,先后任教于华西协和大学和重庆大学。1947年到上海中央研究院化学研究所任研究员。1949年上海解放,先后在中国科学院物理化学研究

所、长春综合研究所、沈阳金属研究所、上海冶金所主要研究解决选矿和冶炼中的各种化学分析问题。1954年在上海有机化学研究所北京工作站工作,直至1956年化学研究所成立后工作迄今。

包头铁矿是我国特有的复杂矿石,它含有氟化物和稀土铌、钽等稀有元素,因此如何解决铁与稀土元素的分离以及建立稀土分析方法等都是开发包头铁矿亟待解决的问题。梁树权领导工作组的同志们,应用他广博的分析化学知识,一一解决了各项分析任务,为这项国家重点任务制订了各项分析方法,并分析了一定数量的矿样,弄清了这个复杂矿的组成,从而为包头钢铁厂的设计,提供了有用的数据,同时还通过这项任务促进了分析方法的研究。1978年梁树权的研究集体曾以"包头白云鄂博矿稀土及稀有元素分析方法研究"获科学大会奖及中国科学成果奖。

此后,他投身于无机痕量元素的分离、富集与测定的研究工作。痕量元素的分析是原子能、半导体科学、生命科学和环境科学等高新技术领域中不可缺少的一环。为了提高分析方法的准确度,梁树权在助手的协助下,用各种方法分离、富集与测定水溶液中的钪、镧、铈、钕、金、银、钯等痕量元素。例如采用氢氧化铁沉淀和油酸钠浮选曾富集 ppb 级 10^{-9} 钪(即相当于1吨水中含 1mg 钪)。他们还从事水溶性高分子显色剂的合成与应用研究,首次制得两种水溶性高分子显色剂,并已用这两种试剂制订了铝、镁、钪、铟的光度测定方法,为分析用有机试剂提供了新品种。随后又采用 2—丙烯胺或壳聚糖与显色基团连接,制备了数种同类的试剂。

他著译的书籍有《铁矿分析法》、《容量分析法》、《无机微量分析》等。已发表论文150余篇。

他在十分繁忙的研究工作情况下,长期兼任期刊编辑工作和化学名词审定工作。曾任《化学学报》编委、副主编和主编,英国出版的国际分析化学期刊《Talanta》顾问委员会成员。他认为在发展国家科学事业中,统一科学名词至关重要。在1985年至1989年他任全国自然科学名词审定委员会的化学名词审定委员会主任委员,完成了一批名词审定工作。

梁树权在60余年的化学研究与教学生涯中,培养了大批人才。他对学生要求严格,不仅在言传上,更重要是身教。他特别重视实验,认为没有实践证明,理论总归是空的。当然理论也不可少,但应来自实践,他膺服 K.Ziegler(1963年诺贝尔奖获得者)的话:"没有实践,理论就不值一文。请勿沉沦于灰色的理论,做实验吧。"这些话可以代表梁树权个人的治学态度,他以此来谆谆教导青年一代。

梁树权除潜心学术外,还喜爱古典文学和旧诗词,如苏东坡、辛弃疾的作品,文天祥的《正气歌》和王勃的《滕王阁序》等。他少年时,还喜读科学家特别是化学家的传记,并用来作为自己奋斗的指南。

1992年9月17日,他80寿辰时,他将亡妻林兰女士多年省吃俭用积攒的2万元捐献给中国化学会,设立"分析化学梁树权奖"。他说:"基金的数目虽然有限,但我热爱祖国,热爱分析化学和它的后来人的心是无限的。"体现了他的崇高品德。

(董贻中摘编)

王 承 书

王承书（1912—1994），女，物理学家，中国科学院院士。我国铀同位素分离事业的理论奠基人，优秀共产党员，为了发展原子能事业，宁可"隐姓埋名一辈子"，她把后半生无私奉献给我国核科学技术事业。

1912年6月26日，王承书出生于上海。从四岁半入学，直到大学毕业都是在教会学校读书。在培元小学、贝满中学都以优异成绩领先，尤其擅长数学。1930年被保送入燕京大学物理系，是物理系前后三个年级中惟一以第一名成绩毕业的女生。荣获"斐陶斐"金钥匙奖。而后，她又用两年时间读完研究生。1939年，她同燕大校友，刚从英国归来的西南联大教授张文裕结为夫妻。王承书的学生时代，正值我国外受帝国主义的压迫，内受军阀反动政府的统治时期，由于对当时社会状况不满，从而使她具有很强的民族主义思想与正义感。1941年，王承书争取到"巴尔博"奖学金，赴美深造。在密执安大学，她师从国际物理学权威乌伦贝克教授。他们一起研究稀薄气体中声的传播和气体中的输运现象。他们纠正了一部力学名著中的一个观点，得到的效果被人称为"WCU（王承书—乌伦贝克）方程"，这个对高空物理学和气体动力学极有价值的公式，至今仍被科学界沿用。

1941年至1956年在美国生活工作了15年。1956年10月6日，是王承书难忘的一天，这是她真正有意义生活开始的日子。在离别了15年的祖国国境上，她第一次看到五星红旗在空中飘扬，心里有说不出的兴奋。回国不久，她在给一个朋友的信中写道："回国前我已暗下决心，一定要服从祖国的需要，不惜从零开始。"

1956年年底，二机部部长宋任穷请王承书去搞铀同位素分离工作。这在当时的中国是一个空白。接受，意味着放弃自己熟悉的热力学及统计物理事业，另辟蹊径。这对已届不惑之年的女性来说，决非易事。不接受，这块空白点需要有人去填补，谁干都得转行。王承书毅然挑起了这份重担。和青年们一道，通过调研进入了这个领域。

1961年春的一天，王承书被钱三强请到办公室。"你愿不愿意隐姓埋名一辈子，去搞气体扩张？"钱三强严肃地问。"我愿意。"王承书对祖国需要她从零开始，从不讲价钱，毫无迟疑。王承书悄然地从物理学界消失。

气体扩散法是把天然矿石中炼出铀235浓缩成高浓铀，为核武器提供燃料。这种产品的生产能力，至今仍是一个国家掌握核武器能力的重要指标。当时，中苏关系破裂，气体扩散厂的主工艺车间刚装上部分机器，苏联专家便全部撤走。留下的是沉睡的厂房、设备，成堆的疑点、问题、残缺如天书的资料……。王承书在学习、熟悉业务的同时，培训了有关的理论队伍，在理论工作的几个主要方面，播下了种子，为进一步工作打下了基础。1962年至1964年期间，为我国第一座铀分离工厂的启动，进行了若干理论课题的研究，参加了级联的定态、动态的计算及分析。在1964年1月14日终于生产出合格的高浓铀。同年4月浇铸出毛坯，加工成原子弹的核部件。同年10月16日，一朵巨大的蘑菇云在神州大地的西北角升起，实现了在建国15周年时进行第一颗原子弹爆炸试验。1964年王承书担任4号机的总设计师，主持和参加了参数的选择等工作。1969年以来参与和指导了有关扩散机的改进，新工厂的级联设计计算等工作。

王承书在搞气体扩散的同时,关注国际上铀同位素分离的动向,以敏锐的洞察力注意国外在浓缩铀的工业生产中应用离心分离法和激光分离法。粉碎"四人帮"之后,这两种方法都列入"七五"国家重点科研攻关计划,王承书担任两个项目的专家组组长。

王承书十分重视培养青年学者。她说:"我就要做人梯,让年轻同志从我肩膀上走过去。我把我的学生培养起来,就是我最大的安慰。"从1961年时成立的理论培训班,至今已有近40年,人才已经茁壮成长,有的已带起了第三代研究生。

她并未把视线局限于铀同位素分离领域,而且盼望更多的孩子受到良好教育。她同丈夫生前就约定,不要给自己的孩子留钱财,然而对"希望工程"却情有独钟。丈夫去世后,她先将在张文裕名下的十余万元捐给"希望工程",在西藏日喀则的萨迦县建起一座"文裕小学"。在她临终前一年半,得到病危通知,她又留下遗嘱,将自己毕生积蓄的近十万元,捐给"希望工程"。人们清楚地知道这十万元是她在清苦的生活中积攒起来的。

她的一位学生说,她是那种死后既有资格见马克思,又有资格见爱因斯坦的人。她淡泊名、利、权,用一生追求完善。

(韩维纯)

谈 家 桢

谈家桢,1909年9月15日生于浙江宁波。中国科学院院士,著名遗传学家。

1925年,他在湖州东吴第三中学读高中,正值五卅运动,他被推选为高中部学生领导人之一,曾带队组织同学上街游行,开展反帝爱国运动。1926年,被学校保送到苏州东吴大学生物系。在大学期间,他深受美籍教师特斯克讲授的"进化、遗传学与优生学"课程的影响,立志日后从事这一领域的研究。三年级时他就任东吴大学青年会创办的惠寒小学校长,四年级时任普通生物学实验课教师并兼任苏州桃坞中学生物教师,由此开始了他一生的教育生涯。1930年,他成为燕京大学李汝祺教授的研究生,开始从事亚洲异色瓢虫的色斑变异和遗传研究。他在一年半后获硕士学位。其论文《亚洲瓢虫的色斑变异和遗传》的核心部分:"异色瓢虫鞘翅色斑遗传",经李汝祺、摩尔根和杜布赞斯基的推荐,发表在《美国博物学家》杂志上。1934年他远涉重洋,到加州理工学院深造,作为摩尔根和杜布赞斯基的博士生。他以双翅目昆虫的巨大唾腺染色体的最新建立的技术,进行细胞遗传图的研究和绘制以及种内种间染色体结构差异的研究,他先后在美、英、德等国发表了10多篇论文。1936年,27岁时获得了博士学位。1937年回国,任浙江大学教授。不久,抗日战争爆发,在当时极为困难的条件下,他培养了第一批研究生。1944年,他发现了异色瓢虫色斑变异的嵌镶显性的遗传现象,这是研究上的一个重大突破。1945年至1946年,他应哥伦比亚大学邀请作客座教授。在美期间,先后发表了《异色瓢虫色斑遗传中的嵌镶显性》和有关果蝇性隔离多基因基础的研究等论文,国际遗传学界认为它丰富和发展了摩尔根遗传学说和对现代综合进化理论提供了有力的证据。1948年8月,他出席在瑞典举行的第八届国际遗传学大会,并被选为常务理事。当全国即将解放时,他婉谢了朋友提出留居美国的建议,毅然回到祖国。回国后仍任浙江大学教授,后兼任理学院院长。1952年院系调整后,任复旦大学生物系主任。

中华人民共和国成立初期,在遗传学领域里曾强制推行李森科的那一套理论,打击和压制摩尔根遗传学和遗传学家。谈家桢作为生物系主任、摩尔根的"入室弟子",首当其冲,被剥夺开设遗传学课程的权利。1956年,在青岛召开的遗传学座谈会上,中央领导同志郑重宣布了"不打棍子,不扣帽子,两派求同存异"。谈家桢异常兴奋,在会上就"遗传的物质基础"、"遗传与环境之间的关系"、"关于物种形成与遗传机制"等问题做了发言。会后,在他发表的一些文章及讲话中,多次介绍分子遗传学的国际进展,提醒大家要看清形势,多做工作,以实验结果来证明学术观点的是非曲直。

1957年至1961年,毛泽东先后四次接见了谈家桢,耐心听取他的意见,支持和鼓励他,一定要把遗传学研究搞起来。于是复旦大学于1959年成立了遗传研究室,1961年又扩大建立了遗传研究所,由谈家桢担任所长。从1962年至1966年,他所领导的研究集体,发表了50多篇研究论文,出版了16种专著、译作和讨论集,并培养了一大批遗传学教学和科研人才,特别是他所主持的猕猴的辐射遗传学研究课题,已接近了当时的国际先进水平。

1966年至1976年的10年浩劫中,谈家桢受到很大冲击。在最困难的时候,又是毛泽东保护了他。1968年,在中共八届十二中全会上,毛泽东点名要解放八个教授,谈家桢是其中之一。这种信任,更坚定了他要把中国遗传学搞上去的决心。1973年,他不幸患直肠癌,动了大手术,不久又进行胃切除手术。在患难时期,他与邱蕴芳医师结为伉俪,得到她的精心护理和照料,度过了艰难岁月。粉碎"四人帮"后,他强撑着还未完全痊愈的身体,开始整顿研究所,重建实验室,制订科研规划。自1978年开始,他又重返国际遗传学界。

1987年,复旦大学遗传学研究所建成国家重点实验室,承担了国家重点课题攻关、高技术追踪,并为国内外优秀学者到实验室工作创造必要条件。之后,谈家桢与他的同仁创办了复旦大学生命科学院,他任院长。自1978年至1988年10年中,复旦大学遗传所在他的主持下,共发表学术论文和综述约500篇,已经鉴定的科研成果50余项,获国家及省市级以上的奖励的有20项。出版专著15本、译作32本。复旦遗传所已成为中国遗传学研究的中心之一,最近,在基因工程人体基因组方面又有了重大突破。

谈家桢获得了很多荣誉。他是中科院院士,美国科学院外籍院士,意大利国家科学院院士,第三世界科学院院士,联合国科学技术发展中心非政府组织指导委员会委员、联合国开发植物利用委员会委员及联合国工业发展组织国际遗传工程与生物技术研究中心科学顾问委员会顾问。他还是复旦大学顾问,中国遗传学会理事长。1981年,他被日本遗传学会和美国遗传学会授予名誉会员。1983年,美国罗斯福肿瘤研究所聘他为高级研究员。同年,加州理工学院授予他"杰出校友"荣誉奖状和奖章。1984年和1985年,他先后接受了加拿大约克大学和美国马里兰大学授予的荣誉科学博士。1990年,他接受了美国加州政府授予的"荣誉公民"的称号。1995年被授予求是基金会的杰出科学家奖,他把100万元奖金的半数,捐给在上海创建摩尔根·谈国际生命科学研究中心。1998年8月在北京举行第18届国际遗传学大会上,他任大会会长。

(夏自强)

谭其骧

谭其骧(1911—1992),历史地理学家。生于1911年2月25日,卒于1992年8月28日。浙江嘉兴人。1932年毕业于燕京大学研究院。复旦大学教授,中国历史地理研究所所长。1980年当选为中国科学院院士(学部委员)。倡导研究历史地理,培养专业人才,为中国历史地理学学科的建立和发展作出了重要贡献。中国地理学会的发起人之一。长期从事历史疆域政区地理的研究,主编及主持修订了《中国历史地图集》,集中反映了中国历史地理研究的成果。对历史自然地理的研究有独特的见解,如对历史上黄河河道的变迁及多灾的原因、洞庭湖和鄱阳湖的变化、海河水系的形成和演变、上海地区成陆的过程等都有深入的研究,具有重大的理论价值和现实意义。主编《中国自然地理·历史自然地理》,填补了该领域的空白。发掘和整理古代地理学遗产,纠正了前人的错误,阐发了古代著作的科学价值。

以下摘自《谭其骧自述》

我的祖父中过举人,清末曾任嘉兴府学堂监督。我父亲考取秀才后,因科举废除,又曾去日本学习铁道。可以说我是出身于知识分子的家庭,但家庭对我的兴趣爱好和求学方向并无特殊的影响。我在大学第一年读的是社会系,第二年读的是中文系,第三年头两个星期读的是外文系,到第三个星期才转入历史系,转了三次系才定下来。为什么转了外文系又转历史系,当时不少人都不以我这样做为然。但事实证明我这样做是做对了。

我这个人形象思维能力很差,而逻辑思维能力却比较强,所以惟搞文学是肯定成不了器的,学历史并且侧重于搞考证就相当合适。这一点我是通过数十年来的实践,深有自知之明的。但是一旦认定了一个方向之后就该锲而不舍,终身以之,切不可见异思迁,看到哪一门走运了,时行了,又去改行搞那一行。

1930年秋,我进入北京燕京大学历史系当研究生。第二年秋季开学,我选读了顾颉刚先生所讲授的"尚书研究"一课。顾先生讲义中讲到《尚书·尧典》篇时,认为其写作时代应在西汉武帝之后,一条重要的论据是:《尧典》里说虞舜时"肇十有二州",而先秦著作称述上古州牧制,只有九分制,没有十二分制。到汉武帝时置十三制史部,其中十二部都以某州为名,自此始有十二州,所以《尧典》的十二州应是袭自汉武帝时的制度。为了让同学了解汉代的制度,当时老师还印发给班上同学每人一册《汉书·地理志》,作为《尚书研究讲义》的附录。

我读了这一段讲义之后,又把《汉书·地理志》翻阅一遍,觉得顾先生在讲义里所列举的十三部,不是西汉的制度。有一天下课时,我对顾先生提出了自己的看法,先生当即要我把看法写成文章。我本来只想口头说说算了,由于他提出这一要求,迫使我不得不又查阅了《汉书》、《后汉书》、《晋书》等书的有关篇章,结果益发增强了对自己看法的信心,就把这些看法写成一封信交给了顾先生。想不到他在第二天就回了我一封六七千字的长信,结论是赞成我的看法三点,不赞成的也是三点。这就进一步激发了我钻研的兴趣和辩论的勇气。六天之后,我又就他所不赞成的三点再次申述了我的论据,给他写了第二封信。隔了十多天他又给我一封复信,对我第二封信的论点又同意了一点,反对二点。

不久,他把这四封信并在一起又写了一个附说,加上一个"关于尚书研究讲义的讨论"的名目,作为这一课讲义的一部分,印发给了全班同学。在附说中,顾先生写道:"现在经过这样的辩论之后,不但汉武帝的十三州弄清楚,就是王莽的十二州也弄清楚了,连带把虞舜的十三州也清楚了。对于这些时期中的分州制度,二千年来的学者再也没有像我们这样清楚了。"

当时,顾先生已经是誉满宇内的名教授,举世公认的史学界权威,而我一个二十刚出头的学生,竟敢对这样一位老师所写的讲义直言不讳地提出不同意见,胆量可真不小。但这场讨论之所以能够充分展开,并取得了颇为丰硕的成果,基本上解决了历史上一个相当重要的问题,关键在于顾先生的态度。当我对他提出口头意见时,他既不是不予理睬,也没有马上为自己的看法辩护,而是鼓励我把意见详细写下来。我两次去信,他两次回信,都肯定了我一部分意见,又否定了我另一部分意见。同意时就直率地承认自己原来的看法错了,不同意时就详尽地陈述自己的论据,指出我的错误。信中的措词是那么谦虚诚恳,绝不以权威自居,完全把我当作一个平等的讨论对手看待。这是何等真挚动人的气度!他不仅对我这个讨论对手承认自己有一部分看法是错误的,并且还要在通信结束之后把来往信件全印发给全班同学,公诸于众,这又是何等宽宏博大的胸襟!正是在顾先生这种胸襟气度的感召之下,我对这个问题努力钻研下去,勇于独立思考,提出了合理见解,对问题的解决作出了一定的贡献。

这场讨论不仅使我对历史地理发生了浓厚的兴趣,而且提高了我做研究工作的能力,这些无疑应该归功于顾颉刚老师。

(摘自《院士自述》)

毕 德 显

照片中为毕德显

毕德显(1908—1992),电子学家,教育家。中国科学院院士。1908年出生于山东。1927年入齐鲁大学,1930年春转入燕京大学物理系,与袁家骝等同班。1932年毕业后考取研究生,1934年研究生毕业,留校任教。1939年到昆明清华大学无线电研究所工作。1940年9月去美国斯坦福大学,1941年获硕士学位后转加州理工学院物理系攻读博士学位,1944年获博士学位后,留在该校火箭理论研究组工作,后应聘到新泽西州美国无线电公司(RCA)新产品试制部工作。1947年秋回国,任南京大学物理系教授。1948年冬,他拒绝去台湾,而应邀辗转绕道去东北解放区大连任教,任大连大学电机电信系主任。1952年后在张家口中国人民解放军通信工程学院和西安军事通信工程学院担任教学、科研和领导工作。1962年调往重庆解放军雷达工程学院(后改名为通信兵工程学院)当副院长,1977年调到南京,被任命为复建的中国人民解放军通信工程学院副院长。

毕德显同志于1980年当选为中国科学院学部委员,曾任总参通信部科技委副主任,第二、三届全国人大代表,第五、六届全国政协委员,中国电子学会第一、二届理事。

毕德显高瞻远瞩,勇于探索,能够准确地发现和预见科学发展的新动向,及时地把当代一些新的科学成就有机地结合起来,具体运用到迅速发展的通信雷达方面,成为这门学科的带头人。

早在1949年初,他在大连大学时,就积极担负了创建我国第一个雷达专业的重任。那时雷达在国际上是一门新兴的技术,他和大家一同制订了这一专业的课程设计工作,自编自译教材,购置仪器设备,亲自登台讲授,培养了我国第一批雷达工程技术人员。

40年代末晶体管在国外问世后,他于50年代初在学院开设了"半导体物理学"新课。50年代初,自动化技术在我国刚刚起步,他就组织人员编写了《自动控制原理》教材,开设了这门新课,在我国最早把自动控制原理用于雷达装置。1954年,他从国外杂志上看到几篇有关信息论的论文,预见到这门科学在未来通信和雷达中将有广阔的应用前景。于是,他组织起研究班子,研究出初步成果,还举办了信息论专题讲座,编写教材增开了雷达信息论新课。并举办了全国性的信息论学习班,他为信息论理论在我国通信、雷达和其他电子技术领域中的应用,起到了推动促进作用。

70年代初期,国际卫星通信技术的发展引起了他的密切关注,他为教员开设卫星通信讲座,为学院后来开设卫星通信专业创造了条件。

70年代末,为适应国防现代化建设和未来反侵略战争需要,他创建了我国军队院校第一个指挥自动化专业,开始将通信与计算机结合起来,使军事指挥、控制和信息处理向现代化水平迈进。

毕德显同志在教学科研工作的同时,曾主编、翻译过大量教材、书籍和资料。翻译过苏联爱金堡著的《天线》,主编过《电波传播》、《脉冲技术》、《信息论基础》、《电视基础》等。在他身处逆境时还曾与人合作翻译出版了《电信技术译丛》共19册,近百万字。

毕德显对军队整体通信建设也非常关心,热心为部队通信排忧解难。如抗美援朝战争时期,志愿军在前线遇到了坑道通信的难题。毕德显夜以继日地进行研究和试制,终于解决了这个难题。

毕德显还经常向上级提出一些国防通信建设方面很有价值的建议。1978年初向上级建议,积极组织力量开展军用光纤通信的研究,并在学院里接收了研究生。70年代末他提出,军队指挥自动化工程应从易到难,要首先着眼于系统的基本功能的建立,而不能盲目模仿西方,把兴趣放在大屏幕显示等的建立上。1983年,他向上级提出了"核战争条件下通信联络保障问题的建议"。毕德显的这些建议对我国军队通信现代化建设起了重要的作用。毕德显热情扶植中青年的成长,甘做人梯。他为青年教员审阅和修改过的许多教材、论文,都谢绝签署自己的名字。

1973年他把存在美国的一点钱委托袁家骝博士买了一部当时比较先进的小型电子计算机,放在实验室让大家使用。他还多次向学院图书馆捐赠他多年来购置的科技书籍。

为了表彰毕德显这位老共产党员、老一代知识分子的先进典型,1983年4月,中国人民解放军总参谋部党委作出决定,批准毕德显为优秀共产党员。

(董贻中摘编)

侯祥麟

1986年7月8日。金碧辉煌的意大利罗马的巴比雷尼宫。一年一度的"马太依国际奖"授奖大会正在这里隆重举行。和诺贝尔奖获得者、尼日利亚作家索莫卡等同登领奖台的是白发如银的中国科学家侯祥麟。

侯祥麟是广东汕头人，1912年4月4日出生。石油化工专家，中国科学院和工程院院士。

上小学时是五四运动之后，反帝爱国的种子播入了他幼小的心灵。在上海念高中时，上化学课的老师讲原子核中有巨大能量，倘若释放出来，就会有极大威力。他当时天真地想，倘能掌握原子中的能量，就不怕帝国主义的侵略了。他认为释放原子能量是化学领域的工作，就决心念化学。1931年考入燕大化学系，除努力学好化学课外，还选修政治、经济、哲学、社会学等课程，想寻找抗日救国的途径。他跟蔡镏生教授做的毕业论文是从橄榄核制取可用于防毒面具的活性炭。1935年大学毕业后，考入上海中央研究院化学所，离京前参加青年会举行的夏令营，在中共地下党员的引导下，阅读革命书籍，从此自觉地去追求革命真理。

1937年上海沦陷，化学所内迁，在往大西南转移途中，于1938年4月他秘密地加入了中国共产党，成为党的最早的红色科学家之一。

1944年春党中央决定派遣一批科技干部到国外去深造，以适应今后新中国建设需要。侯祥麟经组织批准，通过自费留学考试，于1945年到美国匹兹堡卡乃基理工学院（现为卡乃基梅隆大学）攻读化学工程学。1948年获博士学位。随即到麻省理工学院燃料研究室任副研究员。当时解放大军跃进的炮声，鼓舞着海外学子。为动员更多的海外留学生回国参加新中国的建设，侯祥麟和留学生中的中共党员，以及进步同学发起成立了"留美科学工作者协会"，在送走了一批批同学之后，他也毅然回国，于1950年6月踏上祖国青岛。

回国后，先在清华大学任燃料研究室研究员，1952年调大连中国科学院工业化学研究所。1955年他成为中国科学院最早一批学部委员，后又当选为主席团成员。历任石油工业部技术司副司长，石油科学研究院副院长、院长、石油化工科学研究院副院长、代院长、石油工业部副部长，直至1982年离任。离任后他仍关注着石油工业的发展，任中国石油化工总公司首席顾问。1994年他又当选为中国工程院院士，主席团成员。

侯祥麟还是一位著名的社会活动家，历任第五、六、七届全国政协常委；中国石油学会理事长、中国化工学会副理事长等职。

侯祥麟的一生是和我国石油化工事业的发展紧密联系在一起的。

（1）参与主持编制我国科技发展12年规划有关石油部分——扩大液体燃料和润滑剂来源任务，并负责组织、管理和实施工作，使规划的各项主要任务到1960年底基本完成。

（2）开创我国研制特殊润滑材料的新领域。

原子能工业用的特殊润滑油是一种有机合成化学品，当时只有美、苏等国能生产。60年代初侯祥麟等接受了这项艰巨任务，组织队伍，领导攻关。经过艰苦努力，终于研制成功并投产，保证了我国第一朵蘑菇云在罗布泊的上空升起，开创了我国研制特殊润滑材料的新领域。

(3) 攻克国产喷气燃料技术难关。

1956年至1957年玉门炼油厂曾试生产了两批航空煤油,但在试车时发现喷气发动机的火焰筒里产生严重烧蚀问题,因而不能使用,侯祥麟根据上级指示负责组织领导实施攻关,发扬大力协作精神,终于找到原因,采取措施,烧蚀问题得到解决。到1962年我国自产的航空煤油投入生产,到1965年实现了自给。

(4) 研制开发炼油新工艺、新技术。

1960年我国开发了大庆油田,原油产量迅速增长,急需研制先进的炼油新工艺、新技术。在侯祥麟精心组织并直接参与下,终于在1965年前后完成了流化催化裂化、催化重整、延迟焦化、尿素脱蜡以及有关的催化剂、添加剂等五方面的科研成果,被誉为中国石油炼制工业的"五朵金花"。上述成果于1978年获全国科学大会奖。

(5) 推动石油化工重大技术开发应用。

80年代初,石油加工、石油化工、石油化纤等这些环环相扣的工业企业,分别隶属于几个部门,造成生产过程重复,资金浪费,装置不合理,原油利用率低等问题。1981年侯祥麟协助石油部部长组织有关专家,研究提出用好原油的组织措施建议,上报国务院。国务院参考这个建议,经过组织论证,后于1983年7月批准成立了中国石油化工总公司,他任总公司首席顾问。总公司成立后,他又积极推动裂解分离技术装备国产化;推动高压加氢裂化技术,大力推进催化裂解新技术开发应用等。

(6) 极力倡导基础理论研究。

积四十多年从事石油化工科研组织领导工作的经验,他深感基础理论研究对石油化工科学技术进一步发展有重要作用。为此他多次呼吁、倡导加强基础理论研究工作。他的意见得到有关方面的响应。如中国石油化工总公司就不仅同国家自然科学基金委共同资助一些基础研究项目,还专门资助高校等单位的基础研究工作。

(7) 热心著述,勤于笔耕。他主编的《中国页岩油工业》、《中国炼油技术》以及他担任副主编的《中国大百科全书·化工卷》均已先后出版发行。这些著作都凝聚着他渊博的学识和毕生的实践经验,是培养石油化工科技人才的好教材。

侯祥麟为中国石油化工工业奋斗了近半个世纪,对我国石油化工工业和科学技术的发展做出了重要贡献,为此,1996年我国授予他"何梁何利基金科学与技术成就奖"。如今在耄耋之年,他仍想得很远很远,在思考着如何加速培养青年人才,以适应我国石油化工工业发展的需要。为此他在中国科技发展基金下设立了一个"侯祥麟奖金",每年奖励一批在石油化工领域做出有创见论文的优秀博士生,鼓励他们成长为新的学术带头人。

(董贻中摘编)

侯 仁 之

侯仁之祖籍山东恩县,1911年12月出生于河北枣强县。1932年毕业于通县潞河中学,经保送投考燕京大学历史系,获奖学金入学。1936年毕业,获文学士学位,留校做研究生兼任历史系助理。1937年7月侵华日军阴谋制造"卢沟桥事变",北平相继沦陷。侯仁之转为历史系研究生。潜心研究清初学者顾炎武"经世致用"的学术思想,经导师洪业(煨莲)教授建议,决定就顾氏著述《天下郡国利病书》,择其山东一省,作为续编,写成硕士论文,题作《续〈天下郡国利病书〉山东之部》,获得通过,1940年7月得硕士学位,并获得斐陶斐荣誉奖。论文被列为"《燕京学报》专号"正式出版。此后,侯仁之继续留校,任历史系助教,开始授课。同时又被任命为学校新设的学生生活辅导委员会副主席,主席则由深受学生尊重的夏仁德教授担任。原因是当时日寇侵略军在华北地区不断进行所谓"大扫荡",在校学生有人家乡遭受战火,经济来源困难;也有学生救亡心切,决定投身到抗日战争中去。司徒雷登校长决定设立上述义务职的任命,由夏仁德教授负责解决生活困难学生的经济资助问题,由侯仁之帮助志愿离校参加抗日的学生安全离校。其中有人南下去大后方参加与抗日有关的工作,曾代为联系分道前往。更有人决心就近进入解放区抗日根据地,则是经过校内中共地下组织具体联系而后成行。司徒雷登校长明确表示他希望燕大学生在抗日统一战线中起到桥梁作用。侯仁之曾帮助三组学生安全离校。

1941年12月8日太平洋战争爆发,8日凌晨燕京大学即遭日寇宪兵查封。师生二十余人先后被捕,侯仁之也在其中。幸而日寇对燕大学生直接参加抗日战争一事,一无所闻。遂以"以心传心抗日反日"的所谓"罪名"转送日本军事法庭候审。迟至1942年6月中,对侯仁之判以徒刑一年,缓刑三年,取保开释,附加条件是"无迁居旅行自由,随传随到"。

侯仁之的妻子张玮瑛,祖籍广东东莞县,出生于天津。在燕大历史系获得硕士学位,留校工作。侯仁之被捕期间,张玮瑛移居天津父母家,女儿馥兴出生,母女相依为命,直到侯仁之出狱归来。

侯仁之居留天津期间,为避免敌伪干扰,曾到私立达仁商学院,又转到法国天主教创办的工商学院任教,并相继兼任该校新设女子文学院史地系主任,张玮瑛亦来支持参加教学。1945年8月15日,日寇战败投降。侯仁之立即被召回北平参加司徒雷登校长主持的复校委员会,10月1日招生完毕,正式开学。侯仁之除授课外,又兼任学生生活辅导委员会主席。张玮瑛携女儿重返燕园。

侯仁之避难天津期间,仍在坚持个人学术研究,首先完成的是计划中关于北京历史地理专题之一的"北平金水河考",珍藏三年,终于得以公开发表在燕大复校后首先出版的《燕京学报》第30期上(1946)。他还利用就地考察结合文献资料的考证,写成了《天津聚落之起源》一文,由天津工商学院列为专刊,在日本战败投降时正式出版。侯仁之坚持不懈从事科学研究的志愿,终于为他带来了一个开拓视野、深入学习的好机遇。1946年8月他经燕大保送前往英国利物浦大学地理系,受教于近代历史地理学奠基人之一的达比(H.C.Darby)教授,在理论与方法论上获益甚多,并且得以直接运用在北京历史地理的研究上。1949年夏获博士学位后,立即启程回国。在他到达北京,重返燕园后,又喜逢中华人民共和国的开国大典,有幸参加了庆祝大会,个人的新生活也就从此开始。他在母校执教外,又于1950年应聘到清华大学建筑系讲授"市镇地理基础"一课,并兼任北京市都市计划委员会委员,从而结合首都文教区的规划,完成了回国后的第一篇学术论文《北京海淀附近的地形、水道与聚落》。同时他又结合教学向中央教育部建议,把新公布的"中国沿革地理"一课,更新改造为"中国历史地理"。

1952年全国进行院系调整,燕京大学与北京大学合并,北大迁来燕园。此时张玮瑛已从燕京大学转到中国社会科学院近代史研究所工作,只有周末才能回家。当时侯仁之被任命为北京大学副教务长兼地质地理系主任。此后教学行政工作与社会兼职与日俱增。1954年《北京大学学报》计划创刊,他应约发表了《北京都市发展过程中的水源问题》一文,继续为首都的城市建设进行研究。更重要的是他还结合国家关于西北六省区的治沙任务,从1960年到1964年连续深入宁夏和内蒙古沙漠地区进行考察,开辟了沙区历史地理研究的新领域。不幸的是这项重要研究,由于"文化大革命"戛然中断,侯仁之遭受迫害长达五年之久。

1978年全国科学大会召开,祖国终于迎来了"科学的春天",侯仁之又得以继续进行西北沙区的考察研究,同时还应约出版了他第一部学术论文集:《历史地理学的理论与实践》。

1980年侯仁之当选为中国科学院学部委员(院士)。此时他又进一步深入进行北京历史地理的专题研究,为城市规划建设继续提供必要的参考,还组织力量于1986年完成了他计划已久的《北京历史地图集》的编绘出版工作,并获得了北京市科技进步一等奖。专门研究中国科学技术史的英国李约瑟认为该图集"为北京在历史中的发展,提供了令人惊异的图画。"

全国科学大会以后,在改革开放日益发展的新形势下,侯仁之的国际学术活动也与日俱增,最重要的是出国讲学和进行学术研究。从1980年3月开始,首先应邀到加拿大不列颠哥伦比亚大学作为 The Cecil H. and Ida Green 访问教授,作专题报告。1981年冬到1982年春作为 Fulbright Scholar 赴美国伊利诺伊大学地理系讲学。1984年作为 Luce Fellow 赴美康乃尔大学城市与区域规划系从事科学研究。这三次出国,都有张玮瑛同行协助。最重要的是在康乃尔大学期间,张玮瑛被邀作为访问学者,在历史系进行1931年"九·一八"日本发动侵华战争中国际联盟报告书和有关外交文件的研究,并为日后集体写作《日本侵华七十年史》开始积累了个人所承担的部分资料。侯仁之则集中力量完成了极为重要的《从北京到华盛顿——城市设计主题思想试探》的论文。二人又于同年7月前往英国利物浦大学接受授予侯仁之的荣誉科学博士学位。

在康乃尔大学工作期间,侯仁之了解到联合国教科文组织,有一项"世界文化和自然遗产保护公约",其目的是通过国际合作,更有效地保护对人类具有重大价值的文化和自然遗产,我国却尚未参加。1985年4月全国政治协商会议开会期间,侯仁之作为政协委员,正式提出提案,认为我国政府应尽早批准该公约,并由其他三位政协委员共同签名,终于得到我国政府批准。现在我国得以列入该项公约的文化和自然遗产已有二十余处,并且日益引起国际上的重视。

90年代初,侯仁之和张玮瑛又先后两次访问过长春藤大学之一的达慕思学院(Dartmouth College),在第二次前去共同作为该校亚洲研究中心的访问学者时,由于主持人十分了解他们夫妻二人在旧中国和抗日战争中多灾多难的共同生活,又在新中国的"文化大革命"期间备受折磨,但是仍然共同坚持自己的信念,度过重重难关,而且各自用其所学,努力为人民服务,为国家的教育文化事业作贡献。实际上这也正是他们在青年时代就接受了燕京大学人格教育的结果,正是出于这种认识和了解,主持人决定以"Reflections of Chinese Scholars: Thoughts on Life in a Turbulent Century"(当时译作:"学者生涯、激流反思")为题,组织了一次毫无拘束的座谈会,由二人共同用英语作了一次相互穿插的讲话,进一步说明了中国的知识分子虽然历经磨难,仍然坚持自己的信念,用其所学,为人民服务,为祖国作贡献。

1996年5月,他们夫妻二人又分别以85岁和81岁的高龄,满怀兴奋的心情,共同出席在美国

Claremont Mckenna College 召开的一次讨论会,题目是"燕京大学的经验与中国高等教育"。当时由于国际友人和燕京校友的大力支持,在北京已经成立了燕京研究院,争取继续发扬以服务为宗旨的燕大精神,培养研究人才。同时又继续编辑出版《燕京学报》,为弘扬祖国优秀传统文化作出贡献。侯仁之是该院的院长。

张玮瑛与人合译的50余万字的《美国外交文件 日本 1931—1941年》已于1998年4月问世。

1998年12月14日《中国科学报》在第一版刊登了一段消息:

中国科学院院士、北京大学城市与环境科学系教授侯仁之先生,荣获美国地理学会颁发的George Davidson 奖章,授奖仪式将于1999年举行。

1999年10月21日,侯仁之还荣获"何梁何利基金1999年度科学与技术成就奖",奖励通告中说,"他是中国历史地理学的奠基者,从现代地理学的角度,揭示了北京城的起源、发展和历久不衰的原因,对首都城市规划、水利建设、旧城改造、古遗址保护等作出了重大贡献。"

侯仁之表示获得这些荣誉,还得感念早年母校燕京大学所给予他的最初的栽培和教育。

(李传琇)

卢 鹤 绂

卢鹤绂,字含夫,英文名 Hoff Lu,山东省莱州市梁郭镇卢家村人。1936年毕业于燕京大学,1941年获美国明尼苏达大学哲学博士学位。他是中国著名的物理学家、卓越的教育家和国际知名教授,一生从事理论物理和核物理方面的教学和研究,成就斐然,特别是"卢鹤绂不可逆性方程"已载入史册。早年测定的锂7、锂6丰度比被国际采用达60年之久;他在国际上首次公开估算铀235原子弹和费米型链式裂变反应堆的临界大小的简易方法及其全部原理,提出了最早期的原子核壳模型并首次提出了核半径新的计算公式,被确立为世界第一流原子能物理学家;他建立了流体的容变粘滞弹性理论并对经典流体力学基本方程作了多项推广,由他提出的 $d(S-S_\infty)/dt = (S_0-S)/\iota$ 方程被世界物理学界公认为卢鹤绂不逆性方程;他在晚年提出对马赫原理的直接验证,被认为是向爱因斯坦挑战的新方法。卢鹤绂被英国剑桥国际传记中心授予"二十世纪成就奖"(1993年);被美国传记研究院授予"卓越领袖奖"和"二十世纪成就奖",并载入《500个有影响的领袖》永久文献,在美国国会图书馆展示(1994年);他还被美国传记研究院授予"国际承认奖",并载入《世界5000人物》一书第四版(1993年)。为了纪念他对物理学所作出的贡献,以他的名字命名的民办科学基础物理研究所卢鹤绂格物研究所2000年6月7日在上海成立。

卢鹤绂诞生于1914年6月7日(农历五月十四),谢世于1997年2月13日(农历正月初七),享年83岁。

1932年,卢鹤绂18岁。考取了北平燕京大学理学院物理学系,主修物理。孟昭英教他普通物理。王承书、袁家骝、杜连耀教他物理实验,张文裕教他力学,毕德显教他热学,谢玉铭教他光学和近代物理,系主任班·维廉教他理论物理。当时,他酷爱京剧,也许受他父亲卢景贵的影响,常随家中厨师看京剧。在燕京时,他还周末进城,观看谭富英、言菊朋等名家的演出。他自己还参加学生会国乐会组织的京剧演出。有一回,他在北平公演京剧《琼林宴》,所演范仲禹惟妙惟肖,一时成了一条新闻登在报端,至今他还保留当年饰演《南阳关》中伍云召的剧照。

在燕京最令卢公难忘的是参加"一二·九"运动。他曾不止一次向我叙述发生在半个多世纪之前那个悲壮事件,深深地感言:"抗日是义不容辞的历史责任感!"他说:"'一二·九'运动前几个月,我就报名参加了纠察队。12月8日夜晚,燕京沸腾了。几百名纠察队员聚集在一起,讨论势态的发展。讨论结果,于是决定第二天上街游行,要求政府抗日。我们纠察队的任务是骑着自行车,在队伍两侧警戒。为了预防不测,每个纠察队员都领到一把刺刀,是带皮鞘。这是我生平惟一的一次拿武器,所以印象极为深刻。"当队伍赶十几里路到西直门时,遭遇国民党军队的包围。双方展开了斗争。此时,卢公看到一个士兵举枪瞄准同学,便不顾一切地抓起自行车,朝那个士兵砸去。同学得救了。而他却受伤了。

卢公在燕京最值得一提的,便是他的学士论文《中国物理学家在国内外所发表之物理论文目录及其提要》,这是对中国近代早期物理学研究工作的一次总结。全文174页,约13.1万字。在所录321篇中国学者论著中,有106篇是在国内所做的工作。人们从他画的"论文篇数增进图"中可以了解到,我国近代早期物理学事业已经有了长足的发展。作为一位大学本科学生,能在当时抗战时期完成这样一篇容量大、涉及面广的论文,是非常不易的。正如有关学者评述的那样,"这正反映了我国老一辈科学家扎实的理论基础和认真的治学态度,应为后学者鉴。"

卢鹤绂院士的贡献是多方面的,他的科研成果也是令人瞩目的。他曾发现热离子发射的同位素效应,发明时间积分法,在世界上首次精确测定锂7、锂6的丰度比为12、29(即锂7占52.48%,锂6占7.52%),其测定数值被选定为国际同位素表达50年,一直到1984年美国核表还引用他的测定值。他在研究流体粘滞流动理论时,提出了关于弛豫压缩基本方程,被世界公认为卢鹤绂不可逆性方程;他曾提出质子壳中子心模型,这一最早的壳模型比原子核传统均匀模型更加优越;他曾测量铀核半衰期及铀核裂块在氧化铀层的射程,为苏联等国引用;他曾扩充爱因斯坦化学弛豫原理,为美国《流体物理学》月刊所承认,权威的《物理学大全》加以引用;他曾公开发表用费米气统计模型估算铀235裂度发出的中子数,被认为在世界上是第一次。他依据光子惯性运动引起的横向多普勒效应,对照美国艾夫斯(H.E.Ives)和史迪威(G.R.Stilwell)的实验数据,得出"横向多普勒效应在宇宙空间各向异性"、"光子惯性属性是由整个宇宙结构决定"的结论,从而检验了马赫理论的正确性,从而对爱因斯坦相对论构成了直接的挑战。

尽管他的学术成果十分丰富,但他自己最满意的还是"不可逆性方程"。我曾向他书面采访。卢公在"您认为自己满意的科研成果"一栏中,工工整整地填写:"卢鹤绂不可逆性方程的论证。"

先生去世周年的前夕,我匆匆赶到上海松江墓地,将我自费出版的《卢鹤绂年表》呈上卢公坟前,由他亲人放入墓穴。我找到了他祖籍莱州梁郭镇卢家村,与他们商量,要为卢公立花岗岩石全身像。我请中国物理学界元老王淦昌题字:"卢鹤绂像",我还应邀为卢公写了《卢鹤绂简介》。

卢鹤绂热爱祖国,倡导科学,忠诚教育,勤勉不懈,严谨治学,积极进取,为中国科技事业的繁荣与发展立下不朽的功勋,将名传千古!他执著地探索真理的科学精神,富有远见的学术思想,谦虚、好学的治学风格,将永远鼓舞着一代又一代科技工作者!

(吴水清)

王 应 睐

王应睐,生物化学家。1955年选为中国科学院首批学部委员。1907年11月13日生于福建金门。1925年入福州协和大学,后转至南京金陵大学,主攻工业化学。1929年毕业,留校任助教。1932年曾在燕京大学化学研究所进修,1938年赴英国入剑桥大学攻读博士学位。1941年获学位后,在该校邓恩营养学实验室和莫梯诺研究所从事研究工作。1945年回国后历任中央大学教授,中央研究院医学研究所研究员、副所长。解放后,历任中国科学院生理生化研究所副所长,上海生物化学研究所所长、名誉所长,上海分院院长。

1929年他在金陵大学毕业后,留校工作一年多,因患肺结核,遵医嘱到北平疗养。1932年曾入燕大但未满一年又病倒。时间虽短,但对他日后的科学生涯却起了重要作用。他在自述中说:"在养病期间曾广泛阅览关于肺结核病书籍,并时常思考如何解决我国肺结核病广泛流行的严重问题。当时结核病尚无特效药,而在北平(全国亦然)广大穷苦劳动人民中患病率特高。一人得病,全家遭殃。这问题经常在我脑中盘旋,加上自己长久被病魔纠缠的体会,就决心放弃工业化学,我在燕大进修时便着重学习生物化学和营养学。"

1938年"中英庚款"首次设有生化一个名额,他参加考试被录取,遂赴剑桥大学专攻维生素。当时维生素的研究正成为热门,维生素在营养中的地位被充分肯定后,微量测定其在多种食物及组织中的含量成为一个迫切需要解决的问题,他在剑桥就研究此课题。在两年时间内,完成四种不同的水溶性维生素的微量测定方法。同时还开展了维生素的生理和毒理作用研究。他和T.Moore合作在国际上首次发现了服用过量维生素A的毒性作用,以及机体缺乏维生素E的组织变态现象。

正当王应睐准备回国之际,发生了珍珠港事件,远东交通断阻。他只得留在剑桥继续工作。当时对维生素研究的中心问题已转到其作用原理,特别是它们与酶和代谢的关系。要深入研究,必须具备更加扎实的生化基础和广泛的研究经验,他参加了生化系的高级生化训练班,师从著名科学家、细胞色素发现者D.Keilin教授研究豆科根瘤和马胃里寄生虫血红蛋白和酶。他提供的完整实验证据在国际上第一个证明豆科植物瘤中含有血红蛋白。这一发现有助于从生物化学的角度来解释生物进化学说,并且促进了对血红蛋白根瘤固氮中作用的深入研究。

1945年冬回国,先后在南京中央大学和中央研究院上海医学研究所筹备处工作。在当时情况下,虽然进行了一些研究工作,但困难重重,难以开展。

新中国成立后,他在中国科学院生理生化研究所任副所长,负责生化部分,1958年成立生化研究所,他任所长。当时面临的问题是我国生物化学究竟如何发展,他高瞻远瞩地提出必须紧紧围绕这门学科的生长点——酶学、蛋白质、核酸和中间代谢——来发展。在确定研究所发展方向后,紧接着就是要有一批学科带头人来共同工作。在短短的五六年中,他在党和政府支持下,从国外先后争取到酶学专家邹承鲁、蛋白质专家曹天钦、维生素专家张友瑞、核苷酸代谢专家王德宝和蛋白质结构专家钮经义等来所参加工作。就这样,一批思想敏锐、年轻有为、朝气蓬勃、崭露头角的科学家组成了一套门类较齐全并互为补充的阵容。

在繁忙的组织领导工作同时,王应睐对琥珀酸脱氢酶的分离纯化、辅基鉴定以及辅基与酶朊连接方式进行了系统的研究。他成功地得到高纯度的水溶性琥珀酸脱氢酶,其活力比同期国外报道的高出一倍以上。在对这个酶的性质的研究中也有重要的发现,提出了充分的证据证明它是一种含有异咯嗪腺嘌呤二核苷酸和非血色素铁的酶,酶的蛋白部分与异咯嗪腺嘌呤二核苷酸是以共价键结合的,这是在酶的研究中第一个发现的以共价键结合的异咯嗪蛋白质。这项工作是当时酶学研究的世界先进水平。1955年在布鲁塞尔举行的第三届国际生物化学大会上,王应睐宣读了这一研究的论文,受到极高的评价。1956年这项成果受到了中国科学院的奖励,1978年又获全国科学大会重大成果奖。

王应睐是代表我国基础科学研究成就的两大重大成果——在世界上首次人工合成结晶牛胰岛素和人工合成酵母丙氨酸转移核糖核酸——的组织者和领导者之一,曾担任该两项目的协作组组长。并分别于1965年和1981年完成了这具有历史意义的工作。

王应睐还不遗余力地培养我国生化人才,这是他为发展我国生化事业所作的又一贡献。他在建所初期每隔两三年便举办高级生化训练班,给青年科研工作者传授生化进展的最新知识和生化研究的一些经典实验,使他们能尽快参加工作。在1961年、1979年和1983年,先后举办了三次大型培训班,规模均在四五百人。参加培训班的学员,许多人已成为各地科研和教学的骨干。

王应睐在国际上也享有盛名。1988年第20届迈阿密生物技术讨论会上,授予王应睐"特殊成就奖",以表彰他领导中国科学家在人工合成生物高分子方面的杰出贡献。他还是比利时皇家科学、文学和美术学院的外国院士,美国生化学会名誉会员;匈牙利科学院名誉院士;捷克斯洛伐克科学院外籍院士。

1996年他荣获"何梁何利基金科学与技术成就奖"。

半个世纪以来,王应睐以其渊博的学识,坚实的基础和丰富的研究经验在营养、维生素、血红蛋白、酶以及物质代谢等方面取得了一系列出色成果。他还团结、培养、组织和领导了一批批生化科研工作者,为发展中国生化事业作出了不可磨灭的贡献。他是大家公认的在国内以近代方法研究生物化学,把它作为一门独立的边缘学科的积极倡导者和主要奠基人。

(董贻中摘编)

梁 植 权

1914年我出生在山东烟台市,一个中产阶级知识分子家庭,但我的原籍却是广东中山县。我曾两度在燕京大学学习生活过:一次是1933—1937年,读大学本科,一次是1939—1941年,一边工作,一边攻读硕士学位。这是我人生旅途中的重要时刻。我和燕京有着特殊的情结。

我的大学时代是在日本军国主义者侵华逐步紧逼,人民处于水深火热之中,民族灾难日益深重的时代度过的。进入大学后,我逐渐成熟,踏踏实实地埋头苦读了几年书。我不浪费一分一秒,决心把全部时间用在学习上;同时,也积极参加救亡运动,如抗议国民党的"不抵抗主义",慰劳前线将士等等。

在燕大第一次上普通化学实验课时,给我很深印象的是老师强调整洁,强调基本操作的正规化,至今不忘。他亲自表演如何清洗玻璃用具,如何拿吸管,如何标定吸管,如何正确读滴管,如何标定滴管,如何使用天平,如何标定砝码等。对写实验记录也有一套严格要求。实验记录本上有一栏是"观察"。观察是科研工作的关键。老师要求学生把作实验时观察到的一切,详细记录下来,如果是成功的,关键在何处,有何体会;如果是失败的,原因可能在哪里,重做时如何改进。从而,培养了我严肃、严格、严密的科学作风。

在燕大读书时,功课是很紧的,差不多每星期都有一门主课的小考,我那时很用功,自然科学主课往往是班上最好的,或者是最好之中的一个。当时的教授都很好。我清楚记得胡经甫教授,口若悬河,边在黑板上画图,边大声讲解情况。李汝祺教授声调不高,但非常沉着、稳重。袁家骝、张文裕、毕德显等当时都指导过我们的物理实验,后来都成为有名的学者。

我从读大学起就十分信奉爱迪生的两句名言:"艰苦的工作不会伤害任何喜欢它的人。""没什么可以代替艰苦的工作。"我觉得他说的极有道理。我们要有一种孜孜不倦,夜以继日,坚韧不拔的献身于祖国的科研事业的精神,这就是科学研究的动力。我从大学生时代起一辈子就是努力按照这种精神来要求自己的。大学时,功课紧,几乎每晚都去图书馆读书,星期天也不进城,也都在图书馆。但是有一项活动感到非常愉快,也是一种调节。就是每天吃完晚饭,都和几个相好的同学在湖边溜一圈,海阔天空聊一阵,欣赏湖光塔影,樵吹夕照,然后再去图书馆。相熟的同学有段启良、赵尔诚、蒋预图等。可惜如今段、赵都已去世,只留下美好的回忆了。

我是学自然科学的,可是对文学、特别是中国的古典诗词也很爱好。那时燕京有几个词人,我很喜欢他们的词,至今我还记得两首,可是作者的姓名都忘记了。"满地浓阴两三蝶,又是当年别离时节,东风终古有沉哀,丁香谢了海棠开,海棠娇贵应难折,红瘦灯痕,可惜花如雪,东风若发那年心,春人已老更难禁。""当年三月,悔杀春光春易别,纵使春归,金缕华年事已非,月圆花好,愁里匆匆都过了,可惜花时,真个无花空折枝。"我认为,一定的文学素养对一个科学工作者是十分重要的,往往引起心灵的共鸣,我所以记住这两首词,可能是当年也有同感吧!

我在大学和研究生阶段的导师都是窦维廉(W. H. Adolph),他是美国人,是一个很精明,很有条理的人。他讲课只讲个轮廓,深入要靠自己。他给分数不全靠考分,而是考分加"印象"。他对中国人的营养问题有兴趣,故而他的研究工作主要在这方面。我的大学论文题目是"黄豆卵磷脂的提取及其性质"。硕士论文的题目是"草酸在大白鼠体内的代谢"。都是关于营养方面的。卵磷脂现在已成为风靡世界的营养食品。我在1941年夏,获理科硕士学位,以成绩优异,当选斐陶斐(Phi Tau Phi)荣誉学会会员,一般称为金钥匙。

毕业后留校任助教,同年9月2日我与王婉明女士结婚,我们是在1937年经同窗好友段启良的未婚妻张林瑞介绍认识的。婚后住在燕京大学东门外成府槐树街5号,日子过得很幸福。我们时常晚饭后到未名湖畔散步,陆志韦校长曾称赞她是燕京有史以来最美丽的新娘。说到婚姻,我想起身边发生过的另一件事:1936年,我住在五楼宿舍,一栋亭子样式的两层小楼,同屋是比我高一班姓黄的同学,名字一时想不起来了。他于1936年毕业后不久结婚,婚后三个月,夫人去世,他也就自尽了。燕京校刊登载了一条消息,标题是:"百日夫妻,竟成千古恨;一抔黄土,长痊有情人。"这事使我终身难忘。

1942年,我随张子高、蔡镏生等教授因太平洋战争爆发转至北京私立中国大学任讲师,直到抗战胜利后转到清华大学农学院生化室工作,任讲师。1947年,我去美国纽约大学化学系读博士。半年后转入宾夕法尼亚州立大学生物化学系,那里风景优美,树木繁茂,是读书的好地方。导师H. O. Triebold,是个油脂生化学家,我的博士论文是有关脂肪酸的蒸气压测定的。由于成绩优异,毕业时获得两把金钥匙(Phi Lambda Upsilon 及 Beta Beta Beta 两个荣誉学会会员)。

那时由于解放战争的节节胜利,我们很受鼓舞,我和老同学严东生结伴于1950年2月乘船经香港回到天津，妻子带着已是6岁的女儿来接我。到北京后，我和窦维廉联系，他当时任协和医学院生化系主任。留我在协和工作，我接受了。由此一直在协和任教授到现在。虽然工作单位名称改了好几次，但基本单位却未变。

我的研究领域是比较广泛的，我最初搞过营养学，脂肪化学，抗美援朝开始，觉得动物代血浆很有用，便从研究蛋白质的结构和抗原性的关系入手，创制成功"实研二号"及"实研三号"代血浆，在临床试用百余例，效果良好。也研究过以下方面：核酸的结构及功能，人体异常血红蛋白的结构及分析，人血浆蛋白的多态性，人r珠蛋白的类型，r珠蛋白基因的药物开启及β地中海贫血的治疗，β地中海贫血的基因治疗，针刺麻醉的分子基础，及内切酶的筛选及分子克隆等，都获得良好的成绩。截至1994年，在上述领域中，共发表学术论文179篇。

我于1978年获全国科学大会及卫生部科学大会成果奖，1982年获卫生部科研甲级成果奖，1986年获卫生部科研乙级成果奖，1994年获卫生部科技进步一等奖及1995年国家自然科学成果四等奖。主编了《中国医学百科全书分子生物学分册》，参加编写《核酸的结构及其生物活性》、《仪器分析及其在生理科学中的应用》等专著，历任《生物化学与生物物理学报》及《生物化学杂志》编委、《生物化学及生物物理学方法学报》(荷兰出版)及《血红蛋白》杂志(美国出版)编委。

兼职主要有国家科委自然科学奖励委员会委员、国家科委发明评选委员会医药卫生评选小组委员、国务院第一届学位委员会基础医学组召集人、卫生部医学科学委员会常委、中国生物化学会副理事长、中国生理科学会副理事长、北京生理科学会理事长等。

1980年当选为中国科学院学部委员(后改称院士)。

如今我已是八十多岁的老人，回顾过去，但念"帘外蛛丝网落花，也要留春住"。我也不妨仿效蛛丝，从我所处的时代和我的生活中，网住几片落花，虽然价值不大，总算留下一点生活的痕迹吧！

（梁植权）

吴 阶 平

吴阶平1917年1月22日生于江苏省常州。1933年入燕京大学学习，1937年毕业，获理学士学位。1942年北京协和医学院毕业，获美国纽约州立大学博士学位。1997年获香港中文大学荣誉理学博士学位。1942年至1945年在北京中和医院做医生。1946年至1947年在北京大学医学院任讲师。1947年赴美国芝加哥大学进修，1948年底回国。1948年至1960年任北京大学医学院副教授、教授。1960年至1970年任北京第二医学院筹备处主任、教授、副院长、院长。1970年后历任中国医学科学院副院长、院长、名誉院长，中国首都医科大学校长，中国协和医科大学校长、名誉校长，北京医科大学名誉校长、泌尿外科研究所所长、名誉所长，中华医学会会长、名誉会长，中国科学技术协会副主席、名誉主席，中国计划生育协会副会长，国际计划生育联合会中央理事会副主席、亚太地区主席，欧美同学会会长，中国吸烟与健康协会会长，第八届、第九届全国人大常委会副委员长，九三学社中央委员会副主席、主席。

吴阶平教授是著名医学家、教育学家，是中国科学院院士、中国工程院院士、第三世界科学院院士、上海中医药大学名誉校长、广州中山医科大学名誉校长、华西医科大学、西安交通大学、西南交通大学、汕头大学、成都中医药大学、天津医科大学名誉教授、香港外科医师学院荣誉院士、比利时皇家医学科学院国外院士、英国爱丁堡皇家外科医师学院荣誉院士、哈佛大学—麻省理工学院健康学客座教授、西澳大利亚墨达克(Murdoch)大学名誉理学博士、美国医师学院荣誉会员、美国泌尿外科学会荣誉会员、日本泌尿外科荣誉会员、加拿大家庭医师学院荣誉院士、北美透析移植学会荣誉会员、国际外科学会荣誉会员等。

吴阶平教授是新中国泌尿外科奠基者和开拓者之一,在泌尿外科、男子计划生育方面有突出贡献。

1953年开始对肾结核对侧肾积水进行研究。晚期肾结核患者中,双肾结核属不治之症。通过临床和病理学的研究证明,其中15%实际不是双肾结核,而是"肾结核对侧肾积水",一种过去从来未认识的病理改变。研究证明了发病机制,提出了新的诊断技术和治疗方案。发表中英俄论文报告之后很快为国内外学者所证实。五六十年代我国每年数以千计的患者得到挽救。

1977年提出并确立肾上腺髓质增生为独立疾病。经17年的资料积累,否定历史中认为无此种病变存在的错误认识,在病理学的治疗效果的证明下,于1977、1978年先后发表了中英文研究报告。1979年在美国泌尿外科年鉴刊登后引起国际上的重视,并逐渐发表他们类似的研究结果,承认这一病变的存在。1985年又提出这一罕见疾病在我国的特点,在临床医学中提出了新的病种,这是一个重大的医学研究成果。

肾切除是常用手术,迄今尚认为另侧肾在形态和功能上正常,在肾切除后留存肾可以承担生理需要,不影响健康水平和寿命。吴阶平教授经长期临床实践证明这种认识过于简单化。留存肾的代偿性增长程度决定于多方面的因素,如代偿不足即影响健康和寿命,这一研究的第一阶段工作,包括动物实践研究,细胞培养,有关DNA的测定等已证实肾切除时对动物的年龄有重大影响,代偿性增长的关键时机,抗癌药物的抑制性作用等。初步实验研究的成果在临床回顾性研究中已证实符合人体情况。这一研究尚在继续中。

1956年首次提出输精管结扎时灌注远段精道,杀灭剩余精子,使结扎术立时起效,便于计划生育的开展,后又在此法的基础上,提高了经皮注射输精管粘堵和栓堵术的成功率。

吴阶平教授主持编写了中国第一部泌尿外科专著《泌尿外科学》(1963年),还著有《外科学》(1978年)、《黄家驷外科学》(1986年)、《肾脏病学》(1987年)和《泌尿外科》(1993年)等医学书籍22部(其中14部为主编)和医学论文150篇。他从事医学教育50年,非常重视人才培养,并注重在实际工作中培养、提高。

由于吴阶平教授在医学临床教育、科研等方面做出了卓越的贡献,他共获得全国性科技奖7次,首届中华人口奖,北京医科大学首届伯乐奖,何梁何利基金科学与进步奖,巴黎红宝石奖,巴黎红宝石最高奖和日本松下泌尿医学奖等。

吴阶平教授的父亲力主子婿都去学医,因此,他的大女婿陈舜名,四个儿子吴瑞萍、吴阶平、吴蔚然、吴安然都进了协和医学院,成为一代名医。吴阶平在燕京医预系学习时,选修了郭绍虞的中国文学、邓之诚的中国通史、夏仁德的心理卫生、黄子通的哲学课程。

半个多世纪以后,他回忆说:"燕京大学不仅教学水平高,并在学术民主、全面发展、充分发挥个人才智等方面,形成良好的气氛,是一所名符其实的高等学府。"

他现在是燕京大学北京校友会副会长,燕京研究院副董事长。

(吴阶平)

王 世 真

王世真,核医学家。1916年3月7日生于日本千叶,原籍福建省福州。1933年就读于燕京大学化学系,1934年转学至清华大学化学系,于1938年毕业。1946年赴美留学,1948年和1949年在美国衣阿华大学先后获化学硕士、博士学位。历任美国衣阿华大学放射性研究所副研究员、中国协和医科大学教授、中国医学科学院首都核医学中心主任、放射性研究所副所长和名誉所长。曾任中国核学会核医学会首任理事长、名誉理事长;《中华核医学杂志》首任主编、名誉总编辑。1980年当选为中国科学院学部委员(后称"院士")。曾获美中核医学会授予的核医学"优秀成就奖"金牌。1956年创办中国第一个同位素应用训练班;在中国创建了同位素标记物合成、液内测量、放免分析、医用活化分析、稳定核素医学应用、放免显像等技术,系统地进行了甲状腺激素的示踪研究,对中国核医学的研究和应用起了积极的推动作用。主编了《核医学与核生物学》、《中国医学百科全书核医学》卷、《核技术及其在生物医学中的应用》丛书等15册专著,发表了近200篇学术论文。

他在燕京大学虽只有一年时间,但燕大却给他留下非常美好的回忆。他说:"入学时燕京的教学楼和学生宿舍都是崭新的,中西风格融为一体,鲜艳夺目。我住在男生宿舍六楼二层,抬头望窗外,整个未名湖尽收眼底。寒冬来临时,湖面上挤满了溜冰的男女同学,好看极了。我的中学是个教会学校,该校除'国文'外,其余都是用英文教学。在燕京,我念过数学、物理、化学及英文四门必修课和两门选修课。六门课的老师凑巧都是美国人,由于我已习惯使用英文,因此觉得很轻松。业余时间,我爱打乒乓球,也爱照相。我在燕京最欣赏的课程是夏仁德博士(Dr. Sailer)的 Mental hygiene(心理卫生)。他让我认识到,欲求健康,精神因素或心理卫生比吃什么都更起作用。我能活到今天,与我的乐观态度分不开的。我应当感谢燕京对我的培养,而夏仁德老师的教诲更使我终身受益"。

核医学是将核技术应用于研究、诊断和治疗疫病的科学。分为实验核医学和临床核医学两大部分:前者主要利用核素进行生物医学研究,以探索生命现象的本质及其物质基础,加深人们对正常生理、生化过程以及病理过程的认识;后者是直接利用核素或加速器来诊断和治疗疾病。

王世真在清华大学主修化学,在美国衣阿华大学攻读化学时进行了甲状腺激素有关药物的研究。40年代中期,美国学者E.D.劳伦斯研制的回旋加速器已能制造少量的放射性核素,其中碘131和磷32是当时诊断、治疗疾病的有力工具。他所从事的甲状腺激素研究是最早用同位素示踪方法的项目之一。他在衣阿华大学放射性研究所任副研究员时从事放射性标记化合物及其应用的研究,合成了新的标记化合物,包括用组织培养的新技术合成了十余种标记氨基酸。在该研究所两年的经历,为他日后致力于中国核医学事业打下了坚实的基础。

王世真于1951年8月冲破美国的各方阻力,终于回到祖国,并受聘于北京协和医学院生物化学系副教授。回国后的40多年来,他为推动祖国的核医学事业的发展贡献全部精力。1956年,他和丁德泮教授一起主持了中国第一个同位素应用训练班,培养了第一批核医学科学科研工作者。1957年,他在协和医学院建立了中国第一个同位素中心实验室,在这个实验室中,首次将同位素^{131}I应用于人体。1960年,他翻译了《生物学中的同位素示踪法》,将当时先进的放射性同位素液体闪烁测量技术引用到示踪研究。在他和内分泌学家刘士豪的指导下,于1963年建立了用放射免疫分析测量胰岛素含量的方法,开创了放免分析方法在临床和科研中的应用。在中国医学科学院放射医学研究所和北京协和医院的几十年中,他和他的同事们合成了近两百种生物医学研究用的标记化合物及放射性药物,为我国同位素医学应用创造了条件,并节约了大量外汇。他还系统地开展了稳定核素的标记,测试及医学应用。

1973年,他受卫生部的委托,主办了全国同位素新技术学习班,并主持编写了《同位素技术及其在生物医学中的应用》一书,作为学习教材,此书后来获全国科学大会一级成果奖。自1979年调到协和医院后,他将实验核医学技术与临床医学结合起来,在国内开展了肿瘤的放射免疫显像研究,这项成果已达到世界先进水平。

1984年,中国医学科学院首都核医学中心成立,他被任命为该中心主任。十几年来,该中心致力于研究和攻克世界核医学尖端技术,推动了中国核医学走向世界,培养了大批核医学人才。

在40余年漫长的科学生涯和治学道路中,他最深的两点体会是:一是坚持真理,无论在任何情况下,都要坚持实事求是,尊重事物的规律;二是讲求方法和策略。他喜欢一句英文格言:Hope for the best and prepare for the worst(力争最好,准备最坏)。他认为,创新的科研工作要养成"Expecting the worst"的思维习惯,把困难估计得多一些。做研究好比上战场,不可轻敌,更不可抱任何侥幸心理,攻克一个难关,须靠坚持不懈的拼搏。

他认为科学工作者的道德作风问题是至关重要的。"体"是基础,"德"是根本。作为老师不仅要传授学生的专业知识,也要注意学生的品行。"体""德"要比知识、本领更重要。当然心理卫生也是极重要的,精神因素甚至比营养、锻炼、休假等更起决定作用。因此,他在逆境中比较冷静,平时也很乐观。

当前他最大的愿望是:在有限的余年尽最大努力去创造条件,让那些热爱祖国、献身科学、作风正派、立志攻坚的年轻骨干迅速成长起来。他现已年逾八十,仍坚守工作岗位,有时一天工作竟达十余小时,为实现他的愿望而努力奋斗。

(龚定金)

沈 元

沈元,中国科学院院士,中国共产党党员,空气动力学家,航空工程教育家,历任北京航空航天大学教授、校长、名誉校长,首任中国航空学会理事长。

沈元1916年4月28日生于福建福州,出生在一个制造美术漆器的世家,他的六世祖沈绍安是福州脱胎漆器的创始人。他从小在家跟父母识字,跟塾师学古文,15岁后进入了由美国教会资助办的英华中学。在这所教会中学里不信教的学生可以选修哲学课,思想进步的陈衡庭老师所授的哲学课深深地吸引着沈元。陈老师用辩证唯物主义和历史唯物主义的观点评述西方各主要哲学家的哲学思想并解释人类社会进步的历史进程,使在当时处于黑暗时代中的学生看出一条指向光明的道路,即社会主义的道路。老师讲课的启蒙作用,影响了沈元一生。

1935年夏,经英华中学保送并通过考核,沈元进入了燕京大学,由于成绩优秀,入学后免修英语。那时,抗日的烽火在全国日益高涨,"华北之大也安放不下一张书桌"。沈元也很快投入到爱国抗日的洪流之中。他和燕京当时地下党员负责人陈絜既是同乡又是好友,因此,更是站在斗争的前列。"一二·九"运动时,沈元头一天就进城,潜伏在前门外一带。"一二·九"那天,燕京学生打的横幅是沈元写的,他还散发过传单,他也遭受到警察水龙头的袭击。沈元经历了难忘的"一二·九"的血腥洗礼。

后来,他又参加了一些进步学生的活动。记得曾在一个地下室里,他和陈絜、龚澎(龚维航)等在一起开过会。一度他改名为沈克胜,写过"自愿加入共产党",反映了沈元的进步要求。实际上,他没有入党,只是加入了党的外围组织。根据后来陈絜跟他说的,当时党组织研究过他的情况,由于他学习很好,希望他在专业上继续深造,不要过多地影响学习乃至脱离学习。所以,没有同意他入党。过了一年,1936年,为了更能直接报效祖国,沈元由燕京转清华,由学化学改学机械制造。这是他所愿意学的工科。在三百多名录取新生中,沈元名列第三。

七七事变后清华大学南迁。沈元到长沙找到由清华、北大、南开三校联合组成的临时大学,报到学习。约一年又迁往昆明。他参加学校组织的湘黔滇旅行团步行到昆明,这个经历也是十分可贵的。后在新成立的西南联大继续学习。1938年,为了适应需要,从机械系中分出一个航空系,这是中国高等教育史上的第一个航空系。1940年,沈元毕业于航空系。毕业后留系当助教。除了辅导发动机课程外,还帮助教授建立一个发动机实验室。这两年建设实验设备的经验对他以后的教学和科研工作有很大的帮助。

1942年,沈元通过考试获得英国文化委员会提供的奖学金,到英国攻读博士学位。1943年3月,他进入伦敦大学理工学院航空系当研究生,系主任兼导师贝尔斯托是一位有名的应用空气动力学家。攻读英国的博士学位一般需用三年时间,沈元为了在取得学位后能在研究机构工作一年,以便取得实际经验后回国服务,决定用两年时间攻读学位。他的导师被他的刻苦精神和坚强毅力所感动,无保留地把自己正在起草的笔记交给沈元,把他带到当时航空界正在注意研究的跨声速流动问题之中。在贝尔斯托教授的指导和鼓励下,沈元找了一个理论问题,果真用了约两年时间用手摇计算机一遍又一遍地完成复杂而繁重的计算,得出了科学的结论,说明忽略粘性的可压缩性流体当以高亚声速度绕似圆柱体流过时,可以出现能保持正常的含有局部超声速区的跨声速流动。这一结果启示了亚声速飞机有在无激波情况下接近声速的可能。在此之前,还没有人计算过类似的结果。跨声速流动一直是空气动力学中的一个棘手问题,又是与航空飞行由低速向高速发展密切相关的重要课题。针对这方面的需要。沈元在博士论文《大马赫数下绕圆柱的可压缩流动的理论探讨》中,用速度图法证实了高亚声速流动下圆柱附近极限线的存在。沈元的这项研究成果,对于高速飞机的设计,具有理论指导意义。他的学位论文获得答辩委员会的很高评价,被推荐在英国皇家航空研究院第9873号报告上发表,由此,本人被接纳为英国皇家航空学会副高级会员。因此引起国际航空界包括我国著名湍流专家周培源的重视,英国的重要书刊引用了他的计算结果。

取得博士学位后,沈元原想到曾短期学习过的皇家航空研究院实习一年,未被接受,就改到以生产航空发动机著称的罗尔斯·罗伊斯公司,一面工作,一面考察技术。可是,在那里,只许阅读本厂生产部门的图纸和资料,不让阅读研究设计部门的图纸和资料。有了这一年的经验,他深刻体会到中国要建立现代化的航空工业,关键的技术只能依靠自己的力量。

1946年7月,沈元谢绝了英国大学的聘请,毅然启程返回满目疮痍的祖国。他曾两度拒绝当时国民党政府驻英国使馆要他参加国民党的通知。因此他不会也不可能到国民党政府航空委员会所把持的科研单位或工厂去,因为这些单位的人都必须加入国民党。但他还是要回到自己的国家去和国内人民在一起生活、工作和奋斗。沈元回国后,到清华大学航空系继续任教,曾任航空系副教授、教授,系主任和航空工程学院院长。1948年,将他在空气动力学方面的研究工作,从圆柱体推进到椭圆柱体在高亚声速气流中的运动规律的研究,对于飞机速度从亚声速到超声速的过渡,在理论研究上更接近于机翼外形的实际。同时在条件极为困难的情况下,为清华大学设计并建造一座低速回流式风洞,是当时国内高校中最先进的风洞,一直迄今,仍在发挥作用。

1949年,沈元怀着极大的喜悦迎接北平的解放,可由于父故母病,不得不回福州照料。在那时,他暂时回英华中学担任高中毕业班的数理课程的老师,并兼班主任,而著名数学家陈景润正好在这个班上,沈元正是陈景润开始对"哥德巴赫猜想"产生浓厚兴趣时的启蒙老师。这反映出沈元对青年的热情关怀和深情厚爱。

1951年,高等学校院系调整时,国内八所高等学校的航空系科合并成立北京航空学院(1988年更名为北京航空航天大学),沈元教授被任命为副院长,1980年任院长,1983年以后任名誉院(校)长。40多年,在北京航空学院的筹建、办学方针的确定、专业设置、教学计划制订、师资及实验条件建设、科研教学组织领导以及计算机在航空航天中的推广应用等方面发挥了重要作用。1956年,在参加制定国家十二年科学技术远景规划时,提出在北航发展空气动力学及导弹类专业,并早日提供毕业生,如今这些毕业生已成为我国航天事业的技术骨干。同时,提出建立三个以科研为主兼带教学的研究室的建议。1958年起,他带领科研人员,采取教学、科研、生产三结合的形式,开展多种飞行器及其重要部件及设备的科研与研制,多次取得成功,填补了国内空白,受到有关部门的奖励。

由于沈元对我国航空航天事业做出的突出贡献,他多次获得国家的奖励,并获得国际荣誉。1990年12月被国家教委授予"从事高教科技工作四十年成绩显著"荣誉证书,1991年被授予航空航天工业部"劳动模范"称号,1992年被授予"有突出贡献专家"称号,1993年被英国剑桥国际传记中心授予"1993年世界杰出知识分子"荣誉称号及金质奖章。他还多次入选英国、美国、澳大利亚及远东名人录。

(夏自强)

蒲 蛰 龙

蒲蛰龙(1912—1997),中国科学院院士,杰出昆虫学家,我国害虫生物防治的奠基人。

蒲蛰龙教授是广西钦州人,1912年出生于云南。1935年毕业于中山大学农学院,同年考进燕京大学研究院生物学部,师从著名昆虫学家胡经甫教授。1937年回中山大学,历任讲师、副教授、教授。1946年获美国国务院奖学金,赴美国明尼苏达大学留学,攻读博士学位,兼做科学研究工作,1949年10月获明尼苏达大学哲学博士学位。新中国的成立坚定了蒲蛰龙报效祖国的决心,他放弃美国优越、舒适的条件。同年10月与夫人利翠英,也是燕京35级研究生,一道回国,将自己的才华献给祖国和人民的建设事业。他先后在广州中山大学农学院、华南农学院、中山大学生物系、昆虫学研究所从事教学和科研工作。当选为第二、三、四、五、六、七、八届全国人大代表,第二、三届广东省科学技术协会主席,曾任中山大学副校长、中山大学生命科学院院长、中国昆虫学会副理事长。1980年当选为中国科学院学部委员即中科院院士。

在长达九个年头的大学和大学研究院的学习岁月中,使蒲蛰龙感兴趣的是,在燕京研究院学习的后期,从教师的启发中,领会到一种不是死记硬背,而是颇能发展思维能力的学习方法。所以能达到这种要求,他以为,首先是燕京学习条件比较好,研究院开设多门课程,任凭学生选读,必修科目很少,可以有较多时间去利用完备的图书馆和实验室,去多读与自己专业有关的图书、杂志和进行科学实验。老师在课堂上讲课并不是罗列教材内容,而是扼要地、精练地讲出每一个问题的精髓,听者能领略出重点所在,有较多的时间独立思考,消化、吸收基本要求;讲完每一个问题,就列出一系列有关文献,尤其是近期发表的水平较高的学术论文,供学生查阅。学生阅读论文之后,可以结合教师讲授的重点,通过思考而达到对问题进一步了解。而且,每一个专门问题都辅以系统性的实验,这种实验不单是训练学生操作技能,巩固所学知识,也培养了学生的智力。每个实验内容针对着该学科中的一个重要的专门问题,学生分别进行其中的一个子问题,一般要花 3—4 个实验单元时间才能完成这个子问题的实验工作。一个实验结束之后,在老师指导下,每一学生都作口头报告,并展开讨论。这样一来,学生把从实验得来的结果和从有关文献得来的知识进行论证、比较、补充和质疑,使他们对这个专门问题得到了较透彻的认识和理解。学完了整个课程之后,学生能基本掌握本学科的近期理论进展、实验技术和存在问题,把大量的学科信息变成自己的知识,储存在大脑中。此外,又培养了学生的观察能力、实验操作能力、分析能力、自学能力,并提高了思维能力。

蒲蛰龙深感,近二十多年来,科学技术发展十分迅速,新知识急剧增长,新的信息从四面八方滚滚而来。边缘学科的发展使自然科学领域中出现了许多重大的发现、发明和突破。边缘学科的形成和发展,会关系到科研中思想方法问题,也关系到科技实践中出现的实际问题。他认为,不论在学习方法和研究方法上,都必须适应新情况。从回顾以往的学习历程中,他提出,对一个学科的若干重要问题,要通过记忆、分析、综合,并概括出概念来,以便于深入理解。学习过程不应只是满足于书本上的知识,而是要在收集到的知识范围内,加以引申和扩大,并与实际相结合,提高自己对事物发展本质的认识和理解。

1950 年起,蒲蛰龙从事以虫治虫和以微生物治虫的生物防治及昆虫病理学研究。他利用赤眼蜂防治甘蔗螟虫的研究取得成功,并推广到桂、闽、湘、川等省区。以后主持开展利用澳洲瓢虫及孟氏隐唇瓢虫防治介壳虫。60 年代起开展应用腹小蜂防治荔枝蝽及湘西黔阳地区柞蚕放养科学试验,均在生产上取得显著成绩。70 年代起开展微生物防治及昆虫病理学研究,先后发现了多种昆虫病毒,系统研究了危害粮、棉、蔬菜的斜纹夜蛾的核多角体病毒。80 年代与他的合作者首次发现赤眼三类病源,为世界各国应用赤眼蜂治虫方面提供了有益的参考。他先后在国内外学术刊物发表学术论文近 200 篇,专著 6 部,获得国内外学术界的高度评价。他的研究成果获得多项国家级和省、部级奖励。并于 1980 年获美国明尼苏达大学最高荣誉奖——优秀成就奖。由于他的成就卓著,被誉为"南中国生物防治之父"。

由于他的出色工作,党和国家给予他很高的荣誉和评价。1950 年被选为全国先进工作者,1989 年被评为新时期全国侨界十大新闻人物。1992 年广东省委、省政府授予他"广东省杰出贡献科学家"和"南粤杰出教师"称号。

半个多世纪以来,他一直工作在教育战线,呕心沥血,辛勤耕耘,为我国培养了大批高级专业人才,桃李满天下。他是我国恢复招收研究生后的第一批博士生导师,如今,许多弟子已成为教育、科技战线上的著名专家、教授。他很注重学生的全面发展,注重美育对陶冶学生情操所起的作用。他本人音乐修养很高,能拉小提琴。他反复强调,我国科学技术进一步的发展,有赖于青年科技队伍的不断形成、扩大和提高。他殷切地期望,年轻的科学工作者要利用自身的特点,珍惜自己的年华,努力攀登科学高峰,立志为祖国现代化建设事业和人类的和平与幸福,做出应有的贡献。

(夏自强)

关 肇 直

关肇直(1919—1982),中国共产党优秀党员,中国科学院院士,广东南海人,数学家。我国现代控制理论的重要开拓者。关肇直既是卓越的科学工作管理者,组织者,又是杰出的科学家。他热爱祖国,无私奉献,勤勤恳恳,不断求索。他十分关心国际科学技术的新发展,努力赶超世界先进水平;他不辞劳苦,深入实际,力求运用科技成果,推动国防建设、经济建设;他热情培养青年学子,诲人不倦,为科技队伍的建设倾注了心血。

1936年,关肇直考入清华大学土木工程系,不久转入燕京大学数学系。在学校期间,他成绩突出,受到师生重视。据黄昆院士回忆,那时著名数学家、中国人民的老朋友赖朴吾(Lapwood,英籍)教授还是个青年教师,来到燕京不久,就组织物理、数学两系的一些优秀学生成立一个研究小组,研讨当时世界科学前沿的问题,主要是相对论和量子力学,这个小组就有关肇直和他。关肇直从此也和赖朴吾结下深厚的友谊,在燕大毕业后,留校任教。

由于太平洋战争的爆发,关肇直于1943年辗转来到成都,继续在燕大任教。在抗日战争的艰苦环境下,关肇直结识了一些进步同学,逐步参加一些民主集会,大量阅读了进步书刊。他把自己所订的《新华日报》看完后就放在理学院图书室,供大家阅览。又根据党组织的嘱托,把毛泽东的《论联合政府》译成英文,交给回国的赖朴吾带出去,扩大宣传。抗战胜利后,国民党的反动面目更加暴露,关肇直的政治认识更加明确,积极投身于国民党区域的爱国民主运动。在这种情况下,燕大内部的斗争也很剧烈。一些人借机围攻进步教授沈体兰等。关肇直两次在教职员大会上和他们展开斗争。由于学生的支持,进步势力终于占了上风。由此,关肇直也进一步认识了美国当局的面目,拒绝了学校给他的以美国国务院名义的奖学金赴美留学的机会,他写了一封长信对司徒雷登进行批评。随着形势发展,学校借机解聘了沈体兰教授,关肇直在气愤之余,不仅拒绝了留学机会,而且表示辞职,转入北大工作。1947年,他秘密加入了中国共产党。

1947—1949年,关肇直在法国巴黎大学彭加勒研究所研究数学,攻读博士学位,导师为著名数学家、一般拓扑学与泛涵分析的开创人 Mauric Frechet。在这期间,他继续英勇地和国民党展开斗争。据吴文俊院士回忆,当时"我们领取的公费数额很少,住宿费占去了一多半,由此大家纷纷要求增加住宿补贴,在使馆带头与国民党人员交涉的就是关肇直!记得那一天,大使馆人员扬言:要把为首者押解回国,并威胁说,你们该明白这意味着怎么一回事,气氛异常紧张。关肇直不顾个人安危,义正词严与国民党代表据理力争,在众口一致的呼声下,国民党代表最终答应了要求。这次虎穴交锋,团结了留法的大部分同学,争取了使馆许多国民党人士"。

1949年冬,随着解放战争的节节胜利,新中国的建立,关肇直按捺不住关心祖国的心绪,放弃了在世界数学中心之一的巴黎继续深造的机会,放弃了获得博士学位的条件,毅然回国,和其他同志一起参加了中国科学院的筹建工作,担任第一届中共科学院党组成员,参与确定科学院的方向、任务和体制的工作,制定和宣传了党对科学事业的方针和政策,并具体组建了中科院图书馆,使这个馆成为我国著名的图书馆之一。接着他积极创建领导了"三室、一所"的工作。所谓三室就是50年代初,在数学所建立的泛涵分析研究室;60年代初在钱学森教授积极倡议和支持下在数学所建立了我国第一个控制理论研究室;以及在70年代,在中科院成都分院建立的数理科学研究室。一所就是于1979年10月同宋健等其他数学家、运筹学家一起共同创建了中国科学院系统科学研究所,并任第一任所长。这些都为赶超世界科学先进水平,填补我国薄弱空白学科,做出了积极贡献。同时,他也十分重视人才培养和科研队伍的建设,总是把科学的未来寄希望于青年一代。亲自培养学生,传授知识。他于1957年在北京大学第一个开设泛涵分析专门化,接着又创立了现代控制理论专门化。由于他的辛勤耕耘,几十年来,在泛涵分析、数学物理以及控制理论等几个领域,都形成了一支较强的科研队伍。

对于如何搞好科研工作,办好科研机构,关肇直有着明确的主张,他提出"要为祖国建设服务;要有理论创新;要发挥学术民主;要开展学术交流"的四条原则。他不仅提出原则,而且身体力行实践这些原则。他努力学习马列主义、毛泽东思想,特别深入钻研自然辩证法和马克思主义哲学,并用来指导科研工作。他重视数学基本理论的研究,也大力倡导发展应用数学的研究,并且密切注视国际数学研究发展的新动向。他的科学活动不只限于教学和科研单位,而且深入到许多设计部门、施工现场和基地。从陆地到海洋,从哈尔滨到广州、厦门,从天山脚下到东海之滨,到处都留下了他的足迹。他认为推动科学发展的动力归根结底来源于社会的需要。他所到之处,不仅与科学家、工程技术人员、设计师交换意见,而且也乐于与工人、教师和学生促膝谈心。他每到一处,总要了解那里建设事业的需要,寻找研究课题,宣传普及控制理论,组织和推动全国控制理论队伍的形成和发展。

关肇直认为科学上每一个重大突破和进展,都是出自科学新思想和新的科学观点。他不仅是这些思想的倡导者,而且也是这种观点的实践者,在科学工作中做出了许多重要成就。早在50年代,非线性泛涵分析研究在国际上也刚刚开始,他就带领青年工作人员开展这方面的研究,第一个提出了后来被称为单调算子概念,比国外学者早四五年。今天单调算子理论已成泛涵分析中的一个重要分支。在我国,他最早开展近似方法的研究工作,写出了第一篇把泛涵分析应用于计算数学的论文。在数学物理方面,他解决了激光理论中一种带非对称核的积分方程的非零本证的存在问题,受到了国际上的重视。在1963年,他提出用希尔伯特空间与不定度规空间的算子谱理论解决中子迁移平板几何情况的奇异本征函数问题,比国外同类工作早十年,国际上认为这是70年代中子迁移理论中的创始工作。1962年,根据国防建设事业的需要和科学发展的趋势,他又带领一批青年同志开创当时在国际上刚刚出现不久的现代控制理论这一新领域。他同他的学生和同事们在这一新领域中做了大量的理论研究和应用研究工作,获得了国内外的好评,在国际上具有自己的特色。关肇直在他从事科学活动的一生中,发表学术论文、科技报告、学术综述报告共一百多篇,写出了六本学术专著和高等学校教科书。他所领导和从事的科研工作曾多次获得国家级的重大科技成果奖,得到了党和人民的充分肯定。他当选为中国系统工程学会理事长、中国自动化学会副理事长、中国数学会常务理事。兼任燕京大学、北京师范大学、北京大学、中国人民大学、中国科技大学等校教授及华南理工大学名誉教授。1980年当选为中国科学院院士。

关肇直学识渊博、品德高尚、严于律己、乐于助人、大公无私、顽强拼搏。1982年病魔夺去了他63岁的生命。他的一生正如他常说的:"要把有生之年献给党的科学事业,献给国防建设事业。"

(夏自强)

黄 昆

黄昆祖籍浙江嘉兴,1919年9月2日生于北京。黄昆有一姐二兄,大哥黄燕亦曾在燕大攻读经济,二哥黄宛也是燕大学生,后毕业于协和医学院,是我国著名的心脏内科专家。

黄昆自幼聪明好学,在小学、中学学习成绩在班上均名列前茅。1937年黄昆考入燕京大学物理学系。燕大注重通才教育的办学方式,以及宽松的学习环境和着意发挥学生学习主动性的气氛使他深受教益。当他上大学一二年级的时候,在英籍教师赖朴吾先生的指导下,黄昆与物理系和数学系的同学关肇直等五六位"尖子生"组成了一个课外研究组,以学习量子力学为主要活动内容。量子力学是本世纪初期才逐渐建立起来的物理学基础理论,代表了当时物理学发展的顶峰。赖朴吾先生给他们讲授与量子力学有关的数学知识,主要是矩阵数学,他们则读尽燕大图书馆当时仅有的几部介绍量子力学的书籍。这个研究组的活动,激发了他对科学的强烈爱好和炽热的追求,打下了以后从事科学研究工作坚实的根基,对他一生的学术活动都有深远的影响。黄昆在燕大学习的四年间成绩优异,每年都得到学校颁发的"司徒雷登奖学金"。他的毕业论文题目是《海森堡和薛定谔量子力学理论的等价性》,这个题目是他自选和独自完成的,显然与他积极参加课外研究组的活动直接相关。1941年黄昆出色地完成大学学业,取得了学士学位,并且荣获燕大颁发的"金钥匙"最高荣誉奖励。

1942年黄昆考取西南联合大学物理系研究生,师从著名物理学家吴大猷。1944年黄昆完成了他的论文《日冕光谱线的激起》,获北京大学硕士学位,后到昆明天文台任助理研究员之职。

1944年8月黄昆考取庚款公费留英。次年8月,黄昆来到英国布里斯托尔大学物理学系,成为国际著名固体物理学家莫特的硕士研究生。后发表了三篇论文;他的第一篇论文所提出的X光漫散射在60年代得到实验的证实,现在被称为"黄漫散射"。黄昆于1948年1月获布里斯托尔大学哲学博士学位。

1948年初,黄昆接受英国利物浦大学理论物理系系主任弗罗利希之聘,成为该系的博士后研究员,同时开始与量子力学的创建人之一玻恩合作撰写《晶格动力学理论》一书。1954年、1989年先后在英国、中国出版,成为国际学术界公认的该学术领域的权威性著作。在利物浦大学工作期间,黄昆的研究工作取得了十分丰硕的成果。其中,黄昆与里斯合作完成的论文首次提出了晶体中电子非辐射跃迁的量子理论,后来人们称为"黄-里斯理论",这篇论文所使用的标志晶格弛豫强度的参量则被称为"黄-里斯参量"。黄昆的另一篇论文提出了晶体中声子与电磁波的耦合振荡模式。他的模式于1963年为实验所证实,被命名为电磁声子。后来人们还发现其他物质振动也有类似的模式,统称为极化激元。现在极化激元已成为分析固体某些光学性质的基础,黄昆当时提出的方程被称为"黄方程"。

1951年底,黄昆回到了刚解放的祖国,应约到北京大学物理学系任教授。因考虑到当时我国百废待兴,急需培养大量物理学人才,黄昆毅然暂时中止已从事多年的研究项目,全身心投入到教学工作之中。他与褚圣麟、虞福春等人共同主持重点基础课普通物理学的教学工作。他们从教学内容到教学方法都进行了大胆深入的探索和改革,建立了具有中国特色的、高水平的普通物理学教学体系,并悉心扶持青年教师,造就了一支优秀的师资队伍。备受称誉的北大物理系教学质量,在很大程度上得益于此。

1956年我国提出了"向科学进军"的伟大号召,制定了"十二年科学技术发展规划",把发展半导体科学技术列为重点项目。黄昆应邀积极参与了半导体科学技术的规划工作并组织其实施,成为我国半导体科学技术的主要创建者之一。是年,北京大学、复旦大学、厦门大学、南京大学和中山大学等五校在北大物理系联合开办半导体物理专门化班,黄昆与谢希德等人主持其事。这个班所培养的人才成了日后我国半导体科学技术最早的一批骨干。1958年,他与谢希德合作的《半导体物理学》一书出版,这是世界上第一部半导体物理学专著。

60年代初,黄昆提出了加强基础研究的意见,并在北大物理系组织了固体物理的基础——固体能谱的研究,建立了相关的研究室和实验室,对推进我国固体物理基础研究发挥了十分积极的作用。1966年,黄昆撰写的《固体物理学》出版,这也是世界上第一部固体物理学专著。

"文化革命"期间,黄昆受到了不公正的待遇,但他仍然孜孜不倦地从事他的研究工作,先后写成《半导体物理学基础》和《晶体管——晶体管数字集成电路》两部著作。

1977年黄昆调任中国科学院半导体研究所所长。在他的主持下,半导体所建成了我国半导体超晶格国家重点实验室,开创了我国在材料科学和固体物理学中崭新领域的研究工作。为了培养新生力量,他不辞劳苦地亲自给所里的研究人员上课。同时他也更努力地在科学园地里耕耘,先后发表了有关晶体中电子非辐射跃迁理论以及半导体量子阱和超晶格理论方面的论文二十多篇。

黄昆历年来取得过许多荣誉和重要学术职位。1955年他受聘为中国科学院学部委员。1957年他荣获中国科学院颁发的自然科学三等奖,1980年获一等奖。1980年他被选为瑞典皇家科学院外国院士。1984年美国圣玛利亚大学授予他"第二届理论物理弗雷曼奖",中美洲国立大学协会授予他"卓越的外国学者"称号。1985年他被选为第三世界科学院院士。1987年他被选为中国物理学学会理事长。

黄昆在利物浦大学工作时与英籍女同事里斯结识,两人建立了深厚的情谊。她远涉重洋来华,与先期回国的黄昆结成伉俪,取中国姓名李爱扶,并于1956年取得中国国籍,他们的家庭生活美满幸福。从1959年开始,李爱扶在北大物理系任电子学工程师,为北大物理系实验室的建设作出了积极的贡献。

(潘永祥)

张 滂

张滂,有机化学家、化学教育家。1917年8月25日出生于南京市。原籍湖北枝江。其父张子高是我国著名的化学史家和教育家。1938年8月至1941年12月太平洋战争爆发,张子高任燕京大学的客座教授,在化学系讲授普通化学和化学史两门课程。

张滂现任北京大学化学系教授、有机化学专业博士研究生导师,兼任中国科学院环境化学研究所研究员、中国化学会常务理事、北京化学会理事长等职。1991年11月当选为中国科学院学部委员(院士)。

1937年爆发了卢沟桥事变,张滂考入燕京大学化学系,就读一年后,他离开了沦陷的北平,经香港、越南海防,辗转到达昆明,进入西南联合大学化学系。1942年毕业。经系主任杨石先教授推荐,他进入了中央研究院化学研究所,作为吴学周教授的助理,从此开始了他的研究生涯。

1944年,英国政府为我国提供了一批研究生名额,张滂通过考试被录取,于1945年11月到达英国。这时面临着选择研究领域的问题。由于他在化学研究所的三年里做了一些有机化学实验并看到一些有机合成的结果而引起了兴趣,经反复考虑,他选定了有机合成和天然产物化学作为今后的研究领域。今天回顾,这一选择是恰当的。

为了弥补在战时的大学里实验训练不足的缺陷,张滂首先在里兹(Leeds)大学以半年多的时间完成了有机合成和有机分析实验课的学习,1946年9月转学剑桥大学化学系。当时英国著名有机化学家陶德(A.R. Todd)教授,正在开展核酸的有机合成研究。张滂被安排在李思固(B. Lythgoe)博士指导下进行博士论文工作。1949年7月张滂通过了博士论文答辩,并获得博士学位。通过论文课题的研究,张滂第一次领略到什么是有机合成和天然产物,使他接触到一些当时比较新的有机反应。

1949年新中国成立前夕,张滂回到北京。在半个世纪里,先后在燕京大学和北京大学的化学系从事有机化学的教学和研究工作。他曾组织和领导全国性化学系课程结构研究和有机合成学术活动。50年代翻译和出版了美国名著、费塞尔夫妇合著的《有机化学》,80年代主编出版了《有机合成进展》。

张滂长期从事有机合成和天然产物的研究。1953—1957年间,完成了《5-羟基嘧啶的合成》和《5-去氧戊内醚糖苷的合成》两个课题。1962年高等院校的基础研究再次起步。在维生素B_6的合成中揭示了一个新反应《3-取代-1,2-二甲氧基丙酮重排为3-取代丙酮醛二甲缩醛》。后来又通过动力学方法证实这是一个少见的甲氧基单键迁移过程。1977年高校恢复了基础研究后,在80年代,我国在天然产物的分离和鉴定方面取得了可观的进展,伴随而来的是对有机合成和天然产物相结合的关注。张滂选择了两个天然产物竹红菌素和柳珊瑚酸。前者具有治疗妇女白化病的生理活性,后者是从生长在我国南海的柳珊瑚体内分离得到的一个倍半萜,具有很强的解毒作用,在国际上受到重视。在以竹红菌素和弗来菌素为对象的合成工作中,以十九步反应完成了一个可通用的天然醌的全合成路线,目前正在从事弗来菌素的合成和进一步合成竹红菌素。在柳珊瑚的合成中意外地观察到一些环取代的对羟基苯乙酮不与乙二醇形成常见的缩酮而是发生碳碳键断裂的反应。这个未见文献报道的反应和柳珊瑚酸的合成目前正受到重视。另外,还合成了若干新型化合物,如含氧的菁染料(一般是含氮的)、水溶性的氨基保护基和油水双溶性的接肽试剂等。以上这些研究成果已先后在国内外有机化学期刊上发表,总数达五十多篇。

张滂非常热爱化学教育,他的教学效果好。他认为有机化学是一门实验科学,而有机合成和天然产物又是有机化学的主流。在讲课和培养研究生中,他对有机化学实验和当代实验技术的进展十分重视。他还常常通过专题讨论和论文研究引导学生查阅文献和积累资料,从而保持不断地跟踪有机化学研究的前沿而有所创新。

(刘美德摘编)

翁 心 植

翁心植,男,1919年5月10日出生于浙江省宁波市。著名内科专家、内科教授,中国工程院院士,中共党员,主任医师、博士研究生导师和心血管专业博士后流动站导师。现任首都医科大学附属北京红十字朝阳医院名誉院长兼北京市呼吸疾病医疗研究中心主任、首都医学院医疗三系名誉主任、学位评定委员会副主任、中华医学会资深会员、荣誉理事、北京科协荣誉委员、中国吸烟与健康协会常务副会长。

1941年获燕京大学理学士学位,曾在北京协和医学院、上海圣约翰大学医学院及中央大学医学院肄业。于1944年12月毕业于成都华西协和大学医学院并获医学博士学位。毕业后曾在北京大学医学院、中央人民医院(后改名北京人民医院、北医附属人民医院)、中苏友谊医院及北京朝阳医院任内科住院医师、住院总医师、主治医师、副主任和主任;助教、讲员兼任讲师、副教授及教授。

在这些经历中,最使翁心植难忘的是,燕京三年的学习生活。他于1937年9月(由南开中学)进入北平燕京大学医预系一年级学习。那时的北平已是沦陷区,而由于燕京是美国教会主办的学校,日军还不能进入,成为一块"自由的园地"。记得一年级的新生,曾分批被司徒雷登校长邀请到临湖轩吃饭,司徒把他藏有学生反日游行的照片拿给新生们看。给人的印象,他是支持学生抗日的。学生中还有一批抗日的进步力量,如和翁心植一起上遗传学课的生物系学生陈培昌就是较早参加革命的。还有经济系的方大慈(他曾组织过乐队,一个很活跃的同学)、宋世远、虞颂舜等于1938年越过西山,到解放区参加革命。也有些同学如和翁心植同宿舍的他的大哥翁心桐、江济恩、张滂、柏栓则去了上海或转到西南联大就读。而那时一出了校门,就是日军占领区了。每次从燕京进城所乘班车到西直门,乘客都要下来,步行走过西直门,接受日军检查,心中很不是滋味。

在这样的氛围里,燕京的教学是认真的。所安排的教师都是学有专长的,如医预系主任博爱理(Miss Boring)教生物学,理学院院长韦尔巽(S.D.Wilson)一个满头白发的矮个美国老头教化学,有机化学由窦维廉(William Adolf)主讲,国文由郭绍虞讲授,还有教遗传学的李汝祺,教无脊椎动物的胡经甫及刚从英国来的年轻物理教师赖朴吾。学生们学习也十分用功,珍惜这个学习机会。可是,燕京的淘汰率也很高,当初一年级时有五十多位同学,到三年级则只有二十多人了,考上协和医学院的仅十几个人,有些同学转系或到其他学校了。可见医预学生的选拔是很严格的。由于燕大许多教授是美国人或英国人,都用英语教课,这也使学生掌握了较好的英语,不论听、说、写、读,都有较好的基础。此外,燕京也很注意扩大学生的知识面,翁心植除了要修英文、生物、物理、化学这些课程外,还选修了张东荪的哲学课、沈酒璋的心理学以及李荣芳主讲的考古学。他对考古学课的印象很深,除了听课外,每星期六下午都集体外出参观文物古迹,如五塔寺、大钟寺、国子监等,回来后还要到图书馆翻阅有关书籍,写出一份报告。他以为,选课的办法对开阔思路,扩大知识领域,对他以后从事医学也很有帮助。

燕京学生课外活动很活跃,有很多群众性组织。燕大虽是教会学校,外国教授也大多是基督徒,但提倡信仰自由。像翁心植这样的"无神论者",从未受到歧视。医预系护预系有系学生会(医护预学会),学生会主席常由三年级学生担任,翁心植在三年级时也曾担任过主席。系学生会常组织会员联欢,文艺演出,或去香山、卧佛寺、颐和园及玉泉山等处去郊游。在燕京过圣诞节十分热闹,这已不是一般的宗教节日,而是带有群众性的欢庆日子。每当12月24日晚上,音乐系范天祥教授坐车周游校园,用钢琴弹唱Holly Night,学校上演"弥赛亚",相当精彩。每年圣诞节,系主任Miss Boring都邀请医、护预系学生在家中聚餐。广泛的社会活动锻炼了学生,展示了他们的才干。

三年级结束后,医预系学生需要参加北平协和医学院的入学考试,内容包括英文、物理、化学等。37级考上协和的除翁心植外,有谷铣之、田树润、李邦琦、田德全、王春漪、牛宝成、周贵容、王淑蕙、赵德贞、张蕙芳等。协和的淘汰率也很高。一年级各门功课都要达到75分及格,才可回到燕大接受理学士的文凭。

在燕京的三年学习,使翁心植打下了基础科学的基础,掌握了英语听、读、写的能力,更重要的使他获得了自由思考、独立自学的能力,对他以后进入医科学习和从事医学事业帮助很大。

翁心植主要从事内科学,对心血管专业、寄生虫学及结缔组织病方面尤有专长,近年来从事慢性阻塞性肺疾病及其引起的慢性肺心病防治研究工作,对呼吸系统疾病也有较深造诣。在国内率先建立了血吸虫肝卵抗原用以做皮内试验及补体结合试验,在国内率先介绍白塞氏病的内科表现,系统地对去睾者的脂质代谢以及性激素与冠心病的发病关系进行了研究,组织领导全国范围内对慢阻肺、肺心病的协作研究。组织和领导了全国第一次吸烟调查。他于1984年主持的全国50万人吸烟情况的流行病调查,填补了国内在这方面的空白,其结果已经成为国际公认的经典数据,他还进行了多项有关吸烟的实验研究,为制定我国的控烟战略提供了科学依据,因此,国际上称他为"中国控烟运动之父"。由于他的积极贡献,积极投入反吸烟运动以保护人民健康所取得的重大成绩,世界卫生组织于1989年授予他第二届世界无烟日金质奖章和奖状。现任北京及中国吸烟与健康协会常务副会长,并担任多种国际反烟组织职务。现为世界卫生组织烟草与健康专家顾问组成员,烟草或健康合作中心主任(1986年至今),国际抗痨与呼吸病联盟吸烟与健康委员会委员(1988年至今)。曾多次赴海外参加会议、访问、视察或进行学术交流,在国内外具有很高的知名度。

翁心植热心于医学教育事业,承担了大学本科、硕士、博士研究生及博士后的教育工作。他努力培养和严格要求各级临床医师及各级研究人员,重视培养呼吸和心血管专业人才,并取得显著成效,他培养出的研究生很多已成为各大医学院和医院的学科带头人,其中一些已经在医学界颇具影响。他为北京市培养了第一个临床医学博士(后来成为第一个最年轻的、破格提升的副主任医师)。为此,1992年他荣获北京市卫生局颁发的首届"伯乐奖"。他创办的学制10个月的全国呼吸专修班已经举办了18期,培养呼吸专科医师350人,均已成为全国各大中城市的呼吸专业骨干。

他重视临床科研工作。他的临床水平受到医学界的普遍赞誉,积累了极为丰富的临床经验,成为我国公认的内科临床权威。而他又亲自参加和主持了国家、省、部、市级科研项目。1991年圆满完成了国家级七五攻关科研项目"无创性肺动脉高压的早期定量论断"、"肺动脉高压发病机制感染因素研究",并通过国家鉴定。累计在国内外发表论文二百余篇,出版专著7部。1995年出版《翁心植学术论文集》。他还曾担任《中华内科杂志》及《北京医学》杂志编辑及许多医学杂志编委,最近他还被聘为英国医学杂志中文版主编。1978年他在全国科学大会上被授予先进科技工作者称号。

翁心植从事医疗、教学、科研五十余年来,以其正直、谦和的为人与勤奋、严谨的治学态度受到同事和同行们的普遍赞誉。他爱护、尊重患者,廉洁行医,是一名富于高度责任感和人道主义精神的医生。

(夏自强)

裴 文 中

裴文中(1904—1982),中国现代考古学家、古生物学家。北京人第一个完整头盖骨化石的发现者。中国科学院学部委员。曾于40年代两度在燕京大学任教。

裴文中,字明华,河北省滦县人。1916年从开平高等小学毕业,考入直隶省立第三师范学校。1919年全国掀起五四反帝爱国运动,裴文中是学校运动的领导人之一。1927年毕业于北京大学地质系。后留学法国,从法国考古学家步日耶攻旧石器时代考古学,1937年获巴黎大学博士学位。回国后任中国地质调查所新生代研究室研究员,兼该室周口店办事处主任,并在北京大学、燕京大学和中法大学讲授史前考古学。新中国成立初期,任中央文化部文物事业管理局博物馆处处长,曾主持第一至第四届考古工作人员训练班的工作。后历任中国科学院古脊椎动物与人类研究所研究员、中国科学院生物学地学部学部委员、北京自然博物馆馆长以及中国古生物学会名誉理事、中国考古学会副理事长、中国自然博物馆学会主席等职。

五十余年来,裴文中曾在山西、陕西、河南、山东、河北、内蒙古、甘肃、青海、黑龙江、广西、云南、贵州和四川等地区进行地质学、古生物学和考古学的调查。他多年主持周口店的发掘工作,1929年12月2日在周口店第一地点首次发现著名的北京人头盖骨化石,为人类发展史提供了重要的证据。从1921年发现周口店北京人遗址以来,历次的发掘工作仅注意于动物化石或人类化石的搜寻,而忽略了人类的文化遗存。从1931年起,他首次通过研究,确认石器、烧骨和用火灰烬的存在,从而明确了北京人的文化性质,将北京人的研究纳入考古学研究的范畴。1933—1934年他主持发掘山顶洞遗址,又获得旧石器时代晚期的山顶洞人化石及其文化遗物。50年代以来,在广西发掘巨猿下颌骨和牙齿化石,解决了它的地层年代问题,并探讨了巨猿在进化系统上的地位。他发掘了旧石器时代中期的山西襄汾丁村遗址和旧石器时代晚期的四川资阳人化石地点,并对内蒙古萨拉乌苏遗址的地层堆积做了深入分析。从40年代起,他在研究总结中国旧石器时代文化的基础上,又对中石器和新石器时代做了综合研究,对中国石器时代考古学的发展,做出了积极贡献。直到去世前,他还在对历年发现的北京人的大批石器进行全面的研究。

裴文中于1940年秋季到燕京大学讲授史前考古学,这是他从法国留学归来后首次开设的课程,在我国大学课程中也是首创。在众多的听课人中,成恩元和贾兰坡这两位代表人物都为中国考古学的发展做出了积极的贡献。随着太平洋战争的爆发,这门课程被迫中断。1948年秋季,裴文中再度应聘来燕大讲授史前考古学,安志敏作为助教协助教学实习。在授课之余,裴文中还在燕大刊物上发表了《中国史前学上之重要发现》(《史学年报》3卷2期,1940年)和《中国细石器概说》

(《燕京学报》33期,1947年)两篇重要论文。

为了史前考古学的教学实习,裴文中积极筹建燕京大学史前陈列馆。这是在全国大学中,也是我国博物馆中最早成立的一所专业性博物馆。在洪煨莲、齐思和的积极支持下,校方很快认可了筹建计划。经费由哈佛燕京学社提供,馆址选定在燕大镜春园内。标本全部由裴文中筹集,其中有一些是在周口店发掘到的,更重要的则是他在法国收集到的一些典型的欧洲旧石器时代的标本,包括法国史前各个时期的代表品,在国内是很难看到的。在裴文中、成恩元的积极筹备下,陈列馆于1940年12月2日正式开馆。太平洋战争爆发后,史前陈列馆为日伪"华北综合调查研究所"占用,也造成了一定的破坏。在1948年冬,经过安志敏一番整理布置,重新开馆。这时除旧有的标本外,还增加了一些东西,特别是日籍教授鸟居龙藏在燕大期间的采集发掘品,如山东临淄周汉故城的半瓦当、封泥、龙口贝丘和山西榆次源窝镇的史前陶片,还有东北辽墓出土的瓷碗和铜镜等,大部分资料没有报道过。

裴文中的主要著作有:《周口店洞穴层采掘记》(1934年)、《周口店山顶洞之文化》(1939年)、《周口店山顶洞之动物群》(1940年)、《中国史前时期之研究》(1948年)、《柳城巨猿洞的发掘和广西其它山洞的探查》(1969年)等,与他人合著《中国原人史要》(1933年)、《资阳人》(1957年)、《山西襄汾丁村旧石器时代发掘报告》(1958年)等。还发表有八十多篇论文。

裴文中在国际上曾先后被授予法国地质学会会员、英国皇家人类学会名誉会员(1957年)、先史学与原史学国际会议名誉常务理事(1979年)和国际第四纪联合会名誉会员(1982年)等荣誉称号。

(夏自强)

葛 庭 燧

葛庭燧,中共党员,中国科学院资深院士,金属物理学家。

葛庭燧1913年出生在山东蓬莱大葛家村。在本村读小学,他年少聪慧,勤学苦读,还帮助家人干农活。1927年,在蓬莱县读完初中后,就到北京求学。1930年考入清华大学物理系,依靠勤工俭学、翻译书籍的微薄收入维持生活。当时,民族灾难深重,他积极参加"一二·九"运动,并加入了中国共产党领导的中华民族解放先锋队组织。

1938年他考入燕京大学研究院当物理系研究生,并任助教。1939年获得燕大研究院奖学金。他曾任燕大研究生同学会学术委员,主编《燕大研究生同学会会刊》(1939年出版)。1940年获得理学硕士学位,论文为《钠的吸收光谱的研究》。

在燕京大学期间,葛庭燧与获得美国密歇根大学物理学博士学位回国在燕大物理系任教的何怡贞女士结识。何怡贞也从事光谱方面的研究。

1938年冬,葛庭燧通过清华大学叶企孙教授与冀中抗日游击区取得联系,他利用燕京大学作为掩护,为冀中抗日游击区工作。他曾冒着生命危险,化装成牧师,进入冀中实地考察、了解情况。在根据地,他见到了一些负责人,并被介绍给吕正操司令员。他帮助游击区筹建电台、制造火药与地雷。他在根据地停留了半个多月后,返回北平,继续通过秘密渠道为冀中军区提供一些无线电元件、制造雷管、炸药的关键器材和必需的科技资料。

1940年,葛庭燧获硕士学位后,应西南联大吴有训、叶企孙教授的邀请,赴昆明任该校物理系教员。随后,葛庭燧推荐燕京1941年毕业生黄昆为西南联大的研究生兼助教,黄昆遂成为吴大猷教授的学生,与杨振宁、张守廉在艰苦的环境中,砥砺学术,结下深厚的友谊。

1941年7月葛庭燧与何怡贞在上海结婚,8月同去美国。葛在加州大学(伯克利)物理系攻读博士并兼任助教,以成绩全优获得该校1942年"大学学侣"的称号及清华留美奖学金。1943年获得博士学位。论文为《不可见紫外光源的研究》。随后在美国麻省理工学院光谱实验室参加美国研制原子弹《曼哈顿计划》的有关工作,对铀及其化合物进行光谱化学分析,并在该学院的辐射实验室进行远程雷达发射和接收两用天线自动开关的研究,由此而获得了美国国防研究委员会颁发的奖状、奖章和一项专利。

1945年后葛庭燧参加了芝加哥大学金属研究所的筹建,是最早的参与者之一。在简陋的条件下,主要从事金属弛豫谱(内耗)和金属力学性质的基础研究,先后担任讲师级和副教授级的研究员。1945—1949年是他在科研上取得奠基性和开拓性成就的时期,做出了杰出贡献。四年中,他个人单独发表了18篇研究论文。他第一个发明了用扭摆来测量金属中的低频内耗装置,被国际上命名为"葛氏扭摆"。他又第一次发现晶粒间界内耗峰,被称为"葛氏峰"。他的一系列研究成果奠定了"滞弹性"这个新领域的理论基础。葛庭燧成为世界金属内耗研究的创始人之一。

中华人民共和国成立后,1949年11月葛庭燧偕夫人何怡贞及子女冲破重重阻挠离开美国,经香港回到北京,应聘任清华大学物理学教授,负责建立金属教研室,随后又任中国科学院应用物理研究所的合聘研究员。何怡贞女士又返回燕大任教。

1952年,葛庭燧调赴沈阳,参加中科院金属所的筹建工作。他主动把自己的科研项目与鞍山钢铁公司及抚顺钢铁厂的生产实际结合在一起,并经常与青年人一起下厂下矿。他多年参加以工人为主体的群众技术协作活动,1982年被中华全国总工会授予全国群众技术协作优秀积极分子称号。他在东北扎根28年,为新中国的科学事业承担"铺路"工作。1955年被选为中国科学院学部委员(院士)。1956年以金属中的内耗与金属力学性质的研究等11篇论文获国家自然科学二等奖。1978年以"金属强度的物理原理"项目获全国科学大会集体奖。1980年,葛庭燧被调往合肥,任中国科学院合肥分院副院长,筹建固体物理研究所,后任所长,现任名誉所长、研究员。在这期间,他带领青年科研人员努力拼搏,艰苦创业,而且取得开创性成果。1982年,他与张进修、王中光等以"位错内耗与范性形变机理研究"等34篇研究成果获国家自然科学三等奖。1985年,葛庭燧参加在美国召开的第八届国际固体内耗和超声衰减学术会议,他们的研究成果在会上引起强烈反响,其中一些成果被肯定处于世界同行的领先地位,而且学术会议组委会决定第九届大会在中国召开。同年8月,他主持的内耗与固体缺陷开放研究实验室向国内外开放,从而为集中研究力量,培养中青年骨干,开展学术交流,进行科研合作创造了更为有利的条件。1986年,这个研究集体以"晶粒间界内耗研究的新进展"等13篇论文获中科院科技进步一等奖。1989年,在我国召开了第九届国际固体内耗与超声衰减学术会议,葛庭燧是大会的组织者和主席。在会上他荣获这一科学领域的国际最高奖励——Zener奖,以表彰近半个世纪他在这个领域内的理论和实验研究以及在仪器创新方面所做出的创造性贡献。1993年,他的研究集体又获得中国科学院自然科学奖一等奖和二等奖。

葛庭燧自1949年回到祖国后,在不同单位,与青年人一起,逐步发展了第二代到第五代的近代化了的各种类型的扭摆内耗仪,同时所进行的关于点缺陷与位错的交互作用以及关于晶粒间界的更广泛更深入的研究,基本上又开创和奠定了非线性滞弹理论的实际基础,标志着非线性滞弹性这一门新的科学领域的开端。

通过在美国芝加哥的四年和回到祖国以后共五十多年的经历，葛庭燧深深体会到："科学无国界，但科学家有祖国"的深刻含意。他说："我们必须立足国内，放眼世界，在我国的土地上，在我们自己的实验室里，培养出我们自己的一流人才，创造出一流的科研成果，为发展我国的科学事业和振兴中华做出应有的贡献。"他一直孜孜不倦地工作在科研战线，他个人以及与青年同志、研究生合作发表了学术论文约 250 篇，获得国家、科学院和国际奖 11 项，这包括桥口隆吉奖、何梁何利科技进步奖物理奖。1997 年他被评为全国优秀科技工作者。1999 年美国矿物、金属和材料协会授予葛庭燧"梅尔奖"(Mehl)，这是材料学界最高的学术奖，是自 1921 年该奖设立以来，亚洲人首次获得此项殊荣。

（夏自强）

曹 天 钦

曹天钦(1920—1995)，生物化学家，中国科学院院士。一生从事蛋白质化学、植物病毒的分子生物学研究。是肌球蛋白轻链发现者，在肌肉蛋白质、神经蛋白质、蛋白水解酶和抑制剂、马王堆古尸的保存、植物病毒、植物类菌原体、中国古代科学技术史学研究方面均获重要成果。

他出生于北平，从小勤奋好学。其父曹敬盘，是 20 年代燕京大学化学系教师。夫人谢希德，物理学家，岳父谢玉铭，也为燕大物理系教师。他自幼生活在燕园。1938 年被保送到燕大化学系，在二年级时即获奖。他虽在当时沦陷区的"孤岛"燕园中读书，但也与一些志同道合的同学一起探索着青年应走的路。

1941 年初，曹天钦与其他十余位同学觉得燕园非久留之地，决定去大后方，投入抗日救亡工作。几经辗转，最后到达陕西省凤县双石铺中国工业合作社办的一个工业试验所，任工业分析组技工。同年 12 月，珍珠港事变发生，燕大停办，他当时庆幸自己和同伴们对时局的预测完全正确。

1942 年又转到兰州工合事务所主持皮革生产合作社的技术和业务。但仍抱着继续读书的愿望。燕大在成都复校后，他于 1943 年又入燕大化学系，1944 年毕业，去重庆中英科学合作馆随李约瑟博士工作。两年的时间，他跟随李约瑟博士足迹遍及西北和西南各地，访问了不少大学和研究所，深为当时一些科学家在艰苦条件下仍坚持科学研究的精神所感动。

1946 年，他经李约瑟博士介绍，得到英国文化委员会的奖学金，到英国剑桥大学求学，他的兴趣逐渐转向生物化学，特别致力于与肌肉有关的蛋白质的研究，1951 年获博士学位，并被选为剑桥大学冈维尔·基斯学院院士，这是该院历史上第一个中国人获此殊荣。此时他的未婚妻谢希德尚在美国求学，直至 1952 年在国际友人的帮助下，刚刚获得博士学位的谢希德，经过几番辗转，终于在 1952 年 5 月到达伦敦。在异国他乡举行了俭朴的婚礼。1952 年 8 月他们踏上了归国征程，终于在同年 10 月 1 日到达上海，重踏故土。

不久，曹天钦即开始了在上海的中国科学院生理生化所的研究生涯。1959 年这个研究所分立出生物化学研究所，他被任命为代所长，一直至 1984 年。1980 年当选为中国科学院学部委员（院士）。1981 年后任中国科学院生物学部副主任、主任，上海分院院长。此外还担任过全国科协副主席、中国生化学会副理事长、上海市人民代表大会常务委员会副主任等职。在一些国际学术机构中也曾任职,如国际科学联合会理事会理事、执行局委员,国际生化联合会中国代表和英国巴西基金会科学顾问委员会成员,还是瑞典皇家工程科学院外籍院士,为促进中国和各国科学界的合作,做出了不懈的努力。

曹天钦在英期间就发表了6篇涉及到当时所知的与肌肉收缩有关的最重要的几种蛋白质,如原肌球蛋白、肌动蛋白和肌球蛋白的论文。当时对于在肌肉收缩功能上最重要、结构上最复杂的一种蛋白质——肌球蛋白了解得非常不够,对于肌球蛋白分子存在有亚基结构,在1952年前已有很多推测,但直到1953年曹天钦发表了"肌球蛋白的分子的裂解"一文才得到确证。他提出肌球蛋白存在有二种亚基,分子量分别为165,000及16,000。这是当时提出的各种亚基分子量中最为接近我们目前所知的肌球蛋白重链(20,000)和轻链(16000或18000)的分子量。分子量16000的小亚基目前已被广泛称为肌球蛋白轻链。曹天钦作为肌球蛋白轻链的发现者,获得国际同行的公认而被载入史册。这是当代生物化学和分子生物学中的一个重要发现,当时他年仅32岁。

曹天钦回国后,继续从事肌肉蛋白、神经蛋白、胶原蛋白研究,其中最主要的是60年代初对原肌球蛋白和副肌球蛋白的分子、纤维和类晶体进行了大量的电镜观察研究,受到国际同行的重视。

早在1958年曹天钦与几位青年科技人员一起,建议开展人工合成牛胰岛素的研究,并参与了领导工作。

60年代初曹天钦开始了植物病毒的研究,70年代以后又开展植物类菌原体的研究。对多种植物病毒和黄化病作了鉴定,对水稻黑条矮缩病毒,烟草花叶病毒等病毒形态、外壳蛋白的物化性质,病毒的解离聚合等方面进行了一系列研究,开创了我国植物病毒生化和分子生物学的研究。

曹天钦曾参与马王堆古尸的研究,提出了古尸得以保存的条件和保存水平的分析。在研究中采用独特的方法,引起了美、苏科学家的兴趣和重视。

他十分重视各不同学科——物理、化学、数学、生物学、计算数学的协作。提倡生物科学在各个水平上——亚分子水平、分子水平、细胞水平、整体水平和群体水平的协作。在他的促进下,1989年在上海分院内成立了上海生命科学研究中心。他十分重视培养人才,在国内培养了一支数百人的蛋白质、生物化学和分子生物学专业人才。其中一部分人已成为国内外有影响的科学家。

在上述各研究领域中共发表论文一百余篇。他对科学史和生化考古等方面也有论著,他与李国豪等合编了《中国科技史探索》(1982年),并主编了《中国科学评论·生物卷》(1986年)。

由于他在肌肉蛋白研究方面所作出的贡献,他个人和其领导的小组,先后于1956年和1978年获中国科学院科学技术进步奖和全国科学大会重大科技成果奖。

他在担任中国科学院上海分院院长和生物学部主任时,他的足迹几乎遍及了中科院在上海所属的各研究所,也遍及了生物学部所属的许多研究所和相关的研究所。由于劳累,本来已有的颈椎病又加剧了。1987年8月下旬,他在以色列参加国际生物学大会后继续访问期间,摔了两跤,以致再没有站起来。回国以后,虽经多方努力,病情没有好转,脑力和语言能力逐步丧失,成了植物人。1990年在他70岁时,同事们和一些外国友人为他出版了一本文集《蛋白质研究的回顾与前瞻》。在医院的会客室中,许多朋友为他祝寿,他虽参加了,但已无法表达他对朋友们的衷心感谢。

曹天钦在谢希德的精心看护下又活了几年。1995年1月8日曹天钦走了,带走了他对尘世的眷恋,也带走了谢希德的一缕牵挂。

曹天钦是我国卓越的生物化学家,他为发展我国生物化学、生物工程和分子生物学研究做出了重要贡献。

(董贻中摘编)

谢 家 麟

我生长在一个知识分子家庭,父亲是一个文学修养很好的在哈尔滨开业的知名律师,曾与李大钊同志赠诗唱和。日军侵占东北之后,全家被迫入关,定居北平。我在青、少年时期,目睹祖国山河破碎,人民流离失所,就像我同时代的知识分子一样,感到痛心疾首,热血沸腾,迫切希望自己能对抗击侵略、振兴国家有所贡献。这样,在思想上就受了"科学救国"的支配,它影响了我以后的一切行动。

我是1938年考入燕京的。那时,北平已经沦陷,许多学校搬迁到后方,燕京尚能独立存在,吸引了许多学生。我读了三年半,到1941年"一二·八",太平洋战争爆发了,日军突然包围了学校。我们系的班维廉和外系的林迈可两位英籍教师先由无线电得到消息,急忙投奔解放区,而我们学生却被日军集中起来,命令立即离校。当时,伪政权要求我们到伪北大报到,继续学习。而我不愿入伪北大,故转辗从河南、陕西到四川。那时国民党政府有个规定,沦陷区的学生可以到内地大学借读。我当时为了抗日就到了乐山的武汉大学航空系借读,从一年级念起,希望学成能对抗日有所贡献。但那时经过搬迁的武大,实验条件很差,缺少仪器、设备。听到燕京复校的消息,于是又转到成都,于1943年毕业。抗战胜利后,回到天津。1947年,考取自费留美。1947—1948年,在加州理工学院学习,获物理系硕士学位,后又转到斯坦福大学,那时该校的物理系以"微波"著称,而我希望学一些实际的应用学科,1951年获博士学位。毕业后,立即启程,回国参加建设。而船到檀香山时,美方在回国的学子中扣住几个人,包括我在内,以"所学专业与军事有关"为藉口,不许离境。只好重回美国大陆,在奥里根大学、斯坦福大学和芝加哥"麦卡瑞斯医学研究中心"从事教书和加速器研制方面工作,共4年。到1955年,得到一封通知信,要我在美国做永久居民和限期离境的两者之间做出选择。我毅然回国,从此,投身于国家加速器和高能物理的建设工作。

谈到燕京,办学是有一定特色的。校训:"因真理得自由以服务",影响很大。允许学生自由发展,注意文化素质的提高。

物理系强调理论联系实际,强调实验,强调动手能力的培养。从青年时期,我就喜欢动手,做无线电,从收音机到发射机,可谓是废寝忘食。记得在燕大4年级,做毕业论文,我自己出了一个题目:研究可否利用光线通话。当时导师为我提供了条件,在物理楼阁楼上,给我一个房间,还允许我使用一些仪器、设备。我用一个小电灯泡做光源,使用透镜将光送到屋子另端,再以马达带一个圆盘,在光路内旋转,盘子上均匀地有孔,于是光线被切断成为有一定的频率的载波,本来计划在此基础上再加调制,实验可否用以通话。由于日军占领,这个实验没有做下去。不过,这也证明燕京能为学生提供很好的条件,让他们自由施展才能。我以后的工作,多是偏重于工程技术,不是搞纯理论,这和在燕京的学习有很大关系。

另一件事,是我们几个人组成了一个团契,我们都是对神采取怀疑态度的。在这个团契里,有学哲学的、心理的,也有理科的,人数不多,活动了两年多。也表明了燕京的自由思想和民主精神。

1955年回国,就到了原子能所,当时钱三强先生是所长,由于1952年到1955年我曾在芝加哥做成了当时能量最高的医用加速器,所以回国后,一直从事加速器的工作。

先是1956—1964年,用了8年时间,我和几个学生建成了一台使用多种尖端技术的可向高能发展的电子直线加速器和大功率速调管。经历的困难是很大的,由于巴黎统管会的禁运,苏联的保密,完全靠自力更生,而我国当时工业水平不高,但我们以百折不回的精神,坚持下来,终于建成,使用于国防。

接着,搞高能加速器,北京正负电子对撞机。在此以前,还有个"八七"工程,我任总设计师。由于"八七"工程耗资巨大,后来下马。而高能物理不能停步,经过多方调查研究,确定搞正负电子对撞机,这个路子是选对了,世界上的加速器实验室都在转向对撞机。从1981年开始1988年建成,也用了8年时间,在1986年以前,我担任工程经理,从设计、预制到安装,整个过程,由我负责技术领导,克服了重重困难,最后终于建成,性能比美国同能区的对撞机好很多(亮度是美国同类机型的四倍),这说明:在关键问题上的决策是正确的。由于年事已高,1986年我辞去了工程经理的职务。

北京正负电子对撞机的研制成功,使我国跻身于高能物理世界级的行列。这台对撞机不仅造价适中,而且性能良好,有重要的物理窗口,取得了几方面的重要成果,充分表明了中国人民的智慧和中国的综合国力,是一个重大的科学成果。

到了80年代末期,又从事自由电子激光器的研制。这也是为了跟踪当时世界各国纷纷研制的科学前沿,光学波段的自由电子激光技术要求极高,难度很大,但我们终于走在苏联和日本的前面,于1993年底做成亚洲第一台红外区北京自由电子激光装置。从1987年开始,也用了近7年的时间。

我一生从事加速器的研制工作,几十年来做出了一点成绩。总结起来,我觉得有两方面的原因:首先就内因而言,我的经历是物理与技术的结合,从大学到研究院,都在物理系,而工作则在国内工厂干了四年,在国外也主要从事技术性很强的工作,这和我在燕京受到的陶冶是分不开的。另外,我有一种执著的精神,肩负任务,咬着不放,不达目的,绝不罢休,终于克服了许多难以想象的困难,团结协作,完成了任务。这种动力也来自于对祖国的热爱和民族的责任感。我曾两次拒绝了留在美国做永久居民的建议,毅然回国,在艰苦的环境中工作、学习和生活,为国家添砖加瓦。

就外因而言,我取得的成绩,也是由于机遇好,由于党和组织的信任,委我以重任。在50年代到90年代的漫长四十年中,承担了不同时期的任务,为我提供了机会,得以展示自己的抱负和设想。更主要的是我受到与我共事的同志们的信任与支持,加速器研制是集体事业,没有不同专业的各种人材的团结奋斗,是不可能有任何成就的。

为此,党和国家也给了我很多荣誉。1978年由于对电子直线加速器、大功率速调管、电子回旋加速器等方面的贡献,获全国科技大会科技成果奖。1980年,当选为中科院学部委员(后称院士)。1990年,由于北京正负电子对撞机工程的贡献,获国家科技进步特等奖,同年获国家"侨界十佳奖",在得奖人员中,名列第一。1994年,由于北京自由电子激光器的贡献,获中科院科技进步特等奖,国家科技进步二等奖,也是名列第一。1995年,又获中国物理学会第四届胡刚复奖和何梁何利科技进步奖。

现在,正处在世界科学技术日新月异的时代,科技的竞争十分激烈,要努力做自己力所能及的事情。有两首诗可以表达我对祖国的热爱和对科研的执著。

凉州怀古

老来藉会到凉州,千古烟霞眼底收。
绿被蓝山左氏柳,雄关嘉峪古城头。
黄沙漠漠丝绸路,白雪皑皑川水流。
石室宝藏观止矣,跃登天马莫淹留。

科研记感

十年磨一剑，锋利不寻常，

虽非干莫比，足以抑猖狂。

我的夫人，范绪筱，也是燕京校友，和我同年入学，又同年在成都毕业。我们1944年在桂林结婚。解放后，她一直在北大物理系任教。是我相濡以沫，风雨同舟，共同生活了五十多年的伴侣。

（谢家麟）

蒋丽金

"少年宏愿度众生，苦志天涯行。杏林梦断，神医渐远，一生未了情。权将爱恋寄砂硼，科海耀明星。白云魂绣，江山心谱，功到冰山融"——调寄《少年游》

这首词蒋丽金女士时常自吟自咏，成为她坎坷而又充实的人生历程的真实写照。

她虽已年逾古稀，但精神矍铄，眼神中透出刚毅与活力。她就是凭着这种性格一步步走过来的。

蒋丽金，1919年4月出生于北京，有机化学家，中国科学院院士。她小时候是个"老病号"，小学生涯经常请病假休息，身体条件虽不如人，她却比其他同学学习更加用功。她常常取得足以让父母满意的成绩。上中学后，由于目睹大多数女同学被迫辍学的现状，她更珍惜来之不易的学习机会。"我就不相信女子无才便是德"。至今蒋丽金回忆起童年时，语气中仍透着隐隐的"不服"劲。那时她就想学医，想成为一名能自由地救死扶伤、和死神对着干的白衣天使。

1938年蒋丽金从贝满女中毕业，保送入燕京大学医预系学习。在燕大期间，蔡镏生老师给了她深刻的印象，在她的自述中写道："蔡老师是我物理化学的启蒙者，他对学生的谆谆教诲，循循善诱，以身作则，给人留下深刻的印象。他为人正直、廉洁、待人宽厚。作为他的学生，在不知不觉中自动地接受了他的教诲！""他指导我解决科学问题的方法和道路。他认为，勤奋和努力当然是科学工作者必备的条件，但德智体全面发展，才是我们人生目标。"蔡镏生不仅教授了学生化学知识，科学研究的方法，还教育学生树立正确的人生观，使蒋丽金的一生获益匪浅，终生难忘。

1941年在燕京医预系学习三年后，她顺利地考入协和医学院，并获得奖学金，白衣天使之门已经打开。12月8日珍珠港事件爆发，协和关门，她转到上海圣约翰大学学医，不久又大病一场，不得不回到北平。无奈中她想到化学与药理关系密切，于是插班进了辅仁大学化学系三年级学习，从而奠定了她日后成为一名化学家的基础。1944年从辅仁大学毕业，因找不到工作，又进入该校研究院继续深造，1946年获硕士学位。毕业后去北平医学院作助教，同时从事科学研究，但在当时研究条件非常困难，于是她决心到美国留学。1948年入美国明尼苏达（Minnesota）大学药学院。在美国一边学习，一边作为教授的研究助手，以解决经济上的困难。3年后，她通过《某些防氧化剂的合成》的论文答辩，获得博士学位，在化学研究的道路上迈出了成功的第一步。

此后受美国移民局的阻挠，不能回国，转到堪萨斯大学药化系做博士后，从事可的松衍生物的合成，这是一项开创性的工作，两年功夫，成功地写出了可的松衍生物合成的论文，就像雏鹰飞向蓝天，她开始腾飞了。

由于当时美国政府阻挠中国留学生回国,1953年蒋丽金只能应聘到麻省理工学院(MIT)继续博士后工作,开始进行维生素D的研究工作,当研究很快有了突破性的进展之际,恰在此时,回国的机会来了,她的导师数次恳切地挽留她,"把维生素D做完再走吧!"她怕错过机会以后想回国就难了,所以她当即中断研究,于1955年底回到了祖国,被安排在中国科学院化学研究所,开始了新的征程。

在化学所开始做关于中国大漆漆酚的结构研究。之后,她发现硼的化合物具有防辐射能力,同时又是一种耐高温材料,这对于国防建设有重要意义,她放弃了对药物化学的高度兴趣,选择了这一课题。但做有关硼化合物的实验,易燃易爆,危险性很大,她身先士卒,始终在实验第一线。她对学生既严格要求,又满腔热情地给予指导。60年代初,研究有了成果,发表了她关于硼氮六环研究的论文。

1965年,一项新的具有重要国防意义的任务落在蒋丽金的身上,她把国家的需要放在高于一切的地位,断然放弃了对硼氮化合物的研究,开始了高空高感光胶片的剖析。她在著名化学家汪猷领导下,经过十几个月的奋战,终于出色地完成了剖析任务,在此基础上有关单位研制成功了国产胶片。这项科研成果,由此荣获全国科学大会奖,1986年又获国家级科技进步技术奖。

就在这时,"文化大革命"开始了,她被剥夺了工作的权利,她坚信乌云终将过去,曙光就在前头。1975年感光化学所正式成立,她被调至感光所。1976年"四人帮"被粉碎,迎来了科学的春天,她虽已年近花甲,且患有严重的青光眼病,但她又踏进了一个崭新而又艰难的领域——生物光化学。在她的领导下,又开始了"藻类植物的进化、结构与性能关系"及"我国特产的中草药——竹红菌素的光疗机制"两项重要的基础研究工作,取得了一系列成果。两个项目共获得中科院三次自然科学奖二等奖。

她发表了主要著作一百五十余篇。

1981年,在化学研究领域里辛勤耕耘了三十多个春秋的蒋丽金,终于赢得了中国科技界的最高荣誉称号——中国科学院学部委员(院士),并当选为常委。

作为一名著名科学家,她还积极为国家大政方针献计献策,历任全国政协委员和常委,积极参与社会活动,曾当选为中国化学会理事和常务理事。

她生活简朴、平易近人。她对特殊化、不正之风深恶痛绝,她处处以身作则,公私分明。无论从她的年龄或地位,坐小车出入都是无可非议的,但同志们经常看到她在公共汽车站等车。

正是由于她对科技事业的贡献,曾被国家授予全国"三八"红旗手等光荣称号。

蒋丽金作为一名科学家,从来不知道成就上有"满足"两字,成功对于她来说,永远是另一个新的起点。而今,在她耄耋之年,她又开始攀登新的旅程——参加重大基础研究项目"生命过程中的重要化学问题"的研究工作。生命不息,奋斗不止。蒋丽金就是这样在科学事业上辛勤地耕耘着。

(董贻中摘编)

严 东 生

严东生,祖籍杭州。出生于1918年2月10日,中国科学院院士,中国工程院院士,是我国无机材料科学的奠基人之一。幼年随父母迁居北平。1935年考入清华大学化学系,1937年抗日战争爆发,因照顾体弱多病的母亲,未能随校南迁,遂转入燕京大学化学系,1939年以全校第一的成绩获得理学士学位。毕业后留校攻读研究生,兼任燕京大学客座教授张子高的助教。两年后获理学硕士学位,并获当年惟一的金钥匙奖。大学的学习生活,对他以后一生的科学生涯起了极为重要的作用。他曾说:"张子高教授是我化学的启蒙老师,他深入简明、引人入胜的教学方式,使我决定以化学作为主修学科。燕大的美籍卫尔逊教授和蔡镏生教授,引导我领会到以推理、演绎的方式,发挥自己的主动能力,进行学习。教学以启发式为主,上课内容不多,但课后列出的参考书很多,主要靠自己去消化、吸收。其他灵活多样的教学方式,因师而异,我深深喜爱这种多风格的学习方式及师生关系。我的硕士论文选定为'固态物质反应动力学',使我在30年代末40年代初,就开始思考、钻研物质在固态下的传递、反应、应用已学过及尚未学过的知识和固体物质联系起来,是引导我进入固态物质研究的难得的锻炼,正是这两位教授引导我进入材料科学的门槛。"

1946年夏,他获得奖学金赴美留学,先进入纽约大学研究院,一年后,转入伊利诺大学主修陶瓷工学,辅修化学。在不到两年时间内,以全A成绩于1949年春获博士学位,并被授予SIGMA XI等四个荣誉钥匙。随即留校,任博士后研究员,合同三年。

1948年他参加了旅美科技工作者协会,经常聚会,阅读进步书刊,对中国共产党有了初步认识。1949年10月,中华人民共和国成立的喜讯传到大洋彼岸,他提前结束合同,辞别伊利诺大学,于1950年春回到祖国。

回国后,他一直从事无机高温材料、特种涂层及复合材料的研究,以及科学研究的组织领导工作,数十年如一日,全身心地倾注于我国的科学事业,为我国经济建设和国防尖端技术的发展做出了重要贡献,多次受到国家级的奖励,成为我国著名的材料科学专家,在国际上享有盛誉。

回国后不久,他即担任中国科学院冶金陶瓷研究所研究员、室主任,承担包钢基地研究任务。包头铁矿石非常特殊,含氟量很高,不仅给炼铁带来新的问题,而且对炉衬耐火材料的腐蚀是个严重问题。为此,他进行了大量的研究工作,为炉衬的选材提出了有科学根据的合理方案。

1960年中科院决定将冶陶所分为上海冶金所和上海硅酸盐所。他被委任为硅酸盐所副所长。他经过充分调查研究,提出将这个所的主要研究方向从传统硅酸盐材料转向为无机新材料,即人工晶体、结构陶瓷、功能陶瓷和玻璃及新型涂层材料,这一研究方向的转变,一方面和国际的发展趋势相吻合,另一方面与国防建设相适应,对我国无机材料的发展是极为重要之举。

他结合航空航天工业及其他新兴技术发展的需要,进行了等离子喷涂高温涂层以及高温合金、难熔金属的抗氧化、耐腐蚀新型涂层的研究,研制成功多种耐高温、绝热、耐磨涂层材料,提高了发动机寿命,满足了我国航空与人造卫星事业的需要,获得全国科学大会成果奖和国家发明奖。结合我国稀土资源丰富的特点,对稀土氧化物与其他高温氧化物体系,探讨了十几个系统的相平衡和结晶化学规律的基础研究,获得国家自然科学奖。指导和参加了无机复合材料、无机高温材料的研究,探讨改善无机材料脆性、提高断裂韧性的机理与途径,发展了若干性能优异的新材料,在一些重要领域中获得应用,其中有的是我国的独创,获得国家发明奖。近年来研究材料设计,发展氮化物材料,提高断裂韧性,在理论上、应用上均取得优异成果。共发表论文约150篇。

1978年他担任中国科学院上海分院副院长,1981年又被选为中国科学院副院长,1984年被任命为中科院党组书记兼第一副院长,直至1987年初任院特邀顾问。在担任科学院领导期间,他更显示了卓越的科研组织领导才干。他认为在这期间主要干了三件大事：一是以学部委员为主约请同行专家对科学院各所的方向及主要任务进行了评议;二是打开了过去封闭的局面与所有主要国家的主要学术团体建立了合作关系,大批科学家走上国际舞台,促进了科学的发展;三是拟定改革面向经济发展的方针和措施。在院党组的领导下,经过酝酿讨论,于1984年提出了第一份中国科学院进行全面改革的汇报提纲,经国务院批准在全院试行,迈出了改革的第一步。

他还获得过许多国际学术荣誉称号,美国伊利诺大学、法国波尔多大学和香港理工大学名誉科学博士,国际陶瓷科学院创始院士,第三世界科学院院士,美国陶瓷学会杰出终身会员等,还曾在国际科技组织中担任过领导职务。

他是中共十二大中央委员,第六、七届全国政协常委等。他关心学会工作,曾先后担任中国硅酸盐学会副理事长、理事长,后又担任过中国化学会理事长和中国宇航学会副理事长等职。

如今他已是耄耋之年,仍把主要精力放在培养年轻人身上,他谦虚地说,"许多创造性的见解是青年人先意识到的或先提出来的,导师的责任是善于发现有创新精神的年轻人,予以鼓励,促使其完善,培养青年科学家,重要的一环是善于发现和支持富有创见的年轻人,给他们机会和舞台以发挥其才能。""后来者必须居上,这是事物发展的必然规律,是中国希望的所在。"在他的熏陶下,年轻一代已茁壮成长,有的已是院士、教授、博士生导师等。

严东生的夫人孙璧媖也是燕大化学系的学生,他们是同班同学,互敬互爱,互相帮助,相濡以沫。孙璧媖,1918年生,福州人。1939年在燕京大学化学系毕业。新中国成立后,先后在唐山北方交通大学及上海交通大学任教、历任讲师、副教授、教授;教研室主任、系主任。1960年被授予上海市文教战线社会主义建设先进工作者,市三八红旗手,后又被评为全国三八红旗手。她的科研成果获上海市重大科研成果奖及交通部科技进步三等奖。1990年获国家科委颁发的高校科技工作40年成绩显著的荣誉证书,1991年又获国务院颁发的"政府特殊津贴"。

(董贻中摘编)

张 金 哲

张金哲，1920年生于河北省宁河县。1938年9月考入燕京大学医预系，学号38008。1941年9月考入协和医学院。1942年2月因协和被关闭，转学上海圣约翰大学医学院。1943年2月再转学上海医学院。中间1944年6月因战乱回天津，在中和医院实习。四个月后返回上医完成学业及实习。1945年8月回北京在中和医院（现北京人民医院）开始外科医师生涯。1947年7月转入北京大学医学院任外科助教及附属医院住院医师。1948年7月任外科讲员及外科总住院医师。解放后留任为外科讲师、主治医师及副教授。1955年6月任北京儿童医院外科主任。文革后历任副院长及首都医科大学（当时称北京第二医学院）儿科系教授。1986年后在北京儿童医院任小儿外科主任医师及儿科系教授，在第一线从事小儿外科医疗工作及教学科研工作。

在燕大三年（1938—1941）中，他学习成绩好，活动能力强，入学后免读大一大二国文，每年获奖学金110元。参加基督教团契活动，每年暑假参加海甸公理会小学义教，曾任毅进小团契主席。课外活动兴趣广泛，喜绘画、京剧、话剧、旅游。每年参加圣诞"弥赛亚"大合唱公演，在话剧社"雷雨"公演中掌管灯光，学会了电工技术。曾选修摄影及宗教考古课程，照了很多像片。可惜文革中全部被毁。燕大三年，学习知识广泛，培养兴趣多方面，掌握了时代生活技能，成为以后个性与工作发展的基础。后来转学上海医学院仍然是奖学金学生，并且在实习一年中组织全班同学编辑出版了实习医师手册。（英文版：Intern's Pocket Book，1945年5月）。到北大后被选为住院医师会主席，当了京剧社社长。1951年任北京市志愿手术队长，带领70人赴东北参加抗美援朝，在兴城办麻醉培训班，先后立大功两次，小功三次。1955年只带了一个助手（燕大46届同学潘少川，1951年北大医学院毕业）到新建北京儿童医院，白手起家，从零开始，至1958年发展为一百多张病床全国最大、成绩显著的小儿外科。1958年被授予全国卫生技术革命先锋奖章。如果说医学技术是后来不断学习锻炼逐渐成长，组织活动能力与进取精神不能不归功于燕京三年教育。

现在提起张金哲应该说是知名小儿外科医生，是中国小儿外科学之重要创始人与学科带头人。1950年他首先在北大医学院小儿科病房创办了中国第一个小儿外科专业组，有固定人员二人，病床5张，每周两次专业门诊。1955年调北京儿童医院后，建立新型小儿外科，后来迅速发展为200张病床各专业齐全的小儿外科，并有教学与科研基地。1958年以来受卫生部委托办全国小儿外科医师培训班，因此他在小儿外科学术界中享有很高威望，1986年成立中华小儿外科学会时被选为第一任主任委员，1991年后为名誉主委。

50年代初期代表性工作为婴儿感染的研究及肌肉注射麻醉的使用，为我国早期开展小儿外科创造了条件。60年代前主要致力于以急腹症为主的小儿外科急症，创出了90例绞窄性肠梗阻小儿无死亡的记录，达到世界高水平。70年代以后专攻肛肠外科与胆道外科，设计了巨结肠根治环钳吻合法，直肠纤维外膜松解尾路肛门成型手术，及胆肠吻合防返流矩形瓣手术，受到国内外同行重视与引用。这些被同行们称为张氏三项发明，均获市级及部级科技进步奖。

50年来发表专业论文150篇，著书20部，发表科普文章及书籍多种，1990年被评为全国有突出贡献的科普作家。

北京儿童医院以一个红色首都医院出现在国际医林之中，张金哲以小儿外科专家教授的身份在国际上占有了一席地位，先后被吸收为太平洋儿外科学会荣誉会员、罗马尼亚医学会荣誉会员、亚洲儿外科学会永久会员并连选为执行理事。国际上两个最著名的《小儿外科杂志》（美国，欧洲）的海外顾问，他被英国剑桥名人研究中心誉为"中国小儿外科先驱"，并聘为荣誉顾问。2000年获得世界小儿外科最高科技贡献奖"丹尼斯布朗"奖（Denis Browne 金奖）是我国获此殊荣的第一人。

从1938年至1998年，张金哲对我国小儿外科事业作出了突出的成绩，党和人民给了他很高的荣誉。先后被选为区人民代表、北京市劳模、全国卫生系统劳模、北京市精神文明奖章及国务院特殊津贴获得者、全国政协委员（七、八两届）及中国工程院院士称号。以上种种既是他个人的荣誉，当然也是教育他的母校的荣誉。

（张金哲）

金 建 中

金建中（1919—1989），中国共产党优秀党员，物理学家，著名的真空科学家，中国科学院院士。

金建中原籍安徽黟县，出生在北京。抗战期间的1940年，和他堂妹金建申一起进入燕京大学。金建申入西语系，金建中先入医预，后改读了物理。

金建中，身材魁梧，1.84米个头，在当时的学生中，身材算是出类拔萃了。而更为出类拔萃的是他的学业成绩和探索科学奥秘的勇气和精神。在中学时，他对物理学就有着浓厚的兴趣，可是，由于他患有严重的过敏性哮喘病，这种病给他带来很多痛苦。为了寻求解除病痛的良方，因此，在第一年，他毅然报考了医预系。当进入二年级，要决定选系时，他还是耐不住物理学的诱惑，又从医预系转入物理系。从此，他就在这个领域中翱翔驰骋，奉献了一生。

金建中在上大一物理时，所得成绩是满分。这在燕京大学学生中是极为罕见的。他不仅物理得"10"（十分制中最高分），而且生物学得了"9"。医预系学生都传说系主任博爱理女士（Miss Alice Boring）认为学生的最好成绩只能到"8"，只有上帝才能得"10"。为什么金建中能够得"10"呢？据说有几个原因：一是他独自推导出一个很重要的物理学公式，他曾查阅过文献，没有见过前人发表过类似的文章，更没有见于通用的教材。经过教师审查认为，公式推导合理，结论正确，意义重大。只是最后找到了国外的最新文献，才查出已经登载了同样的公式，可是金建中确实是独自完成的。当时物理系主任褚圣麟教授充分肯定赞许金建中这种远远超过大一学生水平的创见和能力，实属难能可贵。

另一个是，他研究了光速测量的历史资料，从被大家忽视的，认为是随机误差的尾数中，找出了问题，紫光光速略大于其他光色，而红光光速最小。他的初步分析是：光速并不是一个单一的常数，波长愈短，速度愈快。当时同学们都为他能从细微之处寻找并发现问题的缜密态度和卓越能力感到钦佩。他对这个问题一直抓住不放，在后来做硕士论文时，又研究了这一问题。此外，他思路十分活跃，想搞几项发明，如搞一个看立体电影的眼镜，对这个问题，燕京理学院院长韦尔巽（Wilson）曾专门指定一位老师辅导他研究。正当那时，美国的一份杂志发表了美国科学家研制出世界上第一副观看立体电影眼镜的消息,他们的实验只好停止了。而那份杂志上刊登的立体电影眼镜的设计与金建中的构思却完全一样。还有他想利用鱼鳃性质的板,使潜艇呼吸到海水中溶解的氧,以减少或根本排除露出水面换氧的必要。对于他的这个设想与研制计划,韦尔巽(Wilson)高呼:"Ambitious"(野心不小)。

金建中于1944—1946年在辅仁大学物理系读研究生。在做硕士论文时,他就自己在大学一年级时,曾对光速测量资料进行过分析,在此基础上,考虑到光波愈短,速度愈快,认为光速并不是一个单一的极限值,实际上是对爱因斯坦相对论中的一部分内容进行修正。他的研究使辅仁研究院的教授非常惊诧,没有人能够提出驳倒他的理由。后来研究院将这篇论文交给美国物理学会,请他们鉴定,可惜没有答复。后来他的结论虽然没有为大家所接受,可是他这种不畏权威,勇于探索的精神是十分可贵的。

1946年他辅仁毕业后在天津北洋大学物理系、清华大学物理系任教,在任教期间,金建中表现了出众的才华。

1950年2月由著名科学家钱三强提名调到中国科学院原子能研究所从事科学研究工作。在原子能所工作期间,他研制成功自动立体照相云雾室,达到当时国内高水平,并在国内第一台1兆伏质子静电加速器和第一台2兆伏高气压质子静电加速器的加速管和真空系统的建立上,作出突出贡献。在国内首次研制成功300升/秒和1500升/秒金属高真空油扩散泵,为原子能β谱仪高压倍加速器等设备提供了高性能的抽气手段,受到科学院的奖励。扩散泵研制、生产技术由此开始向国内推广。此外,他负责研制的电磁双焦聚反应粒子能谱仪性能接近当时国际水平。

1958年,为了发展我国西北地区的科学事业,金建中由北京调至兰州,在中国科学院兰州物理室工作,并于1962年创建了中国科学院兰州物理所,任副所长。以后兰州物理所先后划归国防科委、七机部、航天部、航空航天部,金建中曾任所长、科委主任、七机部五院副院长、科技委副主任、航天部总工程师、科技委委员、真空低温专业组组长等职。金建中调往兰州以后,由于兰州气候干燥,对他的身体很适宜,折磨了多年的哮喘病大有好转,工作起来精力充沛,干劲很足。他全力投入开创和发展我国的真空科学事业。

金建中先后负责完成了国家重点科研项目——40升金属超高真空系统,获得了当时国内最高水平的1×10^{-8}百帕的超高真空,新型双向磁聚焦高灵敏探测仪,灵敏度达到5×10^{-13}托升/秒,达到国际先进水平。为了发展我国真空科学事业,他立足兰州,着眼全国,以专业设置、基本建设、科研规划到人才培养进行了周密的设计部署,先后建立真空获得、真空测量、真空检漏以及真空材料、真空电子学和低温等实验室、实验组。他经常带病奔波于各个研究项目中间,关心指导并亲自参加科研工作。在他的带领下,一批优秀的中青年业务骨干迅速成长。为了促进全国真空科学的发展,金建中倡导并力促在兰州建立了国家科委兰州真空测试基地,从1961—1964年,每年都召开一次测试基地会议,进行学术交流,金建中是基地的领导者和组织者,出色地完成了任务。

金建中还以科学家的远见卓识,从60年代初就开始组织真空科学技术向空间科学的应用渗透工作,并为此进行了具体安排部署,使兰州物理所为我国空间事业研制成初具规模、自成系列的地面环模设备。如今,兰州物理所作为中国空间技术研究院的一个研究所,人数已由建所初期的百余人发展到近八百人,专业范围由最初单一的真空低温专业发展到真空、低温、电子学、电推进等多学科的综合研究所。建所近三十年,共取得航天部、甘肃省、国防科工委、国家重大科研成果一百五十多项,培养和造就了一支技术力量雄厚的科研生产队伍。所有这一切都凝聚着金建中的心血和汗水。

应该着重一提的是,金建中作为一位在国内外享有盛誉的科学家。他没有出国留学的经历,也没有长期在国外做研究工作的经历,他是我国自己培养的科学家,是在国内的环境下成长起来的专门学者。当然,我们绝不排斥或拒绝学习国外的先进科学技术,而就金建中的成就而言,岂不足以大长中国人的志气。

(夏自强)

阎 隆 飞

伟大的生物学家达尔文(Charles Darwin)曾精辟地指出:"一切生物具有许多共同之点,有如化学成分、细胞构造、生长规律,对有害影响的感应性。"阎隆飞在生物学的研究工作中深刻体会到达尔文论断的正确性,成为他进行生物学研究的指导思想。探索"一切生物具有许多共同之点"成为他毕生为之奋斗的目标。

阎隆飞是生物化学家,中国科学院院士,北京农业大学教授。1921年生于北京,1940—1941年在北京燕京大学生物系学习,1945年毕业于陕西城固西北大学生物系,获学士学位。1949年毕业于清华大学研究院,获硕士学位。

在抗日战争的艰苦岁月里,燕京大学是沦陷区少有的一块自由的学习园地。阎隆飞能够在那湖光塔影的宁静环境里学习,自然是一生难忘的日子。给他印象最深的是一些老师,正是这些老师的辛勤耕耘,为他今后的学习、工作和研究打下了良好的基础。

使他感到幸运的是著名化学家张子高先生来教一年级的普通化学。当理学院院长蔡镏生先生风趣地向大家介绍说,张子高先生是他的老师,现在张先生教你们新生化学,"是太老师教太学生",大家都忍俊不禁了。张先生讲课极富逻辑性,把化学的基本原理讲得透彻清晰,使人印象深刻。为了巩固学生的学习效果,他第二次上课时总要用几分钟进行一次小考,发给每人一张小纸条,出一个问题叫学生笔答,这样使学生对上次讲的内容印象更深刻。张先生每周还规定时间解答同学的问题,他总是按时坐在办公室等候。阎隆飞曾找他请教过几个问题,张先生总是不先直接回答,而反提出一连串问题,让他一步步解答,最后所提的问题也就自然解决了。

教物理学的是褚圣麟先生,讲课也是精辟入理,对事物和意义讲得十分透彻。褚先生非常重视物理实验,实验的内容很丰富,在30年代他就让学生做很多经典的物理实验,助教先生让大家独立操作,做完实验把结果给他看,结果正确,经他签字后才能离开实验室,回去写实验报告。

生物学是由博爱理女士(Miss Boring)讲授的。阎隆飞对生物实验的印象最深,生物学实验由林昌善先生总负责,还有其他两位先生,二十几个同学做实验竟由三位教师指导,可以想见那时对实验课多么重视了。他们从观察水螅的生活,一直做到青蛙的解剖,做了很多生物学实验,认识了生物界的林林总总,就是这些生物学实验激发了他日后对生物学的兴趣,选择生物学作为他的专业。

还有教国文和英文的两位教师,印象也很深刻。国文课由张长弓先生讲授,不但讲解一些古文和现代文学,还很重视写作,不但教写语体文,还教写文言文,每篇作文都认真批改,使他获益匪浅。英文由傅乐敦(Fulton)先生教,傅先生对人和蔼,平易近人,除去讲解英文散文以外,也特别重视作文,经常出题目叫学生在课堂上写作,每篇习作他都认真批改。傅先生喜欢运动,经常在清晨围绕未名湖跑步,有几次遇到阎隆飞,也让他跟着跑,傅先生认为这样做对身体很有好处。

1941年12月日军偷袭珍珠港之后,爆发了太平洋战争,阎隆飞被迫离开了可爱的燕园。在燕大短短的一年多时间里,使他深深感到燕大老师的严谨认真,不但讲课内容丰富,而且特别重视实验,给学生以严格的科学训练。在语文课中,不论中文或是英文都重视阅读和写作。阎隆飞相信这是学习中外文的最好方法。

从此,阎隆飞一步步进入了生物科学的殿堂。1948年在植物叶绿体中发现碳酸酐酶的存在,此酶在光合作用的第一步中起吸收 CO_2 的重要作用。1963—1966年用生物化学方法发现高等植物中存在肌动球蛋白(actomyosin),10年以后美国 Palevitz 等(1974)及 Condeelis(1974)用电镜技术证明丽藻(Nitella)及花粉中存在肌动蛋白(actin)。文革期间此项研究中断。1980年以后研究植物细胞骨架与细胞运动,证明植物卷须、花粉等细胞中普遍存在肌动蛋白和肌球蛋白(myosin),花粉肌动蛋白的生物化学、物理化学及免疫化学性质均与哺乳动物骨骼肌肌动蛋白极为相似,且体外能聚合成肌动蛋白系。从植物卷须、花粉中纯化得到肌球蛋白,由2条重链及4条轻链组成。细胞器能沿肌动蛋白丝运动,其动力来自肌球蛋白与肌动蛋白的相互作用。以后从豌豆及衣藻中克隆了肌动蛋白基因,完成了 cDNA 及氨基酸序列测定,其序列非常保守,确定了豌豆等在肌动蛋白进化树中的地位,并研究了肌动蛋白在 E. coli 及高等植物发育过程中的特异表达,证明肌动蛋白含量与作物的雄性不育有密切关系。近年从银杏、萱草花粉中分离纯化了微管蛋白,能在体外聚合成微管,并从花粉中分离鉴定出三种微管马达:即动蛋白(kinesin),细胞质力蛋白(cytoplasmic dynein)与动力蛋白(dynamin),它们具有 ATP(或 GTP)酶性质,能与微管结合,在物质运输中将起重要作用。此外他们还从高粱叶绿体中分离克隆了光合作用光系统Ⅰ的 psaA、光系统Ⅱ的 psbD 因的基因,进行了序列测定及原核细胞中的表达等研究。他在国内外学术刊物中发表论文80余篇,并主编有《基础生物化学》、《分子生物学》、《蛋白质结构与功能》等教材及专著十种,曾获国家自然科学奖二等奖(1982)、国家教委科技进步奖甲类二等奖(1987),1997年获国家教委科技进步奖二等奖,1997年获中华农业科教奖。历任北京农业大学副教授、教授,中国科学院植物研究所兼职研究员,国务院学位委员会委员,中国生物化学会常务理事及农业生化专业委员会主任委员,人事部博士后科学基金会理事,农业部植物生理生化开放实验室主任,《中国科学》及《科学通报》副主编等。

人们知道,肌肉收缩是脊椎动物的重要功能,早就受到生理学家和生物化学家的重视。肌肉收缩是由肌纤维中的肌肉蛋白实现的。问题是,植物界是否也存在类似动物肌肉的收缩蛋白物质呢?在60年代,阎隆飞就和同伴们用各种植物反复提取其中的蛋白质,终于在1962年分离到一种蛋白质溶液,它的许多酶学性质与动物相似。现在生物学界已公认动植物细胞中有一个细胞骨架,其中的微丝系统就是由肌动蛋白和肌球蛋白组成的。对植物中收缩蛋白的存在不再有任何怀疑。通过不断的研究,科学家证实了各种动植物的化学成分确实具有共同之点,表明生物体中的重要生物分子都是生物在漫长的35亿年进化过程中经过自然选择保存下来的,因而具有最合适的结构与功能,使生物在自然界中得到很好的适应生存。目前,肌动蛋白的研究已受到生物学界的高度重视,因为它不只是肌肉的重要成分,而且是一切生物细胞的细胞骨架的重要成分,它的普遍存在已得到科学界的公认。估计不久的将来,各种动植物的肌动蛋白基因的核苷酸序列将会陆续测定出来,到那时我们将会看到,以肌动蛋白氨基酸序列绘制出的动植物进化树。阎隆飞相信肌动蛋白的进化树一定会与现有的进化树相一致。由于肌动蛋白是生物界的一个古老的蛋白质,用它绘制的进化树有可能更好地解释生物进化的细节。

从阎隆飞所走过的研究道路,他深深体会到达尔文洞察自然界的深刻和思考问题的明智。目前生物学虽然已经取得了很大的进展,但是生物界还有大量的奥秘有待人们去发现。达尔文的学说对探索这些奥秘将会不断给人们以启迪。

(夏自强)

张 树 政

1922年10月22日我出生于河北省束鹿县双井村,1931年春随同祖母和叔婶来北平与父母和两个妹妹团聚。我们三姐妹考入师大第二附小。我1935年保送入师大女附中。1941年考入燕京大学化学系。9月1日开学。盛大的迎新会在临湖轩前草坪上举行。侯仁之先生致欢迎辞,引用了朱熹的诗句:

半亩方塘一鉴开,天光云影共徘徊;
问渠那得清如许,为有源头活水来。

还专场演出了由孙以亮(孙道临)饰主角的话剧《生死恋》,非常精彩。

开课了,我的化学老师是曹敬盘(曹天钦先生的父亲)。听他的口音得知他和我是束鹿小同乡。他待人和气宽厚。物理老师是褚圣麟,要求严格。数学老师关肇直,教学有方。英文老师是外国人多兰德(Mr.Dorland),让学生开辩论会,留大量课外阅读。体育老师是文学院长周学章的夫人,我们称她周太太,她专教土风舞。我还选了一门沈酒璋先生教的心理学,很有兴趣。开学后不久,女部主任龚兰贞找我谈话。她问:"你为什么学化学?"我说:"中国贫弱,要发展工业才能富强,我将来要到化工厂工作。"她又问:"你知道有哪个工厂乐意用女工作人员?"我答不出来。她劝我转到家政系,说这是不被男人竞争的工作。我没有听她的,反而下决心去竞争。

日子过得很快,太平洋战争爆发了。12月8日,星期一早上第一堂课是化学。正在传看矿石标本,有人发现日本兵正在封睿楼的大门。曹老师让大家离开教室,大家慌忙丢下矿石离开,结束了这燕园里的"最后一课"。

1942年春,我转入了北大理学院化学系。燕京转来的同学不少,成立了"要好同学会",经常有联欢和旅游活动。抗战胜利后,燕大复校。要好同学于1946年9月22日重游燕园,拍了不少照片,其中有我们四个同龄女生(张树政、李玉瑞、蔡良琬、李首贞)在姊妹楼前的合影,那时24岁,朝气蓬勃,面向东方早晨9点钟的太阳。直到四十四年之后,1990年9月28日,为了编写41学号入学40周年纪念册,我约了三位老友重返燕园,在姊妹楼前拍下了第二张照片,时年68岁,面向下午3点钟西方的夕阳。1997年4月17日,燕大返校节,我们四姐妹又在同一地点拍下第三张照片,时年75岁,正值中午1点钟,商定面向南方。不是我夸口,我们可说是精神不减当年。

1945年毕业后留校,抗战胜利了。北大改称临时大学,理学院为第一分班,校友王世仪任北大秘书,又兼理学院教师,讲定性分析,我和李首贞任助教,当时系主任刘思职教授调到北医生化科当主任,我们几个女同学求他找工作。他说:"燕京协和复校了,你们最好报考协和护校,这是惟一不被男人竞争的职业。"这是我第二次听到这样的忠告。他当时虽是这么说,可他还是接受了我们三个女生到北医生化科工作。1948年我又被调到理学院化学系,担任钱思亮先生定性分析课的助教,也听了曾昭抡先生的"结构化学"课。但好景不长,因我是"伪学生",未能在1949年7月续聘而失业了。

1950年初到重工业部综合工业试验所工作,所长杜春宴聘请方心芳先生指导我们作丙酮丁醇发酵研究。1954年2月调到中科院菌种保藏委员会工作。当时酒精工业上用的糖化酶有争议。经过用不同种曲霉淀粉酶系的比较,并用滤纸电泳、酶谱和生长谱法分析,确定了黑曲霉的优越性,在酒精和白酒工业中推广应用。60年代研究人造肉生产菌白地霉的戊糖和己糖代谢。阐明了木糖和阿拉伯糖的代谢途径。纯化了木糖醇脱氢酶,并证明为诱导酶。发现白地霉中有苷露醇,阐明了合成途径,发现并纯化了依赖辅酶Ⅱ的苷露醇脱氢酶。60年代中完成了我国特有的红曲霉糖化酶的中试和工业化生产,并曾用于生产葡萄糖。70年代初,在国内首先自制仪器和试剂,建立了等电聚集和聚丙烯酰胺凝胶电泳等新技术。在红曲糖化酶的基础研究中,首次得到该酶的结晶,进行了电镜观察、酶性质、化学组成、糖肽结构、化学修饰和光谱构象研究,发现多型性的酶,其间有构象差异,并证明是糖基化引起的。

八九十年代从事多种糖苷酶的应用和基础研究,细菌β-淀粉酶的菌种活力当时在国际上保持多年领先,推广纤维素酶和果胶酶在工业上的应用。证明右旋糖酐酶已有防龋效果,有生产潜力。麦芽四糖淀粉酶已有中试生产品。首次发现了有严格底物专一性的β-D岩藻糖苷酶。由嗜热菌纯化并研究了5种酶。

90年代初在我国大力倡导发展糖生物学和糖工程前沿领域的研究。1994年11月参加"结构生物学"香山会议,作了"糖结构生物学"的报告。1998年8月筹备并主持了香山科学会议,103次学术讨论会:"糖生物学和糖工程的前景。"会上得到科学技术部领导惠永正教授的支持,决定1999年召开国际香山科学会议:"糖生物学和糖化学。"

在这一新领域,我们已取得可喜结果,在"疾病过程中糖链功能研究"中,已查明人脂肝中唾液酸转移酶在肝癌中异常表达,可能是肝癌早期标志。在糖链介导的病原微生物感染的研究中也取得阶段性成果。用拟糖脂技术筛选糖药物方面已完善了实验技术,确定了一些微生物对糖链的粘附识别。此外还选出了高产菌,如:产生多聚唾液酸、肝素酶、壳聚糖酶的新菌种,构建了高产工程菌,如产生唾液酸醛缩酶、CMP-唾液酸合成酶等的菌株,为研制生产糖药物打下了良好的基础。

1991年我当选为中科院院士,1992—1997年曾任生物学部常委。

回忆当年在燕大说过要为祖国富强而奋斗的梦想,如今成了现实。这决不是靠我个人的能力,是靠伟大的革命导师们和无数先烈流血牺牲,建立了新中国,中国人民站起来了!尤其是20年来的改革开放使中国繁荣昌盛,也为我国科学事业开创了无限美好的前景,使我在古稀之年得以圆了少年梦。我衷心感谢一切献身于创造今日奇迹的人们。感谢老师们对我的教导和培育,感谢朋友们,包括国际友人和华裔科学家们对我的帮助和鼓励,感谢同事们给我的合作与友谊,感谢学生们对我的信任和尊重以及坦诚的讨论和建议。这一切给了我力量、勇气和坚强意志。值此世纪之交,我愿紧跟时代步伐,在青年人为主力军的队伍中,迎着新世纪的曙光,为揭示大自然的奥秘努力进军。

(张树政)

钦俊德

钦俊德,中科院院士,昆虫生物学家。

1916年4月12日出生于浙江安吉。1940年毕业于东吴大学生物系。当时刚从美国学成归来的燕大校友刘承钊正在东吴执教。1941年,钦俊德进入燕京大学研究院,在导师李汝祺教授指导下攻读实验动物学,研究狭口蛙变态时色斑的形成。并兼任胡经甫教授无脊椎动物学的助教。

1941年12月太平洋战争爆发,燕京大学被日军占领,被迫停办。钦俊德回到故乡浙江安吉。后来得知燕大在成都复校,又通过同学与正在筹办生物系的刘承钊先生取得联系。刘承钊邀请钦俊德到成都燕大生物系任教。从1943年3月1日动身,足足走了两个月,历尽艰苦,于5月1日到达成都。

到达成都不久,于6月1日跟随刘承钊赴西康进行野外考察,采集标本。刘承钊是著名的两栖、爬行动物专家,从1938年到1944年在成都共进行11次野外采集和考察。在中国西部高山高原地带考察动、植物。川西生态环境的多样性给出现种类众多的两栖动物提供了条件,有不少新发现,尤其对许多种类的生活史做了详尽的观察与研究,积累了大量宝贵的第一手资料。钦俊德参加的这一次是经雅安、康定翻越折多山,到达甘孜,走着红军长征时所走过的雪山草地,历时两个月。采集到不少稀有的两栖和爬行动物及高原昆虫。这次考察对长期生活在江浙一带的钦俊德来说是难得的经历,更重要的是由于和刘承钊朝夕相处,深刻领会了他作为一个生物学家的优秀品德和对学术的严谨态度。刘承钊鼓励钦俊德要发挥自己的专长,做好生物学的教学和科研工作。

从西康回到成都,钦俊德看到一本出版不久的英国魏格尔华斯所著《昆虫生理学大纲》,十分爱读。在现实生活中,也留心观察昆虫在掠食过程所显示的行为和种间关系,这些对他具有很大的吸引力。原来他只限以昆虫为对象,研究其生长发育、行为适应以及演化等基本问题,想成为一个生物学家,并无意结合害虫防治,成为一个植物保护的工作人员。后来,得悉西南联大的清华农科研究所昆虫组需要聘请一名研究助教,钦俊德想到这是走向农业研究的一个机会。于是1944年秋季,又来到昆明,在刘崇乐教授指导下,研究昆明家蝇的天敌,重点是寄生性昆虫天敌与寄主的关系。他发现昆明家蝇蛹期有五六种寄生蜂和一种寄生的隐翅类甲虫,可算种类丰富。最感兴趣的问题是,它们怎样识别寄生并寄生后怎样阻碍寄主过早羽化。这项科研一直进行到1946年抗战胜利后清华大学迁回北平。这样,通过机遇和自己的努力,钦俊德选定了所要走的科研道路。

1946年,钦俊德考取教育部第2届公费留学,1947年秋赴荷兰阿姆斯特丹大学研究院,攻读昆虫生理学。1950年获得理科博士学位,后去美国进入明尼苏达大学,任荣誉研究员,从事研究。1951年初回国,在中国科学院实验生物研究所,研究东亚飞蝗的生态、生理和根治蝗害的策略。1953年中国科学院成立昆虫研究所,他创立了中国第一个昆虫生理研究室,担任主任、研究员,继续东亚飞蝗的研究。到60年代扩展研究夜蛾科昆虫以及印鼠客蚤的营养生理。在十年动乱中与军事科学院合作继续研究卫生害虫,获得良好的成绩。

他揭示了昆虫与植物的生理关系,阐明了昆虫选择植物的理论;昆虫食性的特化从感觉适应开始,随后影响到营养和代谢;研究飞蝗、棉铃虫、粘虫等多种害虫的食性和营养及植物成分对生长和生殖的影响;以昆虫天敌为对象,研究提出了七星瓢虫人工饲料的配制,解决了利用人工饲料饲养的难点;研究明确了东亚飞蝗卵期对环境适应的特点及浸水与耐干能力,对测报蝗害发生提供了科学依据。

钦俊德由于研究东亚飞蝗、七星瓢虫和赤眼蜂的科研成绩曾获得国家级自然科学奖,他已发表了七十多篇科学论文,撰写、翻译7本书籍。钦俊德任中国昆虫学会理事长。1991年当选为中国科学院院士。

夫人张佩琪,也是燕京校友。是燕京研究院41级学生,曾在全国妇联及儿童发展中心工作。

(夏自强)

胡 亚 美

胡亚美,1923年4月生于北京市。30—40年代,就读于北平崇慈、慕贞中学。1941年考入燕京大学特别生物系(医预)。1947年北京大学医学院毕业。此后,就职于北京儿童医院,曾任医生、内科主任、副院长、院长。现任北京儿童医院名誉院长、首都医科大学儿科系名誉主任,教授,中国工程院院士。

胡亚美出生于一个富商家庭,自幼生活优裕,童年在欢乐与幸福中度过。入小学后,经常阅读《稻草人》、《安徒生童话》等书籍,《卖火柴的女孩》给她很深的印象,使她稚嫩的心灵中产生了极大的同情心、怜悯心。她经常把自己的零用钱给沿街讨饭的孩子。中学在基督教会学校上学,受宗教气氛的熏染,曾幻想以基督教的平等、博爱精神消弭人间的不平与苦难。于是,她参加了基督教组织。旧社会,妇女社会地位低下,没有独立人格。她决心作个独立的人,做一些有益于社会的事。1941年,她投考了燕京大学特别生物系(医预),选择了医生作为毕生职业。

胡亚美就读于燕京大学,虽然时间不长,但燕大学习对她以后的专业知识、治学方法以及思想觉悟,都有很大的启发。她至今仍念念不忘生物老师博爱理女士(Miss Boring)的循循善诱、和蔼可亲;不忘数学老师Ms.Hancock的认真教学、宽严相济;尤其不能忘记化学老师张子高先生,他每次讲课前都先进行10分钟的测验,以促进学生的自学能力,那一张张测验用的小纸片无不凝结着老师的心血。当时国难深重,北平沦陷,在敌人铁蹄下生活的胡亚美无时不感到压抑与屈辱。她在燕京接触了一些进步同学和进步思想,眼界逐渐开阔,思想逐渐拓展,她感到了希望与光明。就在这样的思想基础上,当她1942年转入北京大学医学院时,毅然参加了中国共产党,从此她的纯洁朴素的正义感、同情心,升华为壮丽的、为人类的解放而奋斗终生的共产主义思想。

1947年,胡亚美进入私立北京儿童医院工作。在前辈医生的指导下,在丰富的临床实践中,她刻苦钻研,努力学习,掌握较扎实的基本功,医学理论水平日益精进。50年代初,营养性贫血严重危害儿童健康。经秦振庭教授指导,她对此病症进行了精心的观察、研究,制定了适合中国儿童的治疗方案和预防措施,总结出缺铁性贫血及巨幼红细胞贫血的临床特点和治疗后血象恢复的规律,解决了营养性贫血的治疗问题,并推广全国,取得了较好的效果。50年代末,在邓金鎏教授指导下,与其他单位协作,着重研治死亡率很高的小儿中毒性消化不良,进行了此种病症的病因学、病理生理和临床特点等研究,制定了有效的补血方案,总结了输液要点,推广了补液理论和多种脱水性质的补液方案,使这种疾病的死亡率由20%降至1%。其治疗方法在儿科界沿用至今。

十年动乱,胡亚美受到严重冲击,1976年,十年动乱结束后,她又与北京儿童医院血液组的同志们,恢复和开展了医疗、科研工作。当时,她看到一份北京市儿童死亡原因回顾性的调查报告,发现:随着我国经济建设的发展、人民生活水平的提高、医疗卫生工作的加强,我国儿童死亡的主要原因已不再是各种传染性疾病和营养不良。据北京市1974—1976年调查,城市儿童死亡主要原因是恶性肿瘤病,1—5岁儿童死亡原因恶性肿瘤病占第2位,5—15岁则跃为第1位,其中白血病(即血癌)又占恶性肿瘤的1/3。有鉴于此,胡亚美又开始了小儿白血病的治疗、研究工作。她参阅了大量文献(当时国内还没有一例治疗小儿白血病的成功经验报道),根据中国儿童特点和国内医疗条件,不断改进和完善小儿白血病的治疗方案。经过几年的努力,到1982年,已将急性淋巴细胞性白血病的5年无病存活率提高到50.6%,改变了"白血病是不治之症"的错误论断。随后,胡亚美与血液组一起,详细记录和分析病例,加强管理,进行定期、全面的追踪随访,不断改进治疗方案。到1992年,急性淋巴细胞性白血病的5年以上无病存活率已达74.4%,达到国际先进水平;急性髓细胞白血病缓解率达78.7%,3年无病生存率达51.6%。到1994年2月,存活3年以上的白血病患儿已有440人,8年以上的达202人,1995年已有180人存活10年以上。多数病儿都能正常上学,有的已参加工作;11人已经结婚,7人育有健康的下一代,1人还生了双胞胎。与此同时,她还系统地研究了小儿组织细胞增生症x、溶血性贫血、血小板减少性紫癜等项目,取得了突破性的进展,为发展我国的儿科医学,赶上世界医学先进水平做出了贡献。

胡亚美热心于儿科教学工作,多年来一直担任着北京医学院、首都医科大学的儿科教学工作。从50年代初,她就开始为全国各地培养进修医生、实习医生,亲自承担课堂教学和教材编写。她还勤奋写作,发表科学论文数十篇,和诸福棠、吴瑞萍教授一起主编《实用儿科学》,六编《新编儿科临床手册》,并多次获奖。其中《实用儿科学》修订第五版出版后,曾获国家优秀图书一等奖。80年代,她开始培养硕士研究生和博士研究生。

胡亚美担负着繁多的社会工作。她曾先后担任中华医学会北京分会会长、中华医学会副会长、国务院学位委员会科学评议组成员、国际交流协会理事、中国科协常务理事、燕京研究院董事等,并曾多次出访外国,进行学术交流,为保卫儿童健康、维护世界和平,促进各国人民之间、儿科工作者之间的友谊而奔走不懈。

胡亚美是北京市1—8届人民代表大会代表、9届常委,7—9届全国人民代表大会代表,中共12—13次党代表大会代表。她曾多次获奖,1983年是全国"三八"红旗手、五一劳动奖章获得者,1985年获北京市特等劳动模范称号,1999年被北京市委授予北京市优秀共产党员称号。

胡亚美从事医学科学事业五十余年,在儿科医学上做出了重要贡献。如今,她已年逾古稀,仍在奔走呼吁成立小儿白血病研治中心,建立儿童白血病基金,为把小儿白血病的医疗水平进一步提高,为把儿科医疗事业推向前进,而忘我地工作着。

胡亚美的丈夫解勤学是燕京大学四〇学号物理系(工预)学生,1941年太平洋战争爆发,燕京大学被迫关闭。解勤学乃返回故乡山东,参加胶东军区第八路军,历任干事、处长、报社主编、研究员、教授等职,1949年随军留驻北京,现已离休。

(钦 学)

王 夔

　　王夔，无机化学家。1928年5月7日生于天津。1949年毕业于燕京大学化学系，并考入燕京大学研究院。院系调整后转为北大研究生。当时因北大的医学院需要教员讲授化学，便安排王夔去医预科任教，于是研究生学习中辍。1953年医学院从北大独立出去，王夔就到北京医学院任教至今。其间，由讲师至教授、药学系主任、药学院院长。1987—1992年任天然药物及仿生药物国家重点实验室主任。曾任中国化学会理事长、科普工作委员会主任。1994年至今任国家自然科学基金委员会化学部主任。系全国政协委员。1991年当选为中国科学院学部委员（院士）。

　　1945年起，他开始从事分析用有机试剂的研究。早期的工作是得到Feigl的启发，结合点滴分析进行的。曾翻译出版过Feigl等人的点滴分析专著，还写过《点滴分析法》一书。他是我国研究和推动点滴分析的开拓者之一。

　　60年代，他认为当时分析化学中普遍存在干扰问题，清除干扰也是限制有机试剂应用的关键问题。因此，他决定转向分析化学中的掩蔽研究。对多种金属离子水解的掩蔽问题一一研究，开拓了一个新的研究途径，获得了一些规律。可惜只进行了三年多的研究就中断了。

　　80年代王夔重新回到实验室时，他已转到无机化学教研室工作，他再一次改变方向，投入60年代末刚兴起的生物无机化学研究之中。他利用身在医学院的有利条件，走出一条与临床结合进行生物无机化学研究的新途径。他们从龋齿、胆结石、大骨节病等病理过程的表现中抽出共同的两个生物无机化学问题——生物矿化和自由基生物无机化学来研究。在胆结石方面，他们提出胆红素在活性氧自由基诱导下的聚合、氧化聚合的胆红素的钙化，以及最后与糖蛋白作用形成色素结石的过程。此项工作获国家教委科技进步二等奖。在大骨节病研究方面，他们提出环境中的自由基源使软骨细胞基因表达由合成Ⅱ型胶原蛋白转为合成Ⅰ型，并且部分切断胶原蛋白链，这一细胞分化异常导致由细胞排泌的基质异常，再由基质异常导致骨化（矿化）异常。此项研究获中科院科技进步二等奖及八五攻关重要成果奖。在龋齿形成与再矿化研究方面，他们提出离子双向扩散机理并据此研究龋齿再矿化预防方法已在临床使用，有一定效果。

　　他们还与劳动卫生学家合作研究矽肺的成因与防治。他们开发了用亚化学剂量柠檬酸铝防治矽肺的方法，并研究了它的作用机理。他们针对重金属中毒的络合排毒抽出基本反应原理来研究，认为小分子配体与大分子配体之间竞争金属离子的反应是解决络合排毒的基本反应，他们提出这种反应的几种模式。此工作获国家教委科技进步三等奖。

　　他们曾对抗癌络合物顺铂的合成与分析以及抗癌铂配合物进行研究，发现顺铂的细胞靶分子并不是只有DNA，在生物物理学家与细胞生物学家的帮助下，通过大量研究，证实了细胞有DNA以外的铂主要靶分子。开创了细胞生物无机化学研究思路与方法。他们把研究又扩展到其它金属物种，如稀土离子和钒酸根等等。通过总结，他最近又提出相似性规律并以系统的细胞生物无机化学研究结果论证了这个规律。

　　王夔总结了他从事四十余年的研究工作，认为还是在最近几年才心有所得。所得之一是：科研要有相对固定的方向，但在时过境迁，发展机遇已失的时候，不宜抱残守缺。所得之二是：科研工作要继承更要创新,入门时可借助于别人的理论和方法,但不能一直因法求法。因法求法,能入不能出。所得之三是:科研工作中需要全面的、概括的,甚至是抽象的考虑;但需要对具体事物的具体研究。他曾借国外无名氏的诗句,改写一首诗,描述自己的生命过程中从事化学问题研究的三个认识阶段:"当我无知时,看人即人,看树即树;深究时,人不是人,树也不是树;待到全面认识后,原来人还是人,树还是树。"科学家应该有思想,但总要八成是科学家,二成是思想家。

王夔热心教育事业。他曾开过多种新课,编过多种教材。他讲课时深入浅出,举例生动,教学效果极佳。他在60年代初组织化学界讨论分析化学基本操作方法,编写出版基本操作规范,被广泛应用。他在80年代任药学系主任时,组织改革各门化学实验,注重培养能力与素质。他还组织生物无机化学界专家编写出版了具有我国特色的生物无机化学教材。他在药学系创建了医化学专业,提出了以化学概念和方法研究和解释疾病发生、发展和防治的分子机理的医化学内容。他对于中学化学教学改革也十分关心,特别是与中国化学会科普工作委员会成员一起做了许多工作,包括组织选拔培训参加国际化学奥林匹克竞赛的中国队员,并获得丰硕的成果。

(刘美德摘编)

史 轶 蘩

史轶蘩是江苏溧阳县人,1928年出生于广东。1946年就读于燕大医预系,1954年毕业于北京协和医学院医疗系并留院工作。1981年至1982年在美国国立卫生研究院进修。1983年后,历任协和内分泌科主任及中国医科院内分泌研究中心主任、教授、博士研究生导师,1988年被评为卫生部有突出贡献专家;还曾任协和医院学委会副主任委员、卫生部医疗卫生技术鉴定咨询专家及中华内分泌代谢杂志副主编等。

史轶蘩对内分泌学的基础理论和专业知识掌握全面,对内分泌疾病的诊治与抢救有丰富的经验。对激素分泌性垂体瘤、生长激素缺乏症及男性生殖内分泌疾病有深入的研究,对内分泌学科的发展作出了重要的贡献。

史轶蘩任课题组长的"激素分泌性垂体瘤的临床和基础研究"曾获卫生部医药卫生科技进步一等奖及国家科技进步一等奖。该项目有9个专业学科协作,历时14年,在激素测定、蝶鞍影像学检查、经蝶垂体瘤切除术、垂体瘤放射治疗及药物治疗等多方面达到国际水平并有创新。

"特性生长激素(CH)缺乏症的临床研究",改进文献方法,在中国首先建立CH免疫测定等多种测定及CH兴奋试验方法,使此症得以确诊,并在国内首先开展了以基因工程合成的人CH及CH释放激素治疗CH缺乏患者,生长速度明显增高。此项研究获卫生部医药卫生科技进步二等奖及国家科技进步三等奖。

史轶蘩善于结合临床实际应用基础知识深入浅出地进行教学,并注重对教学对象独立思考能力的培养。她注意掌握国际内分泌学学术发展情况,刻苦钻研业务。1993年获北京市"五一"劳动奖章。1995年当选为中国工程院院士。

(据《协和名医》)

关 肇 邺

编者按：关肇邺，1929年10月生于北京。1947—1948年就读于燕京大学理学院。1948—1952年转学清华大学建筑系。1952年毕业后留校任教至今。1981—1982年在美国麻省理工学院访问。现任清华大学教授，建筑学院学术委员会主任。中国工程院院士。在教学工作之余，进行建筑学理论的研究和建筑设计创作。曾发表过论文四十余篇。设计建成建筑十多项，其中包括清华大学主楼、新图书馆、北大新图书馆等。许多项目曾获得国内外重要奖励。2000年12月18日获得以已故著名建筑大师梁思成的名字命名的建筑设计大奖——梁思成建筑奖。

我于1947—1948年在燕京读了一年级后就转学了。这一年时间虽短，但至今给我留下了许多美好的记忆，令人难忘。以下是一二片断：

从中学起，我就是一个音乐爱好者。燕京有很好的音乐环境，其影响远在小小的音乐系之外。姊妹楼有定期的音乐欣赏会，有合唱团，都可自由参加的。我曾去宁德楼礼堂试听过一次合唱团练习，受了吸引，也就常去参加练习，每次去不去也无人管的。不久就听说要在城里演唱《弥赛亚》，大家情绪高起来了，都自觉加紧练习。我也参加了最后的排练并在圣诞节到北京饭店去演唱了。那天我们全体团员都穿了蓝色长袍，那是最容易得到的统一服装，指挥范天祥则穿了袍子马褂，样子很滑稽。来听的大多是驻京的外国人。唱到最后一节"哈利路亚"时，全体听众都站起来和合唱团一起唱，那气氛真令人难忘。

学校也很重视音乐的普及。有一次"大学演讲"就是由许勇三先生讲如何作曲，台上有好几个人。他先说有一次到了农村，听见老乡在吹笛，他说："那笛声是这样的"，跟着就有一位先生吹了一段调子，"于是我就把它发展成这样"，接着他就弹了一段钢琴，和那段笛声很有类同之处，但又丰富了许多。然后他又提到曾听到一曲民谣，并由一位先生以提琴奏出旋律，他再将它用钢琴演奏。如此几次，最后合成了一首很优美的曲子。这样，如何采风，如何改编提高和最后成曲都生动地表现出来了。虽不能使听众就此学会作曲，但对大家文化素养的提高真是大有好处。

那时燕京和清华之间，常有互访演出。记得在1948年冬的一天，平津一带战事已很紧张，我的一位同学是国民党某军长之子，那天他来向我们告别，说内部消息，国民党军次日即将南撤，北平即将成为一座解放军包围之下的孤城了。他虽然心系解放，但因家庭关系，暂时还是要随家南下。那时总的气氛非常紧张，少部分人准备逃走，但绝大部分人怀着兴奋的心情谈论着即将到来的解放。那天晚上，清华的张肖虎先生率弦乐队来燕京在贝公楼演出，范天祥主持那天的音乐会。他说虽然时局紧张，但音乐会还是按照计划进行。"我相信共产党也爱音乐的"（大意）。那天贝公楼礼堂有一种难以形容的气氛。当演到莫扎特G大调弦乐小夜曲时气氛达到了高潮，悠扬的音乐，紧张的时局，看似矛盾，其实是在另一种意义上高度地统一了，那情景真令人难忘。

提到"大学演讲"，不能不提到另一次改变了我一生历程的演讲。1948年春，学校请来了刚由美国参加设计联合国总部大楼归来的著名建筑学家梁思成教授来作学术演讲，我慕名去听了，并被他的学识和风度所折服，并深深地体会了"建筑是凝固的音乐"这一比喻。这次听讲使我下决心（原来本有此打算）于1948年夏转学到清华去学建筑学。虽然离开了燕园，但一直还是怀念那一年的燕园生活。以后我在清华毕业后,留校任教至今,但我和燕园的缘分,始终没有断过。1952年春三校调整,我作为学建筑的四年级学生,曾带领比我更年轻的同学和数百名工人设计建造了中关园的简易住宅。近年北大又委托我设计了新的图书馆,作为对北大百年校庆的献礼。这设计的构思,应该说有不少还是源于在燕园一年的生活中,我对她的理解、感情和缘分。

(关肇邺)

孙家钟

孙家钟(1929—),中国理论化学家。1991年当选为中国科学院学部委员(院士)。1929年12月7日出生于天津市。

中学时代求学于天津耀华中学,1952年毕业于燕京大学化学系,同年到东北人民大学(吉林大学前身)化学系任助教,在蔡馏生、唐敖庆等老一辈化学家的率领下,参加化学系的创建工作,1956—1978年历任讲师、副教授、教授。1978—1990年任吉林大学理论化学研究所副所长,所长,还任理论化学计算国家重点实验室主任。曾任《高等学校化学学报》副主编等职。1980年7月18日加入中国共产党,1983年被评为吉林省科协系统先进科技工作者,1985年被评为吉林省优秀共产党员。

孙家钟于1954年就开始走上大学讲坛讲授了第一门物质结构课。四十多年来,他在吉林大学校内外,先后开设过物质结构、热力学、量子化学、原子核导论、催化理论等十多门课。从1978年以来,先后培养了35名硕士研究生和25名博士研究生。

在唐敖庆教授的启蒙下,他较早地开展了科学研究工作。1956年发表了自己的第一篇学术论文《分子的平均链长》。他在60年代开始研究李群、李代数及其在化学中的应用和配位场理论。70年代以后的研究课题有:分子间相互作用,多重散射X_α自洽场理论,分子轨道对称守恒理论,李群、李代数和量子化学中的多体问题,二阶约化密度矩阵理论,高分子固化理论和标度研究等。先后在国内外学术杂志上共发表一百五十余篇论文。

1966年孙家钟随唐敖庆出席北京暑期国际物理讨论会,配位场理论研究成果被大会评为十项优秀成果之一,认为它"丰富和发展了配位场理论,为发展化学工业催化剂和受激光发射等科学技术提供了新的理论依据"。1982年配位场理论研究获得国家自然科学一等奖,孙家钟名列唐敖庆之后是第二名获奖者。80年代,孙家钟和他的研究集体提出:适用于铁族原子络合物的新的中间场计算方案;将分子不可约张量方法延拓到二十面体群的对称性,并引入准自旋的概念,概括了著名的补态原理;对我国丰产的稀土离子晶体成功地进行了能谱的理论分析;对过渡金属络合物进行了与实验结果相符合的理论计算。孙家钟等人还建立了前人没有得到的李函数多组态自洽场方程;得到了多重散射x_α自洽场方法中所缺少的原子氛重叠作用项,扩散了应用范围,被国际学术界誉为严格的x_α理论。

四十多年来,孙家钟专攻运用多种数理方法解决化学中的理论问题,在量子化学多体理论研究方面做出了突出的贡献。

孙家钟在教学、科研工作中,注意教书育人,且身教重于言教。每当青年教师、学生出国进修、学习或参与外事活动,他都要叮嘱一番,要求他们保持中华民族气节,要和外国人比学习、比工作,不要比生活。当研究工作进入关键时刻,他常和助手、研究生一道在工作室里通宵达旦,甚至连续36小时,废寝忘食地进行讨论分析,直到搞清楚才肯罢休。在名利和生活上,他关心别人比关心自己为重,屈己待人。凡是研究生发表的论文,虽然是他提出的课题并在关键地方进行过指导把关,但自己总是署名在后,稿费分文不取。他对自己在生活上是低标准,粗茶淡饭,穿着朴素,但对助手、青年教师、研究生的住房、经济困难等情况了如指掌,有时解囊帮助,有时亲自奔波找有关部门解决困难。所以有的研究生说:跟孙老师学习、工作,既是"叫苦连天",又由衷地敬佩他,他对待我们是既十分苛刻,又非常慈祥。

孙家钟在繁忙的教学、科研工作之余,还有个嗜好就是阅读小说。在少年时,他就读过《红楼梦》、《寄小读者》、《呼兰河传》、《骆驼祥子》、《家》……等作品。现在仍常看小说,他认为阅读文学著作可充实自己并受到启迪。因此,被人们称为最爱看小说的科学家。

(刘美德摘编)

刘 元 方

刘元方(1931—),放射化学家。1931年2月1日出生于浙江镇海。1949年由上海沪江大学转学到燕京大学化学系学习,1952年毕业。毕业后四十余年以来一直在北京大学任教。1952—1955年在化学系工作。1955年调入技术物理系工作,历任讲师、副教授、教授,1985年任博士生导师。1991年11月被选为中国科学院院士,1994年当选化学学部常委会副主任,1998年再次当选。他的夫人唐孝炎是中国工程院院士。

在燕京大学时曾担任校学生会主席。1952年暑期,他担任由燕京、清华、北大三校约370多位学生代表组成的"首都大学生赴东北参观学习团"的团长,参观了东北一些大工业基地。

1987年当选为国际纯粹与应用化学联合会的衔称委员,1993年被选为该联合会的核化学与放射化学委员会的主席。现任中国核学会常务理事、国际放射化学学报顾问编辑。曾长期任中国核化学与放射化学学会理事长和国务院学位委员会化学学科评审组成员等职。

刘元方研究工作的面比较广,有热原子化学、重离子核化学、裂变产物、核素迁移、核药物化学以及生物微量元素等领域。他的学术思想活跃,治学态度严谨,对研究生的要求也很严格。

他是我国开创热原子化学(1955年)和核反应化学(1969年)研究的第一人。1959—1960年间,为了发展我国自己的核武器材料,以他为首的研制组,深入钻研能看到的少量有关资料,制定了设计和加工方案,经过多次的失败和艰苦试验,终于建成了我国第一台分离六氟化铀气体的超速锥形离心机,并在此机器上获得单机浓缩 ^{235}U 至 0.775% 的结果,从而为我国后来的离心法分离 ^{235}U 的研究提供了初始的,但又极宝贵的实践经验。

1980—1981年他在美国劳仑斯贝克莱国立实验室(LBL)进修,在国际核化学权威诺贝尔奖金获得者西博格教授的研究组中,从事超铀元素的重离子核反应研究。他比较独立地进行97号元素锫(Bk)的化学工作。当时在LBL的88英寸回旋加速器上用 ^{18}O 作炮弹轰击 $^{248}C_m$ 靶,得到的核反应产物是包含几十种元素的几百种核素的极为复杂的混合物体系。欲从其中分离出一种纯的化学元素锫,是前人没有解决过的难题。而且为了寻找可能存在的短寿命的Bk重同位素,化学分离Bk

的时间不允许同常规分离一般长,难度很大。经过反复试验,他建立了一套有效的快速化学分离程序,总操作时间仅为半小时。这样分离出的 ^{251}Bk 经 γ 能谱检查,纯度极高,结果令人满意。在 γ 能谱的测量中,他发现了 129.9 keV 和 163.8 keV 二条新 γ 能谱线,重新绘制了 ^{251}Bk 的衰变纲图。这是一项难度大和精度高的工作。

"人生难得一搏"。他勤奋好学,埋头苦干,当样品经过加速器照射后进行跟踪测量时,他就连续紧张地工作 30 小时,对一个已 50 岁的人来说这是很不轻松的任务。

1983—1985 年他领导的科研组建立了用溶剂萃取法从金川铑、铱精矿溶液中分离和提纯铑和铱的新流程,1986 年获国家教委科技进步一等奖。1985—1987 年他又建立起从核燃料后处理废液中提取贵金属铑、钯的明显优于外国的新流程。

1987—1988 年他应瑞士放射性废物处置协会的邀请,去瑞士国立 P.S.I. 研究所合作进行核素迁移研究。与瑞士冯冈登教授合作,由他执笔撰写了一本关于最关键核素 ^{129}I 的迁移的专著。

为了探索放射化学的新生长点,从 1984 年开始,他致力于放射化学与医学的交叉领域研究。用放射性标记的单克隆抗体诊断和治疗恶性肿瘤是当今核医学重要的研究前沿。他领导的研究组进行了系统深入的研究。其中突出的是用 ^{111}In 标记单抗,比活度高达 30mci/mg 的单抗蛋白质,达到国际最高水平。经与解放军总医院和首都核医学中心合作,用 ^{111}In 标记的单抗 2C10,在国内首次成功地诊断了 12 例结肠癌和卵巢癌病人。

他领导的小组曾系统地对周期表中的 54 种化学元素的生物营养性和毒性进行了大量的实验观察,并由此对一个重要的假设"某些化学元素并非生命所必需的,但是对生物是有营养的"做了确切的定义。

此外,他还探索已广泛用作农肥的稀土元素对人的毒性的分子机理。在国际上首次报道从生物体内分离出与稀土结合的蛋白质,还测定了蛋白质的分子量和稀土的结合常数。

1993 年以来,他利用北京大学优良的加速器质谱系统(AMS),继美国列弗莫国立实验室(LLNL)1990 年开展工作后,开展了生物-加速器质谱学的研究,取得了重要的成果。他与同事们证明极低剂量水平的尼古丁和动物肝细胞 DNA 及组蛋白分子都有明确的加合作用,即尼古丁具有基因毒性。前人只公认尼古丁是吸烟上瘾的主要因子,其本身并不致癌。他们通过实验提出了尼古丁也是一种潜在的致癌物质的新论点。该论点受到国际同行的高度重视。

在国内外学术刊物中他已发表了 100 多篇学术论文,出版了 3 本专著。

他在技术物理系一直是骨干教师和学术带头人,教育和培养了大批放射化学人才,多名硕士和博士研究生,为原子能及国防事业、经济建设等作出了贡献。

(刘美德摘编)

朱 起 鹤

朱起鹤,1924年7月12日生于北京市,汉族。1947年毕业于南京中央大学化工系,同年考入北京大学化学系读研究生一年。1948年夏留学美国,在加利福尼亚大学(伯克利分校)化学系为物理化学研究生,1951年2月获博士学位后回国。先后在燕京大学化学系、北京大学化学系、哈尔滨军事工程学院和长沙工学院从事化学与物理教学。1978年1月调中国科学院高能物理研究所,负责超导磁体、超导微波腔和激光加速粒子等研究。1981年底调中国科学院化学研究所,负责创建分子反应动力学实验室,研制大型分子束实验装置,并开展分子反应动力学方面的研究工作。1995年被选为中国科学院院士。

老师对学生的影响是巨大的。1931年"九·一八"事变发生时,朱起鹤为育英小学二年级学生,级任老师臂带黑纱来上课时说:"日本人侵略我们的东三省,残杀我们的同胞兄弟,这比我家死一个亲人更为悲痛,所以我带黑纱表示悼念。同学们一定要牢记这一国耻深仇,我们一定要报仇。"1935年日寇已侵占热河、察哈尔等省,并向华北渗透,形势危急。朱起鹤的语文老师在上课时说:"国难当头,可是贪官污吏,富豪劣绅,搜刮了民脂民膏后,逃往国外享乐,穷奢极欲,甘当'白华',忘记自己是中国人,他们是民族的败类。"这些都给幼年的朱起鹤留下极深刻的印象,促成他在美国学成后,努力克服重重阻挠,积极争取尽快回到祖国。

中学学习期间,朱起鹤喜爱数学、物理和化学。大学学习阶段,张江树教授的物理化学和时钧教授的化工原理、化工计算等课程,使他在物理概念和思考方法等方面受益最大。在美国留学期间,朱起鹤师从1949年诺贝尔化学奖获得者吉欧克(W.F.Giauque,1895—1982)教授,学习化学热力学和低温量热技术。导师的严谨学风,精细深入的钻研态度和刻苦执著的实干精神,对他以后的科研工作有着深远的影响。

朱起鹤热爱祖国的教育事业,回国后长期在学校工作。1951年春回国后,先在燕京大学化学系教物理化学和化学热力学。他积极热情,住在学生宿舍,和所教的学生同桌共餐,并一起参加各种活动,受到学生们的爱戴。1952年冬,调到哈尔滨军事工程学院,分配他教普通物理课。他服从分配,愉快改行,从此搞了二十多年的物理教学和科研,为培养国防科技人才,做出了重要贡献。他讲课时表达清晰,并注意讲明物理概念,受到听课者的欢迎。特别是一旦发现有讲得不对的地方,他从不掩饰,并及时修正。在讨论学术问题时,他也一贯采取同样的态度。

他曾参加核动力反应堆的研制,完成了初步设计(草案)。曾对研制高精度透射率反射率测量仪,提出原理性的关键建议,使测量精度提高数倍。还曾参加研制激光打孔机、激光扫描检纸机和激光测量仪器等项目,都取得显著的成绩。

在高能物理所工作期间,他负责三项新技术新原理的研究课题。一是为质子同步回旋加速器研制超导磁体,先后研制成铌钛和铌三锡两种超导线材的小型磁体,能在强磁场下通过大电流。二是研制超导微波振荡腔,利用电腐蚀方法抛光腔体表面。三是研究激光加速带电粒子的新方案,他发现并提出该加速方案在原理中存在的问题。后来高能所的质子加速器方案下马,他则离开高能物理所。

1981年底他调到中国科学院化学研究所,从事分子反应动力学这一化学前沿研究,先后领导研制了多套具有国际先进水平的分子束实验研究设备,首先研制了分子束激光裂解产物平动能谱仪,获1987年中国科学院科技进步一等奖。1987年国家计委决定建设分子反应动力学国家重点实验室,朱起鹤负责该实验室北京部分的筹建工作,又研制了三台大型实验装置,他们利用这些设备开展了分子反应动力学的多方面创新研究。

原子团簇是介于分子和晶体之间的物质过渡形式,近年来属于科学前沿热点。他们在实验室系统地研究了15种过渡金属与硫组成的二元团簇的生成和光解,总结出稳定团簇的组分规律。他们还根据实验和理论,提出多种团簇的结构模型。此外,他们首次发现了一类新的含氢碳原子团簇,并根据实验结果与理论分析,提出筒状结构的模型。

大气平流层中臭氧的消融,将使太阳的紫外辐射更多到达地面,这将对生物的生长造成严重威胁。朱起鹤和他们研究小组研究了严重破坏臭氧层的氟里昂系列化合物以及溴碘化合物的紫外光解,得到产物及能态分布规律,解释了反应机制。他们还开展了氮氧化合物的反应和传能过程研究,这与燃烧过程、大气污染、臭氧层消融也都密切相关。

朱起鹤治学严谨,诚恳待人,为人正直,注意培养青年科研人才,已培养博士生12名和博士后3名。他创建的实验室已逐渐成为中国分子反应动力学的研究基地之一。

(刘美德摘编)

唐 孝 炎

唐孝炎,环境化学家。1932年10月出生。江苏太仓人。她在读中学时就听说燕京大学不仅教学水平高而且校园景色秀丽,环境优美,十分适于读书生活。因此,在1950年报考大学时,她一连三个志愿都填写燕京大学,终于如愿以偿,成为一名燕大化学系的学生。1952年因院系调整又转入北京大学化学系学习,1953年毕业。毕业后留在北大化学系工作,曾任苏联专家的翻译。

1955年北大新建技术物理系(原为原子能系)她被调入该系工作。

1959年1月至1960年5月她在苏联地球化学与分析化学研究所进修。1985年9月至1986年10月,先后在美国布鲁克海文国家实验室(Brookhaven National Laboratory)和美国国家大气研究中心任客座研究员。唐孝炎曾任国际纯粹与应用化学联合会(IUPAC)大气化学委员会的中国国家代表,1987年8月被选为IUPAC大气化学委员会的衔称委员(常务委员)。她还担任联合国环境署(UNEP)臭氧层损耗环境影响评估组共同主席、中国环境学会副理事长、环境化学专业委员会副主任、中国气象学会大气化学及大气污染专业委员会委员、《中国环境科学》和《环境化学》副主编,中国环境科学研究院学术顾问。她曾长期担任北京大学环境科学中心主任,现为环境化学专业教授、博士生导师。唐孝炎在1995年7月被选为中国工程院院士。她的丈夫刘元方是中国科学院院士。

唐孝炎自1955年起,参与筹建中国第一个放射化学专业,开展了核反应化学研究工作。

自1972年周总理在国内召开第一次环境会议,提出了环境保护问题,唐孝炎和同事们一起开始了中国第一个环境化学专业的筹建工作。探讨兰州光化学烟雾污染是她从事大气环境科学研究的开始。1974年夏季,兰州西固石油化工区出现了严重空气污染现象,而且原因不明。为了弄清污染的属性和来源以便采取防治措施,唐孝炎作为国家环保局重大项目的技术总负责人,设计、组织了国内上百人的首次大规模的大气现场观察,并结合实验室的模拟,经过多年努力,才确定它是光化学烟雾污染并找到它形成的规律。该项目获1985年国家科技进步二等奖。

兰州的课题决定了她研究方向的重点,她从此开始步入大气化学的领域。作为中国最早的一支大气化学研究队伍,在她的领导下,在臭氧的环境化学方面从监测方法、现场监测、制定大气质量标准,到光化学反应动力学、大气光化学反应模式等开始了系统的研究。他们还开展了其他地区的光化学污染的防治研究。她制订的国家大气环境质量标准与研究成果获1987年国家科技进步三等奖。

80年代初,我国也出现了酸雨问题。从1984年起,唐孝炎和她的研究组在四川峨眉山、广州、南宁等地区开始了酸雨成因的研究。因为所从事的是一个新科目,没有多少旧资料,也没有经验,许多东西都靠他们一点一点地探索、搜集。她对我国酸雨的来源和成因提出了新的见解,推动了我国对酸雨的研究和防治,在"七·五"和"八·五"攻关项目酸雨的大气化学研究中作出重要贡献。在这方面她又获得了1989年国家科技进步二等奖。

唐孝炎于1996年10月获国家授予的何梁何利科技进步奖。

唐孝炎多年来坚持理论联系实际的治学方法,亲自深入现场参加实验观察。由于研究工作的需要,她有时与年轻的工作人员一同乘直升飞机到空中取样、观测,在体力上要忍受着各种飞行反应的不适,但她仍坚持参加,将取得的第一手材料进行理论分析。此外,长期以来她担任放射化学和环境化学专业的教学和科研任务,在中国最早开设了大气化学课程。她为我国的环境化学的教学和科研工作做出了重大贡献。

(刘美德摘编)

孙 燕

孙燕,1929年生于河北乐亭,1948—1951年在燕京大学医预系学习,学号48238,以后转入北京协和医学院,1956年毕业获医学博士学位。从1959年开始在肿瘤医院工作。1970—1972年间曾全家下放甘肃定西。1979—1981年间在美国M.D安德逊肿瘤中心以客座教授身份从事研究。回国后继续在中国医学科学院协和医科大学肿瘤医院工作。曾任内科主任多年,现在职务是中国医学科学院协和医科大学教授,国家新药(抗肿瘤)临床研究中心和临床药理基地主任。

1959年,他在李冰和已故的吴桓兴、金显宅教授支持指导下,在艰苦的条件下创建了我国第一个肿瘤内科治疗专业。经过多年努力发展成为目前具有相当规模,承担大量医疗教学和科研工作的内科。他是我国第一代内科肿瘤学专家,学科带头人。多年来从事肿瘤内科治疗的临床及实验研究工作,曾参与或主持全国研制的和国外开发的新抗肿瘤药的临床试验。他参加及主持的抗肿瘤新药N-甲酰溶肉瘤素、甘磷酰芥、卡铂和紫杉醇的临床试用曾获全国科学大会奖及卫生部甲级科研成果奖;淋巴瘤和小细胞肺癌的综合治疗项目曾获院校成果奖。他曾主持国外很多新抗肿瘤药如阿霉素、紫杉醇、泰索帝、草酸铂的临床验证工作及Zololxifene、Letrozol和泰索帝的国际间协作研究。在国内多次主办国际学术会议和国际抗癌联盟(UICC)亚太地区肿瘤内科高级培训班；两次全国抗肿瘤药GCP培训班，10次全国肿瘤化疗学习班；编写《肿瘤学进展——化学治疗》(1965)、《肿瘤化学治疗的临床应用》(1966)、《恶性肿瘤化学治疗学》(1981)、《肿瘤化学治疗新进展》(1987)、《肿瘤内科临床手册》(1987,1991,1996)、《中西医结合防治肿瘤》(1997)、《癌症三阶梯止痛指导原则》(1999)、《肿瘤诊疗关键》(1999)等书；翻译出版WHO的《癌的药物治疗》(1974)和UICC的《成人与儿童肿瘤内科手册》(1988)、《临床肿瘤学手册》(1992,2000)等书。并参与《中国大百科全书·现代医学卷》(吴阶平主编,1993)、《实用肿瘤学》(吴桓兴主编,1978)、《现代肿瘤学》(谷铣之主编,1993)、《现代内科学》(方圻主编,1995)、《泌尿外科学》(吴阶平主编,1993)、《肿瘤学》(张天泽主编,1996)、《现代呼吸病学》(罗慰慈主编,1997)等书的编写。在国内外学术期刊发表论文三百二十多篇。对我国内科治疗学的开拓、发展、提高和普及作出了突出的贡献。

自70年代以来他将祖国医学中"扶正培本"的治疗法则与现代临床免疫学相结合，并与国内外专家合作开展了扶正中药促免疫作用的临床和实验研究。应用现代科学方法证实了传统中药黄芪、女贞子、芦笋、仙灵脾等可促进病人免疫功能的恢复，祛除T抑制(Ts)细胞的活性，保护肾上腺和骨髓功能。辅助放射、化疗应用，能提高病人的远期结果。近年来，他与天津医药科学研究所合作，从女贞子提取了一种促免疫有效成分-齐墩果酸，通过多中心双盲临床研究证明有良好疗效。他从事的扶正中药研究被评为卫生部、天津市及中国医学科学院成果，并获得第一届国际自然免疫与生物反应调节剂大会奖。曾应邀在美国、日本、德国、法国、泰国、马来西亚、新加坡和在我国召开的国际会议上做报告。在他研究的基础上制成的贞芪扶正冲剂、贞芪扶正胶囊和扶正女贞素自正式投产以来，在国内外畅销。他拥有专利三项。扶正中药促免疫的研究在国内外受到广泛重视，美国全国性报纸USA Today, Oncology Times, 洛杉矶时报, Tempa Tribune, Tyler Day by Day和美国医学会杂志(JAMA)，我国健康报，医学论坛报, Beijing Review等也都做过报道。1996年在第63次香山科学会议上被认为是我国肿瘤学领域内应用现代科学从事传统医学研究的代表性工作，应邀在1997年世界中西医结合大会和1998年国际中西医结合肿瘤防治学术研讨会上做主题报告。

四十余年来他勤于学习和临床实践，学识渊博，医德医风高尚。自70年代以来，参加国内外国家元首，政府首脑及知名人士如西哈努克、黄文欢、李显龙、霍英东、Steven Ross等的治疗工作，并作出了优异成绩。由于他在中央和军委首长保健工作方面做出了优异成绩，曾多次受中央领导的接见和宴请，以及中央保健委员会的嘉奖。1991年他被评为卫生部有突出贡献的专家，经国务院批准发给政府特殊津贴。由于他的精湛医术和在国内外的影响以致经常有欧、美、港、台及东南亚国家的肿瘤病人慕名而来或邀请会诊。经他救治恢复健康和工作的病人遍布海内外。常有一些他下放工作过的昌平、甘肃、云南、河南的农民、工人朋友来找他，他总是热情接待。有的儿童家长出于感激让孩子认他为义父或以他的名字为孩子重新改名。治愈后成家生育子女的病人经常送全家福照片给他，他认为这是医生的最大幸福。

孙燕热爱祖国热爱党，即使在受到不公正的待遇，全家下放到大西北时都勤奋工作。在美工作期间成绩显著，争取到一笔研究经费，他谢绝了美方的挽留，放弃了较高的待遇，毅然按期回国，推荐别人去美继续工作。他多次出国执行任务都能较好地完成任务。他是协和医科大学博士研究生点的导师，经他培养已毕业博士生18人，硕士生4人。自60年代初内科培养各地来进修的肿瘤内科医师三百五十余人，现大部成为我国内科治疗的骨干。他对中青年医师、博士研究生、硕士研究生及进修医师的培养十分重视，言传身教。因此他被评为中国医学科学院、协和医科大学"教书育人先进个人"，全国卫生系统先进工作者。1993年被评为协和医科大学名医。1999年被选为中国工程院院士。

孙燕教授是卫生部和国家药品监督管理局药物审评委员会委员、抗肿瘤药物组委员及麻醉品专家委员会成员、中国癌症研究基金会、中国医学基金会、中国医学论坛报及中西医结合会理事。他被聘于北京医科大学、中国中医研究院、第一军医大学及河南、吉林、四川及江西等省肿瘤医院担任顾问或教授。任《中国医学论坛报》肿瘤学专刊和《中国肺癌杂志》主编,《中华结核及呼吸病杂志》、《中华肿瘤杂志》、《中国肿瘤临床》、日本《临床肿瘤学杂志》(JJCO), Critical Review of Oncology and Hematology, Seminars in Oncology, International J Experimental and Clinical Chemotherapy 等期刊的编委。

他经常怀念在燕京大学的美好岁月,并以能作为一个燕京人而自豪。正是三年燕大的教育使他树立了不断追求真理"因真理得自由以服务"的思想基础。这一思想基础成为他不论在顺境还是逆境,都能正确对待自己与环境的精神支柱。

(崔梅芳*)

* W46124 崔梅芳 1946 年考入燕大护预系,1951 在协和护士专修科毕业。曾任协和内科护士长多年,1970—1972 年间在甘肃定西地区医院任内儿科医师。1972 年起在中国医学科学院肿瘤医院从事疾病分类和医疗统计工作,任主任技师,1994 年退休。1954 年和孙燕结为伉俪,现有子女二人均已参加工作。多年来她不忘母校的教导,在平凡的工作岗位上,救死扶伤,作出了很多贡献。她每年参加燕大返校活动,是燕大校友会的积极分子之一。

顾诵芬

在国庆 50 周年的阅兵式上,当一队队歼击机从天安门上空呼啸而过时,我们可曾想到它们的设计师是谁?他就是国产军用机的设计师、我们的校友、中国工程院院士——顾诵芬。

顾诵芬,1930 年生于江苏省苏州市。他的父亲是我国著名图书馆事业家、古籍版本目录学家、书法家顾廷龙先生。顾廷龙先生于燕大毕业后在母校工作期间,居住在学校东门外的蒋家胡同 3 号。顾诵芬从 1935 年秋入燕京大学附属学校读书,学习成绩在班上总是名列前三名。1937 年七七事变爆发后,顾廷龙先生应张元济、叶景葵先生之约到上海办合众图书馆,因此辞离燕大,举家南迁。顾诵芬也随之中断了在燕大附属学校的学业。

1951 年顾诵芬在上海交通大学航空工程系毕业,走上了一条与父亲的事业完全不同的路程,终身献给了祖国年轻的航空事业。他没有子承父业,但在飞机设计领域却取得了显赫的成就。

他直接组织领导和参与过低、中、高三代飞机的十余种飞机气动布局和全机的设计,获十多项科技成果:初教六飞机获国家金质奖;歼八飞机获国家科技进步特等奖,是第一获奖人;歼八Ⅱ飞机荣立部级一等功。歼教Ⅰ飞机的设计突破机头进气型式,在国内首创两侧进气方案,为该机一次设计成功作出重大贡献;初教六飞机的设计,抓住初级教练机对失速尾旋性能好的特点,通过计算机翼环量分布,从优选择了机翼布局;消化吸收国外机种的技术,利用国内条件,创立超音速飞机气动设计程序和计算方法;对歼八飞机的设计,解决了方向安定性和排除抖振等重大技术关键,确保了歼八飞机定型,其性能全部优于原准机。他是歼八Ⅱ飞机的总设计师,利用系统工程管理方法,把飞机的各专业系统技术,融合在一个总体优化的机型内。同时,在"歼八"、"初教六"、"歼教Ⅰ"等机型的设计中作出过重大贡献。

顾诵芬现任中国航空工业第一集团公司科学技术委员会副主任兼中国航空研究院副院长、研究员。1991年11月当选为中国科学院(技术科学部)学部委员(院士),中国工程院成立时,当选为中国工程院院士。

(关家骐)

张 宗 烨

张宗烨,1935年1月出生于北平,1946—1949年就读于燕大附属中学,1956年毕业于北京大学物理系,现为中国科学院高能物理研究所研究员。研究方向为原子核理论物理论,主要成果是:60年代在于敏教授指导下提出原子核相干结构及相干对涨落模型理论。1976年从理论上预言了超核中存在超对称结构态,这一预言在1980年得到美国BNL国家实验室在实验上的证实。80年代以来在重子及两个重子体系的夸克模型理论方面进行了系统的研究,在国内外重要学术刊物上共发表论文约一百二十篇。1999年当选为中国科学院院士。

张宗烨是著名哲学家张东荪的小女儿。她有三个哥哥,由于她是父母的老来独生女,因此她是全家的宝贝疙瘩,受到格外的关爱。

也许是受到过多的照顾,张宗烨从小就体弱,长得非常瘦小,她的前额骨很大,里面充满了智慧,小时候同学们叫她"铸儿先生"。

她自幼和父母住在燕京大学东大地,两岁时入了燕大托儿所,然后又上了燕大幼儿园、小学一年级,直到1941年太平洋战争爆发,日本兵侵入美丽的燕园,她们全家就搬进了北平城里,在沦陷区生活直到抗战胜利。抗日胜利后燕大复校,她又在燕大附中初中读书,高中上了贝满女中。

张宗烨自幼聪明好学,比较文静,也许因体质差,所以不爱参加文体活动。在班上总是成绩优秀,名列前茅。她虽然在同学中是佼佼者,但对朋友亲切诚恳谦逊,从不显山露水,宣扬自己,这次当选为院士后,燕大附中同班同学在一起聚会,她只字不提此事。自北大毕业后,她分配在中科院高能所工作,她数十年一贯勤奋地在理论物理阵地上钻研,踏踏实实、一步一个脚印,终于获得今天的成功。

(吴荔明)

中国科学院哲学社会科学部委员

陈翰笙

陈翰笙(1897—),中国当代历史学家、经济学家。江苏省无锡县人。1921年获芝加哥大学硕士学位,1924年获柏林大学博士学位。中华人民共和国成立前,曾任北京大学史学系教授,同时,在燕京大学兼课,曾任中央研究院社会科学研究所副所长、中国农村经济研究会理事长、香港新华社英文《远东评论半月刊》总编辑、中国工业合作国际委员会执行秘书。中华人民共和国成立后,历任外交部顾问、中国对外友好协会副会长、中印友好协会副会长、《中国建设》杂志副主编、中国科学院哲学社会科学部委员、国际关系研究所副所长、中国社会科学院顾问、国际问题研究所顾问、世界历史研究所名誉所长,并兼任《中国大百科全书》总编委会副主任和外国历史卷编委会主任,以及《外国历史小丛书》主编等。

陈翰笙早年除在大学执教外,长期从事中国经济、特别是农村经济问题研究。新中国成立前后,转向外国历史和外国经济的研究。他治学严谨,善于将学术研究与社会现实相结合,关心中青年史学工作者的成长。主要著述有《大国瓜分阿尔巴尼亚的阴谋》(博士论文,1924)、《人类的故事》(1925)、《国际新局面》(1926)、《封建社会的农村生产关系》(1930)、《中国当前的土地问题》(1932)、《帝国主义工业资本与中国农民—烟台经济》(1939)、《中国官僚资本与内战》(1946)、《南亚农业区域》(1950)、《五十年来的印度史学界》(1952)、《美国垄断资本》(1955)等。此外还主编《华工出国史料》(1—10辑,1980—1984)。

(摘自《中国大百科全书》)

陆志韦

陆志韦(1894—1970),闻名国内外的教育家。在有33年历史的燕京大学,执教和主持校务长达25年之久。可以说,燕京大学的发展和人才辈出,是与陆先生的辛勤耕耘分不开的。

陆先生于1894年出生于浙江省乌程县(现称吴兴县)。小时候聪颖过人,读书能过目成诵,被称为"神童"。他仅用一年时间,就完成了全部小学学业。1910年16岁时,进东吴大学学习。1916年赴美留学,进范特伯利特(Van-derbrilt)大学和彼阿伯蒂(Peabady)师范学院学习宗教心理学;翌年转入芝加哥大学研究院生物部心理学系攻读生理心理学。他学习勤奋,成绩优异,曾被接纳为美国各大学自然科学研究生EX学会会员。1920年以论文 The Condition of Retentions 取得博士学位。

1920年回国,到南京高等师范学校执教。1922年转到东南大学,任心理学系教授兼系主任。他以渊博的知识,孜孜不倦的追求,在教学和科研方面作出卓越的成绩。在此期间,他经刘廷芳介绍,与司徒雷登相识,于1927年被聘到燕京大学,任心理学系教授兼系主任。1933年,他获中美文化基金会奖学金,再次赴芝加哥大学研究生理心理学。一年后回国,同年起出任燕大代理校长,1937年七七事变后,辞去代理校长职务,但仍参与主持校务。1941年12月8日燕大被日寇关闭后,曾被逮捕、关押。1945年日本投降后,他领导了由洪煨莲、林嘉通、蔡一谔、侯仁之等组成的燕京大学复校委员会,经过短短五十多天的努力,就使被日军蹂躏得残破不堪的燕大,可以复校上课了。复校后,他出任校务委员会主席。全国解放后,燕大于1951年改为国立,陆先生出任校长。1952年燕大在院系调整中并入北京大学,他到中国科学院语言研究所工作。1956年为中国科学院哲学社会科学部委员。

陆先生是涉猎面极广的学者,他不仅是国内外知名的心理学家,而且还是享誉中外的语言学家和诗人。在心理学方面,他是中国现代心理学开创者之一,与潘菽享有心理学界"南潘北陆"之誉。他早在东南大学执教期间,就在心理学教学和研究方面作出卓越的成绩,撰写了《教育心理学新编》等,所译《教育心理简论》,第一个向国内读者介绍了巴甫洛夫学说和西方心理学各流派的理论和方法。到燕大心理学系执教后,他所讲授的《系统心理学》,很有特色。1934年,从美国进修回校后,转而研究语言学方面有关心理学的问题。他在撰写的《古音说略》一书自序中说:"由生理心理以知语言学之大要,由语言旁涉音理"。1941年12月8日陆先生在被日本逮捕监禁以后,仍致力于语言学的研究,除修订《古音说略》外,还研究近代汉语音韵。他从语音史的角度,探讨近代汉语语音的形成和发展规律。他把11世纪到17世纪出现的几种重要的音韵资料,做了比较研究,用现代语音学的原理,对其所代表的音系,提出对近代汉语音韵发展的新见解,编写了《古官话音史》。在语言研究所,继续研究拼音汉字联写问题,写成《汉语的构词词法》。他是一位严肃的科学家,但他也是感情丰富的诗人。他对中国古典传统诗词,不断创新。1923年,他把90首白话诗以《渡河》之名出版,从此被认为是把西洋格律用于中国诗的先驱,五四新文化运动文体革新的推动者之一。他的诗作《杂样,对白诗》,在形式和内容上,都是崭新的、独特的。他写诗善于运用语气语调,音韵节奏,这得利于他在语言学上的修养。

陆先生富有正义感,1926年他执教于东南大学时,曾掩护过被军阀张宗昌追捕的进步学生黄野萝、徐兆,帮助他俩逃离南京。陆先生逝世后,他俩致函语言研究所,念念不忘陆先生对他们的救护。

面对"九·一八"事变后猖狂入侵的日本帝国主义,他表现出强烈的抗御外侮的爱国主义精神和民族气节。他支持广大学生掀起的一次次抗日爱国运动,曾保护过领导"一二·九"运动的王汝梅(黄华)等人。七七事变后,他为奔向解放区的学生创造出走的条件,邓颖超同志曾在他和斯诺的掩护下,由北平转天津而至解放区。他的家成为中共地下工作者向解放区运送药品等物资的转运站。1941年12月8日日军逮捕陆先生后,曾威逼利诱,让他出山事敌,遭他严拒。

陆先生对国民党的统治不抱幻想,抗日战争胜利后,蒋介石拟邀请他出席"庐山会议",遭他拒绝。他支持"反饥饿、反内战"学生大游行,保护因此受迫害的同学。1948年8月19日国民党特刑庭对燕大已上黑名单的31位同学发出拘捕传票,陆先生设法保护了学生,并在全体师生大会上面对军警,做了激昂慷慨、义正词严的讲演,使同学们受到极大的激励。同年12月解放军逼近北平时,他坚决拒绝将燕大南迁。

热爱祖国、学识渊博的陆先生,在1952年后的政治运动中受到了不公正的对待,于1970年"文化大革命"中去世,享年76岁。1979年12月他得到平反,有关方面为他开了有六百多人参加的追悼会,《人民日报》作了长篇报道,对他的学术思想、政治态度、为人处世等方面作出公正的评价。

(董天民)

陈 垣

陈垣(1880—1971),中国历史学家、教育家。字援庵。广东新会人。自幼好学,无师承,靠自学闯出一条广深的治学途径。在宗教史、元史、考据学、校勘学等方面,著作等身,造诣颇深,成绩卓著,受到国内外学者的推重。他重视教育事业,在大学和科研机构任教几十年间,对广大青年学者热心传授,影响深远,造就了众多的人才。他曾任国立北京大学、北平师范大学、辅仁大学教授。1928年为燕京大学哈佛燕京学社的执行干事(相当于主任),并兼任燕大国学研究所所长,1930年离开。著名学者白寿彝、牟润荪、吴丰培当时在研究所攻读。著名学者翁独健在《我为什么研究元史》一文中回忆:"我对于元史研究有兴趣是从大学时开始的。大学一年级听陈垣先生'中国史学评论'的著名课程,课上谈19世纪以来,有人标榜东方学、汉学研究中心在巴黎,当时巴黎有几个著名汉学家;后来日本雄心勃勃地把汉学中心抢到东京去,当时日本研究的重点是蒙古史、元史。汉学研究中心在国外是我们很大的耻辱,陈垣先生鼓励我们把它抢回北京来。"

少年时,陈垣受"学而优则仕"的儒家思想影响,曾参加科举考试,未中。后以经世致用为宗旨治学。1905年,在孙中山先生领导的民主革命影响下,他和几位青年志士在广州创办了《时事画报》,以文字、图画作武器进行反帝反清斗争。继之辛亥革命,他和康仲荦创办《震旦日报》,积极宣传反清。1912年被选为众议院议员,后因政局混乱,退出政界,潜心于治学和任教。曾任辅仁大学校长,北京师范大学校长。1949年以前,还担任过京师图书馆馆长、故宫博物院图书馆馆长。1949年后,任中国科学院历史研究所第二所长、中国科学院哲学社会科学部委员。历任第一、二、三届全国人民代表大会常务委员会委员。

从1917年开始,他发愿著中国基督教史,于是有《元也里可温考》之作。所谓"也里可温",是元代基督教的总称。这一著作不但引起中国史学界的注意,也受到国际学者和宗教史研究专家的重视。此后,他又先后写成专著《火祆教入中国考》(1922年)、《摩尼教入中国考》(1923年)、《回回教入中国史略》(1927年)。

在研究宗教史的同时,他还注意研究元史,从事《元典章》的校补工作,并采用了两百种以上的有关资料,写成《元西域人华化考》一文,在国内外史学界获得高度评价。在研究《元典章》的过程中,他曾用元刻本对校沈刻本,再以其他诸本互校,查出沈刻本中的讹误、衍脱、颠倒者共一万二千多条,于是分门别类,加以分析,指出致误的原因,1931年写成《元典章校补释例》一书,又名《校勘学释例》。

1929年,他在燕京大学现代文化班做了中国史料急待整理的讲演,强调了整理史料的急迫性,痛切指出:"我们有广阔的土地,而无普遍的铁路;有繁盛的人口,而无精密的户口册;有丰富的物产,而无详细的调查;有长远的历史,丰富的史料,而无详细的索引,可算是中国的四大怪事。"他所提出的科学整理史料(包括古籍和档案)的原则和方法多为后来的古籍整理工作者所采用,产生了很大的影响。他在校勘学、考古学方面的成果还有《旧五代史辑本发覆》、《二十史朔闰表》、《中西回史日历》等书。他所写的《史讳举例》一书,意欲为避讳史作一总结,而使史者"多一门路、一钥匙也"。他还利用在故宫工作的条件,为《四库全书》的整理和研究做了大量工作。

七七事变爆发后,他身处危境,坚决与敌斗争。利用史学研究作为武器,连续发表史学论著,抨击敌伪汉奸,显示出不屈不挠的民族气节。在大学讲坛上,讲抗清不仕的顾炎武和抗清英雄全祖望,以此自励,也以此勉励学生。

中华人民共和国成立时,他已经六十九岁。他很快接受新事物、新思想。经过十年实践,终于加入中国共产党。之后的十年,先后写了二十多篇短文。在"文化大革命"期间,他被软禁,到1971年6月,饮恨以殁。

(夏自强)

郑振铎

郑振铎(1898—1958),中国现代作家、学者、中国科学院哲学社会科学部委员,曾任燕京大学教授。

笔名西谛。原籍福建长乐,生于浙江永嘉。1917年入北京铁路管理学校。1919年五四运动中被选为学生代表,参加社会活动。同年和瞿秋白等创办《新社会》杂志,不久到上海商务印书馆编译所任职。他是文学研究会发起人之一。1923年主编《小说月报》,倡导写实主义文学,主张写人生的血泪文学,并致力于译介苏联和弱小民族的文学。1925年五卅运动发生,和茅盾等创办《公理日报》,发表爱国主义作品。不久被查封。1927年蒋介石公开反对共产党后,他离国旅居巴黎。1929年回国。1931年到燕京大学任教。一度代理国文系主任。他提倡新文学,推动燕大国文系的改革。1934年仍回商务印书馆工作。后又到复旦大学任教。曾在生活书店主编《世界文库》。1937年前后写了一些赞扬民族气节、鼓励人民抗敌的诗和小说。他还大力搜集整理中国古典文学史料,出版《插图本中国文学史》、《中国俗文学史》等多种著作。上海被日军占领后,以郭源新笔名继续写作,揭露敌人和汉奸的罪恶,并和许广平等组织"复社",出版《鲁迅全集》等著作。抗战时期,他和一些爱国人士抢救在沦陷区流失的古籍。仅仅在1940年初到1941年底这两年中,共收购古籍善本1.5万部左右,使祖国的文化瑰宝,免遭日本帝国主义者的掠夺和毁于兵燹,流失异域。

1949年中华人民共和国成立后,任文化部副部长、中国科学院文学研究所所长、考古研究所所长等职,主持文物、考古等工作,主编《古本戏曲丛刊》等书,担任中国科学院哲学社会科学部委员。此外还从事国际文化交流活动。1958年10月17日率文化代表团出访时因飞机失事遇难。

(夏自强)

陈寅恪

陈寅恪(1890—1969),是1943年底来到燕京大学(成都)任教的。他的好友吴宓教授也同时在燕大任教。1945年抗战胜利,离开燕京。时间很短,却给燕大师生留下了深刻的印象。师生关系十分融洽。

1944年春,陈寅恪开了"魏晋南北朝史"和"元白诗"两门课,秋季又继续开"唐史"和"晋至唐史专题研究"两门课。当时听课的人很多,不仅有燕大学生,有华西坝各兄弟院校同学,还有各校的教师。教室虽然不小,去晚了还是找不到座位,不少人就是倚窗静听,记笔记。陈寅恪身体瘦弱,穿一件中式长衫,挟着一个蓝布包袱,包着他上课需用的书籍。上课后,经常把内容写在黑板上,密密麻麻,然后坐在椅子上,闭目而谈,声音不大,略带长沙口音,教室很安静,偶尔讲到有风趣的地方,教室里就爆发出一阵笑声,不久又归于平静。他讲课内容精辟,极富启发性。他每次讲课必有新的内容,新的见解,而这些新见解又都是以确凿的史实和周密的考证作基础,因而有很强的说服力。通过讲课教给学生研究问题的方法,培养独立研究的能力,是陈寅恪一贯的教学指导思想。他不是孤立地谈方法,而是通过介绍史料,如指出应如何看待某一史籍或某种史料的优缺点,并以如何运用这些史料来传授方法,使听课者受到很大的教益。

陈寅恪的身体本很衰弱,右眼是抗战以后失明的,仅凭视力很差的左眼工作。不幸因跌了一跤造成视网膜脱落而失明,课程不得不停下。1944年冬住院治疗,燕大同学轮流看护。女同学排白班,男同学排夜班。1945年因条件限制,手术无效。后来到英国治疗,依然无效。

陈寅恪,江西义宁(今修水县)人。1890年生于长沙,祖父陈宝箴,曾任湖南巡抚,是戊戌维新时期真正做了些实事的地方官。父亲陈三立是维新的健将,著名诗人。陈寅恪幼年在家塾读书时,即已开始接触西学。1902年随长兄、著名画家陈衡恪(师曾)赴日本求学,后因病入上海吴淞复旦公学。1910年,负笈欧美,先后在德国柏林大学、瑞士苏黎世大学、法国巴黎高等政治学校社会经济部、美国哈佛大学等著名学府专攻比较语言学和佛学,共达十余年之久。在哈佛,与吴宓、汤用彤并称为"哈佛三杰"。1925年起,任清华大学国学研究院导师、清华大学历史系、中文系、哲学系合聘教授,并曾兼任北京大学教席。1930年以后,又兼任中央研究院理事、中央研究院历史语言研究所研究员、第一组(历史)主任、故宫博物院理事、清代档案委员会委员等职。1939年被聘为英国牛津大学教授,这是该校首次聘中国人为专职教授。1940年赴英履任,因战事阻滞,居留香港。在香港大学任客座教授。及日军占领香港,遂于1942年7月返回桂林,执教于广西大学。1943年9月到成都,仍以清华大学教授身份担任燕京大学教席。1945年秋,再度应聘赴英国,并借此机会治疗眼病,惜手术未获成功。于是辞去牛津大学教授职务经美洲回国。英国皇家科学院为表彰他在学术上的成就,授以英国皇家科学院外籍院士称号。1946年10月重返清华园,同时兼任燕京大学研究院导师。曾继续指导石泉(刘适)的学位论文《中日甲午战争前后的中国政局》。1948年,北平面临解放,他应胡适之请,南下上海,又应岭南大学之聘,到广州就任该校历史系教授。1952年后改任中山大学教授,直到1969年10月7日逝世。在此期间,他还当选为第三、四届全国政协委员、并担任中国科学院哲学社会科学部委员、中央文史研究馆副馆长、《历史研究》编辑委员会委员等职。

他毕生从事学术研究和教学工作,培育出大批人才。其丰富的学识、严谨的治学态度、待人坦诚的品格和高昂的爱国情操,深受中外学术界敬重。

陈寅恪的研究范围甚广。他在研究魏晋南北朝史、隋唐史、宗教史(特别是佛教史)、西域各民族史、蒙古史、古代语言学、敦煌学、中国古典文学以及史学方法等方面都作出了重要的贡献。陈寅恪以研究中国中古史的著作影响最大。他还认为,民族和文化问题是治中国古史之最要关键。他使中国蒙古史的研究从30年代开始进入一个新阶段。在突厥学方面,表现出卓越的史识。他精通梵文和多种西域古代语言,在音韵训诂和佛典、史籍校勘上多所发明,对佛教在中国古代文学和社会思想的影响方面,论述也甚多。他精辟地指出:佛教在中国思想史上发生重大深远之影响,教义皆经历了被中国固有文化吸收改造的过程。"敦煌学"这一名词,是他于1930年首次提出的。他指明了敦煌文物和敦煌学的重大意义。

陈寅恪重视在学术研究中详细地占有可靠的史料,坚持实事求是的学风,力求通过考证来发掘历史事实及其内在联系,从而展示出事物发展的全过程。为了提倡史料的可靠程度和开拓史料来源,他倡导诗文证史,为史学研究开辟新途径。

虽然陈寅恪主要致力于魏晋南北朝隋唐史的研究,对中国上古史也很熟悉,并有许多独到见解。他虽不参与政治,但对国家民族怀着深厚炽热的爱。他一再谢绝国外著名大学的延聘,曾不止一次对石泉说过:"狐死正首丘,我老了,愿意死在中国。"

他讲授的课程主要有《佛经翻译文学》、《梵文文法》、《两晋南北朝史》、《唐史》、《唐代乐府》、《唐史证史》等。发表的学术论文上百篇,后经修订分别辑入《寒柳堂集》和《全明馆丛稿(初编、二编)》中。专著有《隋唐制度渊源略论稿》(1940)、《唐代政治史述论稿》(1941)、《元白诗笺证稿》(1950)、《柳如是别传》(1965)等。

(夏自强)

翦伯赞

翦伯赞(1898—1968),湖南桃源人,维吾尔族,中共党员,中国科学院哲学社会科学部委员,北京大学教授,历史系主任,副校长,著名的马克思主义历史学家,杰出的教育家。

1919年毕业于武昌高等商业学校,后留学美国。1926年归国,参加国民革命军北伐。1937年加入中国共产党。抗战前、抗日战争及解放战争时期,主要在上海、南京、重庆、香港、北平、天津等地从事理论宣传和统战工作,为新史学的建立做出了巨大贡献。建国后,先后任燕京大学、北京大学教授,第一届全国政协委员,第一、二、三届全国人大代表、政务院文教委员会委员,中央民族事务委员会委员,中央民族历史研究指导委员会副主任、全国高等学校历史教材编审组组长等职。

翦伯赞积极宣传马克思主义和毛泽东思想,努力改造旧史学,建立并发展新史学。在50年代后期和60年代前期,为捍卫马克思主义的原则,与当时正在泛滥的极左思潮进行了长期艰苦的斗争,做了巨大的贡献。他自著和主编的著作约有600万字。其中著名的有:《历史哲学教程》、《中国史纲》、《中国史论集》、《历史问题论丛》、《中国史纲要》、《中国历史年表》等。他的论著理论准确,观点鲜明,文笔生动,赢得广泛的好评。十年动乱中被迫害致死。

1978年,十年的沉冤获得彻底平反昭雪。

翦老到燕京是在北平刚解放后不久,这件事则和他的后半生紧密联系在一起了。

随着解放战争的节节胜利,新的人民政协筹备召开,全国胜利在望。在党组织的严密安排下,他和郭沫若等一批文化教育界人士由香港先到烟台、东北,转西柏坡,然后进北平。党组织要对各方面著名人士的工作、生活做妥善安排。周总理约翦老谈话,对他说:"翦大哥,解放了,往后做些什么呢?我看你不长于搞行政,还是教书、搞研究吧!"翦老对我们说,"总理并不比我小,还大一个月,可总叫我翦大哥,让我过意不去,可他对我最了解,我就听从他的安排。"当时,翦伯赞教授是著名的历史学家,人们把他和郭沫若、范文澜、吕振羽并称为史学界的"四大名旦"。翦老是30年代的老党员。解放前,为革命颠沛流离,找一个教书的机会很不容易,很少有学校敢请他。所以,在重庆谈判的时候,有一天毛主席约翦老吃饭,风趣地说:"蒋介石不让你教书,我请你喝酒。"解放了,他盼望多年的这一天终于来到了,可以安心地写作,从事研究了。兴奋的心情溢于言表。他有一大套计划和设想要实现。可惜,由于种种原因,终未能完全实现。

翦老原先被安排在中央党校,可他不愿意,经严景耀、雷洁琼教授的推荐,他来到燕京,由北京饭店搬进了燕东园28号。在这幢房子里,他住了十六年,一直到1966年"文化大革命",被揪斗,扫地出门,离开了这个住处。他感到燕京的环境,幽雅宁静,又可以和各方面特别是文化学术界的朋友接触,也便于开展他的研究工作,他很喜欢这个住所。在客厅、在书房、在为他的健康而修的玻璃房子、在绿茵的草坪上,到处可以听到他爽朗的笑声和带有湖南口音的话语。

到燕京不久,他参加了由郭沫若为团长、马寅初为副团长的中国人民代表团,出席由约里奥·居里在布拉格主持召开的世界和平大会。那时新中国尚未成立,翦老能出席这样世界性的和平会议,是他的殊荣。正当会议快要结束的时候,解放军攻克南京、象征着蒋家王朝彻底失败的消息传到了会上。他说,当时群情欢腾,会场上响起了经久不息的掌声和欢呼声,他为这个场面感动得流下了热泪。

回国后,历史系开会欢迎他。他谆谆教导同学们:"要知道解放来之不易,要珍惜时光,努力学习,为历史学的发展做出贡献。"他接着提出了一些很有兴趣的问题。例如,为什么要学历史,学历史有什么用?如何看待历史的变化?为什么在不同时代出现不同的艺术特色和艺术形式?为什么中国封建社会这样长?等等,这些问题是那样的清新,促使我们思考,引起我们学习历史、研究历史的兴趣。翦老喜欢和青年朋友谈话,而且写文章引导青年进入历史科学的殿堂。文如其人。翦老的文章平易近人,文字优美,生动有味,深入浅出,引人入胜。

他又常对我们说,研究中国历史不能抛开国际环境。中国的历史发展要和世界的历史发展相对照。他主张写中国历史,在每一段的前面,都有一段当时世界状况的概述。把中国史和世界史联接起来。翦老的胸襟是开阔的,他提示我们要从把握世界历史发展的趋势中来研究中国历史。研究中国要具有世界眼光。在四五十年前,这些意见是很不一般,难能可贵的。

翦老进入燕京后,十分注意历史资料的收集整理。他深感解放前由于条件的限制买不起书,还由于行业封锁,国民党的迫害,难以看到图书和资料。作为一个从旧社会过来的进步知识分子,对图书资料问题特别敏感。因此,他主张资料公开,供人引用。他说,大家都有平等地接触材料的机会,问题要看你掌握什么样的世界观与方法论,来分析、研究这些材料,才能得出科学的结论。今天,已经进入信息时代,图书信息资源共享,已成为共同的奋斗目标,手段和方法也更为先进。而翦老在刚解放不久,为了文化学术的建设和培养人才的需要,就有这样的设想,不能不说是很有远见的。

他根据毛泽东同志在《改造我们的学习》中所提出的任务:"对于近百年的中国史,应聚集人才,分工合作地去做,克服无组织的状态。应先作经济史、政治史、军事史、文化史几个部门的分析和研究,然后才有可能作综合的研究。"他和郭老、范老等人商量,决定首先组织北京高校和其他方面力量,编辑《中国近代史资料丛刊》。按事件来分工,分头编写。由他担任主编,协调各方面力量。这是一件相当浩大的工程。大家分工负责,努力以赴,广为收集资料,加以排比归类,进行必要的整理,把散见的材料集中起来,有些还是很珍贵的材料,并翻译了一些外文资料。这部丛刊在解放初期,对推动历史研究特别是近代史研究起了很大的作用,很有实用价值。最近,有人告诉我们,国外的一批学者正是靠这批材料,写成了不少硕士论文和博士论文。

以后,翦老一直很注意史料的整理编纂工作,为学者提供方便。他还和一些学者一起编了年表、地图等工具书。直到60年代,在编写《中国史纲要》时,他还组织力量,编辑一套《中国通史参考资料》。他鼓励研究者在资料上下功夫。要学会透过资料,看出事物的本质。他常说,我写文章都是有根据的,既有理论根据,又有材料根据。文章的背后有许多资料做支撑,有的写出来,有的没有,是潜台词。如果需要,随时可以公布。他这种严谨踏实的学风,这种公布资料为研究者铺平道路的精神,一直到今天,都是值得学习的。

翦老也十分注意活跃学术空气,鼓励不同意见的交锋,坚持真理,发表己见。解放后不久,《苏联大百科全书》(后为苏联十卷本《世界通史》)提出要由中国学者写中国历史这一条。领导上经过研究,任务落在翦老身上。他当时组织一批专家讨论,然后分头编写,再由他通贯全稿。那时,苏联学者和中国学者在对中国历史的看法在若干重大问题上是有不同意见的,分歧还比较大。翦老组织大家研究,写出自己的看法,国内各方面反映较好。然而,这个稿子仍没有被苏联所接受,则在国内公开出版了。此稿写出了和苏联学者不同的意见,敢于坚持己见,可以让人们听到不同的声音,对中国历史研究起到了推动作用。

以后,又有多次重大学术问题的讨论,都在翦老的主持下进行。例如,曾对范文澜同志主编的《中国通史简编》,举行过学术讨论会,这也是贯彻了百家争鸣、繁荣学术的精神。

翦老还很注意邀请一些德高望重的前辈和燕京师生见面。记得徐老(徐特立)来过,郭老、范老等也都来过。当时能和这些前辈会见是很难得的。由于翦老的关系,使燕京师生能一睹他们的风采,聆听他们的教诲,确实受益匪浅。

翦老在燕京的时间不长,到了1952年夏,院系调整,就转入北京大学了。可他仍住在燕东园28号。时间虽然很短,可翦老是爱燕京的,和燕京的师生关系也很好。他那特有的胡须,带有维吾尔族血统的面容,他那渊博的学识,幽默的谈吐,敏捷的思维,待人的热忱都给师生留下深刻的印象。他曾对郭老说:"我现在交了许多新朋友,进入了一个新领域,生活得很愉快。"

(夏自强 郑必俊)

烈 士

刘 谦 初

刘谦初,1897年12月2日生于山东省平度县刘家庄,1924年6月在燕京大学读书期间加入中国社会主义青年团,1927年1月参加中国共产党,曾任中共福建省委书记、山东省委书记。1929年8月被国民党反动派拘捕,1931年4月5日英勇就义。

刘谦初早在中学时代就具有强烈的爱国思想和反帝反封建的斗争精神。1916年袁世凯复辟帝制,刘谦初闻讯义愤填膺,立即投入反袁斗争,参加了讨袁军,被编入中华革命军东北军第三支队的炮兵团,参加过攻打潍县和高密县的战斗,由于作战英勇曾荣获银质"义勇奖牌"。反袁战争结束后,他又重返知务中学读书。

1918年夏,刘谦初考入济南齐鲁大学文预科。第二年五四运动爆发了,刘谦初和同学们上街游行示威,并以拒绝乘坐日本占领和管理的胶济线火车的行动,表示对日本帝国主义的抵制与抗议。

1920年刘谦初文预科结业时,家中贫困,无力升学,到山东黄县崇实中学任国文教员。1921年10月,刘谦初参加李提摩泰奖款征文比赛获第一名,按规定或得大洋400元,或免费进入教会大学读书。刘谦初选择了后者,1922年9月升入燕京大学文理科二年级,主修历史,兼修地理。

刘谦初在燕大读书期间,学习刻苦,大量阅读中外史书典籍,经常向名家学者请教,先后在《燕大周刊》上发表论文和译作多篇。1923年初他和熊佛西、董秋斯等人发起成立"燕大文学会"。1923年6月熊佛西毕业后,刘谦初接办周刊。该刊注意发扬五四文学革命传统,深受校内外读者欢迎,发行量达数千份。

刘谦初在燕大期间涉猎了一些马克思和恩格斯的著作,又结识了共产党人方伯务和范鸿劼等,一起探讨和学习李大钊所写的《我的马克思主义观》等唯物史观的著作,开始接受了马克思主义的思想和理论。1924年6月经方伯务,范鸿劼介绍,他加入了中国社会主义青年团,积极参加和组织了校内外的各种进步斗争,并以其优秀品德和出色的宣传、组织才能,赢得了同学们的信任。

1924年华北六大学举行辩论会,论题是当时青年学生中有争论的一个问题:专科以上学校学生是否应当干预政治。刘谦初作为燕大学生辩论组的主要成员在辩论中明确指出:中国大学生肩负救国救民的历史重任,责无旁贷地必须干预政治。他语出惊人,有理有据,使一些持有"读书救国"观点、不问政治的学生深受教益。1925年他还排除了校内几位传教士的干扰,主持燕大文学会,排练和公开演出了揭露、讽刺资产阶级腐朽生活的话剧《少奶奶的扇子》。1925年五卅反帝爱国运动爆发后,刘谦初首先站出来大声疾呼,号召全校罢课、游行、抗议帝国主义的暴行,声援上海受难同胞。6月2日全校召开学生大会,在他的倡议下成立了燕大沪案后援会。刘谦初和董秋斯被选为该会主要负责人。6月4日燕大学生400多人走上街头,呼吁同胞奋起救国。6月11日他又主持全校大会,当上海学生代表介绍"五卅"实况时,他悲愤地高呼:凡有血性者奋起救国!这时全场群情激昂。刘谦初在燕大三年的表现，特别是他在声援五卅运动中所起的突出作用，为同学们所公认，连燕大教务长洪煨莲也说："刘先生（指刘谦初）无疑是北京最杰出的学生领袖。"1925年9月刘谦初在燕大毕业后先后到江苏镇江润州中学和广州岭南大学附中任教。

1926年12月初，第一次国共合作中的国民政府随北伐军从广州迁到武汉。为继续北进讨伐奉系军阀，国民政府决定把驻武汉的国民革命军主力第四军第十师扩编为第十一军。刘谦初闻讯后，于1927年初到武汉参加了第十一军，在政治部工作，担任宣传科社会股股长和理论刊物《血路》的副主编。在这时期，投身在大革命洪流中的刘谦初进一步坚定了马克思主义的信念和对共产主义的信仰。1927年1月25日经王海萍介绍，刘谦初参加了中国共产党。

刘谦初在武汉期间，结识了共产党员张文秋。两人志同道合，于1927年4月26日结婚。婚后第四天刘谦初即随军队政治部出师河南。6月中旬为应付蒋介石发动"四·一二"反革命政变后的严峻形势，刘又随军返回武汉。汪精卫发动的"七·一五"反革命政变后，革命形势更为恶化。刘谦初按党的指示，准备赶往江西参加南昌起义，由于反动军警严密封锁而未果。后于1927年8月与孟用潜等人前往上海，在中共江苏省委工作。

1927年10月党中央调刘谦初、孟用潜、张采真等同志前往福建闽南临时特委工作。1928年八九月间在福建省第一次党代表大会上，刘谦初当选中共福建省委书记。

1929年2月3日，党中央又调刘谦初到山东。当时，由于叛徒告密，山东各地党组织遭到重大破坏，前省委书记邓恩铭等人先后被捕。当此危急之际，刘受命到济南，担负起恢复和重建省委、坚持和发展地下斗争的艰巨任务。1929年4月刘谦初任山东省委书记兼宣传部长，张文秋（化名陈孟君）任省委妇女部长。

1929年七八月间，由于叛徒告密，省委机关又遭破坏，刘谦初和张文秋不幸先后落入敌人的魔掌。

在国民党济南警备司令部的看守所里，警特们动用各种酷刑逼供。每次刘谦初都被折磨得遍体鳞伤，鲜血斑斑，但这些酷刑都丝毫不能动摇他钢铁般的意志。

经过党千方百计地营救，张文秋于1930年2月出狱。行前经特许与刘谦初会面。刘深情地凝视着妻子，语重心长地叮嘱说：回到母亲（指党）身边后，要听母亲的话，要好好照顾母亲，一定要搞好家务（指要好好为党工作）。

1930年9月，军阀韩复榘接任国民党山东省政府主席。他疯狂镇压革命，从重审理有关共产党的案件。刘谦初面对案情恶化的局面，心境坦然。他从狱中传出一些给党的信件，表达了自己献身共产主义事业的决心。11月初的一信中说："事已至此，没有营救的可能，请不必再进行营救工作……我心里很平静，正在加紧读《社会进化史》，争取时日，多懂一些真理。"当时，任弼时同志一边读信一边说："刘谦初雄辩滔滔，是一位搞政治宣传的人才。"周恩来同志看完他的信后深情地说："谦初是党的好干部。"瞿秋白同志看信后对张文秋说："把这些信编上号码好好保存起来，将来我要写部小说教育后代。"

1931年4月5日清晨6时，三辆囚车载着邓恩铭、刘谦初等22名优秀共产党员驶向刑场。临刑前刘谦初面不改色，高呼"打倒蒋介石！""中国共产党万岁！"刘谦初牺牲时年仅34岁。

1938年毛主席在延安见到刘谦初和张文秋的女儿刘松林时动情地说："刘谦初同志我是知道的。他是一位好同志啊！可惜牺牲得太早了。"

全国解放后，1960年3月山东省人民政府将刘谦初遗骨迁葬于济南英雄山烈士陵园，以纪念这位永垂不朽的无产阶级革命英雄。

（贾　观整理）

张 采 真

张采真,原籍河北省霸县,1905年3月25日生。1917年考入天津南开中学读初中,1922年1月,转学北京汇文大学预科。预科学制两年,他提前于1923年6月毕业,考进了燕京大学文理学院,并获奖学金,免费入学。他选的主修科目是西洋文学,次修科目是中国文学。出于对文学的浓厚兴趣和爱好,他成为燕大文学会的发起者之一。他课余还参加《燕大周刊》的编辑工作,同时翻译和写作一些文章在这个刊物上发表,也在当时的《语丝》、《晨报副刊》和《京报副刊》上发表。这一时期的译作和论文,编成一本题为《怎样认识西方文学及其他》的专集,于1927年5月由北京朴社出版。

1926年夏,张采真从燕京大学毕业。他准备的毕业论文有两个:在西洋文学方面,翻译了莎士比亚的剧本《如愿》;在中国文学方面,撰写了《陶渊明评传》。前者,于翌年3月由北新书局出版了单行本。全国解放后,人民文学出版社出版《如愿》时,采用的仍然是张采真的译本。《如愿》和《陶渊明评传》集中表现了张采真的文学才华,他以优异的成绩荣膺燕京大学的"金钥匙"奖。

张采真毕业后应聘到沈尹默先生主持的私立孔德中学,担任国文教员。

1927年春,张采真接到燕大的同窗好友刘谦初从武汉寄来的信,邀约他迅速南下到武汉参加新建的国民革命军第十一军政治部工作。张采真毅然放弃了孔德中学的优厚待遇和舒适生活,于2月间赶到武昌,投入北伐军的政治工作。4月,张采真随军北伐参加河南讨奉战役,从事战地民众工作,6月上旬回到武汉,调任《中央日报》编辑。及至"宁汉合流",形势突变,面对国民党反动派的屠刀,张采真选定了跟共产党干革命的道路。在领取《中央日报》的遣散费后,他便追随共产党员刘谦初、孟用潜等前往上海。张采真留居上海期间,翻译了苏联西蒙诺夫的著名小说《饥饿》,由北新书局出版。他在上海工作期间曾和周恩来、邓颖超有过工作上的联系。1968年3月,周恩来到医院看望许广平时,有人提到许广平是在董秋斯家发的病,周总理立刻想起和董秋斯关系密切的张采真。周总理说:"在上海时期,还有一个张采真,做宣传工作,我们一起做过地下工作。"

1927年10月,张采真同苏国才结婚。两人跟随刘谦初到福建漳州中共闽南临时特委。于翌年春又同去厦门。1928年张采真由刘谦初介绍参加了中国共产党,遂在福建临时省委负责团省委宣传部工作。

1928年冬,张采真调上海中共中央宣传部编辑党中央机关刊物《布尔什维克》杂志,直接受李立三领导。第二年张采真任职中共中央秘书处。当时中共中央直属支部由邓颖超、恽代英、张采真、张国焘、吴季岩等组成干事会。1930年春,他一度担任了中共中央书记向忠发的秘书。这一时期,他积极参加左翼文化工作,结识了许多左翼文化人,其中就有柳亚子先生。他曾以"晴嵋"为笔名,在《创造月刊》、《语丝》等刊物上连续发表介绍匈牙利革命儿童文学作家至尔·妙伦的作品《真理的城》等10篇译作。5月,以《真理的城》为书名结集,署名黄岚,在北新书局出版。1931年该书被国民党当局以"提倡阶级斗争"的罪名,横遭查禁。鲁迅曾在《黑暗中国的文艺界现状》一文中,对此表示愤慨。

1930年夏,张采真任中共中央长江局秘书长时,在任弼时、关向应领导下,做了很多重要工作,但在一次秘密集会时,由于叛徒出卖,张采真和8位同志一起,被国民党反动派逮捕,关押在武汉监狱。在敌人的牢房中,张采真给家里送出了一封信,说他"身在图圄,心处坦然。"还在狱中写下了遗书,表示身殉革命事业的决心。张采真在狱中面对敌人的威逼利诱,横眉冷对,始终不肯向敌人提供任何情况。1930年12月27日,被枪杀于监狱旁,时年仅25岁。

张采真牺牲后,生前与之相识并过从甚密的民主主义革命者、诗人柳亚子,写下了一首悼诗:

    霸才无命奈伤神

    燕赵悲歌张采真

    秋向晴窗读《饥饿》

    汉皋碧血已轮囷。

1931年,左联外围刊物《文艺新闻》第二十七号上辟有追悼杨贤江、蒋光慈、张采真等革命文化战士的"祭坛之下"特辑,刊载了《张采真传略》,其中说到:"以采真之学之才,固不难换取高官厚禄者,而乃自甘于艰苦……;以数年自己困斗得来之学识贡献给中国之革命运动,今并生命而奉献矣。"夏斧心在《难忘一瞥》一文中也提到:"从鲁迅的逝世,我于是想到了采真的死。鲁迅同情的人,采真是其中的一个。"以上可以看到张采真的牺牲,在他同时代战友中所引起的震动和影响;也足见周围的同志和战友,是如何长此地追悼怀念他。

(摘自《北大英烈》第三辑)

魏 士 毅

魏士毅,原名魏士娟,1904年2月19日生于天津,1923年考入燕京大学预科,1924年升入燕大理科数学系,1926年在反抗帝国主义和北洋军阀的"三·一八"惨案中英勇牺牲。

魏士毅1919年小学毕业后,以优等成绩考入天津私立严氏女子中学。在中学时期,魏士毅勤奋刻苦、好学上进,不仅学习成绩好,而且积极投入政治活动。当时正是"五四"运动后不久,她深受邓颖超、刘清扬领导的"天津女界爱国同志会"所进行的各种活动的影响,平时十分关心政治时事和国家前途,痛恨帝国主义的侵略行径和北洋军阀祸国殃民,积极参加反帝反封建的集会、游行。1922年2月,为抗议侵犯中国主权独立和领土完整的《九国公约》发表,魏士毅和同学们上街演讲,散发传单。

1923年魏士毅进入燕大后,学习更加勤奋刻苦。有人描述她"居恒静坐潜思,研求学理,有所领悟,或兴趣极浓之际,辄至废寝忘餐,盖纯然学者态度也。"魏士毅为了克服体弱多病,又加强锻炼身体,并大见成效,竟成为大学女生排球队的一名健将。

魏士毅在燕大三载,凡学校事业、社会服务,无不积极参加。由于她工作中的热情和才能,曾被公举为燕大天津同乡会会长。

1924年随着中国大革命的高潮,正在燕大学习的魏士毅更加积极地投身反帝反封建的革命斗争。1925年5月五卅惨案发生后,她随同北京女界投入声援上海人民的斗争。是年冬,中共北方区委在李大钊、赵世炎等领导下,发动了一次旨在推翻北洋军阀段祺瑞政府,建立国民政府的政治运动,魏士毅和同学们一起参加了在神武门前举行的国民大会。

1926年3月12日,日本帝国主义为支持张作霖,压制倾向国民革命的冯玉祥的国民军,派出军舰炮轰大沽口,造成中国军民伤亡多人,国民军被迫开炮还击。而日本却纠集美、英、法等八国公使向中国发出最后通牒,强迫中国排除设置在大沽口的水雷及一切防御性障碍物,提出对外国船舶出入不许进行任何干涉等无理要求,并限在48小时内答复。魏士毅听到这一消息十分气愤,表示"我们应该起来向帝国主义抗议"。

3月17日北京总工会、北京学生总会、国民党北京市党部等一百五十多个民众团体开会,号召市民参加次日在天安门举行的"反对八国通牒国民示威大会"。燕大学生会发出布告,号召同学参加。3月18日,魏士毅不顾胃病复发,毅然起床参加游行,她说:"爱国人人有责,不能不去。"一路上,她高举校旗,和大家一同高呼"打倒帝国主义!"等口号。当游行队伍到达执政府门前时,对帝国主义软弱无能、不敢反抗的段祺瑞政府,却悍然压制进行抗议的人民群众,派出数百名手持步枪、刺刀的卫队和身藏凶器的便衣特务部署在附近街口。群众代表要求面见段祺瑞遭拒绝后,群情激愤地准备到吉兆胡同段的住宅时,这群刽子手就大开杀戒。他们对学生又是开枪扫射,又是大刀砍、刺刀扎。当时手持校旗的魏士毅连中两弹,重伤倒地。同宿舍李佩光等同学见状拼命拉她起来。但魏士毅为避免连累他人,要同学们不要管她,迅速躲避。这时,一些军警见到这个手持校旗的短发女生,认定她是个重要人物,几个凶残的卫兵冲上来,一个卫兵举起有楞的木棒向她当头一棒,另一个卫兵又向她胸前猛刺一刀。魏士毅怒睁双目,含恨而死,牺牲时年仅22岁。在这场大屠杀中,当场惨死47人,伤200多人。当晚,鲁迅先生沉痛而愤怒地指出,这是"民国以来最黑暗的一天"。

1926年3月19日燕大全校隆重地为魏士毅举行追悼会,灵堂中挂满了北京、天津各团体和个人敬送的挽联和花圈。其中《燕大周刊》的挽联是:"强权未倒国贼尚存死者应难瞑目,大难方怀同胞待援我辈何敢偷生。"当年11月,烈士灵柩移往天津,葬于天津西郊大稍直口自家坟地。

1927年3月燕大学生会在燕园化学馆附近建立了一座烈士纪念碑。正面刻有碑铭:"国有巨蠹政不纲,城狐社鼠争跳梁,公门喋血歼我良,牺牲小己终取偿,北斗无酒南箕扬,民心向背关兴亡,愿后死者长毋忘。"1929年原北平市特别市政府在天津市河北区中山公园建立了"魏士毅女士纪念碑"。后经长期战乱,烈士纪念碑被毁。1984年天津市政协会议提案复建。1986年3月18日,天津市人民政府为了缅怀先烈,对后人进行爱国主义教育,在魏士毅牺牲60周年之际,在天津市河北区中山公园内为烈士举行了重新树碑仪式。

(贾　观整理)

唐　振　庄

唐振庄河北省冀县人,1903年农历8月28日生。1924年在北京汇文中学高中毕业后考入燕京大学中文系。1927年春加入中国共产党后,在学校负责开展学生运动,暑假留校负责学校周围郊区工农运动,曾到沙河进行组织农会的工作,半月后又回海淀担任一工农支部的书记,秋季休学离开燕大,专职从事党的工作。

1927年10月,中共北京市委遭受大破坏。11月成立中共北京临时市委。为恢复南口的党和工会组织,唐振庄被派往南口工作。临时市委刚成立不久,11月下旬又被敌人破坏。1927年12月至1928年初,顺直(河北)省委派人对北京市党员进行审查,重新登记,2月3日在燕京大学召开北京市委改选代表大会,重建北京市委及各区委,市委机关设在燕京俭学。唐振庄担任西郊区委委员,西郊区委机关设在海淀前辛庄8号唐振庄家中。

北京党组织恢复不久,军阀当局向市民增收房捐和奢侈捐。顺直省委要求党员上街散发传单,反对苛捐杂税。虽然北京市委及区委极力反对,但还是必须执行。西郊区委分到传单200多张,主要内容是"反对苛捐杂税,再告父老兄弟们"等,区委分给清华大学100张,燕京大学100多张。3月10日,西郊区委组织了六七十人在海淀、成府等地散发,唐振庄等区委委员都带头上街散发。其他区委也采取了同样行动。

京师侦缉队在城内及海淀等地发现传单后,在城内外进行搜捕。4月13日在前辛庄逮捕了唐振庄。

1928年5月17日,唐振庄等13人被杀害。

(摘自《北大英烈》第三辑)

王　铸

王铸,1901年3月1日出生于辽宁省开原县大白庙子村,1928年入燕京大学学习,1932年任吉林省自卫军抗日游击队政委,1934年被日本宪兵队逮捕,1937年冬牺牲。

王铸幼时读私塾,辛亥革命时入开原县大山岗堡公学,1914年考进县华商会学校(现开原实验小学),1917年春考入县师范学校。1921年,王铸从师范学校毕业后怀着教育救国的抱负回到故乡。他说服父兄捐献自家的部分房屋和土地在本乡办了小学,自任校长和教师,并资助贫困学生入学学习。

1928年9月王铸为了更好地实现教育救国的理想抱负,考进了北平燕京大学教育专修科。在校期间,他阅读了一些反帝反封建的进步书刊,开始对中国社会和国内革命有了进一步的认识,从而积极参加了校内外的各种进步活动。

1930年王铸从燕大毕业后回到开原县任教育局视学委员并任课长。"九·一八"事变后,激起了他满腔义愤,立即进行了一系列抗日活动,为此遭到日伪当局的通缉,他被迫于同年10月转移到哈尔滨。在哈尔滨,经同乡介绍进入由中共北满特委领导主办的《哈尔滨新报》工作。在该报的一些中共地下党员的帮助和影响下,他进一步树立了共产主义信念,于1931年11月经傅希若、何耿先介绍参加了中国共产党。此后王铸就以报纸为阵地,以笔为武器向日伪当局进行了不懈的斗争。

1932年初,哈尔滨被日寇完全控制后,2月5日《哈尔滨新报》被迫停刊。根据上级指示,王铸仍然坚持在市内工作。此时,他的家曾作为共产党地下秘密联络站。中共满洲省委主要负责人冯仲云也一度住在这里。当时,王铸还把自己工资大部分交给党组织作为活动经费。

1932年夏,王铸受命赴吉东地区任吉林自卫军抗日游击队政委。是年冬他又被调到哈尔滨中共满洲省委工作。当时他的公开身份是东省特别区立师范暨二、三中学(简称东特师中)的语文教员。在该校他组建了二中党、团支部,并任党支部书记。随后他又在进步学生中组建了由党支部领导的"反日大同盟"。这个学校的许多学生后来成为中共党员和抗日战士。

1934年春,中共哈尔滨地下党组织遭到破坏,东特师中也未能幸免。1934年5月11日,日本宪兵队把正带领学生实习的王铸逮捕。他被捕后,敌人用拷打、过电、灌辣椒水、火烤等酷刑审问逼供,但他始终坚贞不屈,没有泄露党的机密。日寇只好按一般政治犯把他关在哈尔滨道里监狱服刑。

王铸在狱中始终保持革命乐观主义精神,对民族解放和共产主义事业充满信心。他在狱中曾写过一首《致友人》的诗：

> 凄凄牢监，锵锵镣声，
> 为了社会革命，哪怕牺牲一生半生。
> 我今天被捕，坐牢依然光荣。
> 倘若不幸被杀，
> 是为社会，也是为了大众；
> 是为民族，也是为了家庭。

1937年冬，王铸在狱中被折磨得生命垂危，获保外就医，住在哈尔滨市一小客栈内。在生命的最后时刻，他对妻子说："你们记住我是怎么死的，让孩子们靠劳动吃饭，将来你们找共产党，继承我的革命遗志。"说完这些话不到两个小时他就牺牲了，时年仅37岁。

王铸的棺木浮厝在哈尔滨市南岗极乐寺墓地。解放后当地人民政府将其移到哈尔滨市革命烈士陵园，以永远纪念这位为无产阶级革命事业献出了宝贵生命的优秀共产党员。

（摘自《北大英烈》第二辑）

董 文 田

董文田，1903年7月14日生，山东省栖霞县松山乡朱元沟村人。董文田家境清寒，父亲董春阳早亡，他克服种种困难坚持读书。小学就读于朱元沟村小学，毕业后考入山东烟台益文中学读初中，后考入北平汇文中学读高中。1928年9月高中毕业后考入河南开封中山大学，1929年9月转入北平燕京大学社会学及社会服务学系读书，主修社会学，副修经济学。

董文田在燕大学习四年，这正是中国人民苦难深重的时期，日本帝国主义的侵略日益加紧。燕京大学的中共党支部在校内开展抗日救亡的宣传活动。地下党员团结进步同学，出版进步壁报；在假日，组织同学到海淀和清河的农村、工厂进行抗日救亡的宣传等。董文田积极参加了这些活动，并从中受到了深刻的教育。

1930年初，燕大学生会改选。董文田被选为学生会执行委员，担任出版工作，兼任《燕大周报》编辑。《燕大周报》是进步出版物，在各大中学校的学生中有广泛的影响。董文田为办好刊物做了很多工作。1931年秋，董文田被燕京大学中共党支部发展为中国共产党党员。

董文田入党后，积极工作，用犀利的文笔，为《燕大周报》等刊物写稿，使党的主张能及时和群众见面。自从他担任学生会的出版工作后，使党支部的宣传工作从零散小型的宣传，进展到全校性的、更有理论水平和政策水平的宣传。1932年8月，董文田担任燕大党支部书记，并兼任西郊区委书记。1933年4月，西郊区委出了叛徒。为保护干部，董文田被调到河北省反帝大同盟主持工作，后又调到华东地区工作。1933年底董文田从北平到上海开会，火车到保定时，他被军警逮捕，先押到南京感化院，后押到汉口军人监狱。在押期间，反动政府软硬兼施，诱逼董文田出卖同志，泄露党的机密。董文田坚贞不屈，守口如瓶，在狱中受尽折磨，于1935年1月3日牺牲，时年仅32岁。烈士遗体葬在家乡朱元沟村东董家茔。

（摘自《北大英烈》第三辑）

卓 还 来

卓还来,福建闽侯人,1912年5月6日生。卓在北京汇文中学毕业时,荣获文科榜首,以"成绩优异"被保送进燕京大学。

在燕京大学,他主修政治,尤其注重国际法。1933年,卓还来以"荣誉生"毕业于燕京大学政治学系,获法学士学位。接着他报名参加出国留学考试。法国巴黎政治学校当时在北平招生,报名者80多人,惟独卓还来是中国人。发榜时,卓还来名列第一。在巴黎政治学校,卓还来学习成绩优异,第二年就得到法国政府的奖学金。毕业时,卓还来获巴黎大学博士学位。他的博士论文是《关于中法越南的争执》。之后,他又赴英国伦敦大学研究国际关系。

三年后,卓还来学成归国。这时,他已经24岁,在外交部任一等科员。第二年(1937年)卓还来离沪赴越南西贡任副领事。

卓还来赴任时,正值中日战争爆发。卓忠于职守,一如既往地抚慰侨胞,联络国际友人。1938年初,中国驻越南西贡领事方贤淑投奔汪精卫的南京伪政府,西贡领事馆的馆务工作遂由卓还来代理。1940年7月,卓还来调升北婆罗洲山打根领事馆领事,兼管沙捞越华人事务。

英属北婆罗洲山打根1942年1月19日陷于日军之手。中国领事馆人员来不及撤退,被日军包围。日军杀气腾腾,以刺刀加于卓还来颈上,迫使卓领事与日军合作,遭严词拒绝。日军又索要领事馆档案材料,卓还来早已将重要文件付之一炬。日军当即将卓还来逮捕。卓领事的夫人赵世平女士和他们的两个孩子也同时被捕。

在被监禁的最初几个月里,日军严密监视,并威胁道:如不投降日军,承认汪精卫南京伪政府,他的妻子、儿女将难保性命,他自身也难免灭顶之灾。日军还对卓还来重申:如果肯合作,他们夫妇和两个孩子均可获得自由和优厚的生活条件。一切威胁利诱均告失败,卓还来誓不降敌,表现出崇高的民族气节。

1942年9月,卓还来领事及家眷和领事馆人员共7人被押解至沙捞越首府古晋,囚禁于离市区约2里的巴都林丹俘虏营。

1944年9月间,卓还来由沙捞越首府古晋的巴都林丹集中营迁禁到北婆罗洲亚庇监狱。1945年初,日军在太平洋战争中节节败退,失去了制空和制海能力。为避开空袭,卓还来被迁往保佛监狱。卓还来在盟军继续轰炸、时常到附近躲避空袭、行动比较自由的情况下,面对侨民拟定的掩护他逃离监狱的计划,劝慰大家:"有你们帮助,我要逃走是很容易的。可是,日军找不到我,全地区的华人可能因此遭殃。我在监狱里受苦近4年,艰苦生活也过了,现将接近和平与世界停战的时候,我不应该抛弃你们而逃走。"之后,又勉励当地华侨医生王逸生等人说:"不要灰心,不要忘记祖国。祖国是不会忘记我们的。要耐心地等待胜利的来临,中国必将成为世界强国。"

1945年4月中旬,日军将卓还来转移至根地咬。

1945年7月1日,敌酋以卓领事被判苦役期满,准予自由行动。卓乃寄居根地咬华侨何永连家,但仍受日军监视。过了几天,卓又被日军拘禁于根地咬附近的布鲁西留小村。7月6日凌晨3点半左右,根地咬日本警察长阿部木内中佐、芥山光谷中尉来到监狱,唤醒卓领事和英美籍俘虏4人,要他们收拾行李转移。临行前,卓领事对同室难友郭益光说:"盟军到,速将吾等行止报告,再会!"5时许,卓还来等被日军枪杀于根地咬机场附近的丛林。

杀害卓还来领事及同难4人的日军警长阿部木内中佐、芥山光谷中尉于日本宣布投降后被捕,解往新加坡监狱,经审讯后承认其杀害卓领事及英美籍俘虏4人的罪行。1946年9月20日,两战争罪犯在新加坡漳宜监狱被英军处以绞刑。

1946年12月12日,根地咬华桥协会赵国森等4人,护送卓领事遗骸启程归国安葬。在归程中经过的丹南、保佛、亚庇、山打根、新加坡等地,华侨各界都举行公祭仪式,下半旗志哀,并同时停止一切娱乐活动。1947年4月1日,卓还来遗骸回到祖国,灵位迁入北平八宝山忠烈祠,经族人公议,谥为"贞烈"。

1947年9月3日,卓还来等九烈士忠骸公葬仪式在南京举行。公祭礼后,在中华门外菊花台举行了安葬仪式。在卓还来工作和献身的北婆罗洲,华侨各界代表为激励民族精神,教育后代,倡议建立纪念碑。在各方热忱帮助下,纪念碑于1959年7月6日殉难纪念日落成。纪念碑高约3丈,正面隶书碑文:"秉忠蹈义——卓领事暨同难四人纪念碑。"碑基上镌刻着卓还来简历。

1985年9月2日,南京市雨花台区文管会联合有关部门,在菊花台烈士墓前,举行了公祭活动。之后,南京市各界人士又于1987年11月17日、1992年4月15日分别隆重举行"九烈士归葬40周年"等公祭活动。中华人民共和国民政部也于1989年1月颁发了"革命烈士证明书"。

(摘自《北大英烈》第三辑)

王 助

王助,福建省福州亭江象洋村人,1913年生。1931年加入中国共产党,1932年入燕京大学读书。1934年后历任闽浙赣第四军分区政治部副主任,闽北独立师政委,中共闽东特委宣传部长兼统战部长,新四军驻福州办事处主任,中共福建省委宣传部长等职。1941年9月21日行军途中与匪徒作战光荣牺牲于建阳县东坑头。

王助幼时就读于福建马尾海军艺术学校,经常目睹美、英、日等国军舰云集我马尾海面,侵我主权,凌我同胞,使他义愤填膺,立下了振兴中华的宏愿。他常对同学说:"国家兴亡,匹夫有责"。1929年春,由于罢考反对学校当局,王助及全班学生被开除。

王助被迫离校后,转入福州英华中学初中三年级。在英华读书期间,王助得到进步教师陈衡庭的帮助,第一次接触到马克思主义理论书籍,受到了马克思主义真理的启蒙教育。以后他又不断地从高年级地下党员那里得到党的教育,并在参加进步活动中经受了锻炼。他先是参加了党的外围组织"反帝大同盟",并于1931年冬参加了中国共产党。王助入党后积极开展革命活动,组织读书会,和进步同学一道上街散发传单、贴标语,宣传党的抗日救国主张和革命真理。他曾积极参加查抄日货,惩治奸商,推动抗日救亡活动的开展。

1932年秋,王助从英华中学毕业后考入北平燕京大学。他积极从事学运工作,并深入到黄包车工人中去,发动罢工罢课,示威游行,要求反动政府停止内战,出兵抗日。他还到西苑兵营开展兵运工作,号召东北籍官兵要枪口对外,打回老家去。王助的革命活动引起当局的注意。党组织为了他的安全,同时考虑工作需要,决定他返回福州继续领导学生运动。他于1932年底返回福州。1933年秋他转入厦门大学经济系。在厦大期间他组织和发展了"反帝大同盟",成立了党的外围组织"现代文化社",出版了进步刊物《现代文化》,大力宣传了抗日救国主张和马列主义革命真理。

1933年冬,王助离开厦门到瑞金参加中华苏维埃第二次全国代表大会。会后王助到闽北,任闽浙赣第四军分区政治部副主任,坚持了三年艰苦卓绝的游击战争。

1934年10月中央主力红军长征后,闽北苏区形势急剧恶化。1935年1月王助随闽北党政机关退出大安,转战于武夷山脉崇山峻岭之中。8月作为闽北独立师政委的王助又率独立师突破封锁,开辟了以建瓯迪口为中心的活动区域。在这里他发动群众,建立党组织,运用灵活的斗争策略争取到当地大刀会首领林熙明的合作,使闽东北根据地得到很大的发展。1936年4月王助任闽东北分区党委书记,并率部队经过英勇机智的战斗,使闽浙皖赣边区"剿匪"总指挥张发奎发动的围剿遭到破产。1936年12月"西安事变"发生后,王助率部粉碎了国民党顽固派的军事挑衅,使闽东北游击根据地又不断扩大。

1938年春,当时任闽东特委宣传部长兼统战部长的王助被指派为新四军驻福州办事处主任。在此期间,王助为发展抗日运动和打退国民党反共军事摩擦做了大量工作。1938年3月,由闽中地区红军游击队改编的八十师独立大队被国民党军队包围缴械(即"泉州事件"),王助即与国民党的省政府主席陈仪严正交涉,陈仪不得不释放被捕人员及交还枪支。在这一期间王助还大力发动工农群众和知识分子,发展党的组织。在他的领导和组织下,还成立了中华民族解放先锋队福州总队。他善于通过各种合法组织、机构如读书会、剧团、抗敌后援会,以及公开刊物如《战友》、《救世报》等开展抗日救亡运动。在这一期间他也十分注意贯彻党的统一战线政策,联系各方人士,调查了解各方面的情况,宣传党的抗日救亡主张。1939年5月新四军驻福州办事处迁往南平,王助奉命留在福州。8月王助任中共福建省委宣传部长。1941年日寇在福建沿海登陆,福州沦陷。省委决定王助率一支队伍在建瓯一带开展抗日游击战争。从此,他又开始了风餐露宿,翻山越岭的戎马生涯。1941年9月21日王助率队行军途中,在建瓯茶埠东坑头与一股土匪遭遇,在战斗中,不幸中弹,光荣牺牲,年仅28岁。

(贾 观整理)

郑 国 梁

郑国梁生于1900年5月4日,福建省仙游县人,1923年毕业于燕京大学教育系,曾任燕大附属初级中小学校校长、育英中学初中部主任。1944年因进行抗日活动被日本宪兵队拘捕,受到严刑拷打。郑国梁宁死不屈,英勇就义。

郑国梁是燕大开办后入学的第二届学生。在校时他学习刻苦,成绩优良。在校期间,曾将教育系外籍教员德尔满先生所著《社会化的进程》一书译成中文,作为本系计划开设的新课程教材。他为人正直,一贯热心于社会公益事业与活动,在1921年的救灾赈款活动中他是燕大赈款劝募员和正定府的助赈员。他还与一些同学在校园内推动植树活动。1922年10月14日在植树活动后,曾在未名湖南岸钟亭脚下立了一块《植树铭》的小石碑。由于他品学兼优,曾与冰心同年获"金钥匙"奖。

郑国梁从燕大毕业后回福建从事教育工作,数年后又回燕大读宗教学院研究生。1934年毕业时适逢燕大附属初级中小学校原校长离职,他受教育系主任高厚德博士之聘,于1934年6月任燕附校长。

郑国梁在主持燕附工作中,他的办学指导思想、行政管理才能都是值得称道的。他十分注意引导学生关心国家的命运。郑国梁本人就是一位炽热的爱国者,他规定每周六举行周会,中学三个年级和小学五、六年级学生都要参加,周会上他讲时事,讲日本帝国主义对中国的侵略,鼓励学生要爱国、自强,讲到沉痛处竟声泪俱下。1937年日本占领北平后,郑国樑仍坚持这样做,而且还使燕附成为全市惟一不设日语课的学校。这固然与燕大是美国教会所办学校有关,但在很大程度上还决定于主持校政的郑国樑本人的爱国思想、正义品德和不畏风险的魄力。在培育学生中,他引导学生不仅要学好课堂中所讲的内容,还要多读一些课外书籍,以开阔视野。如请冰心、侯仁之先生讲应阅读哪些课外书籍和如何阅读等等。冰心先生曾为学生讲了"学生暑期生活指南",指导学生暑假中多读几本好书。在学校行政管理上,他善于利用燕附的有利条件,除少数必要的专职教职员外,他多聘请燕大的教师和学生任兼职教员和指导学生课外活动。当时燕大学生黄宗江、姚念贻都来校辅导附中学生开展各种课外文化活动。这样既节省了办学经费,又提高了教学质量。为了使贫穷学生能完成学业,他对家庭经济特别困难的同学,减免其学费。

1940年8月,郑国樑离开燕附到城内育英中学,任初中部主任、舍监兼教语文、历史和地理等课程。在工作中他事必躬亲、严格管理、细致耐心、热爱学生。当年的育英学生几十年后仍念念不忘这位既严格又亲切的老师。

1941年12月8日太平洋战争爆发后,日本军队在封闭燕大的同时,也进驻了育英中学,改校名为市立八中,并派汉奸监督学校。面对日本国旗插满沦陷区大地的景况,他悲愤地对同学们说:"大好河山贴上了一块块膏药。"郑国樑及其他爱国教师在课内外积极而又隐蔽地在学生中开展各种抗日爱国的教育和活动,曾先后有数批热血青年在他们的鼓舞与帮助下离开铁蹄下的北平奔向大后方。这一行动大大触怒了日本侵略者,他们把罪恶的魔手伸向正义爱国的郑国樑及其同仁们。

1944年2月20日清晨,日本宪兵队从育英中学抓走了郑国樑和崔峙如两位老师,先把他们押在东珠市口日本宪兵队,后又转至丰台监狱。二人在狱中既拒绝了日本人的利诱收买,又经受住了严刑拷打,宁死不屈,最后遭到日本帝国主义者残暴杀害。郑国樑以身殉国的崇高气节,后人将永志不忘。

(贾 观整理)

王 册

王册,原名王者香,原籍河北省昌黎县杨家营,1921年12月13日生,1940年夏考入燕京大学文学院教育系。抗日时曾任中共河北阜平县一区区委会副宣传委员。1943年10月下旬在对日寇的反"扫荡"战斗中英勇牺牲。

王册幼时随父母生活在东北,1934年至1936年在奉天省立第一女中读书。随着日本侵略者不断加深对东北人民的殖民统治,不堪忍受在"满洲国"下过亡国奴的悲惨生活,1937年王册随家人入关,返回原籍昌黎县,就读于昌黎汇文中学高中一年级。"卢沟桥事变"后,王册又随全家迁到北平,1938年转入慕贞女中,读完高中。在日本加紧对中国进行野蛮侵略、残酷压迫和疯狂掠夺中,抗日救国的思想在由少年进入青年时期的王册的心中日益高涨起来。

1940年夏,王册考入了燕京大学文学院教育系。王册入大学时,华北已成为沦陷区,但由于燕大名义上是美国教会办的大学,当时日美尚未开战,两国尚有外交关系,日伪对燕大还不能不有所顾忌。这就使燕大学生有了一个开展抗日活动的有利条件。当时地下党支部仍在校内坚持,并积极开展各种活动。他们组织起"三一读书会",向同学们介绍了列昂捷夫的《政治经济学》、高尔基的《母亲》、法捷耶夫的《毁灭》、绥拉菲莫维支的《铁流》、斯诺的《西行漫记》、邹韬奋的《萍踪寄语》、瞿秋白的《赤都心史》等革命进步的理论书籍和文艺书籍。他们通过校内几十个团契的活动对学生进行各种宣传和教育。王册当时参加的是以昌黎汇文校友为主体的"渔人"团契。他们还组织时事报告会，翻译并张贴欧美苏各国通讯社的电稿，介绍苏德战场、中国战场的情况。此外他们也经常组织有关哲学、人生等专题讨论。王册经常参加这些活动，并深受影响，她从彷徨到明朗，从激情到坚定，逐步走上革命的道路。

1941年太平洋战争爆发，燕大被封闭后，王册被分配到北平的北京大学文学院历史系。此后，王册在北大地下党的影响下积极参加了地下革命活动。她曾冒着被捕的危险，将大部分原燕大地下党的秘密藏书转移到宣武门外自己的家中。后来这地方也成为地下党活动的秘密据点之一。她细心大胆、机智严密地管理这地下图书馆，使这些"禁书"的取送传递从未耽误和出差错。在接受党的教育、继续阅读革命书籍和参加活动的过程中，她不断汲取了新的力量。1942年春夏间，她终于参加了中国共产党。

1942年冬王册离开北平进入晋察冀边区。1943年3月8日，王册代表平、津、保(定)城市妇女，参加了边区国际三八妇女节纪念大会，并在大会上讲了话。会后不久，王册先被分配到中共北岳区委党校学习，结业后被分配到中共河北省阜平县一区区委会，任副宣传委员。

1943年9月，日寇对根据地发动"秋季扫荡"。"扫荡"开始前，王册患了疟疾，腿部又长疮，行动很困难，和一些老乡坚壁在南雕窝村。在一个多月的反扫荡中，虽七次突破敌人包围，但第八次突围时，因正值连日高烧，身体十分虚弱，在掩护其他同志突围后，王册不幸被俘。日寇见她内着一件红毛衣，又是短发并戴着眼镜，认定她不是山村妇女而是八路军干部，对她威逼利诱、残酷折磨，而她不为所动。日寇问她村干部、八路军到哪里去了。她只有一句话"不知道"。日寇又诱骗说，只要她承认是平津学生，就放她回家团聚。她说"要回家我就不来抗日了"。日寇又说："皇军到中国是为了建设大东亚共荣圈"。她怒斥敌人是灭亡中国的侵略者。敌人要押她走，她不动。最后敌人将她硬按在一副担架上押走，她却翻身滚下担架，大骂不止，面对敌人刺刀，英勇就义。

1944年7月7日，阜平一区群众公议，在南雕窝村南山上为王册烈士建立了纪念碑。解放后，在唐山冀东烈士陵园和昌黎烈士陵园里一直供列着烈士的灵位。

（贾　观整理）

曹秉衡

曹秉衡,原籍浙江省上虞县,1917年3月14日生于上海。自幼家境清寒,因学习勤奋聪颖,自小学至高中,都是学校的高材生。

1936年曹秉衡高中毕业考入燕京大学化学系,到校后投身学生运动,积极参加"民先"组织的各项抗日救亡活动,从中受到很大的教育,很快被发展为"民先"队员。

1937年2月,曹秉衡从化学系转到经济学系。他学习刻苦,成绩优异。当时经济学系一百多名同学中评8名奖学金获得者,曹秉衡名列其中。

1937年7月北平沦陷后,面对日寇疯狂施虐的严重环境,曹秉衡积极参加了燕大地下党和"民先"组织的抗日救亡活动,募集款项、衣物、药品,通过地下党转交给平西抗日游击队,他还在师生中传阅进步书籍。当时校内常开英语学术讨论会,会上曹秉衡常假借社会学中的某些思想引出一番爱国主义的宏论,以自己和同学们的身受和目睹之事实,痛揭法西斯的暴行,斥责施行投降主义、不抵抗主义的国民党当局。有一次学术讨论会上,有人提出:靠老百姓的抗战怎么能抵挡敌人的飞机大炮?曹秉衡根据马克思主义原理结合上海"一·二八"淞沪抗战的经过,以流畅的英语讲出了为什么只要全国人民团结起来就能战胜日本法西斯的道理,与会师生深为感动佩服。曹秉衡曾带着同学到美国进步教授夏仁德家,观看平西抗日根据地为游击队制作的使火车脱轨的"脱轨器",同时还向同学介绍平西游击队的情况,同学们听了深感振奋。曹秉衡热情奔放,活跃开朗,有幽默感。1937年圣诞节联欢会上,大家准备化装表演,他出人意料地扮演了一个丑态百出恶迹昭彰的希特勒法西斯刽子手,人们在笑声之后引起更多的是深思。英国教师林迈可常通过曹秉衡组织翻译"八路军通告"以及中国共产党关于抗日的文告,使中国共产党的抗日主张能为更多的外国进步人士所了解,争取国际上对中国共产党的抗日斗争的广泛支持。

1938年夏,曹秉衡等8名"民先"队员由地下党安排秘密离开北平到抗日根据地。曹秉衡经西安到延安,1938年底从延安到达晋东南根据地,先在抗大一分校学习,并担任保卫工作,1939年初在抗大一分校入党。1939年春,曹秉衡随八路军115师东进支队到山东境内,在115师和山东军区政治部做宣传干事五年多,将青春年华奉献给了山东抗日革命事业。

曹秉衡在军区政治部担任《前卫报》和《战士报》的编辑,身兼记者、编辑,还要亲自印刷,一直到将报纸送到战士手上,有时还要送到群众中。1941年,日寇集中了约5万余人的兵力向沂蒙山区突然发动多路、多梯队的"铁壁合围",企图消灭山东党政领导机关,彻底摧毁沂蒙山区抗日根据地。115师党政机关人员按总指挥部的命令,迂回穿插,与敌周旋,突围成功。曹秉衡在急行军中背着油印机和报纸,到了驻地立即紧张地投入编辑、印发,按时出报,使连队能及时得到领导机关的指示,了解我军战斗的情况。

曹秉衡不放过任何深入前线采访机会。1944年夏他借胶东海防前线人员到山东军区开会之便,详细采访沿海连队的战斗生活。他曾在《大众日报》上发表"海上游击队"的通讯,歌颂惊涛骇浪中游击队和渔民抗击日本海军强盗的英勇事迹,通讯写得极具战斗力和吸引力,鼓舞了战士和人民的战斗勇气。

曹秉衡英语水平高。一次有架美国飞机坠入沂蒙山区,飞行员被战士救起。军区宣传部陈沂部长主持欢迎大会并讲话,谈到我们中国抗日人民已为抗击日本帝国主义的侵略流了大量的血,今后还要做流血的斗争。当时翻译是曹秉衡,他的英语流畅,翻得有声有色。美国飞行员为八路军有这样一个出众奇才大感出乎意外。

1944年秋,山东军区决定进行莒县战役,军区领导精选7人组成前线记者团,曹秉衡为副团长。领导上鉴于曹秉衡身体病弱,又是手持照相机的记者,指定他随战役指挥部活动。但曹秉衡对同团被批准到战斗前沿阵地采访的记者说:"到莒县后,我一定到前沿阵地找你,还准备多照些战斗的场面,要不然,还叫什么上前线呢?"莒县战役于1944年11月14日晚7时打响,当晚,攻城的八路军进入城内,占领各制高点和要道口。守城日军被迫退入一个大炮楼内,负隅顽抗。11月15日,攻城部队做着夜晚强攻大炮楼的准备工作。曹秉衡决心到前沿阵地,实现他深入战斗第一线的誓言。下午3时,他带着照相机出发了。这时敌人不时从碉堡向主要街道上空发射炮弹。曹秉衡进入危险区后,被炮弹击中头部,经抢救无效,年仅27岁的曹秉衡为人民解放事业献出了宝贵的生命!

曹秉衡烈士的追悼会由陈沂主持,山东军区政治部主任肖华致悼词。肖华对光荣殉职的曹秉衡等3名记者表示深切哀悼。陈沂赞扬曹秉衡烈士平日工作积极认真负责,这次率先报名上前线,为革命奋不顾身。陈沂说,曹秉衡是位大学生,英文很好,本可以到条件较好的地区工作,但他却主动要到敌后工作,这种精神实在难能可贵!

(摘自《北大英烈》第三辑)

张　炳　元

张炳元,河北省文安县胜芳镇人,1916年8月17日生。1930年9月考入天津南开中学初中部学习,1933年秋升入该校高中部。

1935年"一二·九"运动爆发,在南开中学读书、又是学生会负责人的张炳元积极参加抗日救亡活动,和学生会其他负责人一起,联合天津各校,于12月18日组织了全市大、中学校学生上街游行示威。1936年初,张炳元参加了秘密读书会,阅读马列书籍和共产党的抗日救亡刊物,还参与创办了刊物《活路》,转载了许多批判蒋介石的"攘外必先安内"政策的文章。1936年4月,张炳元加入了中国共产党。

1936年夏天,张炳元考入燕京大学新闻系。1937年1月起,张炳元担任党小组长,并参加中华民族解放先锋队,以"民先"的公开身份,团结同学,参加抗日救亡活动。

1937年七七事变,平津沦陷后,张炳元到济南参加了韩复榘的第三集团军政治工作人员训练班,以后到鲁西北聊城专署范筑先将军成立的政训处,在茌平县组织人民群众抗日自卫,开办训练班,培养地方干部。张炳元担任了政训处的党支部书记。尽管茌平工作环境十分恶劣,物质生活条件极为艰苦,张炳元和党支部成员一起积极努力,壮大了抗日力量。1937年底,张炳元调到莘县,作为鲁西北特委的党代表任政训处干事。依靠莘县的地下党组织,深入集镇、村庄广泛发动群众,宣传党的抗日政策,在一些较大的村庄建立了农会等群众组织,推动了当地抗日运动的开展。1938年2月初,张炳元主持召开了中共莘县县委成立会议,宣布了鲁西北特委的决定,张炳元任中共莘县县委书记,会议决定举办农会干部短训班,培养农村基层干部,成立县武装大队,各区、村成立自卫队,深入农村发动群众,组织农会、妇救会、青抗先等。1938年四五月间,县委举办农会干部短训班,张炳元承担了短训班主要课程的讲授任务。在县委的领导下,莘县的各种群众组织纷纷建立,农民抗日救亡运动搞得轰轰烈烈。

1938年11月17日,在国民党顽固分子的操纵下,莘县事变发生,县长被杀害,县委书记张炳元等被扣押。经党组织积极营救,张炳元等获释,并转移到冠县边界一带坚持斗争。1939年1月,张炳元任新成立的鲁西北地委书记。

张炳元卓有成效地领导了鲁西北的抗日工作。为地方封建势力、国民党反动派所仇视。1939年7月13日晚,一伙国民党地方部队特务营的匪徒,混入鲁西北地委机关驻地——朝北化庄(现属莘县岩集乡)进行偷袭,张炳元中弹身亡,年仅23岁。

为纪念张炳元烈士,1945年鲁西北人民在莘县丈八烈士陵园为他兴建了墓碑,以缅怀他在创建鲁西北抗日根据地斗争中的不朽业绩。

(摘自《北大英烈》第三辑)

李 肇 基

李肇基,1920年出生于上海,1943年从圣约翰大学转入燕京大学新闻系,1948年入美国密苏里新闻学院读研究生。1951年回国后在我国外交部新闻司工作。1955年4月11日作为中国代表团工作人员从香港飞赴印尼参加万隆会议途中,所乘飞机遭敌特预置定时炸弹炸毁,光荣牺牲于南中国海的上空。

李肇基自幼生活在上海一富裕商人家庭。社会上贫富两极分化,使他逐步认清了旧社会的不公平与不公正。

1943年李肇基转入燕京大学新闻系后,学习成绩优良,生活朴实无华,思想开明进步。他曾与同学王晶垚、刘克林、崔嵬等人组织了"文学研究会";和崔嵬、于效谦等同学一道编辑过《燕京文摘》;并曾主编过《燕京新闻》(英文版)。1944年在四川、云南成立了一个人数众多、影响广泛的、秘密的进步青年组织"民主青年协会"(简称"民协")。他经崔嵬介绍加入燕大"民协",并成为重要骨干。

由于李肇基英文很好,在校期间他就以英语作为有力武器来开展各种抗日爱国运动。他曾到美国新闻处成都分处图片部兼职工作。他通过展出欧洲战场的图片,向国内人民进行反法西斯的宣传;通过选译中国报刊文章,把中国人民英勇抗战和反对国民党一党专政、要求民主的状况向国外报道。1944年他在美国新闻处看到一本美国记者福尔曼写的华北见闻,其中对解放区做了较为客观的报道。他找到谭文瑞、曹德谦共同翻译,并很快以《华北游记》为书名出版发行。1944年6月27日美国副总统华莱士来华访问到达成都时,成都大学生曾写给他一封长信,揭露国民党消极抗战、专制独裁的反动政策,要求美国政府执行对华政策时予以考虑。此文用中文写成,由李肇基翻译成英文。1945年4月28日在华西坝罗斯福追悼大会上通过的并在国际上很有影响的《告全世界青年书》也是由李肇基译成英文稿在国外广为流传。

1946年李肇基从燕大毕业后进入由宦乡主持的民主派报纸《文汇报》报社工作。由于他经常报道进步活动,呼吁民主、反对独裁,曾遭到国民党特务的恫吓和殴打。他的夫人麦少楣(也在《文

《汇报》工作)也因报道进步活动,曾遭逮捕。

1948年1月李肇基和燕大同学曹德谦一道赴美,进入美国密苏里新闻学院读研究生。在学院除学习外,他还办了一份英文刊物《China Today》(油印出版)。这份刊物由设计、筹款、公关、写稿、打字、印刷和发行全由李肇基夫妇二人担任。刊物虽然发行量不大,但读者中却有文幼章、安娜·路易·斯特朗、斯诺和费正清等人。他们都十分热心地注视着这份刊物每期的出版。

1951年李肇基学成后,为了献身祖国的革命和建设事业,放弃在美国优越的生活条件返回祖国。他回国后进入外交部由龚澎领导的新闻司工作。在抗美援朝时,曾一度奉调到朝鲜。这个时期他工作勤勤恳恳、任劳任怨,常对其夫人麦少楣说:"把自己的全部精力投入工作,也不过是对革命的起码贡献。"朝鲜停战后,他从朝鲜回来,上午下火车,下午即投入工作,并且还一直干了几个通宵。

1955年4月11日李肇基作为参加亚非会议中国代表团工作人员,与其他工作人员及中外记者共11人,乘坐我国代表团包用的印度航空公司客机"克什米尔公主号"于北京时间12时许自香港起飞,前往雅加达再转万隆。不料敌特已在此飞机中偷放下定时炸弹,飞机在婆罗洲沙捞越西北海面上爆炸。全机19人除3人外全部遇难,李肇基同志光荣牺牲。事隔多年后一位脱险的机上维修工程师A.S.卡尼克尔出版了一本记述这次事件的书。在书中他叹服当时机上中国人员面对死亡时的坚强意志。他说,定时炸弹爆炸,飞机起火后,这些"中国人都表现出钢铁般的坚强意志",他们"穿好了救生衣,正襟危坐","尽管熊熊烈火,呛人浓烟已进入客舱,没有人惊慌失措、高喊乱动","我们从来没见过人类的勇气可以达到如此崇高的程度","他们是真正的烈士,为崇高的事业——和平事业献出了自己的生命。"

1955年4月17日下午,北京市各界人士五千余人为悼念参加亚非会议而死难的李肇基等烈士在北京中山公园举行了追悼大会。会场上高挂"'四·一一'遇难烈士永垂不朽!"的横幅标语。烈士们的遗像前摆放着毛泽东、刘少奇、周恩来和朱德等中央领导同志送的花圈。这些花圈不仅代表着中央领导同志个人而且代表着全国人民对烈士们的悼念和哀思。

(贾 观整理)

黄 琪

黄琪,原名黄辉容,四川省新繁县(今新都县)人,1925年5月11日生于北平一铁路工程师家庭。1944年入成都燕京大学外文系,一年后进入中原解放区。1947年在中原突围时,不幸被俘,壮烈牺牲。

黄辉容中学时北平已被日寇占领,当时她就读于北平师大女附中。在中学时她就具有忠厚朴实、嫉恶如仇的鲜明个性。特别是当时她受到住在她家前院的一位地下党员李金钟的启发与帮助,这对她以后走上革命道路有很大的影响。

黄辉容痛恨日本对中国的野蛮侵略,中学时在课堂上就公然对骄横无理对待学生的一个日本教员据理斥诘。1943年3月黄辉容对日寇统治下的苦难生活再也不能忍受下去了,和几位同学毅然离开北平南下成都。一路上历尽艰辛,亲眼看到"水、旱、蝗、汤(恩伯)"肆虐的中原大地人民遭受的苦难,这些极大地震动着她的心灵,使她在走向反抗侵略、反对反动腐朽统治的革命道路上又前进了一步。

1944年暑假,黄辉容以同等学历考进了成都燕京大学外文系。当时地下党领导的"成都民主青年协会"(简称"民协")在燕大已掌握了学生自治会的领导权,在学生中组织了读书会、时事讨论会等活动;成立了"大家唱"歌咏队、海燕剧团、文学社等社团,发行了《燕京生活》等刊物。黄辉容参加了海燕剧团,并参加演出了对当时那个狐鼠豺狼当道的魑魅世界愤怒控诉的话剧《岁寒图》(陈白尘编剧)。当时地下党特别注意通过具有本校特点的"团契"来团结、教育广大同学。黄辉容在校时参加了启明团契,不久又被吸收加入"民协"。1944年10月底她积极参加了声援成都市中学学生反击国民党的镇压而举行的宣传示威活动。1945年2月为反对国民党乱抓并残酷虐待壮丁,她又积极参加了为壮丁争取生存权利和募捐慰问活动。1945年5月4日为纪念五四运动26周年,在成都市各大学的营火晚会上,她和同学崔鬼等人演出了《放下你的鞭子》,并和破坏演出的特务们进行了针锋相对的斗争。

1945年党的七大召开后,周恩来同志鼓励国统区的知识青年到敌后抗日根据地去进行革命和建设事业。6月"民协"号召大学知识青年去鄂豫解放区(后改为中原解放区)。黄辉容积极响应,踏上征程。

1945年7月10日左右黄辉容离成都先到重庆。离开前在7月9日曾给吴秉真同学一封信,信中说:"明后天就要下乡(指赴解放区)。"接着说此去虽有危险,但早有思想准备;最后勉励同学为了今后所"需要的面对现实的知识(指今后要面对的革命和建设事业)",就要认真学习革命的"理论书籍"。

1945年7月12日,黄辉容到达重庆。在这里她和燕大同学程扶弱(改名程若)以及其他同学共六人编为一组,准备前往中原解放区。为了避免连累家人和同学,她这时改名为黄琪。1945年7月15日黄琪等人从重庆出发,一路上爬山渡河,栉风沐雨,日夜兼程。经过两个月的艰苦行军,终于到达鄂北四望山当时中原军区首脑机关所在地的浆洗店。

黄琪到中原解放区后,先是被分配到青年干部训练班学习一个多月,结业后随部队转战于桐柏、枣阳一带。她在军中担任文化教员,做文化、群众、扩军和征粮等工作。1946年2月黄琪又被调到设在湖北省礼山县(今改为大悟县)宣化店附近的中原民主建国大学学习。5月由于战局紧迫,大学宣告结束。黄琪坚决要求留在当地部队中坚持斗争。

1946年6月国民党蒋介石从进攻中原解放区开始,悍然发动了全面内战。6月26日我中原地区部队按计划分路突围。黄琪所在纵队6月29日夜开始行动。经过近两天雷电交加、大雨滂沱中的强行军,7月1日越过平汉铁路,突破了敌人设有重防的一道封锁线。8月,中原野战军为适应作战需要又划分为十个军分区,黄琪被调到三军分区司令部任秘书。

1947年1月19日晚,我第一、三军分区被包围,部队英勇作战,21日曾突围到达湖北房县分水岭二道河,但次日又遭重围,敌众我寡,形势危急。在战斗中黄琪不幸被炮弹炸伤了腿。但她临危不惧,空手与冲上来的敌人搏斗,壮烈牺牲。此时是1947年1月22日上午11时,当时她还不到22岁。

1981年6月28日《人民日报》在"胜利的中原突围"一文中记下了一些英勇牺牲的同志,其中就有黄琪同志的名字。人民会永远怀念那些为救国救民、把自己宝贵的生命献给革命事业的坚贞不屈的烈士。

(贾　观整理)

孟 昭 和

孟昭和生于1927年3月23日,1946年入燕大新闻系学习,1949年初参加南下工作团,1951年7月在中国人民解放军第四野战军驻潮汕地区部队工作时为抢救落水同志,光荣牺牲。

孟昭和幼时就读于北平私立培之小学,毕业后考入贝满女中。1943年孟昭和读高中一年级时不甘忍受敌伪统治,不避艰险,千里迢迢奔向大后方。到重庆后,先入清华中学,毕业后考入国立药专。

1945年抗战胜利后孟昭和返回北平,1946年进入燕京大学新闻系学习。她学习成绩优良,热爱文学,博览了中外文学名著。她参加了海燕剧团,并演出了《家》、《大团圆》和《风雪夜归人》等剧目,特别是在《家》中扮演的鸣凤,颇受好评。她积极投身进步学生运动,政治上逐步走向成熟。她不仅自己而且还带领上中学的弟、妹参加过1946年底的抗暴游行,1947年反内战反饥饿的"五·二〇"示威游行和抗议国民党特务杀害浙大学生会主席于子三的集会等等。这时,在她的日记和与亲友来往的信件中,有这样的话:"人活着不是为了自己,为了自己而活着的人,常常是不会快活的","当你发现,你在这个世界上能有所贡献时,你马上会觉得,你的生命里充满活力","真正的英雄都是舍己救人的,我没有忘记这句话"。她最后确实以实际行动实践了自己的誓言。北平解放前夕,她参加了"民主青年联盟"("民联")。

1949年1月,北平和平解放,3月孟昭和报名参加中国人民解放军第四野战军南下工作团,并同期参加了中国新民主主义青年团。1949年10月随军进驻汉口。1950年3月调到四野宣传部文化科编选部队语文教材。抗美援朝战争时,孟昭和曾毫无保留地捐献了自己全部奖金以支援抗美援朝战争。

1951年孟昭和被派往四野驻潮汕地区的四十一军,协助该部队进行文化教育工作并调查青年工作开展情况。7月17日下午2时孟昭和与宣传处六位不会游泳的女同志同赴潮安县宏安河练习游泳时,其中一女同志由于岸边坡陡泥滑,在毫无准备的情况下落入河中,被急流一直冲到河心。孟昭和目睹险情,奋不顾身,一跃入水抢救,其间虽经两度将该青年推至岸边,但终因气力耗尽,二人不幸均溺死。事发后,四野政治部为舍己救人英勇牺牲的孟昭和同志追记大功,并在宏安村北一山坡上立一石碑,上有红漆雕写"孟昭和同志之墓"以纪念这位舍己救人虽逝犹荣的青年楷模。

(贾 观整理)

李 炳 衡

李炳衡,又名李平,1928年生,山东泰安人。他1947年9月考入燕京大学新闻系,1949年初参加南下工作团,1952年后曾任新华社对外新闻编辑部国际组副组长,1955年4月11日作为参加亚非会议的中国记者团成员,由香港飞往印尼途中,飞机遭敌特预置的定时炸弹破坏,光荣牺牲。

李炳衡幼年时是在燕园度过的。他的父亲李天爵,毕业于协和医学院,后留学美国,1931年受聘为燕大校医室主任。李炳衡小学时上燕大附小,接着读燕大附中,受家庭及燕园环境的影响,他具有较好的英语水平。

1941年太平洋战争爆发,燕大被封。年仅13岁的李炳衡不愿继续生活在日寇统治下的北京,跟随一些爱国青年,突破日伪封锁线到了重庆。在那里他上了两年中学,随后又转到昆明。在昆明凭着抗战热情也是为了解决生活问题,他边学习边在美国派驻中国的军队中做志愿服务人员。通过这方面工作,他在原有的英语水平上又大大提高了英语的听说能力。

1945年抗战胜利后,李炳衡回到北平。由于他当时没有高中毕业文凭,先在中国大学上了一年,1947年才转学到燕京大学新闻系。在燕大期间他积极参加了地下党领导的学生运动。1948年秋在国民党发动的对北平各大学的地下党员和革命青年的"八·一九"大逮捕后,学生自治会骨干大多数撤离学校到了解放区。三青团企图利用这一时机控制学生自治会,校内进行了一场争夺学生自治会领导权的斗争。李炳衡积极参加了由地下党领导的竞选活动,进步学生牢牢掌握了自治会领导权。李炳衡也当选为学生自治会委员。他性情活跃且平易近人,在文化、体育活动方面多有所长,因此能很快和不同系不同年级同学打成一片,促进了学生自治会工作的开展。

1949年初北平刚解放,李炳衡报名参加了南下工作团,并在此期间参加了中国共产党。不久被分配到新华社新华广播电台英播部,1949年秋进入国际新闻局。1949年9月他参与把中国人民政治协商会议的全部文件译成英文,这是新名词、新概念很多,而且政治性、政策性又很强的任务,由于他英语水平高,工作中既有干劲又有创造性,因而出色地完成了任务。当时组内多人分头译出文稿后,都交到他那里。由他通稿,最后由领导定稿。

1952年李炳衡奉调到新华社对外新闻编辑部。不久他被派赴朝鲜美军战俘营做采访与对外宣传工作。当时我方准备通过美俘用自己亲身经历向国内亲友发表讲话,来揭露美国污蔑志愿军虐待俘虏的欺骗宣传。开始时不少美俘心存疑虑,由于李炳衡过去的工作经历,对美国大兵的心态有所了解,加上他能用一口流利的英语,有针对性地把国际形势的变化、朝鲜战争的发展及我国优待俘虏的政策与实际情况说得清清楚楚、明明白白,使不少战俘听得入耳,解除了顾虑,最后自愿参加战俘录音的达千余人。当时我方发表了不少受到良好待遇,身体健康生活愉快的美俘照片,西方国家一些人认为这些照片是我方制造的宣传品,不可信。李炳衡于是找到战俘中一位名为 Frank Noel 的美联社记者,深入地做好他的思想工作,并借给他一架照相机。此人拍了不少照片,照片在国外被广泛采用,效果很好。在朝鲜工作期间,他将自己的名字改为李平。

1954年李平作为特派记者参加了日内瓦会议。会议期间,无论是在新闻发布会上他用英语从容凌厉的提问,还是会后抢时间及时写出中、英文电讯稿,都给人留下了深刻的印象。

由于李平在新华社短短几年中,工作表现出色,1955年被定为中国记者团成员去印尼参加万隆会议。1955年4月11日当李平与中华人民共和国代表团成员、越南民主共和国代表团人员以及随团中外记者共11人乘坐由我国代表团包用的印度国际航空公司客机克什米尔公主号,于北京时间12时许自香港起飞,前往雅加达再转万隆。飞机因被敌特偷放了定时炸弹,中途炸弹爆炸,李平与其他中国代表团人员全部牺牲。李平时年仅27岁。

1955年4月13日,在北京、莫斯科、亚洲、非洲和欧洲,许多广播电台用不同的语言倾诉着亿万人民对烈士们的悼念和对和平敌人的痛恨。1955年5月13日周恩来总理在全国人民代表大会常务委员会第十五次扩大会议上做关于亚非会议的报告时,一开始就说:"1955年4月11日在飞往亚非会议途中,中华人民共和国代表团人员石志昂、李肇基……李平遭受蒋介石特务分子的暗害遇难。我们谨向烈士们表示深切的悼念。"在北京八宝山烈士陵园内,党和人民为他们矗立起一座庄严的万隆会议烈士纪念碑,寄托着对烈士们的悼念和哀思。

(贾 观 整理)

高 健 飞

高健飞,浙江省嘉兴县人,1927年10月24日生。

1937年7月抗日战争全面爆发,11月嘉兴被日军占领。不久,高健飞被祖父带到上海去求学,在抗日战争胜利前一直在上海读小学和中学。高健飞学习成绩一直比较突出,尤其在写作、英文方面打下了很好的根底。1945年8月,因家庭经济困难,高健飞被迫在念完上海大同中学高二后休学,回到了嘉兴。他先在县城的升源纸店当店员,后又一度在上海《新闻报》做职员。1946年8月,高健飞以同等学力考取了苏州国立社会教育学院南京分院的新闻系,并得到了供给全部学膳费的甲种公费。高健飞在这里学习虽只有一年,但他积极投身于学生运动。1947年5月20日"反饥饿、反内战"大游行,高健飞将所见所闻,写成通讯、评论。以"寄宁"的笔名发表,用笔作武器,为学生爱国民主运动而战斗。1947年暑假末,高健飞返校前夕,得知他自己被南京国民党反动当局作为有"共产党倾向"的危险分子上了黑名单,遂匆匆告别家人,决心北上求学。

高健飞在上海考取燕京大学新闻系二年级,到北平插班入学。高健飞入学后积极参加了"高唱队"等进步社团的活动。1948年4月9日,北平师范大学发生了国民党特务殴打逮捕进步学生的"四九"血案,高健飞顶着寒风,骑着自行车,从西郊前往位于城区和平门的北师大了解情况。回校后他不顾往返路途六十余里的疲劳,义愤填膺,立即向燕大同学介绍血案真相。次日,他趁吃饭时间,在学生食堂内站在桌子上对同学演讲,大声疾呼,呼吁同学参加罢课游行,支援北师大同学,抗议国民党政府的反动暴行。在燕大同学进城游行抗议"四九"血案的队伍中,高健飞愤怒地呼喊口号,照顾体弱的同学,成为这次抗议活动中一名活跃的骨干分子。

1948年10月初,燕京大学学生自治会进行改选,由于进步同学中有不少人上了国民党的黑名单而撤往解放区,在校内的国民党、三青团反动势力企图趁机通过选举夺取一直掌握在进步学生手中的学生自治会的领导权。选举大会一开始,校内国民党、三青团的学生头面人物就跳到主席台上大叫"主席非法"、"选举委员会非法",妄图搅乱会场,达到他们乱中夺权的目的。这时,冯际昌和高健飞找到一块大道具布牌,用粉笔在上面写上"×××下台来"几个大字(×××指在主席台上喊叫的、具有国民党国防部保密局身份的学生),抬着布牌进入礼堂,通过会场放到主席台上。此举立即引起轰动,全场鼓掌阵阵,齐声呼喊着"×××下台"的口号。终于×××被"请"下了台,保证了大会按已定的程序继续进行。会议改选结果,国民党、三青团分子一个也没有当选,燕大学生自治会的领导权仍然牢牢掌握在进步同学手中。

1948年12月14日,位于海淀区的燕京大学等单位率先解放。高健飞积极参加了迎接北平解放和欢迎解放军入城的工作。1949年初,中国人民解放军第四野战军的"南下工作团"在各学校中招收学员。高健飞毅然报了名。集训期间,他被分配在一分团一大队一中队一小队。不久,高健飞被调到总团部《改造报》社工作,1949年4月,中国新民主主义青年团成立,高健飞被吸收入团。7月,高健飞随总团部来到刚解放的汉口,被分配到新华通讯社华中分社工作。

1950年6月25日,朝鲜战争爆发。10月19日,中国人民志愿军入朝,与朝鲜人民军并肩作战。高健飞多次申请赴朝鲜前线。并于1951年9月获准以随军记者身分前往朝鲜。入朝后,高健飞深入到朝鲜人民群众中去采访,及时报道朝鲜山河被美国侵略者轰炸、蹂躏的情景,以及朝鲜人民送子参军、送粮支前、抢修公路、游击战争等生动事迹。他在与申述合写的《倔强的朝鲜人民》(刊登于高健飞牺牲后的1951年10月15日的武汉《长江日报》上)。在这篇新华社通讯中,高健飞写下了这样的结束语:"他们(朝鲜人民)热爱和平,但是他们并不畏惧和美国侵略者继续进行斗争。如果美国侵略者不愿意接受一个公平合理的停战,他们有决心并且有信心以更强大的力量和顽强的斗争,争取最后的胜利。"

1951年9月25日,由于他在采编新闻方面具有较扎实的功底,且英语流利,领导上决定将他调往板门店,在采访新闻的同时参与停战谈判工作。就在高健飞乘车前往板门店的途中,因遇到美国飞机轰炸躲避不及而覆车罹难,不幸牺牲,时年仅23岁。高健飞牺牲后,其遗体被安葬在朝鲜的一座高山上,墓碑上写着"中国人民志愿军高健飞烈士之墓"。

1951年10月14日,新华社中南总分社在武汉为高健飞烈士举行了隆重的追悼会。

(摘自《北大英烈》第三辑)

教 职 工

丁 荫 Samuel Dean

丁荫先生是美国人，原名 Samuel Dean，出生于 1891 年 1 月 29 日。其父是一位小学校长，家境清寒。长子 Sam(Samuel Dean 的爱称)于 15 岁时就下煤矿挖煤以补助家庭生活。在 Pennsylvania 州立大学学习时，半工半读，给一家工厂烧锅炉以维持自己的生活和交学费。于 1912 年取得电机工程师学位，转年又取得机械工程师学位，1938 年 47 岁时又取得建筑工程师学位。他喜爱读书，又是一个热心的基督徒。1916 年来华时最初是应北京师范大学聘请教英文，同时在那里成立一个劳作科，培养了 4 位较早的工程师，后来又帮助教会设计教会医院和学校。1928 年先后开办了一个海京工厂和一个华北工程学校(Institute of Engineering Practice)，有一二百名毕业生，后来都成了工程师。开办工厂是用他自己积攒的工资买的机器设备，由他两个学生出面开设的。办工厂期间培养了上百名中国技术工人，还为徒工开办夜校教机械制图和电工基础两门课程。

1937 年七七事变后，由于清华大学南迁，燕大临时开设了工程预备班，以便为大后方的工科院校提供本科生，是继"医预"之后开设的又一个预备班，故通称"工预"。丁荫先生在仍担任华北工程学校校长的同时，受聘来燕京担任工预系教授，教机械制图和指导实习。当时我也帮助丁先生辅导实习。

1941 年 12 月 8 日清晨，日军偷袭珍珠港，太平洋战争爆发。当天，日军包围占领燕园，丁先生和其他英美籍教员一齐被拘，1943 年关押于山东潍县集中营。由于日本人虐待他们，必须成立自己的大食堂和医疗室。日用水源要用一个手压水泵打水，上下水道、卫生设备无人维修，为此他们自己成立一个以丁荫为首的维修组。其中有一位燕大体育系拳击教师夏威夷人廖福(Albert Liu)也参加了，此人心灵手巧，少年时在一家工厂里专钉包装箱，一锤打入一个钉子，不用打第二锤。他俩在监禁生活中互相关照，后来成为亲密的朋友。

1945 年日本投降，全体燕京教师都被美国大使馆用飞机接回北京。Sam 夫妇先在天和厂 5 号夏仁德先生家住了一段时间，最后被接到我们家临时安置在鼓楼西长老会的传教士住宅内。

此时恰值燕京复校，丁荫和廖福都应聘来燕京参加复校工作。Sam 本应休息，可还是拖着体弱的身子叫我开车送他去燕大电灯房办公室去工作，修复大学的全部有关设备、房屋等建筑物，以保证按时开学。其中廖福也做了大量工作，由于他是老燕京，全心全意帮助丁荫能在燕京站住脚，做了大量的团结人的工作，也是丁荫计划中职工学校的创办人之一。职工学校相当于中等技术学校性质，招收的学生以燕大职工子弟为主，原名是 Foreman's Training School。他认为一个大学毕业的工程师要配备数名至数十名得力助手，所以要办这样的职工学校。职工学校 1946—1951 年共办两班，毕业生 86 名。两班的技术主课和毕业设计都是丁荫担任。

1946年初夏丁荫回美国治病和休养,并借此机会为燕大成立工科采购仪器设备。病还没有痊愈就跑到他的母校Pennsylvania大学找他的老师和同学征求办理工学院的意见,通过周密考虑定了计划,包括购买计划,到全国奔跑进行采购。1947年夏回到北京不久,定购的仪器设备陆续到校。他亲自指导职工学校第一班的同学利用报废的锅炉钢管焊成架子,上面铺一层厚木板制成工作台,把小型车、铣、刨床装配在上面,有了机械加工车间的雏形。后来又建立起锻焊车间、铸工车间和在"电灯房"里空间面积建了电工实验室,安装了万能材料试验机,为工科学校内实习、试验打下基础。

开办燕京大学的工科并不是一帆风顺的。在美国募捐并不顺利。但中国华北的爱国民族资本家很热心,他们曾与司徒雷登谈判过,如果燕京成立工学院他们将认为燕大是真心真意帮助中国了。为了成立工科,这些实业家们捐赠了至少6万美元。所以燕京工科各系的得以成立,我们的工科学程(I.T.P.Industrial Training Program)和后来扩大为工科三系(机械、化工、土木)都据此终于站起来了。写到此又想起一位美国人,是甘德阁的捐助者象牙香皂公司的总经理,是Sam的好朋友,很有钱。可是来中国后,妻子要坐汽车,他只同意坐包月人力车。但是只要Sam提出什么地方需要他捐款,他就很痛快地帮助,所以我认为I.T.P.也有他的捐款。

Sam还主张利用水塔旁日本人留下的酒精车间半截工程改造成五层楼的"方楼",装上土造的暖气就作为工科本科生上专业课的地方。因为毕业后就要去工厂,不是去坐大办公厅,所以他主张只刷一下白浆就这样用了。

1950年三反五反和抗美援朝运动中,很多美籍教授都纷纷离校回国。因有人说:"这个美国人(指丁荫)为什么还不走呢?"他曾和我商量要不要走,我建议他请示陆志韦校长。经请示,周总理指示:如果是我们需要的技术人员,可留下不走。但这个政策没有贯彻下来,他还是于1952年春以美帝国主义分子的头衔被驱逐出境。当时我还写了声明支持政府的革命行动。Sam回国后仍然从事培养美国技术人员的工作,并取得营业建筑师执照,还为自己设计建了一套住宅。Sam夫妇回国后一直非常想念在中国的女儿,为此经常祈祷求神。直到三十年后的1979年中美建交,二老很满意,认为神听了他们的祷告,一家人终于团聚了。可是这时价值五万美元的住宅和丁太太接收的二万五千元遗产早已作为入养老院的条件上交了。1986年8月13日去世后还留下一些债。险些被国家的催债处把现有的家拍卖抵债。后来得知父母的遗产可以要,但父母欠的债,子女不必替还,就此不了了之。

丁荫一生的经历和为人,可以评价为:一心为人,两袖清风。

(王希芝)

编者注:王希芝校友系丁荫先生之婿,现定居于美国。

卫尔逊　Earl O. Wilson

编者按：卫尔逊教授的这篇小传，是他的儿子卫宗慧教授Prof. Alan B. Wilson 于1998年1月为本书撰写的。他家里本来存有一大箱子卫尔逊教授的著作、信件等，可惜被1991年10月的一场大火给烧掉了！他设法从几处图书馆收藏的杂志里找到一些卫尔逊教授的论文，复印寄赠燕京研究院。他小时曾在北京美国学校读书，和燕京校友胡世平等当时是同学，至今尚保持着联系。

中国科学院院士严东生在看到这篇传记后，写信给胡世平校友说："我师随E.O.Wilson约有四年，即三年级的物理化学，四年级的论文以及两年硕士的论文。我当时做Part-time assistant，桌子就放在他的办公室门外，Industrial Chemistry 实验室的角上。1941年夏我获得硕士学位后，留校任助教。在太平洋战争爆发燕京被封后我离校时，Wilson为我写了一封介绍信给开滦煤矿的总管，写得很好，为此我在开滦干了四年，奉养老母。这些是我和Prof.E.O.Wilson的关系。"

Earl O. Wilson

Earl Orlando Wilson was born on September 11, 1890 in Newton, Michigan. He was the youngest of four brothers. His father, Alva Wilson, had been a poor agricultural laborer. Earl, as a youth, had helped his older brother, Sherman, attend Hillsdale College. After his graduation Sherman, in turn, helped his younger brother, Earl, attend Hillsdale from 1910 to 1914.

At Hillsdale Earl played center on the football team all four years. He was a member of Delta Tau Delta. It was there that he met Flora Mae Gosma, a music major, who was to become his wife. Because Earl was six foot four inches tall——taller than his older brother, Sherman, who had preceded him at Hillsdale——he was whimsically called "Big Sherm" by his schoolmates. The nickname "Sherm" (actually his brother's name) was that he was called by his wife and personal friends for the rest of his life. "Sherm" (i.e. Earl) graduated from Hillsdale with a B.A. degree in 1914.

E.O.Wilson went to China as an instructor of English at Peking National University where he taught language, literature, and philosophy from 1914 to 1919. Although he first went because at that time visiting China had seemed a great adventure, he soon became deeply committed to the education of Chinese students.

In August of 1916 Mr. Wilson was joined by his college sweetheart, Flora Gosma, in Yokohama, Japan. They were married in Yokohama and returned together to Beijing. Flo Wilson will be remembered by many in later years for her singing——especially the contralto solos of Handel's Messiah which the Yenching chorus produced each Christmas season.

Because Mr. Wilson believed he could better serve the needs of Chinese education by teaching science than English, he returned to the U.S.A. in 1919-1921 and earned a B.Sc. in Chemical Engineering at Purdue University. He was appointed an assistant professor of industrial and applied chemistry at Yenching University in 1921. He became a full professor in 1926 and continued in that position at Yenching University until after Pearl Harbor when (about July 1942) Japanese removed American faculty from the Yenching campus. While at Yenching E.O. Wilson, his wife, Flo, and their three sons lived in Langrunyuan.

Before 1919 the teaching staff at Yenching University had been appointed and paid directly by Christian mission boards. Professor E.O. Wilson, like most faculty members appointed later, was not affiliated with a religious mission; his salary during his years at Yenching was paid by the university.

Mr. Wilson used his sabbatical leaves from Yenching to further his training and qualification to teach and conduct research in industrial chemistry. In 1926-1928 he earned a Master of Science degree from M.I.T. (Massachusetts Institute of Technology) in chemical engineering practice. In 1933-1934 he earned a D.Sc. at M.I.T. in ceramics and chemical engineering.

The Yenching University Committee of the United Board wrote in their memorial to Dr. Wilson: "He was an excellent teacher. Many of the present leaders among the industrial chemists and chemical engineers of China were his students. However, his keenest interest lay in research, and he made significant contributions to industry. He gave himself unstintingly, and under his direction Yenching developed outstanding work in ceramics and leather tanning.

"The Yenching Committee make this record of the work of a noted scientist, respected teacher, and longtime member of the Yenching family with rededication to the support of the cause he served so well. We express...our appreciation of the privilege of having been associated with a keen mind and a great spirit."

E.O. Wilson, along with other American faculty, was removed from the Yenching campus by the Japanese in the summer of 1942 and first restricted in Beijing. Later, in March of 1943, they were moved to the internment camp at Wei Xian in Shandong. Professor Wilson had come down with Parkinson's disease beginning about 1941 which deteriorated rapidly because it was untreated. He was repatriated on the exchange ship Gripsholm which left Goa, India, on October 22 arrived in New York City in the beginning of December, 1943.

Professor Wilson taught very briefly during 1944 at The California Institute of Technology in Pasadena (using a wheelchair and microphone), and worked at the Gates and Crellin Laboratories of Chemistry at Cal Tech on a war research project with Dr. Linus Pauling. However his ill health forced him to retire that year, and he soon moved into a nursing home. Dr. Linus Pauling wrote to E.O. in August, 1944: "I am writing to tell you how pleased I have been to have you at work on our war research project, and to express my regret that you are not able to continue this work. We have had great need for men with scientific training on this project, and the contribution which you have made had been a valuable one..."

Earl O. Wilson died on September 30, 1949.

王克私 Philipe de Vargas

王克私(Philipe de Vargas 1888—1956),瑞士人,早年在洛桑读书;博士。1913—1920年任北京、济南、武昌、汉口等地中华基督教青年会干事。1920—1941年和1945—1948年任燕京大学神科(后改宗教学院)及历史系教授,一度为历史系主任。

王克私在中国任基督教青年会干事期间,认为自己更适宜教学,遂来到新成立的燕京大学成为传教士,夫人教法语。1922—1923年王克私回国,发现瑞士知识分子中许多人对中国知之甚少,便在朋友帮助下,成立了一个委员会,访求瑞士年轻人,根据他们的意愿,到燕京大学任教二三年,教法语、德语,以加强中国学生与瑞士之间的联系。委员会资供过四位年轻人到燕大来。Dord Demierre(1923—1925)、Herstde Tscharner(1925—1928)、Erie de Montcmellin(1931—1934)和Jean-Daniel Subilid(1936—1939)。

四位年轻人回国后在瑞士的影响显著。他们有的在苏黎士大学成立中文系,成为系主任;有的在伯尔尼出版学术刊物《亚洲研究》,而且都有著作出版。这几位年轻瑞士教师对燕大的友谊和帮助,弥足珍贵。

王克私长期留在中国,包括日本侵占时期。他作为瑞士公民,未被送入集中营,而在瑞士领事馆做了许多有益的工作。

1925年王克私在燕大宗教学院讲授教会史,在历史系任教讲授过史学研究法。珍珠港事件爆发后,燕大被封闭过程中及以后,王克私对司徒雷登和其他同事进行了大力协助,包括探亲、送食品、生活用品等。燕大在成都复校后,留在北平的燕京人生活堪忧。为了接济他们,燕大在美国的两笔款项是通过瑞士领事馆王克私汇到北平的。

(据《燕京大学史稿》)

王　静　如

王静如教授,当代中国著名的语言学家、音韵学家、历史学家、考古学家和民族学家。

王教授1903年10月生于河北省深泽县南营村,初名振宇、号净之、笔名斐烈。1927年考入清华大学研究院,师从赵元任教授,攻读语言学专业,同时向陈寅恪和李济两位教授学习历史与考古。1929年毕业后,即任中央研究院历史语言研究所助理研究员。

1930至1933年,王教授撰写具有世界学术影响的专著:《西夏研究》一至三辑,该书对西夏语言作了多方面的探索和论述,并用较多的篇幅对四部西夏文佛经进行了逐字对译,辨识了四千多个西夏文字,列出了汉、藏两种文字对照,这是该书的重要贡献。著名语言学家赵元任教授和历史学家陈寅恪教授都为该书作了序,称赞王静如先生是使西夏研究走上科学道路的首创者。日本学者石滨纯太郎先生也赞扬他登上了西夏研究的高塔。至此,西夏学的研究逐渐发展成为一门国际性的边缘学科。1936年法国院士会议铭文学院授予该书以东方学"茹莲(S. Julien)奖金",当时这是国际学术最高荣誉奖。而王教授是中国学者个人获得该项奖金的第一人。台湾中央研究院历史语言研究所于1992年10月又将该书影印出版。

1933年王教授受研究所的委派,以海外研究员的名义赴法、英、德等国进行语言学、中亚史语、印欧语、比较语言学以及古代欧洲社会经济史与艺术史等方面的研究。1936年他回国后,任北平研究院史学研究所研究员和中法大学教授,一直到1949年。其间,他曾任辅仁大学史学系教授、中国大学中文系教授与文学院研究部导师、中法大学史学系主任。

1938年7月王教授受聘兼任燕京大学国文系教授。他在《汉语音韵学雅言》一文中谈到此事的缘由,由于燕大洪煨莲教授也于1938年获得"茹莲"奖,他(洪教授)与燕大负责人陆志韦急愿与我相见。时我正在中法任教。陆校长一心想研究汉语音韵学,他是长于心理学,洪言欲深入研究汉学,约我到燕京当教授兼研究院导师。1938年即与中法协议入燕京,与陆志韦为邻居,以便得暇多切磋。我说明少写文,多研究和教学。陆有一些好助理员,用统计学作基础。于是我们从讨论高本汉的汉语音韵学开始,先从分析三、四等同韵内重组问题着手。他和陆校长就这样成为了学术知音和好朋友。他在1941年《燕京学报》上发表的《论开合口》一文中说:"本文缮写时,屡与陆志韦氏互相商讨致废寝忘食。"该文肯定了瑞典高本汉对中国音韵学研究所取得的巨大成就,但对通行了二十多年的高氏学法提出了某些怀疑,并论证了自己的见解。1946年陆校长在《古音说略》中,肯定了王教授的看法,"并本王(静如)氏之说,认为喉、牙、唇音字在《切韵》之中为唇化不唇化两套。一、二等字是唇化的,四等字是不唇化的。"1948年王教授在《燕京学报》上又发表了《论古汉语之腭介音》一文,文中说:"战后,陆教授《古音说略》伟著印出,于中古音部分,颇引敝说,而修正发明,精意尤多。极为感佩。教授时促余整理旧稿,再伸腭介音强弱之说。"他和陆校长的观点,被当今音韵学界称之为陆、王学说。

王教授在燕大期间,讲授"中国音韵学"和"语言学"两门课程。1940年在研究院任导师,指导"音韵学"的研究生。来听课的人大多都是对"音韵学"和"语言学"感兴趣的学生,课堂上学生虽不多,但王教授依然讲得娓娓动听,使学生们都听得津津有味,入了迷。下课后还不停地提出一些新的问题,请老师帮助解答。与此同时,王教授与燕大的许多教授结下了深厚的友谊,如陆志韦、邓之诚、张东荪、裴文中和齐思和等教授。当1941年12月8日,日寇封闭了燕大,关押了陆志韦、邓之诚和张东荪等教授,已于1940年参加辅仁大学沈兼士教授为首的抗日团体的王教授,早就对日寇恨之入骨,看到自己的亲朋又被日寇逮捕,感到无比气愤,多次去被捕人士的家中看望,并受其家属的委托,千方百计通过关系打探和营救。在他们出狱后,他又前去慰问,并相互勉励,坚定抗日决心,宁可挨饿,也不卖国求荣为日寇服务,表现出一位知识分子崇高的爱国主义精神。

解放后,王教授历任中国科学院考古研究所研究员、中央民族学院研究部教授和室主任、中国科学院(1978年改为中国社会科学院)民族研究所研究员、学术委员和室主任,中国社会科学院研究生院教授和博士生导师,1990年7月荣获国务院颁发的"为发展我国社会科学事业做出突出贡献的政府特殊津贴"。他是中国国民党革命委员会第五、六届中央委员、民革中央监察委员会常委、中国人民政治协商会议第六届全国委员会委员。

王教授在六十年的社会科学生涯中,涉猎广泛,造诣极高,在汉语音韵、秦汉史、古代和现代少数民族如西夏、契丹、女真、突厥、回鹘、吐蕃、达斡尔、土家和苗等民族的历史、语言和文字,以及古代生产工具史等学科的研究方面成绩卓著。他的论著中多有独到的见解,具有开拓性的价值。

王教授晚年不顾年高体弱,积极从事社会活动,为促进我国学术事业的发展和四化建设以及祖国的统一大业竭尽全力,将其渊博的知识和爱国热忱都无私地献给了人民的事业。1990年10月2日王教授在北京逝世,1998年国家出版《王静如民族研究文集》,以示纪念。

(王龙友)

王廖奉献

王廖奉献,1890年11月13日出生于广东番禺,父廖德山先生曾与孙中山先生在医学院同学,志同道合,过从甚密。廖氏夫妇联合基督教教友七人,创办了广州第一所中国教友自办的培正中学。1906年廖德山先生应邀到广州岭南学校任校医和教师,该校为中国最先开办的男女同校的中学,廖奉献为第一批入学的女生之一。她在校成绩优异,获得赴美留学的奖学金,到俄亥俄州乌斯大学和威尔斯利女子学院学习,1914年6月获得文学士学位后,又进入哥伦比亚大学师范学院进修,1915年获硕士学位。她在美国学习期间,曾应各团体的邀请,到各处讲述中国的风土人情和在华传教士的工作。她对留美中国学生联合会的工作很热心,曾担任各种委员会的主席和联合会副会长、代理会长。

为了给岭南大学筹办女子部,她在哥大毕业后,用三个月的时间参观美国各著名女子大学,研究妇女教育的情况,并在各处讲演,为兴办中国妇女教育而呼吁。1916年秋,她回到广州,出任岭南大学女子部主任两年,颇多建树。

1918年,她与中国著名的矿冶工程师王正黼(字子文)结为伉俪,安居沈阳,创办很多福利事业,还筹款建筑了男女青年会会所各一。她被推选为沈阳市女青年会和国际妇女会首任会长,坤光女子师范学校校长,女瞽目院和聋人学院的董事会主席。1926年,她代表中国妇女界出席了在檀香山举行的泛太平洋国际讨论会。

1931年,"九·一八"事变爆发,日寇侵占东北,王正黼、廖奉献义愤填膺,诉诸国联。日寇密谋加害他们,全家乃赴北平。廖奉献甫抵北平,即响应东北义勇军后援会的号召,与北平妇女积极捐募衣物送交该会,她还当选北平妇女救护慰劳联合会主席兼执行总干事,为抗日救国做出积极贡献。1938年7月7日,国民参政会在汉口成立,她被任命为参政员。

1941年12月,太平洋战争爆发,8日日寇封闭了燕京大学,逮捕师生多人。王正黼、廖奉献不避凶险,秘密筹款资助困难中的被捕燕大教职员家属。以后王正黼先生亦遭日寇拘捕,囚禁百日。

1945年8月,日寇战败投降。北平燕京大学立即筹备复校,不及两月,10月初即在燕园开学上课。王氏伉俪积极支持燕大复校工作,并与平津爱国的实业界巨子,筹款建立燕大工学院。当时燕大成立了工科学程,即 I.T.P.(Industrial Training Program),后来发展为工科三系:机械、化工、土木。王氏伉俪于此创举,贡献良多。廖奉献此时出任燕京大学女子部主任,燕大师生亲切地称她为王子文夫人。她还当选为北平妇女会及女青年会会长,还当选为中美友好协会副会长,会长则是司徒雷登先生。

1949年王氏伉俪去美定居。王正黼先生1951年病逝。廖奉献女士在移民局、医院等处工作,66岁时退休,1970年3月22日病逝。

王正黼、廖奉献伉俪共有子女六人,其中,安琳、恭斌、恭立、恭业都曾毕业或就读于燕京大学。

(据《王子文先生夫人纪念册》)

马　鑑

编者按：马鑑先生原籍浙江鄞县，1883年生于江苏苏州。1959年5月23日病逝于香港，享年76岁。他1926年到燕京国文系任教，1927年到1931年任国文系主任。1942年燕京在成都复校，他出任文学院长兼国文系主任。这篇文章是雷洁琼先生为《桃李不言——马鑑传》作的序。

马鑑（季明）先生于1959年与世长辞，岁月流逝，不觉已过去三十七度春秋。他是一位学识渊博、诲人不倦、长者风度的教育家、文史专家，也是一位赤诚的爱国主义者。

1931年我执教于北平燕京大学时，已久仰"三沈三马二周"的大名。马鑑先生时任燕大国文系主任，兼校学生辅导委员会主席，所以常有接触，对他的学识、人品、谈吐均有深刻的印象。特别是"一·二八"淞沪战争爆发，上海军民奋起抗日，燕大爱国教授郑振铎、顾颉刚、高君珊、容庚、马鑑和我共同组织"燕京大学中国教职员抗日救国会"，宣誓不买日货，捐款千元慰劳上海十九路军，捐献万顶钢盔送往喜峰口等战区。记得马鑑先生搜集了几种破旧钢盔，和我们一起认真研究，选择最实用的样式去定制，充分表现了"天下兴亡，匹夫有责"的爱国精神。

1936年初，马鑑先生应许地山先生之约，同赴香港大学任教。一年后，我也回到广州，决定暂时离开燕大教学岗位，护送母亲去香港。在港期间，我和马、许两位先生相聚数次，畅谈甚欢。他俩通力合作，锐意改革港大中文学院的教学工作，努力扩大民族文化在这块殖民地的影响，促进青少年学生了解和认识祖国文化，成效卓著，连香港的文化风气也发生了积极的变化，令人钦佩感奋。

1938年，我到内地参加抗日救亡及妇女工作，此后断断续续听说马鑑先生的一些情况。香港沦陷时，他面对日本占领军的威逼利诱，大义凛然，拒不出山，挈妇携雏，冒险潜赴祖国大后方，保持了崇高的民族气节。当燕京大学在成都复校时，他又以花甲高龄，出任文学院院长兼中文系主任，并在极其艰苦的条件下，经常默默代理校政工作，体现了"因真理得自由以服务"的"燕京精神"。

1985年，我参加香港《基本法》的起草工作，所在之教科文专题小组的港方召集人，正是马鑑先生的公子、香港中文大学校长马临博士。共事期间，我发现他克绍箕裘，颇有乃父之风。因此，他来信请我为《桃李不言——马鑑传》作序，我欣然同意了，而且，戴光中教授所著的这本传记，意义甚大。它以翔实的史料，描述了一位近代知识者毕生致力于"教育救国"的平凡而又伟大的历程，这在"科教兴国"的今天，也将有所裨益。

（雷洁琼）

编者注："三沈三马二周"指沈士远、沈尹默、沈兼士、马裕藻、马衡、马鑑、周树人（鲁迅）、周作人。

韦尔巽 Stanley D. Wilson

编者按: 这是韦尔巽教授的女儿 Helen 写的她父亲的小传。1998 年 5 月她曾来北京,到燕南园 52 号访问她的故居,受到现在主人林焘、杜荣夫妇的热情接待。她还到她的出生地协和医院去参观,该院名誉院长方圻向她介绍了协和的过去、现在与将来。她还去探视了她父亲当年挚爱的学生邓家栋大夫和夫人王耀云大夫,相聚甚欢。

Dear Sirs,

Your request for biographical information for Alumni and Faculty was forwarded to me by Mrs. Janet Smith Rhodes. My father, Dr. Stanley Wilson, was a member of the faculty of Yenching University for twenty-four years, from 1925 to 1949. He died in Claremont, California in 1971, at the age of 91. He left some short autobiographical notes of his life from which I am happy to assemble the information that you requested.

Stanley Wilson received his Master's degree from Wesleyan University in Connecticut and his Ph. D. in Chemistry from the University of Chicago. While there he held the Swift Fellowship and was later an instructor in the department. In 1917 he went to Beijing, as a member of the Premedical Faculty of the Peking Union Medical College. He remained on this faculty as instructor and later as Assistant Professor and Dean until 1925. He then became a member of the faculty of Yenching University which was just being established on a new campus outside of the city. He was for some years Chairman of the Chemistry Department and later was Dean of the College of Natural Sciences for twenty years. During World War II, he was interned by the Japanese at Wei-hsien in Shantung. He returned to America on a prisoner exchange in 1943. While in America, he was appointed Professor of Chemistry and Acting Chairman of the Department of Chemistry at Pomona College. After the war he spent six months in New York purchasing scientific equipment for the Yenching Chemistry Department to replace what had been destroyed by the Japanese Army during the war. He returned to China and the Yenching campus late in 1946 and remained until the summer of 1949 when he returned to America and retired. While at Yenching he published more than thirty papers in various scientific journals, describing research along the following lines: basal metabolism, ephedrine derivatives, naphthalene compounds, Freidel-Craft reaction, semi-micro analysis, pyrolysis of tar, Chinese wax, saponins, compost, night soil, and the composition of seeds of some plants native to China.

Fraternities, Societies, etc: Phi Beta Kappa, Sigma Xi, Phi Tau Phi, American Association for the Advancement of Science (Fellow), American Chemical Society, Chinese Association for the Advancement of Science, Chinese Chemical Society, China Medical Society, Peking Society of Natural History, Trustee of the Peking Union Medical College.

His years in China, which constituted almost all of his working life, were rich with experience and affection. He was deeply interested and loyal to his students, whose work he followed with lively interest for the rest of his life.

I hope this will be helpful to you and I wish you well in your enterprise.
Sincerely,
Helen Wilson Saunders
16411 Norum Rd.N.E.
Poulsbo, Washington, 98370
U.S.A.
Phone no. 360 697 1132
Fax no. 360 697 5588

贝卢思　　Lucy Marian Burtt

The years in China filled the central part of her life and because this experience somehow came into her conversation on almost any subject. Though never without relevance, she would laughingly let herself be introduced to new students at the beginning of a Woodbrooke term as "Lucy Burtt from China". She would then add, "I am especially interested in students from overseas and those who are going overseas", and this interest was never superficial, never transient, but showed in caring for every one of her students in every conceivable way. Scattered all over the world they remember a welcoming cup of coffee or the loan of a warm garment; help with their studies, their problems of belief or their travels; and always understanding support in thier own efforts to fulfil themselves. Her life work was with students, and with her fine mind went an amazing, loving heart. Her talent for friendship was combined with a very precious gift of setting other people free to begin to be themselves through her trust in them and respect for them.

How did she do it? Whence came that seemingly inexhaustible strength?

Lucy never ceased to give thanks to her parents, Edward and Mary Burtt of Gloucester, for the loving upbringing shared with her two younger brothers, and their early training in simplicity, integrity and industry marked her whole life. They knew the hardship of poverty("either jam or butter but not both"), but both parents had wide outside interests and a perennial joy in country things which they passed on to their children. "She was rooted and grounded in love, and that love was the Christian love that goes out in understanding and genuine sympathy to the lovable and unlovable alike."

Schooldays in Gloucester ended with brilliant examination results, and she went on with a scholarship to Bedford College, London, where she read history, graduating in 1914. Her first post was at Walthamstow Hall, Sevenoaks, a residential school for the daughters of missionaries, but subsequent posts in Edgbaston, Brighton, and as a Travelling Secretary for the Student Christian Movement, were all with students. An S.C.M. colleague recalls that "even in those early days she had a quick understanding of traditions other than her own", and that "her good humour and shrewd though generous assessment of students made her a very valuable member of the team".

Her spiritual strength and her wisdom and understanding of students grew as her experience widened, and it was in 1930 at the age of 36 that she was accepted for service among students in China by the Friends Service Council. She was appointed as a lecturer in Western History at Yenching University. She remained in China, except for infrequent periods of furlough, for 21 years.

Soon after starting work at Yenching, she found she would be happier living in a simple Chinese house in a neighbouring village rather than on the campus. She had almost a horror of being in a privileged position, and she intended her home to be a centre where students and others could feel free to come and go whenever they wished.

After Pearl Harbour the Japanese, who had occupied Peking itself since 1937, took over the Yenching University campus, and in March 1943 all westerners in North China (nearly 2,000) were interned at Weihsien in an old mission compound less than 150 by 200 yards square. The story of this camp, told in *Shantung Compound*, makes clear how much Lucy gave to this very mixed community. One who was there has written of her as one of the two whose Christian character and influence were most helpful in sustaining morale. Among other practical responsibilities in the camp she was in charge of the sewing room making clothes for growing children and mending for the men. Someone would come despondently with his last shirt ragged or torn. "Can you wear it without a tail?" Lucy would ask, and the sewing room would produce a new collar or a patch from the tail to prolong its usefulness a few more months.

She said a final "goodbye" to China and returned to England in 1951 spending some months in the U.S.A. on the way.

So in 1952 began a period of service in India, Pakistan and Ceylon. Seconded by the Friends Service Council she went first to Gandhi's ashram at Sevagram, and then worked for the Y.W.C.A. and the S.C.M.

In 1957 came her long visit to Australia and New Zealand, and the memorable quality of her ministry there is revealed by, "It is over ten years since Lucy was in Australia. At a recent Meeting for Worship two people spoke of what she had told us."

She spent the next year at Woodbrooke as a Fellow, and then returned to India, this time to the Women's Fellowship House of the Church of South India in Bangalore.

One of her oft-quoted maxims was, "Start from where you are". At the age of 68 she found herself back in England and starting the exacting task of being F.S.C. Tutor at Woodbrooke. This meant not only tutoring students coming from and going to countries of which she had personal experience, but also opening her heart and mind to a continent new to her, Africa.

Lucy Marian Burtt was born on June 18, 1893 and died on June 25, 1968.

(Condensed from an article by Christopher B. Taylor)

邓 之 诚

先父邓姓,讳之诚,文如其字,明斋其号,又号五石斋,原籍江苏江宁人,我国著名历史学家,著有:《骨董琐记全编》、《中华二千年史》、《桑园读书记》、《清诗纪事初编》等,未刊稿《五石斋日记》计24册,为行草细书,起1933年,终1959年,凡二十有六年,完好无缺,保存到今。

先父1887年11月29日生于成都,1960年1月6日卒于北京,享年七十有三。先父幼年儿时承庭训,略习六代书史。后考入云南两级师范学堂习文,毕业后,任《滇报》社编辑数年,年二十三始受聘于昆明第一中学。

辛亥前夕,先父积极参加推翻满清的革命活动。武昌起义后,撰写多篇政论性文章,刊于《滇报》,欢呼革命成功。自1916年袁世凯篡权称帝,先父自滇入川,参与护国军运动,反对袁世凯称帝。

先父与江阴缪筱珊(荃孙)先生同婚于成都庄氏,为姑侄辈。1917年,先父自蜀至沪,拜见缪丈于上海虹口联珠楼寓所,备受奖许。由叶浩吾(瀚)先生介绍,应北京大学之聘,当时国史编撰处,隶教育部,上北大校长蔡孑民(元培)先生兼任处长,与张蔚西(相文)同任民国史纂辑。

1921年,先父专任北京大学史学系教授,后兼任北平师大、北平大学女子文理学院史学教授。1928年兼执教于燕京大学历史系,1930年秋,始改专任,直至1952年院系调整,前后凡二十有三年,及门弟子甚夥,多以文史方面的卓越成就,而成为海内外知名之专家学者。

先父治学,讲求经世致用,以人民历史为主线,如:

一、学识渊博,通史创新。

《中华二千年史》一书原为先父在高校讲授的《中国通史讲义》,只编秦汉至宋元为止,于1934年列为《大学丛书》之一种,为更今名《中华二千年史》,正式由商务印书馆出版。解放后,于1955年补撰明清部分,由中华书局出版,中华二千年之历史,始成完书,故先父有"壮年经始,晚幸观成"之语。是书至今为海内外学者所推重。正如先父挚友洪煨莲(业)教授所称许:"公编著大小十余种,而最专心致力于《中华二千年史》,……煌煌巨制,都二百万言,其以正史纠稗野之诬,以稗野补正史之阙,犹万斯同之遗意也。"

二、由博返约,清诗纪事。

1965年出版的《清诗纪事初编》,系先父据三四十年中,访得的七百余种顺康人诗文集所写成,共收作者六百人,录诗二千余首。对清初史事,有补证正史之缺文,填补了尚无清诗纪事的空白。六百位诗人之小传,为先父中岁以后精力贯注之作,尤为中外学人所称颂。此书初由中华书局上海编辑所于1965年出版,继由上海古籍出版社1984年再版。

三、民族气节,身体力行。

先父早年为辛亥革命呼号,继为反对帝制而为护国奔走。中岁即专心书史而埋首著述,如先父日记有云:"沈熳若来长谈,此君近入蒋(介石)幕,谓已力倡予之美于蒋,力劝赴庐山一谈。笑谢之。今之人如何可谈乎。"又先父1937年与燕大中共地下党员同学往来,如陈絜(矩孙)、龚维航(澎)及赵宗复等,且常为被逮捕的进步同学而多方奔走营救。更帮助中共地下党员同学南归,并为之偿还欠款等,而先父从未与外人一语道及之也。

先父于1937年即峻拒为日伪"新民学院"任教。1941年冬太平洋战起,日本军占领燕大,先父与洪煨莲、陆志韦、赵紫宸诸先生被捕入狱,囚居狱中141日。出狱后,写出默记心中所咏各体诗105首,题为《闭关吟》。后仿陆游《剑南集》例,将出狱后几年中续有所赋的二十余首,一并附录于书后,单本印行。先父表现出了坚贞不屈,坚持民族气节的大无畏精神。

四、一代文宗,以诗咏史。

先父所撰《清诗纪事初编》即是一部文史交辉之作。1931年秋,先父迁居燕大东门外槐树街12号,时与邻居好友张孟劬、洪煨莲相酬唱和成《槐居唱和集》。此外,先父平时吟诗,亦表达爱国之史思,成为诗史,如1933年痛感日本侵略我国华北,成南宋杂诗四绝句:"空费燕山代税钱,谁知闰位在南天。寻盟海上无多日,又见端平入洛年。江南国主定如何,贬号称臣为洗戈。屈辱堪怜十四事,胜他挥泪对宫娥。极天阁上总辛勤,苑像居然当策勋。三十旌旗同太祖,有谁能撼岳家军。"兹录出三首,以见一斑。

五、《骨董琐记》,考订文物。

先父无书不读,随手摘录,附以己见,于1925年成《骨董琐记》八卷,所辑举凡金石、书画、陶瓷、雕绣,尤详于明清朝章国故,遗闻轶事,都七百余条,附有旁证,别加案语,印行于1926年;以后又成《续记》二卷,三百余条,再印于1933年;而《三记》六卷,不下四五百条,1941年已写就,直至1955年汇为《骨董琐记全编》,由三联书店出版,后又经家兄邓珂细心标点,由中国书店及北京出版社再版,已收入《民国丛书》。当代作家张中行先生写文赞赏,见重士林。

六、书法俊秀,序跋题记。

先父喜篆八分,楷草小书,无一不精,并喜刻印章,旧有印谱,惜已亡佚。早年在燕大时,曾为门人沈鸿济、宋毓贞结婚,书一联赠之:"鼓琴以和,鼓瑟以乐。读经则刚,读史则柔。"鼓励殷切,典雅可诵。

先父自1933年5月起写日记,至1959年末去世为止,每日晨起,即以蝇头小草书记昨日之日记,长短不一,如1937年时事较多,记之亦多。《五石斋日记》共24册,近已承《民国档案》从中选载,刊于1998年第1、2期,为1933年及1934年所记,对民国史事及治文史者均有参考价值。

先父每读一部书,即将读书心得或考订之语即书于书皮上,日积月累,不啻为一部题跋序记,书名常以工整之书法,楷书或篆书题签。仅以生前将七百余部顺康年间诗文集转让于今中国科学院图书馆来说,这七百部顺康诗文集之先父亲笔题跋,颇为士林所珍视。

(邓 瑞)

巴尔博 George Brown Barbour

Best loved as a teacher, sensitive and skilled as an administrator, artist, and musician, George Brown Barbour of Edinburgh, Peking and Cincinnati was best known among geologists for his work on land forms and stratigraphy in north China. Notably, he dated the Choukoutien deposits containing *Sinanthropus* (Peking man). He served for twenty war and postwar years as Dean of the College of Arts and Sciences at the University of Cincinnati, close to which he remained for most of his retirement years until his death of a massive heart attack early on July 12, 1977.

Born on August 22, 1890, into a Scottish family of wide interests, he was named for his mother's father, George Brown, a prime minister of Canada and "Father of Confederation," as well as founding editor of *The Globe* of Toronto. His mother, Margaret Nelson Brown, was the first woman graduate of the University of Toronto. Her husband, Dr. Alexander Hugh Freeland Barbour, was a gynecologist and surgeon, president of the Royal Scottish College of Physicians and founder of the Royal Victoria Nurses in the Highlands. Their home in the stately "New Town" area of Edinburgh was a center for religious and political as well as medical leaders.

After attending a private Montessori school at home for the clan of Barbour cousins, he went through Merchiston Castle School and completed a classics M.A. at the University of Edinburgh in 1911. Vacations were spent rock climbing in the Highlands, sailing off the coast of Skye, riding, or fishing. He spent the year before university studying piano and organ at Marburg. The year he graduated, he took a trip around the world via Canada and China, finding it in the midst of the revolution that overthrew the emperors. On a seashore weekend near New York, he was entertained by his future wife Dorothy, whose own father, Dr. Robert L. Dickinson, was also a pioneer in gynecology. Two years later he entertained the Dickinsons in his rooms at St. John's College, Cambridge, where he was undertaking a science degree.

That golden age of Anglo-American culture ended with the First World War. Barbour served with the Friends Ambulance Unit in Flanders from the autumn of 1914 until 1915, when the unit was transferred to Italy. Near Ypres he rescued the first victims of the German gas attack and shared in the chemical analysis of the poison gas. At Christmas there he played the cathedral organ later destroyed by shelling. Driving an ambulance in the Italian mountain campaigns above Gorizia was an exhausting adventure for Barbour, but so many of his friends, including half of his Merchiston class, had fallen in the trenches, that he himself enlisted in the artillery in the final months.

Demobilized in 1919, he worked for some months in the Student Christian Movement in America, under John R. Mott and Robert Wilder, and added graduate studies in geology at Columbia University to his wartime Cambridge science degree. He was to complete his Ph.D. there under Charles P. Berkey on a later return in 1927. After his marriage in May 1920, he and his wife, who had been teaching religious education at Hartford Theological Seminary, prepared themselves for service in China. Both were commissioned by the London Missionary Society and taught at Yenching University in Peking, later moving to the new campus near the Summer Palace ten miles outside the city. Their three sons were born in Peking and later kept both their parents' vocations. Hugh Stewart Barbour (born 1921) now teaches in religion at Earlham College; Robert Freeland Barbour (born 1926, died 1953) trained in science and medicine; and the middle son, Ian Graeme Barbour (born 1923), now teaches religion and physics at Carleton College.

Besides founding the geology department at Yenching, during their early months in China George Barbour aided the Famine Relief Commission in locating sites for new wells—eventually 4,997—in the famine-struck Shuntehfu area of southern Chihli(Hopei). He also located a deep artesian well for Yenching, and the water-tower-pagoda there remains a landmark. For most of 1922 and half of 1923, he was loaned to Peiyang University near Tientsin. He helped set up the Christian funeral for Sun Yat-sen and nursed the mother and wife of Yenching's President Leighton Stuart during thier final illnesses.

Most vacations he spent in field research. He studied Cretaceous stratigraphy in the Kailan coal mines east of Tientsin with Amadeus Grabau in January and March 1921 and studied the Tsinan and Shuntehfu areas in April and again in 1923. In 1922 he helped prepare Charles Berkey and other members of the American Museum of Natural History's Third Asiatic Expedition into Mongolia. Questions raised at Kalgan, the Chinese gateway to Inner Mongolia, took Barbour back in the summers of 1923 and 1924 to explore the stratigraphy of the whole area, its Pleistocene volcanoes, and underlying granite. After an interruption by devastating floods, his companion in August 1924 was the Jesuit paleontologist and philosopher, Pierre Teilhard de Chardin, who became a lifelong friend. They explored the same outcrops westward up the Sangkanho valley. The northern data formed Barbour's thesis and most massive publication, *The Geology of the Kalgan Area*. Other areas he covered in 42"Contributions of the Yenching University Department of Geology,"published mainly in the *Bulletin of the Geologicol Society of China*. After a two-year furlough in New York, teaching in Berkey's place at Columbia, Barbour returned to find the center of excitement to be W.C.Pei's excavations of hominid and associated bones from cave deposits at Choukoutien near Peking, under the Chinese Geological Survey headed by V.K.Ting and Wong Wen-Hao, and later under the Cenozoic Laboratory of Davidson Black at Peking Union Medical College. Thus Barbour's field work from 1929 to 1931, except for five days in the Nanking area, was mainly in Shansi and Shensi, attempting to work out the Pliocene and Pleistocene history of the Yellow River basin, which would help to establish the dates of the "Peking man"finds. With Teilhard he was at Niangtzekuan in 1929 and on the Sangkanho again in March 1931. In December 1930 he solved a geological problem when his train was stuck near Chinghsing in a snowstorm, and the next month he was back at Yutaoho in the Shansi mountains. Around Taiku he showed that the"fault-scarp"was due to differential erosion of an upthrust, and he tried to tie in the Malan period of loess formation with the Riss-Würm glaciation period in Europe. He took another leave for his son's health from January 1932 until the spring of 1934, during which time he had a fellowship at the California Institute of Technology and taught at Cincinnati and Columbia Universities. He was invited back to Peking by Black to undertake with Teilhard and their Chinese colleagues, Young and Bien, a major exploration of central China to correlate all Chinese Pliocene and Pleistocene formations. Black's death as the group was gathering also made it their final effort. During delays, they explored and questioned supposed glaciation on Lushan and explored the lower Yangtze terraces. Then they set out to study formations along the Yangtze from Hankow up the Ichang gorges to Chungking, and from the

Huangho they went over the eastern Tsinling mountatins.

Barbour returned to a lectureship at the University of London, with talks on geography for the BBC and a summer session of teaching at Stanford University in 1935; in 1937 he gave the Gill Memorial Lecture of the Royal Geographical Society. In 1947 he was made an honorary member of the Royal Geographical Society of Belgium. He was also elected to the Royal Society of Edinburgh, the London, French, Finnish, and South African geological societies, and later was made an honorary member of Phi Beta Kappa and Sigma Xi. In 1955 he became one of only half a dozen Americans elected to be a Corresponding Fellow of the Italian Institute of Human Palaeontology in Rome.

His field work during these years consisted mainly of short studies, mostly published in the *Geographical Journal* in England, of American hydroelectric sites: Boulder Dam, Tennessee Valley, Grand Coulee, and later Kitimat in British Columbia. He attended the International Geological Congresses and their radiating field trips, at Washington(1933), Moscow(1937), London(1948), Algiers(1952), Mexico City(1956), and Copenhagen(1960). He also attended the Pan-African Congresses on Pre-History at Algiers(1952), Livingstone(1955), and Leopoldville(1959), and the Pan-Pacific Science Congresses of 1926(Tokyo)and 1939(Berkeley), reading papers at many of these gatherings. He was at many sessions of the American and British Associations for the Advancement of Science, and the Ohio Academy of Sciences, of which he was President in 1949.

He had in 1937 been recalled to the University of Cincinnati, where he had taught during Nevin Fenneman's leave in 1932-1933, and was to teach geology from 1937 to 1960. After his retirement, his colleagues and former students endowed the $1,000 George B. Barbour Award, given annually to the Cincinnati professor who has contributed most to student-faculty relationships. He had been recalled to Cincinnati primarily, however, to become Dean of the College of Arts and Sciences, serving from 1938 to 1958.

After he retired from teaching at Cincinnati, he was called to teach at Duke University in 1961-1962 and the University of Louisville in 1964-1965. Accidents in 1964 and 1967, femoral or cerebrovascular, slowed his mobility in later years. In 1970 George and Dorothy Barbour celebrated their fiftieth anniversary in their home of thirty years at 3521 Cornell Place and two years later they moved into an apartment in a retirement center a mile away.

At a memorial held at the University of Cincinnati on October 16, 1977, George Barbour was remembered by former students and colleagues as scholar and composer, as "my Dean," as the pipe-smoking professor, and he was remembered also for his humor, wise administration, and inspiring teaching.

George Barbor's papers have been distributed to scholarly archives. The University of Cincinnati Library has his university documents, his personal films, papers, sketches, some field books, and copies of the remaining materials. The Smithsonian Institution in Washington has the originals of his Chinese geology field notebooks, copies of all his China publications, and colleagues' geological works on China. The Missions Library at Yale Divinity School has the originals of correspondence on life and Christianity in China, photographs and typed transcripts of vital items. Woodstock Theological College Library, now at Georgetown University, has his letters to and from Teilhard de Chardin and his collection of books by and about Teilhard. The University of Wisconsin Library has the field notebooks from his six African trips. The Imperial War Museum in London was given his diaries, letters, and photograph from the Friends Ambulance Unit in Flanders and Italy during World War I. The University of Chicago Library has copies of the Teilhard material, and Stanford University's Hoover Institute has copies of the China material given to Yale. Hugh Barbour, at 1840 S. W. E Street, Richmond, Indiana 47374, has incomplete sets of his pubished papers, available to give to geologists specializing on China.

(Condensed from an article by Hugh S. Barbour)

白　坚

白坚,陕西省靖边县人,1911年3月15日生。1926年在陕西榆林入共青团,1928年加入中国共产党,介绍人贾拓夫、朱侠夫。1928年夏到北平考入辅仁大学,做团区委工作。1930年8月1日游行时被捕,出狱后,1931年初至同年9月,在燕京大学以锅炉工身份为掩护,进行地下工作,担任西郊团区委组织部长、团区委书记,1931年10月至1936年,历任天津市委职工部长、河北省委冀东巡视员、保(定)属团特委书记、北平西城区委书记、东北军骑兵第二师中共工委书记、抗日同盟军师党委书记、军政治部部长、冀中团特委书记、陕北苏区游击十三纵队司令员、陕甘宁革命军事委员会秘书长、陕甘宁红军总政治部主任等职。

1937年至1945年,白坚历任中央回蒙工作委员会主任、晋绥边区岢岚特委书记兼120师岢岚办事处主任、晋绥三分区地委书记兼三五八旅政委、军分区政委等职。

1945年8月至1949年,白坚历任中共"七大"代表、辽宁省委副书记、书记,兼省军区副政委、政委等职。

1950年至1966年"文化大革命"前,白坚历任中央华北事务部办公厅主任,华北行政委员会委员兼秘书长、天津市委副书记、副市长,国家机电部副部长、党组副书记,一机部副部长、党组副书记、兼任一机部德阳建厂指挥部总指挥等职。

白坚在"文化大革命"中受到残酷迫害,于1968年12月11日含冤去世。1978年,一机部党组作出政治结论,为白坚平反昭雪。

(原载《战斗的历程》)

包贵思　Grace M. Boynton

我第一次听包贵思(Grace M. Boynton)先生的课是1939年在北京燕京大学英文系二年级读书的时候,我爱上她的课,爱听她那清脆悦耳的声音,听着听着就仿佛沉醉在一种美妙的乐声之中。她的授课方式也非常灵活,在我们学莎士比亚"As you like it"的时候,正值春日融融,阳光明媚,她就带着我们到女生宿舍二院北侧的一座大藤萝架下,让我们分别担任剧中的角色,进行朗读练习。那时藤萝正开着一串串的紫花,泛发出阵阵清香,在这种环境下朗读莎翁名剧,真是美极了。

包贵思老师喜欢清静,她不住在当时外国老师聚居的燕南园(又称南大地),而是住在燕京大学南校门外海淀军机处的一所老式平房里,房屋不多,也不十分宽敞,但是院子很大,种满了各种花草树木,每个学期她都要请一些学生到她家作客,往往是让学生围坐

在院子里,吃吃茶点,聊聊天。记得她最常对大家谈到的有两个人:第一个是著名女作家谢冰心女士,冰心大姐是她初来燕京教书时班上最得意的弟子。第二个叫"宝子",当时我只知道是她另一个得意学生的女儿。住在她家由她抚养,好久以后才知道原来是杨刚女士的小女儿,杨刚早年为了参加革命,把这个孩子托付给她,由她细心抚养了不少年。每谈到这两个人,老师的脸上就绽开了得意的笑容,给人一种非常自豪的感觉。

1941年冬太平洋战争爆发,燕大被迫关门,一年半以后我和林焘长途跋涉,辗转到四川成都燕大复学。到学校以后,惊喜地发现年迈的包贵思老师已经先于我们来到成都燕大,我在北京念英文系时认识的外籍教师中,只有她来到成都,见面后自然格外兴奋和亲切。

当时英文系的师资非常缺乏,能开出的课程不多,我就又重修了包贵思老师的"英国文学史"课。离开课堂一年多,一直没有听到英语讲课的声音,这时在课堂上又听到包贵思老师那清脆悦耳的英语发音,心情是十分兴奋的,仿佛又回到了北京的燕园,仿佛又闻到了藤萝花发出的阵阵清香。

包贵思老师是燕大英文系的元老,可是据我所知,她从来没有担任过系行政职务。到了成都以后,学校人手不足,她才兼任起英文系系主任。不久,李方桂先生应聘来到成都燕大,到我毕业时,英文系系主任就已经改由李方桂先生担任了。

大约是在1944年的春天,冰心大姐来校演讲,那个小小的礼堂挤满了同学,包贵思老师也来了,坐在礼堂靠后的一个不显眼的座位上。冰心大姐谈了许多燕园初建成时的旧话,还特别提到,在燕大资格最老的自然是司徒雷登校务长,其次就要数 Miss Boynton 了,接着风趣地说:"在燕京,Miss Boynton 可以算是'一人之下,万人之上'了。"这时一些同学回过头去,以崇敬的眼光看着包贵思老师,只见她不住点头,脸上笑开了花,这是她最得意的弟子对她所表示的敬意,也表达出了她教过的所有弟子对她的敬意,她怎么能不高兴,怎么能不感到自豪。

1944年夏天我毕业后就和林焘结了婚,婚礼是在学校小礼堂举行的,请梅贻宝先生证的婚。结婚仪式上要有一位家长搀着新娘步入礼堂,我的家长远在万里之外的沦陷区天津,不可能来,在成都又没有任何长辈至亲,这时我就想到了老师包贵思先生,当我向她提出这一请求时,她非常高兴地答应了下来。我结婚那天,她一清早就起来,到院子里为我一枝一枝地采摘花枝,捆扎成一大束,让我结婚时捧着。

1946年9月,我和林焘从成都返回北京燕大工作。那时包贵思老师早已回来了,她依恋旧居,仍然回到海淀军机处原先住的那所幽静的平房里居住,我们则住在蔚秀园,和她的住所相距较远。我们已是有了孩子的年轻父母,每天的工作和家务忙得不可开交,我仍然抽出时间去旁听她讲的"美国小说"课。她那时年事已高,仍然是和当年一样,用那清脆悦耳而又带有些颤音的调子对学生讲课,但终究显得比过去苍老了许多。我和林焘每隔一两个月就抱着孩子到军机处去看望她老人家,她总是像过去一样十分热情地招待我们。我们常常一起坐在她房后的花园里,远眺西山,吃着茶点,聊着天,孩子在一旁喧闹着,这也许会给这位慈祥老人晚年的孤寂生活带来一点点的欢欣和乐趣吧。三年多以后,她不得已离开生活了几十年的燕园回到美国去,从此消息断绝。

一直到1980年秋,我有了机会去美国,当时有一个很重要的念头就是尽快和包贵思老师取得联系。当时我只有夏仁德太太(Mrs. Sailer)的地址,到美国以后,我就给她写了一封信,向她问好,并向她询问包贵思老师的近况和地址。不久就收到了夏仁德先生的回信,信中说夏仁德太太因患病手颤不能写字,由他代笔。他们告诉我包贵思老师已于几年前病故了。

包贵思老师是一位虔诚的基督徒,燕京的工友和她家的佣人都称呼她"包教士",可是她从来没有向我直接宣传过基督教义,她是在用一种平常的爱心来关心别人,影响别人,这也许就是所谓的基督博爱精神吧。包贵思老师一生独身,一个美国的青年妇女,不畏艰苦,远涉重洋,毅然来到中国,来到燕京大学,把一生的心血都倾注在燕园这块土地上,这是需要一种信念和精神来支持的。她是燕大英文系的元老,可是从来不以元老自居。燕大英文系的老师和学生都非常尊敬她。

(杜 荣)

鸟居龙藏

鸟居龙藏先生是国际闻名的考古学者,从1895年以来便开始在中国从事考古学和人类学的调查研究,筚路蓝缕,实具开创之功。晚年定居北京(1939—1951),留下了不少的研究成果,特别是在长期同中国人民的接触中对中国产生了真挚的感情,在力所能及的条件下,为文化交流和中日友好做出了贡献。

1944年我在中国大学史学系读书时,曾从我的老师裴文中先生处听到过有关鸟居先生的一些信息;同时在校任教的齐思和先生和翁独健先生都是过去燕京大学的教授,他们也经常谈到先生在燕京大学的一些情况,1945年抗日战争胜利后,燕京大学在9月间复校,先生也迁回燕东园居住。由于翁独健先生的介绍,我经常到先生家里去请教,特别是当我在燕京大学历史系任助教期间(1948—1950),同先生的接触也就更加频繁。让我以当时的所见所闻,介绍先生在北京期间的一些情况。

1939年5月,先生接受燕京大学的聘请,于8月抵达北平,就任该校的客座教授,这在先生的晚年研究生涯中是一项重大的转折,是由于当时的历史背景所决定的。

1937年7月,由于卢沟桥事变的爆发,日本全面展开侵华战争,在北平沦陷之前,中国的国立大学和文化机构纷纷迁往内地,仅有若干私立大学继续留在北平。属于美国教会系统的燕京大学,由美国人担任校长,成为日本当局无从干涉的一座孤岛,学校里的抗日气氛相当浓厚。日本当局为了刺探情报和控制学校,曾一再要求燕京大学聘请日籍教师,并推荐具体的人选,但遭到校方的拒绝。在不可开交的情况下,校方才主动聘请先生担任客座教授,以图塞责。从此先生受到日本军方和兴亚院等机构的歧视,以致后来在太平洋战争期间受到一系列的迫害。

在燕京大学任职以后两年多的时间内,先生曾去东北调查析木城的石棚和辽代画像石墓,还调查了山西大同的辽代城址、云冈石窟和河北宣化下花园石窟,接着又去山东龙口发掘新石器时代的贝丘遗址和调查临淄周、汉故城遗址。同时还以辽代文化为中心,进行孜孜不倦的专题研究,用日文、中文和英文发表了许多论文和专著。不久这种宁静的研究生活便遭到彻底破坏,太平洋战争爆发伊始,燕京大学被迫关闭,全体师生被赶出学校,甚至部分人士还遭到日本军方的逮捕。就在这种严峻的时刻,先生站在校门向被日寇逮捕离校的师生深鞠一躬,恳切地道歉;一些教师的私人图书和财物,也是由于先生从中斡旋,才得以平安地运出校外。当时先生顶着日本当局的压力,对中国师生表现了充分的同情和帮助,确实是不容易的,从而博得广大师生的尊敬和钦佩。所以,后来复校时,先生立即受到聘请。

1941年12月燕京大学在被关闭之后,先生不仅失去客座教授的职位和经济来源,而且全家被软禁了一年多才得到释放。这时全家处于失业状态,生活相当艰苦,由于友人的帮助,先生的长女幸子、次男龙次郎和次女绿子才找到工作,赖以维持全家的生活。尽管在这种困难的情况下,先生从来没有低头屈服。1942年,先生以哈佛燕京学社的名义用英文出版了《辽代画像石墓》一书,前面并刊有燕京大学校务长司徒雷登的序言。当时正值太平洋战争的激烈时刻,燕京大学已被关闭,司徒雷登也在监禁中;这时北平的学校已废止英语教学,并明令禁止使用英文,先生竟以哈佛燕京学社的名义用英文来出版这本专著,并刊出司徒雷登的序,这无疑是对日本当局的蔑视和抗议,表现了先生的高傲骨气和不妥协的性格,一般人是很难做得到的。这本专著的出版经历了曲折的过程,据先生的自序云,先生对侵华战争的必然失败也有着鲜明的预见,他曾经说过:"日本人不了解中国民族的强大,这是很可悲的。中国过于广大,随着战火的扩大,日本人将陷于败战之中"(《鸟居龙藏全集》第六卷,658页,1976年)。

(安志敏)

编者注:鸟居先生出生于1870年4月4日,逝世于1953年1月14日。他自幼在家自学,1893年任东京帝国大学理科大学人类学教研室标本管理员。1905年任该校理科大学讲师。1921年获东京帝国大学文学博士学位,1922年任副教授、人类学教研室主任。1923年兼任国学院大学教授。1928年任东方文化学院东京研究所评议员和研究员。1933年任上智大学文学部部长兼教授。1939年来到中国,任燕京大学客座研究教授,直至1951年。幸子也在燕京教授日文。

鸟居龙藏在学术上的成就,表现于将考古学与人类学相结合;除了在日本国内从事考古工作外,还在西伯利亚东部、千岛群岛、库页岛、朝鲜及中国的内蒙古、东北、云贵、台湾等地进行调查发掘,研究东亚各民族、特别是少数民族的古代历史和文化,晚年致力于中国辽代文化的研究。

司徒雷登　John Leighton Stuart

司徒雷登,美国人,1876年6月24日生于中国杭州。他的父亲是美国南长老会派到中国来的传教士。司徒11岁时,随父母回到美国。他父母度假一年后又回到杭州,而他就留在美国,在潘托普斯中学上学,次年转入汉普顿-悉尼学院,他的学习成绩总是名列前茅。毕业后,他回到潘托普斯学校,教拉丁文和希腊文。1899年,司徒雷登进入纽约协和神学院攻读神学,并加入"学生志愿赴国外传教运动"。1904年11月他和路爱玲(Aline Rodd,1926年在北京去世)结婚,并受美国南长老会的派遣来华传教。

司徒雷登夫妇1904年底到中国,经过一年多的语言学习,他开始在杭州农村传教。1907年,美国南北长老会在南京联合创办金陵神学院,邀请他于1908年到该校教授《新约圣经》。他教学成绩显著,他编著的《新约希汉字典》和《新约启示录新注释》先后出版。

1918年,美国教会在北京的汇文大学和通州的协和大学酝酿合并,汇文大学的美国托事部聘请司徒雷登出任合并后的大学校长。于是,他在执教金陵神学院十一年之后,于1919年1月到达北京,筹办新的大学,定名为燕京。1920年英国教会在北京创办的华北协和女子大学也合并进来,成为燕京大学女部。司徒克服了种种困难,决定了校名,购置了新校址,建起了新校舍,在副校长Harry Luce的协助下筹集到经费,新的燕京大学迈步前进了。

燕京大学初创时,学生不足百人,教师二十余人,中国籍的只有二人,许多外籍教师都不具备在大学任教的资格。经费也少得可怜。而司徒雷登锐意经营,站在革新者的行列,促使燕京这个教会学校世俗化,宗教不再作为全体学生的必修课,学生也不必须去做礼拜。他顺应中国人民收回教育主权的运动,率先向中国政府申请注册,后来聘请中国人做校长,他改任校务长。聘请学者专家来校执教,到1934年,燕京已有正副教授111人,其中很多是美国著名大学的博士。学校采用美国的选课制和学分制,建立科学的教学体系,严格入学考试,致力提高学生学习水平,并加强与国外优秀院校的联系,重视中西文化的融贯交流。燕京还强调学生全面发展,培养多种才能,重视理论与实践结合,发展应用学科。司徒希望燕京能成为"中国最有用的学校"。燕京创办的医预系、家政系、物理系、化学系、新闻系、社会系、经济系、政治系、外文系、教育系、音乐系等,都卓有成效,司徒很喜欢中国的传统文化,而且有较高的造诣。燕京的历史系、中文系及哈佛燕京学社都办得很有特色。

为了解决经费问题,在七七事变前,司徒曾10次返美募款。燕京创建之初,年度预算不过35000美元,87%来自外国教会;到1936—1937年度,学校预算已达215000美元,外国教会来源仅占14%,55%来自美国私人捐赠,中国方面也提供了约10%的资金。这种情况,为燕京从宗教职能向教育职能转化提供了条件。

在司徒的主持下,燕京具备一种宽松和谐的教育氛围,思想上相对自由,文化上相对开放,社团活动较为活跃,服务献身精神较为突出,师生关系颇为亲密。西方的科学民主意识在燕京具有广泛的影响,各种激进的政治理论和社会思潮也有相当的传播。自"九·一八"事件日本帝国主义猖狂侵略中国后,燕大学生率先掀起抗日斗争,司徒对历次的学生运动都是支持的,并多次声称"引以为荣",认为学生的爱国热忱和崇高理想是中国的最大希望。七七事变以后,他叮嘱校内有关工作人员,凡是学生要离开沦陷区去参加抗日工作,不论是到重庆还是到延安,学校都给以帮助。

1941年12月7日,日寇偷袭珍珠港,太平洋战争爆发。日寇封闭了燕京,逮捕了燕京师生二十余人,司徒也在天津被捕,以后一直囚禁在北平。1945年8月日寇战败投降,司徒获释后,立即筹划燕京的复校。燕京教职员以惊人的效率和速度,招考了新生,在燕园北半部还有日寇伤兵未迁出的情况下,于10月10日就开学了。

1946年7月11日,司徒受命任美国驻华大使,脱离了他从事40年的教育工作,投身到极端复杂的政治斗争中。他执行美国对华侵略政策受到中国人民的激烈抨击。在1919年6月16日他给美国托事部写的报告中,曾说:"学生是中国的希望。"而1948年,他自己已受到燕京学生面对面的批评。学生们打出的大标语是"吾爱吾师,吾尤爱真理!"

1949年4月,南京临近解放。国民党中央政府迁到广州。苏联大使随着走了,而美国大使留在南京未动。南京解放后,燕京的学生黄华任南京市外事处长,司徒通过他与有关方面取得联系,拟以私人身份,回燕京过生日。我方表示同意。燕大校长陆志韦也给他写了信。但美国国务卿电告司徒,不要去北平,并须于7月25日前赶回华盛顿。于是,8月2日司徒与他的学生、秘书傅泾波等登机返美,离开了他生活和工作了五十多年的中国。8月18日毛泽东主席写了《别了,司徒雷登》,指出:"他是美国侵略政策彻底失败的象征。"

司徒返美途经冲绳时,发表一个声明,明确表示赞成美国承认中国共产党政府的意见。但这个声明没能在美国发表,他还接到美国国务院的通知,不得在途中再作声明。

司徒返美四个月后,中风住院。1950年9月出院,即住进傅泾波家,得到悉心的照料。1952年12月,他辞去了驻华大使职务。1962年9月19日逝世,享年86岁。他在遗嘱里希望把骨灰回葬燕园,与妻子合葬。他的《司徒雷登日记》和《在华五十年》已先后在香港、美国和中国出版。

(卢念高)

卢 广 绵

卢广绵,1906年生于辽宁省海城县。1923年至1927年在北京大学学习期间受五四运动的影响,与晏阳初、梁漱溟、陶行知等参与乡村建设运动,开始强国富民的有益探索。1929年留学法国,专攻社会经济,曾访问有"合作社王国"之称的丹麦,著有《丹麦游记》一书,介绍丹麦的合作社及农村成人教育。

"九·一八"事变后,在民族危亡之际毅然停止学业,回国参加抗日救亡运动,与阎宝航、高崇民、孙一民等东北抗日救亡人士一起组织和参加东北抗日救国活动。同时在燕京大学从事学生辅导工作。并联系北京大学、南开大学、齐鲁大学和中华平民教育促进会,组织农、工业改进会,后改为华北棉产改进社。举办讲习班并创办《农友》周刊,向农民介绍农业知识、合作社的知识,先后在河北省二十几个县帮助农民组织起棉花运销合作社,是我国农村合作社事业最早的创办者之一。

七七事变后,南下上海,会同美国友人埃德加·斯诺夫妇,新西兰友人路易·艾黎以及我国著名进步民主人士刘湛恩、胡愈之、徐新六等发起组织了中国工业合作运动。1938年8月与艾黎在武汉创办工业合作社干部培训班,卢广绵赴陕西宝鸡组建第一个工业生产合作社和工合第一个地区性办事处——工合西北区办事处,任办事处主任。

1945年6月至1946年6月卢广绵、姜漱寰夫妇应邀赴英国、丹麦、瑞典、挪威、美国和加拿大参观考察合作事业,受到热烈欢迎。

1946年7月至1950年3月出任联合国救济总署赈恤厅厅长和联合国国际难民救济委员会远东事务顾问。

中华人民共和国成立后,卢广绵于1950年4月携夫人、子女由瑞士日内瓦回国参加新中国的建设。历任全国供销合作总社干部局编辑、干部学校教研室主任,果品局业务处长,供销合作总社理事,供销科技情报研究所副所长,商业部科学研究院巡视员等职。

卢广绵是全国政协第六、第七届委员,中国工业合作协会代理理事长,工合国际委员会副主席,中国民盟盟员。他于1995年5月10日在北京病逝,享年89岁。

(据北京《燕大校友通讯》第20期)

吕　复

我的父亲吕复,字健秋,原籍河北省涿鹿县,1879年生。清癸卯年(1903)举人。1905年自费留学日本,在早稻田大学读预科,后入明治大学法科。1908年在日本加入同盟会。1911年回国,选为众议院议员。

1912年袁世凯篡夺辛亥革命成果任民国第一任大总统,私自与五国银团签订借款合同,国民党要求将借款案送国会决议,袁故意推延会议,使借款造成事实,会场陷于混乱,议员纷争,父亲见状怒将桌上墨盒掷向会议主席。自此以后国会各桌墨盒均用钉钉死,以防挪动。父亲这一掷,当时引为奇闻,以公然反袁著称。

1914年父亲再去日本,值欧战爆发,黄兴等组织欧事研究会,父亲参加。1915年日本提出二十一条辱国要求,父亲及欧事研究会同仁集会反对,共商讨袁。在庆祝云南起义时,父亲公开宣称袁世凯为国中特别腐朽势力之核心,从而遭到拥袁势力的反对,乃愤而回国。1917年孙中山出任军政府大元帅,父亲任军政府参议兼秘书。父亲力主地方自治,在担任法制委员会委员期间起草了三项自治条例由广东省省议会通过施行。

1921年经李大钊介绍,父亲到北京中国大学任教,讲授社会学政治学。1923年曹锟欲当总统,在议员中进行活动,议员们每投一张选票,给五千元贿赂。父亲拒不参选。1925年兼任中国大学校务主任,后任教育部次长。

1928年父亲经友人郭闳畴(云观,燕京大学教授)介绍,担任燕京大学政治系教授,课程有中国法制史、比较宪法、地方自治等。当时住在东门外蒋家胡同2号,与顾颉刚、周学章为邻。四合院平房,植树养鱼,宽敞,雅静,父亲自悦这是一生中最幽逸之住所,校方要我们迁往燕南园时父亲亦予婉谢。

父亲在政治系中与徐淑希主任交往较密,徐长于英语,对国际关系有研究,父亲对中国法制演变以及自治条例等造诣较深,因此互有砌磋。与张友渔教授亦有交往,因而在北平解放后父亲重晤张友渔副市长时感慨甚多,张对父亲生活情况倍加关注。

1935年父亲按燕京规定,休假一年。时晏阳初推行平民教育计划,以河北定县为试点,聘请社会人士担任县长,任期一年。父亲应聘为定县实验县县长,前后14个月。期满后应邀出任河北省立法商学院院长,离开燕京。在法商学院期间,新成立的冀察政务委员会通令各学校教职员填写反共志愿书,教职员群起反对,父亲亲自找到天津市政府及冀察政委会据理交涉,最终惟独该校未曾填报反共志愿书。

1937年日本侵略军发动卢沟桥事变,敌伪派人到我们家里要父亲出任敌伪政权的教育部长,父亲一面托辞拖延,一面托人在天津暗买船票南下,终于在燕京同学林镜东帮助下买到云南轮客票去香港转广州,到中山大学任教。不久广州陷敌,父亲又转到重庆中央大学任教,并任立法院委员。

父亲当时年近六十,出于抗日救国之热忱,奔走异乡,历尽艰辛。在内地的所见所闻,使他深感不平,在立法院会议多所抨击,遭到蒋氏不满。直到1945年日本投降,父亲重返北京,与离别八年的家人团聚。时中国大学又邀父亲担任校长职务。

1947年,解放战争逼近华北,傅作义邀请父亲到张家口面商和战大计,父亲力促傅氏走和谈之路。后在南京开立法会议时又遇傅氏,再提和谈,傅表示,能和则和,回去再谈。父亲深知傅意,认定和平有望。及至围城时刻,父亲与何思源等作为和平使者到郊外与傅作义恳谈,终于使傅与解放军达成和平解放北平协议,保全了古城文物建筑,老百姓的生命财产没有受到任何损害,从而使古城北平完好地回到人民手中。父亲为人民的解放事业做出了自己的贡献,为此他深感庆幸,并引以自豪。

1949年全国解放,中央人民政府成立。父亲任中国人民政治协商会议第一届全国委员会委员。以后又担任察哈尔省人民政府副主席,河北省人民政府副省长,河北省人民政治协商会议副主席。并兼任中华人民共和国第一次宪法起草委员会顾问。历任中国国民党革命委员会中央委员及中央团结委员会委员。1955年6月8日病逝于北京,安葬于八宝山革命公墓,终年77岁。

回忆父亲为人忠诚耿直,性情豁达,治学严谨,老而不辍。如对外文,除英、日文已有基础外,年过花甲又自学德、俄文字。爱书法,习国画,以此自娱。在治家方面,对我们子女管教尤严。

父亲生前著作有:《社会学原理》、《比较宪法》、《中国法制史》、《地方自治概论》,均已出版发行。

父亲一生清廉,身无长物,仅有的藏书、碑帖、拓本,均赠河北图书馆,并将与李大钊合影及与孙中山往来书信赠送历史博物馆保存。

父亲于1912年与母亲廉佩璋结婚,有三女一子。钟璧为次女,曾于1930年在燕京附中就读,后到贝满女中,1935年考入燕京大学历史系,1939年离校到内地。1941年在重庆与张鄂联结婚。吕钟璧学号:W35063。

(吕钟璧)

毕范理 Harry B. Price

毕范理先生曾在燕京经济系任教五年。1979年毕范理夫妇曾重访燕园。这篇小传是他的长女——Joan 撰写的。

Harry B. Price was Associate Professor of Economics at Yenching University from 1932 – 1937. He taught the first economics courses using China-based texts and articles. Those courses were Chinese economic problems, economic theory, history of economic thought and China's population problems. From 1935 – 1937 he served as Acting Dean of the College of Public Affairs.

Harry Bayard Price was born in China in 1905, the fifth son of educational missionary parents. At the age of 15 he went to the U.S. and in 1925 he graduated Phi Beta Kappa from Davidson College, N.C., later earning a Master's Degree from Yale University. He returned to China for the year 1929, serving as an assistant to the Kemmerer Commission of Financial Advisors to the government of China.

In 1930 Harry Price married Betty Rugh (also born and raised in China). They came to Yenching University in 1932 with a six months old daughter Joan. Their son Douglas was born in Beijing in 1933.

After five memorable years at Yenching University the Prices returned to the United States. Harry Price became Executive Secretary of the American Committee for Non-Participation in Japanese Aggression, working to achieve legislation to stop the export of war supplies to Japan, succeeding in the late 1940. From 1941-1944 he worked for China Defense Supplies.

Harry Price returned to China from 1944-1947 as Assistant Director of the China Mission of the United Nations Relief and Rehabilitation Administration (UNRRA), serving as liaison with the Chinese government for distributing aid in fifteen different regions of China. He wrote the official history of UNRRA in China, published by the Columbia University Press in 1950.

In 1948 he joined the Economic Cooperation Administration, known as the Marshall Plan. Later he was Director of the Marshall Plan History and Evaluation Project. *The Marshall Plan and Its Meaning*, by Harry Bayard Price, was published by Cornell University Press in 1955. The book was well received as a comprehensive and balanced history of the Marshall Plan.

From 1956-1959 Harry Price was the United Nations Economic Advisor to the Government of Nepal. From 1961-1964 he was the Executive Director of the International Mass Education Movement, which worked in the Philippines with programs of rural reconstruction and development. He edited a 400 page volume entitled *Rural Reconstruction and Development—A Manual for Field Workers*, published in 1967 by Frederick A. Praeger. From 1970 to 1981 he taught economics at Maryville College in Tennessee and served as Chair of the Economics Department.

In 1979 Harry and Betty Price revisited China and the Yenching University campus. They valued the opportunity to spend time with former colleagues Wu Wen Tsao and his wife, Hsieh Ping Hsin, and with Gong Pu Sheng and Lei Jie Qiong. Other Yenching University colleagues that the Prices kept in touch with over the years were former President Dr. J. Leighton Stuart, Edgar Snow and his wife Peggy, Randolph C. Sailer and his wife Louise, and former Dean of Women Marnie Speer.

Harry Price recalls many excellent students from the Yenching University years of 1932-1937. Two students he remembers as especially outstanding are Wang Ju Mei (Huang Hua) and Francis Chen.

Harry Price retired in 1981, and since then has focused his interests and writing on global problems and world peace. His address is Harry B. Price, 3879 Caton Branch Road, Sevierville, TN 37876, U.S.A. Telephone(423)453 – 8750.

April 20, 1998
Submitted by
Joan Price Spencer

刘　节

刘节是研究先秦古史的著名学者,学识渊博,对古文字、古地理、考古及史学史等领域,他都颇有建树及影响。

刘节,号子植,浙江永嘉县人,1901年7月(清光绪二十七年)生,1977年7月在广州中山大学逝世,享年77岁。他于1926年自上海国民大学哲学系毕业后,就考入北京清华大学国学研究所,从梁启超、王国维等名师学习。1928年毕业后,到天津大学任讲师,1930年任河南大学文学院教授。1931年又任北平图书馆编撰委员会金石部主任。1935年到燕京大学任教,抗日战争时,他离京南下。

这时,他在古史研究上,已取得成果。如《洪范疏证》及《好大王碑考释》均为代表作。《洪范》是《尚书》中的一篇,据说武王克殷后,访问箕子,箕子陈述治国大法。他为了考证,认为《洪范》为秦统一中国以前,战国以后阴阳五行家托古之说。他写《好大王碑考释》系采用郑文焯、刘承幹、法国学者沙畹等六种碑文拓本,参考各家训释,进行校勘,还用汉魏六朝至唐碑志中的别体字进行对照,并参考了朝鲜、日本的若干古籍和我国的古书,从历史、地理、文字、音韵、金石、考古等各方面对碑文进行考证,对好大王在朝鲜半岛上扩张势力时,有关国家、部族、城邑、山川的地理位置,及国家、部族之渊源、活动范围都进行考证及推论,取得了研究朝鲜古代史地的杰出成果。

1931年至1937年,刘先生在北平图书馆和燕京大学工作,这时他继续从事古器物和古文献的考释,如《骉氏编钟考》,铭文仅61字,但他搜罗了20件古器,41种古书及八种近人著作为论据。考证出"敲"字是编钟的原始语义,编钟即敲之遗制,此为重要成就。同时,他还考释出春秋时期齐国已有长城。

1933年夏,安徽寿县出土一批铜器,其中有文字的达三十多件,刘先生写出《寿县出土楚器考释》,考定了诸器的制作年代,订正了史籍及学者的讹误。又考订了曾国氏族的分布情况,证明曾、楚的姻戚关系。

抗日战争前刘先生在北京时期,写了不少考证古史的文章。

抗日战争爆发后,刘先生南下,曾在上海大夏大学,宜山浙江大学任教,后又到成都金陵大学文化研究所工作。自1940年至1944年,他在重庆撰写了《历史论》、《人性论》、《中国古代宗族移殖史论》等专著。

1944年刘先生到中央大学任教,1946年到广州中山大学任教,直到去世。他对中国古代民族史研究,作出了贡献。刘先生重视对中国古代语言史的研究,对古金石学、古文字学(包括音韵学、训诂学)的造诣很深。

他的主要论文20篇,1958年由人民出版社汇辑为《古史考存》一书。

1949年后,他继续留在中山大学历史系任教,1950年至1954年兼任历史系主任。他教过中国通史、殷周史、中国历史文选、中国古代史学史等课。刘先生为人耿直,一向讲真话,不讲假话,言行一致。他常说:我所想的就是我所讲的,我所讲的也就是我所做的。

他的遗著《中国史学史稿》,经曾庆鉴等整理,于1982年由中州书画社出版,享誉海内外,很有学术价值。

(邓　瑞)

刘廷芳

刘廷芳原籍浙江温州,出生于1890年1月18日,曾在上海圣约翰大学读书,后去美国留学,1914年在乔治亚大学获得学士学位,1915年在哥伦比亚大学获得硕士学位,1918年获得耶鲁神学院硕士学位,1920年获得哥伦比亚大学师范学院教育学、心理学博士学位。他在美国求学时,曾任北美中国学生基督教协会主席,中国学生联合会东支部代表会主席,又是基督教协会季刊《留美青年》的编辑以及《中国学生月刊》的助理编辑。自1918年起,他在纽约联合神学院宗教系教书,他是在美国神学院教非中文课程的第一个中国人,同时又是宗教教育协会会员。

1920年,刘廷芳回国后任北京师范大学研究院院长,北京大学心理学教授,燕京大学神学院神学教授。1921—1926年,任燕京宗教学院院长,燕京大学校长助理,1922年5月2日到10日在全国基督教大会上他是主要发言人之一。1925年3月,在协和医院,他协助主持了孙中山先生的基督教丧礼。在此期间,刘廷芳是公理会教徒,参加了世界学生基督教协会活动,并参与组织1922年建立的中华全国基督教会的活动,任该会理事达十年之久。他又是北京基督教青年会干事,青年会全国委员文献部委员。

刘廷芳是中国心理学会的创办者和负责人之一,1923年任中华基督教教育协会标准测验委员会主席,他个委员会所制定的测验标准由全国教育促进会广泛运用于中国国立学校和基督教教会学校,1924—1927年任中华基督教教育协会主席,他是担任此职的第一个中国人。

1926年,刘廷芳去美国耶鲁神学院、哈德福神学院讲学。1927年在密得贝学院、奥勃伦学院获名誉学位,是年夏,出席在瑞士洛桑召开的国际宗教会议,又代表中华全国基督教协会参加在德国召开的教会促进国际团契世界联合会会议。此时,他已成为中国基督教领袖人物中最有发言权的人物之一。他去伦敦在市修道院讲经传道以后,《笨拙》对他的名声,人品和语言才能(他能讲八种语言)很感兴趣,发表了一首《刘博士》的诗以志欢迎。1927年秋,他到美国作波士顿大学客籍教授,1928年在缅因州班哥尔神学院和芝加哥神学院讲学。

1928年夏刘廷芳回国后,在燕京大学,北京大学任职。1930年他被选为新成立的中华全国基督教大学委员会主席,其后五年中又每届连续当选此职。他又是基督教教育奖学金组织的主席,他又是调查中国小学教育的一系列委员会的成员,又是一些企图在中国推行标准汉字的委员会的委员。他一面在燕京任教,一面在海淀区创办了培元学校,还办过挑花女工传习所。

刘廷芳对教育和基督教事业的贡献,还在于编印了一些著名杂志,如1920—1924年的《生活杂志》,1924—1926年的《真理周报》,以及《真理与生命月刊》《阿美西斯季刊》《明日教育》等。作为1932年由六个基督教社团组成的联合委员会的主席,他编写和翻译了一些赞美歌,并主持出版统一的中文版《赞美诗》,该书于1936年出版后,为国内基督教团体广泛采用。

1936年刘廷芳出任立法委员,翌年作为代表参加在牛津和爱丁堡举行的基督教会大会世界委员会会议。1938年他去印度但白伦参加国际传道会议,当时,中日战争已爆发,他已不能回到华北,因此在上海住了下来,一直到1941年底。刘廷芳身体羸弱,30年代末时多年的繁重工作毁坏了他的健康,1942年他去美国治疗头痛、呼吸困难以及体质虚弱等疾病。1947年8月1日他在新墨西哥阿尔贝奎克的一所长老会医院中死于肺病。

刘廷芳是民国时代提倡基督教生活方式的最有说服力的一个人。他用有力而明白易懂的语言阐明基督教的基本观念,并用这些观念来说明当时中国面临的一些问题:民主、科学革命,以及中国从传统的过去转到现代所必须解决的各种问题。

(据《民国名人传记辞典》)

伍英贞　Myfanwy Wood

伍英贞(Myfanwy Wood)女士1882年出生在英国伦敦,在圣马利亚学院毕业后,在伦敦一个女子学校工作了四年,1908年来到中国,除了几次休假回国或进修外,直到1951年回国,先后在中国工作了43年。

伍英贞到中国,先在河北省肖张县,伦敦会的女子学校工作了七年,回英休假后于1916年来到北京伦敦会的女子学校工作,并任协和女子大学(后合并到燕大)的董事。

伍英贞主张中国教会的工作由中国人自己主持,因而1920年被选为北京基督徒运动的副主席时没有接受该职。1924年,她任北京伦敦会董事会主席时,安排伦敦会的学校由中国教会接管,此即后来的平民中学。

伍英贞在1925年受燕大聘请为宗教教育讲师后,又回英国伦敦和美国纽约的两所神学院连续进修两年,1928年回到燕大在宗教学院任讲师主讲宗教教育一课直到1939年休假回国。

伍英贞在燕大15年,一直住在女生宿舍三院,曾任1928年入学新生的导师,指导学生选课及如何适应大学的新生活。她还兼任大学的副主任牧师,在赵紫宸赴美国和巴勒斯坦期间任宗教学院代理院长。1930年费宾闰臣休假回国期间,她又代理女部主任,接着当选为燕大董事会董事。1932年4月作为燕大代表,她参加了国联组织的李顿调查团(Lytton Commission)调查日军侵犯满洲事件。1939年她休假回国,由于第二次世界大战开始,未能如期返回燕大。

第二次世界大战后,伍英贞又回到中国,先在华北基督教会工作,1948年又到北京女子圣道学校,1949年又转到齐鲁大学神学院,1951年回到英国,1954年为牧师,1962年退休,被授予威尔士大学的荣誉学位,1967年去世,享年85岁。

(据《燕京大学史稿》)

全 绍 文

全绍文1886年出生在北京,父亲爱新觉罗全耀东(满族),母亲全广氏(蒙古族)。全绍文1904年毕业于通县潞河中学,后就读于协和大学(即燕京大学前身),1909年毕业后赴美国留学。他边在耶鲁大学神学院教中文,边在耶鲁大学进修,于1914年获得耶鲁大学文学士学位。1915—1918年任北美中华基督教学生联合会秘书长,1918—1921年任战时基督教青年会的副秘书长,为第一次世界大战中协约国的华工服务。做为这个组织的中国代表曾远赴欧洲参加基督教学生联合会在瑞士举行的会议,以及在苏格兰格拉斯哥举行的世界基督教学生联合会议。

1921年全绍文回到国内,曾任中东铁路董事长的英文秘书,后又任中东铁路附属学校教育系副主任。1925年任清华留美预备学校的学生活动中心负责人。

1926年受聘于燕京大学任校长助理,1930年改任总务长。在此同时他也是中华国际赈灾委员会的成员之一,还是潞河中学、贝满中学的校董会成员以及中华基督教青年会的副会长。1933年他离开燕京大学转赴金城银行工作,抗日战争时期全家迁居上海任金城银行顾问。解放后,患癌症赴美国治疗,1962年4月病逝美国。

(据《燕京大学史稿》)

米 德 Lawrence M. Mead

米德先生1928—1939年在燕京英文系任教。下面这篇小传是他的女儿Eleanor撰写的。

Lawrence M. Mead joined the Yenching Faculty in the summer of 1928, on his return to China after a two year furlough in the United States, with his wife, Eleanor, and his five children, Lawrence, Jr., Eleanor, Margaret, Elizabeth, and Machado. He joined the English Department where he taught English. He put to use his expertise in Phonetics to help the Freshmen (who all had to take his class) to use their mouths to minimize their Chinese accent in speaking English. A number of his advanced students went on to be English teachers in later life. * Mead was also the unofficial 'official' photographer for the University, always there with either his still or 35 mm movie camera at all important functions. Both he and his wife Eleanor were active members of the University Chorus, he a tenor and she a mezzo soprano. Eleanor also played violin in the University orchestra. Eleanor was treasurer of the Gung Chang that the Faculty wives ran for the women of the adjacent village of Chung Fu, who were wives of the remnants of the Banner Battalions of the last Emperor. They were skilled embroiderers of handkerchiefs, table linen, etc. which were sold internationally to help provide a living for these people. The Meads led many a hiking trip for faculty and students on weekend. The Meads finally left Yenching in the spring of 1939, and did not return after World War II.

Lawrence Mead was a 1911 Princeton graduate who first went to China in 1913 with the International YMCA, teaching in their schools, first in Hang Chow until 1916, and then returning after World War I with his new wife and first child to Beijing in 1919, where he taught English in the YMCA School of commerce. He left the YMCA when he came to Yenching in 1928. After the Meads returned to the USA in 1939, they spent the next 13 years as Co-Directors of the International Student Center of Greater Boston which was sponsored by the community and the many colleges in the Boston area for the benefit of the more than 2000 foreign students in these institutions, during and after World War II.

* When I was in China in the 1980's I met 6 senior government officials who had taken English from my father. I also stumbled by chance on Chinese Nuclear Engineer who accosted me at Chie Tai Su when he saw my name tag, to tell me that he learned his English from a man who had been taught by my father. My dad's star pupil, Chou Kwa Ping, later taught English at Yenching, and then was professor of Linguistics at U of Wisconsin for the rest of her career.

许 仕 廉

许仕廉,湖南湘潭人,1896年出生,早年留学美国,获衣阿华大学哲学博士学位;1924年回国,先后任国立武昌师范大学教授、燕京大学社会学系教授,1926年任燕京大学社会学系主任。1927年创办《社会学界》年刊,1928年主持创办了清河实验区,1930年参与筹建中国社会学社。1931年赴美讲学,任芝加哥大学社会学系研究导师;1933年兼伦敦社会学学会及意大利人口问题研究委员会驻华通讯员。抗日战争爆发前夕,赴美定居。

主要著作有:《文化与政治》、《一个市镇调查的尝试》(英文版,1930年),《社会教育与社会理论》、《中国人口问题》(1930年),《人口论纲要》(1934年)等。其中《中国人口问题》一书,阐述了中国人口密度、人口性比例及年龄分配、中国人口的婚姻状况及职业分配、中国人口的迁徙、中国人口的品质等问题,是中国早期研究人口问题的代表作之一。

许仕廉认为,要讨论中国一切经济、社会与政治问题,必须从人口问题入手。人口、土地、生活程度及社会文明是社会的四要素。人们可以通过人口的状况去衡量其他三项的状况。他特别强调种族品质对社会的重大关系,认为一个民族要争取竞争的胜利,关键在于提高人口素质。他还极力提倡发展本国的社会学,提出中国社会学教学的宗旨在于为本国培养专门的社会学理论家、研究家和高等的社会服务专门人才。社会学的课程设置与教材要结合本国的实际,使学生广泛掌握社会学的基本知识和基本理论,并提倡多用"国货",少用"洋货",要进行社会实地调查,使学生明了中国现实社会的情况,掌握搜集资料的科学方法等。这些见解对当时中国各大学社会学的教学产生了一定的影响。

(傅愫冬)

许兴凯

燕京研究院将编辑出版《燕京大学人物志》。作为燕京大学新闻系兼职教授许兴凯先生的儿子,我有责任提供必要的资料。可惜多年来关于我父亲的有关资料均已散失,现仅就记忆所及和有关报刊记载介绍如下,以供参考。

我父亲许兴凯(笔名老太婆),1900年出生于北京,蒙古族人。童年时期在北京正红旗蒙古小学读书,后考入北京三中,高中毕业后考入北京师范大学。毕业后任北京三中校长、北京教育局督学等职。同时兼任北京几个大学的教授。由于经常在报刊上写文章的缘故,从1931年起至1937年卢沟桥事变止,兼任燕京大学新闻系教授。

据最近一期的《蓝盾》(1998年10月号)杂志刊载于行前所写《北京特科》一文记载:

"1981年8月6日,中央党史资料征集委员会在北京召开前上海中央特科老同志座谈会。在会上,从上海来的吴成方同志在发言中提到:1931年6月20日,上海特科的陈赓同志从上海到天津,通过胡鄂公找到他,叫他在北方组织特科性质的"北方政治保卫局",在北方开展政治保卫情报工作。

吴成方在北平找到维持生活的社会工作后,就按照中央特科陈赓的要求:不与地方党组织发生任何联系,独立自主寻找有条件、有能力的同志为特科工作,在组织活动上特别强调单线领导,不准发生横的关系。

吴成方当初在领导北京市委工作时,曾在1928年领导过市委所属的"特别支部"。这个支部的成员都是北京上层社会知名的知识分子。于是他选择了有条件为特科工作的张祝堂、许兴凯、毛俊可、吕一鸣等为特科工作。"

这段记载使我想起了几年前在一期《新华月报》上曾读到一位姓李的作者写的一篇关于回忆张苏和齐树蓉两人坚贞爱情的记载,其中说道:

"当年张苏以北京三中教员的身份从事地下工作,齐树蓉在香山慈幼院教书。两人虽感情甚笃,但见面的机会很少。由于叛徒告密,张苏上了黑名单,侦缉队为抓捕张苏,在三中学校附近布满便衣。消息传来后,张苏经过化装,在当时三中校长许兴凯的帮助下,乘许校长的黄包车直奔前门火车站,得以逃脱。从此,张苏和齐树蓉又相隔数年未曾见面。"

罗章龙先生在其回忆录《椿园载记》(三联书店1984年9月出版)一书中关于罗先生早期在长辛店组织工人夜校时,参与组织和教学工作的名单中有许兴凯等人。

80年代中期,首都新闻界纪念邵飘萍百年诞辰时,台湾某报同时刊登一幅邵先生的照片,照片说明文称:当年与邵飘萍同时上黑名单者达十余人,其中有许兴凯(笔名老太婆)也在内。这幅图片连同说明文,民革中央的《团结报》曾转载。

1994年,北京三中校庆出版的纪念文集中,其中许多文章中都提到当年的校长许兴凯,其中尤以于光远的文章中提到的最多,印象最深。

抗战以后,我父亲许兴凯应聘任西北联合大学教授,由西安到陕南城固县。1945年抗战胜利,随校迁回西安,学校更名为西北大学。1952年我父亲病逝于西北大学寓所。所著文章除陆续连载于上海大公报、北平世界日报、纪世日报、华北日报外,还有30年代由昆仑书店出版《日本帝国主义与东三省》,40年代由二十世纪出版公司出版《县长演义》等。可惜的是全部手稿均在十年动乱中被毁。

(许继昌)

孙瑞芹

孙瑞芹,字颂鲁,上海市崇明县人,生于1898年农历3月28日,殁于1971年2月14日,终年73岁。他毕生从事新闻工作、教育工作和翻译工作。瑞芹幼年丧母。小学毕业后,去上海读中学,1910—1915年在上海南洋公学求学,1915—1920年在天津北洋大学攻读法律,获学士学位。从大学毕业到1941年底太平洋战争爆发这20年间,他的主要职业为新闻记者,曾先后在英文《北平导报》,国闻通讯社,路透社,英文《北平时事日报》等新闻机构任新闻编辑、翻译和记者。1932—1933年和1939—1940年两度在燕京大学新闻系兼任讲师,讲授英文新闻写作课,指导学生出版英文版《燕京新闻》周刊。太平洋战争开始到抗战胜利期间,他在敌占区的北京大学和中国大学讲授国际法和大学英语。抗战胜利后任《北平时事日报》主编等职。解放后,应燕京大学聘请于1949—1952年任新闻系教授。后在中国社会科学院近代史研究所任翻译,从事德文和英文史料翻译、整理工作,直至"文化大革命"。

孙瑞芹虽然没有留过学,但精通英语。这和他所就读的南洋公学和北洋大学极端重视英语教学有关,同时他对英语学习也有浓厚的兴趣。他毕生都与英文打交道,常年在打字机前度过。在大学时期他就开始对新闻记者工作发生兴趣,每天都要把学校订阅的所有英文报纸浏览一遍,梦想将来能成为一名优秀的专栏作家,用笔唤醒国人,发挥舆论监督作用,振兴中华。他的同窗好友张曾让(字太雷)也与他有过类似抱负,最后成为中共早期党员和领袖。孙瑞芹则走上另外一条道路,他崇尚西方式的民主政治,他不参加任何党派。

孙瑞芹大半生从事新闻工作,但他告诫他的子女千万不要继承他所从事的既辛苦又不讨人喜欢、往往还相当危险的记者职业。那个时代新闻记者的工作时间很难控制在正常上班的8小时以内,加班加点是家常便饭。孙瑞芹从事新闻工作的时期,正值国内外多事之秋,特大事件层出不穷,使他不得不经常工作到深夜。他信奉的原则是用舆论引导社会,向当局勇提意见,因此曾多次冒犯过当局,报馆险遭封杀。他批评过蒋介石,也批评过傅斯年,对蔡元培多年不理北大校事影响北大的学术地位也提过意见。解放后,他自觉地退而从事新闻教学工作。1952年院系调整后,退而从事翻译和资料整理工作,只求尽自己绵薄之力做些对人民有益的事。

燕京大学新闻学系是我国大学中最早建立的新闻学系之一。当时国际通讯只能采用英文发报,训练学生英文写作是培养驻外记者不可缺少的环节。孙瑞芹以他在英文新闻机构长期工作经验,在外籍教师和留学归国教授众多的燕京大学,开设英文新闻写作课并指导实习周刊的编辑工作,深受师生的欢迎,先后培养出大批高水平的新闻记者。

孙瑞芹学历不高,但他善于学以致用,学用结合,在极度紧张的工作中争分夺秒,手不释卷。他刻苦学习,博学强记。他的一大笔财产是价值约8000银元的英文书籍,涉及文、史、哲、政、经、法等各个领域。孙瑞芹应聘到燕大时怕学历不高让人看不起，陆志韦校长则以他做为解放后不论学历，只看学问的例子破格给他以正教授的最高待遇。

孙瑞芹和夫人施德珩生有子女八人，在父母熏陶下皆已成才。他是个慈父，父子之间政治观点虽有分歧，但能平等地开展讨论，并常以"let us agree to our disagree（求同存异）"结束激烈的民主争论。他从不以老子自居，以势压人，从不以自己的观点强加于子女。

孙瑞芹做为一名新闻记者所写过的未署名报道和译文多得难以胜数，所写过的社论常以J.C. Sun署名，有些外国人还以为这是个英美人，因为他的文章和英美人所写的难以区别。在他最后的十几年里他通过英译中或者德译英再译中的办法为近代史研究翻译了大量有用的资料，如《清帝逊位与列强》、《德国外交文件有关中国交涉史料选译》等。他还倾注了十余年心血收集资料，编写了一本有价值的工具书《近代来华外国人名词典》。

孙瑞芹去世后子女们才发现他留下一篇从未对家人提及的英文自传，如实地叙述他前半生的经历。应他夫人的请求，郭心晖据此写了《新闻界前辈孙瑞芹教授》的纪念文章。孙瑞芹一生谦虚，在子女面前也从未夸耀过自己。从他死后留下的自述，才使子女们进一步了解他。

（亦椒亦梁）

孙　楷　第

先生字子书，1898年生于河北省沧县王寺村（今属南皮）。于本地读小学、中学，成绩优异。1922年，先生考入北平高等师范（即今北京师范大学）国文系，师从钱玄同诸先生，治训诂校勘，悉心精研清代乾嘉各大家的著述，奠定了深厚的学术基础。1928年毕业后留校任助教。1929年发表力作《刘子新论校释》，同年又有《王先慎韩非子集解补正》问世（续篇发表于1935年）。1931年，入北平国立图书馆（即今北京国家图书馆）工作，9月，奉派东渡赴日本访书。于此前后，先生开始致力于中国古典小说的研究，并兼治楚辞、南北朝文学、敦煌学及史学。40年代，又着力于古典戏曲，尤其是元代戏曲、古代傀儡戏及影戏的研究。其涉猎范围之广博，为时贤称羡。抗日战争期间，日本侵华军队强占北平图书馆，先生誓不事敌，弃职避居，甘于贫苦。1942年经陈援庵（垣）先生推荐到不向敌伪注册的罗马教廷办的辅仁大学执教。抗战胜利后，燕京大学在北平复校，孙先生应陆志韦、高名凯两先生敦聘，任燕京大学中文系教授。1952年，燕京大学并入北京大学，先生任北大教授。后调任中国社会科学院文学研究所研究员。1986年6月23日在京逝世，享年88岁。

先生治学谨严，渊博淹通，记识过人。早年，遍读公私庋藏的古典小说，从版本目录入手，建立了自己的小说目录学研究体系。1931年赴日本考察后所著《日本东京所见中国小说书目》及1932年所著的《中国通俗小说书目》，并为中国小说目录学的开山之作。孙先生也就是从版本目录为起点，再继续广为搜求，凡可见于正史、典章、稗钞、笔记、碑铭中的一切资料无不尽量备览，遂对古小说之流变，本事出处之研究、考证有了更大收获、集辑为代表著作《小说旁证》，且不断修订至于终生。1953年出版的《俗讲、说话与白话小说》是先生关于小说史的五篇论文专辑。郑振铎认为其中"许多见解是很精辟的，许多材料是第一手的，足以供研究者作为依据的。"在戏曲史研究领域，先生著有《也是园古今杂剧考》（1953年，上杂出版社出版）。将清初钱曾也是园藏元明杂剧二百三十余种予以考订,述藏弃经过,剧本原委,涉及收藏、册籍、版本、校勘、编类、品题等等方面,被认为戏曲史料之一大发现。该书后有附录五条,其《元曲新考》条下,列"折、楔子、开、竹马、路岐、书会、捷机引戏"七个专名词,逐一考释,解惑释疑,明白精确,为戏曲"语释"的典范。在《傀儡戏考原》及《近代戏曲原出宋傀儡戏影戏考》(收入《沧州集》时改题《近世戏曲的唱演形式出自傀儡戏影戏考》)两篇论文中,孙先生对近世戏曲与傀儡戏、影戏的渊源关系作了全面论证,上自汉代,迄于宋元以来,举证翔博,在戏曲起源的众说中补前人所未及。从现在仍活跃在舞台上的高甲戏、临高戏、老腔、曲沃碗碗腔、线胡戏等戏种形成的历史,更可印证孙先生的论断之正确性。此外,先生还著有《元曲家考略》,著录元曲家85人。而现存论文72篇,分别于1965年辑为《沧州集》,1985年辑为《沧州后集》,由中华书局出版。其中许多论文都是卓有创见的。嗣后又有《戏曲小说书录解题》一书(1990年人民文学出版社出版),则是极为详实可信的书目提要。

  燕京大学一向崇尚学术自由,注重培养学生善于治学、独立思考的能力,老师上课以讲自己的学术成果(一家言)为主,但又不囿于己见,而是兼及各家,遍采众长。孙先生授业也不例外,一开始上课首先列必读参考书目,而且对这些书作全面的推荐介绍。其中有鲁迅的《中国小说史略》,王国维的《宋元戏曲史》、《戏曲考源》,郑振铎的《插图本中国文学史》,日本青木正儿的《中国近世戏曲史》以及孙先生自己的若干篇论著。在讲课时,先生还不时征引任二北、余嘉锡、邓文如等先生的有关见解,时予论证。而且,按照先生的指导,凡下次要讲某时期某些作品,学生必须先读过原著及有关的研究资料,这就锻炼了学生的学习、判断能力,不使学生养成"依傍"师长的惰性。照孙先生的说法,课堂所讲不过是中国小说史、戏曲史的开蒙课,是常识与基础,不为不重要,但距离登堂入室从事研究还相去甚远。他曾明示,凡想追随先生,志在研究古代小说、戏曲者,必须承先生的治学方法,重版本目录、重考据,而且文章风格亦必以先生为归依,非如此不能列门墙。这在旁人看来似乎是过于苛刻的要求,而知者明白这盖缘于孙先生治学自律的一贯严格。仔细研读过先生著作的人都知道,在先生不少文章中多见谦逊之辞,是诚挚地向同道学人,向广大读者求教,而绝非虚文俗套的应酬话。先生从不强不知以为知,曾见与人论文,到酣畅时虽各执己见似不可排揎,而当对手一语破的,先生无不拊掌欣然择善而从。但先生绝对不肯因谦逊而回避论争,而苟同庸陋,置学术是非于不顾。从《再论〈九歌〉为汉歌词——答许雨新》一文的逐条驳难许氏观点,尤其针对许氏治学态度的不严肃所发的严厉批评,均历历可见先生于人于己,于是非,总是凛然推诚,据理相争的。准此,先生对学生督责之严就更不难理解了。由此也可窥夫子言传身教之一斑。当时,先生已年逾五旬,加以健康欠佳,以为老之将至,遂自号钝翁。

(周绍昌)

杨 堃

杨堃是我国社会学和民族学界前辈,曾于 1937 年后执教于燕京大学社会学系四年多。在他几十年的教学和科研生涯中,著作等身,桃李满华夏。

杨堃于 1901 年 10 月出生于河北省大名县,小时聪颖过人,在大名直隶第 11 中学读书时,成绩优异。1920 年入保定直隶农业专门学校留法预备班学习,结业时名列甲等第三,于翌年被保送入法国里昂中法大学读理科,1926 年获理科硕士学位,同年转入文科,师从著名汉学家古柏教授。1928 年进巴黎民族学研究所,在导师莫斯教授指导下,进修民族学。1930 年以论文《中国家族中的祖先崇拜》获博士学位,同年回国。

1931 年起,他先后在河北大学、中法大学、北平大学、清华大学、北平师范大学、孔德学院等校讲授社会学、社会进化史、普通人类学、民族学和当代社会学说等课程。其间于 1932 至 1933 年任综合性社会科学杂志《鞭策周刊》主编之一,先后发表了《废历年节之社会学的意义》、《中国现代社会学之流派和趋势》、《家族研究史批评》、《介绍汪继迺波的民族学》、《初民心理学与宗教之起源》、《编纂〈野蛮生活史〉之商榷》、《语言与社会》、《悼基特教授》、《中国新年风俗志序》、《介绍雷布儒的社会学说》、《社会形态学是什么》、《评李景汉〈实地调查方法〉》、《法国社会学史》等多篇著作。

1937 年起执教于燕京大学社会学系,讲授"原始社区"、"当代社会学说"、"家族社会学"等课程,曾以法国社会学学派的调查方法指导学生在八家村进行实地调查,1938 年编写《边疆教育与边疆教育学》。1941 年 12 月 8 日燕大被日军关闭后离校,翌年到中法大学汉学研究所任民俗学专任研究员,1945 年执教于北京大学临时补习班和天津北洋大学。

1947 年起,任云南大学社会学系教授、系主任。他在昆明附近两个彝族村建立工作站,供学生做社会工作和实地调查。1950 年云南解放后,他多次参加云南省大规模民族识别工作,对该省各少数民族社会及其历史进行调查,并经常率学生到各民族聚居区进行实习工作。1955 年春,周恩来和陈毅在昆明接见了他,谈话进行了五个多小时。周总理殷切希望他加紧学习马列主义和党的政策,结合我国实际情况,建立有中国特色的马列主义民族学。此后,他遵循周总理的指示,努力学习马列主义书籍,并以其精神指导他的教学和民族学研究,从而著述了《马散大寨历史概述》、《关于资产阶级的民族学调查方法的初步批判》、《凉山彝族的手工业》、《试论云南白族的形成和发展过程》、《关于民族和民族共同体的几个问题》、《关于摩根的原始社会分期法的重新估价问题》等几十篇论文。

1979 年他到中国社会科学院民族研究所任民族学室研究员,同时在中央民族学院、北京大学、北京师范大学教课。在此期间,他研究成果累累,先后整理出版了《民族与民族学》、《民族学概论》、《原始社会发展史》、《从摩尔根到恩格斯——论马克思主义民族学》、《论列维·斯特劳斯的结构人类学》、《论拉法格对民族学与经济民族学的贡献》、《论神话的起源与发展》、《女娲考》、《图腾主义新探——试论图腾是女性生殖器的象征》等 30 余篇论文,并出版《民族学调查方法》、《杨堃民族学研究文集》和《社会学与民族学》三部书。他的写作超过了 1000 万字。

杨堃还担任许多学术团体的负责人。他早在 1934 年就与蔡元培、吴文藻等组织中国第一个民族学会,后来相继担任中国民族学学会、中国社会学学会、中国人类学学会、中国神话学学会、中国民间文艺家协会、中国世界民族研究会、中国少数民族经济研究会、中国"野人"研究会副会长、副理事长、顾问等。

杨堃青年时期就富有忧国忧民的爱国思想,并投身革命活动。1923年在法国经郭隆真介绍,加入"旅欧中国共产主义青年团",当时化名"杨赤民",此后与周恩来相识,几个月后又加入国共合作的国民党,是该党左派。1926年曾作为旅欧华人代表到日内瓦国联宣传北伐战争,拥护广州革命政府。1947年在云南大学参加中共领导的地下群众组织"新民主主义联盟"。十年浩劫中受到迫害,1984年以耄耋之年加入了他梦寐以求的中国共产党。

1998年7月26日杨堃于北京逝世,享年97岁。

(董天民)

杨 开 道

杨开道,中国社会学家,1899年生于湖南新化,1920年2月进入沪江大学预科部学习,同年9月考入南京高等师范农科;1924年6月大学毕业,8月赴美留学,先后在艾奥瓦农工学院和密歇根农业大学学习农村社会学,分别于1925年和1927年获得硕士和博士学位。1927年4月回国后,先后任大夏大学、复旦大学、中央大学农学院社会学教授、燕京大学社会学系教授兼系主任、法学院院长,1928年组织燕大社会学系学生到清河镇调查,并于1930年在清河镇建立实验区,同年发起成立中国社会学社。1948年初任上海商学院教授和合作系主任。中华人民共和国成立后,历任武汉大学农学院院长、华中农学院筹委会主任和院长、中国科学院湖北分院筹委会副主任、湖北省图书馆馆长和研究员。1979年被聘为中国社会学研究会顾问。1981年7月23日在武汉逝世。

主要著作有:《农村社会学》(1929)、《社会研究法》(1930)、《社会学研究法》(1930)、《社会学大纲》(1931)、《农场管理学》(1933)、《农场管理》(1933)、《农业教育》(1934)、《农村问题》(1937)、《中国乡约制度》(1937)、《农村社会》(1948)等。

杨开道长期致力于农村社会学的教学和研究。他认为,狭义的农村社会学只是一种特殊的纯粹社会科学,所研究的只是农村社会的全体、常态、基本现象。农村社会问题则是研究农村社会的变态和农村社会的局部,是一种应用科学。广义的农村社会学,包括农村社会问题和纯粹农村社会学,既是一种特殊的纯粹社会学,同时也是一种应用社会学。在农村社会学研究方面,他强调理论研究和实地调查相结合,主张用科学的方法去研究中国的农村,使专家服务于农民,农民依靠专家,达到改良农村组织、改进农民生活的目的。

(罗东山)

杨 兆 麟

　　杨兆麟,原名杨先泗,曾用名杨颖士,生于1923年10月19日,原籍湖南长沙,在北京读小学、中学。抗战期间去四川,1945年春肄业于从上海迁至重庆的民治新闻专科学校,在校期间参加中共中央南方局领导的地下工作,主要在学生、工人、职业青年中从事宣传活动,编辑和散发油印刊物等。1945年春赴成都投考燕京大学,因途中发生车祸,错过了考期,在学生合作社任职员,并在新闻系旁听。在校期间,参加"未名团契"、《燕京新闻》采访部和地下党领导的秘密读书会。1945年5月4日,参加成都各大学同学在华西坝草坪举行的营火晚会。当天上午接到通知,要和燕大女同学费辉蓉在晚会上合作演出街头活报剧《放下你的鞭子》。我虽然爱好文学、戏剧,但是从来没有参加过演出。不过,出于对民主运动的热情,当天下午背台词、排练,晚上即在篝火旁演出,得到同学们的好评。会后,参加了在成都市区的火炬游行。事后,燕大《海燕》剧团约我担任剧务。暑期,在地下党领导的《青年园地》杂志任编辑。剧作家贺孟斧逝世后,担任成都各大学剧团联合演出夏衍的话剧《上海屋檐下》的剧务工作。抗战胜利后,国民党当局积极发动内战,受地下党的委派,深夜在成都市中心主要街道秘密张贴反内战、要和平、反独裁、要民主的标语。

　　1945年8月下旬,经地下党的介绍到重庆,准备去中原解放区工作,但因路线被国民党军警阻断,未能成行,被南方局派往川北大竹县双河乡,以漓山中学教员的职业为掩护,利用当年红四方面军留下的革命影响,逐步开展农村工作,迎接新的形势的到来。寒假回重庆汇报工作,由于刚刚成立的新华社重庆分社(对外为中共代表团新闻处)需要工作人员,于1946年2月被派到重庆分社任编辑。1946年4月,随代表团迁往南京(梅园新村),任新华社南京分社编辑,每天对外印发《新华社通讯稿》。1946年11月和1947年1月,先后采访撰写了周恩来同志离开南京前,举行的最后一次记者招待会和南京大专院校学生游行示威,抗议美军在北平的暴行的新闻稿,发往延安新华总社,转发全国。1946年11月,在南京加入中国共产党。1947年3月,随代表团撤回延安,被分配到新华总社语言广播部(即延安新华广播电台编辑部)任编辑。随着解放战争形势的变化,新华总社先后转移到瓦窑堡(即子长县)、涉县、平山县等地工作。

　　1948年12月,参加由新华社、报社、广播电台人员组成的统一编辑部,从西柏坡到北平郊区待命。1949年1月31日,随人民解放军进入北平,接管各新闻机构,在北平新华广播电台(即现北京人民广播电台)任编辑。同年,先后参加新政治协商会议筹备会、中国人民政治协商会议第一次全体会议和10月1日开国大典的采访报道,实况广播工作。1949年12月,调中央人民广播电台工作,任采访、经济、政法、新闻、时事政治等科(组)长和国内新闻部副主任、国际部主任、中央广播事业局总编室副主任、中央人民广播电台台长等,参加采访和组织领导了许多政治、国际、体育等重大活动的新闻报道和实况广播等工作,他的报道获得中国记协"全国好新闻作品"特等奖或一等奖。他多次到国外采访和报道国际会议,写了大量通讯、述评,在中央台广播,并在报纸、杂志上发表,其中,《桑给巴尔纪行》(合写)在《人民日报》连载(六篇),受到陈毅同志的赞扬。1985年被评为高级记者。曾任中国记协理事、中国广播电视学会理事、广播电视史学研究委员会会长、中国广播剧研究会会长等。现任中国记协和中国广播电视学会特邀理事、广播电视史学研究委员会顾问、中国记协老年新闻工作者委员会副主任、中国新闻史学会理事、中华炎黄文化研究会理事等。并获国务院颁发的在新闻出版事业方面"做出突出贡献"证书。

1987年办理离休手续后,继续参加广播电视和新闻界的学术活动,并采写了许多通讯、游记、散文、报告文学,在一些报刊发表。出版了论文集《寒暑四十的追求——关于广播学的探讨》、《人民大众的号角——延安(陕北)广播史话》(合著),主编《中国广播新闻学文集》、《中央人民广播电台简史》。担任《当代中国的广播电视》编委和全书责任编辑。担任《中国新闻事业通史》和《中国新闻实用大辞典》编委,并撰写和组织、审定有关广播电视的章节和条目。

(杨兆麟)

李 方 桂

李方桂,语言学家。山西昔阳人,1902年出生在广州。1915年在北京师大附中读书,1921年考进清华学校就读医预科。1924年以优异的成绩赴美国深造,进入密歇根大学。由于在医预科攻读拉丁文及德文,引发他研究语言学的浓厚兴趣,于是改入语言学系,插班大三。两年后毕业,取得语言学学士学位。随即进入芝加哥大学语言学研究所。在当时最著名的人类语言学家 Edward Sapir 及结构语言学派的开山大师 Leonard Bloomfield 指导下读书,并研究美洲印第安语言。一年后取得硕士学位。第二年即1928年,又获得语言学博士学位。毕业后又到哈佛大学研究一年。

1929年回国,当时他才27岁,为中央研究院历史语言研究所所长傅斯年罗致,敦聘为该所研究员。当时在史语所的研究员还有赵元任、陈寅恪、李济、罗常培等,都是30年代最负盛名的学者。就是这一批学者把中国的史学、语言学、考古学带上现代的人文科学之路,他们是现代学术的拓荒者。

1929年之后的八年间,李方桂从事汉语音韵学、汉语方言学、介语及古藏语的研究。从1934年到1936年,他还与赵元任、罗常培共同翻译高本汉氏的《中国音韵学研究》一书。

1937年,应美国耶鲁大学之聘,任访问教授两年。1939年回国,那时国难方殷,史学所在昆明,1940年迁往四川李庄。此后五六年间,他深入中国西南部边陲地区,陆续调查并研究非汉语(指中国境内汉语以外的语言),发表许多重要著作,被誉为"非汉语语言学之父"。

1944年到1946年,他在成都燕京大学任教授,1946年秋,应哈佛大学之聘赴美任访问教授两年。1948年后又在耶鲁大学、西雅图华盛顿大学任教,一直到1969年第一次退休。其间曾多次到台湾大学讲学。1969年秋夏威夷大学语言学系礼聘他任教,到1972年第二次退休。以后普林斯顿大学及夏威夷大学又争聘他任名誉教授。

他身居国外,对祖国的文化教育事业仍倍加关注,尤其对语言界人才辈出感到欣慰。他曾于1978年和1983年偕夫人徐樱女士两次回国探亲、讲学。

1987年8月21日病逝。

(摘自徐樱著:《方桂与我五十年》)

李 汝 祺

李汝祺教授1895年3月2日出生于天津市。早年就学于清华学校，1919年至1923年在美国普渡大学就读。毕业后，进入美国哥伦比亚大学动物学系研究院，从师于摩尔根教授，1926年以优异的成绩获得博士学位。当年回国任教。

李汝祺教授历任上海复旦大学副教授、燕京大学生物学系教授、中国大学生物学系教授兼系主任、北京大学医学院教授、北京大学动物学系主任兼医预科主任。

他1953年加入民盟，历任民盟北京市委员会常委、民盟中央委员会委员、民盟中央顾问委员会顾问和北京市政协常委，还曾先后历任北京博物学会会长、中国动物学会理事长、中国遗传学会理事长兼《遗传学报》主编以及中国科学院动物研究所学术委员、中国遗传研究所兼任研究员和《中国大百科全书》遗传学编委会主编等职。

李汝祺教授是第一位把细胞遗传学介绍到中国的学者。在教学和科研中，他培养了一批后来成为我国遗传学界的骨干人才，为我国遗传学事业的发展奠定了坚实的基础。

他于1948年以客籍教授的身份赴英国访问。在英期间他知悉当时在苏联所发生的对摩尔根学派的不公正待遇。出于对祖国的热爱和对新中国的向往，他毅然决然于1949年夏天回到中国。

50年代中期，他虽然中断了遗传学的教学与科研工作，但是他作为一位正直的科学家，决不苟同李森科学派某些人的武断结论和粗暴作风，也从来没有停止对遗传学发展中有关问题的思考，并极其认真刻苦地学习马列主义的经典著作。1956年李汝祺教授应邀参加了青岛遗传学座谈会。在会上，他从马列主义科学的认识论和方法论的高度阐述了自己的观点，批判和澄清了许多混乱的思想。1957年4月29日，《光明日报》刊登了李汝祺教授《从遗传学谈百家争鸣》的文章。毛主席看后十分赞赏，把标题改为《发展科学必由之路》，以原来的标题作为副标题，还为之写了按语，当年5月1日由《人民日报》转载。此文的发表对于推动我国遗传学事业的健康发展起了积极的作用，对于科学地阐明百家争鸣做出了特有的贡献。

在党的"双百方针"的指引下，我国遗传学界出现了生机勃勃的景象。李汝祺教授主持北京大学遗传学研究室开展了放射遗传和发生遗传的研究，获得可喜的成果。十年动乱使科研与教学工作中断。1977年为了追赶现代遗传学的国际水平，李汝祺教授不顾八旬高龄，领导科研组确定了真核细胞基因表达与调控的研究方向，并重建了北京大学遗传学专业。与此同时，李汝祺教授利用多种机会积极介绍国际遗传学发展的新趋势，大力提倡开展分子遗传学基础研究和生物技术的研究，为我国遗传学的振兴起了积极的促进作用。

在我国遗传学蓬勃发展的形势下，1978年中国遗传学会成立。德高望重的李汝祺教授当选为第一任理事长。

李汝祺教授知识渊博，学术造诣高深。在动物学、胚胎学、细胞学和遗传学等广泛的领域内都有深入的研究，多有建树。他最早涉足遗传学和胚胎学的交叉领域，探索遗传与发育统一规律的深刻命题。他一贯认为，细胞、胚胎和遗传是不可分割的整体，基因的作用贯彻始终。30—40年代他领先在国内开展了马蛔虫和昆虫染色体与基因互作的遗传学研究。50年代他曾建立了我国第一个小鼠纯系用以开展发生遗传学的研究。60年代他致力于摇蚊胚胎发育与基因表达的相互关系。

70年代转向真核细胞基因调控的研究,同时开展了原核生物遗传学、果蝇遗传学、细胞超微结构、细胞离体培养、脊椎动物性染色体以及脊椎动物系统发育与同工酶演变等方面的研究,为北京大学遗传学专业奠定了发展的基础。

60年来,李汝祺教授教书育人,为培养生物学和遗传学的科研与教学人才辛苦工作了一生。多年的教学生涯形成了李汝祺教授自己独特的风格,在教学上严肃、严格、严谨而又生动与多有风趣。他主张"教而不包"的教学方式,他总是反复告诫他的学生们,不要只知其然而不知其所以然,他总是着力于使学生学会如何独立思考问题和解决问题。李汝祺教授从不以师长自尊,不断听取学生的意见改进教学。他认为自己的一生在学习上永远处于紧迫的状态,从未放松对自己的要求。他每次上课前,即使是很熟悉的内容也十分认真地准备,不断更新教学内容。并在课后从效果、内容等方面做出总结。

李汝祺教授一生积累了极其丰富的教学和科研经验,著作甚多。在国内外期刊杂志上发表论文五十余篇,并于1985年由科学出版社汇集为《实验动物学论文选集》出版。此外还出版有多种专著,如《人类生物学》、《普通细胞学》、《卵子发生》、《受精》,以及曾作为大学通用教材的《细胞遗传学基本原理》等。1982年李汝祺教授不再执教后,又出版了《谈谈遗传学中的若干问题》等著作。在他近90高龄的时候,积60年教学与科研的经验,历时四年,五易其稿,倾注了全部的身心和精力,于1984年编著出版了60万字的《发生遗传学(上、下)》,该书被誉为我国的遗传学经典巨著。李汝祺教授晚年思路仍十分清晰,记忆力不减,他对生物学和遗传学的思考已升华到历史与哲理的高度。91岁时还曾计划写一篇批判从古至今生物学研究中形而上学的文章,可惜终未成愿。

李汝祺教授于1991年4月4日在北京逝世,享年96岁。

(据《李汝祺教授生平》)

李 荣 芳

李荣芳,1887年10月29日生于河北滦县卑家店一个小镇的牧师家庭;幼年丧母,少年时就读乡里,1904年保送到北平汇文书院备学馆学习。1912年他被选送到美国特罗(Drew)神学院学习,1917年考入芝加哥大学深造,获哲学博士学位,毕生从事旧约圣经和古希伯来文的研究,成为专家。1918年他回国到汇文大学任教授,1926年转到燕京大学宗教学院任教,当时,宗教学院仅有赵紫宸和他两位中国籍教授。

他在宗教学院任教历时26年,主要教旧约圣经、古希伯来文,还教考古学、宗教史、比较宗教学。他深入研究过佛教、道教的教义及其发展、传播历史,时常到各大寺庙,与道观和不少高僧、道长交友,切磋学问。他自己也买了许多有关佛教、道教的古画和古书进行研究,整理出许多材料和幻灯片供他在国内外讲学之用。可惜这些资料在"文革"中被抄,荡然无存。

1916年,作为美以美会教友代表,他参加了在美国召开的美以美会总议会;1928年,作为中国牧师代表参加美以美会东亚合议会;1940年再次参加在美国召开的总议会。1940、1947、1949年他还三次参加中华卫理公会中央议会。

他为钻研旧约圣经,1929年3月至5月,曾考察犹太全境,有的行程地处荒凉偏僻之境,只能骑马行进。

他一生有许多著作，最著名的是《旧约导论》。1931年，他与赵紫宸合译旧约圣经中的《耶利米哀歌》，从古希伯来文直接译成中文，他负责翻译，赵紫宸负责为译稿修词，这是第一部由中国人从原文翻译的圣经片段。50年代他在燕京协和神学院任教期间曾编著希伯来文词典，手稿现存南京金陵神学院，尚未出版。他还曾任《真理与生命》半月刊编辑。

在40年代北平沦陷时期，日伪多次对他威逼利诱，要他担任华北基督教会的领袖，他大义凛然，宁肯坐牢也不迁就，为此，家庭生活日益困难，一直以典当度日。

从1926年到1952年，他与赵紫宸院长在宗教学院共事近三十年，他们志同道合，同舟共济，无论在教会合一运动中，还是在教会三自革新运动中，他们总是并肩战斗。

1953年，燕京宗教学院并入燕京协和神学院，他任院务委员会副主席。1961年，他被选为中国基督教三自爱国运动委员会第二届委员。燕京协和神学院与金陵协和神学院合并后，他担任金陵协和神学院北京研究室工作委员会委员，并是研究室总负责人之一。1965年12月22日，他在北京安然病逝。

（韩宗尧）

李瑞德　Richard Ritter

李瑞德(Richard Ritter)于1894年11月19日出生在美国纽约附近的佛能山(Mount Vernon)，1917年毕业于普林斯顿大学。他第一次来到中国是受北京普林斯顿组织的赞助，在北京男青年会任干事，同时在夜校教英语。三年后，他觉得非常喜欢中国，于是先回美进修为在中国大学教书做准备。当他再回到中国时，先在上海教书一年，感到非常不适应。接到渴望已久的燕京大学的聘书后，他立刻转来搬到海淀新校址的燕大。

李瑞德在燕大历史系任教，与Emma Lueders结婚。夫人在家政系教书。

李瑞德开始在历史系任教员(Instructor)，接着任讲师(Lecturer)，最后五年任系主任。当时历史系共十人，五位中国人都是正教授，二位美国人，一位英国人，一位瑞士人，一位威尔士人。在李瑞德的自传中写着："五位中国正教授都是全国著名的学者，我被选为系主任，不过是为了减轻这些学者们的行政任务。因此使我有机会和历史系主修生多有接触，一块研究如何选课，以及毕业后的工作等。这使我感到非常快乐。"

李瑞德开的课学生比较少，很容易进行讨论。他的专业是中世纪史，但他常常讲到文艺复兴时期，偶然也会有更多的学生选修他的课，学生最多时达到35人之多。

李瑞德在燕大教学时，工作满额是三门课，但李瑞德只教两门，为的是有时间做宗教教育工作，这就可以用更多的时间接触学生。夫人对他的工作也是大力支持。他们常在中午请学生到家里午餐，以便谈心。学生有问题也愿征求他们的意见。他们不是用说教的方式，而是以爱心与关怀，理解帮助同学。学生常说他是一位好牧师。

李瑞德在燕大的最后五年又兼做英文礼拜的主任牧师，谢迪克是圣乐队的指挥。那时宗教学院赵紫宸是中文礼拜的主任牧师，圣乐队的指挥是范天祥。

李瑞德也担任过奖学金委员会和学生自助工作委员会的主席。当时燕大有不少外籍学生,他们来自欧洲、美国、菲律宾、马来西亚、夏威夷、日本以及香港等地。李瑞德被非正式聘请为这些留学生的导师。

李瑞德非常喜欢并尊重中国文化。对于中国著名学者、翰林吴雷川尤为羡慕敬重。李瑞德有三个女儿,长女很小去世,埋在燕园,他为了纪念他夭折的孩子在未名湖四周种了垂杨柳树。其他两个女儿的中文名字都是经过吴雷川先生认真考虑而成。吴先生结合 Dorothy 在希腊文的原义与英文的发音,取为"得安",即"得到平安"之意。至于 Jean,则是结合中国姊妹名字的传统习惯与英文名字的发音,取为"继安"。李瑞德一家都喜欢这两个名字,因为反映了中国文化及习俗。他的女儿仍然记得儿时的家庭生活都是模仿中国的习惯。李瑞德非常热爱他在燕京的工作以及学生们。但在1936年全家回国后,未能再来中国。

李瑞德回美后一直任公理会牧师,先在康乃迪克(Connecticut),第二次世界大战时在夏威夷的毛伊岛(Maui)的中美联合教会。

李瑞德认为他生活的高潮是在中国,他的女儿仍珍藏着他在中国时写给父母的家信和日记。这些都反映出他对中国、对学生的热爱,对工作的兴趣,对中国文化的尊重和爱慕;以及对燕京理想的奉献。他直到回美50年后,仍和他过去的学生保持着联系。

李瑞德于1989年3月19日去世。

(据《燕京大学史稿》)

吴 宓

先父吴宓(雨僧)曾两度执教燕京大学。

一是30年代初期在北平,父亲任清华大学外文系教授,在燕京兼课。他大概是燕大英文系第一位中国籍教师。听赵萝蕤先生说,这是她们英文系同学由杨缤(杨刚)领头同校方交涉的结果,英文系以前全部是外籍教师授课。父亲开过翻译课,并为杨缤翻译的《傲慢与偏见》作序(商务印书馆出版)。这是这部文学名著的第一个中文译本。

抗战胜利前后,父亲再次来到在成都复校的燕京。1943年8月,他接到由香港脱险归来在广西大学教书的挚友陈寅恪先生的来信说,"将携家赴成都,就燕京教授聘";于是决心第二年在昆明西南联大休假,到燕京讲学,"与寅恪、公权共事共学"。公权,是萧公权教授。

父亲于1944年10月到成都燕京,教授"世界文学史大纲"、"文学与人生"两门课。初来时暂住马鑑(季明)先生家,后来迁到文庙宿舍,与住在文庙的男生朝夕相处。他曾这样记述对成都燕京的印象:"燕大学生共四百人,三分之二为平津来者,悉操北京语,清脆悦耳";"燕大校内,地域极小,然洗刷洁净,地无微尘。办公各组,均聚于一楼,接洽甚便";"始在燕大上课,学生热心听讲且整洁而有礼貌,宓甚喜之";"宓颇羡燕京师生亲洽,作事敏密,及男女交际自然之风气,为他校所不及"等等。

父亲到校不久就遇上燕京复校两周年纪念。同学早几天已忙于筹办纪念活动,又编写壁报等。父亲也撰写对联数幅表示祝贺。一幅贴在燕大礼堂正中壁上:"众志成城天回地垒 一心问道铁叩珠门"。父亲自注此联系"用赵紫宸先生诗意"。另两幅,分别贴在文庙男生宿舍二门和三门两侧:"复校兴邦事同一体　化民救世业始吾心";"处变知常允文允武　先忧后乐成己成人"。1944年12月8日上午,全校师生在礼堂举行复校两周年纪念会演讲。午间,在文庙男生宿舍会餐,有女同学唱歌,梅贻宝校长说笑话,非常热闹。晚上,父亲到女生食堂会餐。席间陈芳芝教授等为参加远征军的同学募捐,大家积极响应。

听父亲说,那时燕京学术空气活跃,交流很多,除了正式上课,常有课外演讲。他自己就曾多次演讲"红楼梦",还讲过"文学人生:如何读书,如何做人",又应社会系师生学会之邀,讲人与人相处之道等等。当时师生往来也多,共同忧念国事战局,切磋琢磨学问,关系融洽。1945年暑假,父亲讲学期满,准备返回西南联大,燕京同学开会欢送,赠物献花,非常热情。父亲深受感动,曾赋诗二首表达自己的心情:

燕京学生二十一人,七月四日开欢送会并赠物献花,赋此为谢。

一九四五年七月五日晨六时作,成都

一

客座惭虚讲,将归黯别情。
今宵来盛会,多士见真诚。
歌诵添余兴,嘤鸣求友声。
师生融泄乐,吾早爱燕京。

二

赠物深深意,意浓物亦精。
绿笺通远讯,红烛待天明。
菊慕陶公洁,莲思周子清。
束花当佛献,何殊桂冠荣。

父亲诗作原稿后面,记有参加欢送的二十一位燕京大学同学的姓名:程曦、凌道新、高长山、骆惠敏、唐振祎、徐一诚、卫占亨、王世祯、戎镇华、王乃赓、刘铭昌、管宽、李陶钦、水建馥、金建申(女)、孙亦椒(女)、黄辉家(女)、钟秉刚(女)、石乐年、赵荣声、王克成。

其后不久,抗日战争胜利,原内迁各校纷纷准备复员,清华也将迁回北平,父亲就没有再去昆明,而留在燕京继续任教一年。这一学年,父亲仍开两门课,Literature Criticism 文学批评和 Dr. Johnson 约翰生博士。前者主要用英语讲解并指导学生读课本 Saintsburg《Loci Critic》,用国语讲述文学批评的原理及历史;后者系一 Seminar,注重读 Boswell 书。此外,还负责指导毕业生的论文。

1946年暑假,燕大师生分批复员北上。每次有熟悉的朋友学生离蓉,父亲都前往送行。复员以后,父亲没有再到燕大授课,但对燕大仍然很关心。我考进燕京学习后,他感到高兴,见面时总是询长问短,充分反映出对燕京师生的系念之情。

(吴学昭)

编者注:吴宓先生生于1894年,卒于1978年。

吴 文 藻

吴文藻先生,中央民族大学教授,全国政协委员,民进中央常委,中国现代著名教育家、社会学家、人类学家和民族学家,中国江苏省江阴市夏港镇人。1916年考入北京清华学堂(清华大学前身,官办留美预备学校)。在学期间,正遇1919年的五四爱国运动,吴文藻先生怀着拯救中华民族危亡的激情,毅然参加了学生的游行活动,并奋笔疾书写了许多反帝爱国的宣传品。

1923年,清华学堂学业期满,吴文藻先生赴美国东部新罕布什尔州的达特默思学院社会学系本科三年级就学。在达特默思学院,他大量接触了西方社会思想史和学说,其中尤以史帝华(J.Steward)讲授的英、美、法、德、意等西方国家的思想类型对他影响最大。

1925年,吴文藻先生获得学士学位后,升入哥伦比亚大学研究生院社会学系。由于哥伦比亚大学是以博厄斯(F.Boas)为代表的美国人类学历史学派的中心据点,吴文藻先生也受到了该派的一定影响。

1926年,正当吴文藻先生准备撰写硕士论文时,听到了国内北伐战争胜利的消息,他十分兴奋,即以《孙逸仙三民主义学说》为题撰写了硕士论文,一方面表达自己对国内革命运动的支持,另一方面也是向国外宣传中国革命的伟大意义。

为了总结鸦片战争以来的历史教训,吴文藻先生特以《见于英国舆论与行动中的中国鸦片问题》为题撰写了博士论文。该论文受到了答辩委员会的较高评价,是当今研究鸦片战争的重要文献之一。

为了尽早报效祖国,吴文藻先生不等学位公布,便于1928年底打道回国。回国后,吴文藻先生原应清华社会学系主任陈达教授之邀回清华任教,但为了和冰心在一起工作,故决定应燕京大学社会学系创始人之一步济时的邀请,到燕京大学社会学系任教。但为了不负陈达的先邀之情,便以头二年在清华兼两门课为条件,取得了陈达的同意。

初到燕京,吴文藻先生接受了"西洋社会思想史"、"家族社会学"、"人类学"三门课程的教学工作。他对这三门课程的原英文本教材完全脱离中国实际的状况非常不满意,于是就对这三门课进行了改造,他不仅为每门课都编写了一本汉文教材,而且,在内容上也作了较大的改动。如"家族社会学"一课,他一改过去完全不提中国材料的状况,而以中国的宗法制度为中心,并阐述了中国与印度父系家长制度的比较研究。

在担任了燕京大学社会学系主任和文法学院院长后,吴文藻先生开始大力提倡社会学、人类学和民族学中国化的主张。为了实现这一主张,他主要做了三项工作,第一,寻找一种有效的理论构架;第二,用这种理论来指导中国国情研究;第三,培养出用这种理论研究中国国情的独立科学人才。

在理论构架方面,他通过全面研究美、英、法、德等国的社会学、人类学和民族学的各种理论派别和思潮之后,决定选择可操作性较强的英国功能学派理论作为研究中国国情的理论构架。他认为,用功能学派的整体论方法来研究中国社区,就能取得一种"新的综合"。

理论构架找到后,他就从系里选派了一些研究生和助教到国内的一些地区进行实地调查研究,使当时燕京大学社会学系的实地调查研究蔚然成风。当时的一些调查研究成果,对中国社会学、人类学和民族学的发展起到了很大的推动作用。如徐雍舜的北平附近潞县乡村领袖冲突调查;费孝通的江村经济调查;林耀华的福建义序宗族组织问题调查;黄华节定县礼俗和社会组织问题调查;黄迪的清河村镇结构问题调查;郑安伦的福建侨民问题调查;李有义的山西徐构社会组织问题调查等等。

吴文藻先生一生所花的最大精力,要算是在培养人才上。他不仅根据各个学生的特点进行业务上的精心指导,而且还对派哪个学生到哪个国家,在哪个学校跟哪个导师学习都做了周密的安排。如费孝通、林耀华、李安宅、黄迪、瞿同祖、冯家升等都是由他先后安排出国,并跟国外著名学者进一步深造的。这些学生学成回国后,为中国的社会学、人类学、民族学的发展都做出了十分重要的贡献,并都成了国内外著名的学者。

为了使培养优秀学生的做法制度化,吴文藻先生还与英国牛津大学进行了联系与协商,请他们帮助燕京大学社会学系推行"社会科学荣誉学位导师制"。但由于七七卢沟桥事变,日寇侵占了北平,使他未能亲自实现这一计划。

面对日寇的法西斯暴行,吴文藻先生忍无可忍,1938年夏,他不顾当时燕大校务长司徒雷登的再三挽留,与冰心妻举家南下,投入抗日行列。1940年底,吴文藻先生到国民党政府国防最高委员会参事室担任参事。抗日战争胜利后,吴文藻先生又于1946年担任中国驻日代表团政治外交组公使衔组长和出席盟国对日委员会中国代表顾问的职务。

1951年,吴文藻先生怀着对新中国的满腔热情,回到了祖国,受到了周总理的亲切接见,并被推举为全国政协委员。从1953年起,被安排在中央民族学院担任教授。

1957年,吴文藻先生被错划为右派,使他的才华被压抑了二十多年,直到十一届三中全会后,他的右派问题才得到改正。这不能不说是中国社会学、人类学和民族学的一大损失。

1979年,当他的右派问题得到彻底改正时,他已是近80高龄的老人了。但他并没有意志消沉,而是仍然精神抖擞地为中国社会学、人类学和民族学的发展献计献策和培养人才,并撰写了数篇在学术界颇具影响的论文。

1985年,当他拖着十分虚弱的身体,集中全部精力仔细审阅完几份民族学专业研究生毕业论文并参加了答辩会之后,他倒下了,与世长辞了。

吴文藻先生去世后,冰心女士根据他的遗嘱,把平时节省下来的3万元人民币捐献给了中央民族学院民族学系,作为文化人类学的奖学基金,同时还把他珍藏了多年的几百册图书捐献给了民族学系图书资料室,为我国教育事业贡献了最后的一份光和热。

(陈 恕 吴 青)

吴 廷 璆

吴廷璆，浙江绍兴人，1910年生。1929年入北京大学史学系，兼修日本文学。1931年加入北平反帝大同盟及抗日救国十人团。同年"九·一八"事变发生，在中共领导下组织北大学生南下示威团，在南京被捕。出狱后，任教陕西省立一中，继续参加抗日民主运动。1932年被迫流亡日本，考入京都帝国大学史学科，专攻亚洲史和东西交通史。1936年毕业归国，任青岛山东大学讲师。1937年7月抗日战争爆发后，赴山西参加八路军，任总政治部敌军工作部干事。1939年末，营救范文澜同志出狱后，在西北及西南从事中国民主政团同盟（1944年改为民主同盟）地下工作。1942年任四川大学历史系教授，兼任燕京大学（内迁成都）历史系教授，与李相行、马哲民组织"唯民社"。1944年与许德珩、刘及辰等组织"民主科学社"（1946年改称九三学社），同年起担任武汉大学历史系教授，并任新民主主义教育协会支部委员。

1949年任南开大学历史系教授兼系主任，同时与孟秋江及刘清扬筹组民盟天津市委和民盟河北省委。1951年当选为天津市政协委员兼副主席。1979年参加中国共产党。1980年被聘为《中国大百科全书》外国史卷编委兼亚洲史组主任。1981年被教育部推荐为第一届国务院学位委员会（历史组）委员。1979年以来曾访问朝鲜、日本、苏联、波兰及民主德国等国，三次应邀赴日本出席学术会议并讲学。先后任南开大学历史系一级教授及历史研究所名誉所长、中国亚非学会、中华日本学会和中国中外关系史学会的顾问、中国史学会常务理事、中国日本史学会名誉会长、全国政协常委、民盟中央参议委员会常委等职。

吴廷璆长期从事历史研究和教育工作，是我国著名的世界史专家。1936年在日本京都大学文学部的毕业论文是《汉代西域的商业贸易关系》，目的在于从过去中西交通的历史发展中，去找寻其规律和获得启示，以探讨和解决诸如中国如何通过对外交往方能富强起来，怎样才能在同外国进行自主、平等、互利的交往过程中，逐步使自己融入现代国际社会等许多根本性问题。在四川大学和燕京大学任教期间，讲授西洋史和东西交通史，受到学生欢迎。同时，发表《古代中国、希腊文化接触之研究》等学术论文，引起学术界的重视。他是我国较早以唯物史观研究历史的学者。新中国成立后，吴廷璆主要从事世界史、亚洲史和日本史方面的教学研究工作。1961年4月9、10日在《光明日报》刊载《建立世界史的新体系》一文，在中苏世界史学界产生了一定的影响。至于他1955年、1964年和1982年先后发表的《大化改新前后日本的社会性质问题》、《明治维新和维新政权》和《资产阶级革命与明治维新》三篇学术论文则奠定了他在日本史研究领域中的权威地位。他学贯中西，治学严谨，至耄耋之年，仍著书立说，诲人不倦。主编的《中国大百科全书·外国史卷》亚洲史部分于1990年出版，其后又先后出版了《日本史》、《日本近代化研究》和《史学论集》等著作。

（王敦书）

吴雷川

吴雷川先生名震春,浙江杭州人,诞生于1869年。先生为季子,与其仲兄同登翰林榜首,夙为杭人所称羡。

先生生平以兴办教育救国为惟一事业,1906年任浙江高等学堂(今浙江大学)监督,即校长,以实学朴学为宗旨,育才颇多,邵力子、陈布雷、邵飘萍皆为该校毕业生。辛亥革命后,先生应蔡元培等先生之请,出任北洋政府教育部佥事、参事。

先生饱览中外经史,认定基督教义博爱宏大,遂信奉之,为英国教会所推崇,聘为北京崇德中学、平民中学董事长,新创办之协和大学聘为中国文学教授。燕京大学成立后,值南京政府规定国内各级教会学校以国人为校长,燕京大学托事部遂聘先生为第一任华人校长,原校长司徒雷登改任校务长。先生一度在南京任教育部次长,一年后辞职回燕京任教。

先生在燕京国文系教授应用文等课,颇受学生欢迎,各系学生多选修之。先生中年丧偶,终未再婚,夙性恬淡,寓居朗润园内,低檐数间,平淡雅致。校中屡请迁寓西式小楼,而先生以朗润园涵翠微之秀,傍荇竹之清,乐此而未迁。

1941年12月,太平洋战起,燕京被日寇封闭。先生移居北京城内杭州会馆。日伪阴谋利用先生声望,强请出任伪职。先生严拒不睬,并将所藏典籍悉数捐赠北海公园内之松坡图书馆,移居馆内。此时先生年逾古稀,每低徊湖畔,长叹国事之非,人民之苦,敌寇之凶残,竟愤而绝粒,于1944年仙逝,享寿75岁(一说以脑溢血卒)。

先生道德文章,为世所钦。蔼蔼长者,慷慨助人,布衣布履,自奉俭约。行止庄重,言语低少,望之俨然,即之也温,颇得学生爱戴。书法为馆阁体,饶有碑意,方正端凝,字如其人,学生多求墨宝,至今海外燕人尚有所悬挂,晨夕晤对,如见良师。

(凌大珽)

吴路义 Louis E. Wolferz

吴路义教授小传是他的家人撰写的。

Louis Wolferz was the son of the Rev. Louis Wolferz, pastor of the Willoughby Avenue Presbyterian Church, Brooklyn. He graduated from Columbia University in 1908 and taught for three years in Stuyvesant High School, New York City. In 1911, he went to Peking, China, as Professor of German and French in Tsinghua College, where he remained for two years preparing Chinese students for further education in American universities on a program financed by Boxer Indemnity Funds which the United States returned to China.

During the years 1914 - 1915, he acted as an American Exchange teacher in Halle, Germany, and worked in the prison camps. He taught German in Cornell University, at the same time working for his Ph.D. from 1915 to 1916. During 1916 - 1917, he serviced as a secretary of the International Committee of the Y.M.C.A. He was engaged in war work and did special service in the interest of Germans interned of Fort McPherson, Georgia.

In July, 1917, Dr. Wolferz was assigned by the Presbyterian Board of Foreign Missions to Yenching University, Peking, China. There he was Professor of European Languages, later becoming Chairman of the Department.

On November 22, 1918, he married Katharine King in Peking, where her father was Dean of the University. In July, 1941, believing that despite the war threats, he would be able to carry on at the University. However, he was interned by the Japanese for 2 - 1/2 years before being repatriated on the S.S. Gripsholm. He then served for two years as Secretary of the Committee on Friendly Relations Among Foreign Students in the United States.

Dr. Wolferz returned to China in 1947 to continue his work at Yenching University.

Upon his return to the United States in 1952, Dr. Wolferz was of six outstanding professors selected by the John Hay Whitney Foundation to inaugurate the Whitney Humanities Program and was assigned by the Foundation of Earlham College, Richmond, Indiana.

The following two years he worked with Chinese students and alumni in the Philadelphia-Washington area. Retiring in 1955, Dr. Wolferz continued in close contact with the Chinese Community. In 1952, Dr. and Mrs. Wolferz were awarded a citation by the Board of the Presbyterian Church in the United States in recognition of their distinguished service as missionaries of the Board in the North China Mission.

步多马　Thomas Elza Breece

编者按：步多马教授(Thomas Elza Breece)是燕京英文系的元老之一。1919年燕京初创尚未迁至海淀时,他即任英文系主任,并任教至1941年。战后的1946年他又重返燕园,1948年返美。他在燕京任教二十余年,授课兼及医预等系,门人弟子无数。这篇传记是他的长子81岁的步浩武先生(T. Howell Breece)和夫人合作所写。

步多马 Thomas Elza Breece was born on October 9, 1881 in the country outside Lincoln, Missouri. His father was a physical laborer who worked maintaining tracks on the Rock Island Railroad. My father was one of seven children and he was the first in his family to go to an university. Because he could get no financial help from his family he had to interrupt his education several times in order to earn money. He did not graduate from the University of Missouri until 1910 when he was almost 29 years old.

I do not know how he was chosen, but he went to China in 1911 as a member of the first faculty of Tsinghua University. In 1915 he married Ruth Pyke, who had joined the faculty at Tsinghua in 1914. Though she came from the United States to teach at Tsinghua, she had been born in Peking on July 2, 1880. Her father was James Howell Pyke, a Methodist missionary in China.

In the summer of 1916 Mr. and Mrs. Breece returned to the United States. My father went to Harvard University for the academic year 1916-1917 where he earned a Master's degree in English. The academic year 1917-1918 my father taught English at the University of Minnesota. Sometime during that year he was chosen to be chairman of the English department of the newly established Yenching University.

My family could not go to China until after the end of the First World War when travel across the Pacific Ocean became possible. But they went as soon as they could for I had my second birthday on board the steamer Nanking.

I assume that my father began teaching at Yenching in January of 1919. The University was at that time in the Southeast corner of the walled city.

In the summer of 1925 my father began a year's leave which he spent in graduate study at the University of Chicago. When our family returned to Yenching in the summer of 1926, the University had moved to its new campus near Haitien. We lived in a house in the East Compound (Yen Tung Yuan).

For the next eight years my father taught not only freshman English classes but always a class in Shakespeare and a class for pre-medical students. During many of those years he was also chairman of the department of English.

In the summer of 1934 when I graduated from high school at the Peking American School, my family returned once more to the United States. This time we traveled across Siberia and Europe to England. My father spent several months doing research on Shakespeare in the Reading Room of the Library of the British Museum.

In the summer of 1935 my father and mother returned to Yenching where they remained until their next home leave which began in the summer of 1941. The Japanese attack on Pearl Harbour and the years of war that followed made it impossible until 1946 for American civilians to go to China. In that period both my parents taught high school classes at the Tule Lake relocation center, a polite name for one of the infamous concentration camps in which the United States government imprisoned its American citizens of Japanese descent. For many years after the war, former pupils now married and with children would come to visit my parents in their Pasadena home.

Because the United States government would not allow women to travel so soon after the war my father returned to Yenching alone in the early summer of 1946. My mother was able to join him in the spring of 1947.

In November of 1948 they flew to Shanghai and then crossed the Pacific on an American Military ship.

They settled in Pasadena, California where my father did occasional substitute teaching at Pasadena Community College until he was 75 years old. They moved to a retirement community in Claremont, California when he was 85.

My father died on May 19, 1971—he would have been 90 years old on October 9, 1971. My mother died on November 10, 1973, she was 93 years and 4 months old.

Both my father and mother were teachers at Yenching but they wished the men and women in their classes to be more than mere pupils. In years when I was a child at Yenching I remember many parties given for students at our house. At Christmas time, at the Chinese New Year, at the Spring Festival, at the Moon Festival in the 8th month, there were always large parties of students at our house. I remember several times when students asked my mother to give our cook a day off so that they could use our kitchen to "pao chiao tze"(包饺子)。Then the students would boil the chiao tze and of course they and the three people in my family would all eat together with much laughter and conversation, some times in English, sometimes in Chinese.

I forgot to include an important point when I said that my father was chosen to be chairman of the English department at Yenching University. For his entire time at Yenching 1918 – 1948, the Board of Foreign Missions of the Methodist Church paid his salary as part of its contribution to the newly formed Yenching University.

I am the son of Thomas and Ruth Breece, T. Howell Breece and I am now 81 years old. My wife, Joan, has written this down for me since failing eyesight has made writing difficult for me.

T. Howell Breece 步浩武
April 12, 1998
141 Woodward Ave
Sausalito CA 94965
U.S.A.

步济时 John Stewart Burgess

John Burgess grew up in a secular and urban environment. His father was an elder in the Presbyterian Church, an active member of the YMCA, and a leader in prison reform in the state of New York. During his college years at Princeton John Burgess became active in the Student Volunteer Movement. After graduation in 1905 he studied briefly at Oberlin and Union Theological Seminaries, whereupon he went to Japan under the sponsorship of the Japanese government to teach English and work for the YMCA in Kyoto. In 1907 he went to Columbia University for further work in sociology (M.A.,1909; Ph.D.,1928) and returned in 1909 to East Asia as a YMCA secretary sponsored by Princeton students and alumni. This time, drawn by the "challenge of the awakening youth of China," he went to Peking. Burgess's connections with the missionary world were strengthened in 1905 when he married Stella Fisher (1881-1974), whose father Henry Day Fisher was a missionary in Japan. Serving in various capacities with the Princeton-in-Peking Foundation and later the Princeton-Yenching Foundation, Burgess was a paradigm of YMCA secretaries—disciplined, self-confident, optimistic, and committed to social progress and crosscultural understanding.

During his YMCA years in Peking in the 1910s, John Burgess organized a federation of community councils within the city, student social service clubs, and a maternity hospital, and he assisted in the work of welfare associations, a prisoner's aid association, and the China Famine Relief Committee. Equally important was his contact with hundreds of students in Peking engaged in YMCA activities. His influence on Chinese personalities who became leaders of social welfare programs in China is unmistakable.

Burgess's contacts with Yenching were made through the Life Fellowship, and he began to teach sociology at the University in the School of religion, before organizing the department of sociology in the college. He pioneered in introducing field work into the study of sociology in China. His younger colleagues at Yenching, Hsü Shih-lien (Leonard Hsü) and Wu Wen-tsao, who succeeded him as chairmen of the department, helped establish Yenching's reputation in sociology. So long as Burgess was the chairman social work and the study of sociology were combined, though the two fields of endeavor would soon separate, as the YMCA mystique weakened and the pressures for raising purely academic standards increased.

In keeping with the religious orientation of Yenching in the early years, Burgess believed that scholarship should not be divorced from the practical and international purposes of the college. In the introduction to his most famous work, *The Guilds of Peking*, he hoped that familiarity with the social organizations of old China, such as the guilds, might be a "means of gaining a more fundamental understanding of the chaotic conditions incident to the transformation of this nation into a new economic and political unity. Such knowledge might also throw some light on how the inevitable fusion of Eastern and Western cultures might more harmoniously be brought about." After years of social work in Peking Burgess concluded that Western sociology was too parochial in its conception and conclusions. As early as 1917 he wrote:"Most of the works on sociology ignore at least one-half of the human race in conclusions regarding the early field of social discovery." Burgess helped another Princeton YMCA man and longtime Yenching trustee, Sidney D. Gamble, in the first systematic survey of a Chinese city, *Peking: A Social Survey* (1922).

Sickness among the children in 1926 forced the Burgesses back to the United States, where they spent the rest of their lives, save for John Burgess's one year return to Yenching in 1928-1929. Teaching first as an assistant professor of sociology at Pomona College, 1930-1933, Burgess then moved to Philadelphia where he became chairman of the department of sociology at Temple University and served as a professor there until his retirement in 1948. Noted for his imaginative lecturing, Burgess introduced courses in marriage and family and in the sociology of religion at Temple. In addition to work with students at Temple, he chaired the Wellesley Institute for Social Progress between 1938 and 1943, and founded the Philadelphia Adult Education Association and the Interracial YMCA in that city. He was also a member of the Americans for Democratic Action. Stella Burgess became a social worker in Philadelphia and regarded their work in adult education and with the race problem as a "continuation of Yenching drives." Later on, the Burgesses became members of the Society of Friends.

John Burgess was born in 1883, and died in 1949.

(Condensed from *Yenching University and Sino-Western Relations*)

沈 体 兰

沈体兰先生于1944年秋到成都燕京大学任校务委员会秘书长。当时梅贻宝出访,由马鉴代理校长。沈体兰先生和美国教授夏仁德先生一起经常在校务委员会上同保守势力作斗争,极力支持进步学生的民主运动。

沈先生进校不久,就参加了进步的"可犁团契"。他住房的一间十几平方米小客厅成了"可犁"的固定活动场所。在团契里,他和契友个别谈心,他经常在会上分析时事,特别在抗战胜利以后国共和谈期间,在形势变幻莫测的情况下,沈先生指导大家对和谈、内战、国际动向等,做了系统的分析,还在团契里组织了系统的社会科学讲座,除他自己讲课外,还请了吴耀宗等进步人士参加活动。他还请大后方的民主人士如李济深等人到学校来公开演讲,使全体师生员工等有机会听到民主的呼声,了解到国内形势发展的真相。

沈先生戴着高度的近视眼镜,身穿长袍,参加学生的反内战大游行,在成都街头和学生一路上挥拳呼喊口号,和当时成都的著名民主人士张友渔、沈志远、文幼章、吴耀宗等参加大学学生的讨论会,发表演讲,在社会上形成了一支坚强的民主力量,受到广大人民群众的崇敬。

1946年2月,国民党为了双十协定,打起民族主义的旗号,利用群众不明真相和爱国情绪,掀起成都学生的反苏运动。燕大的可犁、新蕾、未名、甘霖等团契,和燕京生活社、海燕剧团、燕京文摘等几十个团体在游行前一天,举行了国事座谈会,请沈体兰先生就东北形势和国民党反苏运动的性质等问题进行发言。在会上,沈先生以客观的态度和充足的论据,分析了这是为了找借口攻击共产党、压制民主运动,以便撕毁双十协定,大打内战而挑动群众的民族情绪。他劝同学们应该冷静地以科学的态度来处理这问题,只有在充分弄清事实真相以后,才能正确判断是非,采取行动,否则就会成为盲动,被人利用。

沈先生的讲话,统一了各个团体内的思想,使大家很快清醒过来。并于当晚召开学生自治会全体大会,请沈先生到会,介绍当时国内形势。在这个大会上,沈先生要讲话,是面对全校学生。有些人有意以学校行政当局不得干预学生自治为名,提出驱逐沈先生出会场。他们没有料到沈先生在同学中的声望。主席立即把要不要沈先生列席大会付之表决,结果是绝大多数同学赞成沈先生出席并讲话。沈先生讲话条理清楚,使许多被民族主义情绪煽动起来,原准备参加这一游行的同学都不同程度地冷静了下来。这个大会从晚七时一直开到午夜,辩论了五个多小时,否决了右翼分子煽动的所谓"燕京大学爱国不落后",要求全校参加第二天成都市学生反苏大游行的提议。第二天绝大多数同学都由进步团体组织安排到校外活动,只有十几个人打着燕大校旗去参加反苏游行。在打校旗的问题上,在校务委员会上,沈先生当场声明,"不参加反苏游行是昨晚全体学生大会的决议,现在少数学生的行动完全违背了这一决议,我把校务会上的争论记录下来,立此存照,以留给后人查考。"

正因为沈先生这种正义凛然、不畏强暴、坚持民主斗争的精神,他遭到敌人忌恨。1946年的春天,成都几个大学的所在地华西坝、陕西街掀起了一阵恫吓民主人士的阴风,标语贴满墙,传单到处散,把吴耀宗先生污蔑为"无要宗"(不要祖宗之意),把当时的民主堡垒燕京大学污蔑为"延津大学"(受延安津贴之意),把沈体兰先生污蔑为"政治扒手"……并对他们进行人身安全的恫吓。沈先生面对放在桌上的传单和贴在他住房木楼墙上的标语,只轻轻说了一句"黔驴技穷了"。

1946年夏,沈先生回到上海,在麦伦中学任校长,继续参加上海的民主运动,是上海著名的民主战士之一。1946年12月,美国兵强奸沈崇事件在北京发生后,全国学生爆发了抗暴运动。北京、上海等地学生游行示威连续举行,1947年2月,平津学生抗议美军驻华暴行联合会派我(原名沈立义)去南京、上海联络,发起成立全国学生抗议美军驻华暴行联合会。我到上海首先找到沈体兰先生。沈先生积极支持,多方奔走。他先把平津代表介绍给王绍鏊先生,又经王找到中华职业学校学生自治会负责人杨榴英,通过杨联络上海各大专院校学生自治会联合组织(上海学联的前身),经过多次秘密会商和筹备,于1947年3月召开了平、津、宁、沪、杭学生代表会。会上通过决议,宣告"全国学生抗议美军驻华暴行联合会"正式成立。在这次的民主学生运动高潮中,沈体兰先生又作出了新的贡献。

(轲 犁)

附:沈体兰先生简历

沈体兰,1899年1月28日生于江苏省昆山市周庄镇(当时隶属吴江县)。1922年在苏州东吴大学毕业,获理学士学位。在校时参加五四运动的爱国宣传活动,任苏州学生联合会会长,学校基督教青年会会长。毕业后即被聘任为中华基督教青年会全国协会学校组干事。1931年起就任上海麦伦中学校长,对学校进行全面革新,同时积极参加上海的民主运动。1936年参加"上海各界救国会"并任理事。1938年参加宋庆龄发起组织的"保卫中国大同盟"上海分会的工作。主持小型座谈会,请美国记者斯诺介绍西北苏区之行的见闻。1938—1941年兼任中华和华东基督教教育协会副会长、会长。1942年离沪赴广东,任东吴大学文学院院长,并代理校长。1944年随校迁重庆,经龚澎介绍,到曾家岩中共代表团晤见周恩来、吴玉章等。1944年9月,应梅贻宝之邀,到成都燕大任教授兼校务委员会秘书长。发起组织成都市大学教授联合会,积极支持进步学生的民主运动。1946年回上海继续担任麦伦中学校长,兼任圣约翰大学教授。与张志让、蔡尚思、周谷城等共同发起组织"上海大学教授联谊会",抗议国民党军队进攻张家口,召开伪国大。1947年与马寅初、孙起孟等发起成立"上海市教育界人权保障会",反对内战,反对逮捕进步学生。1949年1月,应邀参加筹备新政协工作,离沪赴香港转道去北平。1949年4月,出任华北人民政府高等教育委员会委员,10月任政务院文教委员会委员。1950—1953年,任华东行政委员会教育部副部长。1953—1954年任华东军政委员会体育运动委员会主任。1955年任上海市体育运动委员会主任。1958年,任政协上海市委员会副主席。1976年6月24日在上海病逝,终年77岁。

张 友 渔

张友渔是我国法学界泰斗,在国内外享有盛誉。他还精通政治学、新闻学。他在不同岗位上从事过多种工作。30年代,他三次担任燕京大学教授。

他原名张象鼎,字友彝,1898年出生于山西省灵石县一个秀才家庭。1918年考入山西省立第一师范学校;1919年积极参加太原市的五四运动,当选为山西省学生联合会执行委员。

1923年,他来北京考入国立法政大学。1927年在李大钊等被张作霖军阀政府秘密绞死的白色恐怖下,毅然参加中国共产党,任中共北京市委委员兼秘书长,并主办党的合法斗争报纸《国民晚报》。同年底,北京市委遭破坏。1928年张友渔到天津,在中共北方局军委领导下,做上层人士的统战工作和掩护、救助中共党员的工作,公开身份是天津汉文《泰晤士晚报》总编辑。他机智地救出被国民党关押的薄一波等三十多名共产党员后,奉命逃离天津东渡日本。他在东京日本大学社会学系做研究生,研究新闻学。

1931年"九·一八"事变后,他是中国留学生反日活动的领导成员之一,被日本警视厅强令离开日本。当时北平抗日气氛正浓,党组织命令他回北平参加左翼文化活动,公开身份是《世界日报》主笔。他每天写一篇社论,对时政进行及时的精辟分析,成为文化界、知识界知名人士。燕京大学聘请他任教授,专门讲授社论和日本问题。民国大学同时聘请他任新闻系主任。

1932年为形势所迫,他二次东渡日本,调查日本政治、经济和社会情况。1933年回国,继续进行左翼文化活动,公开身份是《世界日报》总主笔,并继续担任燕京大学教授、民国大学新闻系主任,同时兼任北平大学、中国大学、中法大学教授。

1934年,为躲避国民党追捕,第三次东渡日本。1935年回国,到山西太原做阎锡山的统战工作。1936年回北平,担任中共华北联络局北平小组负责人,并继续担任燕京大学等校教授。

1937年七七事变后离开北平,历任中共山东联络局书记、豫鲁联络局书记、城市工作部领导成员、四川省委副书记兼宣传部长和《新华日报》社长、晋冀鲁豫边区政府第一副主席兼秘书长、华北局秘书长。

1949年5月回北京,任北京市常务副市长。1959年任中国科学院哲学社会科学部副主任。

十年浩劫期间受到严重迫害。

十一届三中全会后,他担任中国社会科学院副院长、中国法学会会长、中国政治学会会长、香港特别行政区基本法起草委员会委员、国际宪法学协会执行委员等职,为制定中国一系列法律做出了重要贡献。1984年燕京大学北京校友会成立后,他是名誉会长之一。1992年2月26日病逝于北京,终年94岁。

(王 迪)

张 东 荪

张东荪,哲学家,哲学教育家。浙江余县(今余杭)人。1896—1904年,在苏州私塾中学读书。早年留学日本,1904—1911年,在日本弘文学院、东洋大学外国语学院学习,毕业于东京帝国大学。辛亥革命后,曾任南京临时政府内政部秘书。1911—1915年,在北京、上海任《庸言》杂志、《神州日报》记者。1916年任北京参议院秘书长。1917—1930年,曾任光华大学文学院院长、中国公学大学部学长兼教授,上海《时事新报》总编辑,主编《学灯》、《再生》。1930年入燕京大学教书,曾任哲学系教授、系主任。1941年,太平洋战争爆发后,曾和燕大师生一道被日军逮捕、监禁。他曾反抗侵略军的迫害。1945年,抗战胜利后,他到成都看望燕京师生。1947年,重返燕园。

张东荪先生生于1886年,卒于1972年。

(据《中国大百科全书》哲学卷)

张 星 烺

张星烺,字亮尘,江苏泗阳人,祖辈务农,其父张相文(1867—1933)则自学成为中国现代地理学的先驱人物。1909年,张相文创建了中国地学会,终身任会长,主编中国《地学杂志》,和世界各大国地学或地理学会交流,开展学术活动,旨在"地学救国"。辛亥革命时,又积极参与策划滦州起义。故张星烺实出身于爱国知识分子家庭。后随其父入南洋公学又转读于北洋大学堂。1906年被选派公费留美,1909年毕业于哈佛大学化学系,同年转柏林大学学生理化学,研究多肽合成,是我国第一个学习生理化学的留学生。

1912年,正当他攻读博士学位时,获悉国内辛亥革命胜利,遂毅然放弃了优越的学习研究条件,倾其全部积蓄购买了科学书籍、仪器药品,怀着满腔热血踏上归程,准备一展宏图,实现他"科学救国"的理想。时年二十四岁。

回国后,等待他的首先是生存和生活问题。他先后曾在汉阳兵工厂、南京省公署等地做技术工作,后来到北京大学教书。因疲于南北奔波和生活压力,他染上了严重的肺结核病。这对一个化学工作者来说,无疑是个沉重的打击。但他并没有对前途丧失信心,因为他还有别的志趣和追求,即以作历史和地理研究为乐,这是他在国外留学时期就表现出来的。1912年以前,他在中国《地学杂志》上已发表了《地轴移动说》(1910,译著)、《阿加息斯小传》(1910)、《夏季欧洲旅行记》(1911)、《德国旅行记》(1912)等文章。这些文章并非游山玩水闲情之作,而是对外国名胜古迹、名人名事的历史地理介绍。今人读之,仍有兴味。1910年,他为帮助外国同学研究有关中国印刷术发明人毕昇的情况,请父亲寄送沈括《梦溪笔谈》一书,同时又帮父亲换得测高计一具,以利其地理考查,足见其兴趣和助人之乐。1910年,他还发誓要把考狄(Henri Cordier)修订的亨利·玉尔(Henry Yule)译著

《马可·波罗游记》三巨册"译成汉文,介绍是书于汉土之历史地理家"。他回国后,立刻付诸行动,实为"举世不为之事,独任其难,十年以来,锲而不舍,虽患肺病,转地养疴,犹矻矻从事移译"。这部译著的导言部分先于 1922—1924 年在《中国地学杂志》上陆续发表,后于 1924 年成书出版。《游记》的本文部分,经过多年奔走,才于 1929 年找到资助,出版了第一册。遗憾的是,这部今人认为是注释最丰富的译本,以后未能继续刊印,译稿也全部遗失了。他在而立之年,要谋生养家,要战胜疾病,还要做这番艰难学问,需要何等顽强的毅力和艰苦的学习!而且他的头脑要中西兼容并蓄,文理兼容并蓄,这就是他的特殊之处,成功之本。当然,他能转危为安继续前进,也有一定的外因和机遇。这就是他在物质和精神上得到了理解他的人的支持和鼓励。1917 年,蔡元培先生出任北京大学校长,以其中西兼容并蓄的思想、知人善任的阅历使北大面貌一新,学术空气空前活跃。这年蔡同时聘请了张相文父子为北洋政府国务院附设在北京大学的国史编纂处中任国史纂辑员,并派张星烺赴日本搜集国史材料,同时就医治病。这无疑是对张的极大爱护和重视,张也不辜负蔡先生厚望,奋力做好工作,他经常埋头于东京上野公园帝国图书馆中搜集资料,博览群书,对玉尔译著《马可·波罗游记》时所用的各参考书尤注意阅读。这使他发现,关于中西交通的历史,外国人已整理出很多专著,而国人却无人研究,于是激发起他对这门历史进行研究的兴趣。这时,他暗下决心抓紧收罗有关中西交通的外国史料,开始了他第二职业的系统准备工作。但北京大学附设国史编纂处于 1919 年又被国务院收回,原属本校教授们承担的任务宣告结束。以后的几年,张星烺在浙江黄岩岳父家休养,在这里他又抓住了一个有利条件。他的岳父王舟瑶,字玫伯,是清末的一位经学大师和教育家,1902 年进京任京师大学堂教习,教授师范馆经学科、仕学馆历史科。王"家藏中国古书数万卷,任其参阅",张星烺如鱼得水,又终日藏身于书海之中,把从国外带回的资料和中国史书记载一一对照,达到"外国记载,证以中国事实,或中国记载,证以外国事实"的目的;在时间和地域上也作了科学的整理,奠定了他以后的工作方向和研究方法。

病愈后,张星烺又开始了为生活、为学术的奋斗。他出任过长沙工业学校化学系主任,青岛四方机车厂化验室主任,白天以化学为职业,晚间则从事中西交通史料的整理研究,未曾稍息。一部约一百二十万字、参考了 274 种中文书籍、42 种外文书籍的《中西交通史料汇篇》和《马可·波罗游记导言》都是在 1922—1926 年间,在青岛做化学工作时期定稿完成的。

张星烺在连续十多年的著述过程中还四处奔走或通过书信向中外学者专家请教他不懂的文字或史学专门知识,特别是 1923 年他在《史地学报》上发表了《梁任公〈中国历史研究法〉纠谬》一文,对名家权威著作进行了评论,引起当时学术界注意到这个习化学的留学生的偏好。厦门大学校长林文庆,1926 年聘请他任该校国学研究所所长。张星烺接受了这份聘书,从此放弃了化学工作,专心致力于中外关系史的研究和教学。

1927 年,北平辅仁大学开办,陈垣先生任校长,聘请张星烺为历史系教授兼系主任。张到任后,就创新开设了中西交通史这门历史学中的新课程,一时北京的著名大学——北大、清华、燕京也纷纷聘请他去讲授这门新课,直到芦沟桥事变前都如此。他的《中西交通史料汇篇》也于 1929 年作为辅仁大学丛书第一种正式出版。这种比较研究的成果,在当时中国的史学界还是少有的。因此,一直受到中外学术界的重视。英国李约瑟博士在他的名著《中国科技史》中,多次引用了《中西交通史料汇篇》中的材料,1985 年他还给笔者来信,希望他的研究所能得到这部原著。台湾出版界把这部巨著作为《中国学术名著》第五辑,在 1962 年重新出版。

张星烺的后半生是在北京度过的。他在辅仁大学除讲授中西交通史外,还讲授过中国古代史和南洋史地、历史地理等课程。他讲的历史课不但沟通了中外史地,还联系许多自然科学知识,深受学生欢迎。1928 年他竟在北师大兼授高等有机化学,足见其精力之充沛。他白天奔走各校授课,晚间仍继续研究写作,先后在《辅仁学志》、《燕京学报》、《清华周刊》、《禹贡》半月刊等刊物上发表论文数十篇,还有专著《马可·波罗》、《欧化东渐史》、译著拜内戴托普及版《马可·波罗游记》、《历史的地理基础》等,皆由商务印书馆出版。

他在中外关系史方面的渊博学识和勤奋严谨的治学态度,使他成为我国中外关系史学科的重要开拓者,在国内外学术界享有声誉。

他为人刚直不阿,待人热心诚恳,事事谦让,从不作争名夺利的事。他对青年循循善诱,爱护栽培。他生活俭朴,从不追求奢侈享受,布衣布履,烟酒不沾,嗜好全无,唯视时间如命。晚年多病,仍奋力工作,直到卧床不起。1951年7月13日于寓所中逝世。藏书全部捐赠中国人民大学。

(张至善)

编者注:张至善是张星烺先生最小的儿子,曾在燕大附中高中部就读。他的五个姐姐哥哥:兰芬、莲芬、荪芬、蕙芬、辛民,全都是燕大毕业生。他们姐弟六人全都学习优秀,事业有成。

张 琴 南

张琴南是我读燕京大学时的恩师,又是带领我由四川回天津,恢复天津《大公报》的老领导,在长达三年的受业和三年的共事中,深感他确实是一位当代伟大的爱国报人。

先生原名维周,1900年出生于河北省束鹿县一个贫苦农家,幼年在不用交学费还供食宿的保定二师完成中学学业。1919年,考入北京大学经济系,在五四运动的陶冶中成长起来;由于他关心时事,经常向报社投稿并发表文章,受到北京《晨报》的赏识,被录用为访员和编辑,边读书、边工作,开始了他初期的报人生涯。1928年,先生应著名爱国报人邵飘萍之聘,出任北京《京报》主编,亲历了邵飘萍先生被北洋军阀杀害和《京报》被无理查封事件。

1930年,先生应聘任天津《庸报》总编辑,充分发挥了他的办报才能,除撰写大量社评、社论文章外,还就该报的编排内容以及印刷、发行等大加改进,使报纸销量大增。可惜的是随着日本侵华政策的迅速扩张,《庸报》竟被日本收买,先生痛心疾首,立刻在该报刊登了一篇告白,宣布与该报脱离关系。当时先生已在津建立家庭,六七口人全赖他一人微薄的工薪维持。先生为了不与日本人妥协,宁肯赋闲,毅然离职。幸好这时《大公报》几经转手,最后由胡政云、张季鸾接办改进,正需要人员,乃聘先生主持编政。

先生第一阶段参加天津《大公报》正当"九·一八"事变前后,东北沦丧后日军铁蹄已踏入华北,抗日救亡运动蓬勃发展,先生发挥爱国激情,每天熬夜编审稿件,《大公报》发表了很多有关长城抗战以及广大军民抗日救亡的报道和评论。

1937年8月天津沦陷,《大公报》停刊,先生赴上海《大公报》继续从事抗日宣传,但不久上海《大公报》亦被迫停刊内迁,先生乃返回天津安顿家务。1939年春,先生接到由路透社代发的重庆《大公报》电邀,乃将五口家属托付妻姐照看,乘船经香港赴川,抵达重庆后因《大公报》人员较多,而成都《中央日报》又恳切邀聘,时值国共合作联合抗日之始,先生乃应邀担任了该报总编辑,初步实现了继续参加抗日宣传的愿望。

1940年以后,抗日战争呈胶着状态,国民党当局消极抗日、积极反共的面目更见显露,特别是制造"皖南事变",偷袭新四军抗日将士,举世震愤,先生正感彷徨失措,适燕大筹备在成都复校,乃应新闻系主任蒋荫恩之邀,于1942年秋任燕京大学专职教授。

先生在燕大开设《新闻编辑》、《社论写作》与《中国报业史》三门专业课,结合其多年办报经历,讲来娓娓动人,备受欢迎。为了丰富同学的专业知识,先生还多方设法,特邀一些专家报人到校讲课或座谈,其中有重庆《新华日报》总编潘梓年先生,成都《新民报》主笔赵超构先生等,特别是赵超构先生那次甫由延安参观归来,听讲者有很多外系甚至外校师生。为了加强新闻系教学力量,先生还专门举荐成都《中央日报》社长张明炜先生兼任新闻系教授,开设《报业管理》课。先生这种以专业学识为重,不拘政治流派的学者作风,还表现在对学生实习的分配工作上。当时重庆、成都各大通讯社、报社,均有燕大实习名额,其中包括中央社、新华日报等,任由同学自选。我们绝大部分同学正是通过这种实习途径,最后走向各自的工作岗位的,其中人数最多的便是《大公报》。

先生文学根底深厚、文思敏捷,社评社论又多为即兴而作,全凭一腔爱国热忱与浩然正气,下笔成文;为了抢时间,往往是写一页发排一页,虽如此仍然保持字迹工整,极少涂改,深受排字工人及校对人员敬佩。

先生一生著述极丰,惜多散见于报端。其文章大多是主张团结抗日,呼吁清明政治、严惩贪污腐败的时论。在脱离报社专任教授后,仍经常为报纸撰写评论。在成都执教时,先生全家由《中央日报》社迁入陕西街燕大临时租用的一所教职工宿舍楼内,七口之家住在一大间用篱笆分开的房内,依然习惯夜间秉烛写作。先生体质较弱,缺乏营养,常患咳喘,终年一袭长衫,生活俭朴,斗志不减,在其藏书扉页上多盖有"忧患余生"的殷红印章。

1945年冬先生终于回到胜利后的天津,全力投入恢复《大公报》的工作。天津《大公报》因抗战停刊七年多后,终于在1945年12月正式复刊。先生仍任总编职务,并继续到燕大新闻系兼课。

解放以后,他参加了民主同盟,不久又接受了天津市人民政府的聘请,担任了天津市民政局长的职务,可惜的是他多年积劳成疾,体质过度虚弱,终于1956年病逝任内。张琴南先生一世清贫,终生劳瘁,用其子女的话说:"父亲为我们留下了最宝贵的遗产,就是拳拳爱国之心!"先生不愧是一代爱国报人。

(刘洪升)

林 庚

我于1910年2月22日出生于北京。我家原籍福建闽侯(今福州市),因为当时我父亲林志钧(字宰平)在北京工作,所以全家旅居北京。北国爽朗的晴空,在我幼小的心灵里留下了美好的印象。后来我先后就读于北京师大附小和师大附中,中学时重点学理科。1928年,我考进了清华大学,那年从附中考进清华的有10人,所选的专业非理即工,我也选了物理系。当时清华学生不超过1500人,图书馆报纸杂志书籍很多,学生又可以随便入书库选读。我经常在自习后,翻阅各种文艺书籍。对古典的、现代的作品都很感兴趣。我真正比较多地接触新文学的作品,就是在这个时候。我喜欢创造社的作家,例如郁达夫的小说就给我留下较深的印象。但印象最深的,要数

《子恺漫画》了。丰子恺的漫画有许多是写古典诗词之意的,如"红了樱桃绿了芭蕉","野渡无人舟自横"等,寥寥几笔,形神俱现,这加深了我对诗歌的兴趣。在物理系读了两年之后,我决定转学到中文系。

我进中文系时,朱自清先生是系主任。系里开设的重点课程,包括有古典文学和西洋文学两大类。古典文学方面有俞平伯先生主讲的《词选》,朱自清先生主讲的《诗选》,这些课一面讲作品,一面也要同学写作。俞先生每堂课讲一个词调,都要同学试写,我写的第一首词是[菩萨蛮]:

春来半是春将暮,花开好被风吹去,日远水悠悠,闲花逐水流,凭阑无限意,何事重相记。暝色敛寒烟,鸦啼风满天。

朱先生讲历代诗选,有一次在课堂上指定六麻韵,要大家作一首绝句,我当即写了"人景乱如麻,青山逐路斜;迷津欲有问,咫尺便天涯!"反映了自己当时的心情。我开始时爱词胜于诗,后来发现诗的天地比词阔大,情调内容也丰富得多,尤其是唐诗,不但境界壮阔,而且具有新鲜健康的饱满力量。这种认识,直接影响到我以后的研究方向和诗歌创作。

在中文系学习时,我曾和几个同学一起创办了《中国文学月刊》,我的有些旧诗词就发表在这个杂志上,但写了一阵旧体诗词之后,觉得总和古人差不多,有时虽然也可以偶然得到好句,但意境、辞藻毕竟跳不出旧的圈子。记得有一次我写了首[谒金门],词中有"重岭关山风烈烈,雪晴千里月"二句,我父亲十分欣赏,但又怀疑说:"雪晴千里月"这么浑成的句子是否古人早已有之?我由此更感到:写旧诗词是没有前途的,我们只有应用今天的语言,才能真正表达今人的思想感情。我决定改写新诗。这个转折,决定了我此后的创作方向。

"九·一八"事变后,全校同学群情激奋,准备参军杀敌,我为全校同学谱写了战歌:"清华子弟今日从军去;不复河山驱彼虏誓不重回顾。便赴前方愿与仇相遇。为中华,为中华,决战生死路!……"不久,又参加了南京请愿团,要求出兵抗日,没有结果,曾绝食于南京。这次事变,更坚定了我写新诗的决心,以后我就很少写旧诗词了。

1933年我大学毕业,任中文系朱自清先生的助教。同时郑振铎先生正在京筹创《文学季刊》,约我为编辑,担任新诗方面的组稿工作。翌年春赴上海,拟尝试作家生活,但当时仅凭写诗难以糊口,到了夏天便又回到北京,先后在北京民国学院、北平大学女子文理学院、北京师范大学等校兼课,但主要精力仍用在新诗创作上。继1933年出版了诗集《夜》之后,1934年秋又出版了《春野与窗》。同时我渐渐认识到:诗的语言美在于深入浅出,明朗不尽。这无疑的是得之于唐诗的启发。因此我开始探索新诗的民族形式问题。《春野与窗》出版后,我便从写自由体诗转向写格律体诗,1935年出版的《北平情歌》,1936年出版的《冬眠曲及其他》,便是这方面的最初尝试。

抗日战争爆发后,我离京赴厦门大学任中文系讲师,不久任副教授、教授。1938年1月,由于战局形势,厦大迁至闽西长汀,那里地处山区,与外界几乎处于隔绝状态。我从这时起才把精力主要集中到古典文学研究上。在厦大我开过中国文学史、历代诗歌选、楚辞、庾信、李商隐、新诗习作等课,但重点是文学史和楚辞研究。我以为研究过去是为了促进今天,对古典文学的研究应该有助于今天的创作,而不是一头钻进故纸堆里出不来。对《楚辞》的研究,就很有助于加深对诗歌民族形式方面的认识。1946年我写成了一部《中国文学史》,作为厦门大学丛书出版。

1947年,我离开厦大回到北平,任燕京大学中文系教授。从此一方面继续研究古典诗歌和文学史,一方面又开始在各报刊上发表新诗和有关新诗创作问题的文章。

中华人民共和国成立后,我参加了历届全国文艺工作者代表大会,担任过北京市文联理事、《文学遗产》编委等工作。1952年院系调整后,我一直在北京大学任教,任北京大学中文系古典文学教研室主任。

1952年我出版了《诗人屈原及其作品研究》,1954年又出版了《诗人李白》、《中国文学简史》(上卷),1981年写成《天问论笺》一书,由人民文学出版社出版。此外,1962年我主编了《魏晋南北朝文学史参考资料》,1964年主编了《中国历代诗歌选》(上编)。至于其他单篇论文,则尚未荟集成书,正在整理中。

总之,我的创作以诗为主,我的研究也以诗为主。已出版的《中国文学简史》(上卷)基本上是一部诗歌史,我的许多论文也都以诗歌为研究课题,我觉得研究和创作是可以互相沟通、互相促进的,对古诗的研究应当有助于我们对新诗创作规律的认识,研究过去不是要我们面向过去,而是要面向现在和未来,这样的研究才是有意义的。

我的夫人王希庆,山东蓬莱人。北京农业大学教授。中国植物学会理事。民主促进会会员。1934年毕业于清华大学生物系。曾先后执教于福建长汀侨民师范学院、燕京大学,1952年以后任北京农业大学农学系植物学教研组主任。60年代初,她主持全国高等农业院校尚属首次开设的《植物解剖学》和《植物显微技术学》两门课程的讲授。多年来从事莲的研究,曾写出论文数篇,其中《莲的鳞芽和芽鳞的结构》一文,从莲的系统发育和进化地位上提出了新的见解,在中国植物学会30周年年会上做报告后,获得与会专家的重视与好评,其中一些论点至今仍被引证。1970年因病退休。1990年病故。

(林 庚)

林 汉 达

林汉达,浙江省镇海县人,1900年2月17日出生于农民家庭,自幼家贫,刻苦求学,曾在上虞崇仁小学、宁波崇信中学就读。1924年毕业于杭州之江大学。历任宁波四明中学英语教员、上海世界书局英文翻译、编辑主任、出版部长。1937年赴美国留学,在科罗拉多州立大学研究院攻读民众教育系,决心要研究中国的语文改革,从事于扫除文盲工作。博士论文写的就是《中国民众教育的发展与中国文字改革的关系》,中心思想是要利用拉丁化新文字作为扫除文盲的工具。1939年回国,任之江大学教授、教务长兼教育系主任,并积极参加反蒋爱国民主运动。他经常到各大、中学去演讲,进行抗日救亡宣传,组织进步团体,热情营救被捕学生,主动靠拢中国共产党。1945年12月,他和马叙伦、王绍鳌、周建人、郑振铎等进步爱国人士共同发起成立中国民主促进会。1946年6月23日,上海人民团体联合举行欢送马叙伦等反内战、争民主赴南京请愿代表的群众大会,林汉达被推选为大会执行主席之一,在大会上发表了激动人心的讲话,并带领群众示威游行,因而遭到国民党反动派的通缉。在中共地下党的帮助下,他于8月底乘船从上海经山东进入解放区,以后又转赴大连。1947年6月,应中共中央东北局的邀请,林汉达到达哈尔滨。8月,任辽北学院院长,后又任辽北省教育厅厅长。他坚持深入农村,积极开展文化教育的普及工作。1949年北平和平解放,林汉达参与筹备并出席了中国人民政治协商会议第一届全体会议。

新中国成立后,林汉达应聘到燕京大学任教务长兼教育系教授,讲授"教育学"和"新文学"等课程。建国初期,大学师生学习苏联的热情很高,但当时缺乏有关苏联教育方面的教材,他以对苏联的渊博知识,详细介绍了苏联教育情况。在"新文学"的讲课中,他对中国文字改革的沿革,对旧文字改革的必要性、重要性、拼音文字的可行性、优越性以及新旧文字改革的对比作了精确的阐述。他在教学上,不仅坚持辩证唯物主义及历史唯物主义的立场、观点、方法,并阐明自己独到的见解。他的理论联系实际的讲课,受到学生的赞誉和爱戴。

1951年,林汉达任教育部社会教育司司长,并兼任中央扫盲委员会副主任,1954年任教育部副部长、中国文字改革委员会委员,并当选第一、二、三届全国人大代表。历任中国民主促进会中央委员会第一、三届常务理事、第四届中央副主席、第五届常委。

林汉达是我国著名学者、教育家,他一生为人民教育事业奋斗。在全国开展扫盲工作时期,他多次到基层视察,总结经验,为广大工农群众学习文化知识付出了辛勤劳动。在中国文字改革、简化汉字、推广普通话、普及历史知识、从事外语教材建设方面都做出了可贵的贡献。他著有《东周列国故事新编》、《春秋故事》、《战国故事》、《前后汉故事新编》、《三国故事》以及多种英语教材、读本等,受到群众的普遍欢迎。

1958年,林汉达被错划为右派,"文化大革命"期间,又受到残酷的打击,身心受到严重伤害。1972年7月26日逝世,终年72岁。

1978年,中央有关部门为林汉达平反昭雪,1979年7月13日,为林汉达举行了隆重的追悼大会。

(洪一龙)

林迈可　Michael Lindsay

林迈可(Michael Lindsay—Lord of Birker)1909年出生在英国伦敦一个书香门第。林迈可是在英国牛津大学贝利尔学院导师制毕业的,他获得了政治学、哲学、经济学的硕士学位。毕业以后,他没有为自己设计来中国工作,更做梦也没想到抗日八年的岁月是和中国华北八路军游击队患难与共一起度过的。

1937年12月林迈可应聘到燕京大学创办导师制并任导师。他在来华途中同船与诺尔曼·白求恩相遇并成了好朋友,这个巧遇以后使他能更直接了解八路军的艰苦处境。

有一次,他在保定骑车到郊外,碰到华北抗日游击队,在短短的几天内,他看到中国游击队抗日是非常艰苦的,是在很缺乏物资供应的恶劣环境中作战,崇敬之心油然而生,决定回到燕京后,一定尽力来帮助他们。后来,他和另一位英国导师戴德华一起去游击区。他们先去冀中,碰到吕正操司令员的冀中部队,受到冀中军民的热烈欢迎。以后又去了晋察冀边区,在聂荣臻的小五台山司令部碰到他的老朋友白求恩大夫。他详细了解了八路军缺乏医药通讯器材的情况后,决定在军需物资,特别是电讯器材和医药品方面给予支援。当时他和聂司令员谈到了这些问题。聂司令员知道他在无线电方面有技术专长,就接受了他的帮助。

回到燕京后,他就利用当时日本人不能管制英美人的情况,尽量用他自己的钱开始买药品及通讯器材。这时他已经和北平的中共地下工作人员取得联系,多次巧妙地避开敌人,把药品、器材等送到游击区去。从游击区回来时也带回一部分抗日材料和宣传品,请他的学生李效黎翻译,还给英国《泰晤士报》、《卫报》写稿,报道中国共产党领导下的抗日军民艰苦斗争的真实情况,揭露日本鬼子在中国土地上的残暴罪行。

1939年夏,他又一次到八路军游击队地区去,在聂荣臻将军的司令部里,又遇见了老朋友白求恩。当时白求恩大夫的身体健康不良,林迈可主动提出请白求恩到北平燕大他的住处治疗养病,然后再出国为中国抗日战争筹集资金。不幸的是白求恩大夫不久在为伤病员做手术时不慎割破手指中毒感染而去世。

1941年林迈可的学生李效黎离开导师制毕业于经济系,她是山西省离石县人。她和林迈可在1941年夏结为夫妇,婚后他们继续出生入死地为抗日战争做地下工作。

珍珠港事变刚一爆发,当早晨7点多钟日寇从燕京西校门进来逮捕他们时,他们刚从东门乘坐司徒雷登校长的小汽车,偕同班维廉教授夫妇驰往西山。真是刻不容缓,十分危急。在八路军地下工作者和老乡们的帮助下,他们很快与八路军游击队联系上。前来接他们的萧芳(曾是燕大附小的学生)是林迈可过去送物资到解放区的接收人。他们一边行军一边工作,部队的同志把无线电收音机分给林迈可(收音机是林迈可在燕京大学装好送给部队的),由此,可以听到有关太平洋的战争新闻。他们经过艰苦跋涉,穿越日军封锁线辗转到达了平西根据地。

在前方,林迈可主要工作是在聂荣臻将军的晋察冀边区通讯组做技术顾问。尽管物资缺乏,他们还是改装了不少老旧笨重的发报机,同时也训练了许多机务人员,使冀中等地和敌人炮楼靠近的地方,受益不少。他们在边区生活得紧张而又充实,在各方面都得到八路军司令部的帮助与合作。

1944年的夏天,他们到达了延安,受到毛主席、朱总司令的热情接待,并委以重任——18集团军三局通讯组技术顾问及新华社英语主编顾问。李效黎则完全帮他随身做书记翻译等工作。

1945年10月中,蒋军胡宗南部有进攻延安的消息。林迈可不想看到中国打内战,另一方面又想到中国以外的世界极需了解中国的真实情况,他要出去尽力告诉外界中国的真实情况。周恩来同志完全同意他的想法。他们11月离开延安,经重庆、印度回到英国,开始在英国到处演讲。当刘宁一先生、吴文涛先生去英国作短暂访问、住在牛津林迈可父母家时,林迈可父母尽量给他们联系国会议员以及在国内有影响的团体。尽管战后英美都在急起反对共产党,蒋政权的官员(包括大使郑天锡、公使陈之迈等)公开散布谎言说"李效黎是共产党员",但是由于林迈可及他父母的声誉,他还是被美国、加拿大太平洋学会邀请去各大小城市做了四十多天演讲,受到热烈的欢迎,产生了很大的影响。

后因认为林迈可有亲共嫌疑,英国外交部及联合国远东经济总署,取消了请林迈可担任的与中国事务有关的职务。

新中国成立后,一贯好进忠言的林迈可给毛主席呈言,希望中国能和多数国家交往。他也在一些公开的场合发表他的意见。中国"文化大革命"发生后,他秉着尊敬同情中国人的赤诚之心,直言不讳地说了许多批评的话。

1983年,林迈可高兴地听到邓小平同志提出的改革开放,解放思想,实事求是,从实际出发,结合中国的国情学习、引进外国的先进科学技术和管理方法。他看到中国的巨大变化,心里很兴奋,甚至准备回中国颐养天年,可惜他没有活到现在,于1994年病逝于美国。

林迈可毕生献身于教育事业和科研工作,他一生中在许多大学执教,如燕京大学、哈佛、耶鲁、澳洲国立大学及美国美利坚大学。他留有著作:Is Peaceful Existence Possible?(《和平共处可能吗?》)China and Cold War(《中国与冷战》)。还有些关于国际方面的政治经济等文章,登载在英、美、港、台等地的报纸杂志上。

林迈可是一位热爱和平的国际主义战士,为了消灭日本侵略者,为了中国的抗日战争,他冒着被敌人逮捕杀头的危险,一次次承担完成当时中国人所不能办到的艰巨任务,他为中国抗日战争的胜利,贡献出自己所有的知识、技术和精力。几十年来他一直关心中国的前途,关心中国人民的命运,与中国人民结下了不解之缘。

可告慰林迈可的是:中国现在国民经济大大发展,人民生活大大提高,科学技术也发展很快,法制也逐步健全。香港已回归中国,中国正努力在国际舞台上发挥积极作用。

林迈可身后留有妻子李效黎,一子林海文及一女林美理。

(李效黎)

编者注:林迈可先生去世后,其夫人李效黎女士即定居北京。她的外孙女李淑珊(Susan V. Lawrence)近年也在京为美国的刊物工作,得以互相照料。

范天祥　Bliss Mitchell Wiant

编者按: 范天祥教授1975年病逝。他的夫人Mildred现仍健在,已百岁高龄。1991年她曾派她的两个儿子、儿媳、一个孙女替她到中国来看看,重返燕园,探视旧居,与京津同窗欢聚。

The following brief sketch of the life of Bliss Wiant (with minor editorial changes), described as a "pioneer of indigenous Chinese music and hymnody" was published on the occasion of the annual meeting of the Hymn Society of America in 1975:

Bliss Mitchell Wiant, born 1 February 1895 at Dialton, Clark County, Ohio, was the son of William Allen Wiant (pastor 1911 – 1917 of Central Methodist Church in Springfield, Ohio) and Loretta Hoak. He graduated from Springfield South High School and entered Wittenberg College in 1914. He served in the U.S. Navy and then finished his B.A. at Ohio Wesleyan University in 1920. He was married in 1922 to Mildred Artz (born in 1899) of Delaware, a Phi Beta Kappa at Ohio Wesleyan. After further study in Boston, Bliss was ordained an elder by the Ohio Conferecne of the Methodist Episcopal Church.

In 1923 they went to Peking, China, where Bliss established a department of music at Yenching University and Mildred taught vocal music and gave recitals. Their four children were born in Peking.

At Yenching University, Bliss developed western style harmonizations for classical and folk Chinese melodies. He found and arranged indigenous melodies for the Christian poetry of Chao Tze-ch'en [T.C. Chao], then dean of the university's School of Religion. His work with these native melodies laid a foundation for all future indigenous Chinese hymnody and found expression in "*Christian Fellowship Hymns of 1931.*"

In 1923 Bliss was chosen organist for the memorial services of Sun Yat-sen. In 1936 his musical editorship placed an indelible Chinese stamp on the great ecumenical work "*Hymns of Universal Praise.*" In 1937 he directed the first Chinese performance of Handel's "Messiah" to be broadcast internationally. (This occurred in Nanking at a cultural festival celebrating the discovery of the most ancient Chinese bronzes ever found.) A volume of his anthems, the Yenching Choir Selections, was published in 1940 shortly before their exodus to avoid Japanese internment.

Druing this exile, Bliss completed his doctorate in music at Peabody College, in Nashville, having already in 1936 earned the MA at Boston University. His Peabody dissertation of 1946 was later published as "*Music of China*." The family returned to China 1948-1951.

Bliss became pastor (of St. Paul's Methodist Church) in Delaware 1953-1955, minister of music in Youngstown 1955-1957, director of music for a number of national and Ohio church agencies 1957-1963. In 1963-1965 he was once again professor of music, for Chung Chi College in Hong Kong, while directing the Asian music programming for the National Council of Churches of Christ USA and lecturing at a number of Southeast Asian theological schools.

Returning to America, he lectured extensively with his Chinese instruments and music. He published English translations of Chinese hymns, many made by his wife, Mildred. A number of these translated hymns are now included in the *Methodist Hymnal of* 1964.

One of Bliss' most important publications was his doctoral dissertation, "*The Music of China*," published by Chung Chi College in Hong Kong, 1965. No other book of its kind has ever appeared in English and is still unique. It is being used today as a textbook in colleges and is a reference book in many libraries across the nation.

In another direction, Bliss had a hand in the establishment in 1967 of "The Wiant House," a home for men students from various races, religions and nationalities at Ohio Wesleyan University, Delaware, Ohio. The idea of men of different races and religions living under the same roof was called by them an "experiment in living together."

Bliss died in 1975. He is survived by Mildred, who sent her sons to go back to Beijing to visit the Yenching campus in 1991.

(editor)

周诒春

周诒春,字寄梅,祖籍安徽休宁,1883年生于湖北汉口。12岁时,即入学上海圣约翰大学接受基本训练,6年后,即任数理科助教和英文教员。1903年在本科毕业,继续担任教职。1907年赴美留学,先后在耶鲁大学、威斯康辛大学学习,获学士、硕士学位,连续被选入"Alpha Chi Rho"、"Phi Beta Kappa"和"Phi Delta Kappa"三个荣誉学会(均为美国表彰优秀大学生的制度),并曾于1908年以演说辩论最优获金牌奖。1910年回国,先后任教于上海中国公学和复旦公学。辛亥革命后,任南京临时政府外交部秘书,并曾任孙中山先生英文秘书。1912年任清华学校副校长兼教务长,1913年任校长。1917年辞职。以后在银行界任职多年,曾任中孚银行总经理兼北京分行经理。还曾主持创建欧美同学会。20年代初他还与耶鲁同学费兴仁合作在京创设仁立公司,经营地毯等土特产。1924年,为了管理美国第二次退还的"庚款",北京政府设立"中华教育文化基金董事会",周诒春连续四届被选为董事,先后主持扩建北京图书馆和创办静生生物研究所。1929—1939年,被公推为协和医学院托事会常务委员会主席。

周诒春20年代后期任燕京大学董事会董事，1933—1934年任燕大代理校长。

当时，"九·一八"事变发生不久，形势复杂，学校不可能一日没有校长，而选择合适的校长需要时间。董事会考虑，周诒春早年曾任清华学校校长，是教育界知名人士，并任燕京大学董事会董事多年，对学校内外情况比较了解，与司徒雷登也比较熟悉，既能无条件应聘，又能在必要时随时离职，决定请他任代理校长。在职一年多时间，他对外以燕大校长名义与教育部等单位联系工作，对内从不主动干预学校事务，以有所不为才能有所为的姿态，顺利地完成了这一段短期过渡的历史任务。

周诒春离开燕大后，1935年任国民政府实业部次长。1937年抗日战争爆发后，任贵州省政府委员兼农村合作委员会委员长、财政厅长。1945年日寇投降后，周诒春曾在北平、南京任职。1948年，他携眷去香港。1950年他回到北京，住三子周华康大夫家。1956年，他作为特邀委员参加全国政治协商会议。1958年8月病逝于上海，享年75岁。

（戴 樾）

周 学 章

周学章先生1893年生于天津，年轻时就读于天津省立师范学校（当时天津是河北省省会），后入保定高等师范。由于学行卓异，获省政府官费留学美国。先后就读于奥伯林大学及哥伦比亚大学，研究教育学，获硕士及博士学位。1923年回国，历任厦门大学教授、河北大学教授、教务长、代理校长，国立师范大学研究院导师等职。1926年受聘来燕京大学任教育系教授，主讲"教育学"。1935年接替高厚德先生任教育系主任。后又去欧洲考察各国的教育状况，搜集了丰富的教材，充实了他的授课内容，并对北平学术界演讲多次，影响很深。1938年开始至1941年12月任文学院长兼教育系主任。

1937年七七事变后，国立大学纷纷南迁，燕京大学仍坚持原来的办学原则，宗旨不变，在孤岛上奋战，大遭日寇的嫉恨。1941年12月珍珠港事变，美日开战，日寇大肆逮捕燕大师生。周先生也未能幸免。在狱中半年多，备受苦难，然而英勇不屈。释放时体重减少了50磅。此后生活虽艰苦，但忠贞自恃，不为敌伪利诱。1945年1月25日因患脑溢血，逝于北平寓所，终年52岁。

周学章先生的学术成就偏重于教育测验和乡村教育。曾在平津两市对中小学做了大规模的测验，希望从中找出教学中存在的问题和各年级中国学生的成绩标准；在乡村教育方面曾派人对河北省中部各县做社会调查，在学校附近创办了诚孚和冉村两个实验区。推进教育与农村的改革，在冉村还建立了几个工厂，学生除读书外，还能学习一些实际的技术，也给学生和农民提供了工作机会。他有十几种著作，其中有关中小学智力测验和教育测验的六种，有关乡村教育的三种，有关考试方法和提高学习效率的各一种。

（张秀贞 唐慧珍）

周 许 淑 文

母亲许淑文,1901年2月27日生于纽约一个中国牧师家庭。她中学毕业后,考入 Ohio Wooster College 体育系,曾代表学校参加全美游泳比赛,获得过几项冠军。毕业后,和我父亲周学章结婚,并一同回到中国。1926年我父亲应聘到燕京大学执教。我母亲先在协和医科大学护士学校工作,后也到燕京任体育教员。她不但从事体育教育事业,同时也是我父亲从事农村教育事业的一个重要帮手。

母亲热爱工作,热爱学习,热爱她的学生。她注意学生的德、智、体全面发展。燕京的体育课是必修课,男女分班,班次多,工作繁忙。女生第一堂体育课就是身体检查和拍照脊柱和身体姿势像,然后按身体情况分班上课。在母亲任体育部主任时,专门为残疾学生开设了一门医疗体育课,使那些有残疾的学生也有机会上体育课,提高自己的健康水平。她总是认真负责地对待每一个学生,常和学生们谈心,并尽最大努力去解决她们的困难。有许多学生来找她谈话,不仅限于体育方面的问题,连生活问题、朋友问题都来找她谈心,争取帮助。

燕京的课外体育活动很活跃,体育教师不仅要准备好运动器材,还要出来辅导。母亲总是早早来到操场,组织学生活动。晚上,她还要教授业余体育课,如土风舞、Square dance 等,男女生可自由选课。在节假日里,她就帮助在校的学生组织起舞蹈班,活跃他们的生活,同时也给钢琴伴奏的同学和其他同学创造自助的机会。

母亲工作繁忙,十分辛苦,但她从无怨言。她在完成教学任务的同时,还积极搞好学校的各种运动队。游泳是她的专长。燕京的游泳队在北平五大学比赛中,屡获冠军和亚军。有的学生在解放后还被选入北京游泳队和国家游泳队。有的还获得过全国冠军。

母亲的社会活动很多。光是游泳裁判这一项,就承担了校级、市级、全国和世界游泳裁判的任务。此外,她还做过网球裁判。这些工作占去她很多时间,但她勤勤恳恳,认真负责,一丝不苟。

母亲总是严格要求自己,而宽容对待别人。她的朋友遍天下。同事们给她一个尊称:"周妈妈"。

她1985年离开中国定居美国,1990年7月6日因脑溢血逝于华盛顿,享年89岁。

(乃文 乃扬 懿贞 懿芬 懿娴)

宓乐施　Camilla Mills

这是燕京大学教授谢迪克(Harold Shadick)1982年为纪念宓乐施所写的文章。宓乐施生于1899年,逝于1982年。

Camilla Mills went to China in 1922. She had just taken her B.S. in Home Economics at Oregon State University. The Dean of her college chose her to go with her to open a pioneer department of Home Economics at Yenching University in Peking. This made her one of the earliest faculty members of an institution that in its lifetime of about thirty years, with a peak enrollment of 1200, produced leaders in many fields of Chinese life.

In 1926 the university moved out of the walled city of Peking to a new parklike campus in the country. The move was accompanied by an expansion of staff, mostly Chinese but including a number of Westerners. I want you to imagine what it was like to belong to a group of young Westerners, mostly Americans but including some English, Scots, Irish, Swiss and Russians, engaged in building up a liberal Chinese university that would exemplify the Christian way of life while avoiding the domination by foreign missionaries that still impaired the work of some Christian colleges. We all came (I should say that my wife Helen and I had joined Yenching in 1925) eager to understand the Chinese people and, at a time when Western Imperialism was still a reality, and the Japanese menace ever more pressing, to help them bring their country back to health and independence. We all lived and worked within easy walking distance. We had bare subsistence salaries but the nature of the society gave us the luxury of servants and the university provided housing. We worked very hard but there was little sense of academic rivalry and little concern over such things as promotion. Every day we made fascinating discoveries about the Chinese way of life and every day we discussed the problems and the future of China. We explored the city of Peking and the temples and villas in the Western Hills, all still permeated with the mana of the Manchu dynasty. The very uncertainty of life under changing warlord regimes was somehow exhilarating. Inevitably a rare esprit-de-corps developed among us and lifetime friendships with Westerners and Chinese alike. The feel of our life was caught by the quaint English of a student essay describing Yenching: "There are many foreign men and women professors [he wrote] who teach at their ease and with what they can earn are able to lead their lives in a rollicking fashion."

Camilla was a very special person in our group. Her earlier arrival gave her a certain seniority. We admired her fluency in Chinese and her special touch with the students. Her tactful nature saved her from the gaffes so easily made when working in a strange society. She was a star in the frequent singsongs we had at parties and on hill trips, with her infallible memory of all the words of all the verses of all the songs and hymns.

Cheerful and warm, she was sensible and practical (this perhaps owed something to her upbringing on a farm). <u>And she was imperturbable.</u> The Dean of the Women's College clearly had her measure when it was Camilla she asked to go with two men teachers to look for Yenching girls at the Government Building where student demonstrators had been shot down by Tuan Ch'i-jui's guards. This was the notorious March 18, 1926 incident in which some thirty students were killed including two women, one from Yenching*. It is told that the two men teachers were so shaken by what they saw that it was left to Camilla to probe through the piles of bodies, identify the bayonetted body of the Yenching girl, and see it brought back to the college.

After a year of intensive language study Camilla became head of the new Home Economics department and apart from a year of advanced study at Columbia University continued so until 1931 when she married Knight Biggerstaff (who had been at Yenching for two years at the first Harvard-Yenching Fellow) and went with him to Cambridge for the completion of his doctorate. They returned to Peking for two years 1934-1936, Knight for research and Camilla doing some part-time teaching at Yenching, thus extending the time of her association with Yenching to eleven years.

Camilla's life as wife of a professor of Chinese history amounts to a second China-related career. Her command of the vernacular was a great help at a time when academic Chinese was limited to reading. Her eleven years of intimate friendship with Chinese people ensured that the Biggerstaff home, whether at Harvard 1931-1934, Seattle 1936-1938 or at Ithaca from 1938 would be a centre to which Chinese visitors and students of China would gravitate. The Biggerstaff guest book has the signatures of most of the leading scholars in Chinese history and related fields, many first inscribed when they were students.

During the war Camilla's understanding of China was drawn on for nearly two years when she served in the Office of War Information in Washington. In 1945 when Knight was appointed Chinese Secretary of the United States Embassy in Chunking, the State Department specified that they wanted Camilla to join him. She was invaluable as a bilingual hostess at diplomatic dinners where people like Madame Chiang and Chou En-lai were guests.

We are celebrating the useful life of one whose sympathetic nature reached out in love and support to innumerable others. Since Helen and I left Yenching in 1946 and came to join Knight and Camilla in developing Chinese studies at Cornell we have of course been even closer than in Peking. We can testify that in over fifty-seven years Camilla never has failed us in any of the vicissitudes of life. Another historic friendship was with Ch'en Yi, the student who took over Camilla's department when she left Yenching in 1931. What a happy time it was for both of them and for Knight when, after years of separation and ordeals like the Cultural Revolution, Ch'en Yi was able to come to Ithaca for a few days in 1980!

---

* This girl student of Yenching University is martyr Wei Shiyi. —editor

柯安喜 Anne Cochran

柯安喜教授的这篇小传是她的侄女1998年为本书撰写的,是施玉瑞(Janet Rhodes)约来的。柯安喜教授已于1999年在美国病逝。

Dear Janet Rhodes:

Emily Vest has asked me to respond to your request for biographical material about my aunt Anne (Nancy) Cochran. I cannot vouch for the complete accuracy of the following, but I have gleaned what I could from her letters and family memories.

Anne Cochran, called Nancy, was born in Hwai Yuen, China, on May 27, 1902. Her parents were missionaries, the Rev. James B. and Mrs. Margaret Cochran. She was raised in Hwai Yuen with summers at Kuling until she returned to America for school.

As a child, Nancy was well tutored in China (including Greek, Latin and German), and thoroughly prepared for the Burnham School and Smith College (B.A., Magna Cum Laude, Phi Beta Kappa, class of 1924). She received a Master's Degree from Columbia Teachers College. She taught for one year at the Hampton Institute in Virginia before returning to China to teach at Yenching University.

Nancy Cochran began teaching English (her first class was 34 students) in the Women's College at Yenching in September 1927. She was active in drama (writing, directing and acting), which she thoroughly enjoyed. She shared a home at various times with Hilda Hague, Camilla Mills, Dora Bent, and Grace Boynton.

During World War II, Nancy was interned by the Japanese at Wei Hsien, and returned to America on the second prisoner exchange voyage of the *Gripsholm*, arriving in NY in November 1943. During her furlough years and World War II, she studied at the University of Michigan (M.A.) and at the University of Virginia, and taught English at St. Anne's Episcopal School in Charlottesville, VA.

She returned to China on the *Marine Lymx* in September 1946, and remained at Yenching throughout the last years of the civil war. After the Communist liberation in 1949, she continued to teach and served as head of the English Department at Yenching until February 1951, when she left mainland China for the last time.

In 1952, Nancy went to Taiwan, where she became the head of the English Department at Tung Hai University in Tai Chung until she retired in June 1969.

After her retirement, she traveled and visited her many friends around the world before settling down with her sister Gwen in Plainfield, NJ, and with her sister-in-law Mary (Mrs. Williams Cochran) in Auburndale, Mass. Eventually, Nancy and Gwen moved to Hendersonville, NC, where Nancy resides in the Health Center at Carolina Village.

费宾闰臣　Alice B. Frame

费宾闰臣夫人(Mrs. Alice B. Frame)是美国基督教公理会传教士,1878年出生于土耳其。13岁回到美国麻省就学。1900年毕业于蒙特霍来克学院(Mount Holyolke College),1925年获该校文学博士学位。大学毕业后,曾在哈特福得(Hartford)神学院学习三年。1905年来到中国,在通州一所教会女校工作。1912年,调到北京城内协和女子大学。次年与费宾先生(Mr. Murry Scott Frame)结婚。费宾是1910年来华的美国传教士。

她婚后的生活是不幸的。第一个孩子两岁上夭折。第二个孩子只活了几个小时。1917年出生的女儿是他们惟一长大成人的孩子。他们原计划在1918年回美国度假,不幸费宾因患斑疹伤寒而突然去世,假期被迫后延。她强忍悲痛,继续工作。

1919年,协和女子大学校长麦美德赴美募款,工作由费宾闰臣夫人代理一年。次年,协和女子大学与燕京大学合并成为燕大女校。两年后,她接替麦美德任燕大女校文理科科长。这以后的四年是海淀新校舍紧张的建设时期。女校的建筑都要由她来主管,所以她要经常和建筑师打交道。

当时在纽约有一个燕大女校设立者委员会(Committee of Yenching College for Women),女校的9幢建筑都是由它资助的,其资金由女校单独掌握。这个做法是燕大托事部和学校行政领导都不同意的。费宾闰臣夫人一方面要为建校工作不断地与这个委员会联系,另方面还要斡旋于这个委员会与托事部和校领导之间做调解工作。同时由于学校在不断发展,日常行政事务也日益增多,所以她的工作是十分辛苦的。

1926年秋,男女校均迁入海淀新址。女校面临与男校完全合并的压力;而女校一直认为要伸张女权,维护妇女的利益,就要有一定的独立性,就必须有经济自主权,这样就使得男女校之间不断发生矛盾。激怒的男生不满于"骄傲的女校",对女校主任进行了人身攻击。最后女校不得不转变立场,1928年与男校完全合并。女校改称女部,隶属于学校行政委员会之下。

1928年她休假回美国。次年回来后继续担任女部主任,但和学生的关系仍不融洽,以致在1930年学生提出女部主任辞职的要求。她提出辞职,次年离开燕大又到通州。

1932年,她患肺结核而病休。1938年出席了在印度马德拉斯(Madras)召开的国际传教士会议。次年发现癌症,手术后未见好转,遂于1941年返美,不久病逝于麻省。

她是一位为中国妇女走出家庭束缚而战斗的妇女。在燕大工作期间正是女校逐步发展和建设阶段,工作十分辛苦。在燕大,她虽有很多朋友,但挚友甚少,同时也有不少人对她有意见。学生不了解她。同事们反映她对大家要求多,帮助少。她自己最后也承认自己的工作方法不够灵活。在她任职期间,虽然一直充斥争吵,但她对中国教育的影响是不可磨灭的。她引导女学生为争女权而奋斗,使她们在身心各方面都较以前活泼、快乐和自信。在形成燕京妇女的优良作风中,她是有贡献的。

(据《燕京大学史稿》)

施美士 Ernest K. Smith

Do you know that on my Mother's side of the family we are three generations that have taught at Yenching?

First, there was my Congregational grandfather, the Reverend Dr. Chauncey Goodrich. He was the Dean of the Union Theological Seminary in Beijing which became the Department of Religion in the New Yenching University when it opened in Beijing in 1919. Dr. Goodrich's photo hung in the corridor leading to the Yenching Chapel in Bashford until 1941 if not longer. My mother, Grace Goodrich Smith, taught singing in the Yenching Music Department for the 1930's until 1941, when she left China for the United States. I, then Dorothea Smith Hanwell, taught dance in the women's P.E. Department from 1939 to 1941. My father, Ernest Ketcham Smith, was a founding professor of Tsinghua College in 1912. Louis Wolferz and Thomas Breece were also teachers in that original Tsinghua group. They became professors in Yenching long before my father.

E.K. was born in Simsbury, Connecticut, U.S.A., in October 1873. His father was a Methodist minister. E.K. graduated from Marlboro High School in Massachusetts and Wesleyan University in Connecticut, working his way through college. He remained at the University as an assistant librarian and secretary to the Wesleyan faculty while completing his Master's Degree by the age of twenty-three.

Leaving Wesleyan, E.K. held various teaching positions until he was chosen as one of the founding teachers of the Tsinghua College. The group arrived in Beijing in 1911 on the eve of the revolution which was to overthrow the Qing Dynasty and establish the Republic. These uncertain conditions delayed the opening of the college. E.K. then did some traveling in North China and next joined a team of the International Famine Relief, for this was also a time of great floods and famine in China. Finally, Tsinghua opened and E.K. taught English there for seventeen years. He was President of the North China Association of Teachers of English from 1918 to 1920.

In 1929, E.K. resigned from Tsinghua and became a full professor at Yenching University. It was a time of great depression in the United States and funds which had been coming to Yenching were greatly reduced. The University has to economize. E.K. was probably the only western full professor without tenure and his salary was drastically reduced in 1930. E.K. must have been hurt by this move but he remained loyal to his students and the teaching of English at Yenching and continued to teach until 1941.

E.K. was a full scholar and was well versed in classical as well as modern literature. I hope he passed on his love to his Yenching students. He certainly did to me. He would read to me from Dickens, Walter Scott, Shakespeare and other writers when I was in grade school. In high school and older I would read the books he taught in his modern literature classes, such authors as Ernest Hemingway, Dos Pasos, Sinclair Lewis, John Galsworthy, Ibsen and others.

E.K. worked with Dr. Ivor Richard in choosing a basic English vocabulary, influenced by the simplicity of Chinese grammar and hopefully easy enough to learn and be useful for international communication.

Both E.K. and Grace were very appreciative of Chinese culture. They found about eighty Yin Dynasty oracle bones sold by a merchant to be ground up for Chinese medicine.

E.K. spent many hours studying these ancient bone and tortoise shell artifacts. Trying to discover the meaning of those hieroglyphics written on the bone and tortoise shell pieces. A question and answer were written on each, such as, "Is it auspicious for Prince Yee to hunt on 'such and such' a day?" Then, after the bone had been burned in fire, a priest would scratch the answer on the bone next to the question.

My mother, Grace Goodrich Smith, wife of Ernest K. Smith, was born in Tunghsien, near Beijing, of missionary parents in 1889. Her early childhood playmates were Chinese children. She spoke perfect Beijing Chinese and was happiest among Chinese people.

Grace received her college B.A. from Oberlin in Ohio in 1912 and returned to China to be with her parents. At Oberlin, she received excellent singing instruction and sang solos for a church in Cleveland and in Oberlin. When she returned to China in 1912 and married E.K. in 1914. They made their home in Tsinghua College, where they lived until our family moved to Yenching in 1929.

Grace also studied singing in New York City in 1915 to 1916, the year of my father's first furlough from Tsinghua College. That was also the year I, Dorothea, was born in New York City. My parents carried me back to China when I was four months old.

Back in Tsinghua when she was twenty-eight, Grace came down with a virulent case of typhoid fever and nearly died. Too soon, she gave birth to my younger brother Chancey, who died when he was two but not before my sister, Janet, was born in 1920. My brother, Ernest Jr., was born in 1922.

As a result of the typhoid fever and poor health afterward, Grace lost much of the beautiful quality of her singing voice. She recovered enough to sometimes sing the alto solos in Yenching's yearly Messiah concerts. However, her excellent musical training made her a fine teacher of singing. She began teaching voice in Tsinghua and from 1930 to 1941 at Yenching. To help family finances, she also began to teach singing in Beijing at the Peking Institute of Fine Arts.

Through knowing the many Chinese friends of her parents, association with faculty wives and many other Chinese people, Grace developed a deep understanding of China and her people whom she deeply loved. One of her friends was a Buddhist nun who had her own temple at the edge of the village of Cheng-fu. A wall surrounded her temple and several acres of farm land. During this period of civil wars, Mother had an agreement with the nun. Grace would buy her temple, fly an American flag, and the women and children of Cheng-fu could come into the temple and stay when soldiers were billeted in or passed through the village. Thus, the women and children were protected as well as the temple. When the emergency was over, Grace sold the temple back to the nun.

Mother was especially devoted to her voice pupils at Yenching. I can name some that I knew in 1939 to 1941 because they sang Chinese songs to accompany the themes of the Chinese dances such as "The Cowherd and the Lady," which some of my dance students performed both at Yenching and in Beijing. These students were Chi Yu-chen and Liu Chiin-feng who vocalized the love songs. Other singers were

Chi Nai-chun, Teng Yang-yi, Wu En-ya and Wu Hsiu-kuei. Han Te-chang, student of Professor and Mrs. Bliss Wiant, had researched Chinese folk music and composed a love song for the dancers. Ch'uan Keng-hua was the excellent piano accompanist. The dancers were Ch'ih Yuan-yuan, Fang Yin, Ho Yuan-tze, Luan Shu-ch'iu, Sun Yu-yun, and Yin Tuan-hua.

In the spring dance program in the women's gym in 1941, Ch'ih Yuan-yuan directed a chorus of singers who sang Hai Yun. I don't have this program, so I can't name the dancers, but Lu Wen-ching was the maiden who drowns herself.

One of Grace's students, Shen-feng, later became head of the vocal department of the Beijing Academy of Music and C'hi Nai-ch'un and Wo En-ya were successful concert singers in the United States.

Grace took a motherly interest in all her students and friends and helped them in many ways. When I went back to Beijing in 1977, Xie Wanying, known as the writer Xie Bingxin, and her husband, Dr. Wu Wentsao, came to the Peking Hotel to see me. As soon as Bingxin saw me, she said, "Oh, Dorothea, when we were married your mother helped me buy my furniture!"

On that same trip to Beijing, I visited the campus of Yenching-Beita. One of my guides was a professor there. On seeing me he said, "Professor Smith taught me Ibsin." My parents were not forgotten.

My mother left China for a visit to the U.S.A. in late spring of 1941 because my sister, Janet, was about to graduate from Radcliff and marry Tim Rhodes. Unfortunately, the U.S. government decided the situation in Asia was to precarious and she was not allowed to return to China which must have saddened her for she never saw China again.

Mother found a good job as a monitor with the Voice of America in San Francisco where she was responsible for seeing that Chinese was spoken with a correct Beijing accent. She wrote reports on the broadcasts from the Voice to China. Sometimes, she broadcast to China using her Chinese name. She enjoyed her job for it enabled her to work with Chinese co-workers.

After Japan and the U.S.A. went to war in December of 1941, the Japanese army closed Yenching University. Foreign faculty members were allowed to stay in the University housing until August of 1942, when they were moved to Beijing. Our home, not being in the faculty University housing but in the village of Cheng Fu, was not taken over. Dr. Lucius Portor and Stewart Mitchell moved in with E.K. hoping to keep an eye on what was happening on the university campus. And I moved into Beijing.

When news came that in March 1943 all "enemy aliens" were to be interned, Lucius, Stewart, and E.K. were moved into Beijing under armed guard and all of us were sent to Weihsien Internment Camp in Shandong.

E.K. and I were among those repatriated to the U.S.A. on the S.S. Gripsholm and we arrived in New York City in December, 1943. The whole family then spent Christmas with Janet and her family in Kendal Green near Boston. Ernest Jr. came from Swarthmore College where he was a student. Then, E.K. joined Grace in San Francisco, In 1945, E.K. suffered a massive stroke which left him an invalid.

The Chinese section of the "Voice" moved to New York City in 1946 and Grace and E.K. moved to Brooklyn, N.Y. and Grace continued working with the Voice. E.K. died there in 1954.

After E.K.'s death, the Chinese section of the Voice moved to Washington D.C. and Grace worked there until she retired in 1959. Then she came to Santa Barbara, California, and lived with my family for six years. Next she moved to Janet's family who were now living in Lincoln, Massachusetts. Grace passed away there in 1970.

By Dorothea Smith Coryell
with input from Ernie Smith

施美瑞　Dorothea Smith Coryell

我的外祖父富善博士(Dr. Chauncey Goodrich)于1865年来到北京,在中国居住了65年。

外祖父是位语言学家,也是传教士。他编写了一本袖珍英汉字典,是当时每个传教士所需要的。外祖父用了25年时间,和其他三位外国传教士及四位中国学者翻译了新旧约圣经全书。外祖母非常注意妇女与儿童教育,在通县办了女子学校,后来命名为富育女子学校(Goodrich Girls School)就是为了纪念她。

外祖父还曾做过燕京合并后的第一任宗教学院院长。母亲富桂思(Grace Smith)在中国出生,说一口流利的北京话,去美国上大学毕业后,又回到中国,才遇上施美士(E.K.Smith)。他是1911年辛亥革命前夕来到中国的,先在清华学堂参加留学生预备班的教学。

施美瑞、施宝瑞姐弟

母亲和父亲婚后住在清华,我和弟弟宝瑞(Ernest)、妹妹玉瑞(Janet)都生在清华园,我生于1916年,我们都穿着中国式的衣服。弟弟穿着长袍和短背心,我和妹妹都是大襟向左开的短衫和裤子。母亲带我们去大学或教会玩,我们给大家说歌谣和绕口令。我最喜欢的一个就是"小耗子,上灯台……"。以后,1940年我在燕大教舞蹈,组织学生公开演出,我表演穿着中国服装模仿儿童动作的舞蹈,还用标准的国语念这首歌谣。

1929年我们才搬到燕大,父亲在外语系教书,母亲在音乐系教声乐。1935年我在美国上大学,专攻舞蹈。

两年后,我和在中国结识的男朋友Norman在美重聚。又过了两年,我们一块回到了北平,充满了对新生活的希望。不幸的是我们在燕大只共同生活了两年,1941年10月,Norman Hanwell患急性心内膜炎去世了。

我在燕大任舞蹈教师,同时又学了中国武术和戏剧中各种角色的动作,丰富了舞蹈艺术,在教学中创造了中国式的现代舞,组织学生多次演出,得到母亲的学生伴唱以及合唱团的协助,出现了许多精彩的场面。

1941年12月8日凌晨,珍珠港事件爆发,我被困在城里不能回校。幸亏卢惠卿勇敢地骑车闯进城,给我送来护照,我才能够通过城门返校。那时校园已被日军占领。父亲冒着危险从办公室带回满袋Norman留下的材料。他1935—1936年曾和八路军在一起,而且经常向美国报告华北日军的动态。这些材料若被日军查出,后果不堪设想。而且在校门口,父亲幸亏遇见鸟居龙藏教授的女儿,她说:"施先生是英语教师,不会有禁物的。"才顺利通过。

1943年3月,所有侨民都集中到城里。25日那天,二百多美国侨民在美国使馆集中待发。燕京的负责人是高厚德(H.S.Galt)。每人只能带一只箱子及手提物品,步行1.5英里到火车站。最后挤满了三等车厢,像运牛一样,24小时后才到达潍县。

1943年9月15日,有200美侨被遣送回国,也包括父亲和我。18日我们才到达上海,住在圣约翰大学内一间四周有铁丝网围着的大教室里。我忽然惊喜地听到有人唤我的名字,原来是9年前在燕大读过书的学生冒着风险特来看我。次日上船回国。12月2日,我们终于到达了纽约港,我们一家又在美国团聚了。

父亲于1945年患中风,1954年去世,享年80岁。母亲1969年去世,也是80岁。

我自己在1947年又与Norman Gabel结婚,14年后,他也病逝。我现在的丈夫名N. Burr Coryell,我们有个快乐的家庭。

1977年我又重新回到中国,多么大的变化呀!人民的衣着、住房,与以前大不相同。新的工厂、学校、影院,各种卫生设施,显著增加,农民也富裕了。人民的生活普遍提高了。

6月7日清晨,我一个人溜下楼来,看着北京饭店新建的豪华大厅,种种往事涌上心头。我出了大门,想去看看久别的中国朋友,说说长时间未用的中国话。我走过协和礼堂。那是从前我和学生演出的地方。又走到了协和医院,1941年,我在那里陪伴过将要去世的Norman Hanwell。走进接待室,我说:"我想找一位牙科的老朋友。"回答是:"请通过你的导游来联系"。我只好走了出来,通过王府井大街,到了灯市口,看见过去的公理会大院,那是从前外祖父母的住所,也是我在协和医院看护Norman时住过的地方。我找到育英中学的校址,看见一些老人正在练太极拳。我走过去模仿他们的动作,练完后,他们和我聊起天来。我说我以前住在西郊也学过。我接过一把剑,耍了几下。他们很惊奇,说:"真不错。"我告别了,说:"明天见。"但我没有做到"明天见",随着旅游团活动,直到又告别我们一家三代人居住过的国家。

(摘自《燕大文史资料》第四辑,"'小耗子人'在中国",孙幼云译)

赵人隽

赵人隽,字守愚,1900年生,浙江兰溪人。中国民主同盟盟员。

1917年赵人隽在天津南开中学以优异成绩考入清华大学,为清华高材生。毕业后,被保送留学美国。1921年至1923年在美国密西根大学学习数理统计和财务数学。1923年至1927年入美国哈佛大学研究院,1925年获哈佛大学硕士学位,1927年,获哈佛统计博士学位。

1927年回国后到上海在财政部调查货价局任科长,主持上海批发及进出口物价指数和上海工人生活费指数的统计工作,并进行上海纺织工人家庭生计的调查工作。1929年至1931年,到南京铁路建设司兼任调查科长。主管铁路计划线沿线经济调查,指导西南云贵、东南闽赣、西北绥远三个分队的调查工作。1929年在南京参加中国经济学社及中国统计学社。

1931年,赵人隽受聘于清华大学经济系,主讲统计学和货币银行学。1936年出国休假进修研究。在一年之内,他在欧洲努力学习德文、法文,并调查各国统计组织和统计方法,为回国教学和研究积极地作准备。

抗日战争爆发后,他回到国内,坚决不为日寇工作,先在家中赋闲,后辗转到成都。自1937年末开始在四川大学经济系任教授兼经济系主任。1942年燕京大学在成都复校。自1942年至1946年,赵人隽在燕京大学和四川大学两校任教。

抗战胜利后,赵人隽回北平清华大学经济系任教授并曾代理系主任,同时在燕京大学经济系兼任教授。1947年,在北平参加中国社会经济研究社。解放后,先在中央财经学院任教授,后转到中国人民大学。1952年,在北京参加中国金融学会。

赵人隽教授学识渊博、治学严谨。他讲授统计学不仅讲述统计原理,特别注重学习统计学的目的,说:"学统计首先须明确,统计数字是制订政策措施或行动方针的依据。统计不实或掺水,会造成方向性错误,等于犯罪。"他对学生要求非常严格,要求学生认真阅读英文原著,强调指出在阅读理论著作时必须精读。为学好统计学,他要求学生打好数学基础,并殷切希望学生拓宽知识面。

赵人隽在成都燕京大学任教时,曾因大手术住进医院,许多教师和学生自愿担任看护,有的与他血型相符的学生多次为他输血。赵先生的弟弟感慨地说:"这种爱护师长、助人为乐的燕京精神的确难能可贵"。

赵人隽是国内著名经济学家,一生从教,生活清贫,1955年因病逝世。

(王隽彦)

赵 紫 宸

赵紫宸先生于1888年农历正月初三生于浙江省德清县新市镇,祖籍杭县。父亲是一位破产小商人,家境贫寒。紫宸先生幼年受过私塾教育,熟读四书五经。长大向往新式学堂。他先进入苏州桃坞中学,毕业后考进了东吴大学,1910年于东吴大学毕业。

1903年(15岁),他开始学英语。1907年受洗加入基督教监理会。

1905年,他与小商人的女儿童定珍结婚。1912年生长女萝蕤,1918年生长子景心,1919年生次子景德,1923年生三子景伦。

紫宸先生于1914年去美国田纳西州梵德尔特大学(Vanderbilt University)留学三年,专攻社会学与哲学。他生活俭朴,刻苦攻读,毕业时成绩优异,得第一名,取得硕士与神学士学位,并获得一枚金牌。紫宸先生从美国回国后,在东吴大学任教授,并于1922年任教务长。1926年应司徒雷登之聘,携眷到北京燕京大学宗教学院任教,两年后,任宗教学院院长,前后历时二十余年;并在燕京大学中文系兼任教授,教陶诗、杜诗。他对西方古典哲学、中国古典文学,特别是诗词戏曲以及书法都有很深的造诣,是中国基督教界少有的诗人。东吴大学曾授予他文学博士的学位。

1922年5月,紫宸先生作为江苏监理会代表参加了在上海召开的基督教全国大会,并做了题为《中国教会的强点和弱点》的长篇演说。

1932年紫宸先生去英国牛津大学讲学,讲授中国诗歌,受到广大听众欢迎,为促进中西文化交流做出了贡献。

1941年12月8日,珍珠港事件爆发,紫宸先生和其他燕大教授被日本宪兵队逮捕入狱,在狱中坚贞不屈。被监禁193天,于1942年6月1日获释。出狱后,写了《系狱记》,表述了他的民族气节以及对宗教的热忱与理解。

1947年,紫宸先生去美国讲学,参加各种宗教会议,并为宗教学院谋求出路。同年,美国普林斯顿大学举行创立200周年纪念,紫宸先生被授予神学博士学位。

1948年8月,世界基督教协进会(WCC)在荷兰阿姆斯特丹召开成立大会,紫宸先生作为中国代表参加了这个会议,并被选为六位主席之一,是六主席中惟一的东方人。

在这一时期,紫宸先生曾去过美国、英国、荷兰、日本、新加坡、香港等二十余个国家和地区,进行广泛的教会活动,对促进中西文化交流,做出了很大的贡献。

世界基督教协进会成立大会开过之后,紫宸先生返回北平,他同情当时蓬勃开展的爱国学生运动,渴望看到祖国的解放。1949年1月,北平和平解放以后,紫宸先生拥护中国共产党的领导,热爱社会主义祖国,他带领宗教学院同学到市内教会宣传党的政策,特别是党的宗教信仰自由政策,安定人心。1949年9月,中国人民政治协商会议第一届全国委员会召开时,紫宸先生作为宗教界五位代表之一参加了这次历史性的会议。此后他历任北京市政协的常委和委员。

1950年5月,紫宸先生参加了周恩来总理同中国基督教领袖的谈话,深受教益。会后,积极参加了基督教三自革新运动的发起工作,并成为三自革新宣言40位发起人之一。这一年,世界基督教协进会中央委员会支持美国侵朝战争,紫宸先生愤而辞去该会主席职务。他发表文章,号召基督徒抗美援朝,并亲自带领同学积极参加了反奥斯汀游行。1954年4月,中国基督教抗美援朝三自革新运动筹备委员会成立时,紫宸先生被选为筹委会委员,嗣后,又被选为中国基督教三自革新委员会第一届和第二届的常务委员。

1953年,华北区各神学院联合,组成燕京协和神学院,紫宸先生被聘为研究教授。尔后,燕京协和神学院又和金陵协和神学院联合,紫宸先生被聘为名誉教授。

60年代开始,紫宸先生专心研究美国神学家尼勃尔的神学著作。数年后,写了七万余字的长篇评论文章,阐述了自己的神学见解。"文化大革命"初,他不畏强暴,仗义执言,抵制林彪、"四人帮"的倒行逆施,为被诬陷的吴晗、邓拓、廖沫沙和翦伯赞等同志申辩,为此受到残酷迫害。但他大义凛然,坚贞不屈。粉碎"四人帮"后,他热烈欢呼这一伟大胜利,坚决拥护党中央的领导,积极批判"四人帮"的罪行,表示要以余年为祖国的社会主义现代化贡献力量。

紫宸先生在晚年写了不少旧体诗词,他的诗取材广泛,含意深远,既重格律,又不受束缚,有不少难得的佳作。从1942年至1972年间他大约写了二千多首诗,还有大量的书法艺术,可惜在十年动乱中都被付之一炬。后来所保留的只是他在80岁以后的作品,已非复以前的壮丽诗篇。

紫宸先生于1979年11月21日病逝。

(刘清芬)

俞　大　絪

俞大絪,从事英语教学工作近30年,特别在新中国成立以后,把自己的全部知识和精力,投入为社会主义培养英语人才,成绩卓著。她是第四届全国政协委员、燕京大学、北京大学英语教授。

俞大絪,1905年出生于浙江山阴。从小在长沙、上海长大。1927年和曾昭抡结婚。曾昭抡是著名化学家,中科院院士。1931年俞大絪毕业于沪江大学。1934—1936年,在英国牛津大学读书,获英国文学硕士学位。1936—1937年曾在巴黎大学进修。抗日战争爆发后,回国在重庆中央大学任教,直至1946年。1946—1947年在美国哈佛大学进修。1948—1950年,在中央大学、中山大学以及香港任教。1950年10月,来到燕京大学,后转为北京大学工作。

俞大絪对英国语言文学有很高的素养。在1931年曾研究过约翰·曼斯菲尔的作品,1943年曾研究过英国当代诗歌倾向。也曾开设过英语选读、英国小说等文学课程。而她更多的精力是用于高年级英语教学,并做出了成绩。晚年,集中精力编写教材和培养青年教师。她运用多年的教学经验和丰富的学识,编写英语教材第五、六册,作为全国统编教材,受到各方面的重视。

她十分热心培养青年教师,为青年教师开课,又进行个别辅导。特别对一些由于工作任务重、学习时间紧的教师倍加关注。她耐心指导,严格要求,认真仔细批改作业,使这些青年教师进步很快,打下了扎实的专业基础。

她身患高血压病,但常常带病坚持工作。她没有子女,而把爱心倾注于教育事业和青年教师、学生身上。

"文化大革命"中,俞大纲受到冲击,身体和精神受到严重伤害。运动刚开始不久,她就于1966年8月25日含冤去世。不久,曾昭抡也去世了。

"文革"结束后,俞大纲的冤案得以平反昭雪。她"热爱党的教育事业,埋头苦干,学有专长,勤勤恳恳为人民服务"。许多师生十分怀念她。

(夏自强)

俞 平 伯

俞平伯,名铭衡,字平伯。1900年1月8日生于苏州。原籍浙江省德清县。他家学渊源,曾祖父俞樾(曲园老人)是清代著名学者,父亲俞陛云是一位文学家。俞平伯自幼便受到文学熏陶,打下坚实的旧学基础。1915年进苏州平江中学读书,一学期后考入北京大学。在北大他积极投入新文学运动。1918年底,他加入进步学生组织新潮社,成为《新潮》月刊的主要撰稿人,不久,他又积极参加五四运动,在北京大学学生会新闻组从事宣传鼓动工作。1920年初,他刚毕业于北京大学即赴英国留学。不久因英镑涨价,学费困难而回国。暑假后,经蒋梦麟推荐,到杭州第一师范学校执教,与志趣相投的朱自清结识,共同探讨新诗的创作和发展。1921年经郑振铎介绍加入文学研究会,并成为骨干成员。由于胡适"整理国故"的影响,他于1921年4月开始和顾颉刚通信讨论《红楼梦》。1922年上半年,他在信稿的基础上,写成《红楼梦辨》初稿,并于1923年4月正式出版,迅即引起文学界的重视,从而奠定了他在学术界,尤其是"红学"研究中的地位。这本书后改名《红楼梦研究》。

俞平伯是新文学运动初期的重要诗人,他在新诗上的建树颇大。他1918年5月即在《新青年》月刊上发表了他的第一首新诗《春水》。他的诗论代表作《诗底进化的还原论》发表在1922年1月15日《诗》创刊号上(该刊是他和朱自清、叶绍钧、刘延陵等创办的)。3月,他的第一部新诗集《冬夜》出版。6月,他又和朱自清、周作人、叶绍钧等人编辑出版了新诗合集《雪朝》。

同年7月,他赴美国考察教育,一个月后因病回国。

1923年秋,他到上海大学中国文学系任教。1924年4月,他的第二部新诗集《西还》出版,7月他和朱自清、叶绍钧合编出版了文学刊物《我们的七月》。年底回到北京,从此在北京东城老君堂79号宅定居。

1925年到1928年他在燕京大学任教。讲授小说史课作"谈中国小说"。1928年10月,到清华学校大学部中国文学系任讲师。1929年又到北京大学兼课,两年后辞职,专职任教于清华大学。

在大学任教期间,先后创作和编辑了《杂拌儿》、《燕知草》等散文集。此后集中力量从事诗词和戏曲的研究。

1931年"九·一八"事变之后,俞平伯再也不能安于教学和著书的生活了。先后写了《救国及其他成为问题的条件》、《致国民政府并二中全会快邮代电》、《国难与娱乐》等文章,表现了知识分子忧国之心。1936年散文集《古槐梦遇》、《燕郊集》、《古槐书屋词》等出版。至此,他的创作生活基本结束,开始转入以古典文学研究为主阶段。

1937—1945年抗日战争期间,他除被聘在中国大学国学系任教外,文章写得很少。抗战胜利后任北京大学教授。

俞平伯是九三学社早期成员。1946年下半年,九三学社中央迁到北京后,他积极参加九三学社的工作和活动,参加《保障人权宣言》、《北京大学教授宣言》等签名活动,支持青年学生反饥饿、反内战的运动。

1948年3月和8月,两种写本《遥夜闺思引》线装诗集先后影印出版,还编印了一本《〈遥夜闺思引〉跋语》。

中华人民共和国成立后,俞平伯任北京大学教授,并成为北京大学校务委员会委员。1952年调到中国科学院文学研究所任研究员,担任《红楼梦》八十回本的整理校勘工作。后改任中国社会科学院文学研究所古典文学研究室研究员。

1952年9月,《红楼梦辨》的修改本《红楼梦研究》出版。两年后,由于他在《红楼梦》研究中的"资产阶级唯心主义思想",在全国范围内受到批判。

1966年夏"文革"开始,俞平伯遭受严重迫害。1971年1月,在周恩来总理亲自关怀下,俞平伯夫妇提前从河南干校返回北京。1975年国庆节应周总理邀请出席了国庆招待会。会后,由于过度兴奋和激动,中风偏瘫,但仍不断从事写作。

1980年7月,俞平伯被聘为"中国红楼梦学会"顾问。1986年还应邀赴香港讲学。

建国后,俞平伯参加了第一、二、三、四届中华全国文学艺术工作者代表大会,当选为全国文联委员,全国文学工作者协会委员。他还被选为第一、二、三届全国人民代表大会代表,并且是中国人民政治协商会议第五、六届全国委员会委员。

俞平伯于1990年10月15日逝世,享年91岁。

(摘自《俞平伯传略》)

洪 谦

洪谦,国际著名哲学家,北京大学外国哲学研究所所长,曾任燕京大学哲学系教授,兼任系主任。

洪谦,安徽歙县人。1909年生。1926—1927年入清华国学研究院,师从梁启超研究。1927—1929年在德国学习,后转赴奥地利,1929—1936年在维也纳大学学习数学、物理和哲学。1934年6月获哲学博士,导师为维也纳学派创始人石里克教授,论文题为《现代物理学的因果问题》。他加入了维也纳学派成为维也纳学派的惟一的东方国家的成员。1930年末回国,先后在清华大学、西南联大、武汉大学任教。1945—1947年赴英国,在牛津大学新学院担任研究员,从事研究和教学工作。1951年8月应张东荪聘请,任燕京大学哲学系教授,后兼任哲学系主任。1952年,转为北京大学哲学系教授。

洪谦毕生从事西方哲学的教学和研究工作,是休谟和康德哲学的专家。在现代西方哲学特别是分析哲学的研究方面,在国内学术界享有很高的声望,被中青年学者尊为一代宗师,在国际学术界亦负有盛誉。他在40年代发表的《维也纳学派哲学》一书,是我国最早系统而准确地介绍逻辑实证主义的一部权威著作。解放以后,他主编的《西方古典哲学名著选辑》多卷本迄今仍是我国学者学习和研究西方哲学史必读的一套最完整的参考书。

洪谦要求学生要有广博深厚的基础,要广泛涉猎各方面的学科,要有严谨踏实的学风,要认真阅读西方哲学的经典原著,认真弄懂原文的含义,不能囫囵吞枣,大而化之,不能似懂非懂,模糊含混,更不能不懂装懂,曲解原意。所以,在那些"大批判"的年代,他能冷静对待,坚持忠实地介绍西方哲学。由于他熟悉西方哲学,知识面广,外文条件又好,能够选择那些最具代表性的西方哲学论著,特别是现代西方哲学介绍给中国读者。60年代以来,他陆续主编两卷本《现代西方哲学论著选辑》、《逻辑实证主义》(上、下册),并组织翻译了马赫的名著《感觉的分析》,得到学术界很高的评价。

洪谦要求学生要独立思考,不要人云亦云,要有创造性的工作。他曾写过《介绍马赫的哲学思想》、《康德星云学说的哲学意义》(1952年)、《论确证》(1983年),他和牛津大学麦克纳斯一道主编了《石里克论文集》英、德文版。他的一些论文发表在国外权威性的哲学刊物和丛书上。1984年维也纳大学特邀洪谦出席纪念他获博士学位50周年庆祝大会,并向他颁发了荣誉博士证书。该大学马特尔院长说:"洪谦在哲学上,尤其在维也纳学派哲学上作出了卓越的贡献。"洪谦1992年2月27日病逝于北京,享年82岁。

(夏自强)

洪 煨 莲

先师洪煨莲先生谱名正继,字鹿岑;名业,号煨莲(一作畏怜,William),福建侯官县(今属福州市)人。髫龄诵书,聪颖过人。长即博闻强记,专攻文史,治学谨严,著述富赡,是近代国际著名的国学大师之一。尤注意治史方法和整理国故的工具书编纂,作为引得(Index,旧称"索引"的改译)的发明人和引得编纂处的总纂,从1931年起直至1953年为止前后23年间,出版了经、史、子、集各种引得与综合引得(Concordance,汉译"堪靠灯")多达64种81册(正刊41种与特刊23种,特刊附原文),对中国文、史、哲与语言诸方面研究的卓越贡献,是国内和国际学术界所公认的。

先师童年寄读福州城南外祖林氏家塾。11龄(1904年)时,随父绰珊公(名曦)之官山东曲阜县县署任所,熟读杜工部全集诗外,又杜文数十百篇,均能谙诵,受庭训为多。旋考入济南山东师范附属中学,成绩卓异,为师友赞誉。寻回福州,入鹤龄英华书院(后改为英华中学),五年学习期间,中、英、数、理、化各课,每试辄冠侪曹。1915年卒业于英华,以品学兼优,获书院美国董事克劳弗德(Hanford Crawford)的全部资助赴美留学。逾两载,即毕业于俄亥俄州韦斯良大学,获文学士;再逾两载,毕业于哥伦比亚大学,获文硕士。1920年,毕业于哥大协和神学院,获神学士。

旋受北平燕京大学之聘,为筹建一所新校舍募集一笔巨款,先师素擅演讲,口若悬河,中英文均十分流利,又得美国鲁斯(Harry Luce)之助,每到一处,听众踊跃赞助。一年间募款,如愿以偿。越年,先师抵北平燕大,任历史系教授。后兼大学文理所所长(相当于教务长)、图书馆馆长、哈佛燕京学社北平办事处执行干事、引得编纂处主任、燕大研究院历史学部主任和研究生导师等职。二三十年间,与燕大同人筚路蓝缕,苦心经营,创办《燕京学报》,刊登不少第一流学术论著,有助于燕京大学成为与当时北京大学、清华大学齐名的国际性最高学府,声誉鹊起,先师与有力焉。

1930—1940年十年间,为先师从事科研著述取得成果大丰收的10年。如所撰《考利玛窦的世界地图》一文,长达七八万言,根据古今中外零残史料与朝鲜记载,以及利氏明万历年间的八幅地图,推断地图刻者李保罗应为李应试,刻板时应在万历三十年与三十二年之间。逾年,日本学者鲇泽信太郎发表《利玛窦の两仪玄览图に就いて》(见日本《历史教育》第11卷),知作者果为李应试,刻板时间适在万历三十一年,而他图名则为《两仪玄览图》,得到目前遗存于日本之原地图的实物证实。其他有《礼记引得序》与《春秋经传引得序》二文,前者八九万言,是一篇精心结构的两汉礼学源流考,阐明了两千年来有关礼在中国历代经典的与非经典的文献记载中长期争论不休的疑难问题,考证了《礼记》及其他三种礼经《士礼》、《礼古经》、《周官》传授编订的史料问题;后者近10万言,收集了两千年来中外学者有关《春秋》经以及《公羊》、《穀梁》、《左氏》三传的论述,充分吸收了前人与中外学者的研究成果,结合近代天文学的科学数据来加以论证,肯定了《春秋》一书的真实性,多发前人之所未发。由于《礼记引得序》先一年发表和已出版多种引得,荣获了1937年法国巴黎铭文学院茹理安(Stanislas Julien,一作儒莲)奖,当时国际学术最高荣誉奖。

稍后,先师又撰有《杜诗引得序》一文,亦近10万言,论述了杜工部诗集版本的源流演变及其异同得失,故而新编《杜诗引得》一书的工作本,采用了南宋淳熙八年(1181年)郭知远刊本,而不是早于郭本近 50 年的南宋绍兴三年(1133 年)吴若刊本。此外,尚有其他多种专题论著,大多订补前人及史文之缺失。

1940 年秋,先师赴美接受俄亥俄州韦斯良大学授予神学博士与文学博士,并趁此赴哈佛大学为筹建来华留学生馆舍向哈佛燕京学社托事部请得一笔专款。翌年初遄返北平,同年 12 月太平洋战事起,日本对美国不宣而战,燕大校园被日军占领,先师与陆志韦、邓之诚、赵紫宸等教授十余人被捕入狱近半载,坚持斗争,拒绝为日伪工作,表现了坚贞不屈的民族气节。1945 年,日本投降,燕大复校,先师仍回校任历史系教授。

1946 年春,先师应聘赴美国哈佛大学讲学,翌年春又被邀去夏威夷大学讲学半年。时值国内国共和谈破裂,解放战争开始,国外报道极端丑化解放军,说是有如毒蛇猛兽,先师采取观望,一再拖延,迟至捐馆之前一年(1979 年 10 月 25 日)贻书于翰,有云:"劝我回国,呜呼,腐儒衰老,已八十有七,有惭筋力,无补乡邦,恐再见无期,不禁怆然触目!"迄未获睹一次。

从 1948 年秋起到 1963 年夏退休为止,一直任哈佛大学东亚语文系客座研究员,卜居康桥,授课之余,辄独步往返哈佛燕京图书馆与私寓之间,涉猎中外文献,埋首著述,老而弥笃。1952 年出版英文专著《中国最伟大之诗人杜甫》,分上下二册:上册本文,题为"请神",选杜诗 374 首,以描述杜甫的生平;下册注解,题为"打鬼",辟古今中外之误释曲解,兼附己见。士林推为权威之作。

先师寓美期间,先后发表了专题多篇,如《蒙古秘史源流考》(英文,后由杭州大学黄士鉴教授译为中文,刊于内蒙古大学出版的《蒙古史研究》)一文,认为最早的蒙古文底稿初题为《成吉思汗源流》,原著刊印于 1368—1418 年间,改题为《元朝秘史》。《蒙古秘史源流考》一文遂成为目前世界各国大学讲授蒙古史的重要参考教材之一。他如《破斧》(中文)一文,旁征博引,稽考细致,博大湛深,论据详审,不仅推出其诗篇写作之当然,而且推求出其所以然,至今仍堪称考证中国经典史籍、精心结构的上乘之力作,为学术界所公认。

先师于 1980 年 12 月捐馆之同年 2 月间作书与翰,嘱将其北京城中私寓所藏中外图书(以中文书为多),近 3 万册全部捐献给了中央民族大学图书馆,以表示对全国全民族师生的关怀和厚爱。先师素嗜藏大小砚台,不下数十种之多,亦嘱翰分赠诸及门弟子各一台,作为纪念。同年春,翰与翁独健学长征得先师同意,由北京中华书局出版《洪业论学集》,收录论著 37 篇,先师亦欣然以暮年能梓行一本书为幸事。

先师捐馆后由美国弟子艾朗诺之夫人陈毓贤女士根据先师以将近一年时间(每周六下午只一次)讲述自己一生的家世、求学、科研、授徒、事业之详细经历录音,整理编撰而成 *A Latterday Confucian: Reminiscences of William Hung*, 1893—1980 英文传记一书,于 1987 年由美国哈佛大学出版社出版。1992 年由台北市联经出版社出版中译本,正题为《洪业传》,副题为《季世儒者洪煨莲》,1995 年由北京大学出版社重审删补,改定再版,俾以满足著者陈毓贤女士之盼海峡两岸均有中译本也。

(王锺翰)

班维廉　William Band

1933年秋我考进了燕京大学,同年入校的还有洪晶、洪盈姐妹,洪晶是物理系,洪盈和我都是化学系。

物理系、化学系大一新生都要上物理课,授课老师是班维廉(William Band)教授。他身材修长,是英国人,外貌也像英国绅士,但没有一般绅士派头,而是和蔼可亲,总面露微笑,讲课时也是如此。记得有一次他讲到速度的概念时,顺手在黑板上画了一辆汽车以解释运动规律。接着画上几笔,车身后面出现了一个可爱的人脸,同学们都被逗得轻轻地笑了。

班维廉老师原就读于英国利物浦大学,取得硕士学位后,曾在该校任讲师。1929年到燕大后历任助教、讲师、副教授、教授。1932年至1941年任物理学系主任达10年之久,为燕大物理学系任职时间最长的系主任。这10年间燕大物理学系有了很大的发展。他是一位十分勤奋、深受师生们爱戴的教师和学者。他在科研上也做了大量的工作,他的研究领域涉及统计力学、热磁学和电磁学、相对论、现代物理学中的哲学问题等众多领域,还在40年代初期他即已开始了低温超导现象和表面现象的研究。据不完全的记录,他在燕大期间单独署名发表的论文有十余篇,与别人联名发表的论文就更多了。他在1935年写成题为"The Place of Physics in Rural Reconstruction of China"(物理学在中国农村建设中的地位),由燕大物理系正式出版,表明了他在中国发展物理学事业的热心。

班维廉还是一位富有同情心与正义感的人士,他勇冒风险支持中国人民抗日战争的伟业。1937年七七事变后,北平沦陷,由于燕大是美国教会学校,虽然开课如旧,但已成为"孤岛"。那时班先生曾利用物理实验室的设备,秘密收听国外和后方的广播,并在师生中相传。1940年他还曾与他人一起秘密组装无线电收发报机,打算偷运到抗日根据地——晋察冀边区。燕大机器房老技工萧田回忆说:"林迈可教授从国外弄到一批电讯零件,可以装十来台收发报机,他联络物理系英籍教授班维廉和我一起组装。……我们分工是:林迈可设计线路,我焊接组装,底板由班维廉负责在物理系机务车间焊。工作进展十分顺利,不到一个月,组装工作就见了眉目。"正打算向抗日根据地运送时,地下组织遭到破坏,交通中断。萧田了解到这一情况后,马上和林、班二人商量,把组装好的收发报机和全部器材,统统藏进了地下室和三号脏水井。不久,日本宪兵开始了大搜查,但一无所获。

1941年冬季日本与美国关系急剧恶化,班维廉、林迈可每天都警惕地收听短波广播,12月8日林迈可第一个收听到了日本偷袭珍珠港、美日开战的消息,决定立即转移到平西抗日根据地(即晋察冀边区的前沿)。林迈可夫妇、班维廉夫妇乘学校的小汽车出东门绕道奔西山,他们刚出门,日本宪兵就从西校门进校搜查了。

他们经平西于同年12月中旬到达河北平山县境内的晋察冀军区司令部驻地。聂荣臻司令员亲切地接见了班维廉夫妇、林迈可夫妇,并安排他们住在司令部附近的吊儿里村。在这个山沟的小村子里,我又见到了业师班维廉先生,太高兴了。

虽然一路风尘,班维廉先生不肯休息,就开始给军区通信部队上课,还是讲物理。这儿没有高等学府的阶梯教室,有的只是自己动手修建的土坯房,学员们坐着小马扎听课。班老师仍是那么和蔼可亲,所不同的是多了一位译员在场,碰巧他也是一位燕大同学。

班维廉先生伉俪情笃,形影不离。每次班先生去上课要走几里地路,夫人结伴同行。讲课时夫人坐在教室后排,静静聆听,下了课,二人一同回去。

大约1942年秋天,他们转赴延安,路过重庆回英国。就在他们夫妇经过重庆时,洪盈同学见到了他们。洪盈是这么回忆的:

"1942年我在重庆郊区教书时,一位好友约我进城会面,当到达英国驻华大使馆时,她悄悄对我说,'今天你可以看到你的大学老师了。'我正纳闷不解时,风尘满面的班维廉老师突然间走了进来。经过简短的寒暄交谈,我才知道他是从延安回英国,经过重庆做短暂停留的。我们情不自禁地急于打听革命根据地的消息。在他的示意下,我们把门窗关紧,拉好窗帘,并紧紧围坐在一起。班老师拿出一叠延安照片给我们传阅。同时低声讲解:这些是窑洞,那是礼堂、学校、操场⋯⋯。另外还有解放区领导人参加群众集会、军民联欢及生产自救等等活动的真实照片。大约连看带谈,一共不到一小时,然后紧张快速地一齐动手,把房间恢复原状。"

班维廉老师回到了英国。以后移居美国纽约。于1993年4月14日逝世。

抗战胜利前夕,叶剑英同志在延安对中外记者参观团的谈话中曾这样讲过林迈可、班维廉两位教授对我们的帮助,他说:"加拿大的白求恩大夫、印度的柯棣华大夫、美国的马海德大夫、奥国的傅赖大夫、罗生特大夫,苏联的珂洛夫大夫,英国的林迈可教授、班维廉教授,德国的记者希伯及米勒大夫等人,他们对我军的帮助是很多的。"(1944年8月10日《解放日报》)

(张德华)

聂士芬　Vernon Nash

Vernon Nash, Professor of Journalism at Yenching University from 1924 to 1936, was born in Missouri in 1892. He attended Central Methodist College and later graduated from the University of Missouri School of Journalism. A Rhodes Scholar, he attended Oriel College, Oxford, and was in England when World War I broke out. Choosing to join the British Army, he served in East Africa and India. After the war, he returned to the United States and married his childhood sweetheart, Mary Rooker. The couple had a daughter Ann (1921) and son Hugh (1923).

When it decided to establish a school of journalism, Yenching consulted the University of Missouri, where the world's first journalism school was located. The University of Missouri recommended to Yenching that it employed Nash to help establish a school of journalism at Yenching—the first journalism school in the Far East. This was done, and the Nash family came to China in 1924.

After the Yenching University School of Journalism was established, Nash taught there until 1928, when the Nash family returned to the U.S. Nash spent a year raising funds for the support of the journalism school, soliciting financial help from newspaper publishers throughout the country. Returning to China with his family in 1929, Nash obtained a 6-month(?) leave of absence from Yenching to join a flood relief effort in Shanghai. From then to 1932, he resumed teaching in the School of Journalism.

In the 1932—1933 academic year, Dr. Frank Martin, dean of the University of Missouri School of Journalism, and Professor Nash exchanged positions. In addition to teaching at Missouri's journalism school, Nash again sought financial support for the Yenching school.

Returning to China in 1933, Nash resumed teaching at the School of Journalism. In June 1936, the Nash family again left for the U.S., fully expecting to return to Yenching in a year or so. The Japanese invasion made that impossible, to the deep regret of the entire Nash family.

After World War II ended his career at Yenching, Nash worked for several organizations dedicated to world peace, most notably as Vice President of United World Federalists. He was a leading advocate of world government and lectured very widely throughout the U.S. His wife died of cancer in 1956, and a year later, Nash married Mary Cookingham, who had worked at Yenching for many years in an administrative capacity. Vernon Nash died of cancer in 1970 at the age of 77. His second wife died in 1978, also of cancer.

袁 贤 能

袁贤能，1900年生，浙江天台人，幼年在家乡私塾读书。1916年，进入杭州之江大学附属中学学习。1918年转到上海文生氏高等英文学校学习英文，后考入上海复旦大学，1922年毕业，获文科学士学位。

袁贤能大学毕业后自费到美国留学。1922年至1929年在美国Oregon大学、纽约大学学习，获经济学博士学位。

他在美国埋头读书七年中，六年是靠工读自助的。回国后，他回到上海复旦大学任教授兼训育主任。

1931年12月，袁贤能接受了天津南开大学的聘请，在经济系和经济研究所任教授，教经济思想史。他在南开大学一直工作到1937年。在此期间，他写的《中国货币论考证》、《柏拉图的经济思想》、《凯恩斯的货币理论》等科学论文，于1932年、1934年、1936年先后在南开经济研究所的刊物上发表。袁贤能主持编辑的《南开统计周刊》，先后刊登过"中国进出口物价及物量指数"、"华北批发物价指数"、"天津工人生活费指数"、"天津外汇指数"、"上海外汇指数"等，这些统计资料对反映实际和开展经济学研究起了重要作用。

七七事变后，南开大学内迁，袁贤能遂转到燕京大学经济系任教授，担任经济学原理、国际贸易等课程。

袁贤能生活俭朴，直爽坦白，对朋友、对学生热情，讲课有条不紊，内容丰富，滔滔不绝，引人入胜。他对经济学基本理论，如供求关系、垄断与独占等问题都详加分析，并理论联系实际举例说明，使学生既掌握了经济学基本原理，并产生对经济学研究的浓厚兴趣。

袁贤能和杨学通、黄邦桢、张伟弢、范云巢于1939年发起创办天津达仁商学院。他们五人共同出资，作为经费，因陋就简，艰苦创业，目的是在沦陷区培养青年人。1939年10月达仁商学院正式开学，设会计、商业管理、银行三个系。1941年以前，袁贤能仍在燕京大学教书，经常周五从北平赶赴天津，周六在达仁商学院上课。1941年太平洋战争爆发后日寇强迫燕京大学停办，袁贤能将全家迁到天津，全力投入达仁商学院的教学与研究。他写的《亚里斯多得的经济思想》、《古代的自然主义》、《经济思想史导言》于1941年、1942年在达仁经济研究所创办的刊物《达仁经济研究季刊》

发表。他著述的《亚当斯密前的经济思想史》一书作为达仁经济研究所丛书出版。

抗日战争胜利后，南开大学在天津复校，1946年8月袁贤能回到南开大学经济系任教授，同时仍在达仁商学院任教。

1949年2月天津解放，袁贤能出任南开大学货币银行系主任、财经学院代院长。1950年秋他辞掉代理院长和系主任职务，专任教授。1950年至1951年袁贤能曾应教育部及贸易部之约参与拟订专修科课程。1951年夏在全国高等教学会议召开时，参与贸易组拟订贸易系及专修科课程。他创办的达仁商学院于1951年并入天津津沽大学。1951年秋袁贤能转到浙江杭州之江大学任教授。1952年，之江大学合并到上海财经学院，袁贤能在该院外贸教研室担任商品学课程。

1954年秋，袁贤能受聘于北京对外贸易学院任教授。1960年，袁贤能开设"资产阶级对外贸易"课程，并被任命为国际贸易专业研究生导师。1961年至1964年，袁贤能为本科学生讲授重商主义、重农主义、马夏尔和凯恩的贸易理论，为研究生辅导从柏拉图到凯恩斯之间各种流派的经济学说。他在北京对外贸易学院做了大量的教学和研究工作，直至退休。1983年逝世，享年83岁。

（王俊彦）

都 启 明

都启明，满族，1916年生于北京。1945年燕京在北平复校时进入燕大化学系，承担器材室的管理工作。当时化学系的仪器、药品被日寇抢劫一空。都启明在系主任蔡镏生及其他教师的指导下，抓紧购置和订购仪器药品，至1946年秋季开学时，器材室已能基本满足十几门实验课及教师、学生科研工作的需要。都启明对待工作认真负责，将器材室管理得井井有条，他热情地为教学、科研服务，深得化学系师生的好评。

1952年院系调整时，都启明转入北大化学系工作。他不仅使北大化学系获得品种较为齐全、保管得当的仪器药品，还积极为赴长春新建吉林大学化学系的蔡镏生教授提供必要的仪器设备，使蔡镏生到吉林大学后，立刻投入了教学科研工作。

1957年师树简校友调到新建的内蒙古大学任化学系主任。都启明在系主任的指示下，支援了紧缺的实验用品，还介绍器材室的管理经验，使内蒙古大学化学系的器材供应及管理很快步入轨道。几十年后，师树简仍记忆着这件事。

都启明自1952年院系调整从燕大转入北大化学系后，历任器材室主任、系办公室主任直至退休。

退休后他挑起了北京大学校友联络处的担子。1984年燕京大学北京校友会成立时，他参与了具体的筹备工作，劳碌奔波，不辞辛苦。后来他就担负起北大校友联络处的日常工作，成了北大、燕大和西南联大三个校友会的总管，并统管三个校友会的财务工作。

校友联络处的工作是繁杂的，收发大量的信件、书刊和汇款，很多事还需联络处转达、承办；每年两次大批量的邮寄《燕大校友通讯》和不定时的发送《燕大文史资料》以及各种通知等等。每年燕大返校节的全部准备和后勤保障工作，为校友各专业组和各系级在燕园开会具体安排；档案资料以及财务会计等工作，都由他负责。所有这些繁杂细小的工作都在都启明的主持下进行得有条不紊。他是校友联络处的当家人，每天总是提前半小时甚至一小时到办公室，无论是严冬腊月，还是酷热暑天,天天如此。更有甚者他从不休节假日,坚持如一。他工作勤勤恳恳,任劳任怨地服务同群,为五湖四海的校友与母校联系架起桥梁。对校友情况,他有一整套科学的管理办法,加上他的好记忆,校友们需要查询什么,总能得到满意的答复。广州校友会创建初期缺乏档案资料,特别是编印《校友通讯录》时,大多数老年校友忘掉或记错学号,都完全依靠他仔细一一核实改正。

都启明办事热心,精力旺盛,处理繁杂事务认真、细致、快捷而有魄力。他高亢洪亮的声音给人以深刻的印象。他还是京剧爱好者,在燕京时期就是京剧社的积极分子,至今在校友欢聚的场合他仍常常引吭高歌。

都启明现已年逾八旬,但他仍在愉快地为广大校友服务。他以自己的实际行动发扬着服务同群的燕京精神。他的工作得到了海内外校友的同声赞誉。

(舒宝芝)

顾 随

顾随原名宝随,字羡季,别号苦水,晚号驼庵,河北省清河县人,生于1897年。幼承父教,攻习古文诗词。1920年毕业于北京大学英文系。毕业后在山东、河北、天津等地中学教授英语和国文。1929年应燕京大学国文系延聘任教,同时在中法大学、辅仁大学兼课,主讲古典诗、词、曲等课。抗日战争期间,受聘燕京、辅仁两所学校和私立中国大学。新中国成立后,任辅仁大学中文系主任、教授。后因病休假。1953年调天津师范学院(后改名河北大学)任教授,直至1960年病逝。先生终生执教垂40年,门生和再传弟子不计其数。

他的文学创作始自1925年,先后发表中、短篇小说《失踪》、《乡村传奇》等多种;出版诗词集有《无病词》、《味辛词》、《荒原词》、《苦水诗存》、《霰集词》等6种。三四十年代出版有《苦水作剧》、《苦水作剧二集》。近年台湾桂冠图书公司出版了一部《苦水作剧》,收录他的全部6种杂剧创作。其学术论著有《元明残剧八种》、《稼轩词说》、《东坡词说》等。他的大量著作及未发表的手稿毁于"文化大革命"中,能收集到的文稿已汇编为《顾随文集》、《顾羡季先生诗词讲记》、《顾随:诗文丛论》等。

顾随先生还精于书法,有临帖数种影印问世,为学书者所珍爱。

顾随先生不但是一位文学家,而且更主要的是一位教育家,他的40年教师生涯体现了他把讲课视为天职,每次上堂都全力以赴。他的讲授方法是完全启发式的,总是做到了听课人与讲课人和作品三方面发生共鸣。他的学生吴华英教授几十年后回忆说:"老师在讲《离骚》时,既不引经据典,又不做什么考据,而是就课文内容,分析讲解。他把屈原的忧国忧民的感情、不被重用的忿懑心情和虽遭打击仍坚持真理的决心,讲得十分深刻、生动、形象。《离骚》的全篇精神,随着他的讲解而流露出来,是那样的感人、动人。至今我的耳边还不时响起他吟诵'长太息以掩涕兮,哀民生之多艰'的声音。"

顾随先生的学术成就称得起学贯中西、博大精深。他在初进北京大学时,原报考国文系,蔡元培校长看了他的考卷,认为他的国学有一定根基,劝他改学英文。后来他深感蔡先生对他的启发和引导,终于入了英文系,这对他治学开阔了眼界,使他后来在文学创作和学术研究不局限于传统治学方法。正因为如此,他的文学作品都富有时代色彩和进步思想。周汝昌认为他在中国文学理论批评史上的地位可以拿汉代的刘勰来作比。张中行先生认为"就学问说,他是集庾信与颜之推于一身。他精通诸子百家,可是用'道'只是待己;待人永远是儒家的,'己欲立而立人,己欲达而达人'加上释家的'发大慈悲心,度一切众生'。此外还要加上他心道学而不道学,所以能够庄重而有风趣,写出那么缠绵悱恻的诗、词、曲。"这说明顾先生不仅是一位学者、诗人,而且是一位学富思深的哲人。

顾随先生在抗日战争期间,困居北平,收入微薄,勉强糊口。但他清贫自守,绝不与敌伪当局发生关系,可以说是慎于出处的。但他对于门人弟子以及学界朋友登门求教则是热情接待,有求必应。

顾随先生是爱国的学者。他在解放前的新词,很多处表达了他的爱国思想,如1941年秋天北京炒栗上市,他感赋一诗:"秋风瑟瑟动高枝,白袷单寒又一时,炒栗香中夕阳里,不知谁是李和儿?"这里用了宋朝东京炒栗名手怀念故国的典故表达了自己的情怀。又如校友杨敏如1939年冬悄悄离开燕园,到大后方去之前,特向顾随先生辞别。顾先生表现出少有的喜悦,说年轻人都应该走,并把案头新填的一首《临江仙》词赠给她。她读到最末两句"一双金屈戌,十二玉栏干",几乎滴下泪来。

顾随先生是受过五四运动洗礼的,因此全国解放以后,很自然地就十分拥护中国共产党,热爱人民政府。他在大学开了许多新课程;在社会上为天津广播电台开办诗词讲座,积极参加各种会议。1959年为纪念五四运动40周年,顾随先生谱写的一首《西江月》词用了通俗的语言,还有当时口号,排列出来,确是波澜起伏,振奋人心。这首词写道:"海洋英雄气概,画中祖国江山,辉煌远景属青年,敢想,敢说,敢干。四十年前今日,曾排队伍前进。当前事业倍空前,哪怕三年苦战。"

顾随先生因多年积劳,过早地于1960年病逝。生前友好和及门弟子在他逝世30年后,正当祖国改革开放、政通人和之际,缅怀先生的道德文章和高风亮节,为表达怀念之情,经原辅仁、燕大、中国大学和北大、河北大学等校校友以及在京知名学者于1990年9月2日在首都自发地举行了"顾随先生逝世三十周年纪念会"。会上的发言十分热烈动人,七八十岁的门人弟子甚至老泪纵横。在先生百岁冥寿时,他们又在北京师大举办了追思会。

顾随先生作人和治学的成就是多方面的,仅就文学一门言,他的见解和思想以及研究成果还有待后人的发掘。最近据悉,顾先生的女公子、河北大学中文系教授顾之京和顾先生女弟子、加拿大大学终身教授叶嘉莹女士正在编辑先生的全集,可以断言,一旦问世,对学术界大有裨益。

(滕茂椿)

顾颉刚

顾颉刚,中国历史学家。原名诵坤,字铭坚。江苏苏州人。1893年出生于一个书香世家。1913年考入国立北京大学预科,1916年入本科中国哲学门。

1920年毕业后,先生留校工作,先后担任图书馆编目员及研究所国学门助教等职。他继承胡适研究学问的方法,又受胡适和钱玄同的影响对编辑辨伪材料很有兴趣,他深入研究古书。1923年在《与钱玄同先生论古史书》一文中提出"层累地造成的中国古史"学说,并提出推翻非信史必须打破民族出于一元、地域向来一统、古史人化、古代为黄金世界四个传统观念,将传统的三皇五帝还原为神话传说,将历来人们所信仰者变为研究的资料,在当时的学术领域和意识形态领域均产生巨大的反响,引起一场古史大论战。1926年,他将自己与他人的讨论文字编为《古史辨》(第一册)出版,由此产生了"古史辨"学派。

同时,先生从事民俗学研究,并以民俗学材料印证古史古籍。自1924年起担任《歌谣》周刊的编辑,不仅编著出版《吴歌甲集》,而且以歌谣来论证《诗经》是古代诗歌总集,又写出《孟姜女故事的转变》并以该故事论证古史之演变。他还调查妙峰山香会,编写《妙峰山进香专号》,完成了中国首次民俗学的田野作业。他不仅为古史研究开辟了一个新天地,而且开拓了我国的民俗学、神话学的研究。

1929年,先生开始就职于燕京大学,先后任国学研究所导师研究员及学术会议委员、哈佛燕京学社研究员、历史学系教授、主任、《燕京学报》编辑委员会委员、主任、图书馆中文书籍审购委员会委员,陆续讲授"中国上古史研究"、"尚书研究"、"中国古代地理沿革史"、"春秋战国史"、"春秋史"、"古迹古物调查实习"等课程。

他利用燕大安定的环境,继续深入考辨古史古籍,提出其中心是要打破帝系、王制、道统、经学四个偶像。撰写了《经典著作时代考》、《周易卦爻辞中的故事》、《五德终始说下的政治和历史》、《汉代学术史略》、《战国秦汉间人的造伪与辨伪》、《三皇考》等一系列的论著。又连续编著出版了《古史辨》第二、三、五册。他认为,北大时期是他治学的发轫阶段,燕大时期是他治学的守成阶段。这两个时期都十分值得怀念。

为追求真知,先生极力提倡学术讨论,欢迎批评并勇于改正错误,其胸襟之宽广不能不使人感动。钱穆所写《刘向歆父子年谱》一文的观点,显然与他的看法相左,而他仍将该文在《燕京学报》上发表,并推荐并无大学学历的钱穆到燕大任教。他在燕大讲《尚书》时,当时研究院学生谭其骧对他某些观点持异议,在课下向他提出自己的看法,先生当即鼓励谭其骧把看法写成文字以深入讨论,并在复文中对自己的观点有所修正,不久又将他二人往来讨论的四篇文字加上按语,作为《尚书研究讲义》的一部分,印发给全班同学。

先生一生爱才如命,对于学生的课业和生活,更是尽心竭力。他经常针对每个学生的学力、禀性等方面的不同而给予不同的课题,引导每个人向自己所长的方面深入进展,然后供给他们参考的材料,其中包括自己写而未竟的文章以及为研究而搜集的资料,继而又指导他们写作的方法,并为之修改文章,不断启发他们自动研究的兴趣,给他们工作的信心和勇气。一批燕大学子成长为著名学者,其中包含着先生之心血。

先生最喜欢通过办刊物的方式来推进学术事业、发现和培养人才。1934年,因讲授《中国古代地理沿革史》,在学生课卷中时常看到佳作,便与谭其骧以个人经费创办《禹贡半月刊》,并组织禹贡学会。一年后,谭其骧赴粤,由冯家昇协助编辑。随着当时民族危机的加深,半月刊内容从沿革地理逐步转到以研究民族演进史和边疆历史及现状为主。除半月刊外,又编印《地图底本》,出版《边疆丛书》,组织人员进行实地考察。1936年禹贡学会正式成立,先生被选为理事长,会员已达四百多人,成果剧增,引起国内外学术界的注意,被称为"禹贡学派"。

同时,先生积极参加燕大中国教职员的抗日活动,编印抗日大鼓词。不久成立通俗读物编刊社,以民间流行的小说、鼓词、连环画、年画等形式,宣传抗日,而且还普及史地、医药卫生、社会、工农业等方面常识,使民众具备现代意识。

抗战期间,先生转入西北、西南,在甘肃、青海跋山涉水,考察当地教育,并调查边疆状况。在昆明以所见所闻之边疆风尚证中原古史,所写《浪口村随笔》(后改题为《史林杂谈》),为民族考古学开了先河,并创办《边疆周刊》。后在四川创立边疆学会,又先后在成都和重庆主编学术刊物《责善》半月刊,《齐大国学季刊》和《文史杂志》。

1954年,先生到北京任中国科学院(后改为中国社会科学院)历史所研究员、学术委员。又任全国政协二、三、四届委员,全国人大四、五届代表。主持标点《资治通鉴》,《廿四史》。晚年深入研究《尚书》,撰写《〈尚书·大诰〉译证》,把校勘、训释、译述,考证相结合,体现了现在尚书整理研究的新水平,对商周史的研究作出了重要贡献。他一生嗜学如命,著述宏富,一直坚守在学术阵地上,生命不息,工作不止。1980年12月25日病逝,享年87岁。

(顾 潮)

夏仁德 Randolph Clothier Sailer

夏仁德(Randolph Clothier Sailer),1898年8月24日出生于美国宾夕法尼亚州的费城,1919年毕业于普林斯顿大学,1922年和1923年先后在哥伦比亚大学获硕士、博士学位。1923年8月,即乘船来到中国,到当时位于盔甲厂的燕大心理学系任教,1926年随校迁入海淀新校园。从此时到1950年8月,除日本占领时期外,他一共在燕园生活了二十余年。

1925年10月,夏仁德先生同燕大宗教学系的路易·艾格伯特(Louise Egbert)女士在佟府夹道燕大女部结婚。他们育有三个儿子:George、Henry和James。还有一女,早殇。

夏先生在校时一直讲授心理学的课程,有时担任系主任,30年代还曾一度代理教务长。在他讲授的课程中,以"心理卫生"(Mental Hygiene)最为脍炙人口。这是一门在中国的新兴课程,加上他是以交谈、问答等生动的形式上课,循循善诱,因此深受同学们的欢迎。选这门课的,最多时达到一百五十余人,在全校共八百左右学生中占有很大的比例。1932年,在他讲授工业社会心理学时,所开参考书目中赫然列有《共产党宣言》等马、恩著作的英译本。

30年代在抗日救亡运动中,夏仁德先生以一个外籍人士的身份,采取了公开支持学生运动的态度。他是燕大第一个捐款给学生抗日会的外籍教授。当时他住在燕园水塔旁边的一处院落。

1935年,许德珩、杨秀峰、齐燕铭、徐冰等组织了文化界抗日救国会,在北平城里找不到安全的地方,后由夏仁德先生提供他家作为开会的地点。"一二·九"运动爆发后,当学生游行队伍被阻西直门冻饿交加时,夏仁德先生和雷洁琼先生送来了食品。那年他曾将住宅后门的钥匙交给陈翰伯,供他们自由使用他家西北角的一间客房。从1935年12月到1936年4、5月间,那里实际上成为中共西郊区委的一个秘密活动地点。以后,他住宅房间的钥匙常常交给进步学生使用。1937年七七事变后,正在美国休假的夏先生,在纽约繁华的第五大道组织了反对日本侵华的示威游行。回到北平以后,他参加了秘密输送物资和协助抗日人员前往晋察冀抗日根据地的活动。

对一些生活困难的同学,夏先生总是无私地解囊相助。1940年,学校成立了学生生活辅导委员会,帮助生活困难同学,该会请夏先生任主席。当时由于战争,需要救助的同学很多,他亲自筹划,一个一个地落实自助岗位。因经费紧张不能满足需要时,夏先生就偷偷地从自己的薪金中拿出钱来资助困难学生,自己却过着十分简朴的日子。

1941年春,美日关系日渐紧张,夏先生即将妻儿先送回美国,自己和其他师生一起坚守在燕园。太平洋战争爆发了,他本已准备好同另两位外籍教授离校疏散到安全地带。但因想到还有同学托他保管的一些秘密文件需要处理所以又返校,结果在校园内被日军发现而被捕,被转送到山东潍县集中营,直到1943年才被释放回美同家人团聚。1945年夏天回到成都燕大。

1946年燕大复校回到北平后,夏仁德先生担任了教育系主任,同时仍继续讲授《心理卫生》等课程。这之后正值学生民主运动高涨,而国民党对进步势力的迫害也变本加厉,夏先生则始终站在进步力量一边。在每次游行示威中,他不是和同学们一起走在游行队伍中,就是来回运送、分发食品,遇到教师们发表支持学生的声明时,上面总有他的签名。1946年12月的抗暴斗争中,他不仅和同学们一起徒步进城游行,而且让人在他背上写了"抗议美军暴行"的标语,表达了一个美国人的愤怒。1947年当龚理康同学被捕时,是他参加营救亲自接她出狱的。当沈立义等三位同学因受国民党迫害必须立即转移到解放区来不及筹措路费时,又是他慷慨捐资,助他们成行的。这一时期,夏先生在燕南园的住宅继续成为进步学生的活动场所,开会、传送和隐藏秘密文件、收听陕北广播,甚至有些进步学生因受追捕而需要藏身,他都毫不犹豫地提供方便。

1948年7月的事例最为感人。那年的"七·九"游行中,不少同学在德胜门被打受伤,是夏先生等冒雨接他们回校的。接着国民党当局在"八·一九"进行大搜捕,派军警包围了燕园。这时上了黑名单的燕大同学尚有八人在校内。他们先后集中在夏先生家中隐藏起来。当军警进校搜查走到燕南园时,夏先生站在门口说,这里是外籍教授住宅,不许搜查。21日凌晨,夏先生周密计划,亲自帮助鲍文生、杨锡璠、张少琴、陶正熠、樊景训、刘为全等六人从燕南园翻墙而出,安全转移到解放区。其他两位同学因身体原因暂留下来。其中的刘适,由夏先生提供毛毯将其藏身在南大地偏僻的草丛中,并亲送食品,几天后情况稍松时即派美籍教员掩护进城,安全转移到解放区。而另一位同学牛泽渝在8月底回到四川家乡。

海淀地区和整个北平先后解放后,夏先生和全校师生一起分享胜利的喜悦,他愿意为新中国的教育事业继续工作。但1950年夏朝鲜战争爆发,中美关系紧张,他不得不于当年8月返美。1951—1952年在康涅狄格州教书,1953年又到巴基斯坦任教10年,1963年回美退休。这期间他仍然时刻怀念着中国,不放过一切机会从事美中人民友好的工作,曾担任过华盛顿美中友好协会会长。1973年,中国人民对外友好协会对他的邀请终获美政府批准。夏仁德夫妇和次子亨利来到中国访问,5月1日受到周恩来总理的接见。周总理说,你为我们培养了不少人才,感谢你支持中国的抗日救亡运动,以后又支持反对国民党反动派的斗争,你是中国人民的朋友。他还到女儿墓地凭吊。1980年,他是美中友协在美欢迎邓小平副总理的主人之一。

1981年7月11日,夏仁德先生与世长辞,享年83岁。在临终前一周,7月4日,他在病症十分沉重,身体十分虚弱的情况下,半请人帮助半自己动手给燕大几位朋友写了一封信。信中说,"我对于中国人民为建设一个更加美好的世界所作的斗争以及你们在这个斗争中所作的贡献,深深表示钦佩。"

慈祥的夏仁德夫人(Louise Egbert Sailer)也深受燕京学生的敬爱。她比夏仁德先生年长五岁,辞世于1989年6月20日,享年96岁。

(王士谷)

钱　穆

钱穆,著名中国历史学家。江苏无锡人,1895年生。幼年家贫,在"既无师友指点,亦不知所谓为学之门径与方法"的情况下,"冥索"苦学。1926年所著《国学概论》,率先系统整理五四以来的当代思潮,被指定为当时中等学校教科书。1930年,在《燕京学报》发表《刘向歆父子年谱》,列举事实,指出康有为《新学伪经考》刘歆伪造诸经之说不能立,说明刘歆无伪诸经之必要与可能。文章解决了晚清道咸以来的经学今古文争论的公案,打破了中国近代经学研究的今文学的一统天下,纠正了一味疑古的学风,因而震动了学术界。同年,经顾颉刚推荐,转入燕京大学任教,"时年三十六岁,又为余生活上一大变。"从此开始了大学教学生涯。

有一天晚上,司徒雷登设宴招待新同事,征询大家对学校的印象。钱穆说:"初闻燕大乃中国教会大学中之最中国化者,心窃慕之。及来,乃感大不然。入校门即见"M"楼"S"楼,此何义,所谓中国化者又何在。此宜与以中国名称始是。一座默然。后燕大特为此开校务会议,遂改"M"楼为"穆"楼,"S"楼为"适"楼,"贝公"楼为"办公楼",其他建筑一律赋以中国名称。"钱穆还写道:"园中有一湖,景色绝胜,竞相提名,皆不适,乃名之曰'未名湖'。此实由余发之。"

钱穆在燕京教大学国文。以曾国藩《经史百家杂钞》作为基本教材,但不机械地事先预定,往往"以临时机缘,或学生申请选授一篇",增加了学生上堂的兴趣。布置作业,也较灵活。"一日,偶书一题为〈燕京大学赋〉,由学生下堂试撰。"有一名女生叫李素英,"文特佳,余甚加称赏,一时名播燕大、清华两校间。"

钱穆原在苏州中学教书,那时"中学始许男女同学,然初中约得女生一二人,高中尚未有。"来燕大,则女生最多,讲堂上约占三分之一,后在清华上课,女生约占五分之一,北大则仅十分之一。燕大上课,学生最服从,绝不缺课,勤笔记。清华亦无缺课,然笔记则不如燕大之勤。北大最自由,选读此课者可不上堂,而课外来旁听者又特多。燕大在课外之师生集会则最多。北大最少,师生间仅有私人接触,无团体交际。清华又居两校间,此亦东西文化相异一象征也。

1937年抗战爆发,他先后在西南联大、华西大学、四川大学任教,撰写了《国史大纲》一书,行销全国,读此书倍增国家民族之感。1943年,写了长达万言的《中国历史上青年从军先例》一文,呼吁青年踊跃参军,抵御外侮,保家卫国。1949年,他到广州,后到香港,筹办新亚书院。1967年迁居台北,潜心从事史学研究和教学工作,1987年结束教学生涯。

钱穆治学由古文始,进而治五经,治先秦诸子,再进而治史学;由通史而至文化史、思想史。兼重训诂考据与义理,尚会通,于会通中探求中国学术文化之内在生命力和内在逻辑,弘扬中华民族文化。他对中华民族文化有精深的研究和深厚的感情,认为"我民族国家之前途仍将于我先民文化所贻自身内部获其生机。"

钱穆著作等身,有专著80种以上。1990年8月30日病逝于台北,享年96岁。

(夏自强)

徐 中 舒

徐中舒是我国著名考古学家、古文字学家、历史学家。原名道威,字中舒,后以字行于世。安徽省怀宁县人。生于1898年。1914年考入安庆第一师范,两年毕业后在小学任教。1917年他又考取武昌高等师范数理系,仅读半年,又教小学。1919年他考上南京海河工程学校,但不久辍学。1922年,他经人介绍到上海做家庭教师。1925年考入清华大学国学研究院,师承王国维、梁启超、赵元任、李济等。在学习期间,他写了《古书中推测之殷周民族》论文,1927年刊载于《国学论丛》。1926年,他于清华毕业后,任教于合肥六中、上海立达学园。1928年任复旦大学国文系、暨南大学中文系教授,这时,他写《古诗十九首考》一文,颇受陈寅恪赏识,1930年经陈寅恪推荐,任中央研究院历史语言研究所编辑员,两年后,升为研究员。他在历史语言研究所八年,发表了一系列学术论著,受到学术界重视。30年代初期,他参加整理清代内阁大库所藏明清档案,颇有成绩。这时他还在北京大学历史系讲课,讲"殷周史料"。1934年,他与容庚等共同发起成立考古学社。1937年抗日战争爆发后,应中英庚款和四川大学协聘,任四川大学历史系教授。从40年代起,他先后还在乐山武汉大学、成都燕京大学、华西协和大学、南京中央大学执教。1949年后,他仍任四川大学教授,并兼任西南博物馆和四川博物馆馆长。1953年,他担任四川大学历史系主任。1957年,他当选为中国科学院哲学社会科学部学术委员,亦任四川大学历史系教授。他还任国务院古籍整理小组顾问、四川省历史学会会长、中国先秦史学会理事长、中国古文字学会常务理事、中国考古学会名誉理事,以及《中国大百科全书·中国历史》编辑委员会委员等职务。

徐中舒主要研究领域为先秦史,史料整理、甲骨学、金文学、巴蜀文化等。主要著作有:《明清史料》甲编(第一本,线装10册)、《鬲氏编钟图释附考释》、《商周史料考订大纲》、《汉语古文字字形表》(主编)、《论巴蜀文化》、《殷周金文集录》(主编)、《甲骨文字典》(主编)、《汉语大字典》(主编)、《徐中舒史学论著辑存》、《先秦史》等。

徐中舒长期从事科研和教学工作,先秦史和古文字学是其主攻方向,对明清史和四川地方史的研究也有显著贡献。他在治学方法上,除继承王国维的"二重证据法"外,扩大研究视野,力求掌握全面,尽量利用有关学科的科学知识,联系补充,以体现历史本身的完整性。他熟悉先秦文献,既能得心应手地运用这些资料,又有宏观素养,善于把田野考古、民族学、人类学、社会学、工艺学诸方面的专业知识结合起来,反复论证,以求其是。

他强调研究古文字学应和古史研究相结合。他的研究成果丰硕。有关中国古典文学的论文有《木兰歌再考》、《五言诗发生时期的讨论》等。古史和古文字方面有《耒耜考》、《再论小屯与仰韶》、《〈左传〉的作者及其成书年代》、《论〈战国策〉的编写及其有关苏秦诸问题》、《论周代田制及其社性质》《论西周是封建社会——兼论殷代社会性质》《陈侯四器考释》《金文嘏辞释例》《禹鼎的年代及其相关问题》《甲骨文中所见的儒》《西周墙盘铭文笺释》《西周利簋铭文笺释》《周原甲骨初论》等论文,总数百余篇。

在先秦史研究方面,他从二十四史的四夷传中撷取大量材料,同时对先秦史的有关学科进行综合性研究,重视一些边缘学科的探讨。还十分重视从生产工具、社会产品等社会物质文明着眼,研究社会之发展。其专文论述耒耜、井、弩、蜀锦等独有特色。在民族史研究方面,认为:"洞"是西南少数民族地区的农村公社,从古代一直延续至明清,这个新的解释,解决了长期以来未解之难题。1931年,他首先提出仰韶文化为夏文化说,1979年则作文《夏史初曙》,放弃了从前主张的仰韶文化为夏文化的观点,而同意龙山文化和二里头为夏文化的观点。

徐中舒1990年9月6日逝世。

(邓 瑞)

徐 淑 希

1892年4月3日出生于广东汕头市。1910年毕业于汕头英华书院,参加了孙中山领导的同盟会。他从香港大学毕业后,赴美留学,获哥伦比亚大学博士学位。他的博士论文"China and Her Political Entity"(中国及其政治实体),以中国领土完整、主权独立为中心思想,运用中国的资料,兼采西方第一手材料,追溯中国与朝鲜半岛及中原与东北三省各民族的关系,证明日本和沙俄对中国东北的觊觎是侵略行为,必须制止。论文材料充实,论据确凿,论证有力,受到当时英美学术界的重视,牛津大学出版社特予出版。

1925年,徐淑希受聘燕京大学主持政治学系。他到燕大后,即被邀请参加了太平洋学会。"九·一八"事变前,学会的一次年会上,日本的松冈泽右大放厥词,为日本的侵华政策,特别是所谓的"满蒙政策"百般辩护。徐淑希当场根据条约与事实,按国际法原则,痛予驳斥,博得与会者的赞同。此后,他即被视为东北问题专家而享誉中外。不久,他被学校任命为法学院院长。

"九·一八"事变后,徐淑希在有关东北、华北的问题上,总是根据法理,直言不讳,义正词严。他认为弱国在武力上敌不过强国,只有凭藉外交,以理服人,尽量争取挽回一些权益,决不能以"弱国无外交"为借口而无所作为。对于日本帝国主义的侵略,他主张努力抵抗,寸土必争,争取国际同情,坚决反对不抵抗主义。

徐淑希对燕大政治学系的建立尽心尽力。学系初建,他亲自讲授比较政府课程,对英、美、法、瑞士等国不同政府结构的利弊,均作了详细深入的介绍和评论,对当时的有关名著也加以评价和推荐。他还在课程设置和师资配备方面作了大量的工作。他把政治学系许多课程和其他学系的有关课程联系起来,如与经济学系、历史学系、西语系及以后建立的新闻系挂钩,使学生受到跨系的学术基础训练。他还很重视政治学系师生的实习,认为在中国学习研究政治,不能忽视农村,他选派师生到农村实验地区参加地方政府的实践工作。政治学系的教师阵容,经过他的努力,也大大加强了,如吕复讲授宪法和比较政府,萧公权讲授中国及西方政治思想史,李祖荫讲授行政法,郭云观讲授法学通论及民法,潘昌煦讲授刑法原理,梁仲华讲授地方政府。他们都是当时知名的有成就的学者。此外,徐淑希还聘请了一些知名的外国学者来燕大政治系任教。

1935年以后,华北形势恶化,日寇步步进逼,徐淑希不得不离开燕大。1936年初,他应聘为南京国民党政府外交部高级顾问,后来被派到联合国任职,并在美国定居。1982年1月14日在美国新泽西州逝世。

(徐元约)

郭 绍 虞

郭绍虞,原名希汾,字绍虞,1893年阴历十月初三生,江苏省苏州市人。1914年即在上海商务印书馆所属尚公小学任教,不久入进步书局任编辑,后又去启秀女中任教并兼职于东亚体育学校。1919年到北京,在北京大学旁听,兼为北京《晨报副刊》的特约撰稿员,并进行文学方面的著述,发表了《劳动问题的起源》、《马克思年表》等进步诗文译作;1921年和茅盾、郑振铎、叶圣陶等人共同发起成立了文学研究会,为我国的新文化运动作出了积极的贡献。1921年至1927年,先后到济南、福州、开封、武昌等地学校任教。1927年任北京燕京大学国文系教授,并曾任系主任及研究院导师,与清华大学的中文系教授朱自清过从甚密,并相互交换上课,深受双方同学欢迎。他赞扬朱自清先生,提倡狂狷精神。"狂者进取,狷者有所不为。"他自己身体力行,当1937年七七事变后,他在燕大的课堂上,读《诗经·黍离》之篇,读到"知我者谓我心忧,不知我者谓我何求"时,狂歌恸哭,满座泪下。1941年太平洋战争爆发后,日伪曾强迫他出山教书,但他愤然拒绝,举家南迁苏州,表现了高风亮节。

1942年他应郑振铎先生邀请只身来到上海任开明书店编辑,并与叶圣陶先生合编《国文学刊》,不仅工作繁忙,而且生活艰困,不得不在好几个学校兼课。他住宿在开明书店楼上,整个寝室除一书架和两条板凳作搁铺之用外,空荡荡地一无长物。在这样简陋物质条件下,郭师处之泰然。他很风趣地写过两句诗:炊烟窗下腾腾起,流水窗前故故来。这都是实境,后面一句是对屋漏不修的形象性描绘。郭师全家包括老母及师母弟妹等居住苏州,过着勤俭清贫生活,长女因经济窘困,学业中辍。长期从事大学教授的郭师,竟然难以支付子女入学费用,岂不可悲可叹!

著作等身这是对学术上有丰硕收获的学者的高度评价,郭师可以当之无愧。但是要怎样才能达到这个境地呢?他老人家曾经谦逊地自我表白说:"我天赋并不高人一等,也不比别人特别聪明智慧。主要是靠努力勤奋,日积月累才有所成。当初在20岁左右还是个小学教员,因为在上海商务书馆附设学校教课,因此获得借阅涵芬楼藏书机会,读遍大量古今中外书籍,开始从事学术研究工作。以后多发表文章,逐渐深造成为大学教授。"郭师做学问认真、严谨,在广博扎实的基础上深入探求,然后达到专的境界。《万有文库》中收有一部商务印书馆出版的《中国体育史》,这是我国现代最早的一部有关体育专著,谁都不会想到这是郭师早年为了担任上海东亚体育学校和爱国女子体育专修科教职,特地编写出来的体育教材。仅此一例,就足说明他探深造极、勇攀高峰的锲而不舍的精神。数十年来他从事艰辛的脑力劳动,从不肯轻易放过治学的机会。1953年因劳累过度成疾,住疗养院休养。医师禁止他读书写作,他就利用时间改练书法,在原来一手好字的基础上更上一层楼,成为当代著名书法家之一,并且还写出了许多有关书学史论的专著。

郭师在大学执教过程中,主要致力于中国古典文学、中国文学批评史、汉语语法修辞等学科的理论研究,撰写了《中国文学批评史》、《沧浪诗话校释》、《宋诗话考》、《语文通论》、《语文通论续编》、《汉语语法修辞新探》等二十几部著作,主编了《中国历代文论选》、《中国古典文学理论批评专著选辑》及《清诗话续编》等著作。特别是在中国文学批评史研究方面卓有成就,为建立系统的中国文学批评史作出了杰出的贡献,在国内外学术界享有崇高声誉。

对待人民教育事业,郭师实践了"俯首甘为孺子牛"的崇高精神。从旧中国到新中国,从北方到南方,他历任许多著名大学的教授,桃李遍世界。当他已是国内第一流学者兼教授,而且担任中文系主任时,他还总是一马当先亲自教大学一年级国文课,以名教授身份放下架子担任基础课教学,这种高度负责的教学学风确是非常值得赞扬的。

在教学过程中,郭师有问必答,以鼓励为主,从无疾言厉色对待学生。每当发现学生有特长或才能,就尽力培养,多方支持。1940年燕园中有一些同学计划编印出版一册师生诗文合集《燕园集》。郭师亲自撰写了《论新诗的前途》一篇论文。其中引用了一位新入学不久的女生用词的形式为译文的例子作为论证。他对同学才能的发现和赏识,极大地鼓舞了学生学习的积极性。几十年后,这位女同学已成为新西兰一著名大学的中国文学专家了。

40年代初北京中国大学有位日籍青年大学生,读了郭师《中国文学批评史》非常钦佩,决心把它译成日文。可是着手后,困难重重,只得登门向郭师求教,经过一番详细指导解疑,终于获得成功。从此这位青年踏上了学术研究的道路,成为日本弘前大学文理学部教授。40年后他随日本访华代表来沪,特地上郭府拜谒,深致谢忱,临行依依,还掉下了眼泪。

在师生友谊、感情上的亲密关系,郭师可说是楷模。郭师及师母(张方行先生)对待学生宽厚至诚,亲如家人,即使已经毕业离校的学生在教学或治学上有疑难需要解决时,老师常常在百忙中帮他们答疑、审稿、修改文章。遇到他们经济上拮据时更常常倾囊相助。分散在国内和海外的许多老同学,其中不少已获得很高成就,经常怀念从前的师长,通讯问候。如果经过上海,总要登门拜谒请教。师生情谊之深,原不是岁月所能消磨的。

郭师一贯向往光明,追求真理。在解放战争时期,他积极支持并亲自参加当时的民主运动和历次学生运动。1947年他参加了地下党领导的上海大学教授联谊会,任同济大学教授联谊分会主任。

解放后,郭师曾任复旦大学中文系一级教授、复旦大学图书馆名誉馆长、复旦大学中国语言文学研究所名誉所长、中国文学艺术界联合会委员、中国作家协会理事、国务院古籍整理规划小组顾问、中国古代文学理论学会会长、汉字现代化研究会名誉会长、中国书法家协会名誉理事、上海文学艺术界联合会副主席、中国作家协会上海分会副主席、上海语文学会名誉会长、上海社会科学院文学研究所名誉所长、上海书法家协会名誉主席。1956年,郭师参加了中国共产党,曾撰诗言志:"愿毕吾生,星常拱北,川长向东。"表明他对党的事业的忠诚和坚定信念。1976年后,他不顾年老体衰,以其惊人毅力,写出了数百万字的学术著作,并整理、编订了《郭绍虞文集》。他曾多次被评为市、校先进工作者。1984年6月22日,他不幸因肺炎逝于上海,终年91岁。

1982年,在庆祝郭师从事文教事业70周年纪念时,我曾赋诗一首,献给我深深崇敬的老师:

> 欣忆当年执贽时,海水涓滴颂吾师。
> 狂狷人生坚操节,荆棘道途见雄姿。
> 勤探马列老弥健,扶育栋材永不辞。
> 等身著作催四化,桃李争辉岂宜迟。

(汪玉岑)

高厚德　Howard Spilman Galt

高厚德先生1872年生于美国Iowa的农家,那是一个十分虔诚的宗教大家庭。他是美国达堡大学科学士、芝加哥大学哲学士、哈德福(Hartford)神学院神学博士。在那里他对国外传道开始发生兴趣。凭着他纯朴的感受和当时的需要,他投入了向全世界传道的事业。他被派到中国的通县。高先生当时最主要顾虑是语言问题,这一顾虑促使他努力学习中国语言文字。他的听说和阅读的成就是惊人的。这一成就使他能和一切中国人交往,很快适应了我国的风俗习惯、风土人情,使得他在华工作十分出色。

高先生1897年结婚,当年年底来到北平,随后曾赴日本专心攻读中文。1899年他在华北协和学院任数学教师,继之,升任该校校长,从事建校各方面工作。在那里他努力工作了五个年头,最后,经过多方努力、联系,把华北的四所教会大学在1915—1920年期间先后合并,建成燕京大学。在这几所大学联合起来形成燕京大学的过程中,高厚德先生起了重要作用。1919年在他休假回国一年后,举家又回到北平燕京大学,那时,校址还在北平盔甲厂。燕京大学的命名有一段复杂争论的过程,在校址和定名这两个大问题上,他起了重要的作用。1925年他回美在哈佛大学攻读教育学,获博士学位。他的论文就是对中国古代教育的研究。

教育系是燕大建校后最早成立的一个系,高先生是首创者,建系后,一直由他主持。在他不断努力下,逐步发展为三个专业:一是普通教育,二是幼儿教育,三是乡村教育。除本科生外,还招收研究生,后又创办附属学校。他不但是教育系系主任兼教授,由于司徒雷登校长常出国募捐筹款,校长职务就由高先生代理,并且兼任研究院主任,还主管财务,也是教师评职委员会主席。他办事公道,一丝不苟,井井有条。他认为一个国家希望在青年,而培育青年的责任在教师,他特别重视对教师的培养。教育的目的是为人类创造最美好的未来,因此他投身于教育事业。他不仅开设教育哲学、教育史、教育社会学等课程,还悉心研究古代中国教育制度,对中国文化和中国哲学思想有浓厚兴趣。他著的《中国教育制度史》受到学术界的好评。这样,他的传教士地位就让位给了汉学家。

1941年12月珍珠港事件后,他被日寇送到山东潍县集中营,直到1943年被遣送回美国。以后不幸多次中风,于1948年冬逝世,终年76岁。消息传来,燕大师生为之悲痛,召开了隆重追悼会,由博晨光先生和廖泰初先生分别介绍了高先生生平和对燕大的贡献。

(张秀贞　唐慧珍)

容 庚

我们敬爱的父亲已经与世长辞了,但他没有离开我们。他那慈祥的面容,爽朗的笑声,尤其是他那发愤忘食,锲而不舍严谨治学的态度永远留在我们心中。

父亲没有上过大学,但一向勤奋好学,青年时代凭着自学所著《金文编》初稿,自广东家乡远赴北京,得到专家赏识,破格入了北京大学国学研究所当研究生,奠定了一生贡献于考古学的基础。

父亲无论是在青壮年时代还是满头银发之时,无论是在日寇铁蹄下还是"文化大革命"中遭受批斗的日子,他数十年如一日,坚持每日工作十三四小时,博览群书,手不释卷。我们都笑他仿佛有胶把他粘在书房的椅子上似的,每顿饭都要一请、再请、三请才能把他请出来,他常教导我们"好书不厌百回读"。就是这种发奋忘食、百读不厌的精神,使得父亲的知识范围很广,他爱好甲骨文、金文、碑帖和字画,而对每一门都有深刻研究。碑帖是他近廿年开拓的专业领域,百多万言的《丛帖目》就是他晚年著作之一,主要是在"文化革命"困境中孜孜不倦地完成定稿的。

欣赏国画是父亲爱好之一,在家庭经济较充裕时,他节衣缩食,购置了大批历代名画家作品。一般不太了解他的人以为他之所好只是鉴赏与收藏,孰不知他也稍能绘画。抗日战争时期,我家一直居住在敌后北京,父亲还是有机会看到好画的,因经济拮据无能力购买,他只可借回家来一二日亲手临摹,二三丈长的手卷也不例外。寒冬家中只有小客厅里升着炉火,而隔壁的睡房兼工作室则冰冷异常。在那艰苦的岁月中,他废寝忘餐,夜以继日地复制了几十幅喜爱的国画,实践出真知,难怪他对每位名国画家的笔迹那么熟悉。

翻开 1200 页的巨著《金文编》,多么熟悉的笔迹映入眼帘,几乎所有的字,一笔一画都出自父亲的亲笔。1959 年三版《金文编》问世不久,父亲又在伏案整理该书底稿了,我们不明其因,他说学无止境,如发现问题则应不断地修改和更正。他当时正为四版《金文编》做预备工作。他就以这样的严肃认真态度来处理学术工作。

我们很小的时候就感到我们家的特点是书多,楼上、楼下、客厅、饭厅,甚至走廊楼梯都是一箱箱的书,它们不是装饰品,而是治学的工具。虽经数次搬迁,父亲把它们分门别类,清楚得了如指掌,不用目录就能迅速找出所需的材料。由于书籍的内容广泛,主要的专业性强的书我们没有动过外,那些《日用百科全书》、《世界美术全集》、《急救法》、《三国演义》和林纾的翻译小说等子女们也喜欢翻阅。他鼓励我们看书,但看完后放错位置就要挨骂了。

一位他认为满意的学生,报考研究生,在改卷过程中,他发现该生试卷上写的字迹潦草,而联想到要研究古文字的态度必需认真,横直撇捺每笔的长短都很重要,如果写当代文字都不易让人看清楚,写古文字更无法令人看懂了,他毅然决定该生不予录取。

父亲对人从不摆出专家架式,对学生更是苦口婆心。他常说学习没有捷径,就是要多看,多练,他不仅自己以身作则,用锲而不舍的顽强精神攻克一个个知识堡垒,也这样要求学生和子女。当我们学习不够自觉的时候,他认为加些压力是必要的,但当我们学习较自觉并体会到知识宝库有如浩瀚大海之时,他又会把自己的治学经验介绍给子女和学生并给他们指出一条前进的道路。因此他的书籍并非只是自己的学习工具。他还常常为学生或朋友在自己的书库中找到一本适合的书而欢欣,也常以想到某个该注意的问题亲临研究生宿舍,上门教导,甚至以一日两次为乐事。

父亲晚年先后将收藏数十年的商周青铜器近百件,字画1800余件,书籍数万卷,捐赠给国家博物馆及中山大学图书馆。他知道这些是几十年和自己朝夕与共,息息相关的珍藏,但也是我国古代文物精华的一部分,他希望它们能在我国考古学中发挥更大的作用,因此毫无保留地全部献出。他还亲自到博物馆及图书馆去了解是否安置妥当了,一直到把这些图书安置妥当,才放心。

(容琬 容璀)

编者注:容庚先生,字希白,号颂斋,1894年9月5日生于广东东莞,1983年3月6日病逝于广州。他曾在太平洋战争爆发前在燕京大学任教。

桑美德 Margaret B. Speer

Margaret Bailey Speer died on September 21st 1997, at Waverly Heights. She was 96 years old.

The daughter of parents deeply involved in the Presbyterian Foreign Misson Board and the YWCA, Miss Speer was for some fifty years a quiet but influential force in secondary education and human rights in the Philadelphia area.

Born in Englewood, N.J. in 1900, Miss Speer was a graduate of Bryn Mawr College with a Master's degree from Columbia University. In 1925 she went to China to teach English at the Women's College at Yenching University. There, she joined the Western Languages Department and became Dean of the Yenching College for Women. Interned by the Japanese after Pearl Harbor in 1941, she established educational activities for both children and adults in the internment camp where she was sent. She was eventually repatriated, returned to the United States in 1943, and spent a year traveling in the United States making speeches on behalf of Free China.

From 1944 to 1965 Margaret Speer carried out a second major career as Head Mistress of the Shipley School in Bryn Mawr, during which time she had a significant impact not only on the school, but in the field of secondary education in Eastern United States. At Shipley, Miss Speer was a strong advocate for international understanding, bringing foreign students as well as speakers to the then boarding school. She was instrumental in opening Shipley to African Americans and was an early promoter of A Better Chance. At various times she held office in the National Association of Principals of Schools for Girls and the Head Mistresses Association of the East.

Miss Speer's activities ranged well beyond the field of education and after her retirement from Shipley she continued to be active in human rights, an area of lifelong concern. She served as a board member of the YWCA, the Springside School and the Buck Lane Community Day Care Center. She was founder and first president of the Human Relations Council of Lower Merion and chairman of its Education Committee. She was also very active in the Bryn Mawr Presbyterian Church as a Member of Session and member of the Outreach Committeee and was a founder of and participant in the tutoring program.

Miss Speer was highly esteemed by all who knew her in China and in this country as a teacher of compassion and tolerance, as a crusader for human decency and freedom, and as a wise administrator with a quiet, positive, often humorous approach to problem solving.

(condensed from *Yenching Facaulty Families*)

梅贻宝

梅贻宝,1900年11月5日生于天津。是年即八国联军肆虐攻陷北京之年。14岁入南开中学,正值第一次世界大战开始。翌年考入清华学校中等科。1919年五四运动期间,6月3日清华学生进城游行,梅贻宝亦遭逮捕,到6月10日,获得释放。1922年自清华毕业,在全民青年协会任学生部游行干事。1923年赴美进修,入欧柏林学院,翌年获学士学位。这一年入芝加哥大学研究院哲学系,1927年毕业,获博士学位,博士论文是《墨子的伦理政治思想》。同年去德国科隆大学进修,1928年4月回到北京,到燕京大学任注册课主任。在这一年与倪逢吉订婚。

倪逢吉系芝加哥大学研究院社会系硕士,1926年回国后任教于南京金陵女子文理学院,1927年到燕京社会学系任教。1929年5月31日与梅贻宝结婚。1938年再度赴美深造。

1934年,梅贻宝利用休假赴河北定县、山东邹平、江西黎川等乡村建设实验区,并到山西太谷代理铭贤学校校长两年。1938年赴兰州主持甘肃科学教育馆两年,遍游甘肃,并深入蒙、藏、回民社区。1940年赴重庆,任工业合作总社秘书长,后任复兴公司秘书处处长。此时倪逢吉自美归来,任复兴公司女工工厂主任。

1941年12月8日,日寇偷袭珍珠港,对美不宣而战,日军当日即封闭了燕京大学。燕大即筹备在后方复校。1942年夏,燕大在成都复校,梅贻宝任代理校长,倪逢吉任家政系主任。1945年4月,梅贻宝赴美,受聘于美国国务院,主要任务为宣扬中国抗战精神和燕大复校情况,此行还接受了欧柏林学院荣誉法学博士学位。1946年秋回到北平,到燕京大学任文学院院长。1948年12月,离北平去上海,在圣约翰大学开中国哲学史课。1949年5月,离上海去美,在芝加哥大学和罗斯福大学授课。翌年在瓦巴胥学院任客座教授,1951年获该学院荣誉人文博士学位。以后曾在爱荷华州立大学、欧柏林学院、普林斯顿大学任教,而自1955年起即结束在美客座讲学生涯,在爱荷华州立大学任教15年,直到1970年退休。算起来在美各校任教共21年,与在燕京服务之年数正好相等。

1970年9月,受聘为香港中文大学新亚书院院长,1973年由港返美。因子祖麟在康乃尔大学工作,乃定居于绮色佳镇祖麟处。

1974年至1977年,去台湾任台中东海大学客座教授。1980年曾再度去该校讲学一学期。

梅贻宝先生终生执教,自称:"我的教学研究兴趣素来在东方哲学与宗教以及东西文化的根源。宗教成了我人生主要兴趣之一。基督教、佛教、道家以及孔孟、老庄、墨翟,均所向往,而感崇敬。晚年则仍以儒家之天人合一理想为归宿。"对自己的定论是:"我负责任何岗位,总是尽我所能。对事只知竭尽绵薄,以劳补拙;对人自应推诚相与,谨守忠恕之道。"

倪逢吉1954年曾入美国西保大学图书馆学研究班,一年毕业,成绩特优,被选入图书学荣誉学会。1994年5月17日病逝于绮色佳,享年92岁。梅贻宝1997年10月18日病逝,享年96岁。

(据梅贻宝《大学教育五十年》)

萧　田

在燕大师生员工中,原机房工人师傅萧田的经历,应该说是不寻常的:他在燕园呆了16年,两次加入中国共产党,两次被日本宪兵队逮捕,两次到了八路军领导的抗日敌后根据地,见到了朱德、彭德怀、聂荣臻、萧克等同志,见到了白求恩大夫。

萧田,原名萧在田,他家原住北京房山县坨里,父亲曾在门头沟煤矿上做过高架索道工。

萧田生于1908年。他只读了两年小学就失学了,先后到北京的前门和东单学过铁工和制作地毯。

1926年,他18岁了。他哥哥萧在山在燕大机器房当工人,介绍他进了燕园,就在机器房当工人。

30年代初期,燕大学生在校内举办识字夜校等义务教育活动,萧田师傅也参加学习。因为参加义务教育活动的燕大学生大都是倾向革命的,耳濡目染,言传身教,工人出身的萧田很自然地受到了影响。

1935年,萧田终于参加了党的地下组织。只是没有多久,组织遭到破坏,他也失去了组织关系。

抗日战争爆发,燕园内成立了一个专门破坏日寇交通运输的秘密组织,并吸收萧田参加。

1939年暑假,燕大校方准备组织人分别到共产党领导的抗日敌后根据地和国民党统治的大后方去考察,定期一年。后来,只有到敌后根据地去的这一批人成行了,其中就有萧田。

萧田记得,是总务长蔡一谔告诉他,让他去的。这一批人中有两个英籍教师要穿过抗日根据地到大后方,而两个中国人中的一个是赵明,他只到晋察冀边区,再往前就不能陪同那两位英籍教师了。萧田却可以陪同到大后方。两位英籍教师中的赖朴吾原在路易·艾黎领导的"工合"工作过,他这次到大后方也是回到"工合"去工作。萧田也参加了"工合",萧田到大后方后,可以到"工合"工作。后来,他就在"工合"干过几个月。

这批人里还有英籍教师林迈可。林迈可1937年底来燕大任教,1938年春天"复活节"和夏天的暑假,曾两次到冀中抗日武装力量活动的地区和晋察冀边区访问过。1975年,他在英国出版了《八路军抗日根据地见闻录——一个英国人不平凡经历的记述》,1987年6月,国际文化出版公司根据他作的增补,翻译出版了这本书。书中就记述了这次访问的详情。其中有两段和萧田有关。一段写着,萧田是一位有特殊技能的工人,他好像有天生了解机器的知识,处理机器时,无论大小都得心应手。有一次,当我的照相机掉进一条泛滥的河流损坏后,他拆开相机的快门,将它清理干净又装在一块,于是相机又像没浸水以前一样好了。他做这些事没有其它工具,只有一把袖珍小刀。他只受过很少的一点正规教育……萧在田回到北平后,从事抗日地下工作,后被日军宪兵队逮捕并严刑拷打。大约一个星期后,和他同时被捕的一个人跑来找我,说他们已和西苑的宪兵司令官联系,司令官同意释放萧,但要索取足够多的钱,以便为他自己购买一辆新的摩托车。我捐赠了我的积蓄,和其他同情抗日的朋友们凑到足够的钱。不久以后他被释放了。

1939年7月11日,萧田、赵明、林迈可、赖朴吾,由赵明介绍的交通员苏寰宇带领,冒着大雨,分乘林、赖的朋友所开的两辆小汽车,从燕园出发,顺利地到达西山脚下。然后冒雨步行,穿过樱桃沟,在当时英国使馆官员度假用的别墅里借宿了一夜。第二天才辗转爬上妙峰山,到达游击区,受到抗日游击队和当地人民的欢迎。

后来,他们经过雁翅、斋堂等地,在马各庄附近,见到了萧克同志。苏寰宇留下了。然后他和赵明、林、赖,于8月6日到达晋察冀边区某地,见到了聂荣臻同志。在这里,他们还见到了白求恩大夫。一个星期以后,他们才被送到边区政府所在地,见到了宋劭文同志。赵明留在边区工作,只剩下萧田和林迈可、赖朴吾三人。他们原想到延安看看。但战争形势的发展使他们不得不放弃了这项计划,决定到晋东南。

9月9日,他们三人随着八路军一支五百多人的部队,经过一个漆黑夜晚的急行军,终于穿过石太线,到达晋东南,并在山西武乡王家峪八路军总部见到了朱德、彭德怀同志。萧田还认出做翻译的就是燕大毕业的女同学龚澎。

萧田三人离开八路军总部后,由60人组成的卫队护送。到了国民党军队驻扎的中条山区。然后到洛阳附近的陇海路,才坐上火车经潼关到西安。这时已是10月中旬,距从燕园出发已历时三个多月了。

他们到了西安,还到六贤庄八路军办事处交了彭德怀同志开给的介绍信和转交的东西。林迈可因为需要赶回去授课,就设法回北京了。萧田和赖朴吾则到了宝鸡。和"工合"取得联系后,赖朴吾做"工合"视察,去了甘肃;萧田则到"工合"在凤县双石铺开设的工厂任副工程师。

萧田到双石铺不久,就引起了国民党党部的注意。他借口为工厂购买电机,又来到西安,设法坐火车到郑州,然后步行,到日寇占领下的开封,又换乘火车回北京。这时已是1940年6月,他离开燕园快一年了。

回到燕园,萧田又投入为抗日根据地收集运送物资、器材的工作。他亲眼看到八路军最需要的正是这些东西。

他把自行车的钢管冲洗干净,消毒,然后填满制作红药水的汞粒,再封好口,骑上车,送进西山。

一天,他突然得到一个通知,叫他按指定时间到未名湖畔的花神庙去。一见面,才认出是燕大毕业生陈絜,刚从根据地回来。1940年8月,由陈絜、杜恰介绍,萧田又一次加入了党的地下组织。他很快和根据地取得联系,建立了交通线,把电讯器材送到了根据地。他们先后运送了五部收发报机,三箱电池,一台内燃发电机,一批照相器材、医药用品和汽油、机油、电线等。

1941年春,萧田在成府家里被日本宪兵以违法安装短波收音机为借口逮捕。敌人严刑拷打,审问他。他只说自己是电工,搞研究,没有别的意思,硬顶过去了。敌人追查他陪两个外国人离开燕园的事,他只承认自己是基督教徒,那两个外国人是传教士,他们离开燕园是到山西太谷传教,并说林迈可已回北京,可以证明。萧田被关了一个来月,释放了。前面所引林迈可的书提到了这件事。但向萧师傅敲诈勒索钱财买摩托车的是日本宪兵队的翻译官,林迈可却说成是"宪兵司令官"了。

1941年12月8日,日本侵略军终于进占了燕园,接管了全部财产。因为要维持燕园的水电供应,他们把萧田留了下来。然而没有多久,1942年5月2日,萧田突然又被逮捕,一开始审问,就问他是什么时候参加共产党的,追问他与陈絜的关系。敌人用了种种酷刑,萧田宁死也不招认。敌人只好把他关起来。他被折磨得吐脓血,还是不招认。

忽然一天,一个日本看守兵来到萧田跟前,问他怎么会到了这里。原来这个日本兵在接收燕大后,就在机器房站岗。一次,萧田见他悄悄从口袋里掏出一张像片,看着看着还擦眼睛,就感到他有反战情绪,于是慢慢设法和他接近。后来,逐渐熟了,萧田就约他到自己家喝酒。听他说话,果然是对战争不满。没想到,这个日本兵调到沙滩宪兵队守监狱,认出了萧田。萧田向他说明自己是被人诬陷的。他很同情,又见萧田病重,大概向审问的鬼子说了情,说明萧田确是工人。而审问的鬼子也没有什么真凭实据,于是在这一年的年底,把萧田释放了。

从日本宪兵队回来,萧田在家里养了半年的伤,仍未痊愈。1943年秋,忽然得到一张纸条,写着:"见信后速回家!"萧田知道是组织上来找他了。于是跟着来接他的交通员,第二次到了解放区。从此以后,萧田在党的领导下,解放前在城工部,解放后在北京市,主要从事工业建设工作。"文化大革命"中,萧田被诬陷为"叛徒"、"特务",关进监狱。粉碎"四人帮"后,萧田已快70岁了。组织上让他离休,他却找了个街道工厂,用自己丰富的经验和精良的技术,不要一分钱报酬,帮助这家工厂发展为年产值千万元以上并荣获"全国先进集体"称号的单位。

(李固阳)

萧 公 权

萧公权,1897年生,江西泰和县人。少时读古文,习经史,学做诗,在国学上奠下了坚实基础,又学英、日文。1915年,他到上海入青年会中学,英文更精进,三年后遂考入清华学校,于1922年赴美国留学,入密苏里新闻学院。他除修新闻学外,对哲学、政治学产生了浓厚兴趣。他用八个月的时间完成了约二万字的论文《多元国家的理论》(The Pluralistic Theory of the State)而获得硕士学位后又入康乃尔大学攻读博士,更进一步深研政治多元论,1926年荣获博士学位。翌年,伦敦一著名出版社将这篇论文出版后立刻佳评四起。《美国政治科学评论》说:"深佩此书才力与魅力均巨",是五年以来论述政治思想的最佳著作。身处国家多难的年代,萧公权自然读书不忘救国。但他认为救国必先读书,为担负"匹夫之责"做好准备。他鄙视政客,"未做官时放言高论,做了官以后,同流合污。"因此他誓不从政为官,而始终以治学、教书为国育才为己任。

1927年秋,他回国后即执教于南开、东北大学。1930年秋,因燕京政治系主任徐淑希的邀请来燕大。第一年授"政治学概论"和"西洋政治思想"课,第二年除授"政治学概论"外,还授"中国政治思想"课。他在燕大教课中的一个重要感受是:"燕京学生的程度与南开不相上下,他们的英文程度则优于南开学生"。至于中文,也有出色的高材生,如顾随便是其例。他称赞顾随"颇有才华,尤工填词。"说他最欣赏顾随在《燕京周刊》上发表的抒发燕园情怀的《采桑子》,"赤栏桥畔携纤手,头上春星,脚下春英。隔水楼台上下灯。栏杆倚到无言处,细味人生,事事无凭。月底西山似梦青。"

1932年夏,他离开燕京去清华执教。1942年,燕大在成都复校,他再度回燕大任教。他讲课深受学生欢迎,来听他讲课的,一间大教室座无虚席。学生莫不钦仰其学识之博大精深。

他任教以来,一直开有中国政治思想之课程,这是他开拓的教学与研究的新领域。当时有学者认为政治思想是西学的概念,用之于中学则不免捕风捉影,大言欺人。他不以此为然。他以清晰的观念,明锐的眼力,钩沉发微,将散在我国古籍中的有关政治思想的素材细加搜寻梳理,在清华授课时已陆续编印成讲义,题名为《中国政治思想史参考资料》。抗战初期,他家居成都光华大学附近的农舍时,就在教课之余,运用政治学观点,历史学方法,于1940年夏写成了《中国政治思想史》,经教育部审定为部定大学用书,于1945年由重庆商务印书馆出版。此巨著的基本贡献在于展现中国政治思想及其在两三千年的中国历史长河中的演变,从而有力地回应了轻视中国政治思想及其价值的议论。他学贯中西,当然也明察到中西政治思想有不同之处,认为中国尚实践,欧西重思辨,因而有致知和致用之异,中国政治思想多讲政术而较缺乏西方发达的政治哲理。但仍不能以此殊异而言价值的高低。另外,此巨著不但多有对臆说的驳议,而且创见迭出,如指出秦代所行法家政治决非现代所崇尚的"法治"和对宋代功利思想的发挥,等等。此著问世以后,中外学人均奉为政治学之经典之著,1979年,美国汉学家特将它译为英文,由普林斯顿大学出版。

他在抗战时期也多次发表政论,谈实行宪政民主。对蒋介石的专制独裁,迫害爱国学生他也不满。成都燕大学生自治会主席张富培1946年夏未随校复员到北平,而是留在成都由先生指导写毕业论文。那年12月,他从国民党四川省党部上层人士得知国民党特务把张富培列入准备逮捕的黑名单内,便立即让张富培迅速离开成都到北平,他是爱护学生的。

抗战胜利后,他当选为中央研究院院士,仍留在成都继续在四川大学、华西大学和光华大学执教。1947年夏,他离开成都。1949年受聘于美国西雅图华盛顿大学,携家去美。他晚年侨居美国,继续治学教书,撰有《中国乡村》、《康有为思想研究》等重要著述,他又为培养华裔学者、中西学术文化交流作出了贡献。1981年11月,逝于西雅图寓所,享年85岁。

(丁君石)

黄 国 安

黄国安先生是我国老一辈体育工作者。从20年代初开始,就在燕京大学从事学校体育工作。工作有魄力,很有开创精神,对培养体育人才和发展学校体育事业,有突出贡献。

1926年燕京大学搬到西郊海淀初期,黄国安仅有一个助手,是一个捡网球的小孩,叫赵吾迪,大家都叫他的绰号"无敌"。1927年,他们就开辟了有400米跑道的田径场(足球、棒球可兼用)、两个篮球场、两个排球场和6个网球场,保证了学生的课外锻炼。1931年建成第一座体育馆(是黄国安为学校从美国募捐来的钱建的)。到1933年,学校又建成第二座体育馆,网球场增多到20个,全校男女学生不过500人。赵吾迪这时候已成长为一个熟练的体育场地管理员,能打一手好网球,经常与师生陪练。棒球比赛时,他是一个好接球手。

黄国安为领导好学校体育工作,组织了"学校体育运动委员会",由关心体育的学校领导和有影响的教授参加,取得他们的支持和帮助。遇重大的体育活动,如全校运动会,他经常聘请各系主任和教师出来担任裁判工作,尽量多地发动全校师生参加。

他很重视学校各项运动代表队的组织和比赛,鼓励他们为学校争光。并制定了奖励办法,如:(一)各代表队员,必须经过选拔产生;(二)经过一年的比赛考验,根据队员的表现和成绩,评出各队优秀运动员(Lettered-Men);(三)三四年评选一次全校"全能运动员"授予"全能杯"奖(All-Round Cup),和"体育道德"表现突出的运动员,授予"体育道德杯"奖(Irish Cup)。

燕京大学体育代表队,在黄国安的指导下,取得过很好的成绩。如1929年在沈阳举行的华北运动会,以学校为单位,燕京大学就取得男子排球冠军、棒球冠军,男、女网球冠军和田径第三名。1931年冬,清华、师大、燕大、北大、辅仁五所大学联合成立"五大学体育会",把五大学的校际比赛形成了制度。黄国安是倡导人之一。

1933年,黄国安聘请赵占元来燕京大学,开设体育必修课,师资队伍不断扩大加强。1939年经黄国安筹集资金成立燕京大学体育系,黄国安先生为体育系主任。当时的师资队伍,主要是本校毕业生到美国哥伦比亚大学或韦斯利女子学院体育研究院进修后回校任教的,如林启武、管玉珊、卢惠卿、方纪等。此外还有著名学者郭绍虞教授。他是我国最早编写《中国体育史》的作者,担任讲授中国体育史课。武术课有老武术家李剑华先生。此外还开设了体育行政管理、体育原理、运动生理学及各项体育运动技术等课程。

燕大体育系一开始就招收了五名主修学生(吴佩琪、史贞筠、魏文远、余和娣、董鹤年)和其他系选修学生共十余人,为燕园增添了体育新气氛。

1941年冬,因太平洋战争爆发,燕京大学被日本侵略军关闭,黄国安先生遂去美国讲学。卢惠卿、林启武和两个主修学生吴佩琪、史贞筠也先后到了成都燕京大学。燕京大学虽然好容易才培养出两名体育系毕业生,但从燕大体育系整个教育效果看,却培养了不少从事体育工作的人才。除上述提到的有名者外,还有:周宝恩、王平周、张云涛、沈立义、马健行、马士沂、张汉槎、管玉琳、高鹤、吴润芳、邓华耀、廖福、唐明珍、卢璐等,他们为新中国的体育事业的发展都作出了应有的贡献。

(林启武)

编者注:司徒雷登在他写的《在华五十年》中有一段关于黄国安的叙述,现摘录如下:

有一个名叫黄国安的中国人,他是新加坡的一位富家子弟,从小就到了美国,毕业于俄亥俄韦斯利安大学,曾获得哥伦比亚大学的文学硕士学位。在返新加坡之前,他家里的人曾带他在欧美作了一次豪华的旅行。然而,他却接受了美国人办事朴实而又有事业心的思想,愿意回到他的祖国去做一番事业。他家里的人威胁他说,如果他不跟他们一起回新加坡,他们就剥夺他的整个继承权。他以同样坚决的态度作了回答。他确实没回新加坡,因此,他得干点什么事为自己谋生。就在这个关键时刻,坦布林·布朗商号听说了他的情况,他们正打算为一所中国大学发起筹措资金的运动,于是就招收他为雇员。不过,对于如何使用他,却还没有定见。

这时,卫理公会海外布道团决定在燕京校园里修造一座建筑物来纪念贝锡福主教。黄在俄亥俄韦斯利安大学当学生时,贝锡福曾担任过该校校长。由于我们使用不上黄,我想出了一个主意,专门派他去征集牧师们的签名,筹措资金,如果他们捐助的资金有剩余,就作为建筑费用。黄十分喜爱这项工作。鉴于乘火车太费时间,他要求拨给一辆小汽车去办这件事。可是没有多久他就把车使坏了,商号感到很不高兴,可是资金却滚滚而来。我们校园中央美丽的贝锡福办公楼就这样建成了。黄因超速行驶曾被交通警扣留过大约五次。黄在紧张的奔忙告一段落之后,告诉我说,他一直在不停地为燕京商谈事情,谈得他自己也想留在燕京了。我回答说,我们惟一的空缺是体育。他对体育并不特别喜爱,不过,同意以此开始他的事业。他开始干了起来,不过他说,他从来没有受过专业训练,要求我允许他回到哥伦比亚大学去学习,以便取得体育博士学位。

黄 宪 昭

黄宪昭教授,是20年代广东著名的新闻工作者,也是为燕大新闻系的创建和早期发展作出了重要贡献的一位值得纪念的人物。

黄宪昭(Hin Wong),1888年出生在广东省南海县平地镇,在夏威夷的檀香山长大。1907年毕业于瓦胡学院(Oahu College),1909—1911年就读于纽约哥伦比亚大学,1912年获密苏里大学新闻学学士学位,是第一位获该学位的华人。

回国以后长期在广州从事记者工作,为多家通讯社和报社发新闻和写评论,其中有:路透社、美联社、合众社、《芝加哥每日新闻》(Chicago Daily News)、《马来亚论坛报》(Malaya Tribune)、上海《密勒氏评论报》(The China Weekly Review)、《North China Standard》(中文名未查到)、中央社等。他从国外买来印刷设备,训练排字工人、印刷工人和校对员,办起了英文《广州时报》(Canton Times),任总编辑。在广州期间,曾于1917—1920年担任广州军政府Intelligence Bureau(情报科)负责人,为孙中山先生、孙夫人和军政府起草信件和文件。1921—1926年间,还数次代表中国到夏威夷参加国际会议。

《广州时报》对中国国民革命取支持态度,发行曾遍及广州、香港和上海等地。但是当军阀统治广州时期,该报因揭露暴政曾被勒令停刊,黄宪昭先生数度被捕,甚至被判刑,因黄氏为美籍,经美国领事馆交涉始获释。

1926年,密苏里大学新闻学院院长沃尔特·威廉(Walter William)夫妇在一次环球旅行中到达广州,与校友黄宪昭见面。共同进餐中,两人都深深感到中国急需既通中文又懂英文的新闻人才,以便使世界了解中国。威廉院长回美后,即开始筹款。后来聂士芬教授(Vernon Nash)来到北京,代表密苏里新闻学院与司徒雷登校长签署协议,成立密苏里—燕京新闻学院。1929年新闻系成立。这时黄宪昭正在香港英华学院(Ying Wa College)任教兼为报纸写稿,即应聘北上,到燕大新闻系任教授,讲授新闻学概论和指导学生办实习报纸《平西报》(The Yenching Gazette),1931年接任系主任,至1933年离职。

1939年,黄宪昭教授因癌症在香港去世,年仅51岁。所译古文作品已由其后人辑为《英文古文观止》(Gems of Chinese Literature)一书出版。

(王士谷)

梁 启 雄

我们的父亲梁启雄是我国大思想家、学者梁启超最小的弟弟。多年来，他历任中学国文、英语和音乐教员，清华、交大、辅仁、东北师大、燕京、北大等大学的助教、讲师和教授。1955年中国科学院哲学研究所成立，父亲调任该所任研究员。1935年至1937年他还任北京图书馆馆员，金石部主任。在他的教书生涯中，燕京大学任教时间最长。

"康梁变法"失败后，梁氏近亲被株连成为"政治犯家属"，举家移居澳门。1900年，父亲在澳门出生，10岁回乡，随祖父既耕且读。他曾用祖父所咏先贤诗句称自己是"田可耕兮书可读，半为农兮半为儒"。

1914年大伯父梁启超偕我父亲来北京，父亲就读于崇德中学，后又转入天津南开中学。从此，父亲开始接受新文化、新思潮，并打下良好的英文基础。五四运动时期，父亲积极参与学生运动，曾任学生会文书股长。1921年他考入南开大学经济系，后因不忍给兄嫂增加经济负担而自动辍学。1925年，大伯父在清华大学研究院任教授，讲授先秦诸子学说。父亲随班旁听，并在大伯父亲自教诲下，专攻祖国文化遗产，逐步自学成才。

"九·一八"事变后，父亲从东北流亡回京，曾在我国著名建筑学家梁思成创建的中国营造学社工作，编辑国际知名的《中国营造学社汇刊》(哲匠录)。其后开始在大学任讲师，并于1936年出版《荀子柬释》以及《二十四史传目引得》(即索引)。《二十四史传目引得》是他在北京图书馆工作期间，利用上班前和下班后的时间，通读二十四史3000余卷汇编而成。这项工程之浩瀚，付出劳动之艰辛是可想而知的。直至今日，这本书仍不失为研究二十四史的学者的一本好工具书。

1948年父亲出版《论语注疏汇考》，1955年调中科院后他参与多位我国哲学界知名专家编写的《中国哲学资料选辑先秦之部》。此书是研究我国先秦学术权威之著，日本、苏联均有译本。1956年应古籍出版社要求再版《荀子柬释》，但他认为这是年少时才疏学浅之作，故提出重新整理改写，重点重写《劝学》等篇，并将原书按语均改为白话文，同时修正古书中之衍、讹、窜、脱，并将书名易为《荀子简释》。此书出版后深受读者欢迎。1958年在《音乐研究》期刊发表《荀子乐论篇浅析》。1961年中华书局出版父亲的《韩子浅解》。其后，父亲又写成《孟子浅解》、《韩子浅解》和《墨子浅解》。1965年父亲积劳成疾，患肺结核去世。他虽去世在"文革"之先，但"文革"中造反派仍"光临"我家，将我父亲的手笔、遗稿付之一炬。

父亲自从南开辍学后，勤奋苦学，笔耕不辍，节假日从不休息，自修成才，最后成为著名大学教授、中国科学院研究员。在大学任教时，他认真负责，平易近人，诲人不倦。他先后开过先秦诸子学说"左传"、"史记"、"汉书"等课程，深受欢迎。他衣着朴素，长袍布履，是个典型的"老夫子"。但由于古汉语语法词序有些地方与英语相似，而燕大学生英语水平较高，所以父亲常常夹杂着英语来解释难解的古文。

父亲之所以重点评注荀子，除受大伯父指点外，还因为他认为历史上知识界一贯扬孟抑荀，对荀子解释不多。注释韩非则因韩子集当时法家大成，而原文有误、脱、衍、窜之处。解放后他接触了马列主义观点，认识到荀、韩二人学说有朴素的唯物主义观点。他还用新观点开课，介绍明末清初的进步思想家。

多年来，父亲凭执教所得的菲薄工资养家糊口，生活清苦。他自幼深受长兄厚爱和教诲，且因而成才。但他从不以此捞取政治资本和经济实惠。他热爱祖国，不畏强暴，在日伪的威胁利诱下，表现出高风亮节。由于家室之累，在燕大停课后他留在敌占区，日伪统治者企图利用他是梁启超幼弟、教授学者之名，要他为日伪工作，并许以专车接送，他予以拒绝。为此，日伪特务常在我们住的会馆日夜监视，不时还到家中搜查。太平洋战争爆发后，日本人又聘他为伪敌占区所属的北京大学作名誉教授，可领薪水。这时，他肺病吐血，贫病交加，就在这种情况下，他也未去领过分文薪水。"贫贱不移，威武不屈"，父亲身体力行这一古训。

父亲勤于笔耕，不图虚名，不赶浪头。北京解放后，他曾应邀参加国务院招待会，亲自聆听南开老学长周恩来总理的讲话，受到很大鼓舞。从此他结合本身的业务，努力学习马列主义和唯物辩证法。他交际不广，来往者多系同行、同仁，在学术上互相切磋。

父亲对子女慈祥宽厚，对子女学习的志向和前途的选择概不干预。北京解放前后，由于子女或参加革命工作，或住校学习，父亲有病在身，我们均难以照顾。回顾一生，父亲对我们付出的很多，而我们的回报则十分有限。仅以此文纪念我们的父亲。

（梁思萃　梁思美　梁思莹）

梁　思　庄

梁思庄 1908 年 9 月出生在日本神户，她的父亲梁启超是清末戊戌变法主要领导人之一。1898 年戊戌变法失败后，梁启超举家流亡日本。1912 年梁思庄 4 岁时，随全家回到了祖国；1925 年又随比她大 16 岁的大姐梁令娴全家赴加拿大，进入中学学习；1930 年她获得了加拿大麦基尔大学文学学士学位，1931 年获美国哥伦比亚大学图书馆学学士学位。在加拿大、美国学习期间，她结识了在美国麻省理工学院攻读博士学位的吴鲁强。1930 年吴鲁强获得博士学位后，于 1931 年回国，先后任北京大学、广州中山大学化学系教授。梁思庄也于 1931 年回国，任北平图书馆编纂委员。1933 年梁思庄和吴鲁强结婚，婚后梁思庄到广州市立图书馆工作。吴鲁强不幸于 1936 年患伤寒病逝世。梁思庄遂从广州回到北京，进入燕京大学图书馆任馆员，从事西文编目工作。1952 年以后，一直在北京大学图书馆工作，曾任北京大学图书馆副馆长。

梁思庄是一位图书馆专家，从事图书馆工作整整 50 年。她精通英语，也会法、德、俄语，擅长西文图书分类编目，对各种西文工具书及其它书刊资料十分熟悉。她对图书馆事业极其热爱，对工作非常负责，对读者十分热情。她一生为校内外的教师、学者、青年学生、各行各业的人员所解决的咨询问题包括许多疑难问题不计其数。有时为解决一个问题要花上几天时间，在十层书库上下跑多次直到圆满解决为止。她一生致力于西文图书的采编工作，北大图书馆全馆几十万西文图书的目录是经她亲自参加编制的。这套目录的高质量受到国内外专家的交口称赞。这套目录也为北大图书馆实现计算机管理打下良好的基础。为了高质量地为读者服务，梁思庄十分注意图书馆的建设，她勉励图书馆里的青年人抓紧学习科学文化知识，还经常给各系青年教师和学生讲西文工具书使用方法。

十年动乱中梁思庄受到迫害,并于 1976 年 9 月被勒令退休。她不能忍受剥夺她工作的权利,不能离开她苦心经营一辈子的图书馆。她不但继续在图书馆参加咨询工作,还给青年教师讲工具书课,并为北大联合国翻译组搞一些翻译。"四人帮"被打倒后,北大党委负责同志和梁思庄谈话,请她回馆工作。1978 年 12 月她正式复职,又全身心地投入到工作中去。她当选为中国图书馆学会副理事长,1980 年参加了在菲律宾召开的世界图书馆会议。1981 年又参加了在南京召开的国际图书馆会议,1981 年 4 月 14 日梁思庄不幸患大脑中动脉栓塞,导致下半身瘫痪,于 1986 年 5 月 20 日逝世,终年 78 岁。

(蔡次明)

博晨光　Lucius Chapin Porter

Lucius Chapin Porter is the second most important Western figure in the Life Fellowship and Yenching University. He is the only figure in this study to have been with Yenching from its earliest beginnings until after the Communist takeover. Porter imparted to all a buoyant and optimistic spirit. His given name meant light, and he often signed it in the Latin form Lux.

Born into a family of educators and missionaries in 1880, Porter was a natural choice for Yenching University. His grandfather, Aaron Chapin of New England stock, had moved West and founded Beloit College in 1846. Beloit, Wisconsin, became the family home. It was there his parents would return on furlough and where Porter himself retired in 1949 until his death. His father, Henry Dwight Porter, was a missionary surgeon sent out by the American Board of Commissioners for Foreign Missions(Congregational), while aunts, uncles, and cousins pioneered in missionary education in North China. Porter was born in Tientsin in 1880 and grew up in Shantung province in the small village of P'ang-chuang near the town of Te-chou. Like Stuart he received most of his early education at home before going to college in the United States. Reflecting on his formative years, Porter regarded himself as a "marginal man" living on the borders of three great cultures: the world of Chinese customs from boyhood days; the British ways of Tientsin, where he often visited, and Peking, where he later lived; and the American missionary culture of his home and formal education. In his mind no one of these cultures "seemed superior to either of the others, all three were natural and good."

After graduating from Beloit College in 1901 he taught and coached in the Beloit public schools. He then went on to Yale Divinity School (B.D.,1906) and spent a year of study in England and Germany on a Yale traveling fellowship. He returned to Brooklyn for a year as assistant pastor at the Clinton Avenue Congregational Church, working under Nehemiah Boynton, father of another Yenching luminary, Grace Boynton. He began work in China in 1909, teaching ethics, philosophy, and psychology, coaching sports, and directing the glee club (the first in North China) at the North China Union College in Tungchou. He taught there between 1909 and 1918, spending the last year as dean of the Tungchou division of the newly formed Yenching University.

Many alumni and colleagues at Yenching remember Porter as a physical fitness buff. Even at seventy-two he took great delight in suiting up and running the hurdles with members of the Beloit track team more than half a century younger than he. His line-a-day diaries are scattered with comments on the weather, for running and physical exercise were a daily affair. Porter entered his work with the characteristic zest of a sports enthusiast. He seemed to thrive on adventure and became known as the general trouble shooter on the Yenching campus.

Porter spent the rest of his professional career at Yenching, interrupted only by visits to the United States and internment by the Japanese between December 1941 and September 1945. For two years, 1922-1924, he was the Dean Lung Professor of Chinese at Columbia University, and for two years at Harvard University, 1928-1929 and 1931-1932, he was a lecturer in Chinese philosophy. Though he was not known for pioneering scholarly work, Porter played an important role in building the Harvard-Yenching Institute, for which he served as executive secretary in China from 1928 to 1939, and in encouraging to her in scholarship. He wrote for more general audiences on Chinese philosophy, but he also was at ease in scholarly discussions. Pursuing his scholarly interests he became an early member of the Far Eastern Association, formed in 1948, and when possible he attended its annual meetings and that of its successor organization, the Association for Asian Studies, until his death in 1958.

Like Stuart, Porter seemed highly in his feelings about the missionary enterprise. Just before his commissioning by the American Board he wrote that he had been fully expecting "not to be a missionary." He had a strong distaste for dogmatism wherever it existed. He was "not bound by official theological conceptions of the nature of Christ or of Christianity." Following Christ, for him, was not to be "cribbed, cabined, and confined in a static world" of church dogma, rather it meant the "joyous freedom of mind and spirit." In later years he saw himself becoming a "sort of double-ended missionary trying to carry Western Christianity, philosophy, and science to Chinese youth, and interpreting to Americans the richness of Chinese philosophy and outlook on life." Porter's writings reveal a deep affection for both the Chinese people and their cultural heritage. Porter's widely circulated book, *China's Challenge to Christianity* (1924), was an articulate apology for liberal Christianity in China, and yet its liberal tone did not weaken his identification with the missionary enterprise.

(Condensed from *Yenching University and Sino-Western Relations*)

博爱理 Alice Middleton Boring

博爱理,美国细胞学家,遗传学家和动物学家。1883年生于费城。

博爱理很有可能终身在美国东部的女子大学任教。但时势和冒险精神将她引上了完全不同的道路。在开始从事传统的学院事业不久,博爱理去了中国,从此踏上毕生在中国探索开展教学与科研的道路。她1918年至1950年都居留在中国。其间她的科学活动曾被中国内战、日寇侵略中国等中断和干扰;第二次世界大战时被送入集中营并被遣返。中国的革命导致一个新的社会主义社会的建立。历经动乱她仍陆续发表科学论文。考虑到中国的实际,她的研究兴趣发生了变化,从细胞学和遗传学转入中国两栖动物和爬行动物的分类学,并对这一领域的研究作出了重要贡献。博爱理认为她的任务是在中国教学,对中国人民的忠诚和她对所接受的文化的赞赏渗入了她的全部专业和个人生活之中。

博爱理在布林莫尔学院(College of Bryn Mawr)得学士、硕士和博士学位。在布林莫尔学院读书是学习细胞学或遗传学的最佳选择,因为教师中包括著名细胞遗传学家史蒂文斯和摩尔根(Nettie Stevens & Thomes Hunt Morgan)。博爱理于1902—1904年师从摩尔根,并作为他的青年的合作者,发表了她36篇著作中的第一篇。

在布林莫尔得到硕士学位后,她在宾夕法尼亚大学就读一年,师从生物学家康克林(E. Conklin 1863-1942),并成为康克林的终生密友。1906年她在布林莫尔完成了博士工作。在此期间她的研究从对再生和胚胎学的单纯描述,转为研究精子发生期间染色体的行为。史蒂文斯以染色体对性决定的理论闻名于世。

1907—1908年博爱理在瓦萨学院(Vassar College)生物系任讲师,并于1908—1909年在维兹堡大学(University of Würzburg)及那不勒斯动物站(Naples Zoological Station)师从组织学家博韦里(Theodor Boueri)学习。在布林莫尔得博士学位后,接受缅因大学动物学讲师职位,直至1919年。

1918年,她接受北京协和医学院的聘请为医预生物副教授两年,这使她改变了专业发展方向,从此她已不满足于在美国的教学及研究工作。虽然她曾回国短暂地在韦尔斯利学院任动物学教授,但一旦出现机会——在新成立的燕京大学执教生物学的暂时工作——她便启程去了中国,而当初只在韦尔斯利请假两年。

她愤慨于"列强"干预中国的事务。她认为有时学校和科学应从属于社会及政治影响,她的两年期限延长为她在中国的终身事业。她的研究兴趣也同时改变——由细胞遗传学转向两栖动物及爬行动物的分类学。

1937年日本入侵改变了她的研究和个人生活的境遇。虽然燕大校园免于被侵略势力侵犯,但是1939年书信来往已有困难,而且每人都有经济问题。她借钱给朋友们直至自己无余款,虽然有关方面已作出从中国撤出外籍人员的计划,但她仍选择留下,并表示"这里是家"。

1941年12月日本袭击珍珠港后,关闭了燕京大学,几个月后英美教师被转移到山东集中营。博爱理的家庭一年多与她失去联系。1943年秋她与一批燕京教职员被遣返美国。

博爱理在哥伦比亚大学内外科学院(Columbia University College of Physician and Surgeons)任组

织学讲师及物理研究员,又在芒特霍利奥克(Mount Holyoke College)学院任动物学客座教授一年。1946年她主动争取到一个机会返回中国,秋天即在燕大开始任教。这之后共产党与国民党的冲突转为战争。她最后接受并积极迎接共产党的来临,1949年她在家书中写道:"奇怪的是尽管我过去曾经反对,但现在我充满希望!"

并非由于对新政权的失望而是由于她姐姐的健康情况,她于1950年返美。定居于麻省。于1951—1953年在诺桑普顿史密斯学院(Northampton Smith College)任动物学兼职教授。1955年因脑动脉硬化逝世。

博爱理对科学的贡献不能以她创立的新理论,或科学出版物的数量来衡量,必须加上她成功地使中国学生认识西方科学;她报道了前所未知的一个地域的动物群;她帮助美国分类学家到中国进行旅行采集;她给美国博物馆和大学提供了标本及说明;她提供了关于中国科学与政治之间相互关系的材料。仅以她的理论创造和她的著作来衡量,她可被视为一般,仅限于观察、描述和记录报道。但她对现存理论提供了重要的实证,为后继者留下了可参考的数据。她的丰硕成果给人以深刻的印象。她将生物学教给几代中国人,其中很多人现已成为知名的学者。而其他人则继承了博爱理教授的事业成为教师,教育他们的学生。博爱理通过为到中国的美国采集者提供讯息以及她编写的中国爬行动物志的研究论著,都说明了她对中国动物的区系的科学研究工作做出了一定的贡献。

(王平　叶道纯选译自 Women in Science 1993年6月30日)

韩儒林

韩儒林,字鸿庵,1903年11月2日生于河南舞阳县黄林村。父业农,伯父执教于村塾,幼时随伯父读书。11岁转入初等小学,13岁考取舞阳县立高等小学,1919年考入开封留学欧美预备学校法文班。1922年,该班并入上海中法通惠工商学校,乃随班到上海就读。1923年夏,考取北京大学预科乙部,获得河南省官费资助。1925年升入哲学系本科。1927年夏,因官费断绝,辍学回乡,先后在中学任教,在中州大学任秘书。1929年夏,回北大复学,1930年夏毕业,任北京女子师范大学研究所助教,在北大读书期间,他对元史和西北民族史产生了浓厚兴趣,得到陈垣、陈寅恪、徐炳昶等先生的指点,读了许多外国东方学家的著作,遂立志从事这方面的研究。1931年,译完法国著名历史学家塞诺博斯的名著《西洋文明史》第一册,作为女师大丛书之一出版。1933年,以这部译著从中比庚款会申请得到赴欧留学资助,先入比利时鲁文大学。1934年,又从中法庚款会申请到一笔译注突厥文碑文的经费,转到巴黎大学法兰西学院,从东方学家伯希和学习蒙古史、中亚史和中亚古文字,并到东方语学校学土耳其文。1935年,转入柏林大学东方语文研究所,学习波斯文、蒙古文、突厥文。

1936年夏,韩儒林回国,徐炳昶将他介绍给燕京大学教授顾颉刚,被推荐为燕京大学历史系讲师,并聘为禹贡学会研究员。他在燕京大学二年,先后讲授西部亚洲史、蒙古史,教学之余,积极参加禹贡学会活动,在《禹贡》杂志发表多篇突厥碑文译释作品。1937年春假,应绥远省主席傅作义之邀,顾颉刚组织北平的大学师生访问绥远,韩儒林率领一路,考察了归绥—武川—乌兰花—大庙—达尔罕旗一线。当时日寇已侵占内蒙东部并策划吞并西部,故他在考察归来所作《绥北的几个地名》中一再强调阴山在我国国防上的价值,指出"今日外人势力虽已入我腹地,而阴山仍屹然为我北方最重要之腹地防线,吾苟能坚保此线,则民族之逐日复兴,强敌决不能阻止也。"

七七事变后北平沦陷,1938年夏,他转任辅仁大学历史系讲师,讲课中常借历史上的外患抒发愤激之情。一次,发觉有日本人在听课,感到受监视,遂决意逃离。1939年春,得到昆明北平研究院史学研究所欢迎他加入的复函,遂携眷绕道香港、越南至昆明,任该所副研究员。1940年春,任成都华西大学历史系教授和中国文化研究所主要研究人员。1943年初,接替顾颉刚任边疆语文编译委员会副主任职务,移居重庆。1944年秋,受聘为中央大学历史系教授。次年,出任边政系主任。这五年间,发表蒙元史和西北民族史论文二十多篇,取得很高的学术成就。1946年,随中大复员南京,仍任边政系主任兼历史系教授,并兼任中央研究院历史语言研究所研究员。

1949年,中央大学改名南京大学,韩儒林被任命为历史系主任、法学院代理院长。1952年院系调整后,一直担任南大历史系主任。1955年,被选为中国科学院哲学社会科学部历史所学术委员。1956年,创建南大元史研究室,开始培养研究生。60年代前期,带领助手开始编撰元朝史,编绘大型中国历史地图集中的蒙古地区图幅。1965年,他被任命为内蒙古大学副校长,但"文革"开始后即被"勒令"回南大"参加运动"。1977年初恢复南大历史系主任职务。其后当选南京、江苏史学会会长,中国史学会常务理事,蒙古史学会副会长,元史研究会会长,民族古文字研究会名誉会长,并代表中国出席联合国教科文组织《中亚文明史》编委会,当选副主席。数年中,他不顾年老有病,做了大量学术组织工作,还发表了多篇重要论文,完成了由他主编的两卷本《元朝史》。1983年4月7日病逝。

30年代以来,韩儒林始终致力于蒙元史和西北民族史研究,为我国这一学科划时代的发展作出重大贡献。他治学严谨,坚持历史研究必须立足于充分经过考订准确的史料,要以"上穷碧落下黄泉"的精神来搜集和审订史料。1982年底,他的自编论文集《穹庐集》由上海人民出版社出版,选收40年代以来发表的论文34篇;其后他的学生又收集其余论文、讲稿27篇,与其自选集合并编为《韩儒林文集》,由江苏古籍出版社刊行。

(陈得芝)

斯 诺 Edgar Snow

在风景秀丽的未名湖南岸,在松树、绿草、串红花的环绕下,竖立着一块汉白玉石碑。碑上用汉英两种文字写着:"中国人民的美国朋友埃德加·斯诺之墓,一九〇五——一九七二"。汉文墓铭是叶剑英委员长书写的手迹。在湖光塔影的映照下,斯诺先生长眠在这里。

出身在美国密苏里州堪萨斯城的斯诺,选择原燕京大学未名湖畔作为他永远安息的地方,使人们自然会想到他同燕京大学的关系。

早在1928年,23岁的斯诺离开密苏里大学新闻学院后不久就来到中国,在上海《密勒氏评论报》工作,以后又任《芝加哥论坛报》和"统一报业协会"的驻东南亚记者。在这些年月里,他踏遍了中国的山山水水,写下了许多通讯报道。"九·一八"事件发生后,他冒着枪林弹雨,到东北和上海中日两方面的战线,写了第一部报告通讯集,题为《远东战线》,记述了日本"不宣而战"的情况。1932年底,斯诺同尼姆·威尔斯结了婚,后定居北平。1934年1月,斯诺应邀兼任了燕京大学新闻系讲师。

由于斯诺在燕大任教,他的家也从城里搬到了海淀军机处八号。斯诺担任过新闻撰述学、旅行通讯等课程的教学工作。他是一个有实际经验的新闻记者,又是一个谦虚好学的有学问的教师。他第一天上课,讲话就很别致。他说:"我不是来教的,而是来学的,中国是世界上一个充满了新事物的地方,可学的东西太多了。"他上课仿佛不是讲学,而是在和学生谈心。他喜欢询问学生们对各种事物的看法,善于用启发式教育。在斯诺的身上,既看不到当时一些教授身上的那种"教气",也没有一些西方白种人身上的那种"肤色优越感",而是给人一种和蔼可亲、平易近人的感觉。因此,他很快和不少中国学生交上了朋友。

斯诺到燕大之前,在鲁迅先生的建议下,着手编译中国现代小说集《活的中国》。到了燕大任教之后,他把两位很有文学才干的学生萧乾和杨刚拉到一起,参加这本书的编译工作。他以同伴的身份和学生杨刚、萧乾搞编译,使学生深为感动。他还把杨刚写的《一部遗失了的日记片断》和《皈依》收进了《活的中国》这本集子。

斯诺是一个正直的美国人。他同许多爱好和平、主持正义的美国朋友一样,热情地支持青年学生的抗日爱国运动。他为能接触到大学里的进步青年和激进思潮而高兴。他经常请学生们到家中做客。一些学生领袖也经常到斯诺家去商量工作。当时,中共北平市委的负责人黄敬和燕京大学学生领导人龚澎、黄华、龚普生、陈翰伯都是斯诺家的常客。斯诺利用自己的特殊条件收藏了大批被国民党反动派定为"禁书"的进步书籍,其中有一些苏联小说,有反映中国红军生活的小册子。史沫特莱著的《中国红军在行进》一书就是青年学生们争相传阅的书籍之一。斯诺还经常向学生们披露那些被国民党封锁了的国内外消息。学生们称斯诺家是一个"呼吸一点新鲜空气的窗口"。

1935年6月,斯诺被聘为英国《每日先驱报》的特派记者。不久,他搬到城里盔甲厂13号居住。但是,他还继续兼任燕京大学的讲师,参加燕京大学新闻学会的活动。不久,"一二·九"运动爆发了。斯诺联络了好几个国家的记者到示威现场采访。他和夫人走在游行队伍中间,一面采访摄影,一边还同挥舞着刀枪的士兵和警察进行说理斗争。由于斯诺夫妇和许多中外记者的努力,"一二·九"运动的消息很快在国外许多报纸上用大字刊出,引起不少国家的青年学生、爱国侨胞和国际组织的关注,他们纷纷打电报来,支持中国的学生运动。国内的许多报纸,也无视国民党新闻检查官的禁令,刊出了示威的消息。

斯诺知道,在刀光剑影、死气沉沉、充满着白色恐怖的广阔的中国之中,还有一个"红旗下的中国",他要了解这个"中国"。1936年6月,经过宋庆龄的安排,斯诺从北平出发,秘密地访问了陕北根据地。斯诺回到北平之后,开始勤奋地写作《红星照耀中国》(即《西行漫记》),并热情地向到他家拜访的青年学生介绍陕北见闻。1937年2月5日晚,燕大新闻学会在未名湖畔的临湖轩召开全体大会,斯诺在会上首次放映了反映苏区的影片。据《燕京新闻》报道,到会人数异常踊跃,除燕大同学外,还有清华大学的学生和上海慰劳抗日军队代表团的陈波儿等。在会上,斯诺夫人把斯诺入陕拍摄的经过放大了的照片一百一十几张给同学传看。二百多名青年学生第一次真实地看到了毛泽东、周恩来、彭德怀等红军领袖的形象。陕北苏区人民的生活、红军演习、红军大学、抗日剧团演出等情况也得到了生动地展现。从此,陕北红军、苏区生活的情况在燕大校园里不胫而走,成为公开谈论的话题。当月22日晚,燕大历史学会在临湖轩召开选举会,由于事先传出要放映苏区影片和幻灯,斯诺还要作报告,因而同学们争先恐后地来到临湖轩。清华大学的学生、本校的一些教授也争着前来,甚至在北平的电影演员也赶到燕大,因而小小的临湖轩,门庭若市,三百多人把屋子挤得无空隙之地。放映了反映苏区生活的幻灯片三百多张,电影三百余尺,赢得了同学的热烈欢迎。

七七事变后,北平沦陷了。斯诺在他的住宅里掩护了不少革命青年,其中有不少就是被列入黑名单的燕京大学学生。斯诺协助这些人乔装打扮成乞丐、苦力或小贩,逃离北平。斯诺还同意一些东北的流亡革命者在他的住所设置短波无线电收发报机。斯诺自己说:"我的住所很快成了某种地下工作总部了。我肯定不再是一个'中立者'了。"

新中国建立之后,斯诺在美国虽遭到麦卡锡主义的迫害,行动不自由,甚至无处发表稿件,但他始终关注着中国的革命。1960年,斯诺终于冲破了重重阻力来到北京。23年重游故地,使他激动得流出了热泪。

1964年,他再一次访问了中国,又重返了燕园。1970年,斯诺和夫人洛伊斯一起来到中国。就在这次,他发表了《我同毛泽东谈了话》、《周恩来的谈话》等重要文章。斯诺和洛伊斯在京时期,又数次到燕园。洛伊斯很快地被美丽的校园迷住了。他们畅游了初夏的校园,在那个被斯诺称为"可爱的小湖"——未名湖畔的柳荫道上散步,在湖畔花神庙旁拍照留影,在宁静的临湖轩休息。1973年2月15日斯诺病逝世于瑞士。洛伊斯根据斯诺遗嘱,选择了未名湖畔花神庙上面那块高起的空地,作为斯诺的墓地,安葬了他的骨灰。

(摘自《燕大文史资料》第二辑　作者　张文定)

海伦·福斯特·斯诺　Helen F. Snow

编者按: 海伦·福斯特·斯诺是埃德加·斯诺的第一个夫人,二人在1949年分手后,她就单身住在美国康涅狄格州,直到1997年1月11日去世。她是著名的作家、中国和朝鲜问题专家。她对中国怀有深厚的感情。1995年6月26日,龚普生校友和我国驻美国旧金山总领事梅平曾到养老院看望她,并代表中国人民对外友好协会授予她"人民友好使者"的光荣称号。

从太平洋到大西洋,从纽约绕道华盛顿到康涅狄格州,我们终于到了麦迪逊镇,来到海伦·F·斯诺居住的小屋前。

陪同我们的"埃德加·斯诺基金会"领导成员、"堪萨斯市和西安市友协"主席雪莲女士走在前面。因为事前联系过,海伦·F·斯诺听到汽车声就从屋里迎了出来。雪莲正想介绍,海伦·斯诺已向我伸手,用有点生硬的北京话说道:"你是张锲,安徽人。"我笑着点了点头。海伦又上前一步,握住"作协"外联部主任金坚范的手说:"你是金坚范,上海人。"金坚范也笑了,用英语向她问好。雪莲插话,海伦转身诙谐地说道:"你是堪萨斯市人。"雪莲不情愿地摇摇头道:"不,我是西安人。"我们全笑了。海伦用更加肯定的语气说:"我是北京人,北京海淀人。"海伦的话说得我心里暖烘烘的,把我们之间的距离一下拉近了。我们在笑声中走进了小屋。

小屋的房间不算少。两间半正屋:一间书房,一间卧室,半间堆放杂物;下面还有间保存书籍、资料的地下室。屋对面另有个小仓库,据说是从前埃德加·斯诺写作的地方。但是,每间房很矮小,高也不过两米多,面积不过十二三平米。然而,海伦却热爱这个小屋。这是埃德加·斯诺购置并留交她的,她在这屋里已居住了半个世纪,其中有一段时间是和埃德加·斯诺共同居住的。这里有埃德加·斯诺留下的足迹和气息,有她自己的青春、爱情和几十年的心血结晶。

书房是最大的一间,靠窗处有张小书桌,桌上放着架老式打字机。她的大部分著作,包括《续西行漫记》和《重返中国》,都是用这部打字机完成的。从1931年她第一次到中国算起,她已完成了三十多本书稿,出版了十多本。直到耄耋之年,只要没有病倒,她每天都坐在书桌前敲击打字机。她在中国特别困难的时刻,冒着生命危险访问过延安,采访了毛泽东、朱德、周恩来、彭德怀和张学良等,在中国生活了十多年,有太多的话要说,她要抓紧,把要做的事做完。这部打字机就是历史的见证。

初冬的阳光从窗外照射进来,照在海伦身上,也照在挂在墙上的她青年时期的肖像画上。青年时期的海伦以惊人的美丽著称。我们临行前曾去看望过冰心大姐。1934—1935年埃德加·斯诺在燕京大学执教时,吴文藻教授和冰心大姐是他们的邻居,彼此时相过从。过了五十六七年,冰心大姐还说:"海伦·斯诺是我见过的最漂亮的美国女人。她和埃德加·斯诺才均力敌,两人都太强了。所以,他们在一起相亲相爱地生活了近20年,又友好地分了手。以后,他们仍然相互尊重,相互关心。埃德加·斯诺的事业,也是海伦·斯诺的事业。两个斯诺在事业上是不可分的。"

我们向海伦转达了冰心对她的问候,还说了冰心在送给她的录像带里说的两句笑话:"你是那么漂亮,我是那么丑。"

海伦听后柔声说道:"她也很漂亮。她美在心里。她是一位公认的模范的当代女性和一流作家。1972年我重返中国访问时,她还精力充沛地带我逛了北京城。我现在也常常想念她。"

从冰心开始,海伦接着和我们谈起了她在中国结识的许多朋友。她首先想到鲁迅,称鲁迅是"一位伟大的作家、评论家,一个诚实的人。"1936年埃德加·斯诺和海伦一起编译出版《活的中国》,那份中国作家的名单就是鲁迅提供的。她和萧乾、陆璀、龚普生等至今还保持联系。海伦特别尊重宋庆龄。她还很带感情地谈起康克清、蔡畅、黄华以及陈翰伯、龚澎、杨刚、卢广绵等。她的思绪从小屋飞向遥远的中国,飞向世界,飞向如火如荼的逝去了的岁月。她谈兴很浓,也很幽默。说到宋庆龄和康克清时,她稍作停顿,又意味深长地说道:"一对好伴侣,在数学上不是加法,而是乘法。孙中山和宋庆龄、周恩来和邓颖超、朱德和康克清、吴文藻和冰心,就都是乘法。"

她和埃德加·斯诺是1949年分手,共同生活时没有儿女,在这座小屋里至少已单独生活了42年。我们问到她的生活和身体情况。她平静地回答:"我已经一个人生活惯了。我在小镇上包伙,每天有人给我送饭。医生也定期来给我检查身体。我的床头有氧气筒,遇有紧急情况,我吸上几口氧气就可以过去了,然后再打电话通知医生。你们放心。我现在惟一的心病是有许多书没有出版,这些书可以让更多的人了解中国,理解中国。我收集了许多宝贵的有关中国的历史资料,应该很好地利用。我必须更加努力工作。"

她那颗赤诚的心仍然有一半儿留在中国,她称自己的工作是在中美两国和东西方之间架设友谊桥梁。1991年8月21日她给我的信还这样说:"我们可以寻找星球上的结合点,也许是织女手中的丝线,跨越太平洋和天空,将东西方连接起来。"她说得太好了!我们这个星球的东方和西方、中国和美国之间,太需要更多的了解了。

(摘自《文汇报》1992年3月11日　作者　张　锲)

董 璠

董璠,字鲁安,化名"于力"。他于1896年4月出生在北京一个满族家庭,先后在市立第三中学和高等师范读书,成绩优异,思想进步。1917年在高师与同学创刊《贫民教育》,成立"健社",又组织工学会,发刊《工学杂志》,1918年创办平民学校,推行平民教育。五四运动爆发后,他参与了火烧赵家楼、天安门集会游行等活动。

此后,董鲁安长期执教于北京、天津,他是五四后在中学首先教授白话文的,成为我国近代教育改革的一位先驱。他和罗常培、老舍等抛弃了旧教条,冲破了旧框框,对教学内容、教学方法进行了大胆的改革,给普通教育谱写了闪光的一页。

教学之余,董鲁安还潜心研究佛学、文学、修辞学,并著有《修辞学讲义》、《说文或体字考》、《反训纂例》、《释格律》、《梵吹考》、《温巽堂诗》等。

董鲁安1935年到燕京执教,1939年任国文系主任。

1941年太平洋战争爆发后,日军查封了燕京大学,有的教授被逮捕,董鲁安教授一度被软禁在家中。后来,日伪当局发出通知,要原在英美教会学校任职的教授前去登记并接受委派,董鲁安坚决拒绝,只接受北平私立佛教学院和中国大学的聘请任教。

董鲁安教授以研究佛教著称,而且是虔诚的佛教徒。他刚正不阿,非常爱国,对敌嫉恶如仇。这种高尚情操对其学生及子女都产生了良好的影响。

具有强烈爱国主义精神的董鲁安并不仅仅满足于洁身自好,他下决心离开"人鬼杂居"的北平,投身神圣的抗日战争。他和家人商量好出走时,故意留下一纸条,上书:因看破红尘,决意去五台山出家……

董鲁安几经周折,终于闯过日伪封锁线,抵达晋察冀解放区,受到聂荣臻将军的欢迎。在晋察冀解放区,董鲁安任华北联合大学教育学院院长。在从事教育工作的同时,他还以笔为武器,与敌伪作斗争,在当时的《晋察冀日报》和延安《解放日报》上发表了长篇连载报告文学《人鬼杂居的北平市》(署名于力),愤怒揭露日寇和汉奸在北平犯下的滔天罪行,热情讴歌北平人民爱国主义的英勇行为。该文曾荣获晋察冀边区"鲁迅文艺奖金"。

1943年1月,晋察冀边区参议会召开,董鲁安被选为副议长。会议召开之际,他曾与皓青、聂荣臻、吕正操、邓拓等发起成立"燕赵诗社",社友甚众,宗旨是"昂扬士气,激励民心,以燕赵之诗歌,作三军之鼓角"。在与敌人展开激烈的游击战期间,董鲁安写下了大量诗篇,后结集为《游击草》出版。

董鲁安在担任华北联合大学教育学院院长期间,写有《中国通史讲纲》、《文法与修辞》等多种讲义。他讲课语浅意深,生动活泼,受到学生热烈欢迎。他还特别注意教学与革命实际工作相结合。他兼任中国解放区救济分会主任,多次下乡进行农民生活的实地考察。1947年曾领导全院学生赴河北井陉进行土地改革工作。在此期间,他还在报刊上发表文章,如《新民主主义的教育方针》、《新教育的内容与新内容的教育》等。

1948年8月,华北联合大学与北方大学合并为华北大学,董鲁安先后任华北大学二部副主任、主任。同年10月,任华北人民政府人民监察院副院长。1949年7月,他以民主人士身份出席第一届全国政协会议,并担任全国政协委员和河北省人民政府监察委员会主任,后调任华北行政委员会委员兼民政局长。1953年8月20日病逝于北京,享年57岁。他去世后,被追认为中共党员。

(秦时月)

谢玉铭

谢玉铭,字子喻。1893年生于福建省晋江县。在培元中学毕业时,由于学习成绩优异,被推荐进入北平通州协和大学(燕京大学前身)。他在大学期间除了努力攻读物理学外,还特别注重提高英语水平,曾两次代表协和大学参加校际英语辩论比赛。

1917年大学毕业后,谢玉铭回到培元中学,担任物理、数学教员,还兼任英语会话及语法的教学工作。

1921年,谢玉铭应聘到燕京大学任教,担任物理实验等课程的教学工作。1923年,他得到洛克菲勒基金会的奖学金资助,赴美留学,进入哥伦比亚大学研究生院攻读物理学。一年后即获硕士学位。为向名师求教,他转学到芝加哥大学,在诺贝尔奖的获得者迈克尔逊(A.A.Michelson)教授的指导下,从事光干涉的研究,1926年获博士学位。学成后如约回到燕京大学,任副教授、教授。1929—1932年任物理系主任。1932年再度赴美,开展研究。1934年回校任教。谢玉铭主讲过普通物理学、光学、气体动力论、近代物理学等许多课程,主持过高级物理实验,还指导本科生和研究生的毕业论文。他在多年教学经验的基础上和郭察理合编了《物理学原理及其应用》。不以惯常的按力、热、声、光、电等学科分支来编排,而依物理学在社会生活中的运用,分交通与通讯、供水与水能、适应气候、帮助眼睛、音乐与游戏五大部分,把物理学的基本原理和日常生活结合起来。除了一般课程外,物理系还开设高年级学生必修的课程"当代物理学文献研讨会",由教师和研究生报告阅读文献的心得,以活跃学术空气。

燕京大学物理系成立于1926年,与清华大学物理系同时,而晚于北京大学物理系,但在三校中燕京物理系是最先招收研究生的。从谢玉铭担任系主任的1929年开始,到1937年共招收研究生二十余人,其中不少人后来成为我国著名的物理学家,如孟昭英、张文裕、王承书、王明贞、褚圣麟等。

1937年抗战爆发,他离开北平,先后在湖南大学、唐山交通大学任教。1939年应厦门大学之聘任物理系教授。抗战时期,厦门大学迁至山城长汀,办学条件极为艰辛,但他协助校长,出色地完成工作。谢玉铭还任校音乐委员会主席,不仅对学生歌咏团给以指导,还帮助修理钢琴,为学校的大型歌唱活动进行钢琴伴奏。

1946年后,谢玉铭在马尼拉东方大学任教18年,其中16年担任物理系主任。在东方大学期间,他两次被学校及学生联合投票选为教学优越教授。1968年谢玉铭退休,移居台湾,兼任台北市实践家政经济学院物理学和英文教学工作多年。

1932—1934年间,谢玉铭应邀到美国加州理工学院任客座教授,他和休斯顿(W.V.Houston)合作开展氢原子光谱巴尔末系精细结构的研究。发现了后来被称为兰姆移位的现象。这在光谱学和量子电动力学发展史上具有重要意义。在14年后的1947年,由于科学工作的发展,人们进一步认识和肯定了谢玉铭和休斯顿的工作成就,1990年科学界把这项杰出工作的首功归于谢玉铭和休斯顿。

谢玉铭深刻了解实验工作在理工学科中的重要性。在燕大和其他学校讲授普通物理学时，几乎每堂课都有生动且富有启发性的演示实验。这些实验是他不惜用很多时间和精力准备的，演示所用的仪器设备，许多是他亲自设计、制作出来的。这些实验很受学生欢迎。他非常重视训练学生动手设计、制造实验仪器。在燕大，他为物理系建立了一个金工和木工室，聘请能工巧匠，指导高年级学生和研究生使用机床等加工设备，为论文中所需的实验作准备。物理系的许多仪器设备就是在他指导下制造出来的。他对学生的实验操作和实验报告，尤其对于数据处理、结果讨论都有严格要求。他规定助教指导实验前，必须自己动手做完实验全过程；对学生的实验报告要认真审阅，不合格者应退回重做。

谢玉铭的夫人张舜英，也是燕大学生。谢玉铭女儿谢希德从小在燕园长大，现已去世，曾任中科院院士，她是著名物理学家、原复旦大学校长。

谢玉铭为人正直不阿，勤勤恳恳为教育事业、造就人才贡献毕生精力，在学术上有重要贡献，但他从不夸耀居功。这种严谨谦虚的学风，值得后人仿效发扬。他逝世于 1986 年。

（夏自强）

谢迪克　Harold Shadick

谢迪克（Harold Shadick）是一个结合两种文化，为两项事业而工作的人物。虽然他出生于伦敦，逝世于纽约州绮色佳，但他却是中国人的精神面貌。他的第一项事业是在北京燕京大学讲授西方历史与文学。他的第二项事业是作为一个精通中国文化的学者、教师、翻译家、作家，以美国康乃尔大学为基地而开展工作。

1902 年 9 月 30 日哈罗德·谢迪克出生于英国伦敦，是欧内斯特和杰西·谢迪克的独生子。他在威斯敏斯特市立学校就读，同时在斯特雷瑟姆的圣詹姆斯教堂的主日学校上课。这所主日学校的学监鼓励他出国深造。他远赴加拿大在多伦多大学威克利夫学院攻读哲学。该院院长奥马拉博士很关心他的发展前途。多伦多大学另一位黄博士建议他去中国工作，认为中国在教育方面的需求，正是对谢迪克天赋才能的一种合乎时宜的鞭策。

1925 年，清王朝被推翻 14 年之后，谢迪克开始在北京燕京大学讲授西方历史和文学，他抓紧任何学习古典语言的机会。1925 年至 1942 年他在燕大任教。1942 年他和已故的第一个妻子海伦·兰克特·谢迪克（十月革命时期流亡中国的俄侨）都被拘留在华北日军的集中营里，直到第二次世界大战结束。1942 年 8 月间，他的妹妹威尼弗雷德·伍德盖特收到由霍华德·佩恩夫妇（第一批遣返回国者）转交的一封已遭检查的函件。信中不仅叙述了他们被拘留的情况，还描写了他们如何通过种种方式振作精神，包括谢迪克举行一些非正式的演唱会，以他雄浑宽宏的男中音鼓舞狱中的难友们，他组织一些学者合作翻译公元前 2 世纪中国第一部伟大的史学著作《史记》的若干卷。

1945 年抗日战争结束后，他又在燕大任教一年。1946 年他应聘为康乃尔大学新设立的亚洲研究系的第一位成员。他讲授中国语言文学并继续从事翻译工作，主要精力投入自 1952 年开始的《老残游记》翻译工作。他在美国出版了《老残游记》英译本，在该书英译本的序言中，回忆自己翻译这部名著的动力之一，来自 1934 年他自京赴津的旅途中，偶然与胡适博士在车厢中并排而坐，交谈时所受的启迪。胡博士是《老残游记》的作者刘铁云的发现者和"赞扬者"(译者按:《老残游记》原题洪都百炼生撰,实为清末刘鹗作。刘鹗字铁云。胡适曾对《老残游记》的真实作者做过考证,但不宜称为"发现者")。谢迪克另一部主要著作是三卷本《中国文言文学习初阶》(1968年)。他对中国文学的浓厚兴趣,促使他在1969年发起组织中国演唱文艺研究会,每年召开一次学术讨论会。他是《中国演唱文艺研究会论集》的主编,刊登有关各种说唱文艺的研究论文,自1969年至1987年,发行达18年之久。

虽然他在1972年从康乃尔大学正式退休,但仍任荣誉教授,继续其中国文学与音乐生活的研究工作,直到1993年12月逝世。1986年他曾返华一次,与往昔的同事、学生们重叙旧情,并写了《我见到他们之中将近150人》一文。

在他的第一个妻子海伦去世数年之后,1988年他第二次结婚。其妻吴新珉(吴沁明)在1929—1930年间曾是他的学生,后来进入康乃尔大学又成为他的助教(1947—1952年)。她在文学与音乐方面与他有共同爱好,而她的加利福尼亚州的中国式大家庭为他增添了天伦之乐。当他弥留之际,她在他身边。

(郭 蕊 译)

编者注:照片右为吴新珉校友,她已于1994年4月1日病逝于绮色佳。

赖朴吾 Ralph Lapwood

赖朴吾,英国人,国际著名的地球物理学家、地震学家、应用数学家,中国人民的好朋友。

赖朴吾1909年9月23日生于英国的伯明翰,自幼学习勤奋。1928年进入剑桥大学,在圣约翰学院主修数学,1932年获学士学位,1934年获硕士学位。以后来中国,在上海麦伦中学教数学。为了更好地进行教学,他还学了一年中文。1936年开始到燕京大学数学系任教。

他是一位优秀教师。他精心准备课堂教学,把充满方程式及数学概念的数学课讲得不仅逻辑严密、条理清晰,而且生动、活泼,深入浅出。他精心设计各种试题作业及每堂课的小测,以期督促学生预习、复习、牢固掌握知识及基本功,并弄清每个学生的不同学习水平。他对学生的要求真挚而又严格。

他不仅重视智育,也重视德育和体育。在麦伦中学时,他组织学生业余为周围工厂的贫苦工人办夜校,开展文化活动;寒暑假去贫困的农村办诊所、当小老师,不顾寒冬酷暑、旅途劳累,住在废弃的小庙里。尽管生活艰苦,但在他的感召下,这支为工农服务的中学生队伍却愈来愈大。在燕大,他兼任体育委员会主席,不仅积极开展体育运动,还注意体育道德的培养。他要求与学生同吃、同住,去了解、关心和帮助他们,他自奉甚俭,对学生却总是慷慨相助。

1939年为了支持中国的抗日斗争,真实地向国际报道中国人民抗日斗争的实况,协助中国人民的老朋友、新西兰人路易·艾黎的"工合"(发展生产,支援抗日前线的"工业合作协会")工作,他离开了燕大,徒步三个月,历尽艰险,经解放区去了成都。在解放区他先后见到了萧克、朱德、彭德怀、聂荣臻,还见到了白求恩,那里的官兵一致、军民一心,在极端艰苦的物质条件下英勇抗日的昂扬斗志,深深地打动了他。他日后常常向人介绍宣传这次见闻及观感,许多学生因此对中国革命有所认识。做为"工合"的视察员,他几乎跑遍了大后方。其丰富的视察材料及精确的统计为在国际上募捐起了很大的作用。

太平洋战争爆发后,燕大被日寇封闭。1942年燕大在成都复校后,他不仅克服困难,认真教学,而且从需要出发,毅然开设了一门新学科——数理统计。他还挑起了理学院代理院长及数学系系主任的重担,集院、系行政、杂务于一身,解决方方面面的问题,以保证顺利进行教学并保证质量。

他的夫人兰睢是出生在中国的新西兰人。他们俩都是学生爱戴的师长和真挚的朋友。在那"闲谈莫论国事"的年月,他们却常常让出客厅任凭学生纵谈救亡、民主运动。那时对待肺结核病,不少人谈虎色变,他们却将患病学生留在家里精心照顾。

他和中国人民一起度过了那艰难的抗战岁月。这时他已在中国工作了13年。1946年他利用休假回剑桥大学攻读博士学位。在老科学家杰夫里斯(Harold Jeffreys)指导之下研究有关地震学方面的一个重要课题 Lamb Problem,成绩卓著。其研究成果被广泛引用。1950年获博士学位。在此之前的1948年新中国成立前夕,他满怀激情奔回燕大销假。他在数学系任教,同时兼任学生生活辅导委员会主席。他以其师生中的威信努力疏通校方与革命学生的关系,协助了护校及迎接新中国诞生的工作。

新中国成立了。他感到欢欣鼓舞。他和学生一起并肩游行,参加开国大典。他总是把自己置于中国学生的群体之中。蔬菜供应困难,就跟学生一道在校园内开辟菜地,支援食堂。在抗美援朝运动中,他捐赠了大笔钱,而他家里的餐桌上却常常是极简单的饭菜。

1952年,他虽是在那特定的情况下离开了中国,但在他胸怀里始终装着他热爱的中国。他利用一切机会宣传新中国、介绍新中国,为中英友谊搭桥铺路。他时刻关心着新中国,当他知道十一届三中全会后恢复"工合",立即提供线索让我们收回29万港币外汇。

1953年他开始在剑桥大学数学系任教,先后曾任讲师、大学学监、总务会议主席、以马内利学院院务委员、数学教务主任、研究生导师、理论地质学系副教授,1972年被任命为以马内利学院副院长,直至1976年退休。

剑桥大学由于老科学家杰夫里斯在应用数学和理论物理学上的成就而成为国际地球物理学界人士所向往的访问和进修中心。杰夫里斯退休后,赖朴吾接替了他的职位,以其在理论地震学方面的杰出成就,保持了该校在这方面的声望和地位。

赖朴吾在学术上的卓越成就使他在国际上有很高的知名度。其代表著有《普通微分方程》、《地震后地球引起的震荡》(与一日本教授合著)、《瑞雷原理地球物理学方法》(与一澳大利亚教授合著)。他发表了许多有关地震学和弹性力学的学术论文。其理论广泛地被学术界采纳并引用。他曾多次代表英国出席国际地震及地球内部物理协会的各种会议,曾担任英国首席代表达10年以上,他曾是联合王国地震学会和地球内部物理学分会主席、英国地震学协会委员会副主席。

他虽是科学家,但并未置身于国际事务之外。他爱和平、反对战争、反对原子武器,曾与剑桥科学家合写了《誓死保卫和平》一书。他热爱中国,利用一切机会去工厂、去学校宣传中国。他和兰睢写了《经历中国革命》,他还写了《1939,逃出北平》、《中国,1980》,在《中国从1932到1980》中将新旧中国做了鲜明对比,介绍了新中国的发展。1952年之后,他曾四次访问中国,特别是80年代,他连续访问中国三次,那时他的身体已经很不好,有心脏病,每次讲完课腿都肿得厉害。但即使是自费他也坚持每两年来中国一次,他要将先进的科学、教学方法等等以及他所知道的一切奉献给中国,并把中国的发展情况带回英国。中国,对他来说是第二故乡,他呕心沥血在所不辞。1984年4月2日,在他身体非常虚弱的时刻又来到了北京。他仍然兴致勃勃地与老友欢聚、参观,神采奕奕地讲学,但是九天之后他安息了。在弥留之际他叮嘱兰睢:"不要开追悼会、不要树纪念碑,惟一的希望是把骨灰留在中国。"现在他的骨灰撒在燕园临湖轩后,未名湖畔的小山坡上。这里有他喜爱的三棵黄刺梅,还有几块天然的石头,上面刻着放大了的他的亲笔签名。他墓石旁边,是美籍教授夏仁德的墓石,尽管他的骨灰并没有在这里。在这两块墓石上面有块牌子,刻着三行英文字;说明是"赖朴吾、夏仁德花园"。每年9月23日赖朴吾的诞辰,都有他的友人和学生来此扫墓。

兰畦对中国也怀有深厚的感情。她一直致力和平友好工作。1952年亚太和平会议在北京举行时,她曾做为澳大利亚代表来京出席大会,并于闭幕式上在天安门主席台上发言,博得热烈的掌声。1960年她应中国保卫世界和平大会的邀请访问中国。1964、1980、1982、1984年,他们夫妇二人多次访华。赖朴吾逝世后,她仍不断来华,继续致力英中友好工作。1993年9月27日在英逝世。

(姚世珍)

雷 洁 琼

雷洁琼,祖籍广东省台山县,1905年9月12日生于广州。14岁入广州女子师范学校读书,19岁高中毕业后,到美国留学,先后在加州大学、斯坦福大学和南加州大学学习化学和社会学,1931年1月取得硕士学位,获南加州大学中国留学生最优学习成绩银瓶奖,被学校社会系吸收为 Sigma Pi Alpha 荣誉学会会员,成为当时惟一的一个中国会员。美国国际大学生妇女协会也吸收她为会员,她是当时该会的两个中国女学生之一。当年她就被燕京大学聘为社会学系教师。她用半年时间到美国的几个大城市参观社会服务和社会福利事业后,于1931年9月到燕京任教。1937年暑假她回广州探亲时,卢沟桥事件爆发,日寇侵占了北平。她即到江西参加抗日救亡工作,历任江西省伤兵管理处慰劳课上校课长、妇女指导处督导室主任、地方政治讲习院妇女班主任、战时妇女干部训练班主任、中正大学政治系教授。她曾头戴草笠,足登草鞋,跋山涉水,走访了19个县、5个临时战区和游击区的妇女组训工作队。1939年她在吉安拜访了周恩来,在庐山认识了邓颖超。1941年她在上海与严景耀结为伉俪。她任上海东吴大学教授,兼任沪江大学、圣约翰大学等校教授。抗日战争胜利后,1945年底,为了反对内战,要求和平,她在上海参与创建了中国民主促进会。1946年她和严景耀教授一同回到燕京大学任教。

1949年1月,北京西郊燕京大学一带已经解放,她和严景耀、费孝通、张东荪应邀乘卡车到平山县西柏坡,会见了中共中央领导人,并与毛泽东主席深夜长谈。1月底,北平和平解放,2月2日举行解放军入城典礼,她和严景耀、胡愈之、田汉等在正阳门城楼上观看了浩浩荡荡的解放军开进北平。她参加了第一届全国政协全体会议,10月1日,她登上天安门城楼,参加了开国大典。新中国成立后,她除了在燕京大学、北京政法学院、北京大学执教外,曾任政务院文教委员会委员、国务院专家局副局长、国务院学位委员会第一届学科评议组成员、北京市政协副主席、北京市副市长、第六届全国政协副主席、第七届、第八届全国人大常委会副委员长、香港特别行政区基本法起草委员会委员、澳门特别行政区基本法起草委员会副主任委员。她曾当选中国民主促进会中央委员会主席,现在是名誉主席。她曾是全国妇联副主席。

雷洁琼自1931年返回灾难深重的祖国以后,一贯坚决反对帝国主义的侵略和国民党的黑暗统治。她到燕京执教两周就发生了"九·一八"事变,日寇侵占我国东北。燕大师生率先开展抗日救亡运动。在北京各大学中,燕京第一个举行抗日游行示威,成立学生抗日会。雷洁琼和郑振铎、顾颉刚、高君珊、容庚、马鑑等教授组成"燕大中国教职员抗日救国会",为抗日将士捐款捐衣。1935年,"一二·九"学生运动爆发,燕大学生参加全市学生游行示威,雷洁琼是惟一一位参加游行的燕大教职员。她同学生一起,在关闭的西直门前与军警斗争,向军警和群众宣传抗日救亡。12月16日,北平学生发动"一二·一六"示威游行时,雷洁琼再次投入燕京大学的游行队伍,由西直门转到阜成门,再转到西便门,奔走三十余里。

1936年冬,傅作义部在绥远对日作战中,收复了百灵庙等要地,燕大组成"燕京大学赴绥远前线慰问团"奔赴绥远,团长就是女教师雷洁琼,团员里教师有李安宅、于式玉,学生有梁思懿、赵志萱、王龙宝(倪冰)、马蒙等。

在反对日本帝国主义的斗争中,雷洁琼豪气干云,在反对国民党黑暗统治的斗争中,她也是铁骨铮铮。抗日战争胜利后,全国人民掀起反对内战、争取和平民主的浪潮。1946年6月23日,上海人民团体联合组成赴南京的和平请愿代表团,成员有马叙伦、黄延芳、盛丕华、包达三、张絅伯、阎宝航、吴耀宗、胡厥文等,41岁的女教授雷洁琼也是代表之一。他们到了南京下关车站,就遭到国民党特务暴徒的毒打,造成历史上有名的"下关惨案"。昏迷中的雷洁琼等被抬进医院,躺到水泥地上,半夜,周恩来、董必武、齐燕铭等赶来慰问,第二天,邓颖超送来新衣,帮她换掉了血衣。延安的毛泽东主席和朱德总司令也发来电报慰问。

1946年秋,雷洁琼夫妇回到燕大社会学系执教。他们住的燕南园宿舍,是学生常去聚会之地,讨论时局,共议国事。她正直豪爽,亲切朴实,开明进步,得到学生的信赖敬爱。1946年到1948年,正是多事之秋,学生运动风起云涌。1946年12月24日夜,美国兵皮尔逊在东单广场强奸了北大女学生。30日,北平学生举行罢课示威游行。雷洁琼教授又一次参加到燕大、清华学生的游行队伍中。他们冒着严寒开进西直门,到沙滩汇合北大等校的队伍,又游行到东单、王府井,举行了声势浩大的示威。那两年,为了反对内战、呼吁和平、反对饥饿、反对迫害学生,燕大教职员发表了多次宣言和抗议书,每次雷洁琼都是积极参加者。1948年"八·一九"大逮捕时,她和严景耀、翁独健、夏仁德等一起,协助陆志韦先生对付军警,保护学生,有的学生就是由她帮助安全脱险的。

雷洁琼一生从事教育,1931年到燕京执教后,开设"社会学入门"、"社会服务概论"、"家庭问题"、"儿童福利问题"等课程,她着重社会服务的应用社会学,经常带领学生到试验区、实验区和城市社会底层调查访问,使学生从现实中认识中国的社会问题,理解社会学理论。她十分重视妇女儿童问题和人口问题。1933年她和清华大学陈达教授,协和医院大夫、北平妇婴保健所所长杨崇瑞联合发起成立节制生育咨询部,宣传节制生育。1933年12月30日,她在《北平晨报》发表文章,指出:"目前我国生育率逐步提高,人口已达到了饱和点,……节育是降低生育率,提高人口素质的一个根本性途径。"

1946年她重返燕京后,开的课程有"社会解组"、"妇女儿童与社会"、"社会服务与实习"等,备受学生的欢迎。1947年,联合国救济总署拨专款聘请她开设儿童福利专业课程。社会学系联合家政系、教育系成立儿童福利站,她指导学生在那里实习,并在当地进行社会调查,了解社会实际。

雷洁琼是位社会活动家。解放后,她曾参加国际会议和出访外国二十余次,结识不少国际友人,包括一些国家的领导人。她的成就使美国南加州大学也引以为荣。1995年7月,该校校长代表团访华时,特地把雷洁琼64年前的硕士论文影印本和一些照片作为珍贵礼品赠送给她。

几十年来,雷洁琼就中国的社会、政治问题,发表了不少论著,1994年有《雷洁琼文集》两卷问世。

雷洁琼一生献身于教育事业,即使她当选为国家领导人,仍任北京大学的博士生导师。她90岁高龄时,还到北京门头沟山区去视察教育法的实施情况。她对教育事业有特殊的钟爱,她曾戏称"如有来世,下辈子我还要作教员。"六十多年来她热爱学生,学生也热爱她。1984年燕京大学北京校友会成立,她被推选为会长。1993年燕京研究院成立,她被推选为董事长。现在,每逢旧历正月初三,总有一些燕京的学生到她家去看望"雷先生",形成小型的聚会。那欢乐,融洽的气氛,敞开心扉的叙谈,仿佛还是半个世纪前燕南园师生们欢聚的情景。

(卢念高)

路思义　Harry Luce

路思义(哈利·鲁斯 Harry Luce,亦即 Henry Winters Luce),1868年9月24日生于美国,1888年,他考入耶鲁大学。1892年9月,他进入纽约的协和神学院。1894年秋,在未完成神学院的课业时,他就投入了"学生志愿赴国外传教运动"。1897年6月1日,他和未婚妻伊丽莎白·鲁特(Elizabeth Root)结婚,两人积极准备到中国去传教。三个月后,他们乘"中国公主"号轮船到达日本。10月13日,他们换乘另艘轮船驶往上海。在上海停留几天后,他们又乘船驶往烟台,又从那里去到他们的新居——登州。

哈利·鲁斯夫妇在这里学习汉语。他的汉语老师给他取了一个中文名字——路思义。翌年4月3日,他们的第一个儿子在登州诞生了。

1898年夏,鲁斯首次访问北京,参观了两所教会大学。1900年6月,他们的第一个女儿诞生了。当时中国发生了义和团运动,鲁斯全家避往朝鲜汉城。秋天,他们回到山东,鲁斯更加努力经营登州文会馆。他讲授物理,并任物理系主任。同时,他还出版了几本中文的有关基督教的著作。

1904年,登州的学校迁往潍县的新址,称广文学堂。1906年,在来华八年后,他第一次获得休假,回美一年,而在这一年,他获得耶鲁大学的硕士学位,并为潍县的学校募得一些款项。当他再次回到潍县时,物理系主任已另有他人,他改教历史、英文等课,并负责注册工作。

1912年冬,鲁斯和他全家——这时他的第四个孩子已经出世了,旅程经西伯利亚、欧洲回美。他回到美国以后,募到了相当多的款项。到1915年,他已募到30万美元。9月,他和家人回到济南的新校址。快到年底的时候,他被任命为齐鲁大学的副校长,兼建设委员会主席。这些年,在山东的几个教会学校,一直酝酿合并成立一个新的齐鲁大学。到1917年,在潍县的文理学院,济南的医学院,青州的神学院,才集中到济南的新校址安家落户。这时,鲁斯认为他不应只在山东工作,应该为中国其他地方服务。因此,当中国基督教教育协会聘请他当总干事时,1917年4月他向齐鲁大学提出了辞呈。这年夏天,他即离去,赴上海履新,任期两年。

在上海,鲁斯一面致力于发展基督教大学的教育,一面注意考察中小学校的情况。

1919年春,他在教育协会的任期已满。而这几年,北京的两个基督教大学酝酿合并成一所新大学,拟请在南京金陵神学院执教的司徒雷登(John Leighton Stuart)任校长。司徒雷登于1919年1月31日到北京了解情况,发现这所新大学条件很差,困难重重。他提出解决问题的建议后,在南京等候董事会的答复。3月,董事会再次邀请司徒雷登到北京来,司徒雷登即约请鲁斯一同到京进行考察。二人结伴成行,经过两个月的考察,司徒雷登表示愿意接受校长的职务,但提出需要鲁斯任副校长,负责捐款,主管经费方面的事务。司徒雷登说:"他是这方面的开拓者,曾为山东的齐鲁大学筹集资金,获得了很大的成功。"

几经周折,鲁斯终于在1919年下半年担任了燕京大学副校长。他积极为燕京捐款,同时建议新校园的建设应当采用中国的建筑形式,安装现代化的设备。司徒雷登支持他的建议,他们请来了耶鲁大学毕业生墨菲(Henry Killam Murphy)进行设计。鲁斯建议,把校园的供水设备,安装在一座十三层的塔中,并特地从燕京教授博晨光(Lucius Porter)叔父 James W. Porter 那里捐来一笔钱专为建造水塔用。校园的建设非常成功,湖光塔影,景色天成,亭台楼阁,美轮美奂,燕园之美,享誉海内外。鲁斯的长子亨利·鲁宾逊·鲁斯(美国《时代》、《生活》杂志创办人)后来在湖心岛上捐资建亭,为燕园又添一景,亭名"思义",即为纪念其先人者。

鲁斯在美奔走募捐五年,颇有成效。1924年初夏,回到北京。当时燕京新址正在兴建,学生尚未迁入。鲁斯最喜欢的事情就是乘坐人力车,穿城而过,到海淀新校址去观看新校的建设。

1925年1月,他又应召从上海出发回美,继续募款工作。这时他的健康状况已经不好。到1927年,他不能再过多的活动。后来,他又在大学读书,又在大学教中文。1935年他退休以后,还到过北平重访燕京,受到了热烈的欢迎。

1937年卢沟桥事变后,日寇大举侵犯中国。鲁斯在美积极呼吁抵制日本,大力支持中国。1941年12月7日日寇偷袭珍珠港,鲁斯十分震惊,但坚信日寇必败。当夜安详地去世,享年73岁。

(卢念高编译)

窦维廉　William H. Adolph

本篇传记是窦维廉教授的长子 Dr. William H. Adolph, Jr. 为本书撰写的。

Adolph, William Henry, nutritional chemist and educator, was born in Philadelphia, Pa., Sept.1, 1890, son of William and Minnie (Fleischman) Adolph. His father, who came to this country in the mid 19th century from Germany and settled in Philadelphia, was an engraver of currency. William H. Adolph completed his preliminary education at Central High School, Philadelphia, and was graduated B.A. in 1912 and Ph.D. in 1915 at the University of Pennsylvania. While he was working toward his doctorate, he was an assistant in chemistry at the University of Pennsylvania during 1914-1915. In the latter year he accepted an invitation to join a group of teachers who were invited to the new Republic of China to assist in the setting up of educational and research facilities in the sciences. With the exception of occasional leaves of absence during which he taught as an instructor at the University of Illinois (1920-1921), as associate professor of biochemistry at the University of Nebraska (1927-1928), as research fellow under Lafayette B. Mendel (q.v.) (1926-1927) and as visiting fellow (1935-1936) at Yale University, and during the latter part of the Second World War as acting professor of biochemistry and nutrition at Yale(1943-1946), he spent the entire period from 1915 until 1951 in China engaged in teaching and research in the field of the nutritional value of

Chinese food materials and the effects of Chinese diets on metabolism. After 1951, when the Chinese educational system was taken over by the People's Republic of China, he was invited to become professor of nutrition at the American University in Beirut, Lebanon, where he remained until his partial retirement in 1954. Returning to the Untied States, he accepted an appointment as lecturer in nutrition and public health at Yale while he continued to write and edit papers in his field until the close of his life. Adolph's work in China was carried on at Cheeloo University until 1926; at Yenching University until 1948, where he was acting president for the last two years; and at Peking Union Medical College, a beneficiary of the Rockefeller Foundation, until 1951. A firm believer in the importance of research projects rather than formal laboratory experiments as a teaching device, he used this method widely both in graduate and undergraduate instruction, and many of his papers were written in collaboration with his Chinese research students, more than 100 articles by him included those dealing with nutrition in the Japanese internment camps during the Second World War and general articles on problems of Chinese nutrition and research in the metabolism of the Chinese people. Adolph was also closely associated with the Presbyterian missionary organization in China from 1915 to 1950. He was a member of the American Association for the Advancement of Science, American Chemical Society, American Society of Biological Chemists, American Institute of Nutrition, Society for Experimental Biology and Medicine, the Chinese Chemical Society, and the Chinese Physiological Society. He was also a member of Phi Beta Kappa and Sigma Xi as well as of Phi Lambda Upsilon, Phi Kappa Phi, Phi Tau Phi, and Alpha Xi Sigma. Golf, philately, and the study of Chinese art were his chief recreations. He was married in Tsinanfu, China, June 21, 1917, to Katharine Witmer of Mount Joy, Pa., and had four children; William Henry; Helen Marie, who married James B. Cope; Ernest Harold; and Dorothy May, who married David Jewell. His death occurred in New Haven, Conn., Sept. 23, 1958.

蔡一谔　Stephen Tsai

编者按：蔡一谔先生生于1899年。于1933—1941年和1947—1948年曾任燕大总务处主任，1991年在美去世。蔡夫人于1994年在美去世。这篇文章是他们的三子蔡为仑教授在1999年为本书撰写的。1998年10月，蔡家四兄弟为陵、为冈、为仑、为骐偕同他们的夫人自美来京，重访燕园，并游览了颐和园等地。

Mr. Tsai left Beijing in 1948 when he took a leave of absence from Yenching to work for a United Nations relief orgainzation in Shanghai. He later moved to Guangzhou and eventually to Taipei in 1950. He worked for the Joint Commission on Rural Reconstruction as its controller until his retirement in 1972.

His organization JCRR was instrumental for the land reform in Taiwan that exchanged land for common stocks in key industries in Taiwan. While most land owners did not have a choice in giving up their land for stocks of unknown value, it turned out to be a great financial success for those who kept the stocks. As industralization expanded rapidly in Taiwan, the stocks for her key industries soured in values.

While in Taiwan, Mr. Tsai was also active in building the first Christian university, Tunghai University near Taichung. This university was supported by the same United Board of Christian Universities that supported Yenching. He was later elected the chairman of the Board of Trustees of Tunghai.

He and Mrs. Tsai retired in Dayton, Ohio, in 1972. He led an active life that included raising vegetables and learning how to cook. He was near his third son, Stephen W. Tsai, and his family.

He later moved to a town near San Francisco in 1989. One year earlier, while in Dayton, he had a stroke. His health declinded and on April 1, 1991, he passed away peacefully in his sleep. He was 92 years old.

He was survived by his wife Lily. She continued to live for another three years and passed away in 1994 at the age of 95.

The Tsais' had four sons. William (Weiling), the eldest, attended Yenching briefly in Chengdu. He received his degree in mining engineering from the University of Missouri in Rolla in 1950. He worked most of his life for an equipment manufacturing company. He is now retired and lives near San Francisco. He and his wife Irene had two daughters and one son, each of them in turn had one boy and one girl. So William has six grand children. The oldest is 17.

The second son, Frank (Weikang) and his wife Fuyun live near Los Angeles. He continues to work as a consultant in petroleum refining. Fuyun is a travel agent. They have a daughter and a son. The daughter is married and has a daughter also. Frank attended Yenching for a little over two years. He got a master degree in petroleum from the University of Tulsa.

The third son, Stephen (Weilun) and his wife Iris (daughter of Lee Paochen and Tsui Kweichen both of Yenching) also live in California. He is Professor of aeronautical engineering at Stanford. Prior to that he worked for the Air Force materials research in Dayton, Ohio. They have two sons. The older son has three daughters. Stephen W. received his BE and DEng from Yale University. He also attended Yenching 1947-1948.

The fourth son, John (Weichi) also went to Yale and studied mechanical engineering. He and his wife Alice lived in Washington, DC, for many years before they retired two years ago. John worked as a mechanical engineer and Alice is an accountant. They now live in Salt Lake City. Both of them love skiing. That is why they selected Salt Lake City. They do not have any children.

Stephen and Lily had a great life. They had many friends around the world. They always thought that their life at Yenching from late 1920's to 1948 was the best in their life. Everywhere they lived in Taiwan and the US, they always compared with their lives in Yenching. During the Japanese war, he was arrested and imprisoned by the military police for six months. He survived it but suffered a permanent back injury. He enjoyed hiking. Used to take his family to walk to the Western Hills and Ming Tombs from Yenching. In Tunghai University, he was able to recapture some of the glory of Yenching there – much to his great satisfaction. He and his wife were wonderful parents in that they let each of his children to follow their own career paths and family upbringing.

His children had arranged his return to Yenching in the early 1980's from Dayton. After much planning he decided not to go. His children went without him. It was one of the few mistakes that he made. He would have enjoyed it.

潘昌煦

潘昌煦,号由笙,别号芯庐,江苏吴县(苏州市)人,生于 1873 年 6 月 3 日。自幼聪敏好学,博览群书,曾随老师入川,遍游名山大川,眼界大开。后进京参加科举考试,是清代最末一次甲午(1895)年科翰林,与吴雷川先生同榜。戊戌政变时,思想倾向维新。政变失败后,他无意仕途,进入北京大学堂进士馆,研习中外政治法律。1906 年东渡日本,先补习日语,后考入日本中央大学学习法律专业,1911 年毕业。回国后,先在北京大理院刑庭任庭长,后任大理院院长。是时我国的法律初具雏型,他能贯通中西法学之精神并能秉公执法,为同行中之佼佼者。至 1928 年,以时政日非,辞去大理院之职务,受聘于燕京大学讲授刑法原理。当时他住在燕大达园三松堂,后迁居蔚秀园。至 1933 年,因年事日高,不再继续任教,返回故里。

1937 年,日寇入侵,苏州沦陷,他协助同乡张一麟先生创办难民救济会,曾收容难民数万人。他拒绝已任伪职的留日同学请他出山,与沦为汉奸的故旧亲友断绝来往。伪江苏省长李士群死后,以同乡之谊及重金请他点主(在死人牌位上用硃砂笔点主),他托词曾任刑庭庭长不宜用硃笔批点加以回绝。他长于书法,返乡后,一直以鬻字卖文为生,自奉甚俭。解放后,苏州市政协多次请他参加会议,1953 年当选为苏州市第一届人代会代表。1958 年 1 月 3 日逝世,享年 86 岁。

潘先生在京工作期间,广交朋友,常结伴出游,饮酒赋诗。晚年时亦常吟咏诗词自娱。1963 年其家人收集整理他的遗作,出版了《芯庐遗集》一册,内含诗七卷、词一卷。

(朱晋增)

戴乐仁 J.B.Tayler

戴乐仁(J.B.Tayler),燕京大学英籍教授,1901 年利物浦大学毕业,1906 年受教会派遣到中国传道,1919 年燕大正式成立后,受聘任经济系主任兼教授。他是燕大经济系的奠基人,除 1934 年一度出任南京政府农业研究会农林工业主任外,在燕京一直工作到 1937 年中日战争爆发,长达 17 年。

戴乐仁对中国经济问题,特别是农村经济有深入的调查研究,对发展中国经济有许多可贵的创见和主张,并已经或试图进行实验。

在经济学系教学方面,他主张燕大应为中国建设培养人才,为此在经济系设立"当代中国经济"课程,包括农、林、工、贸及财政、交通、劳动等方面。在 20 年代末还开设过"劳工问题"、"社会主义和社会改造"、"农村经济及合作社"等课程。

戴乐仁的主要学术思想有以下一些值得参考的地方:

——中国经济的根本问题在于人口过多、生产力低下以及资金匮乏,文化因素在乡间更成问题。

——中国早期经济发展的制度以非凡的活力持续到现代给人以深刻的印象,应该充分利用体现于家庭、村社及同业公会等传统因素的凝聚力。

——经济研究应逐步集中于经济制度问题及基本福利收益。经济体系复杂,需要有理性的指导与控制。

——经济研究不必直接学习西方的理论与实践,而需要面向实际,揭露中国经济情况并提出补救办法。为此要加强实验。

——他确信在农村发展小型工业是需要和可能的。耕种只需部分时间的劳动。农村工业不需要高精技术,仍能显示较大的生命力。把工业引入农业区比吸引劳动力进城为好。

戴乐仁是一位有创造性、有雄心的学者和社会活动家。他曾不懈地试图在中国发展合作社。他在华北农村建设委员会投入了大量工作。1943年着手校内培训与农业区发展的联合计划。郑林庄、毕范理(H.B.Price)参加了这项工作,后因中日战争爆发未能实现,他转而从事于促进工业合作运动的"工合"。

戴乐仁教授1878年生,1951年去世。

(据《燕京大学史稿》)

学 生

1919

许 地 山

许地山笔名落华生,1893年生于台湾台南。父亲许南英在1890年日本帝国主义侵入台湾时,奋勇抗战,无奈清政府腐败无能,割让台湾。南英先生离开了故乡,率领全家回到大陆,寄籍福建漳州,因此家道贫困。许地山19岁即开始教小学,继而去南洋仰光等地教书。1917年到北平考入有津贴的教会学校,后来在燕京大学文学院又在宗教学院毕业,1923年被派留学美国及牛津大学,1926年回国时绕道印度拜访了印度诗圣泰戈尔,称他为知音长者。回国后任教燕京大学,在社会学系教印度哲学、宗教比较学、人类学、民俗学等。同时写过小说、戏剧、诗歌、童话等,在作家群里独树一帜。《落花生》一文半个世纪来在新旧社会里都被用作中小学校课文。他与郑振铎等12人曾组织文学研究会。他对文字改革也有创见并积极推行。

1919年"五四"那一天,学生游行队伍在火烧卖国贼曹汝霖的家时,我看到了长发披肩的许地山其人。1922年在鲁迅欢迎盲诗人爱罗先珂的会场上,有人指给我看许地山其人。直到1927年在熊佛西夫妇家才正式认识许地山。

几次被邀去燕京大学,得到许地山和他的学生李瑾、谭纫就等热情招待。

我和李瑾她们常谈话到忘记时间,就在燕京大学师生常光顾的小饭店午餐。李瑾等都是社会学系的学生,从许教授受业多年。我们谈到的是校内许多老师的花絮,更多谈到许老师的教学和为人。她们说:许教授生活恬淡,衣着简朴,笑口常开,读书、教书、写书,是他的特能。牛津大学学生给他一个别号叫"书虫",他常练写梵文,人们不认得,就称他"怪人"。我们喜欢上他的课,他出言幽默,课堂里时常笑声不断。学生有不同见解,能在课堂上各抒己见展开讨论,气氛十分活跃。许教授从不强人服从他的观点。他每年教同类的教材,可是年年有新内容。他说过:"教书不加探索,不求进取,是对不起学生的。"所以我们上他的课,能得到丰富的知识。课外我们师生经常接触,有时到他的书房,看到里里外外堆满了书和图片,以及收集来的一些牙雕、木刻等属于各民族的民俗物志,奇形怪状,形象不一。他乐于为我们介绍讲解,既增见识,又很有趣。

我和许地山经过一些时间的过往和了解,1929年在燕大美籍女教授包贵思(Grace Boynton)的建议下举行订婚仪式,就在燕大宿舍朗润园包贵思家里集会。由谢冰心教授致祝词,李瑾等热情招待来宾,我与许地山致谢词,茶点后大家欢乐地歌舞,极一时之盛。

冰心致祝词有她的一番意义和一段故事。原来1923年冰心和许地山都在美国留学,一次冰心托许地山代为寻找一位女同学吴楼梅的弟弟吴卓,他却把吴文藻找来了,谢、吴二人从此相识相爱。地山常笑说:"亏得那次的阴错阳差,否则他二人,一个在东方波士顿,一个在北方的罕布什州,相隔七八小时的火车,也许永远没有机会相见,亏得我红线牵得好,千里姻缘成婚配。"所以冰心说:"这次致祝词就算是我对许地山先生那次阴错阳差的酬谢吧!"这是燕京大学两位名教授、文豪有趣的轶事。

这次订婚会,以及平时的交往,多亏李瓘等的协助。解放后多次寻找她,最近从《燕京校友通讯》上才得知她在美国,1987年已去世。忆往事,令人怅惘,怀念不已。

燕京大学规定教授每五年休假一年,作为进修期。许教授利用假期,1933年应中山大学邀请去讲学后即去印度考查和研究印度哲学,是由与燕京大学有关的美国哈佛燕京学社资助的。这个学社主要帮助中国大学开展研究和教师进修提高。记得许地山多次提出:"哈佛燕京学社的钱,燕京大学没有真正用在研究国学上。我们几个研究国学的教师……对此是不闻不问,因为我懂得外语能和他们抬杠,所以我成为他们管事人的眼中钉,不定什么时候他们会开除我。"他又说过而且常提到:"燕京大学对教师的态度抱着一种要则留,不要即请便的政策。我最反对,来年要裁的人,固然有许多该走的,但也有很好的教师在里面,例如郑振铎。所以我想还是另找工作,要走得远一些。仰光大学请我去,或是广东、湖南都可以去,或者最好我自己集资办研究院"。

1934年底,许地山从印度回来,1935年"一二·九"学生爱国运动开始,燕大新旧学联斗争激烈,许地山终于被解聘了。虽然他随即受聘为香港大学文学院主任教授,但他离开燕京大学正如古语说的"君子之去国也涕泪滂沱"。许地山在燕京大学20年,由学生到助教到副教授,到正教授。他感谢燕京大学对他的培育,他尊敬燕大的老师,他爱护燕京的学生,他喜爱燕京大学的环境,一旦被斥感到无限地悲伤。隔年司徒雷登去香港动员他回母校,许地山说:"好马不吃回头草,你们另聘他人吧!"许地山在香港积极抗日,走出书斋到群众中去写文章做宣传。加之课多繁重,最后写完名著《国学与国粹》后,积劳成疾,于1941年8月4日与世长辞,时年才49岁。

在旧社会,一个正义的知识分子不得重用,未能伸展他的才智,在坎坷的生涯中过早地夭折。悲乎!

(周俟松)

编者注:作者周俟松,是许地山教授的夫人,曾任燕京大学南京校友会名誉会长,1995年3月17日病逝南京,享年95岁。她1928年毕业于北京师范大学数学系,1929年与许地山结婚,以后曾在多所中学任教和担任领导职务。

冰 心

现代散文家、小说家、诗人、儿童文学作家。原名谢婉莹,原籍福建长乐,1900 年 10 月 5 日生于福州。1999 年 2 月 28 日病逝于北京,享年 99 岁。

冰心的父亲是一个思想开明的海军军官。童年,她在山东烟台度过了七八年山陬海隅的生活。幼年的冰心广泛阅读了中国古典小说和汉译外国作品,1912 年考入福州女子师范预科。1913 年,随家到北京,翌年秋进入教会学校贝满女子中学。1918 年,冰心抱着学医的目的考入协和女子大学(后该校并入燕京大学)预科,后来转学文学。1923 年以优异的成绩毕业于燕京大学文科。

冰心属于五四新文化运动中涌现出的第一批现代作家,是其中最知名的女作家之一,为文学研究会的重要成员。

五四运动的浪潮,把冰心卷出了狭小的家庭和教会学校的门槛,她参加罢课、游行、开会和街头宣传等活动,热心阅读《新青年》、《新潮》等杂志,并发表了一些宣传性的文章。在新思潮的激荡下,1919 年 9 月以"冰心"的笔名发表了第一篇小说《两个家庭》。此后,她又发表了《斯人独憔悴》、《去国》、《庄鸿的姐姐》等揭示社会、家庭、妇女等人生问题的"问题小说"。这些小说,表现了冰心对封建势力和社会现状的不满。1921 年发表的《笑》,委婉地抒写了洋溢在心中的对于生活的爱,被认为是新文学运动初期一篇具有典范意义的"美文"。从 1919 年冬天起,她受泰戈尔《飞鸟集》的影响,将自己"零碎的思想"用三言两语记录下来。后来在《晨报》的"新文艺"栏发表,并结集为《繁星》和《春水》于 1923 年先后出版。这 300 首无标题的格言式自由体小诗,以自然和谐的音调,抒写作者对自然景物的感受和人生哲理的思索,歌颂母爱、人类之爱和大自然,篇幅短小,文笔清丽,意蕴隽永,显示了女作家特有的思想感情和审美意识,在五四新诗坛上别具一格,很有影响。1923 年秋,冰心赴美国威尔斯利女子大学研究院学习英国文学。从这时到 1926 年,她用通讯的形式,把自己在旅途和异国的见闻感受以及对往事的追忆,陆续写成亲昵恳切的 29 封寄小朋友的信,在《晨报》的"儿童世界"栏连载,并结集为《寄小读者》于 1926 年出版。这部散文集是冰心散文的代表作,也是中国现代最早的儿童文学作品,曾先后印行几十次。在美国期间,冰心还写了内容和《寄小读者》相同的散文《往事》(其二)、《山中杂记》。这些散文以细腻温柔而又微带着忧愁的感情,和轻倩灵活而又含蓄不露的笔调著称,既具有白话口语的朴素晓畅,又兼备文言所特有的简洁凝炼,有较高的艺术表现力。冰心的散文比小说和诗歌有更高的成就。她的独特的艺术风格在当时被称为很有魔力的"冰心体"。郁达夫评论她的散文说:"意在言外,文必己出,哀而不伤,动中法度,是女士的生平,亦即是女士的文章之极致"(《〈中国新文学大系〉散文二集导言》)。

1926 年,冰心在美国获文学硕士学位后回国。从那时到 1936 年,在燕京大学、清华大学和女子文理学院任教,创作较少,较重要的作品有长篇散文《南归》和小说《分》、《冬儿姑娘》、《我们太太的客厅》等。这些作品有了较多深厚的社会内容,显示出冰心对生活的新认识。

1929 年,冰心和吴文藻在燕京大学的临湖轩举行了婚礼。1936 年暑期,他们一同赴欧美游历。

抗日战争爆发后,冰心全家于 1938 年 9 月迁居昆明。1940 年底,冰心到重庆,从事文化救亡活动,曾主编《妇女文化》半月刊。1941 年到 1947 年,担任国民政府参政会议参政员,用"男士"的笔名发表了16篇关于女性的散文和小说。1946年夏天回到北平;冬,全家去日本。1949年至1950年她作为东京大学第一位女教授,在该校讲授中国新文学。

1951年,冰心从日本辗转返回北京。在社会主义的新中国,冰心的生活和创作揭开了新的一页。1958年和1978年以后,先后为孩子们写了《再寄小读者》和《三寄小读者》,这两组通讯和《归来以后》、《走进人民大会堂》以及《尼罗河上的春天》、《一只木屐》、《樱花赞》等散文,不仅保持着她独具的艺术风格,更在富于时代气息的广阔背景上,展示了丰富多彩的生活画面,呈现出明朗乐观的色调。1980年,她创作的短篇小说《空巢》获得全国优秀短篇小说奖。她的儿童文学作品选集《小桔灯》等,1980年在全国少年儿童文艺创作评奖中获得荣誉奖。

冰心1932年前所写的作品,大都收入分诗集、散文集、小说集三集出版的《冰心全集》,该书后经巴金略加增补,改名《冰心著作集》分集出版(1943)。上海文艺出版社1982年开始出版5卷本《冰心文集》,收入1919至1982年创作的绝大部分作品,按体裁分卷,是迄今为止较为完善的一部文集。此外,1983年开始出版3卷本《冰心选集》。

冰心还翻译出版过泰戈尔的诗集、剧作和其他一些外国作家的作品。她还致力于保卫世界和平、对外友好和文化交流的工作,多次出国访问。

冰心曾当选为几届全国人民代表大会代表,第五届全国政协常务委员和中国民主促进会副主席,中国作家协会理事,中国文学艺术界联合会委员、副主席。她辞世前是中国民主促进会名誉主席,中国作协名誉主席,燕京大学北京校友会名誉会长,燕京研究院名誉董事。

(据《中国大百科全书》中国文学卷)

编者注:1994年,冰心获得韩素音设立的"彩虹翻译奖"的荣誉奖。1995年3月,她获得黎巴嫩政府授予的国家级雪松骑士勋章。1995年《冰心全集》出版,冰心把全部稿费捐赠给农村妇女教育事业。

傅 泾 波

父亲傅泾波于1900年(光绪二十六年)出生在北京的一个满族家庭,曾祖父是朝廷诰封的镇国公、建威大将军。祖父早年亦在清廷宫中做事。自鸦片战争以后,清廷的没落腐败,使祖父对清廷失去了信任。因为受到维新思潮的影响,特别是甲午海战和庚子赔款、八国联军进北京等,这一系列丧权辱国的政事,使他幡然悔悟,终于剪掉辫子改装洋服,携带妻儿离开了将军府,结束了他那世袭的功名、地位、钱粮和俸禄,成了一个自食其力的普通老百姓,义无反顾地走上了革新之路。

父亲自幼就被祖父送入"新学堂"读书,并且在课余仍补读汉文经史。祖父是把知识兴国、知识救国的理想寄托在儿子身上。1912年,父亲就读于汇文中学,而后又进入北京大学,由北京大学转燕京大学。父亲以优异的成绩进入最高学府。祖父薪水微薄,如果父亲不是有奖学金,读大学是不可能的。

1918年秋季,父亲随祖父去天津参加青年会举办的一次聚会,并听司徒雷登博士讲演。当时,司徒博士是南京金陵神学院的教授。这次与司徒之初聚后,竟成了我父的人生里程碑,成了他生活道路的新起点。

司徒博士在讲演中,阐述了他那"教育兴国""教育救国"的理论,正与父亲的思想相符。这篇演讲鼓舞了父亲的勇气,使他求学的意志更加坚强。司徒博士见到父亲,看到这个瘦弱的年轻人,竟以超乎寻常的毅力,克服了难以想象的困难,游弋在知识的海洋中,这使他惊叹不已。自此,父亲和司徒博士便结下了不解之缘,开始了长达44年之久的忘年之交。自1919年父亲从北大转到燕京以后,目睹司徒博士为燕大建校的资金,而终日奔走,年轻的父亲尽其力相助。父亲终于积劳成疾,在疗养肺病期间,司徒老夫人、司徒夫人和司徒本人,时常到病床前探望,给了父亲莫大的鼓励和安慰,使他战胜病魔又回到学校继续读书。1924年父亲毕业后,就职于中国文化经济学会。

父亲虽然没有在燕京大学工作,却经常出现在燕京校园里,因为他要帮助司徒做一些事情。例如:从1920—1926年学校迁入燕园,司徒博士事必躬亲,因此,父亲就去分担一部分力所能及的工作。有时,司徒与外界人士交往时,把父亲带在身边方便一些,因为,司徒的杭州话北京人听不懂,而北京人的'官话'他又听不清,每到这时,就只有父亲通过英语这个媒介使之双方交流了。

中国文化经济学会的组织成员,多是当时社会的知名人士,父亲是他们中最年轻的一个。20年代中,梅兰芳先生志愿把中国的文化推向世界,准备赴美演出。中国文化经济学会协助完成此重任,以齐如山牵头逐渐吸收了各界人士,为梅先生赴美演出做艰苦准备,在此得到父亲傅泾波,特别是得到司徒博士的极大帮助,首先在国内做了舆论准备,然后在美国展开声势浩大的宣传,让美国人民了解中国京剧和梅先生的表演艺术。父亲为演出的具体事宜奔忙,负责与美国方面进行书信来往,并于1929年夏亲赴美国,到各演出的城市接洽,进行活动安排,使梅剧团在经过七年的酝酿和准备,终于成行。梅剧团在美国所到之处,由夏威夷至纽约、华盛顿诸多城市,均受到了隆重欢迎。当地政府和人民,是把梅剧团当作中国文化的使者来欢迎的。梅兰芳先生及梅剧团的美国之行,是成功的,其意义是深远的。

与此同时,数年中有数十名韩国青年学生,从日本的监狱中跑了出来,逃到中国。其中一部分人得到了父亲的帮助,有三个韩国青年就住在我们家中,后来,这些人都得到了妥善安置。

自1937年7月7日到1941年12月7日,日本侵略者在北平大肆搜捕抗日师生,司徒博士在燕京大学首次挂起了美国国旗,防止日军的突入,保护被搜捕的抗日师生。学校帮助学生脱离沦陷区,无论是去延安还是去内地,一视同仁,甚至资助学生路费。1941年12月7日,日本偷袭珍珠港,对美国不宣而战,司徒博士当日被捕,父亲被软禁在家中。他们二位监禁在不同的地方,长达三年零八个月的时间里,偶尔由一位可信任的仆人,传递彼此的动态和战局情况,互相支持互相鼓励。父亲多次被带到日本宪兵队,每次我们全家上下三代二十余口都无声地祈望着父亲平安回来,这样的日子一直到日本投降的前夕。

1946年7月,司徒博士被马歇尔将军推荐为美国驻华大使。终生誓为教育事业献身的司徒博士,提出两点要求:希望两年内完成大使任务后仍回燕京;出任大使必需要有傅泾波做助手。父亲一生的历史是和司徒博士相伴的历史,特别是1949年11月司徒博士中风瘫痪以后他们真挚的友谊得到进一步体现。家母一人操持所有家务,三人过着平静的生活。父亲于1988年10月27日去世了,临走前他老人家看到了中国的富强,深感欣慰。可他老人家没有看到中国的统一,这不能不是一个莫大的遗憾。

(傅铎若)

熊 佛 西

熊佛西原名熊福禧,江西丰城人。1900年出生,1965年病逝。1919年入燕京大学学习教育和文学。

1921年与茅盾、欧阳予倩等组织民众戏剧社,编《戏剧》杂志,创作具有反封建意义的话剧《青春底悲哀》。1923年大学毕业,到汉口辅德中学任教,一年后赴美国哥伦比亚大学研究戏剧文学,获硕士学位。1926年写出剧本《一片爱国心》,反映青年一代的爱国主义思想。同年回国,历任北京国立艺术专门学校戏剧系主任、教授,燕京大学教授,北大艺术学院戏剧系主任。1929年参与编辑《戏剧与文艺》。1932年任河北定县农民剧场主任,进行农村戏剧大众化实验。1938年在成都创办四川省立戏剧音乐实验学校。1939年到重庆,先后主编《戏剧岗位》、《戏剧教育》、《文学创作》等期刊。1944年在桂林创办《当代文艺》。1946年任上海市立实验戏剧专科学校校长。解放后历任上海市戏剧专科学校校长、中央戏剧学院华东分院院长、中国文联第一至三届委员,上海市文联副主席,中国剧协第一、二届常务理事和上海分会主席。毕生致力于戏剧教学和推广、普及工作,创作剧本四十多部,另有戏剧论文、长篇小说及翻译作品等。1924年出版《青春底悲哀》,以后出版有《佛西戏剧第1,2,3,4集》,1937年出版《赛金花》(剧本),《戏剧大众化之实验》(理论集),1942年出版《佛西抗战戏剧集》,1958年出版《上海滩的春天》(剧本)。

(据《中国现代作家大辞典》)

瞿 世 英

瞿世英字菊农,1901年1月8日出生于江苏省武进县(现常州市),1914年随其父瞿寿申到北京就读于汇文学堂,1917年升入燕京大学哲学系。1918年在燕京大学就读时与堂侄瞿秋白及赵世炎、郑振铎等一起创办《新社会》旬刊及《人道》月刊等杂志,宣传反帝、反封建思想。在此期间并资助瞿秋白在北京俄文专修馆学习。1919年五四运动时担任燕京大学学生代表,参加"火烧赵家楼",烧毁曹汝霖住宅,和学生一起用剪刀剪破救火消防水带及痛打卖国贼章宗昌。此后担任燕京大学学生代表与北京大学许德珩等一起赴上海参加全国学生联合会活动,1920年为瞿秋白提供路费以北京晨报记者名义去苏联考察,同行有俞颂华、李宗武等人。瞿世英亲自陪送他们到天津火车站赴俄。

1922年毕业于燕京大学教育哲学系,获硕士学位后,即在校任教,并在北京大学、北京师范大学等兼课。1922—1923年英国哲学家罗素(B. Russel)、德国哲学家杜里舒(H. Driesch)、印度诗人泰戈尔(R. Tagore)等人到中国讲学,他担任助教兼翻译,此后曾编辑出版了《杜里舒演讲录》,翻译了泰戈尔的诗集《春之循环》。

1924年瞿世英考取江苏省官费赴美国哈佛大学学习。1926年获哲学博士学位,旋即回国继续在北京师范大学、清华大学等校任教授,并与北京大学金岳霖教授等人共同编辑《哲学评论》杂志。在此期间曾短期在张君劢主办的上海大学任教授。

1927年末,瞿世英应晏阳初、陈筑山之邀赴河北定县参加平教会工作。先后担任平教会定县实验区的文学部干事,总务主任,秘书主任,实验部主任等职,直到1936年。在此期间瞿世英主要精力和时间都放在平教会定县实验区,同时仍在北师大、清华任兼职教授。在定县主要研究并编写了为农民识字的《农民千字课》及研究农民教育方法。这一段时间的活动奠定了他一生为农民办教育的人生宗旨。

1936年日本侵略中国北方已近在眉睫,他应当时湖南大学校长皮皓白(皮宗石)之邀赴长沙任湖南大学文学院院长,他全家迁往长沙。他在湖南筹办平教会衡山实验区。

1937年初,当时任湖南省省主席的张治中,为培训全省县级以上干部,举办湖南地方行政干部学校,聘瞿世英为教授部主任。在此期间平教会工作人员也陆续由河北定县迁到长沙,瞿世英仍担任秘书主任职务兼管平教会的工作。直到1938年11月日军进攻长沙,在20日"长沙大火"当天仓促乘车离长沙辗转到湘西泸溪县安置平教会人员,此后转移到四川重庆歇马场重新开展平教会活动。

1938年瞿世英到贵州惠水县兼任由北大、燕京、清华等大学和美国基金会联合主办的乡村建设研究所所长。1944年由于日军进攻,国民党军队开始湘桂大撤退,四川大后方人心惶惶,此时他亲赴贵州宜山、独山等地了解情况,提出了调查报告说明日军已无力进攻西南,平教会可以在四川稳定地开展活动。

1940年他由贵州回到四川,筹办以由平教会为主体的教育单位"乡村建设育才院",招收二年制教育系、社会系学生。1945年改名为四年制的大学"乡村建设学院",设教育、社会、农学、水利四个系并设立华西实验区,瞿世英任院长,仍兼任乡村建设研究所所长。由于平教会的干事长晏阳初先生当时主要在美国活动,筹措学院经费,乃由瞿世英任"中华平民教育促进会"代理干事长。

1945年第二次世界大战胜利结束,国际上筹组"联合国教育科学文化组织",当时国民党政府组织代表团参加筹备工作。中国代表团由朱经农任团长,竺可桢、吴有训等任团员,顾问有瞿世英、钱三强、郭有守等人。此后自1945—1949年瞿世英以中国平民教育专家身份任当时国民党政府参加历届联合国教科文组织代表团的顾问、秘书长、副代表等职务,参加了在英国、法国、埃及、黎巴嫩、墨西哥等国举行的该组织历次会议。

1948年联合国教科文组织在中国召开亚太地区基本教育会议,当时由国民党政府教育部副部长杭立武任代表、瞿世英任副代表参加了会议。瞿世英于1948年11月受联合国教科文组织委派到印度举办乡村成人教育会议,任大会主席。在此期间,联合国教科文组织多次拟聘任他在该组织任处长职务,但他均婉谢,仍回祖国工作。

瞿世英在担任乡村建设学院院长时,1947年4月国民党特务曾在该学院逮捕革命师生多人。瞿世英次日即奔赴重庆直接向国民党特务机关力争取保接回被捕师生,使一批爱国师生、中共地下党员得以脱险。

1949年全国解放后,他于1952年对平教会的活动做出深刻反省,以后参加由全国政协组织的土改工作团赴湖南参加土改。

1952年在三反五反运动中由于受人诬陷,在重庆接受审查,后经清查,还以清白,于1953年由重庆转往北京,任铁道部教育专员。1956年调任北京师范大学教育系教授。1962年他曾参加国庆观礼并赴外地疗养,并在北师大招收研究生多人。1966年后在文革中受到严重冲击,1976年患癌症去世。

瞿世英一生中主要著作和译著有：《杜里舒演讲录》、《春之循环》(泰戈尔著)、《康德教育学》(康德著)、《西洋教育思想史》、《现代哲学》、《进化教育》、《乡村教育文录》、《农民千字课》、《乡建与教育》、《人民的英国史》、《当代资产阶级教育哲学》、《墨西哥史》、《政府论》等。此外尚有大批著作书稿，如关于中国教育史中对劳动人民的教育、对中国传统道德伦理的教育等，均在"文革"中毁于一旦。

(瞿宁康)

祁 国 栋

父亲祁国栋，河北省霸县人，1894年10月7日出生于贫苦农民家庭，十三岁入河北通州协和书院读书，毕业后考入设于北平盔甲厂的协和大学(即后来的燕京大学)。父亲白天读书，晚上教青年会开办的英文夜学，年年得到学校的奖学金，1919年毕业于燕大文学院，1921年又获得燕大神学院学位。

父亲读大学的时代，正值五四运动爆发，他和爱国的燕大同学们一道走上街头，声讨腐败的政府，反对签定卖国条约，并参加了火烧赵家楼的爱国行动。

燕大毕业后，父亲受聘于海淀福音堂做布道员，专门从事基督教的传播工作。1926年父亲辞去海淀教会的职务，只身去上海边教授英语，边等待办理出国深造的事项。此期间，海淀基督教会和众信徒多次去信去电，恳请父亲回来。父亲在难以推脱中提出关于教会主权的三点意见：第一，海淀福音堂改为海淀中华基督教会，由中国人自己主办；第二，不受外国差会的约束，有独立自主权，实行自治、自养、自传；第三，积极开展社会公益事业。海淀基督教会和信徒们回信，支持父亲的三点主张。1927年，父亲回到了海淀镇。

1933年，海淀镇惟一的基督教礼拜堂建成，父亲被正式定为牧师。他把福音堂改名为海淀中华基督教会，并宣布教会完全依靠全体信徒自治、自养、自传，不受外国差会的约束和控制。

1937年七七事变，日本帝国主义发动了全面的侵华战争。父亲在教会的大门上挂起了红十字旗，并利用教会学校的教室和礼拜堂开办难民临时收容所，接纳了上千人在此避难。

在此期间，父亲还利用其身份掩护共产党地下党员和进步人士免遭反动派的迫害，其中有燕京大学及清华大学的教授、学生等。

1941年12月太平洋战争爆发，海淀教会和教会所办的培元学校被日军强行关闭，师生们被扣留在学校。经父亲多方交涉，老师和学生终于回了家。1942年7月23日，父亲被日本特务机关逮捕。日本人要父亲交出共产党人的名单。父亲凛然正气，要求特务找出告密人当堂对质。日本特务机关束手无策，在社会舆论的压力下，只好将父亲释放。

父亲既是爱国基督徒，又是一个热心的教育工作者。他夙以传播文化、兴办教育为己任，经多方筹措和募捐，于1924年成立了私立培元小学。父亲兼任培元小学的校长，办学宗旨是无论贫富一律平等。有钱的交学费，没钱的只要有学习的愿望和能力可以免费就读。1944年建立了海淀私立培元中学，有小学部和中学部，父亲仍兼任校长。1946年，培元中学一度与燕大附中合并。1947年秋，培元中学又复校，在校生达200余人。1952年，培元中学与海淀蓝靛厂中学合并，成立了北京市第19中学。

父亲除了以办教育为一生的追求外,还热心社会公益活动,服务对象是社会的劳苦大众。其主要社会公益活动:

一是创建海淀女子挑花工厂。30年代初,父亲主持的海淀基督教会在海淀镇、蓝靛厂和成府分别筹建了三个挑花工厂。培元挑花工厂设址在海淀基督教会院内,设址在蓝靛厂的是培德挑花手绢工厂,设址在成府的是培善补花工厂。其中以培元挑花工厂规模较大,最盛时期工厂达一百多人。挑花工厂的产品由燕京大学妇孺救济会,同时也是海淀基督教会的董事高厚德(Howard S. Galt)夫人和威尔逊(E.O.Wilson)夫人负责直销美国。父亲管理的挑花工厂,不仅解决了工人最基本的生活需要,而且致力于改善她们的文化、健康、卫生和娱乐。女工读书识字,有的人达到小学毕业程度。工厂还出资保送其中成绩优异者去通州的教会中学就读。

二是创建海淀助产院。

30年代初,父亲筹建了海淀镇第一所新式助产医院,请来了三位受过专门医学教育的助产士在医院工作,治疗工作由燕京大学的美籍校医兼任。她们对海淀地区的孕妇和临产妇逐一登门拜访,登记造册,定期到家中去做产前检查,宣传讲解与孕产妇及胎儿相关的卫生知识。婴儿出生后,助产医院赠予自制婴儿装一套,并且坚持对产妇和新生儿数月内的保健监护。以上从孕检到婴儿出生后的一系列助产工作均为免费提供,资助方是海淀基督教会。

三是海淀妇女养老院。养老院建于30年代,免费收容60岁以上、失去照顾和自理能力的老年妇女,由海淀基督教会资助,1949年后停办。

四是海淀慈善工厂,与养老院同期创办。

1938年前后,社会经济每况愈下,海淀地区劳苦大众更加穷困潦倒。海淀基督教会在海淀镇设了一个舍粥厂,对海淀地区一百余户贫民舍粥。

父亲经常教育我们要乐于助人,并且身体力行为我们做出了榜样。每当遇到有各种困难的人和事,父亲总是毫不犹豫地伸出双手,给对方以尽可能的帮助。他帮助那些丧夫丧父,生活无靠的人,安排工作接受教育。还把有些亲友的孩子留在家中抚养照顾,还对因不堪日寇侵略而流亡中国的朝鲜人金文玉和金三汝两家的孩子,免费收入培元学校就读。他对我们六个子女的教育,注重锻炼性格,培养自治能力,坚持有错必纠,帮助我们树立正直的人生观。他一直鼓励我们以做自助工的形式完成大学学业。我们都以自己的勤奋和努力完成了学业。祁玉珍先就读燕京大学后毕业于上海音专,祁宝光、祁玉兰毕业于燕京大学,祁世光毕业于北京师范大学,祁洪光及祁玉竹分别肄业于北京师范大学和北京体育学院。可以说,父亲的言传身教直接影响着我们每个子女的成长。

父亲于1961年10月6日去世,享年67岁。

(祁宝光 祁玉兰 祁世光)

1920

孟用潜

孟用潜 1905 年生于河北省深县,1924 年毕业于燕京大学经济系。1926 年 12 月孟用潜从广州到武汉加入了北伐军,在十一军政治部做宣传工作;1927 年 5 月参加中国共产党,1929 年任青年团福建省委书记,同年调往东北,历任中共满洲省委组织部长、北满特委书记、陕西省委书记、河北省委组织部长、代理书记、上海局调研部副部长、华北供销合作总社主任;全国解放后先后担任中央合作事业管理局局长,全国供销合作总社副主任,外交部国际关系研究所所长,对外文化友好协会副会长等职。

孟用潜从青年时代起就投身革命。他在燕京大学时学习成绩优异,经济学和英语都学得很好,但是他没有像家里期望的那样毕业后留在北平走学术研究的路子,而是充满革命激情地去了当时全国革命的策源地广州参加了革命。他在 1927 年"四·一二"反革命政变后毅然参加中国共产党,不畏艰险,长期做地下工作;在担任满洲省委组织部长和北满特委书记期间,曾两次被捕。他在狱中坚贞不屈,英勇机智,保护了党组织和党的机密。在担任河北省委代理书记时期,1934 年被错误地开除过党籍,但他并不灰心。抗日战争期间,他在路易·艾黎和埃德加·斯诺发起的"中国工业合作组织"中做了大量的工作。他在解放后担任全国供销合作总社副主任期间,深入实际,调查研究,实事求是,敢于直言,表现了高度的责任心。"文化大革命"期间,孟用潜被投入监狱,遭到残酷迫害。他不顾个人安危,数十次上书否认林彪、江青反革命集团诬陷强加在刘少奇同志和他本人身上的"罪状"。粉碎"四人帮"后,孟用潜于 1978 年被释放,得到平反,这时他已重病在身。孟用潜于 1985 年 8 月 8 日逝世,享年 80 岁。8 月 27 日,习仲勋、姬鹏飞、王鹤寿等领导同志及有关方面负责人和孟用潜的生前友好二百多人参加了孟用潜遗体告别仪式。

(孟 苏)

1921

董秋斯

董秋斯是天津市静海县刘祥庄人,生于 1899 年 6 月 14 日,卒于 1969 年 12 月 31 日,终年 70 岁。

董秋斯原名董绍明,号景天,字秋士。因以秋斯为笔名编写、翻译了大量文稿和名著,董秋斯就成了他的名字了。

1921 年董秋斯考入燕京大学文理科。在校期间曾和同学刘谦初合编《燕大周刊》,发表过不少倡导文学革命的文章。1923 年初,他们又和熊佛西等人发起并成立燕大文学会。1926 年在燕大哲学系毕业。同年参加北伐战争,主编《血路》半月刊。后因患肺病到上海治疗休养。1928 年在鲁迅的帮助和支持下开始翻译苏联革命文学著作《士敏土》,并接编《世界月刊》,传播进步文化思想。1930 年参加"左联"和"社联"的发起工作,并主编《国际》月刊。1938 年动手翻译托尔斯泰的巨著

《战争与和平》。他只懂英文,不懂俄文,而他翻译的《战争与和平》却得到茅盾的好评。茅盾在《茅盾译文选集》序中说:"《战争与和平》有过几个译本,直接从俄文翻译的本子也有过,但都不理想,还是董秋斯从英文转译的本子好些。他采用的是茅德的本子,茅德是托尔斯泰的挚友,茅德的译文,经托尔斯泰本人审定,认为是好的。"

1939年董秋斯从香港到上海,仍积极从事世界名著的翻译介绍工作。1945年抗日战争胜利后,全国文协由重庆迁到上海,他被选为全国文协中央理事,并任《民主》周刊编委,参与组织中国民主促进会。1949年上海解放前夕,组织上决定办《翻译》月刊,由他任主编,后又任上海翻译工作者协会主席。

1950年董秋斯奉调到北京,在出版总署翻译局(后改为编译局)主编《翻译通报》。后又任《译文》月刊、《世界文学》副主编。

董秋斯一生从事翻译工作。除上述托尔斯泰的《战争与和平》、革拉特珂夫的《士敏土》等俄国文学著作外,还译有英国狄更斯的《大卫·科波菲尔》、奥兹本的《弗洛伊德和马克斯》、多丽丝·莱辛的《高原牛的家》等。

(摘自《燕大文史资料》第八辑)

聂崇岐

聂崇岐,字筱珊,我国著名史学家。1903年10月9日出生于天津市蓟县马道庄。1962年4月17日病逝,享年60岁。

聂崇岐幼年家道中落,坚持读完宝蓟中学后。1921年来到北京考入燕京大学历史系。由于经济困难,半工半读,时读时辍,4年的学程,竟读了将近7年。1928年燕京大学毕业后,以成绩优秀而留校。1930年,哈佛大学创办的"哈佛燕京学社"在燕京大学开设"北平办事处",由历史系教授洪业负责,随即成立"引得编纂处"编辑出版《汉学引得丛刊》。1931年开展工作时洪先生为主任,聂崇岐为编辑。1933年聂任副主任。

中国古籍浩瀚,且均无标点,内容十分庞杂广泛,版本又多,因而利用古籍者困难较多。古籍引得的编纂,对国内外学者研究中国古籍具有重要的导引作用。聂崇岐领导的一个十数人的工作班子,陆续完成十三经、二十四史以及重要的文学典籍、人物传记、笔记等大量引得编纂工作。从1931年引得编纂处开创起到1951年停办止,除遭日军封闭的4年不计外,前后16年时光,共计编纂41种正刊,23种特刊(附原文的为特刊),合计64种,其中绝大部分为引得编纂处所完成,外稿只占八分之一。有的学者赞誉这项工作"功著于世",评价为"开创性工作","奠基工作"。

在编辑"引得丛刊"之外,聂崇岐还在宋史研究方面作出令人瞩目的贡献。早在1934年他31岁的时候,就在顾颉刚主持的《禹贡半月刊》上发表名篇《宋史地理志考异》。连同他编纂的《艺文志二十种综合引得》的一篇副产品《补宋史艺文志》一起收入1936年开明书局出版的《二十五史补编》。迄至1949年聂崇岐已发表多篇论文,探讨宋代政治、军事、文化乃至外交等问题。1980年他的宋史研究论文由中华书局结集出版,题为《宋史丛考》。

在燕京大学的20年,聂先生以其累累学术成果赢得燕园及社会上的赞誉。他除担任引得编纂处副主任外,还曾一度代理过哈佛燕京学社北平办事处的执行干事。在燕京历史系初任讲师,后任教授,还曾充任燕京大学图书馆馆长。在课堂上,凭他对宋史研究之精深、资料之熟稔而博得"活宋"的雅称。此外,他还于1948年应邀赴美哈佛大学讲学将近一年。

1941年12月太平洋战争爆发,燕京大学被迫关闭,同仁顿时失业,在这困难时刻,他与陆志韦、沈迺璋等先生相约不进敌伪机构,并作回乡务农的思想准备,终于遭到日军的逮捕入狱。1952年,进入中科院近代史所后,他担任《中国近代史资料丛刊》的编辑。迄至他逝世的1962年春,10年光景中,由他领衔的只有五六个人的"工具书组"编辑的《中日战争》、《中法战争》、《洋务运动》、《捻军》等11部多卷本的大型资料书计达3000万字以上,均先后问世。这是建国以后开展中国近代史研究的一项巨大基础工程。此外,还有《金钱会史料》、《捻军史料别集》、《刘坤一遗集》、《锡良遗稿》等专题资料书,也是这个时期先后出版的。

在这段时期里,聂崇岐还承担一项具有重要意义的古籍整理任务,即《资治通鉴》与《宋史》的校勘与标点。《资治通鉴》涵盖1362年历史,数达300余万字的编年体历史巨著,上至天文历算,下至山川地理,内容极广泛,没有深厚史识与古文字功力,标点校勘都是难以胜任的。在顾颉刚先生的主持下参加者还有王崇武、容肇祖、张政烺等著名史家。继之又有《续资治通鉴》编年纪事计411年,凡220卷,其标点与复核则由容肇祖与聂崇岐分担。另一部大型工具书《中外历史年表》则是由他与翦伯赞、齐思和、刘啓戈共同编成的。

聂崇岐在学术上取得丰硕成果,赖于他具有深厚史学功力、博通古今学识及勤奋严谨学风。他曾说过,作学问"既要专心,尚需清心。"清心者即摒弃名利俗务的困扰。因而只有清心,才能专心;惟有专心,才能充分发挥自己的才智。聂先生几十年艰辛的学术道路就是这样走过来的。他的学者风范令人敬佩;他崇高的敬业精神,更令人景仰!

(聂宝璋 聂宝瑜)

赵 锡 禹

赵锡禹,1901年出生,河北乐亭县人。1915年至1919年于昌黎汇文中学读书,1919年转入北京汇文中学。1921年以优异成绩考入燕京大学英语系。1924年毕业后被燕京大学新闻系录取为研究生。1925年学成后留校任新闻系助教。赵锡禹选择新闻专业,为的是通过教学与研究工作,为社会培养、输送敢于直言、忠实报道的新闻工作者。然而在当时北洋军阀统治时期,由于政府的高压政策,新闻工作者无法揭露、抨击社会的腐败、丑恶现象,有的新闻工作者甚至成为政府的御用工具。赵锡禹为了救国救民,经过深思,改变初衷,立志走实业救国道路。1926年,他毅然辞去新闻系助教职务。1927年,赵锡禹赴美国留学,第一年他在芝加哥大学商学院攻读工商管理研究生学位,1928年9月转入纽约大学商学院学习,1930年,获工商管理硕士(MBA)学位。

赵锡禹1930年回国后,在商务印书馆担任研究专员任务。1932年,上海发生"一·二八"事变,日本军队攻入闸北,商务印书馆总馆被焚毁停业。赵锡禹回到北平,接受了辅仁大学的聘请,在经济系任教授、系主任,直至全国解放。

赵锡禹是燕京大学的高材生,对母校深有感情,在辅仁大学工作期间,同时于1934年至1941

年、1946年至1948年,两度兼任燕京大学经济系教授。他在高等学校专门从事会计教学工作,为国家培养了大量的财务会计人材。

赵锡禹研究工商管理学和从事会计教学思想非常明确,他曾说:"振兴中华,需要发展我国的实业,发展实业需要两方面的人材,一是工程技术人材,一是经济管理人材。经济管理工作很重要,如果有了足够的适用的材料与设备,也有了良好的工程技术人员和工人,而没有经济管理人员合理地组织和推动,也形不成有效的生产"。赵锡禹认为,搞好企业管理,首先要做好会计工作。会计是企业管理好坏的关键。在从事大学教育的几十年里,赵锡禹为潜心研究会计学,传授会计学,作出了为人称颂的成就。

赵锡禹教授是我国著名的会计学家,在中国会计学界夙有"南潘北赵"之说,前者是指我国著名会计学家潘序伦教授主办立信会计学校,后者就是指赵锡禹教授。赵锡禹在燕京大学开设会计学原理、高级会计学和成本会计学几门课程。他教学经验丰富,治学严谨,对学生循循善诱,讲课内容清晰,重点突出,语言生动。他一贯采用自己撰写的讲稿,并不完全依照课本,常常发表自己的创见。在讲解时则用中英文对照,使学生不仅对会计体系的内容融会贯通,同时还能掌握国际上通用的会计专业词汇。赵锡禹授课时,介绍了不少当时美国会计学术界的情况,对拓展学生的知识、开阔学生的思路都有很好的影响。赵锡禹对学生习题练习,都是亲自批改,认真评阅。他对工作一贯严肃认真、一丝不苟。

赵锡禹为了增加实际知识,曾到工商业中兼职,如在私营的造胰工厂和同德银行,都曾做过会计顾问、"稽核"等。

1948年11月至1949年8月,根据辅仁大学休假进修制度,他再度赴美考察。这一期间他曾到美国哈佛大学和纽约大学听课,并到一些工厂参观,对第二次世界大战后美国会计学的新发展和美国的企业管理、会计制度进行了调查研究。

解放后,1952年院系调整,赵锡禹到中央财经学院任会计系主任兼企业财务管理系主任,1953年转到中国人民大学任财政系主任,并继续从事会计教学工作。1960年后,他在人民大学任图书馆馆长和校工会主席等职务。

1955年至1965年,他连续四届当选为北京市政协委员,并曾作为特邀代表出席北京市第二、三届人民代表大会。"文革"期间,赵锡禹受到迫害,1970年不幸逝世。

(王俊彦)

张 鸿 钧

张鸿钧,字秉衡,1901年9月24日生于河北省宛平县。家境贫寒,常赖慈母针线,先生与兄姊捡柴拾穗,以赡五口之家。先生生而岐嶷,幼而好学,其五叔聘卿公宠爱先生,视同己子。自私塾而入北平汇文书院,进而入燕京大学深造,无不出自其五叔提携激励,倾力资助。

先生于1925年毕业于燕大社会学系,名列第一,被选为斐陶斐荣誉学会会员,并应社会调查专家甘博先生之聘,担任助理,从事社会调查工作两年。1927年冬,负笈美国西北大学社会学系研究社会工作,并获罗氏基金会奖学金之补助,转入芝加哥大学社会行政研究院,攻读二年,以《英国老年恤金制度》论文荣获硕士学位,原拟继续一年,攻读博士学位,因受罗氏基金会授予奖学金条件之限制及燕大需人孔亟,迭函催返,致未偿所愿。

先生返国在母校担任社会学系教授多年,至1937年,国内燕京、协和、清华、南开、金陵等五大学暨山东省政府与中华平民教育促进会得罗氏基金会百万美元之奖助,设置华北农村建设协进会,预期实行三年计划,加强农业、经济、工程、教育、卫生、民政、社会行政七项大学教育,促进政建教合一之推行,并为便利实地研究、实习、试验及服务,由该会创设乡村建设研究院,下设前述七项学系,先生曾任北平清河实验区主任,又分别在河北定县及山东济宁两县设立两个社会实验所,兼任山东汶上县县长。研究院长及社会行政学系主任职务,惜为时未久,七七事变发生,研究院辗转迁移贵州,先生受命代理院长职务,事繁责重,经与贵州省政府合作,于1938年以定番县为实验县,并担任实验县长,重新办理政建教合一工作,后因环境所限,发展困难,始离职赴渝。

1940年冬,社会部成立,先生受聘为社会行政计划委员会委员,后又派为研究室主任,襄助部务。时社会福利事业,方值萌芽,政策制度,机构人事,均待规划策进,先生躬逢其会,翊赞大业,建树良多。社会部编译出版之社会工作丛书,多达数十余种,即由先生主其事,成为当时国内最优良社会研究资料之一。

先生办事,认真负责,操守廉洁,公而忘私,国而忘家,旋于1944年擢升为社会部社会福利司司长,就职伊始,即致力于扩展社会福利事业,在社会保险、社会救济、社会服务、职业介绍、劳工福利、儿童福利之制度及方法上,颇多新猷,同时对复员工作之准备及实施,无不殚精熟虑,策划周详,顺利完成任务。

抗战胜利,还都南京,时陈纳德将军领导之飞虎航空队,因任务完成,改为航空公司,拟以美金一千两百元之高薪聘请先生为顾问,而先生安贫乐道,坚不应聘,仍衔命与联合国儿童急救基金会等国际机构寻求合作,推动战后国内儿童福利及伤残重建等善后救济工作,获致巨大成果,同时并在中央大学兼任教授,担任社会工作教育课程,培育人才。

1949年初,政府改组,社会部归并于内政部,先生移居沪上,虽已辞卸司长职务,仍继续义务协助政府与儿童急救基金会办理五大城市十数万儿童之救济工作,直至政府派员接办,方卸仔肩,改就美国援华会顾问之职。

是年6月,先生应联合国之聘,由沪赴纽约就任社会司研究组主任之职。

1957年,先生被派为联合国中东社会发展办事处主任,颇多成就,1962年,由联合国退休,改任联合国亚洲暨远东经济委员会社区发展顾问,居住泰京曼谷,前后达四年之久。在此期间,致力于社区发展教育工作之推进,训练人才,从事实际工作,并协助各开发中国家拟订社区发展计划,促请联合国批准后悉力推行,使各该国家普沾实惠。

先生于1968年10月返台定居,先应台湾大学之聘,翌年2月,复应东海大学之聘,担任客座教授,又应机关团体之邀请,多次举行专题演讲,栖栖皇皇,不暇宁处,奔波于台北台中之间。体力虽日损,但志业所在,仍不自以为苦。

1970年6月,先生发现食道癌症,迅即住院切除,10月病愈,返寓调养,仍照常赴校授课。然因体力难支,未及一载,即辞去教职,迁居台北天母,以便静养。不意翌年3月病况突变,终至不治,享寿七十有二岁。

(摘自燕京大学香港校友会编印的
《燕大校友通讯》,1984.2)

张　铨

张铨是我国著名的制革化学家、教育家,1899年10月11日出生在浙江省仙居县,1977年11月2日逝于成都;曾为成都工学院(现为成都科技大学)一级教授,中国民主建国会会员;是我国现代制革事业的前驱和奠基人之一,他培养了一大批皮革工程技术人员,对我国现代皮革工业的发展作出了巨大的贡献。

张铨教授出生于农家,家境清寒。1917年入之江大学文科。1919年二年级时因经济困难,中途辍学,去中学教书。伟大的五四运动激起了他心中的爱国主义热情。当他在故乡亲眼看到广大农村皮革资源丰富,却因祖国制革工业落后只能以低价出口原皮,财富大量外流,对此,他感触甚深,激发了"工业救国"的思想。1921年北上,入燕京大学皮革系,1925年毕业后留校任教。1927年代理系主任。1937年赴美深造,1940年获得博士学位。此后,摆在他面前有三条路:一是留下来继续进行制革研究,校方并同意设法将其爱人和两个孩子从日寇占领区北平接到美国;二是回到燕京大学。但是他想到国家正处在生死存亡关头,皮革又是军需品,自己应为抗战尽匹夫之责,于是选择了第三条路:接受成都华西协合大学和中央技艺专科学校之聘,于1940年冬到达成都。1942年燕京大学迁校至成都,他又兼任化学系主任。

1928年燕大皮革系与化学系合并后,他仍负责开设制革课程,并不断充实皮革实验工场。在旧社会,制革工作者被认为是"臭皮匠"。一些中学高材生,一般都不喜欢报考这个专业。为此,每逢大学招考前,他亲自到北京一些重点中学去作升学指导报告,宣传振兴祖国皮革事业的重要意义,动员更多优秀的中学生去报考制革专业。当今老一代的制革专家如成都科技大学的徐士弘、张文德教授等都是当时燕大的学生。

在成都,他还先后在五所大学任教,并在四川大学理科研究所培养了五名研究生。他学识渊博,除讲授皮革专业课程外,还讲授"蛋白质化学"、"工业化学"、"有机化学"等课程。

新中国成立后,政府决定在大学里设置皮革专业,于1952年秋,委派他负责筹建工作,从此他把全部精力用于办好制革专业。自1953—1966年的十多年时间里,他担任四川化工学院和成都工学院皮革教研室主任,培养了约四百名大专毕业生和6名研究生。他教学认真,亲自编写各门课程的讲义,主编了我国第一部《皮革工艺学》教科书,审校了苏联《皮革工艺学》教科书的中译本。1964年他被轻工业部委任为高等工业院校皮革工业专业课程教材编审委员会主任委员。他在教学中十分重视实践,亲自动手为学生示范各种操作技术。他的学生遍及全国各大制革厂、毛皮厂和科研单位,其中不少已是国内外知名专家,有的人是皮革研究所所长、厂长等,成为我国皮革工业骨干力量。

早在燕京大学时,他就专心研究皮革和毛皮的鞣制,结合教学,开展工艺研究。他根据国内植物鞣料(单宁)资源丰富的情况,开展植物鞣革研究。他在美国的博士论文就是研究中国五倍子鞣质(单宁)与皮胶原的结合理论。回国后又继续研究橡椀鞣质与皮胶原、去氨皮胶原的结合,都得出了"植物鞣质(单宁)与皮蛋白质的结合系物理化学的吸着作用"的理论。在这之前,关于植物鞣革的机理有两大观点,其一为植物鞣质与胶原系化学结合,其二为物理的吸附作用。而张铨提出的物理化学吸着作用的学说,正是美国辛辛那提派创立的植物鞣吸着理论的开篇之作。张铨也由此开始在国际皮革学科上受到重视。

他也重视国产新的植物鞣料资源的调查和开发利用。1955年,他兼任林业部"成都植物鞣料室"主任,亲自带领学生调查四川及西南地区的植物鞣料资源,进行分析,提取和栲胶的制造研究,为开发新的鞣料做出了贡献。

他还研究了山羊皮科学的保存方法,促进了我国羊皮制革的发展。对各种制革技术、鞣革方法以及快速鞣革理论,都进行了探索,提出了新的见解。

张铨热爱祖国,一直不忘兴建我国皮革工业。早在30年代,就在北京、安徽、陕西等地调查和考察皮革和植物鞣料资源,并提出设置现代制革厂,开发利用植物鞣料等建议。为了传授新法制革,于1930—1937年曾兼任天津春和制革工厂监理(相当总工程师),使该厂的皮革质量誉满远东。

抗战期间,曾在成都、贵阳等地制革厂指导生产。新中国成立后,他更是竭尽全力,身体力行,带领学生深入工厂,协助解决生产技术问题,推广新工艺、新技术、新材料,推动着皮革工业发展。在50年代初,轻工业部号召开展猪皮制革,他就在成都办了猪皮制革训练班,为发展我国猪皮制革起了积极推动作用。1958年6月他代表我国皮革界在莫斯科社会主义国家第三届国际皮革专业会议上,作了"中国皮革涂饰剂生产、应用和研究的概况"论文,深受与会者重视。十年动乱中,他虽蒙受不白之冤,仍不忘发展皮革工业,撰写了"快速铬鞣工艺"、"皮革化工材料的发展方向"等论文,翻译了大量资料。即使晚年他在双目失明、重病在床之际,仍向前来探望的同事们询问制革教学和科研情况。

张铨热心社会事业。成都解放后,他就被推选为成都市人民代表,成都市人民政府委员。后又当选为四川省人民代表、省政协委员、政协常委,全国政协第三、四届政协委员。他还曾任中国化学、化工学会理事,四川省化学化工学会副理事长,四川省科普协会和科技协会副主席等职。

(张扬 董贻中)

王荫圃

王荫圃,1897年5月16日出生于河北省武邑县,自幼勤奋好学,关心国家大事。1919年在保定育德中学读书时,曾和另一位学生代表去天津会见周恩来等天津学生代表,商谈开展五四运动工作。王荫圃中学毕业后,同时考取北京师范大学和燕京大学,因出不起学费准备进北师大。育德中学校长决定由学校资助他进燕大,条件是毕业后回校任英语教师。1921年秋,他就读燕大教育系,1926年毕业离校。他回到保定育德中学、河北第二师范学校教书。1928年,他参加中共外围组织"互济会",翻译、散发英文革命读物,利用职业作掩护,支持进步学生运动。卢沟桥事变爆发后,王荫圃奔赴延安,进抗日军政大学接受军事训练。1938年,他加入中国共产党,任八路军西安办事处中校副官主任,协助中共代表林伯渠和办事处长伍云甫等做对外联系和统战工作。白求恩赴延安途中路过西安会见林伯渠时,王荫圃给他们做翻译,印度援华医疗队柯棣华大夫等经西安去延安也是他负责具体安排。国民党反动派加紧反共后,许多进出延安的知识青年和干部在西安受到阻拦、拘捕和迫害。王荫圃利用合法身份做了许多保护和营救工作,仅外交部的老大使、公使中,就有3人当时被王荫圃从国民党警特机关中救出。他还通过红十字会和农学院等各种社会关系,为解放区采购输送急需的物资。

1940年,国民党加强对陕甘宁边区的封锁,延安生活条件日益艰苦。这时,王荫圃接受任务,千方百计买下一批奶牛、奶羊和蔬菜种子,亲自赶着牲畜送往延安,在路上喂料、挤奶、接羔,什么都干。到达延安后,他被任命为光华农场场长,首次在延安生产供应鲜奶和西红柿。

抗战后期党中央加强干部培训,准备迎接反攻。王荫圃重返教育战线,连续出任陕甘宁边区农业学校、职工学校校长和延安大学教育系主任等职务。

1946年,王荫圃调延安中国解放区救济总会,并赴北平军事调处执行部工作,任军调部中共方面翻译科长,但主要做救济福利工作。1946年8月,王荫圃陪同联总哈里逊大夫克服重重困难和阻挠,由北平押送二百八十多箱医药物资到晋冀鲁豫解放区的邯郸,受到邓小平和薄一波等同志的欢迎。哈里逊大夫1947年初在押送又一批医药物资由上海进解放区途中,不幸病逝河南张丘。晋冀鲁豫边区政府决定在邯郸成立纪念哈里逊国际和平医院和医学院,并建立哈里逊大夫纪念碑,王荫圃也参与其事。此后,他历任解放区救济总署驻天津代表、各解放区分会联合会主任和秘书主任等职务,为解放区人民争取了数万吨联合国救济物资。1948年冬,叶剑英同志在石家庄组建解放北平的工作班子,王荫圃受命担任北平军管会外事处长兼华北人民政府外事处长。进北平后,王荫圃具体贯彻实施了"另起炉灶"、"打扫干净屋子再请客"的外交方针。

中央人民政府成立后,王荫圃被任命为外交部人事处长,参加组建外交部。此后他历任我国驻阿拉木图总领事、外交部苏欧司副司长、美澳司副司长、中国人民外交学会副秘书长、秘书长等职务。

王荫圃热情、诚恳,在他工作的各个阶段结交了许多国际、国内朋友。他淡泊名利,勤俭廉洁。建国初他任驻阿拉木图总领事期间,负责接收原国民党政府设在苏联中亚地区的六七个领事馆的财产,合并为阿拉木图总领事馆。在接收过程中,他一丝不苟,点滴归公。总领馆撤销时,他把全部财产都移交给驻莫斯科使馆。回国后,他拿出自己节余的钱交了党费。他在外交学会工作期间严格执行外宾送礼处理办法,曾受到周恩来总理的表扬。

1982年王荫圃的血压高居不下,他主动辞去外交学会秘书长职务,带头离休。

1989年7月24日,王荫圃病逝于北京。

(纪 锋)

1922

凌 叔 华

凌叔华,1900年生,英籍华人,女作家、画家。原名凌瑞棠,笔名叔华、素心。原籍广东番禺,生于北京书画世家。自幼受文学艺术的熏陶,6岁拜画师缪素筠为师,在古典诗词和英文方面还曾受北京大学教授辜鸿铭的指导。后又从师王竹林和郝漱玉习画。曾就读于天津河北省立女子师范。1922年入燕京大学学习外语。1926年在《现代评论》上发表短篇小说《酒后》,名声大作。后陆续发表许多小说,先后结集为《花之寺》(1928)、《女人》(1930)、《小孩》(1930)、《小哥俩》(1935)。1927年与北京大学教授陈源(陈西滢)结婚。婚后同丈夫到武汉、四川乐山等地任教。1947年与丈夫到巴黎、伦敦,曾在伦敦讲授东方艺术与戏剧等课。1956年到新加坡南洋大学文学院任教授。1961年因丈夫有病回英国。1967—1968年在加拿大讲授中国现代文学。回英国后曾在伦敦大学、牛津大学、爱丁堡大学作中国现代文学和中国书画专题讲演多次。1961—

1982年曾多次回中国访问。其文学著作尚有《凌叔华短篇小说选》、《凌叔华选集》、《柳惠英》,长篇小说《梦里心声》,散文、评论集《爱山庐梦影》,以及英文短篇小说集《古歌》等。又擅长工笔画和写意画,其作品属文人画,用笔清劲,技法熟练,风格秀丽,充满诗意。曾在巴黎、伦敦、波士顿、新加坡、槟城等地多次举办个人画展。

1989年底凌叔华回到北京。在去世的前几天还躺在担架上重游了北海公园和史家胡同旧居。1990年5月22日逝世。

(据《中国现代作家大辞典》)

章　克

章克长期从事对敌斗争工作,抗日战争时期,为了获取日、伪情报或进行策反,曾冒着生命危险,进出于日、伪阵营,被誉为传奇人物。

章克,浙江杭州人,1902年生,1922—1926年在燕京大学学习,在校时名章胜荣。1929—1931年在燕京任教。1924年由共青团员转为中共党员,经常接受组织交给的特殊任务。1926年李大钊避难于苏联大使馆加拉罕住宅时,章克与美进步作家雷娜、普鲁姆女士一起,担任党的交通员,为其每天传递消息。1926年11月离京南下,脱离党组织。后来到大革命时期的武汉政府,任外交部长陈友仁的秘书,曾协助陈收回武汉、九江两市英租界。1927年宁汉政府合流、国共分裂后,奉命护送鲍罗廷、加伦将军等七十多名苏联顾问,从汉口出发,途径西北大沙漠、外蒙首府库伦(今称乌兰巴托)、西伯利亚到莫斯科。抵达后,进中山大学东方研究室任翻译,同时任宋庆龄、邓演达、陈友仁三人随从秘书,为他们搜集各国农民革命和土地问题资料。1928年初,他以宋庆龄秘书和随员身份,随宋赴柏林。同年秋,赴美国哥伦比亚大学深造。

1929年回国,协助邓演达组建中国国民党临时行动委员会(后来改称农工民主党)。此后与潘汉年、于毅夫建立了关系,从他们那里接受有关搜集情报的任务。1934年赴福建,参加蔡廷锴等人组建的反蒋的福建人民政府,任外交部政务司长。反蒋活动失败后,他赴上海参加沈钧儒、章乃器等组成的上海文化界救国会。

1937年七七事变后,他应宋庆龄之邀赴香港,协助宋庆龄、陈友仁就抗日进行国外宣传工作。1941年日军偷袭珍珠港,太平洋战争爆发后,他回到上海,受潘汉年指示,打入汪伪政府,任林柏生为部长的伪中央宣传部次长,为中共中央搜集日伪情报。

1945年4月,他与曾在邓演达领导下进行反蒋活动的陈学稼、汪馥泉、吕一峰三位教授一起,根据中共中央的指示,在南京创办《大公》周刊,该刊在苏联塔斯社上海分社定期供给电讯稿的有利条件下,透露一些反法西斯战场和中国战区敌军连吃败仗的消息,使新闻封锁下的敌占区人民,见到了胜利的曙光。但不久日军发现该刊不利于自己,冈村宁次遂于同年7月10日下令查封。

1945年8月15日,日本天皇宣布无条件投降当天,章克受新四军代军长张云逸的委托,以新四军军使名义,到冈村宁次的司令部面见他的代表,要求华东地区全部日军向新四军投降,之后又面见日驻汪伪政府大使谷正之,提出同样要求。要求虽被拒绝,却接收了一大批武器弹药。三天之后,他又巧妙地设法见到被军统层层包围中的周佛海,要求他率伪军起义,投向共产党。虽未成功,亦接收了一大批西药和军用物资。军统很快就侦察到他在日伪阵营的活动情况,将他逮捕。这一消息为美驻华大使司徒雷登获知,他决定营救他的这位学生,遂向国民党政府施加压力,不久章克获释,并在司徒雷登推荐下,出任美军顾问团翻译。美军顾问团撤走后,他与李时雨[①]、周幼海[②]一起,在上海做地下工作。

司徒雷登回美前,在上海与章克见了一面,表示美将考虑承认中国新政权。章克将谈话内容报告给中共中央。此后他到中共中央联络局华东分局从事国际情报工作。后又到上海财经学院执教。

1955年潘汉年事件发生后,章克受到株连,被捕入狱。直到中共十一届三中全会后才被平反获释,于1984年任山东省淄博市政协常委,1989年病逝。

(董天民)

注:
① 李时雨抗日时期受党中央指示,打入汪伪政权,任汪伪立法委员,新中国成立后,在中央人民政府情报总署工作。
② 周幼海为汉奸周佛海之子,中共党员。

张　放

张放是隐蔽战线的无名英雄,曾长期为共产国际工作,因有功于苏联,十月革命和五一国际劳动节两次登上苏联红场观礼台。

张放,原名刘进中,于1901年出生于河北省宝坻县。在南开中学读书时,担任学生会主席。1922年毕业前夕,因领导学生爱国运动被学校开除,经校长张伯苓推荐,进燕京大学政治系就读。他到校后不久,即参加学生会的领导工作。曾领导学生进行"五卅"反帝大游行和1926年的"三·一八"反北洋政府和帝国主义大游行。当时燕大早期党员刘谦初①、董秋斯等对他影响很大,使他对党有了初步认识。

1927年他投笔从戎,赴武汉参加北伐军,任11军28师政治部组织科长。他与北伐军中的共产党员经常接触,使他对党有了进一步的了解。同年5月,他是北伐军派出的三人小组之一,秘密赴北京,为迎接北伐军作准备。他抵京后,即与燕大的党组织及北方局负责人联系,7月被吸收为中共党员。不久,北方局有人叛变投敌,张放闻讯后急忙回河北老家暂避,一个月后,回到燕大复学,后当选为燕大党支部书记、西郊区党委委员。1928年夏,蒋介石对北京的共产党员实行大逮捕,张放得知他也上了黑名单,连夜逃出北京,经人介绍到河南冯玉祥部队暂避。

1929年初,张放抵达上海,参加了左联,认识了宋庆龄、史沫特莱。当时,中共和共产国际都急需有关国民党的情报。恰在此时,德共党员,共产国际情报专家左尔格来到上海,领导上海的情报组织,经宋庆龄和史沫特莱介绍,与张放相识,并吸收他加入共产国际情报组织,1930年起,让他领导一个小组。1931年,共产国际驻上海代表牛兰夫妇神秘失踪,左尔格让张放弄清真相。他利用各种关系,了解到牛兰夫妇被国民党逮捕和关押地点。消息公布后,在舆论界压力下国民党被迫释放牛兰夫妇。张放为共产国际提供了大量有价值的战略情报,获得共产国际的好评。

1932年,左尔格去日本工作,张放全家去苏联,向共产国际汇报工作,被安排到苏联各地参观访问,同年十月革命节,他受邀参加红场观礼。以后,共产国际安排他们到中国东北,搜集日本侵华反苏情报。他们于1934年冬抵达上海,后听说他在上海领导过的情报员叛变投敌,出卖了接替左尔格工作的华尔顿和他本人,他不得不重返苏联,他又受邀参加五一劳动节红场观礼。之后,共产国际改派他赴新疆。当时新疆省主席、边防督办盛世才,是在苏联支持下上台的,盛世才伪装进步,并大批使用共产党人。而新疆正处于日特、英谍、汉奸、蒋帮分子的渗透中。搜集这些敌对势力的情报,是共产国际派张放到新疆的目的。

张放一家于1936年夏抵达新疆迪化(今乌鲁木齐),组建了以盛世才为处长、张放为副处长的机要机构边务处,设立了边境地区的边务分处及办事处和以张放夫人为台长的电台和通讯网。张放很快摸清边境敌特情况,对他们分别采取措施,把新疆建设成为我国抗日后方基地和苏联援助我抗日物资和人员的过境通道。不久,盛世才暴露出反共真面目,大肆逮捕和屠杀共产党人。张放于1940年被扣上托派和日谍罪名,遣送回苏联。共产国际根据张放的申诉,否定了盛世才强加给他的罪名,决定派他到华北,建立搜集日本情报的机构。

张放全家长途跋涉,经过一年多时间,于1942年初抵达天津,建立了情报站和电台,为共产国际搜集了大量有价值的情报。1944年秋,电台被日军侦破,张放夫妇均被捕。同年底,张放逃出,直奔冀东解放区,然后回到延安,不久苏联对日作战,张放将党的关系转回到中共。

1946年,张放参加北平军事调处执行部的工作。他到北平的消息很快为司徒雷登获悉。司徒雷登邀请他到临湖轩作客,殷勤招待。不久,司徒雷登出任驻华大使。他到南京后,向中共代表团提出让张放作他与中共代表团之间的联络员,中共同意这一建议,于是张放赴南京工作,他从司徒雷登那里了解到的情况,直接向周恩来、董必武汇报。他的行踪很快为国民党特务侦察到,经中央批准,张放于1947年2月撤回延安。

1947年胡宗南进犯延安,张放随毛主席等中央领导转移到陕北农村,他利用缴获的敌人的测向台,反过来侦察敌人行动,因此,使中央领导巧妙地躲开敌人追击。1948年北平解放前夕,他参加以徐冰为首的代表团先行秘密进城,筹划北平解放后我军进城事宜。北平和平解放后,他负责中央领导从西柏坡进入北平的保卫、交通等工作。任务完成后,他转到肃清城内暗藏的敌特分子,整顿全市治安工作中去。

张放于1982年离休后,整理他与敌斗争经验,编著了《风雪天山》、《奔向解放区》两本书,现已出版。他还著有《太极拳的奥秘》一书。1995年,这位为共产主义事业奋斗了一生的共产党员去世,终年94岁。

(董天民)

注:
① 刘谦初于1930年任山东省委书记时,被捕牺牲,他与张文秋所生女儿刘松林,1950年与毛岸英结婚。

周 兰 清

家母周兰清,1899年6月生,江西省临川人。从小学到中学就读于江西南昌葆灵女校。毕业后又服务于葆灵女中,从附小老师到中学校长,前后断断续续几十年。1922年至1927年就读于北平燕京大学数理系,1933年至1934年又回燕大研究院进修。前后共有六年之久,燕大给她留下了深深的回忆。

1925年春,身为燕大歌咏队员的母亲与其他女队员,身穿黑色衣裙,颈下挂着银色十字架,胸佩白色绸花,在司徒雷登校长的率领下,参加了孙中山先生的追悼会,并护送孙中山先生的灵柩至中山公园。1912年年幼的母亲在南昌曾亲聆过中山先生的演说,先生号召大家努力奋斗,收回南浔铁路,由国人自办。此事对母亲印象极深。她对中山先生的逝世感到特别悲痛。

1926年3月18日,母亲参加由北平学联组织的反对当时政府卖国求荣的反帝爱国示威游行,她率领女校第一分队走在最前面。执校旗的是数学系魏士毅同学。当天刘和珍、魏士毅牺牲了,母亲非常痛心。

在燕大,母亲因身体不好(肺部有病),曾在走廊用屏风隔出一小间,独自住过一段时间。此时外籍教师韩小姐,每天省下自己吃的牛奶给母亲吃,促使母亲早日康复。

1938年燕大同学刘桂英,参加新四军北上抗日,女儿刚满周岁无法带走。母亲与江西战时儿童保育院院长陈庆云共同接下、照顾。直到解放初期(孩子已12岁),由江西省长邵式平带到北京送还。至今刘姨夫妇已故,但他们的女儿仍常惦记家母。

在燕大研究院进修时,母亲已三十四五岁,认识了小她四岁的家父张仁济,虽相聚时间不长但他们相爱了、结婚了。在母亲38岁时有了他们的独生女。遗憾的是他们虽然终生思念,却未能终生相伴。在一起的时间很少很少,各人忙于自己的事业。1946年家父赴美留学,次年母亲赴美,仅一年就回国了,因解放在即,她放不下她的学校、她的女儿。1957年夏在香港全家曾有过短暂的团聚。家父拟接母亲与我赴美定居,但我们回来了,从此父母再未相见。

燕大给予了母亲很多、很多。至今她仍难于忘怀。

母亲1934年至1936年初曾在美国密西根、欧比昂大学研究进修一年半。1947年再次赴美,1948年获北卡州立大学教育学硕士学位。

母亲一生从事教育事业,大部分时间是在葆灵女中。最难忘的是抗战八年,她带领全校师生,由南昌迁往于都,既要负责经费来源,又要负责师生安全,还要保证教学质量。为节省开支,她带头减薪,抱病上课,抗战一宣布结束,她与另一位女教师,不顾个人安危,又迅速赶回南昌,以免校产有损。为这一切她付出了全部心血。她的学生们尊敬她、爱戴她,称她为:良师、益友、母亲。

由于当时美国女布道会有规定:教会女校校长必是未婚女性。所以在1936年至1938年春,母亲曾离开葆灵,在江西妇女生活改进会工作,任副总干事。后因葆灵找不到未婚女性任校长,母亲又回到葆灵任职直到1951年。

1953年以后,母亲曾任萍乡中学及南昌莲塘中学副校长、县人大代表、县政协副主席,直到1964年退休。1986年起被聘为江西省文史馆馆员。曾是江西省政协一至四届委员。

母亲一生热心于社会公益活动。1986年她与另四位德高望重的高龄妇女共同创办了南昌三八康乐公寓,现改名为南昌三八康乐联谊会,有会员四百余人,是离、退休知识妇女学习、活动的好场所。

1997年,母亲虚龄99岁。为了她的爱国情、红烛情,由南昌葆灵校友会倡议,有市教委、妇联、侨联等8个单位以及海外校友等先后两次为她举行了"百岁庆寿会"、"百岁感恩会",报纸、电视亦有报道,并有"人物专访"节目。

母亲是位普通的知识妇女、平凡的中学教育工作者,她将她的情和爱、身和心献给祖国、献给她终身热爱的教育事业。为此,她舍弃了许多,但她未有怨言。她得到了人们的肯定和尊重。母亲所做的一切,与她在燕大所受的教育分不开,她为曾是"燕京人"感到自豪!

母亲因腿伤,行动不便,但头脑仍很清晰,往事历历在目。一直与女儿一家生活在一起。百岁老人,四世同堂,其乐融融。

家父张仁济,字作舟。1903年生,祖籍江苏省泰县。于1934年1月开始在北平燕京大学宗教学院主修神学士正科,并进修几门社会学系的功课。只读了一年,就回到南方工作。但在燕大的一年给他留下了深刻的回忆,他写过散文《难忘的燕大》、《追忆司徒雷登校长》等。

抗战前及抗战时期家父一直在江西工作,为江西的农村教育做过一些事,这在他的英文著作《中国抗战前农村学校与社会》中有所描述。

1946年家父赴美深造,获得一个博士学位,四个硕士学位,并于1963年获美国社会学学会院士。他在美学习、工作、生活半个多世纪。大多数时间是在大学教书。家父于1997年3月在美国佛罗里达州去世,享年94岁。我与他在一起的时间很少。他留给我的印象是:身材高大、风趣、幽默、爱说笑,为人随和,但办事认真,生活很简朴。

(张建美)

卿 汝 楫

卿汝楫,湖南省隆回县人,1902年11月15日生。1922年入燕京大学教育系学习,1924年转入政治系,1927年毕业。1926年在燕大加入中国共产党,曾任燕大学生自治会及五卅惨案后援会宣传部长。后失掉党的关系。

卿汝楫1927年至1932年任燕大政治系助教、研究员等。1932年至1933年在美国普林斯顿大学研究院,搜集美国侵华史资料,1933年至1938年在美国斯坦福大学、加利福尼亚大学研究院工作、学习,1935年获普林斯顿大学研究院硕士学位。1935年至1936年发起组织美国及加拿大中国留学生总会,任执委会主席兼总干事,因宣传抗日、反蒋,被移民局拘捕,1938年被限期出境。

卿汝楫回国后,1938年至1942年任西北大学教授,1942年至1944年先后任西北师范学院及中央政治学校教授。1944年至1947年任在华美军总部中文秘书厅秘书长、国民党政府国防部新闻局副局长。1948年至1949年在香港创立华光学院,1949年6月回到北京。

卿汝楫1953年至1976年任中央教育部参事,长期从事《美帝侵华史》的编写工作,已出版一、二卷。1976年4月5日在北京病逝。

(原载《战斗的历程》)

曹 亮

曹亮,湖南省常宁县人,1904年10月7日生。1922年入燕大文理科,主修历史。1927年初离校后参加革命,1934年在上海入党,介绍人田汉、阳翰笙。

从大学时代起,他积极参加反帝反军阀的爱国行动。抗日战争时期,主要从事党的统一战线、外事联络和地下工作,曾任"抗日救国会"的党团总书记,并帮助进步作家编写《中国呼声》。1938年周恩来、郭沫若同志在武汉会见美国作家斯特朗、英国作家阿特勒和当时燕大校长司徒雷登时,曹亮负责引见并担任翻译。1939年协助宋庆龄、斯诺在香港组建"中国工业合作社国际委员会"。在整个抗战期间,遵照周恩来同志嘱托、受李克农直接指导,作了大量分化瓦解敌伪军的工作,为党作出了重要贡献。

解放战争时期,从事党的地下工作,出色地完成了党交给的各项任务。解放初期从事经贸工作,为打破美蒋经济封锁、恢复经济和抗美援朝做了许多有益的工作。

1955年因冤案牵连,受到错误处理,被捕关押,蒙冤二十多年。1979年经中央批准予以平反恢复名誉。

1992年7月6日因心脏病突发,在北京逝世。

(原载《战斗的历程》)

王 汉 章

王汉章，1904年出生于河北大兴县，1922年考入燕京大学文理科商科，1924年毕业，因成绩优秀留校任英文打字员、校长秘书、会计秘书。1941年12月8日日寇占领燕大，王汉章拒聘，不为日本人工作含泪离校。一家七口靠典当和生活本已清苦的父亲接济勉强糊口。1943年协和医学院和燕大领导及教授组办酱油厂救济两校失业人员，聘王汉章为分销处经理，王一家始得苦撑到日本投降。

作为第一批燕大的接收负责人之一，王汉章直接参与办理了对燕园日本驻军的受降手续。

燕大复校工作十分艰巨，单就环境说，燕园遭日寇数年蹂躏，门楼塌落，荒草满园。王汉章受命担任庶务课主任，负责校园重整工作。他全身心地投入工作与专家研究，与工友一同劳作。在教授楼周围外栽松墙，内种樱桃；在临湖轩种竹、种松；女生院前经营桃林以象征桃李满天下。水面除未名湖外全部种荷。又早早修复钟亭，响起钟声激励燕园人争分夺秒，早日复校。劫后燕园很快恢复了昔日的庄严美丽与温馨。

王汉章正直、厚道。他支持学生反饥饿反内战的大游行，曾派大汽车去营救和接应被捕和参加游行的学生，学生曾三次派代表去他家致谢。

王汉章负责校园修建与院系设备配置，经手巨大钱款，一尘不染，1952年"三反"中被误指为贪污分子而挨斗关押，半年后才被无罪释放。

院系调整后，王汉章被调到北京医学院工作，他恋恋难舍，含泪离开了热爱的燕京大学，他在这里度过了二十六个春秋啊。

到北医数年，王汉章因病退休，从事父传的古瓷收集、鉴定、拍摄与编纂，准备献给国家。不幸，"文革"初起，他的精心收藏即毁于红卫兵之手。

1971年7月，红卫兵数次去他家，强令他诬指一个杨姓老同学为反革命，他在大声抗辩中，愤极晕倒，诊断为脑溢血。自此卧床，于1972年4月逝世，终年68岁。

（据《燕京大学史稿》）

崔 毓 林

崔毓林（林子明），1900年出生。1922年秋考入燕京大学预科，1923年入燕大本科生物系学习，在校期间积极参加反对北洋军阀的学生运动，参加过五卅运动，1926年3月18日作为总指挥带领燕大学生进城游行请愿。1928年毕业后，任教于北平育英、汇文中学，并曾任安东三育中学校长。1932—1934年在汇文教书的同时，在燕大生物系读研究生，师从李汝祺教授，攻读遗传学。1935年夏以优异成绩获得理科硕士学位，同时获得生物荣誉学会会员称号，他与李汝祺联名的论文《梁蝇残翅在高温下的发育》在美国遗传学杂志上发表。

崔毓林还喜好戏剧音乐。在燕大上学时,同学焦菊隐把法国喜剧《悭吝人》改编成中国式的话剧,崔毓林饰演男主角阿巴公,受到热烈欢迎。他也喜欢京剧,收藏了不少老唱片。他能吹唢呐,还是一个不错的男高音。50年代他们家里曾合唱过不少歌曲。他的子女也都喜欢音乐。他的女儿、著名导演林汝为就学过花腔女高音。

1935年秋到1941年12月,他在燕大生物系任讲师。1939年,与李汝祺合写了大学教材《人类生物学》。1940年编写出版了《人类生物学实验指导》。1941年秋当选为燕京大学校务委员会委员。1942年秋—1943年夏他曾到北平中国大学代李汝祺教授主讲"普通生物学"。

1943年7月他与燕大国文系董鲁安(于力)教授在地下党的安排下,奔赴解放区,更名为林子明。同年9月到华北联合大学教育学院教高中"普通生物学",并担任政治班教员、主任等职务。

1945年1月出席晋察冀边区群英会,同年6月16日加入中国共产党,并提升为教育学院副院长。1945年抗战胜利后任张家口市教育局局长,11月调任华北联合大学教务长、副教务长。1948年8月任华北大学一部副主任。1949年1月天津解放后任市教育局副局长,为期十个月,他在工作中全面贯彻落实党的文教政策、干部政策和知识分子政策,由于他对学习俄文发表了一些看法,被无端扣上"发表反苏言论"的罪名,受到不公正的待遇,至1950年4月又受到开除党籍和撤销行政领导职务的处分,调到天津政治学校。1952年10月调任天津师范学院生物化学系教授、系主任。1954年9月任生物系主任。

1956年加入了中国民主促进会,并担任该会支部主任委员、天津市委副主任委员。1960年夏当选天津市生物学会副理事长。

"文化大革命"中他受到严重摧残,于1971年含冤逝世,终年71岁。1980年6月得以平反,恢复其党籍。他的骨灰与夫人、共产党员于静贞的骨灰一起被安放在天津市革命烈士陵园。

于静珍1901年出生,1923年考入燕京大学数学系,两年后到贝满、育英等中学教书。1943年崔毓林去解放区后,她带着婆婆和未成年的五个子女,回到东北老家艰苦度日。1945年初,她又带着五个孩子从东北到北京,再经过封锁线到阜平与崔毓林相会。抗日战争胜利后,他们一起到了张家口,她又开始从事教育工作。"文革"中遭受迫害,1971年逝世。

(子 为)

蔡 咏 春

蔡咏春(1904—1983),爱国爱教学者,出身于福建一个信奉基督教的商人家庭,生前他母亲便已立意要其献身基督教,约定供他读书成为牧师,不参预商业经营。他自幼就读于家乡金井的教会毓英小学及泉州的教会培元中学,在校期间积极参加宗教活动,1922年被保送进入燕大社会系,在燕大自由研究的气氛中,广泛涉猎民族学、语言学、人口问题,特别是在吴文藻先生指导下重视社会调查与研究。

1925年蔡咏春因患肺结核休学,转学岭南大学,1929年回燕大,次年在燕大毕业,其毕业论文"中国的人口问题与人民经济生活",提倡节育,呼吁"将节育变为社会政策",当为我国较早提出此问题的文章。

同年夏,他在北戴河偶然听到晏阳初演讲,就决定前往河北省定县农村参加平民教育从而为他今后理论研究打下了基础,他谢绝了学校安排他攻读硕士、保送赴美攻读博士再回校任教的安排,此时也谢绝了赵紫宸院长要其入院攻读神学,洪煨莲教授要他攻读历史的建议。他在定县除协助乡村布道员工作外,并负责开设成人及儿童识字班,教农民改良果树品种,科学饲养牲畜、鼓励妇女纺纱织布等,农村的实践,使他对广大农民有了进一步了解;可惜这段工作仅进行了七个月便因患病而中断了,于是他回校入宗教学院完成了神学研究生学业。

抗战爆发,他正在福建闽南神学院工作。厦门失陷后他暂避香港。在"与民共苦"的思想指引下,他于1938年9月不顾安危,明知日军进攻广州,竟将四岁幼女托付岳母,偕妻奔赴广州协和神学院。10月广州陷落,他留在校园,组织留下的少数师生,办起了难民营,数月内接待了七千余名同胞。

1939年他获得纽约协和神学院奖学金,但他抱定"与同胞共患难"志愿,并未赴美,而奔赴云南大理,在合并于华中大学的协和神学院任教,除教学外,还从事少数民族研究并颇有成就。

抗战胜利后1946年他赴美留学,以三年时间攻读了硕士及博士学位,其博士论文"程伊川哲学遗著考订选辑译著"被认为是20世纪中国教会神学著述的范例。

1949年新中国建立,他放弃优厚生活,在妻子患病手术后,于1950年夏,携全家回国并返回母校。第一年便在宗教学院独自开设"基督教思想史"、"中国哲学史"、"基督教与唯物辩证法"三门课程,同时还担任宗教学院院务秘书、主持讲道及团契活动等。

50年代初,形势不容燕大教学按老轨道行驶,宗教学院响应政府号召断绝与外国教会关系,组织"三自",不接收外国津贴,决定从燕大分离出来独立办学。

1952年院系调整,燕大并入北大不复存在,他离校失业达四年之久,后得老友及师生相助,于1956年到长春东北人民大学(后改为吉林大学)重执教鞭。十年动乱中受到迫害,幸喜看到"四人帮"被粉碎。1983年病逝。

(据《燕京大学史稿》)

1923

于 毅 夫

于毅夫(于成泽),黑龙江省肇东县人,1903年5月9日生。1921年入上海同济大学学习,1922年在北京平民大学学习,1923—1927年在燕京大学历史系学习。1933年参加革命工作,1936年在北京入党,介绍人李向之。他曾参加五四运动。1926年"三·一八"惨案时,任燕大学生会负责人,参加组织燕大学生游行请愿。

1927年自燕大毕业后,历任北平民国大学图书馆主任、黑龙江省立一中校长、天津市政府秘书等职。1933年参加情报工作。1936年后历任东北各届救国会干部、东北救亡总会党组成员兼宣传部长、总会常委。1941年在香港参加救国活动。1942年后担任中共华中局情报工作、华中新华社总编辑、华中局调查研究室主任、新四军联络部长等职。

1945年10月至1949年夏,任嫩江省人民政府主席。

1949年夏至1952年10月,任黑龙江省人民政府主席。1952年11月至1958年5月,任中共中央统战部副部长。其间曾任第一届全国政协委员、第一届全国人大代表、中共八大代表。1958年6月后,历任吉林省永吉县委第一书记、吉林省委书记处书记、全国政协常委。

"文革"中受林彪、"四人帮"诬陷迫害,被关押7年多,身心受到严重摧残。

1977年9月后任全国政协常委、吉林省政协副主席。1979年后,因病长期住北京医院。1980年回长春。1982年病逝。

(原载《战斗的历程》)

童 世 光

童世光,又名辅之,1904年出生于湖北汉川县,曾就读于武昌文华大学预科,1923年考入北京燕京大学,曾是燕京大学足球代表队队员。

在北京燕京大学学习期间,他就追求革命真理,接受马列主义,积极参加反帝活动。1925年五卅惨案发生后,他组织领导了汉川县学生联合会举行的反帝斗争的游行示威活动。1926年3月在湖北沙市加入中国共产党,7月调任中共湖北省委迎接北伐军总交通。北伐军攻占武汉后任中共湘鄂边区宣传干事,同时兼任国民党汉口特别市党部部长陈潭秋的秘书、监委干事。1927年第一次国内革命战争失败后,回汉川积极从事革命活动,任中共南河区委书记,参加中共汉川县委传达"八·七会议"的精神,参与组织领导汉川秋收暴动,带领红军攻打系马口。

1928年1月暴动失败后,赴上海任中共法南区委交通,以冯玉祥第二集团军大中通讯社英文部翻译记者的身份作掩护,坚持党的地下工作,负责传递党刊《布尔什维克》和苏联、法国的进步书刊等。1932年"一·二八"淞沪抗战爆发后,奉派到上海互济会,发动群众抗日,成立抗日救国会,搞募捐,声援十九路军在上海的抗战。淞沪抗战失利后,到安徽、青岛等地继续进行抗日救国活动。在青岛,加入了宋庆龄、蔡元培为会长的"中国反帝大同盟",并组织成立了青岛抗日救国会。参与创办《抗日三日刊》,最先译载了美国著名记者斯诺在上海《密勒氏评论周报》上发表的《毛泽东论敌后游击战》等文章,有力地推动了青岛的抗日救国活动。1937年春,华北各界救国联合会在北京召开,他曾作为青岛代表赴京出席会议。

1937年,抗日战争爆发后,到八路军武汉办事处经董必武同志派遣,赴应城县汤池与陶铸等一起开办农村合作事业人员训练班,任汤池临时学校校长,为开创鄂中敌后抗日游击战争培养了大批干部。

以后调鄂中工作,先后任中共鄂中汤池特支书记、中共鄂中特委委员、中共天门区委书记、中共天汉工委书记、中共天汉中心县委书记、中共天汉地委委员、政权部长、中共汉川县委常委、政权部长、汉川县行政委员会主席、豫鄂边区行政公署天汉办事处主任、天汉对敌工作委员会书记等职。在陶铸、钱瑛同志领导下开展统战工作,积极组建抗日武装队伍,从事抗日游击战争的准备工作,组织领导建立了汉川三中队和五中队两支党领导的抗日武装,为开创天汉地区敌后抗日游击战奠定了基础。

1939年李先念率部南下鄂中以后,童世光主要从事鄂豫边区抗日民主根据地的建设,开辟天汉抗日民主根据地,保证边区的财源供应。1940年童世光在汉川田二河接待了美国著名作家史沫特莱的采访,详细介绍了大革命时期及抗日战争时期天汉人民的革命斗争史。1943年8月,奉命调新四军第五师政治部,任联络部部长兼国际招待所所长,在接待美国陈纳德的"飞虎队"在空战中被击落的飞行员,以及向他们宣传我党的抗日主张、消除他们受国民党欺骗所产生的疑虑等方面做了大量的工作。抗战胜利后,1945年10月,应范文澜之邀,赴华北大学,任外语系教授,后进晋冀鲁豫中央党校学习。

新中国建立后,调北京任中央政法委员会参事室参事,以后主要从事党的教育事业,历任湖北农学院院长、湖北省教育厅厅长、中南行政委员会文化部副部长、中南直属机关党委第12分党委委员、湖北省人大代表、华中农学院副院长、顾问、湖北省政协常委。1985年离休。

1985年燕京大学武汉校友会成立时，这位老红军感慨万分，对母校的校训记忆犹新，欣然挥笔写下打油诗一首：

> 盔甲上阵锷未残，
> 八旬老夫不下鞍。
> 服务真理求自由，
> 鞠躬尽瘁自陶然。

童世光为中国的革命和党的教育事业奉献了自己的一生，于1996年8月逝世，享年92岁。

（童小龙）

王 达 成

王达成，原名王道行，山西省离石县人，1905年5月生。1923年入燕京大学经济系学习，1926年毕业。1926年9月在燕大加入中国共产党，介绍人戎之桐。

王达成1926年11月任中共清华大学第一任支部书记，兼中共北京西郊部委（即区委）宣传委员；1927年5月被派往绥远商震部队工作，不久被派往山西从事共产党的地下工作，后被捕入狱，关押在山西第一监狱，担任狱中支部书记。1932年出狱后回家乡组织农民协会。1934年至1939年历任陕北神府地区特委特派员、神府地区工委书记、陕北省委组织部长、陕甘宁边区党委组织部长、晋西南区党委组织部长，1939年12月当选为中国共产党的"七大"代表。1940年至1949年历任中共晋西区党委组织部长、中共晋绥分局组织部长、晋绥行署秘书长、陕甘宁边区政府秘书长。

王达成1950年任西北军政委员会工业部部长、西北财经委员会副主任。1954年调任纺织工业部副部长，1980年任纺织工业部顾问。1982年2月离休，1989年3月31日在北京病逝。

（原载《战斗的历程》）

刘 北 茂

刘北茂先生系江苏省江阴人，(1903—1981)。他出生于一个清寒的知识分子家庭，其父刘宝珊是新学的积极倡导者。刘北茂的长兄是我国五四时期著名的新文学家、语言学家刘半农，二兄是我国杰出的民族音乐学家刘天华。由于母亲和父亲相继早逝，刘北茂自幼在二位兄长的关怀和影响下成长，在天华先生的悉心指导下，从小就能演奏二胡、琵琶和笛子等民族乐器，并学会了吹单簧管、小号和短笛等西洋管乐器，同时还参加了天华先生所指导的丝竹乐队。

刘北茂精通英、法语，1927年以优异的成绩毕业于燕京大学英文系，曾于1927年至1942年先后在上海暨南大学、北京大学、北平大学女子文理学院、西北联大等校从事"莎士比亚作品选读"、"诗学"、"作文指导"等专业英语课的教学与研究工作，为我国培养了不少英语教学与翻译的专门人材，并留下多种译著。

1932年天华先生逝世后，为继承其"改进国乐"的遗志，刘北茂更加发奋地研究二胡、琵琶等民族乐器,并开始自学音乐创作。1935年在北京协和礼堂隆重举行的"刘天华先生遗作演奏会"上,他参加二胡独奏《病中吟》获得成功。他又曾以自己出色的演奏把刘天华先生的最后遗作《烛影摇红》介绍给听众,受到各界人士的赞赏和鼓励。

抗日战争爆发后,北平沦陷,刘北茂断然拒绝日伪当局的重金聘职,历尽艰辛,辗转跋涉,取道上海、香港等地,来到陕西西北联大任教,在大后方广泛参加音乐演奏活动,曾在各地多次举行独奏音乐会演奏天华先生和他自己的作品。他的二胡演奏风格刚劲有力,质朴情深,真挚动人。

在繁忙的英语教学之余,刘北茂开始了辛勤的创作活动,1940年前后,他相继写出了《汉江潮》、《前进操》、《漂泊者之歌》、《乘风破浪》等著名二胡独奏曲,鲜明深刻地表现了大后方人民离乡背井,漂泊不定的生活和对敌人的无比愤恨与反抗,以及对祖国的前途和抗战胜利充满了信心。

1942年,为了更好地继承天华先生改进国乐的遗志,毅然放弃了受人尊敬的大学专业英语副教授的教席,改任国立音乐院民乐教授。在那民穷财尽的旧中国,搞民乐被认为是没有前途的,而刘北茂却以极大的热情和毅力,投入到二胡教学演奏与作曲工作中去。1943年新年前,他在四川青木关即兴而作的《小花鼓》一曲,反映了他在艰苦的年代献身民族音乐事业的坚定、乐观情绪。几十年来,这首乐曲已流传国内外,深受广大听众的喜爱。

在解放战争的年代里,刘北茂积极参加进步正义活动。1948年,南京国立音乐院进步师生不怕反动当局的反对与迫害,组织演奏人民音乐家聂耳的名作《翠湖春晓》,他热情参加排练演出,坚决支持这一活动;1949年,南京发生了震惊中外的"四·一"惨案之后,刘北茂先生亲自携二胡单独一人为受迫害而被逐出校园的进步学生举行慰问演出,表现出一个艺术家崇高的爱国正义精神。

解放后,刘北茂任中央音乐学院教授,几十年来,他为我国培养出的一大批音乐教学与演奏专门人材,他的学生遍布全国各地。他热爱青年,无论对专业学生和业余学生,他都给予无私的关怀和帮助。

他除了繁重的教学任务外,还是一位多产的作曲家,他以极其勤奋与严肃的态度,热情地讴歌时代,反映现实。创作了大批二胡曲。其代表作有《欢乐舞曲》、《太阳照耀到祖国边疆》、《独弦曲》、《欢送》、《千里淮北赛江南》等等;他还整理改编了《薰风曲》、《花花六板》、《二泉映月》、《采茶灯舞曲》等古典与民间乐曲。在创作中,他始终坚持继承民族音乐的优秀传统,并对外来音乐文化做了吸收与借鉴,这正是天华先生所一贯倡导的原则。刘北茂先生的二胡曲,既有鲜明的民族风格和丰富多彩的音乐语言,又富有创新精神,他的作品和他的为人一样,具有朴实、真挚的特点。

在发展二胡这一民族弓弦乐器的性能和表现力上,他勤于探索,勇于创新,较早地运用多种弦式来进行创作,进一步丰富和发展了二胡的表现力。就在他晚年双腿瘫痪病魔缠身之时,他顽强地坚持创作,他以高昂的激情写下了深切怀念老一辈无产阶级革命家的《缅怀》,衷心赞颂敬爱的周总理之《流芳曲》,以及热情歌颂"四化"建设的《迎朝晖》等,这些作品都是他心血的结晶。其中《缅怀》一曲,他曾用来指导他的儿子刘育熙改编成小提琴独奏曲《哀思》,这首改编曲曾在中央音乐学院举行的纪念周总理音乐创作比赛中获一等奖,在全国各地演出中均受到广泛好评。刘北茂在病重和目力衰退的情况下,争取时间口述了纪念刘天华先生的长篇传记性回忆录。刘北茂先生怀着一颗赤子之心,为发展民族音乐事业战斗到生命的最后一息,他的二胡创作是继刘天华先生之后,我国民族音乐宝库中又一份珍贵的遗产。

(周宗汉)

吴 其 玉

吴其玉,字琪玙,福建省闽清县人,1904年5月30日生于福建闽清,1995年6月12日卒于北京,享年91岁。

吴其玉出身于一个归国华侨家庭,1923年毕业于福州英华中学,同年考入北平燕京大学,主修政治学。1927年毕业,得法学士学位。其后二年在燕大研究生院,任研究生兼助理,1929年获硕士学位。1930年进美国普林斯顿大学研究生院,学习并研究政治科学,1933年以优异成绩获哲学博士学位。同年秋回国,先后任燕京大学政治学系讲师、副教授、教授,并任政治学系主任。其间还曾任东北外交研究委员会委员,并主编《外交月报》和《The Yenching Journal of Social Studies》。1941年冬珍珠港事变后,北平燕大被日本侵略军关闭,他化装为商人冒险偷越日军在浙江富阳的火线,辗转至成都,参加领导燕大在成都的复校工作,任法学院院长,法科研究所所长等职,对成都燕大的建设和发展作出了重要贡献。抗战胜利后,1946年他去南京,任国民政府国防最高委员会参事,继之任外交部参事,同时任中央大学、金陵大学教授。1949年应邀转至杭州之江大学,任教务长兼校政委员,并任政治学系主任。院系调整后,于1952年转任四川大学政治学系教授,西南政法学院教授。1957年反右运动中受到不公正待遇。1962至1970年在福建第二师范学院英语系任教。拨乱反正后,1978年被中国社会科学院民族研究所聘为研究员,并任北京大学法律系兼职教授,同时担任中国政治学会顾问,中国国际法学会顾问等。1984年在民族研究所退休。1987年被选为中国民主促进会中央参议委员会委员。他的生平事迹已被收入《中国社会科学工作者辞典》和《中国蒙古学学者(1949—1985)》。

吴其玉教授1933年与他的同学、燕京大学历史系1928年的毕业生潘令华结婚,婚后有三个子女。长女吴兰成是北京大学数学系教授,子吴中权系美国ESTEK公司高级工程师,次女吴霭成是上海复旦大学计算机科学系教授。潘令华正直善良,在吴其玉教授长达二十余年的逆境中给了他以巨大支持。她毕生从事教育工作,成绩卓著,经常被评为优秀教师和先进工作者。

吴其玉教授一生治学严谨,学术造诣很深。在30—40年代,著述颇丰,一在我国西北地区和中亚地区民族的演变、关系以及中俄在这一地区的外交史方面,二在国际政治,国际关系和国际法方面,都有深入的研究,发表论述数十篇,其中《清季回疆独立始末及其外交》(载《国闻周报》11卷11期,1934),《新疆问题史的分析》(《东方杂志》31卷7期,1934),《清季收回伊犁交涉始末》(《国闻周报》11卷19期,1934),《哈萨克民族史略》(《大公报》史地周刊11期,1934.11.30),《东察合台汗国史略》(《大公报》史地周刊53期,1935.9.20),《清季坎巨提帕米尔事件交涉经过》(《外交月报》8卷3期,1936),《评麦考文著古代中亚帝国》(英文)(载《The Yenching Journal of Social Studies》2卷1期,1939),《瓦剌部落来源考证》(英文)(载《The Yenching Journal of Social Studies》3卷2期,1941),《新疆问题的分析及解决途径》(《天文台》杂志,1卷1期,1947)以及《泛论外交行政》(《外交月报》8卷6期,1936),《现阶段之中日交涉》(《外交月报》9卷5期,1936),《1936年之中日关系(上、下)》(《外交月报》10卷3期和6期,1937),《论中日经济提携》(《外交月报》10卷3期,1937)《三大国安全政策的研究及其问题》(1944年成都出版),《评顿巴敦橡树园联合国宪章草案》(成都《中央日报》),《评中苏友好同盟条约》(指1945年蒋介石政权与苏联所订条约)(《东方杂志》42卷,1946),《地缘政治学的意义》(《东方杂志》42卷,1946)等等都是很有特色的文章。年逾古稀后,他仍笔耕不辍,整理发表了《从猛可帖木儿说到玛哈齐蒙克》(载《福建师大学报》1979年第4期),并为《简明不列颠百科全书》编译法律条目69条。在他89岁高龄时,还出版了译著《从伊犁越天山到罗布泊》(台湾稻乡出版社1993年出版),并积极整理其他手稿,直至逝世。

吴其玉教授热爱教育事业,对于培养青年人具有极高热忱。他先后为学生讲授过政治学导言、西洋政治思想史、国际组织与国际关系、西洋外交史、中国外交史、国际公法、比较政府(或宪法)等课程,深受学生的尊敬与爱戴。目前他的学生已遍及国内外,有的已成为国内外知名学者。在他年逾古稀后,还为北京大学法律系研究生开设中国外交史等课程,栽培桃李,不惜余力。

吴其玉教授为人正直,光明磊落,性格开朗,乐观豁达,即使在长达二十余年的逆境中,他对前途也未丧失信心,始终相信阴云总有一天会散去。"文革"结束,拨乱反正后,他赋诗一首:

纷纷前事已难追,渺渺予怀只自知。
严谴廿年宁有道,长征万里幸能随。
华胥旧梦成新梦,百代何时遇此时。
莫笑冯唐今老大,夕阳正待赋新诗。

在他90岁高龄时,一位美国友人在给他的信中说:"You are as vigorous as ever."是的,吴其玉教授永远是朝气蓬勃,充满活力的,直至生命的最后一刻。

(吴兰成　吴霭成)

1924

李安宅

李安宅、于式玉夫妇是我国著名的社会学家、民族学家,开我国现代藏学研究先河的前辈学者。李、于伉俪一生著述甚丰,在国内外学术界有重大影响,对发展我国社会科学事业有重要贡献。

李安宅,河北省迁安县人,1900年3月31日生。1924年9月入燕京大学社会服务研究班学习,1926年毕业后留校任社会系学生助理。1926年秋在燕京大学参加共产党,1926年底至1927年春受李大钊同志派遣到苏联领事馆任英文秘书。李大钊等同志牺牲后,李安宅回燕大,党组织分配他作市民小组工作,后任中共西郊区委宣委。1928年西郊区委遭破坏,李安宅与党失去联系,于1929年离开燕大。1929年—1934年,李安宅先后在国学研究所、平民大学、北京大学农学院工作。1934年8月—1936年8月,先后在美国加利福尼亚大学伯克莱分校和耶鲁大学人类学系做研究工作。1936—1937年任燕京大学社会学系讲师,1938年深入甘肃夏河县拉卜楞寺,对藏族的宗教、政治、文化、民族、民风进行深入的调查研究。1941—1947年7月,任华西大学副教授、教授,兼任该校社会学系主任,创办华西边疆研究所。1947年8月,李安宅到美国、英国进行研究工作和讲学,1949年回到华西大学工作。

中华人民共和国建立后,李安宅于1950年2月至1955年,随人民解放军进入西藏工作,历任昌都解放委员会文化组组长、拉萨解放军藏文藏语训练班教育长、西南军政委员会民族事务委员会委员等职,参与创办了拉萨小学。1956年—1961年任西南民族学院副教务长、教授,1962年4月起任四川师范学院副教务长兼外语系主任、教授。1985年3月4日逝世。

主要著作有:《仪礼与礼记之社会学的研究》、《美学》、《意义学》、《社会学论文集》、《人生、家庭、社会》、《边疆社会工作》、《社会科学与真知》、《藏族宗教史之实地研究》(英文版)等。

主要译著有:J.G.弗雷泽的《交感巫术的心理学》、B.K.马林诺夫斯基的《两性社会学》、《巫术、科学、宗教与神话》、K.曼海姆的《知识社会学》等。

李安宅综合经济现象(财富)与政治现象(势力)来观察社会现象,强调运用人类学的理论和方法研究中国农村及中国的边远地区,并提出"社会学与人类学不必再分"的观点。他在知识社会学、宗教社会学等学科领域也有一定的建树。

于式玉,山东临淄县人。1926年赴日本留学,入奈良女子高等师范学校,1930年毕业回国,在北平女子文理学院和燕京大学任教,并兼燕大图书馆日文部编目工作。抗日战争爆发后,她为维护民族尊严,拒不出任日伪准备开办的北平女子文理学院院长,毅然把子女送至乡下托父母抚养,随丈夫李安宅教授离开北平,绕道上海,经香港、云、贵、川、陕,到达兰州,从事藏族文化促进工作和社会人类学调查研究工作。

于式玉到兰州不久,就只身赴甘南夏河县拉卜楞寺。她学会藏语,吃糌粑,结交了许多藏族朋友,在极其困难的条件下创办了拉卜楞女子小学,并任校长。随后,她又与李安宅一起从事藏族民情风俗及宗教的调查,写了大量有关藏族文学、宗教和民俗的文章,为藏学研究提供了可贵的资料。她义务创办的小学,招收藏、回、汉族学生一百三十多人,仅用三年时间就完成了五年的课程,深受当地各族人民欢迎,但却遭到当地反动当局的打击迫害,以至校址被强占。1942年,她告别拉卜楞到成都在李安宅创办的华西边疆研究所任研究员兼藏文资料工作。1943年,她又深入四川阿坝黑水藏区进行实地考察,撰写了多篇有关文章。

1946年夏,于式玉离成都赴美国,应聘在哈佛大学汉和图书馆和耶鲁大学图书馆担任日文和中文编目工作。在此期间,她编辑了约六十万字的《西藏学目录索引》一书。1949年6月她离美赴英,同年10月与在英讲学的李安宅一同回到成都。

1949年12月成都解放,于式玉与李安宅一道随解放军进藏,任18军研究室研究员。在拉萨,她参加筹办藏语训练班,并任教员。在此前后,她曾任昌都解放委员会委员、西南民族事务委员会委员、拉萨西藏军区干校教务主任等职,为西藏和平解放和民族教育作出了贡献。1956年,到西南民族学院任教,为藏区培养和输送了不少人才。1963年到四川师院外语系任教。"文化大革命"中遭受迫害,于1969年8月病逝。

(高　秀)

徐 英

徐英,1902年出生在安徽省歙县一个官宦家庭。父亲徐谦是清末翰林。民国成立,徐谦拥护孙中山先生,是国民党建党元老之一。徐英曾在上海圣玛利亚中学读书。1924年考入北京燕京大学。1925年上海发生五卅惨案,全国震动,北京学生成立了"五卅沪案后援会",四出募捐救济上海罢工工人,徐英任该会的财务主任。

1926年3月18日北京各界群众在中国共产党北方区委领导下,在天安门集会强烈抗议日本帝国主义侵犯中国主权的行为。大会主席徐谦痛斥日本帝国主义炮轰大沽口国民军的侵略行径,要求政府驳回八国通牒,号召民众联合一致,打退帝国主义的进攻。会后学生列队游行到铁狮子胡同执政府门前请愿,遭到军警残酷镇压,刘和珍、杨德群、魏士毅等47人倒在血泊里,一百五十多人受伤。这就是现代史上有名的"三·一八"惨案。那天徐英参加了游行,她在魏士毅的旁边,烈士的尸体掩盖了她,使她幸免于难。段祺瑞下令通缉徐谦、李大钊等人。徐英因为是徐谦的女儿,也在通缉之列,她就流亡到美国继续上学,在那里和司徒宽结了婚。是北伐的号角将他们从大洋彼岸召唤回国,司徒宽为北伐筹集军饷,日夜奔忙。徐英则随宋庆龄、何香凝走上街头募捐宣传。她的青年时代是在战火的驱赶奔波下度过的。

抗战爆发以后,司徒宽投笔从戎。徐英跟随徐谦往返广州、香港、重庆等地,主要在中学里教英语。1940年9月徐谦因心脏病在香港逝世,徐英和丈夫避居美国。1945年日本战败投降,徐英回到祖国。1946年在上海遇到了睽违多年的司徒雷登校长,她应聘担任燕大校友会的秘书,回到燕园,从事校友联络工作。1947年她又离京赴美担任燕京大学美国校友会的秘书,在美国各地从事联络校友、团结校友的工作。

在美国的日子里,徐英还做了一件很有意义的事。1948年她在纽约组织了美国第一个中国京剧票房——纽约平剧协会,她当会长,这恐怕与她跟梅兰芳先生的亲密友谊有关。1930年梅兰芳率团去美国演出京剧,荣获了南加利福尼亚大学和波摩亚大学两家学府的文学博士学位。陪同梅先生联系有关事情一起去领取博士学位的是徐英的哥哥徐璋和徐英的丈夫司徒宽。从此徐英和梅家建立了友谊。她对京剧也很有兴趣,终于在1948年在美国建立了第一所票房,作为美国华人的演唱场所。1958年她在北美成立了业余平剧协会,她任秘书。这个平剧协会在纽约演出了全本《霸王别姬》,有两千多人来观看演出,观后都为京剧的魅力倾倒。后来这些平剧组织分散开来分头在美国各地成立了很多票房,使京剧在海外生根开花繁荣起来。徐英在1959年成立了"海外中国音艺中心"的组织,她任会长。1960年台湾的胡永芳、胡鸿燕兄妹到美国演出京剧,"海外中国音艺中心"帮助他们在美国二十多个州巡回演出,七年内共演出1069次,观众达1196万人,尤其帮助一些不懂汉语的美国学生演出京剧,首开洋人表演京剧的先例。1990年是梅兰芳先生旅美演出60周年,"海外中国音艺中心"又在夏威夷举行了纪念活动,放映了梅兰芳舞台艺术的纪录片。徐英也多次回国为"海外中国音艺中心"购置戏装,物色资料,同时聘请一些演员去海外作短期演出,为弘扬祖国文化尽心尽力。

徐英到了晚年,愈加思念生她养她的祖国。从1986年起她几乎每年归来一次,直到去世以前,她归来共13次。1986年共青团中央举行纪念"三·一八"60周年活动,特地邀请当时的幸存者徐英回国,徐英在座谈会上发表了深情的讲话。徐英每次归来,都受到有关方面的热烈欢迎。北京的亲朋故旧争着看望这位来自海外的老人。徐英归来最牵动她心弦的是燕京大学旧址,那湖光塔影,松涛钟声,岛畔石舫,使她流连忘返。她就把访问校友,座谈燕大史料,作为她生命的支柱。

1994年4月17日,燕大校友会举行了燕京大学成立75周年的纪念活动。徐英和来自海内外的校友一千多人聚集燕园参加校庆。16日她还出席了在临湖轩召开的第一届燕京研究院董事会,发表了热情洋溢的讲话。4月26日她从中国回到美国的加州,还在为资助燕京研究院的计划奔走呼吁。5月22日她还没有返回夏威夷的家里,就猝然病逝,终年93岁。

(叶祖孚)

焦 菊 隐

焦菊隐1905年生,戏剧导演,教育家,浙江绍兴人,生于天津,原名承志。1924年考入燕京大学政治系,开始诗歌、小说创作。1928年毕业于燕京大学,任北平市立第二中学校长。1930年创办北平中华戏曲专科学校,任校长。1935年去法国巴黎大学学习,1938年以《今日之中国戏剧》论文获文学博士学位。回国后在广西大学、江安戏剧专科学校、中央大学等校任教。新中国成立后,历任北京师范大学文学院院长、北京人民艺术剧院第一副院长兼总导演、中国文联第三届委员、中国剧协第二届常务理事兼艺委会主任,是第二至四届全国政协委员。长期致力于中国话剧民族化的探索,创立了具有中国民族风格和气派的演剧学派。导演的话剧有《龙须沟》、《茶馆》、《蔡文姬》、《关汉卿》等。著有《夜哭》(诗集)、《焦菊隐文集》等,译有丹钦科《文学·戏剧·生活》、《娜娜》、《契诃夫戏剧集》等。

焦菊隐于1975年2月28日逝世。

(据《中国现代作家大辞典》)

严 镜 清

1906年,我出生在浙江宁波的一个小康家庭,我父亲在上海经商,我大哥在上海澄衷学堂上学,曾留学法国,学习化学工程,是他决定我学医的,也是他写信叫我报考协和医学院的。

当我约十岁左右在初小上学时,我家中遭遇重大的不幸事故。我祖母、我父母、大嫂和二哥相继因病去世。

1924年我从澄衷中学毕业,经协和的入学考试合格,准备在9月初到该校报到入学。一个非常重大的插曲就在这个关键时刻发生。我大哥已失业,谋生困难,但他表示,学校的学膳费不多,可以设法解决,生活方面必须要刻苦一些。我当即表示愿意做一个刻苦的穷学生。

协和的学制是预科三年,本科五年,共八年。我第一年到协和预科,当时协和与燕京已有协议,预科以后不再在协和办,第二年即由燕京接办,名义上完全是燕京的,在燕京盔甲厂旧校址注册并照一张全班团体相,仍在协和原地上课、做实验、食宿等,教职员也大部分照旧,化学系主任韦尔巽教授(Prof. S. D. Wilson)仍为预科主任。同学们自己也不觉得有什么大的变动,学生会组织无论是协和的、燕京的,都没有把我们这一班当作一回事,就连1926年3月18日段祺瑞血腥镇压北京学生运动,牺牲的烈士中就有燕京大学女学生魏士毅,这个惨案我们还是在事后才知道。

1926年秋季开学,燕大在海淀新址新校舍的建筑基本上落成,我们医预第三年就在新校舍内注册、学习、住宿,于是在名义上、事实上才完全是属于燕京了。

当我们刚到海淀新校址时,虽然校内道路还在挖土堆沙、开工修建,宿舍内自来水全日只有冷水,要到11月底在晚间方有热水可以洗澡,但我们大家对新校舍有说不出的喜悦和爱好。虽然离北京城里稍远,交通不很方便,但校址空旷,未名湖在其中,湖水清澈,西山较近,抬头即可望见,树木较多,有山林之美,有我国古代名儒讲学的学院或书院的遗风,也有现代欧美大学如牛津和剑桥大学的某些风格。

学生很多,全校约九百余人,比协和多得多,约多十余倍(协和本科高年级当初每班只二三个人)。虽然闽粤方言、苏浙方言、西南官话、东北口音等都很突出,但彼此似乎很容易互相谈话熟悉,中心的问题是学生的科系各不相同,理想也各不相同。当时社会学系、心理学系等因有名教授,学生较多。与医预关系较大的化学系很强,韦尔巽教授仍是主任,也仍兼医预主任。物理系新聘一位副教授Dr. Paul A. Anderson,他对于当时的现代物理学关于原子核构成的核物理学有研究,并以此进行教学,很能吸引对物理有爱好的学生。生物学的女教授博爱理(Miss Alice M. Boring)自己勤于学习研究,还有新来的昆虫学家胡经甫教授等,讲课精彩吸引人,离现今已数十年仍能回忆起当时的风采和所讲重点内容。

燕京大学是美国教会办的大学,司徒雷登是校长,也是教会的全权代表。我在燕京的两年中,我或同班中没有人被要求去做礼拜或入教,倒是有两个同学已在家中入教,到北京后无形中放弃做礼拜或做祷告;其中一人是从台湾来的,当他毕业后在北京结婚时,其母亲从台湾来京,有若干次我们在文海楼请老太太吃便饭,他事前告知我们,他的母亲是很虔诚信教的,他必须陪老太太做祷告,请我们谅解。当然燕京可能比较开明,并不能代表一般的教会学校。

1927年，这是现代我国革命史论著中被一些人称为大革命的一年，以这一年为中心，在北京，学生运动达到高潮，也受到北洋军阀所控制的政府更为严厉的镇压，许多大学被查抄，进步活动的学生领袖被逮捕关押或枪毙。而燕京大学由于是美国教会办的，军阀们怕外国人，也错误地认为教会是反左的因而也是反共的，于是受到优待。有鉴于此，共产党地下党组织、学生运动的力量中心逐步迁到燕大，并决定在燕京学生中加大力量发展组织。我知道我们班有五个人参加组织，其中吴继文是在1926年参加的，以后是组织干事，另外三个厦门人，其中一人后来到台湾，曾于数年前到北京来过。我是在那年暑假开始前参加的。暑假时每星期一次约两小时，学习文件、讨论，要求每个人应多发展工农朋友等。当时学习的主要文件是艾思奇编写的《共产主义的ABC》。我认为这本书写的比较简单扼要，目的明确，要为人数众多的工农群众们，也即是从事劳动的广大群众，从少数资本家和地主们的剥削压迫下解放出来，能享受自己劳动的果实，改善自己的生活。这是合情合理的简单真理。这个真理在我学医的过程中不时想到。为人治病，是以职业行为助人解除病苦，主客俱得其益。但社会上贫人太多，富人甚少，对穷苦病人可酌量少收钱，但人数太多而无力应付。更好的办法是应用医学等有关科学并进行广泛卫生宣传教育，使广大群众能知道怎样讲究卫生，预防疾病，控制传染病，逐步改造并建设环境，使居民少生病，并延年益寿。这不就是预防医学吗？这不就是公共卫生吗？我于1932年在协和毕业，是在1931—1932年完成一年的内科住院实习医师（internship）之后进入公共卫生学科的。我在协和公共卫生学科当助教，在东城区第一卫生事务所防疫统计股当主任。我能全面进入公共卫生教育研究领域，其原动力是和1927年在燕京大学时与进步的社会主义思潮接触有关系！

抗日战争时期，我除了在重庆政府的卫生署任职外，曾在西安临时大学（后迁汉中）、贵阳医学院、中大医学院担任公共卫生学教授。胜利后，我于1947年回到北京，在北京大学医学院担任教授。

1949年1月，北平解放。1949年11月我在北京市各界人民代表会议上当选为人民政府委员，并兼任公共卫生局局长。由于我能获得领导与人民的信任，有这样的好机会，可以做出一番事业来，我当然觉得兴奋、快乐。但是我的心情也是沉重的，正是由于这是一个难得的好机会，我能否做出一番事业来，能否为广大人民群众在预防疾病促进健康上做出显著成绩来，这是一个严峻的考验。

1954年我参加了北京市人民代表大会，汇报了解放以来卫生医疗工作的主要情况和所取得的成绩，并就存在的问题与困难，做了扼要的说明。1956年4月，我接到中央卫生部通知，由曲正、姚克方和我三人，以中华医学会代表的名义，出席英国皇家卫生学会的年会，并由各人写成工作报告，在大会上宣读。我即以1954年在市人代会的专题报告为基础写成一篇论文，并经二三位英国皇家卫生学会的活动分子Dr. Leff等人帮助在文字上进行润色和段落上改写。当我的论文在大会上宣读时，当时的执行主席告诉我，给我的掌声最多，并向我祝贺。这篇论文被收录在英国皇家卫生学会专刊上，我个人并被邀请参加该学会为正式会员。

回国后，在向中华医学会领导汇报的会议上，卫生部崔义田副部长表示，我们代表团在英国工作做得很好，北京市卫生工作得到国外专业人员的肯定和赞扬，因此是为国争光的。

（严镜清）

陈 允 敦

陈允敦,福建省泉州人,生于1902年。1924年考入燕京大学,1928年以优异成绩毕业。在大学里他主修化学、副修地质。毕业后回到故乡泉州,从此他与教育结下不解之缘。他是我国第一把国产计算尺的创造者,英国李约瑟博士曾誉为"福建人创造天才的一个例子。"

他先是在几所中学任教,继则多方筹资创办安溪矿务学校,此校为华南第一所专门培养矿务技术人员的学校,是继唐山矿冶机工学校之后当时中国第二所。人们从此开始熟悉陈允敦这个名字,他自己亲自授课,还组织设计采矿、查清主要煤层、设计运输缆道和运输计划。后因闽变,开采计划未能实现,矿校也因经济无着而停办,但天湖山煤矿之有今日,实肇基于当年陈老创办的矿校。1934年夏,他受聘于泉州晦鸣中学任校长,学校办得很有起色。1937年,他应邀赴厦门大学任教,从此开始了他的高教生涯。

时抗战爆发,环境恶劣,厦大因被轰炸,迁往长汀,陈允敦也随往,但师资力量单薄,教学资料及仪器设备奇缺,陈允敦勇挑重担,除承担工程材料学和冶金学课程外,还承担难度较大的工程地质学课。萨本栋校长评价说:"请他一人,等于请三人。"他还动手制作教学仪器,研制出使他一举成名的"赛璐珞计算尺"。当时我国学术界使用的多为德、美、日的计算尺,价格昂贵,我国一般学生无力购买。陈允敦矢志要研制出我国自制计算尺。功夫不负有心人,中国第一把计算尺在他手里产生了,其精确度及操作方便均不亚于外国产品,得到国内外专家好评。由于陈允敦研制的计算尺及时供应工程界及大学理工科师生之急需,当时重庆教育部特予以传令嘉奖。但在那科学不受重视的时代里,计算尺无法大量生产,他允诺每位学生都能拥有一把计算尺的美好愿望化为乌有。新中国诞生,给陈允敦带来希望,他将多年的心血结晶——计算尺的制造法无私贡献给国家,计算尺得到大批量生产,我国自己造的计算尺成为方便实用的计算工具。为表彰他的贡献,他当选为全国先进生产者代表,被邀参加"五一"天安门观礼。

50—80年代,他先后担任厦门大学、福州大学、华侨大学教授直到退休。2000年9月27日他不幸病逝于泉州。

陈允敦在地质、化学、考古等方面都有高深造诣。多年来,他用自己的知识,为祖国建设事业做出了贡献,为国家培养了大批科学人才。80年代到90年代陈老从对自然界的探索转移到研究地方文化方面上来。而追求与奉献是他72年科技生涯的总结。烈士暮年壮志不已,在他年过九旬时,仍是老骥伏枥,志在千里,他仍在为社会为人民做出更多贡献。

(据《燕大文史资料》第七辑　作者　劲　光)

朱 士 嘉

朱士嘉，著名方志学家、文献目录学家。江苏无锡县人。他早年在江阴励实中学读书，以后升入燕京大学。1928年获学士学位，1932年获硕士学位。

在燕大研究院期间，在顾颉刚先生指导下，开始研究地方志。"九·一八"事变发生后，他参加反日爱国运动。"八·一三"日本侵犯上海，飞机轰炸闸北，东方图书馆藏被烧毁（内有孤本方志多种），朱士嘉写了关于《孤本方志被炸毁》的报道，刊登在《燕京学报》上，表示对日寇的无比愤慨。他与顾颉刚合写了《研究中国地方志的计划》。1935年他编写出版了《中国地方志综录》，引起国内外学术界的重视，成为崭露头角的方志学家和文献目录学家。

1930年至1937年，他先后任辅仁大学讲师和燕京大学图书馆中文编目部主任，并主编《史学年报》和《燕大图书馆报》。日军占领北平，朱士嘉生活极为困窘，日本侵略者多方引诱，用优厚待遇聘他教书、编写志书，他坚守民族气节，断然拒绝。

1939年至1950年，他留学美国，并在美国工作。1939年9月，经燕大洪煨莲教授介绍赴美，工作于美国国会图书馆，他还先后任教于密西根大学，华盛顿大学。1942年9月，他在哥伦比亚大学研究院深造，1946年获博士学位，同时主编该校中国留学生刊物《新潮》。同年下半年他在美国国家档案局学习档案管理法。1940年，他在美国国家档案局发现了一批有关大量拐骗华工的档案胶卷，即加以复制，于1956年将它们送交中国历史博物馆。稍后，他还曾看到其他的有关中美关系的档案，共约15万页，后复制了300多个胶卷，运归祖国，现归北京图书馆所有。他回国后，又将有关《档案法》资料，赠给了中国国家档案局。这些都很具有价值。

1947年至1950年，他被聘为美国西雅图华盛顿大学远东系副教授。他先后加入了美国远东学会，美国地方志学会及美国档案工作者协会。1948年，他在远东学会年会上，宣读论文《美国国家档案馆所藏中文档案》，后发表于《美国远东季刊》。1950年，他终于冲破重重障碍，回归祖国。

回国后，他任武汉大学历史系教授兼图书馆馆长。1953年，一度调至中科院历史研究所第三所工作，后又到武昌中科院中南分院图书馆工作。1975年，被借调至中科院天文台。1978年，荣获中科院先进个人称号。1979年，参加《方志学论丛》的编写。同年，被任命为湖北省文史馆副馆长；后又任馆长，名誉馆长。

朱士嘉著述丰硕，半个世纪来，出版专著7部，参加集体编写的著作5部，撰写论文34篇，另有用英文写的论文4篇。其专著及编撰的书目有：《中国地方志统计表》、《中国地方志综录》、《美国国会图书馆藏中国地方志目录》、《美国迫害华工史料》、《宋元方志传记索引》等。参加集体编写的有《中国地震资料年表》、《中国地方志综合目录》、《中国天象记录总表》、《中国天文史料汇编》、《中国旧志名家论选》等。

观其成名之作，后来又屡加修订的《中国地方志综录》，是1939年写成出版的，著录方志5832种。他又搜集730种，辑成《补编》，发表于燕京大学《史学年报》第二、第五期。解放后，全国各地图书馆收购及接管的地方志约达七百多种，且图书馆及藏书者多有变迁。于是，他自1955年5月开始，不遗余力地到各大图书馆去调查现存方志的情况，又去信给各图书馆征求目录，对《综录》进行修订。以期《综录》能使读者可以从地方志中找到所要寻觅的各个方面的资料,从而为社会主义建设服务。据悉,中央地质部、中国近代史所和地球物理研究所等许多单位,都从地方志中搜集到珍贵有用的相关资料。由此也可以看出,他一生从事地方志研究的巨大功绩。

朱士嘉晚年在指导编修新志、整理旧志,开设方志课程,培养方志人才等方面,仍呕心沥血,积极贡献力量。现在,他撰写的《方志提要》已载入《大百科全书》,《方志条目》已刊入《中国现代社会学家大辞典》。

(程含玉)

房兆楹　杜联喆

房兆楹、杜联喆伉俪,由于协助编译《明代中国名人大辞典》,贡献甚大,1978年同时获得美国哥伦比亚大学颁授荣誉人文学博士学位,成为一时佳话。

60年代初期,在纽约市的哥伦比亚大学当局发起编译《明代中国名人大辞典》的宏愿。据哥伦比亚大学主管学术事务的副校长威廉·齐奥多尔·第巴莱博士说,该校以编译这本辞典计划,事体重大,曾分函美国十多所著名大学、若干基金会和学术机构,征询意见;结果它们全都表示热烈赞助,大家都认为这是一件具有重大意义的工作,不过大家也知道这件工作实在非常艰巨,其中有许多困难是否可以克服,是难以预料的。

哥伦比亚大学一开头便先后聘请到当时在日本的著名学者卡灵顿·古里舒担任主编,聘请在澳洲工作的房兆楹与杜联喆夫妇协助编译事务。

现在已由哥伦比亚大学出版社出版的这部两大卷共厚达1644页的《明代中国名人大辞典》(Dictionary of Ming Biography),是从中国《明史》中选出有代表性的650名人物的传记编译汇集而成的。(每部售价70美元)。参与这项工作的学者,共有100多人;不过其中出力最多而工作最勤的,当推房兆楹伉俪。他们负责编译的人物介绍,便占全书人物的一半。他们夫妇俩在这部辞典上辛勤工作了十多年,这部书才大功告成。

第巴莱博士指出:"这部新的明代中国名人大辞典,是西方文学中明代资料最丰富、取材最精确又是译述最翔实的一部书。有了这部书,我们对明代中国的知识,可以说是向前跨进了一大步。这是将来研究明代文化和各方面的一个最好基础。"

哥伦比亚大学为了庆祝这两大卷巨著的完成,特地于1978年举行一项仪式。学校当局对贡献最多的房兆楹和杜联喆夫妇两人,由校长威廉·麦克吉尔在会上分别授予荣誉人文学博士衔。

该校为配合这本辞典的刊行,同时还在校内举行了一个明代美术和文学作品展览。

房兆楹先生1908年生于天津,1928年毕业于燕京大学,获理学士学位,1930年再自武昌文华图书馆学专科学校毕业。接着在1930年至1932年,他担任燕京大学图书馆助理馆长。他便是在燕京大学中结识后来成为他妻子的杜联喆女士。1932年,他辞去燕京大学之职到美国去,在哈佛大学读了一年书。他们俩在1934年结婚。他们夫妻两人从1947年起便成为美国公民。

从1934年到1943年,他一直担任美国首都华盛顿国会图书馆的研究助理职务。从1943年到1945年,他是美国国防部前身之一的陆军部外语科中国组组长。以后八年功夫,他担任华盛顿大学一项中国历史计划的副研究员。从1954年到1961年,他受伯克莱加州大学聘请,任该校图书馆的朝鲜书籍编目员,后又受聘为堪培拉澳洲国立大学图书馆副馆长。然后于1963年被哥伦比亚大学邀请,返回美国担任该校《明代中国名人大辞典》的助理编译工作。

他们夫妇在编译这两卷大辞典以前,早就获得这种工作的经验了。在1943年至1944年,名义上由美国国会图书馆主编的两卷《清代中国名人大辞典》,房氏夫妇便出了不少的力。胡适博士曾对这两卷书倍加赞扬,认为这是"今日仅见的一部对中国最近三百年历史整理得最详尽也是最好的典籍"。

杜联喆于1902年在天津出生。曾在燕京大学读历史系,于1924年获得文学士学位,接着在该校进修两年,又取得文科硕士学位。1931年到1933年,她在伯克莱加州大学研究历史,后在莱特克里夫学院继续进修。她曾两度担任美国国会图书馆的研究助理。在1945年,她被聘为哥伦比亚大学中国历史计划的副研究员;一直做到1952年,她才转到加州史丹福大学,担任胡佛图书馆中国藏品分馆馆长职务。后又担任该大学的副研究员。以后她又被伯克莱加州大学聘为中国研究中心顾问。自1961年至1963年,她应聘为澳洲国立大学研究院高级研究员。在她协助编译这本新的《明代中国名人大辞典》期间,十多年来都在哥伦比亚大学担任高级副研究员的职务。

房兆楹夫妇历年来在中英文学术性杂志上,都有许多著作发表。

哥伦比亚大学校长麦克吉尔在授予房兆楹伉俪荣誉博士学位时,宣读下列颂词:

"此两学者英才挺秀,学问渊博。既博考经史,复多所贯通。治史固已深得其三昧,为文更期有益于世道人心。兹赖两位同心戮力,明代中国之光辉始能重耀于今日。参与斯项工作之诸君子,佥谓此一费时几廿载之巨著,实赖两君之鼎力,始能克底于成。嘉惠士林,功实非浅。今谨授贤伉俪以人文学博士学位,哥伦比亚大学与有荣焉。"

在举行这项荣誉学位授予仪式之前的宴会上,哥伦比亚大学副校长第巴莱博士对一批参加盛会的贵宾说:"这次盛会另一个异乎寻常的特色,是同时授予房兆楹先生和夫人以荣誉学位。我不必向诸君指出,这件事在本大学评议会方面,是怎样一件几乎破例的行动。"

第巴莱博士续谓:"以房兆楹伉俪而论,我们物色到的是真正学贯中西的人物。他们有卓越的才干,在这种要群策群力的工作中,更能合作无间。他们专心致志工作,经之营之,无间寒暑,铢积寸累,终于粲然大备。是以给他们两位以荣誉,不单是对他们的才华和治学成就、亦是对他们夫妇始终如一的协力,表示钦佩之意。"

1985年,房兆楹、杜联喆应邀回国讲学,房兆楹不幸因心脏病突发,逝于北京。杜联喆回美国后,继续进行明清史的研究,直至1993年因双目失明住进疗养院,1994年7月20日逝世。

(卢念高摘编)

严 景 耀

　　严景耀是浙江省余姚市人，1924年在燕京大学主修社会学。当时社会动乱不安，犯罪问题严重，他立志在社会学的领域中从事犯罪学研究；但当时有关犯罪学的著作十分缺乏，他决心为中国犯罪学开拓新的领域。为了搜集研究犯罪学的资料，他亲自去监狱进行实地调查。1927年暑假经学校介绍进入北京京师第一监狱作一名志愿"犯人"，和犯人同住、同食、同劳动，亲尝铁窗风味。通过和犯人谈话，了解犯人的历史、家庭情况、社会背景以及走上犯罪的过程，同时也体会到监狱管理的黑暗面。根据对犯人和对监狱调查资料，写成《北京犯罪之社会分析》、《中国监狱问题》等多篇论文。

　　1928年他大学毕业后，留校作研究生兼任助教，继续研究犯罪学。他率领学生对二十个城市监狱的犯人进行调查，收集各种犯罪类型个案资料三百余件。通过对犯罪问题探索，把犯罪问题和中国社会问题联系起来，把犯罪问题和社会制度联系起来，他在芝加哥大学的博士论文《中国的犯罪问题与社会变迁的关系》就是根据二十个城市的调查资料写成的。

　　1930年中央研究院社会研究所聘任他为研究助理，经该院总干事杨杏佛先生的推荐，代表中国参加在捷克斯洛伐克举行的国际监狱会议，同时燕京大学授予他赴美国进修奖学金，顺道访问苏联、法国和英国。在美国先进纽约社会服务学院学习，后进芝加哥大学主修犯罪学，1934年获博士学位。

　　在芝加哥大学学习期间，受到共产党员进步思想的影响，参加了反帝大同盟的活动，并努力学习俄文。1934年从美国回国途中，曾在英国伦敦经济和社会科学院学习半年，并访问了苏联，接受苏联外国语学校聘任为英文教员，同时在中国问题研究所从事研究工作。1935年6月回国，仍在燕京大学任教。

　　当时日本帝国主义妄图使中国成为殖民地，蒋介石政府的不抵抗政策，使整个华北笼罩在"亡国无日"的愤怒之中。1935年12月，共产党领导的伟大的"一二·九"学生爱国运动爆发了，他支持学生的抗日救亡爱国运动，同时积极参加平津进步教授马叙伦、许德珩、杨秀峰、黄松龄、邢西萍等组织的华北文化界抗日救国会，发动群众，进行抗日救国活动。国民党反动派用种种卑劣手段逼使马叙伦等进步教授离开北平，涂长望和严景耀也被迫各自离开清华大学和燕京大学的教学岗位。严景耀在上海得其老师郭云观先生(原是燕京大学法律系主任，当时是上海特区地方法院院长)推荐任上海工务局西牢的助理典狱长，负责儿童少年犯的管教，深入研究少年儿童的犯罪问题，同时兼任东吴大学教授。

　　1938年上海成为"孤岛"，爱国进步民主人士胡愈之、郑振铎、张宗麟和王任叔等为了宣传抗日，培训青年参加抗日救亡工作，创办社会科学讲习所，成立"复社"，翻译斯诺的《西行漫记》，出版《鲁迅全集》。严景耀在社会科学讲习所教授社会运动史课程，内容讲世界革命史，积极宣传推动抗日救亡运动，反对法西斯推行对外侵略扩张政策。他在王任叔主编的《公论丛书》中发表了《领袖论》、《持久战与民众运动》等多篇政论著作。抗日战争胜利后，他在郑振铎主编的《民主》周刊上连续发表了《彻底的民主与形式的民主》、《论民主与法治》等多篇关于民主政治的论文，呼吁实行民主政治，反对专制独裁，推动反内战、争和平的民主运动，在人民群众中产生积极影响。

1945年他和马叙伦共同倡议成立中国民主促进会,为反内战争取民主运动团结志同道合的同志结成团体,依靠集体力量进行民主斗争。1949年10月,在中国共产党领导下,中华人民共和国诞生了,成立了工人阶级领导的、以工农联盟为基础的人民民主专政的社会主义国家。严景耀出席了中国人民政治协商会议第一次会议,当选为第一、二、三届全国人大代表。他参加筹备北京政法学院,任政法学院教授,讲授宪法和国际形势,为新中国培育政法人才。1973年调任北京大学国际政治系教授,研究国际政治问题。1976年不幸因脑溢血逝世。

严景耀在学术上能突破旧理论框架、观念模式和研究方法,他采用社会人类学实地调查方法,将社会问题、文化环境与犯罪现象联系起来考察。他深入实际,甘愿饱尝铁窗滋味来获得第一手资料,治学态度严肃。思想上他受马克思主义学说影响,深信社会主义必将代替资本主义。他反对法西斯主义,主张世界和平。他宣传中国共产党的主张,呼吁实行民主政治,反对蒋介石的专制独裁政权。他认为中国的社会问题产生的根源,是中国半殖民地半封建的社会制度造成的,维持原有的社会制度下采取头痛医头,脚痛医脚的改良主义办法,不能从根本上解决。他认为要从根本上消除这些社会问题,必须通过革命,推翻帝国主义、封建主义、官僚资本主义三座大山的统治。

1995年,开明出版社出版了《严景耀论文集》。

(雷洁琼)

编者注:严景耀、雷洁琼先生1941年结为伉俪。这篇文章摘自雷洁琼先生为《严景耀论文集》所写的序言。

刘 隽

刘隽,湖南长沙人,1905年3月15日生,1924年9月入燕京大学政治系学习。1926年3月30日在燕大加入中国共产党,介绍人李大钊、陈为人,曾任中共燕大支部组织委员;同年12月离校赴武汉参加北伐军二军六师,任师政治部组织科长。1928年,回长沙从事地下工作。1929年初回燕京大学复学,1930年7月毕业。

刘隽1930年9月至1932年5月,在湖南衡阳、常德任中学教师;1932年6月至1937年12月,在北平社会调查所(后改称中央研究院社会科学研究所)任研究生、助理研究员、副研究员。1938年至1946年5月,在国民党军队中任少将总教官、高参、处长、主任等职。1946年至1948年在美国雷文英堡指挥参谋大学学习、毕业。1948年至1949年6月,任国民党323师、314师少将副师长,1949年6月率314师在长沙起义,加入解放军12兵团。

1949年—1964年,在解放军海军司令部任海军研究委员会委员,其间1956年至1957年,曾被派赴瑞士、荷兰、比利时、法国、英国、意大利等国,从事外事工作。

刘隽于1964年离休。

刘隽1930年与党失去联系,1985年以80高龄重新加入中国共产党。

(原载《战斗的历程》)

1925

陈鸿舜

陈鸿舜，1905年11月11日出生于江苏省泰州。1925—1929年就读于燕京大学经济系（其间经历了燕京大学从北京城内盔甲厂旧址迁移至西郊海淀新址的全过程），毕业后在燕京大学图书馆工作。

陈鸿舜的夫人蒋清兰，1900年12月出生于江苏泰州。1932年毕业于燕京大学国文专修科。解放后曾在社科院文学研究所工作。十年动乱后，在北大图书馆参与整理古籍书。1994年9月病逝于北京。

1941年10月陈鸿舜获得哈佛燕京学社的奖学金，到美国哈佛大学、哥伦比亚大学图书馆学院深造，两年后获得硕士学位，以后在美国哥伦比亚大学图书馆工作，于1946年12月回国，就职于燕京大学图书馆，担任图书馆馆长职务。1949年北京城解放前夕，为保护燕大图书馆大量馆藏珍贵书籍和资料不被转移到台湾和美国，陈鸿舜尽到了他应尽的责任。

1952年院系调整，陈鸿舜与其他图书馆界同仁创建了我国第一个图书馆专业教学基地——北大图书馆学系，以后数十年从事图书馆、情报学等专业的教学及研究工作，他的学生桃李满天下。十年动乱中，陈鸿舜遭受了人身攻击，但他始终不停地搜集整理专业信息。1973年随中国图书馆代表团对美国图书馆界进行了技术考察和学术交流。这是解放以来第一次直接参与与美国同行的交流，并带回了许多计算机管理等当时的最新信息。

陈鸿舜无论从事图书馆管理还是教学及管理工作，一生都是勤勤恳恳、兢兢业业，对学术问题一贯坚持实事求是、一丝不苟。陈鸿舜1986年3月26日因病逝世，终年80岁。

（陈焉　陈岫　陈岚）

裘祖源

裘祖源是我国防痨事业创始人之一。

裘祖源于1904年生于北京，祖籍浙江慈溪。1925年从北京协和医学院预科转入燕京大学医预系，1926年毕业，获理学士学位，1931年毕业于协和医学院，获医学博士学位，此后，曾任内科医生。1935年他和霍尔（G.A.M.Hall）副教授在北平协和医学院公共卫生系教学示范区——北平第一卫生事务所创立了防痨科，在我国首次把结核病与公共卫生联系起来。

1937年，他赴美国明尼苏达州立医学院进修专攻结核病流行病学与现代防治方法，嗣后又到美国东部及欧洲诸国考察其防痨先进措施，扩大了眼界，为他后来工作奠定了坚实基础。在协和医学院，他历任助教、讲师、副教授、教授、图书馆馆长、公共卫生系主任、教务长、医院院长。50年代他担任了中央结核病研究所第一副所长兼流行病学组织方法研究室主任，还兼任亚洲学生疗养院名誉院长，博士研究生导师。

他参加了"1956—1967年科学技术发展远景规划纲要"草案的制定。1957年他以中国防痨协会总干事身份参加了第 14 届国际防痨会议,介绍了新中国防痨事业的成就与经验。

他的主要贡献是:(1)作为现代结核病防治模式的先导,他创立了防痨科后,首次在国内将结核病流行病学调查、防痨宣传教育、早期发现、早期治疗融为一体,形成一整套现代结核病管理模式,成为北京和全国防痨工作的楷模;(2)创建我国第一个结核病流行病学研究室。该室是防痨界惟一能培养研究生的基地,40 年来共发表论文 350 余篇。其中获得部级奖 1 项,市级奖 3 项,局级奖 20 余项,为全国培训医护人员 1000 余人。他还不辞劳苦带领研究人员到全国 29 个省、市讲学和技术指导,深受防痨界的敬仰和赞誉;(3)开辟我国结核病流行病学调查研究。(4)建立结核病实验区,使防病治病和研究结合起来。

他长期担任中华医学会理事,中国防痨协会总干事、副理事长、顾问,《中华结核病科杂志》总编,中华医学会结核病学会主委、名誉主委,北京市第一届人大代表,北京市政协委员,全国政协第六届委员会委员等职。

他于 1988 年逝世,终年 84 岁。

(据《燕京大学史稿》)

夏　晋　熊

夏晋熊,1902 年生。1925 年入燕京大学经济系,学号 151;1929 年毕业后,赴法国巴黎继续深造,先后毕业于巴黎政治专门大学和巴黎大学,获巴黎大学经济学博士学位;后再到英国伦敦经济学院当旁听生,听专家讲课。1940 年初,上海、广州等地已陷落于日本军国主义侵略者之手,夏晋熊怀着救国救民之心,几经辗转绕道越南河内,返到重庆。抗日战争期间,他曾任国民党政府中央银行秘书、行政院参事、国库局局长。抗战胜利后,他在上海,任国民党政府财政部次长兼国库局局长。1948 年至 1949 年初上海解放前夕,他任国民党政府财政部代理部长兼国库局局长。上海解放前夕,夏晋熊没有跟国民党走。他和其他不愿走的人员留下来,保护了国家档案,等待军管会接收。

新中国成立后,夏晋熊先到上海水泥厂任秘书,后调到上海建筑科学研究所,以后又转上海社会科学院世界经济研究所,任特约研究员、经济学教授和上海社会科学院学术委员会委员。上海社会科学院对夏晋熊的评语是:作为国际经济专家积极培养青年一代,为社科院扩大学术交流发挥了积极作用;为世界经济研究所国际金融学科的建设作出了一定的贡献。

夏晋熊是上海市第五届、第七届政协委员,上海市工商联合会第八届执行委员会顾问,上海市投资公司咨询委员,并被上海市国际问题研究中心聘为专家委员。

粉碎"四人帮"后,夏晋熊作为中国民主建国会执行委员,和其他人员一道,创办了上海商学院。为培养"四化"建设急需的外语人才,上海市社会科学院成立了外文训练中心,夏晋熊担任副主任,教授法文、德文和西欧经济学。他说,现在国家非常尊重、爱护和信任知识分子,他感到十分欣慰,决心以耄耋之年,为祖国"四化"作出自己的贡献。

改革开放初期,政府与外商合资的一个项目在签字前送到上海社会科学院世界经济研究所,经夏晋熊审核、修改后,为国家节省了一大笔外汇。为此,上海社科院通报全院,对夏晋熊予以表扬。

夏晋熊是燕京大学上海校友会名誉会长,并加入了上海的欧美同学会。他热爱网球运动,1985年3月下旬,他作为上海元老网球队成员,应香港网球总会邀请,赴港参加友谊比赛。当时,他虽已83岁高龄,但仍身体硬朗,精神矍铄。他受到香港燕京大学校友会的热烈欢迎。他曾当选为上海健康老人和全国健康老人。

(陈立钦)

郭秉宽

郭秉宽,福建省龙岩市人,1904年11月20日生。1924年入协和医学院预科学习,1925—1927年7月在燕京大学医学预科学习、毕业。1926年底在燕京大学加入中国共产党。1927年秋北京地下党遭破坏,郭与党失去联系。

1927年9月—1928年6月,他在协和医学院正科学习。1928年到奥地利维也纳大学留学,1934年获医学博士学位。1934年6月—1936年9月在维也纳市立医院眼科工作。

1936年10月回国后至1942年12月,先后在同济大学医学院、贵阳医学院任眼科教授,其间曾兼任红十字会重伤医院副院长及医务长。1942年1月后,历任桂林省立医院、重庆陆军医院、国防医学院眼科主任。1949年6月—1987年1月,先后担任上海第一医学院眼科主任、教授,上海医科大学眼耳鼻喉科医院副院长、眼科教授、所长、主任等职。

1983年4月,郭作为亚太地区代表,应邀出席在华盛顿召开的全美眼病学会,被世界著名眼科学者誉为"当今中国眼科之父"。他曾任上海医科大学专家委员会主任委员、一级教授、九三学社中央委员、上海市政协委员。

1987年1月退休,1991年病逝。

(原载《战斗的历程》)

吴瑞萍

吴瑞萍教授是我国著名的儿科学专家、教育家,江苏省常州市人。1907年出生于湖南省长沙市。1912年9月,考入东吴大学附属一中,1925年9月到1928年6月在燕京大学读医学预科,1933年获协和医学院医学博士学位,同时获美国纽约州立大学授予的医学博士学位。毕业后继续在协和医学院任内科住院医师一年。1934年起任儿科助教、讲师。1939年9月至1940年8月赴美国耶鲁大学医学院进修,任小儿科的名誉研究员,进行A组溶血链球菌的免疫学研究。1940年回国后继续在协和医学院小儿科任教及进行研究工作。

1941年太平洋战争爆发,协和医学院关门,为了生计更为创业,他决定不作一般名利双收的开业医生,而立志要做些对人民大众有益的事业,遂与诸福棠教授和邓金鎏助教悉心谋划,合办一座小型儿科医院,既可以更好地为更多的病儿诊治,又可以互相切磋研究解决疑难问题,并主动把当时自己住的一座位于北京东城区东堂子胡同的私宅让出来开办医院。这幢小楼无论地点、大小、格局都比较合适。1942年4月4日协和医学院关闭后三个月的时间,这座两层楼八间房,十三名职工的小型医院挂出"北平私立儿童医院"的牌子正式开院。抗战胜利后,1946年,医院由东堂子胡同迁至府前街,床位扩大到二十五张,门诊病人每日约三百多人次。

解放后,在党和人民政府的支持下,扩建了医院的门诊部,增添了二十张病床,并加强了科学研究和保健工作。1952年,在三位院长的一再要求下,北京市人民政府正式接受了这座在沦陷区险恶环境下苦撑苦斗建立起来的规模虽小水平却很高的儿童医院。三人把医院所有资产包括存款和公积金以及四辆小轿车等全部献给了国家。

吴瑞萍1947年起在北京医学院兼任儿科教授。于1956年光荣地加入了中国共产党。在任北京儿童医院副院长的同时,兼任中央卫生部药典委员会委员;中国医学科学院儿科研究所学术委员会委员;北京市科协常委;北京市儿童保健所所长;卫生部医学科学委员会及儿科专题委员会委员;中华医学会北京分会会长;中华医学会理事;北京第二医学院儿科系主任、教授,以及该院学术委员会委员;中华医学会儿科学会副主任委员、主任委员、名誉主任委员;中华儿科杂志第一副主编、顾问;并担任中国人民政治协商会议全国委员会第五和第六届委员。

吴瑞萍一生从事儿科传染病临床及研究工作,在科学技术研究方面成绩卓著。在百日咳自动免疫研究工作方面,他首次提出了接受过正规百日咳预防注射的小儿与百日咳患儿接触能使血内凝集抗体升高,从而获得完全保护的论点,受到国内外有关方面的高度重视。他主编的《小儿传染病学》为全国儿科通用教材;自1943年以来一直参与《实用儿科学》1—4版的编写工作,并担任第5、6版的主编之一。该书获得1993年首届全国国家级优秀图书一等奖,1996年国家科技进步二等奖及1996年度卫生部医药卫生杰出科技著作科技进步一等奖。

吴瑞萍工作计划性强,对待同志和蔼可亲,业务上有求必应,经常不厌其烦地帮助同志们修改外文信件和稿件,为有机会出国深造的学生写推荐信。他平时言谈妙趣横生,和他共事多年的同志们常说:"吴院长最风趣,无论什么场合只要有吴院长,气氛就活跃,就会给大家带来快乐!所以我们都不怕他,愿意跟他聊天、谈心。"

吴瑞萍对燕京大学的感情是诚挚而深厚的,在他1994年写的回忆《燕京精神伴我终生》一文中提到:"'因真理、得自由、以服务'的校训指引了我一生的奋斗方向和服务目标。同时,先人后己的优良作风,也是我在燕大读书时期养成的。此外,我还养成了凡是对别人不利的事,无论多么细微,也绝对不肯做的习惯。这一切都是母校给我的教育,使我一生获益不浅。"事实上,他的一言一行确实无愧于心。他为人正直,顾全大局,谦虚谨慎,严于律己,宽以待人。他的严谨治学态度,艰苦朴素,洁身自律以及热爱祖国,热爱社会主义,密切联系群众,团结全国儿科界同仁的崇高品质,永远值得大家学习。他培养了一代又一代的儿科医师,为中国儿科事业作出了杰出的贡献。1998年8月21日他病逝于北京,享年91岁。

(吴 津)

吴 继 文

吴继文，湖北省沔阳县人，1904年10月15日生。1923年9月入协和医学院预科一年级学习，1925年9月入燕京大学医预科学习，1927年8月毕业。1928年进入协和医学院学习，1934年毕业后，历任协和医学院助教、北京师范大学校医、讲师，1938年9月起任燕京大学校医。1941年12月太平洋战争爆发，燕大被日寇封闭，他在住宅开了诊疗所。1945年9月燕大在北平复校，他继续任燕大校医。1952年高等院校院系调整后，他担任北京大学卫生所主任、北大校医院院长，直至1976年12月退休。

吴继文早在学生时期就是一个关心祖国命运、思想进步的青年，1926年10月在燕京大学参加了中国共产党，曾任党小组长、代理支部组织干事。1927年秋北平地下党组织遭到破坏，他和党组织失去联系，但并没有失去革命的信念和对党的忠诚。抗日战争前后又重新和党的地下组织取得了联系，忠心耿耿地协助、支持党的地下工作，从未顾及个人和家庭的安危。他和地下党员刘仁、崔月犁等有工作联系，曾多方为他们提供秘密接头和开会地点，帮助他们传递党的机密文件等。在解放前的十多年里，吴继文利用医生的合法身份和城内诊所、燕大住宅做掩护，为党的地下组织提供方便的工作条件，还为根据地输送了几位燕大教授和几批革命青年，并为解放区购置了急需的药品。

吴继文作为医生，对病人极端热忱、负责。一年四季，不论白天黑夜，总是坚持工作在医院、诊所或到病人家出诊。他和蔼可亲，平易近人，为诊治病人，甚至废寝忘食。他对自己生活要求很少，十分艰苦朴素；但在帮助生活困难的同事、朋友时则十分慷慨。北平沦陷、燕大被封闭期间，他一家生活艰难，但遇到穷人求医则不收费。

吴继文解放后历任北京市第一届至第五届政协委员，1951年参加了中国民主促进会。

"文化大革命"期间，吴继文受到迫害。"四人帮"垮台后，他心情振奋，身患重病却雄心不减，准备在五年之内写出《老年病学》一书，他翻阅了大量的中外资料，并结合自己多年的临床经验，日夜不停地拼搏，不幸的是，在他壮志未酬之际，1980年3月18日傍晚，倒在了他那还未完稿的《老年病学》旁边，告别了人世。

吴继文的骨灰安放在八宝山革命公墓。

(吴乃言)

汪 绍 训

汪绍训 1907 年生于江苏省常州市。1925 年入燕京大学医预系学习，1933 年毕业于北平协和医学院，获医学博士学位。1939 年赴美国学习临床放射学。在此期间，他获取了美国放射学专家证书，并成为美国放射学专家学会正式会员。回国后，历任北平协和医学院副教授、开滦矿务局医院院长兼内科主任、放射科主任等职。解放后，任北京医学院放射学教授及放射科主任、北京医科大学第一医院教授、中华医学会放射学会主任委员、《中华放射学杂志》总编辑等职。1986 年病逝。

汪绍训的医疗作风严谨，他对自己接治的每一个患者都要亲自检查，认真分析，仔细诊断。他不仅精通放射诊断学，而且对放射治疗学也造诣颇深，经他治疗过的一些肿瘤患者，疗效良好。

汪绍训的学术兴趣广泛，研究工作涉猎甚广。自 30 年代至今，在国内外正式发表的论文已有八十余篇。他主持编写了我国第一本放射专业高校教材——《放射诊断学》，1984 年他还主编了五十余万字的《放射诊断进修教材》。

早在 30 年代，汪绍训就开始了对肺癌的研究，并首先报告了中国人肺癌的放射学诊断特点，同时明确指出，肺癌会成为危害我国人民健康的重要疾患之一，X 线可以作出明确诊断。此后，他深入研究了肺癌的早期诊断和特点；1974 年又总结出不同组织类型的肺癌各有不同的 X 线表现。他首先将 X 线表现与病理组织类型关连起来，为采取相应的治疗措施提供了指导性意见。

他在科研工作中，注意从我国的临床实际出发，用适合我国情况的方法解决危害人民健康的常见疾病。他于 30 年代就注意到心脏的大小是诊断心脏病的最重要依据之一。这方面国外已有测量标准。而我国还是个空白。1956 年他与谢志光教授在整理研究材料的基础上创造出了适用于中国人的计算心表面积公式，制成便于查对的"心表面积预计值表"，后来被学术界称为"汪－谢公式"。

汪绍训关心劳动人民的疾苦。30 年代他赴美深造时，就选中了尘肺这一研究课题，并把它作为专攻的内容之一。新中国成立后，他考察了许多厂矿的劳动条件，参加了尘肺的普查工作，并写出了《尘肺 X 线诊断讲义》；参加起草了《关于矽肺 X 线诊断及其分期标准》。1984 年他根据实践经验，又重新总结提出了新的尘肺诊断标准。此外，他还研究了煤矽肺的 X 线诊断，并且有论文发表。他对肺吸虫的研究也有重要成果，弄清了这种寄生虫在人体内发展的 X 线表现及诊断特点，为防治这种疾病打下了基础。

为使放射学现代化，把单一的 X 线检查发展成多种图像检查的影像学，80 年代初他倡导并亲自实现了使放射学向医学影像学发展的目标。这一主张也是目前先进国家正在走的道路。为了表彰汪绍训在放射专业方面所做出的贡献，1980 年美国医学影像学会授予他"荣誉会员"称号，并颁发了会员证书，成为该学会的第一个中国籍会员。

（原载《中国当代医学家荟萃》第一卷）

林 其 煌

　　林其煌祖籍福建省福州市,1908年生于河南开封。林其煌幼年丧父,家境清贫。他自青年时期就立志报国,在北京汇文中学高三时参加"三·一八"学生爱国大游行,惨案发生后,他是北京中学生为惨案受害者募捐的负责人之一。北京汇文中学毕业后,被保送入燕京大学经济系,学号500。1929年大学毕业后进入金融界工作,任职于中央银行;抗日战争胜利后任天津分行副经理,曾当选燕京大学天津校友会长,任天津校友创办的《新星报》代理董事长。新中国成立后,1950至1952年,林其煌任天津津沽大学教授;1953至1956年为丹麦宝隆洋行驻华代表;1966年退休,任该公司终身顾问。1979年林其煌移居香港,从事国内外经贸业务,在美洲和港、澳、台、新、马等地创基立业,为发展我国对外经贸事业和文化交流,作出了努力。1993年任北京燕京研究院名誉董事。

林其煌1995年4月2日在美国旧金山病逝,享年88岁。

(据北京《燕大校友通讯》第20期)

李 霁 野

　　李霁野,1904年4月6日生,安徽霍丘人。1919年秋考入阜阳第三师范学校,与韦素园等先后同学。1921年冬,因赞同白话文,接受共产主义思想被排挤退学,在家自修英语。1923年春到北京,考入崇实中学。1924年译完俄国安特列夫的《往星中》,向鲁迅求教,结识鲁迅;次年在鲁迅先生资助下,考入燕京大学中文系读书,继续自修英语,课余常编译一些短文以换取学费和生活费,逐渐专心致力于文学翻译。

　　此后组成未名社。1929年秋到北京孔德学校任教。1930年到1937年间,一直担任天津河北女子师范学院英语系主任。这几年继续翻译了《被侮辱与被损害的》、《简爱》等世界名著。抗战期间,他先在北平辅仁大学任教,1943年到重庆,先后在复旦大学和白沙女子师范学院任教。1946年秋,应许寿裳邀请,到台湾省编译馆编译西洋文学名著并兼任台湾大学教授。1949年4月秘密离开台北经香港到北平,出席了第一次全国文代会。9月到天津南开大学任外语系教授、系主任,1982年离休。1997年5月4日病逝于天津。

　　解放后,李霁野担任过天津市文化局局长、市政协副主席、天津市文联名誉主席、中国作协名誉副主席、政协全国委员会委员等职。1956年加入了中国共产党。著作有《影》(短篇小说集)、《海河集》(诗集)、《鲁迅先生与未名社》(散文集)。翻译的书有:《被侮辱与被损害的》(长篇小说)、《简爱自传》(长篇小说),《化身博士》(中篇小说),《难忘的一九一九》(剧本)等。1995年获"彩虹翻译奖"荣誉奖。

(据《李霁野教授生平》)

1926

王琇瑛

我出生于1908年,12岁入贝满女中,到高中时,开始关心国家大事。1926年"三·一八"惨案时,我和同学们参加了声讨段祺瑞政府的卖国罪行。这一年我高中毕业了,决定学医,掌握治病救人的技术。当时协和医学院刚刚新建,并设有和燕京大学等五所大学联合开办的五年制护理高等教育。我就到燕大考场,补办了报名手续应试,并被录取。自1926年到1931年,先在燕京攻读护士预科课程,然后转入协和护士学校,攻读基础医学、基础护理学、专科护理学、内外科等课程。当时我最感重要的一门课程是预防医学和公共卫生护理,认识到加强公共卫生专业、大力普及预防医学和卫生保健知识,是增强人民身体健康、国富民强的一个重要措施。我在临床实习时,对内科病人100例进行分析,看到其中一半以上的疾病是可以预防的。因此,毕业后,我就选择了公共卫生护理和护理教育的工作,留校任职。1933年出版了《公共卫生护士学进化史原理概要》。1935年,学校保送我去美留学,就读于哥伦比亚大学师范学院护理系,获得硕士学位。1936年回国,首先组织一些医护人员,编写有关卫生的讲稿,定期在电台广播。自1937年至1941年,又编写小学生卫生试验教材七册,并发给教师教学法参考书七册,通过细菌培养和喂养小白鼠,引起师生们的求知兴趣,改正不良的饮食习惯。这些工作,一直坚持到太平洋战争爆发、日军占领协和医学院为止。

1942—1943年,我离开北京到成都华西大学,参加恢复协和护士学校的工作。1943年秋招生,在聂毓禅校长领导下,我任教务主任。1945年暑假期间,我同华西大学几位教授去四川马边彝族地区考察,返回华西大学时,正值日寇投降,捷报满园。外地大学准备回迁。我于1946年随同学校回到北京,协助办理复员及准备教学工作。

1949年,我得到去英国留学的机会。这时,我看到一个光明的新中国即将诞生,我不愿离开祖国,就放弃了去英的机会。1950—1987年,我被选为中华护理学会第17、18、19届副理事长,1980年兼任科普工作委员会主任。1952—1953年,我任抗美援朝教学队长。1954—1961年,到北京市卫生局工作,开办第三护士学校,任校长。1956年参加了全国群英会。1961—1965年任北京第二医学院护理系主任,1973年后任首都医科大学护理顾问。1982年7月,我光荣地参加了中国共产党。1983年7月,我成为荣获红十字国际委员会南丁格尔奖的第一位中国护士。1983年9月,我当选第五届全国妇联副主席。1986年应邀赴英获皇家护理学院荣誉校友的称号。1987年,被选为中华护理学会荣誉理事长。

1984年,我被燕京大学北京校友推选为校友会副会长,直到90年代初期,我还经常参加校友会的活动,还接待一些访问校友会的外国医务界的来宾。1993年任燕京研究院名誉董事。

我的妹妹王美瑛,也是燕京校友,也是终生未嫁,献身护理事业。

(王琇瑛)

编者注:王琇瑛先生已于2000年9月4日病逝于北京。

赵 承 信

赵承信是我国著名的社会学家、教育家。曾任燕京大学社会系教授,系主任,法学院院长。

赵承信是广东新会县人,1907年出生。早年就读于广州培英中学,1926年毕业,因成绩优秀被直接保送到燕京大学社会学系就读,1930年毕业,获法学士学位。同年赴美留学,初进芝加哥大学,翌年转入密执安大学,攻读社会学。1933年以《从分与合的观点对中国的一个区位学的研究》论文,获哲学博士学位。同年回国,执教于燕京大学社会学系,1937年七七事变后出任社会系主任。1941年12月8日燕京大学被日军关闭后,赵承信以领导学生下乡作社会调查时宣传抗日思想的"罪名"被捕入狱,在狱中坚强不屈,表现出爱国的民族气节。半年后获释,但仍受到监视。抗日战争胜利后,他在燕大复校活动中,承担了法学院重建的繁重任务。燕大复校后,出任社会系主任。1946年任法学院院长。1948年受学校派遣赴美考察教育,原订期限为一年,但当听到辽沈已被解放,解放军已逼近北平郊区时,提前于11月回国,参加燕大护校和迎接解放的活动。1951年教学改革中,燕大社会系被划分为民族学系和劳动学系,赵承信负责劳动学系的组建工作。1952年以后又奉调至中国人民大学统计系执教。

赵承信在社会学领域,涉及面极为广泛。留美期间,专攻城市社会学和人口学,曾为此在芝加哥作过实地调查研究,并于1933年撰写《中国人口论》;回国后,继续从事人口学的教学和研究工作,1935年,发表了《中国人口的研究》,批判马尔萨斯的人口论。但是后来根据工作需要,又致力研究农村社会学,人文区位学(或称人文生态学)。在30年代,他是国内系统介绍并研究人文区位学的第一人。他在《社区调查与社区研究》一文中,系统地介绍了人文区位学的缘起、基本理论、社区研究的技术方法,以及区位学的应用及其局限性,他特别强调人文区位学应该被用来研究中国社会。他重视宗族观念对村落聚合分割的作用。对当代社会学说、方法论等,他也都作了深入的探讨。

他极其重视社会实地调查工作。他认为,中国社会学的发展,必须扎根于对中国社会的调查研究。他把社会学的调查工作置于科学实验的基础上,说它"以从现实观察得到的结论代替安乐椅学说",意即作学问切忌空谈。他提出应当把社会学的农村基地逐步建成为社会学的科学实验室,使之成为社会学系学生深入社会实际的实验室,通过这种实验室培养训练他们逐步具备实地调查研究的本领。为此,他相继发表了《社会调查与社区研究》、《实地研究与中国社会学的建设》、《平郊村研究的过程》。在这方面他身体力行,亲自或带领学生作实地调查。早在燕大社会学系就读时,就利用假期,对广东新会县农村土地制度作了深入调查,写出有价值的调查报告。执教于燕大社会学系期间,以清河镇和八家村(平郊村)为基地,指导学生从事社会调查和社会实践工作。1937年七七事变后,清河实验区被关闭,他与杨堃、黄迪等又创立了平郊村基地。

解放后,他感到过去所学远远不能适应新中国的需要,因而刻苦学习马列主义,开始用马列主义观点讲授社会学课程。他从1951年组建劳动系开始,立志转变专业,着重研究我国过渡时期的劳动工资问题,经过不太长的时间,就能讲授这门新课。

赵承信治学态度严谨,他严格要求自己,也同样严格要求同学。他无门户之见,主张在学术上兼容并包。他本人接近芝加哥学派,但后来感到社会人类学功能学派的调查方法好,便极力向同学们推荐该派,并用之于指导农村调查工作。在他任社会学系主任期间,学术讨论气氛活跃,他对系内各专业给予同样关注,使社会学、人类学、社会工作均衡发展。

赵承信作风正派,思想进步,能明辨是非,并富有正义感。抗战前同情并支持进步学生的抗日爱国运动;抗战胜利后,地下党领导的反饥饿、反内战学生运动,也得到他的支持。但是,这位热爱祖国、学识渊博的学者,却于1957年的反右派运动中,被错划为右派,心情受到压抑,终于患了癌症,于1959年含冤去世。1979年被平反、改正。

赵承信的夫人林培志1907年生于浙江镇海,1926年入燕京大学国文系学习,1934年任燕大助教,兼读研究生,在陆志韦先生指导下取得硕士学位。1934年7月和赵承信结婚。她曾在北京师大附中教国文,1955年后,先后在燕京协和神学院、中国人民大学新闻系、汉语教研室工作,直到1963年退休。林培志酷爱文学,发表过短篇小说《娜拉的出路》等近二十篇,晚年仍继续笔耕不辍。她于1987年2月因病逝世,享年79岁。

(董天民)

郑 骞

郑骞,字因百,祖籍辽宁铁岭,1906年农历闰四月二十九日生于四川灌县。1916年随父定居北京。1926年北京崇实中学高中毕业,经保送入燕京大学中文系学习。在学习期间,于1929年经顾随先生推荐,在燕大请假一年,到天津河北女师学院任中文教授,时年24岁。一年后回燕大续修未完学分,同时在城内汇文中学兼任国文教员。1931年在燕大毕业,任汇文中学教师,至1938年转任母校燕大中文系助教,担任大一国文课,还开了"唐宋诗"选修课。1941年12月太平洋战争爆发后被迫离开燕京。1945年8月,抗日战争胜利,先后在北平、沈阳、上海等大学任教。1948年秋,应台静农教授之约,入台湾大学任中文系教授,直到1974年退休止。退休后,台湾东吴、辅仁两大学延聘他为研究讲座教授,直至1991年7月28日逝世,终年86岁,在大陆和台湾各生活43年。在台湾的43年中,曾五次外出:1956年应美国国务院约请访问哈佛等大学讲学;1961年秋任美国华盛顿州立大学客座教授;1962—1963年任香港新亚书院中文系主任;1965—1966年任美国耶鲁大学客座教授;1972年任美国印第安纳州立大学客座教授。每次外出均载誉归来。终其一生共任教61年,晚年经台湾文化界授予多种荣誉奖励,可谓著作等身,桃李满天下。

郑骞博闻强记,读书过目不忘。自幼笃志向学,经史子集无不浏览。平生在校任课,虽以讲授韵文和古文辞为主,但由于博通典籍,莫不根柢经史考据,不为凿空之论。他治学范围很广,大体包括八项:文学作品评论、文学史考订、文学家传记、词曲格律、版本考订、校勘笺注、辑录汇编、诗词及散文创作。教学之余,还从事研究著述,相辅相成,至老不衰。现已在台湾出版的主要学术著作有:《辛稼轩先生年谱》、《词选》、《曲选》、《校订元刊杂剧三十种》、《景午丛编》、《校点南词韵谱》、《北曲新谱》、《清昼堂诗集》、《永嘉室杂文》等。其未付梓问世或未编成专集有待门人整理的著作还很多。仅上述著作,论者认为"识见通彻,辨析深微"。《清昼堂诗集》是郑骞生前亲自整理并加详细注释出版的,首尾六十余年的诗词全集除抒发性灵怀抱之作外,有"读词三十首"、"论诗百首"、"论书百首"三项组诗可称为文学史、书法史领域的巨制。

郑骞的写作态度和方法,据他自定的准则有四项:第一,评文论史要有自己见解,不人云亦云。第二,作考据,无论大体细节,都要追根究底,资料务求广博,辨择务求谨严,条理务求缜密,结论务求明确。第三,笺注诗词,总要检阅古籍,探本寻源,而且要尽量考证本事,发挥作者旨趣,不仅注释典故及字音字义。第四,文字无论文言语体要简炼流畅,合于文法、逻辑,条理分明,交代清楚。郑骞为人,胸怀磊落,淡泊名利,和而不流,严以律己,宽以待人,终其一生未尝疾言厉色,亦从不背后议论人非,抬高自己。友朋喜与交往,门人亦乐受其教诲。

郑骞在台43年中始终没有机会回大陆探亲访友,但从他的著作中流露出对在大陆的,特别是燕大的师友和门人的无限思念。

在收入《永嘉室杂文》一书中有一篇题为"燕京大学中文系"的文章中叙述了缅怀许多位他的老师的情况。其中对吴雷川老校长的评述最为引人深思:

"中文系首任系主任吴雷川先生,……对于燕大建校、迁校,贡献甚多。民十七(1928)以后曾任燕大校长,晚年专任中文系教授。他是一位粹然纯儒,持躬谨严,谦和渊穆,同他在一起,有光风霁月之感。他没有丰富的著作,显赫的事功,却一直受全校师生敬仰。古称立德立功立言三不朽,他确实可称立德"。

综上所述,郑骞是一位德高望重的传统中国知识分子。闲静恬淡的性格使他晚年心境更为通达精进,学术的成就老而不衰。他出身于燕大,其作人、处世、治学也必然地具有燕大精神的熏染,实践了校训"因真理,得自由,以服务"的要求。

(滕茂椿)

郑 德 坤

郑德坤,1907年5月6日出生于福建厦门鼓浪屿,中学就读于英华书院。18岁中学毕业,留校任教一年。

1926年考入燕京大学,先念医预,后选进中文系。他在顾颉刚,容庚,洪煨莲,张星烺诸师指导鼓励下,开始整理研究几种重要的古代舆地图书。首先研究《山海经》,伏案两寒暑,写成《山海经研究》,长一百三十余万言。原稿交与上海神州国光社,遭日本军阀侵华,炮轰上海,神州国光社中弹被毁,这稿就同印刷厂成为抗日的牺牲品,幸手边尚留《山海经及其神话》和《山海经及驺衍》二文。前者登于《史学年报》,后者载《燕京学报》,得以保存。

1930年燕大毕业后,次年得研究院硕士,留任燕大哈佛燕京学社研究员,从事研究校读《山海经》及《水经注》,并研习古物鉴赏。这年内聆听裴文中演讲发现猿人的经过,过后追随容庚、顾颉刚两位教授历游河北,河南,山东等地,参与探访古代遗迹,参加中央研究院安阳田野发掘,对研究中国古物产生浓厚兴趣。

郑德坤虽读文科,却酷爱运动,是花式溜冰、足球、游泳、猴拳、跳绳的健儿。他曾代表华北足球队与拥有中国球王李惠堂的华东队比赛,担任中坚一职。在燕大时,他驰骋溜冰场上的花式溜冰,可说是"创此先河",而和当时的 Sonia Henie 却是"两雄并立"。

1931年郑德坤随容庚、顾颉刚两教授访古到洛阳,容教授为研究所收买汉、六朝、唐明器数十种,引起郑德坤的兴趣。回校后作有系统的记录。沈维钧先生闻郑德坤研究此学,他有《明器制度考》之作,慨然将稿见示,并许任意采用。

1932年郑德坤和沈维钧著《中国明器》被选为《燕京学报专刊》第一册。50年代东京早稻田大学选用为中国考古学课本。他在燕大时坠入爱河,和我出双入对,用脚踏车接送我到图书馆。一个同窗的女友说他是"情奴"。

1934年郑德坤娶我为妻,任教于厦门大学,讲授中国文化史及中国通史,并创办中国文化陈列所。

1936年哈佛燕京学社派他到蜀,在华西协和大学任教,主讲中国历史外,还在大学博物馆主讲田野考古及整理博物馆,将馆内两万多件古物,整理展览外,还将之作为"乡土教材"。他除了教书之外,还在大学的博物馆做考古工作,访问巴蜀各地古迹。日本水野清一教授称他为"四川考古学之父"。法国 Serge Glisséeff 博士来蜀,欣赏郑德坤整理博物馆一丝不苟,认为是一个可取之才,1938年派他到美国哈佛大学,专攻考古学及博物馆管理。

1941年获哲学博士学位。回校任教兼博物馆馆长。郑德坤除定期展览文物外,仍然尽量利用馆藏文物作为"乡土教材"。

1947年郑德坤休假一年,英国文化协会安排他在剑桥、牛津和伦敦三大学轮流讲学一年。

1948年他路经香港,因国内政局动荡,滞留香港三年。

1950年剑桥大学夏伦教授(Prof. Gustav Haloun)来港,发现郑德坤在港,回英后即运用学术基金,邀请他到剑桥大学任教。

1951年郑德坤和妻儿一家五口到了英国。剑大注重研究,教课时间稀少。郑德坤开始有计划地研究写作,总结华西的工作,出版了《Archalogical Studies in Szechwan》。剑桥关于考古文物书籍有限,器物更加短缺,郑德坤因为预备有计划研究写作,只得搜集举凡与中国考古文物有关的古物、书籍、幻灯片,经过二十几年努力,所藏图书五千余种,十余万册,置放家中,因入口处有一扇木门,乃命名这楼为"木扉"。当时中国各地不停地进行考古发掘,不断有新发现,郑德坤预备将这些材料有系统地整理出来,供学者研究学习。他开始写一套"Archaeology in China"。Volume 1: Prehistoric China 1959(Reprinted with Corrections, 1966) New Light on Prehistoric China 1966 (Supplement to Volume 1), Volume 2: Shang China, 1960 Volume 3: Chou China, 1963. In preparation Volume 4: Han China.

写就这几本书后引起日本学者重视,译成日文,称为《中国考古学大系》。

剑桥每五年有一年有薪假期(study leave),郑德坤除了1962年应邀去马来西亚大学组织成立中文系外,还在东南亚从事考古工作。1968年再次到南洋访问,参加发掘沙捞越,写成《Archaeology in Sarawak》一书。

剑大规定教员67岁退休,1974年郑德坤在剑大退休,获该大学授予中国考古学荣休教授;邬夫森学院(Wolfson College)荣休院士。

当时香港中文大学校长李卓敏博士知道郑德坤在剑大退休,立即邀请郑德坤来中大访问两年。郑德坤因带汉朝资料来港,预备继续著作。不意中大进行改制,李校长坚留郑德坤继续留任文学院院长一年,副校长两年。1979年郑德坤第二次退休。此时马临博士继任校长,邀请郑德坤出任中国文化研究所义务主任,为建立中国考古学中心,他将有关考古艺术材料,加以整理分类,并搜集中国古代文物。

郑德坤沉默寡言，不喜闲聊，谈说考古即滔滔不绝。乐善好施，受施者曾以泪洗面。性滑稽，读他短文，令人捧腹叫绝。

郑德坤历任国务院古籍整理出版规划小组顾问，古物咨询委员会委员。

郑德坤在中大期间虽工作繁忙，仍不忘研究写作；发表不少短篇论文，研究写作是他的癖好，他有中英论著150册，数百篇学术研究论文，因此他获得不少殊荣：例如，瑞典远东考古奖状，英国学会通讯会士，台湾中央研究院院士。1981年香港中文大学荣誉文学博士，1985年被选为英国学会通讯会士，为膺此殊荣之远东第一人。

1985年末，郑德坤因健康关系，终于真正退休了。

黄文宗，1910年4月19日出生于厦门梧桐庭。父黄廷元时为厦门十八保董事会主席，后参加革命，创办日报、学校和淘化酱油厂，任淘化主席，得许多奖状，去世后，遗像、奖状等全置于八卦楼纪念馆，坟墓为国家保护文物之一。

廷元先生重视古文，家中收藏许多古文书籍。文宗识字后已是一个小书虫。初中高中，都是在北京读书。1929年考进燕京大学，入社会学系，副修心理学。1933年自燕大毕业后，和郑德坤一起回鼓浪屿。1934年结婚。当时德坤在厦门大学任教，讲授三种课程，每课讲一小时。每课讲义他都要事先写出。他写完一课，叫文宗讲说一次，看是否刚好一小时。有的地方文宗觉得学生会不了解，还要替他改正。1936年我们移居成都。1938年德坤去美深造，文宗任金陵男大英文讲师，维持一家生活。1948年，我们逗留香港。文宗自小喜欢丹青，这时就入岭南派画师赵少昂门下，勤学四个月，以后文宗写生，共画花卉虫鸟等画四百多张。1951年德坤到英国剑桥大学教考古，学生需读中国古文。古文是文宗的专长，文宗就请学生单独来"木扉楼"受教。

文宗在英国学会了烹饪。在英头十几年，每到春天，预备一些中国菜肴招待负笈英伦的中国学生会会员。预备五六十人的饭菜不是容易事，每次都要德坤和文宗忙碌两天。喜欢中国口味的洋学生还毛遂自荐地跑来说，"郑太太，你不请我，我自己来了。"

1974年我们移居香港。1977年德坤任香港中文大学副校长，住进一所两层大楼。文宗和他从小在一起，到住进这大楼才知他有猴拳、跳绳的技能。1979年我们搬进芙蓉阁。《香港明报》月刊、《台湾时报》等向文宗约稿，文宗写了几十篇散文，天地图书有限公司代出版命名《流浪》，以文宗画的霜花作封面，作为《小匋散文集之一》。1979年我们应邀到北京参加国庆30周年纪念活动，又到各地参观。文宗写成《百闻不如一见》一书，翌年在港出版，作为《小匋散文集之二》。1981年《出井散记》出版，是《小匋散文集之三》，封面是文宗塑烧的出井蛙三彩烟碟。1984年文宗编的《儿童训导论丛》，由羽仪书屋出版。

在英国文宗学制陶器后，有一次一连做了二三十个小动物，因此，德坤不但给文宗起了"小匋"的外号，还替文宗刻了"小匋"的印章，文宗即用它为笔名。

（黄文宗）

许 英 魁

我国神经病理学创始人、著名神经精神病学家、临床医学教育家许英魁，1905年7月25日生于辽宁省辽阳县。中学先后就读于沈阳第一师范学校和天津南开中学。1926年考入燕京大学医预科，1929年转入北平协和医学院医本科，翌年获燕京大学理学士学位，1934年从协和医学院毕业，并获纽约州立大学医学博士学位。

毕业后，许英魁在协和医院做住院医师，1936年，晋升为助教，从德国籍客座教授朔兹学习神经病理学约半年，并开始发表学术论文。两年后，黑尔博士接任神经病学组主任，经他推荐，许英魁于1938年被选送至德国慕尼黑精神病学研究所进修，再次得到朔兹教授的指导。同年许英魁发表了《人脑放射线照射的晚期损害》的论文，阐述他观察放射线在精神病痴呆患者脑中引起的病理学改变，受到国际学术界的重视，直至近年仍为国内外学者引用。1939年许英魁转到美国芝加哥大学医学院学习，在神经病理学肿瘤专家贝雷教授指导下，专攻神经病理学。

1939年底，许英魁回国，任协和医院神经精神病学组讲师，后晋升为助教授。1941年底爆发了太平洋战争，次年1月协和医院被迫解散。4月应北大医学院刘兆麟院长聘请，许英魁担任该院脑系科主任教授。为了填补国内神经精神科空白和人员短缺，他组建了该院神经精神科，并聘医务人员，设病房，开诊收治病人。

北平解放时，北京几乎没有一所正规的精神病医院，北大医学院负责新建一所精神病院，这项工作落到了许英魁的肩上。他亲自制定建设规划，用不到三年的时间建成了具有国内先进水平的精神病院——北大医学院精神病院，为培养诊治精神病患者的医务工作者提供了基地。由于神经精神病学在我国起步晚，队伍也比较弱，许英魁决心要用更多的精力致力于培养人材的工作，他在北大医学院、协和医学院开设临床神经精神病学课程，利用各种讲习班、进修班讲学，成效甚好，很快形成了一支活跃的神经精神科医疗队伍。

1949年7月，协和医学院聘请许英魁兼任内科学系神经精神病学组襄教授及主任，两年后，专任协和医学院神经精神科主任教授。这期间，他不顾年事日高，体弱多病，除日常教学和临床工作外，还举办神经病理讲习班，传授神经病理学知识和实验操作方法，对普及神经病理学知识，培养人材起了良好的作用。

1956年，卫生部委托许英魁在北京医院组织全国神经科高级医师进修班，为提高国内神经科医疗学术水平，做出了重要贡献。

许英魁一生嫉恶如仇，洁身自好，解放前夕，他坚决不去台湾，执意留下来建设新中国。

在抗美援朝战争中，他报名参加抗美援朝反细菌战调查团，奔赴东北实地考察，以确凿的证据揭露了美帝国主义发动细菌战的罪行，在1952年全国卫生会议上受到嘉奖。

1956年4月6日，许英魁光荣地加入了中国共产党。

解放后，许英魁曾先后担任中华医学会常务理事、中华医学神经精神病学会常务委员、卫生部医学科学委员会神经精神病专题委员会主任委员、卫生部卫生教材委员会常务委员、《中华神经精神病学》杂志总编辑等职。1964年他主持了在广州召开的第一届全国神经精神病学会议，为团结组织全国神经精神病学工作者，提高全国的神经精神病学学术水平发挥了重要作用。

从50年代起，许英魁由于多次患病，身体十分虚弱，但他依然废寝忘食地工作。他编译了《神经系统的细胞学和细胞病理学》、《中枢和周围神经疾病的特殊病理学》和《神经病理学》三部书，并总结自己多年的临床经验，编写《神经精神病一百例》，积累了几十万字的资料。遗憾的是，许英魁在十年浩劫中因抑郁症发作而过早地去世了。他高尚的品质、精湛的医术使人们敬仰和怀念。

(据《中国现代医学家传》第二卷，作者尚京子)

黄 克 维

黄克维,1907年生于江西省清江县,我国著名神经病理学家。1925年因学业成绩优异获奖学金,免试升入上海沪江大学,后入北平燕京大学医学预科,获理学士学位。1928年就学于北平协和医学院,1933年毕业获医学博士学位。1936年至1939年赴欧留学,分别在英国里兹大学医学院、伦敦大学医学院病理研究院及英国皇家进修学院学习普通病理、临床病理学及神经病理学。回国后先后任中央大学医学院内科教授、成都省立医院院长兼华西协和大学医学院病理学教授、重庆大学医学院病理学兼中央医院内科主任。1949年再次远涉重洋赴美国波士顿哈佛大学医学院专修神经病理学。

黄克维是一位热爱祖国,献身于祖国医学事业的科学家。1950年他在美国哈佛大学医学院学业期满时,正值朝鲜战争爆发,美国政府出于对新中国的敌视,千方百计阻挠在美的中国科学工作者回国。当时的美国援华会负责人——哥伦比亚大学医学院生理学系主任曾明确告知黄克维,希望他留在美国工作,并保证给予优越的工作条件和优厚的生活待遇,但黄克维毅然拒绝了美方的要求,经过多方面的努力,冲破重重阻挠,终于回到了新中国。

回国后,黄克维任四川医学院医疗系教授兼副教务长。1962年后任中国人民解放军总医院内科主任、副院长,兼任中国人民解放军军医进修学院教授、副院长及中华医学会理事、《中华医学杂志》副主编、中华医学会神经精神科学会副主任委员、《中华神经精神杂志》副总编、中华医学会老年医学会委员。曾加入中国民主同盟,被选为第三届全国人民代表大会代表,1982年加入中国共产党。

黄克维是国内外知名的我国神经病理学的奠基人之一。1939年赴欧学习期间,曾师从于世界著名神经病理学家Greenfild教授。归国后他长期从事医疗、科研和教学工作,仅解放以来,就举办过十余期神经病理专修班,经他培训的学生现在遍布全国各大医院、医学院,许多已经成为本专业医疗、科研和教学方面的骨干力量。1956年黄克维亲笔撰写了《神经病理学》一书,这是我国第一部神经病理学专著。1960年他参加了我国第一套医学高等院校教材《神经病学》一书的编辑工作。几十年来,他先后在国内外医学杂志上发表了三十多篇水平较高的学术论文。1983年在神经科学杂志(Journal of the Neurological Sciences)发表文章,根据自己做的尸检病理研究首先提出成人脊髓性肌萎缩为一独立性疾病。1984年根据电镜观察结果,在国内首先报道了婴儿中枢神经海绵体变性病例,并首先提出该病病因可能与病毒感染有关。1985年他在国际文献Sciences上撰文,对一百多年来被世界公认的进行性皮层下动脉硬化性白质脑瘤(Binswanger氏病)的成因提出质疑,并经研究证实该病病因不是动脉硬化所致,而可能是静脉回流障碍造成的。该研究结果在加拿大神经科学杂志(Canadian Journal of Neurological Sciences)发表后,引起了国际神经病理学界的广泛重视,先后有几十个国家的数百名学者来信索取资料。

黄克维五十余年如一日,始终坚持医疗、科研和教学工作。

现在虽然年逾7旬,每周仍然坚持门诊、查房和会诊,坚持病理实验研究工作,接收硕士和博士学位研究生。他虽然以神经病理专业见长,但具有广泛坚实的内科和普通病理学基础,同时积累了丰富的神经内科临床经验。他精通英语,并能以德、法、俄文熟练查阅文献。他执教期间,一贯严于律己,作风朴实,对学生要求严格,善于启发诱导,是一位平易近人、诲人不倦的导师。他在科研工作上,注意对医疗实践中发现的问题进行深入探讨,旨在解除病人痛苦。他是北京地区神经科每月一次临床病理讨论会的创始人和组织者,深受同行们的欢迎,每次讨论会都济济一堂,吸引了北京地区及外地的神经科、病理科、神经病理科医生。他毫无保留地将自己渊博的知识传授给青年一代,为医学科学技术的进步做出了贡献。

半个世纪来,黄克维教授埋头苦干,辛勤耕耘,为我国和我军神经病理学科的开创和发展,为培养我国神经病理专业技术骨干队伍做出了重大贡献,赢得了国内外同行的由衷敬佩。"莫道桑榆晚,为霞尚满天"。黄克维虽然年事已高,但依然在为我国的医学科学进入世界先进水平行列而勤奋工作。

(原载《中国当代医学家荟萃》第一卷)

编者注:黄克维是燕京大学早期校友,学号535,已于1996年7月24日病逝于北京,享年89岁。

冯 家 昇

冯家昇,1904年8月16日生,满族,历史学家,字伯平,山西省孝义县人。1921年入汾阳铭义中学,以后考入燕京大学史学系,写有《契丹名号考释》。研究生期间,致力于辽、金史研究。此期间写有《辽史与金史、新五代史互证举例》和《辽史源流与辽史初校》。《辽史初校》用了23种不同本子,《辽史源流》分为上下两篇,此书于1933年由哈佛燕京学社出版。《辽史》修于元人,而又正值一代国祚将移,气运垂绝之际,故以史科言,于辽人之谱牒记注既不及见,于金宋之私乘野史亦未能博采,因陋就简,宁能无阙。他费数年之精力,详为考证,于成书源流言之至为详尽。其校勘记,则以同文书局本为蓝本,而以百衲本、南监、北监本互校之,遇有异同,即予注明,甚便寻检。故《辽史源流与辽史初校》,实为研读辽史者所必读之书。解放后,此书又经整理,由中华书局出版,名为《辽史证误三种》。

由于他研究辽、金史,所以对东北地区古代史也多有研究,且翻译了许多日本人的著作。

1935年,顾颉刚在燕京大学发起组织禹贡学会,编有《禹贡》半月刊,先由顾颉刚与谭其骧主编,以后谭南去讲学,便由冯家昇接替,从组稿、审稿、改稿、写稿及编辑都与顾先生合作。此期间,他在《禹贡》和《燕京学报》上发表了许多著名的论文,如《东北史上诸名称之解释》、《东北史地研究之已有成绩》、《周秦时代中国经营东北考略》、《汉魏时代东北之文化》、《述肃慎系之民族》、《述东胡系之民族》、《慕容氏建国始末》、《大月氏民族及其研究之结论》附《汉以前漠北形势图》、《大月氏西迁图》、《大月氏极盛时代之版图》、《原始时代之东北》、《契丹名号考释》、《月氏为虞后及'氏'和'氏'的问题》(徐中舒、郑德坤、冯家昇)。此外,《禹贡学会》还出版了《游记丛书》、《边疆丛书》。《禹贡》学会的地址,就是今天北京大学(原燕京大学)东校门外蒋家胡同3号,遗址今尚存,应略加修葺,以兹纪念。他们在30年代初期,出版或重印这《游记丛书》及《边疆丛书》,无疑是含有热爱祖国山河特别是边疆的爱国思想,他们这种爱国主义思想是值得我们称赞及学习的。

1939年，冯家昇应美国华盛顿国会图书馆的邀请前往工作，后在美国哥伦比亚大学中国历史研究室任研究员，担任辽史研究工作。同时，他也在该校人类学系进修。在美期间，他曾与富善（又名富路德）合写了《关于中国火药之西传》一文。回国后，他又写了《中国火药的发明和西传》一书。

在美期间，他还利用业余时间学习语言学和回鹘文，以后又学突厥文，且去印第安人居住区进行调查工作。回国后，他写有《回鹘文写本菩萨大唐三藏法师研究报告》（1953年），《回鹘文契约二种》及《一九六〇年吐鲁番新发现的古突厥文》等论文。

1947年春返国后，他任北平研究院史学研究所研究员。解放后，他先在考古研究所工作，1952年调中央民族学院研究部任教授。1958年中国科学院民族研究所成立，调为研究员，又兼少数民族社会历史研究室副主任。在中央民院工作时，他主持编写了《维吾尔族史料简编》，这是研究维族史及新疆地区史的重要参考书。

1958年，全国人大民族委员会发起组织各民族社会调查，他参加西北组的调查工作，曾在新疆居住一个时期。1959年5月，根据中苏科学院的合作计划，他参加了苏联科学院民族研究所组织的中亚调查队，到过乌兹别克、塔吉克、吉尔吉斯、哈萨克及土库曼五个加盟共和国和卡拉卡尔帕克自治共和国进行为期三个月的考察，行程共约二万七千公里。回国后，他写了《民族研究方面的中苏合作——中亚调查三月纪行》（1958年）。

在《辞海》修订中，他主编历代西北民族辞目，考证精详。在《中国历史地图集》的编订中，他主编历代西北地区的图幅，虽各朝有所分工，但他不仅自撰图幅，且对所主编的图幅加以审校，广征中外典籍，加以考定，可惜他未见成书而于1970年4月4日去世。

（邓　瑞）

邓　家　栋

编者按：邓家栋是我国内科学和血液学专家，一级教授。他曾任协和医学院内科副主任，北京医院副院长兼中央保健局副局长，中国医学科学院副院长兼血液学研究所所长，中国协和医科大学副校长，卫生部科学委员会委员，中美科技合作委员会委员，叶剑英元帅的保健医生，第三届全国人民代表大会代表，第六届全国政治协商会议委员，九三学社中央委员和医药卫生组组长。

邓家栋夫人王耀云大夫也是燕大校友，1904年生于江西南昌一个教师家庭，1927年毕业于南京金陵女子大学，1928年春入燕京大学进修，同年考入协和医学院，1933年毕业后，曾任南昌医院医师，南京中央医院妇产科住院总医师，南京市立医院妇产科主任。1937年与邓家栋在上海结婚。1938年与邓家栋一同赴美，在波士顿哈佛医学院妇产科进修。1940年春返国，先后在北平协和医院和清源医院妇产科工作，1949年后，任中央人民医院妇产科主任，北京医学院妇产科教授，1985年退休。

以下是邓家栋对燕园的回忆：

我于1906年出生在广东梅州市属焦岭县的一个农村，在乡间小学毕业后考入梅县的广益中学。1924年毕业后入苏州东吴大学读了二年，于1926年转学燕京，为三年级插班生。1928年毕业后考入协和医学院，1933年毕业，留校工作，1938—1940年我被协和派往美国进修一年，于1940年初返国。

1926年是燕京大学从城内迁入海淀区新址的第一年。那时正是燕京大发展,蜚声全国,名教授云集的时期。回忆1926年我初到北京,坐人力车来到学校,一进校门,过了小桥流水,首先看到巍峨的教学大楼尚未装修完毕,未名湖东边水塔尚未封顶。教学楼和图书馆依次排开,湖的北面有男生宿舍,湖边尚未植树。当时印象是一个美丽的校园,天堂似的学府。开学后的生活是往来于教室、图书馆、食堂、宿舍之间,课余饭后徜徉散步于未名湖畔,或与三两学友切磋谈心,那时的生活为我留下了难忘的美好记忆。

1926年我插入的医预科三年级原为协和医学院的预科,因协和停办预科而转到燕京的。我是惟一外来的插班生。不久逐渐和他(她)们相处融洽了。一年后,1927年他(她)们都转入协和医学院一年级,我则决定仍留燕京读四年级。原因是我家贫穷,估计无力支持我在协和再读五年,故打算先在燕京毕了业,觅一教书的工作,积攒些钱之后再去学医。在燕京的第四学年,我选修食物化学、胚胎学、遗传学和德文等课程,因为这些对学医也是很有利的。

一个意外的、重要的机遇改变了我先毕业教书,然后学医的计划。化学系(我的主修科)主任兼医预科主任韦尔巽(Dr. S. D. Wilson)了解到我的学习成绩优良,也知道我原有志学医,他把我的化学毕业论文拿给协和药理学教授Dr. B. E. Read,请他评审,颇受赏识,因此他关心我的前途,把我介绍给协和医学院的代校长Mr. R. S. Greene,请他借钱给我在协和读医学。这样我就于燕京毕业当年(1928年)报考协和医学院,结果被录取,并得入学奖金(免交学费)。1933年当我在协和毕业时,用所得最高奖金(文海奖)向代校长还清贷款,向他和Dr. S. D. Wilson表示感谢时,他们也很高兴。

我在燕京两年很少参加课外活动,与其他科系的同学也很少往来。在参加毕业典礼时,不少同学见我也和他们站在一起感到惊奇。我记得同年毕业的有焦菊隐、严景耀、崔毓林、韩庆林等,他们后来都成为国家宝贵的人才。医预科同班的同学们比我早一年先进了协和,我入协和后也与他(她)们密切联系。我们谈起燕京学习的生活都很怀念不已。当年的老教授们留给我们的印象是很深刻的。

(邓家栋)

叶 绍 荫

第二次世界大战诺曼地登陆胜利50周年纪念于1994年举行,但是很少人知道一位华人工程师在这次胜利中曾作出重大的贡献。

美国电机电子工程师学会在美国及全世界几十个国家中有三十多万会员,是全世界最大的工程师学会之一,1994年该学会在纪念诺曼地登陆胜利50周年的12月份会刊之人物简介及荣誉栏中有一段标题《叶带领小组在二次世界大战中作关键性的突破》。

1907年出生于广州的叶绍荫是美国电机电子工程师学会的资深会员,他是北京燕京大学1930年化学系学士,美国斯坦福大学1943年电机电子系硕士。在第二次世界大战期间,曾任美国无线电公司RCA(Radio Corporation of America)真空管部高级工程师,担任真空管制造工程、设计及改进真空管。当时,因为战争时期,所有生产全部为军事用途。

第二次世界大战为科技战争,新武器不断地发明,而大多数都

需用真空管,新出的武器都需要真空管的特性与该武器配合。所以真空管的改造不断地进行,对此,叶绍荫在RCA真空管部已有相当的成就和经验。

1944年初,军方来了一个命令,由于他们使用的某种设备的6G6/G真空管发生问题,15分钟就停止操作。他们强调前方需用紧急,必须赶快改良与供应。基于军事保密的理由,叶绍荫仅知道前方需要紧急,但却不晓得这项工作间接影响了第二次世界大战的历史。他们更不知盟军准备在1944年6月6日(通称D日),以强大的空军来配合地面的坦克进攻德军固守的最重要防线。但是在行动前的飞机试飞中,赖以通讯联络的无线电话机,在操作约15分钟后便告失灵,以致七千多架军用飞机被迫停飞。这对盟军的军力无疑是一个严重的打击。问题原来出自那颗因负荷过重而不能正常操作的6G6/G真空管。军方要求RCA尽快把它改良,不容有失。

所有的焦点一下子都集中在叶绍荫所领导的小组这里。时间不停地溜走,工作却毫无进展,而背后有千百个催促的声音。军方为使他们明白事态的严峻性,坦白指出有七千多架飞机因真空管的失灵而不能投入战场作战。当时,叶与小组受到的压力可想而知。

叶绍荫和他的小组不分日夜地埋头苦干,反复测试,他们终于由改善真空管的阴极与重订制造过程的Aging与Flashing的Schedule,使6G6/G真空的输出力大增。叶与小组终于能供应无线电话机所需用的真空管,令7000架军机可以及时使用。

叶绍荫是盟军在诺曼地登陆胜利后才在报章上知道这件事情的来龙去脉。

过了些日子,RCA公司内部的刊物记载在诺曼地战事中,空中的飞机用无线电话与地面的坦克配合作战,以致圣卢(ST.LO)一役得以突破。美国军部特函RCA称赞RCA真空管在圣卢一役得以立功。

叶绍荫在1946年返回香港。离职时,RCA真空部经理George Ritter写了一封介绍信。信中说叶君在二次大战间曾令6SN7/GTG及6G6/G型真空管改进到在军事用途上能达到军方所要求的严格标准。这包括约六百万个真空管的生产。

事后据统计说,RCA供给盟军所需的6SN7/GTG真空管,占全部百分之七十。6SN7/GTG于雷达及其他军事器械上用途甚广。

近五十年叶绍荫在香港工程界作出了不少贡献。曾任香港工程学会会长,亦曾致力于工业训练。1987年获英女皇颁赐M.B.E.勋衔。在学术方面,他是香港电机电子工程师学会顾问。他创立香港质量学会,曾任该会会长。虽然现年逾90,仍为教育下一代努力工作,曾任国际学校校董。燕大的校训"因真理得自由以服务",是他的座右铭。最近他回忆起当年在燕大上学的情景时说:"我是1926年入燕京的,也是海淀新校址的第一批入住的新生。一进校园,我们觉得校舍美轮美奂,校园风景美丽,真如人间仙境。加以良师益友,助我学业充实,回忆起来真是一个青年时期的黄金时代。"

(叶绍荫)

编者注:叶绍荫已于2000年5月12日病逝于香港。

林 悦 明

被誉为"林老"或"林伯伯"的摄影大师林悦明,因骨癌不治,于1996年10月20日在美国巴尔的摩市不幸逝世,其骨灰葬于旧金山帕洛阿图公墓,在其夫人刘耀贞坟墓之侧。

悦明和耀贞均于1926年考入燕京大学社会学系,两人同班。悦明自幼酷嗜摄影,课余之暇,除为学校活动摄影外,曾担任《上海时报画刊》的特派员,并参加燕京哈佛考古旅行团负责摄影。

1930年两人毕业后,悦明任职南京政府实业部及在上海从事新闻工作,曾服务于中外新闻社及报社,任摄影记者,遍访神州大陆、台港,林悦明善取景,精创作,佳作常在媒体出现。其作品被誉为"新闻中有艺术,艺术中有新闻,动态中有静,静态中有动"。

　　悦明1961年携夫人耀贞、子欣及女晶来美,定居于斯坦福大学附近的帕洛阿图市。夫妇经营一小型自助洗衣店。悦明继任青年会干事十余年。耀贞早年曾拜师北京名画家金北拱,后在香港投入岭南大师赵少昂门墙。因此她在美教授国画,中外桃李甚多。

　　林氏夫妇自己过着艰苦生活,为的是使子女受到良好的教育。子欣获加州大学的生化博士,现在约翰·霍布金斯大学任生化物理化学院副院长,媳张迪安也是加大的生化博士,在校任高级研究员。女晶系奥勒岗大学有机化学博士,现在陶森大学教授化学,女婿游景威获哈佛大学脑科学博士,现在霍布金斯大学任教兼做研究。

　　悦明和蔼可亲,意达观,喜欢和人打交道,又善与人交往,总是面带笑容,从不生气,也从不抱怨,凡事求诸己,故能心安理得长寿。他足迹遍旧金山湾区,为亲友及侨学界活动摄影,有请必到,有求必应,人缘极佳。

　　1991年7月,林夫人耀贞病逝。悦明于1996年10月逝世。

(摘自陶鹏飞文)

1927

赵 以 成

　　赵以成,我国杰出的神经外科医学创始人,闻名中外。

　　他生于1908年2月13日,福建漳州市人。1927年进入北京燕京大学医学预科班。1929年毕业后就读于北京协和医学院。他除学好必修课外,潜心研究外科学,获外科荣誉奖。1934年6月他被授予医学博士学位并留校工作。同年,他与也获医学博士学位的同学、妇产科大夫汪培娲结婚,汪培娲成为他亲密的终身伴侣和事业上的得力助手。

　　当时,北京协和医院实行院校合一,赵以成既任助教,又任外科住院医师,轮回于多种病科中担任住院医师。那时他就已能做迷走神经切除术、胃肠切除术、血管以及神经等吻合术。由于他技术精湛,被选为神经外科研究员。他撰写了富有成果的多篇论文。1938年他获得洛克菲勒奖学金赴加拿大蒙特利尔神经病学研究所深造,得到世界著名神经外科专家潘菲尔德教授的指导,并有所创造发明,提出一种特制胎膜防止粘连的新方法。论文在英国医学杂志发表,他成为当时西方崛起的神经科外科医学研究中的佼佼者,深受潘菲尔德的赏识,加拿大蒙特利尔研究所向赵以成颁发研究员证书。1940年归国途中,他赴美国八所神经外科中心进行考察。回国后,他继续在协和医院工作。抗战时协和被日寇侵占后,他和汪培娲在北京、天津私人开业行医,以"起死济贫"为座右铭。新中国成立后,1951年初他参加抗美援朝医疗队,并开始任公职。他历任天津医学院教授、天津医学院附属医院脑系科主任、北京医学院一级教授、北京宣武医院院长、北京神经外科研究所所长、中央卫生部医学科学委员会委员、中华医学会神经精神科学委员会主任委员等国内外多种学会会员。他先后在天津市总医院创立神经外科、北京同仁医院成立神经外科，并把北京宣武医院发展成以脑系神经外科为重点的综合性医院，他在建立北京神经外科研究所的工作中以及为国家培养大批神经外科人才方面，呕心沥血，作出卓越贡献。

赵以成从事神经外科事业近四十年，对神经外科具有渊博的理论知识和丰富的临床实践经验，对颅脑损伤、脑肿瘤、脑脓肿、脑血管病等方面造诣精湛。在医疗工作中，他医德高尚，医术高超，对己对人都要求十分严格，千方百计地使病人脱离危险，减少痛苦。

赵以成还撰写了许多著作和论文。他主编和参加编写《神经内外科手册》、《外科学》、《实用脑肿瘤学》、《实用神经病学》等书，在国内外发表的论文约五十余篇，对传播医学知识及指导实践起了很大作用。

由于赵以成在医学、科研、教学诸方面作出的重大贡献，他先后被推选为全国第二、三届人大代表、全国政协委员、天津市人大代表、天津市政协委员等。

1962年，毛主席曾委托赵以成邀请白求恩的老朋友、加拿大蒙特利尔神经病学研究所潘菲尔德教授和夫人访华，参加国庆和国宴，游览名胜古迹。潘在学术讨论会上屡次称赞赵以成的技术和成就，给予很高的评价。赵以成于1974年9月21日逝世。1978年加拿大蒙特利尔神经病学研究所所长维拉姆·费德尔教授为怀念在医学方面做出卓越成就的赵以成教授，在加拿大设立了"白求恩·赵友谊基金"，以示纪念。

赵以成的夫人汪培娟，1904年9月15日生于天津。中学时代积极参加过"五四"、"双十"集会、"三·一八"等爱国运动。她曾是邓颖超同志的亲密战友，20年代初，毕业于河北女师，留校任教。以后她立志学医，在中西女校学习两年英文后，1924年考入协和医预科，第二年归并到燕京大学医预科。她在燕京协和先后8年的学习中成绩优秀，1932年毕业后留在协和医学院妇产科，她工作认真负责，有所发明，受到病人和院方好评。

解放后，赵以成为开创我国神经外科医学事业多方奔波，劳累过度，先后患结石、溃疡、心肌梗塞等多种疾病，在周总理的指示下，汪培娟就成了赵以成的秘书兼专医专护。她陪同赵以成在各地奔波，开展工作，凡能替赵以成代劳的事，她都尽力做好，而且旅、膳费自付，不要公家负担。

汪培娟思想开朗，胸襟豁达，多才多艺。赵以成在1974年离世以后，汪培娟作为天津市政协委员、市妇联代表和市文史研究馆馆员，仍然参加社会活动。当她跌伤腰椎行动不便时，还坚持写了多篇中英文回忆录，并用自己的书画，维持当初赵以成与加拿大蒙特利尔神经病学研究所的友谊。她现已97岁。

（戴 槌）

方贶予

父亲方贶予（又名方添恩），1904年8月出生于福建省云霄县的一个医生家。祖父是早期接受西方文化的知识分子，基督教徒，是当地远近闻名的"洋医师"，为人厚道，口碑很好。父亲本可以有一个十分幸福的童年，不幸的是在父亲九岁和十二岁时祖父祖母先后离世，失去双亲后父亲只好寄养在已经独立行医的哥嫂家里，辗转在云霄、厦门、泉州读完了初中和高中。

1927年父亲只身北上考入北京燕京大学教育系读书。1931年大学毕业以后，考入燕京大学宗教学院攻读宗教历史研究生。两年以后他又考入燕京大学乡村教育研究院攻读第二学位。父亲聪明好学、异常刻苦而且多才多艺，这连续十多年平常人都难以应付的学业他却完全靠勤工俭学来完成。他当过中学教师，做过刊物编辑，给人刻版、画美术图画，做英文文字或口头翻译，总之父亲是个贫苦孤儿，能够完全靠自己的努力学有所成，这在当时也是非常难得的。

1938年华北沦陷以后，父亲不甘于在日寇铁蹄下做亡国奴，奔赴甘肃省兰州市科学教育馆担任研究员，科学教育馆的馆长是化学家袁翰青先生，负责分管科学方面的研究工作，父亲则负责分管社会教育方面的研究工作。1940年曾被馆里派往甘肃省拉卜楞藏族地区职业学校从事民众教育的实践和研究，在异常艰苦、偏僻边远的地区工作了两年。1942年受四川成都华西协和神学院聘请担任宗教历史教授、后任副教务长直到抗战胜利。

1946年成都的燕京大学迁回北京，父亲也同时回京并应邀在燕京大学宗教学院任教。1947年父亲前往美国留学，在耶鲁大学纽约神学院攻读基督教历史博士学位。新中国成立前夕的1949年秋天，父亲毅然放弃余下的学业，怀着一颗拳拳爱国之心，与郑林庄、关瑞梧、廖泰初等燕大学友和一批留美学子一起返回了祖国。他渴望用自己的才能和学识为自己的祖国做些贡献。

新中国成立以后直到1952年全国高等院校调整前，父亲仍在燕京大学宗教学院任基督教史教授。1952年以后任教于北京燕京协和神学院。1961年底京宁两地神学院合并成立南京金陵协和神学院，父亲赴宁任基督教史教授和研究委员会副主席。

接连不断的机构调整、思想改造、政治运动、下放劳动和各种整顿学习，在很长的一段历史时期，在极左思潮日益严重的社会大背景下，宗教界人士所受到的非难和冲击是比其他领域的知识分子更为严重、更为深层的。这样，使得父亲在以后的年代，很难发挥才智、展现学识和有所建树。1966年"文化大革命"一开始，他就被迫随金陵协和神学院全体人员下放到南京郊区青龙山农场挨斗挨打、从事繁重的体力劳动，苦撑了整整六年。

1972年初，身患绝症的父亲在他即将68岁时在北京逝世。

父亲认为，基督教史实际上代表着中东、特别是欧洲的文明发展史，是人类文明史的重要组成部分，对这部分历史的研究于国家、于国际上的交往、交流都是很有用的。父亲生前为教学和研究收集了大量图书资料，整理完成了非常丰富的基督教历史教材、翻译资料和研究成果，装满了两只半人高的大木箱，1962年在工作调动时随他同往南京。经过了那场浩劫，至今已片纸无存，真的十分可惜。

父亲是我们国家为数不多的对基督教历史颇有造诣的资深学者,如今改革开放了,国际交往和中西文化交流都增多了,如果父亲能赶上现在这个好时代,如果他毕生的研究成果和资料能够保留下来,对于国家无疑是一笔可观的财富。

母亲韩雅言,1904年生于浙江省慈溪县,自幼家境困难,靠边工作边读书读完师范学校。1925年只身来到北京,在慕贞女校补习一年,1926年被保送到燕京大学,先后在教育系和家政系读书,1932年毕业。此后于1933年至1934年和1937年至1941年在燕大附小教书。其间还曾在香山慈幼院任教一年。1941年太平洋战争爆发以后,燕京大学内迁成都,母亲乔装农妇,只身带着我们姐弟二人(一个七岁一个四岁)冲破日寇封锁线,千难万险辗转到达甘肃兰州,寻找已先期抵兰的父亲。母亲随父亲在兰州或成都理家,并先后在兰州扶轮小学、内迁成都的金陵大学附中教书,或在燕大女部办公室做助理。1946年全家随燕京大学返回北京,母亲在燕大妇联社区服务部工作。1952年任中央民族事务委员会托儿所所长。1956年任中央华侨事务委员会托儿所所长。1958年因病退职。1986年7月因病在北京逝世。母亲一生为人和善、吃苦耐劳、意志坚强,把自己在燕大学得的知识、本领全都奉献给祖国的教育事业,我们永远怀念她。

(方晶 方孺康)

佘韫珠

佘韫珠,生于1907年10月9日,她忠诚献身护理事业,无私地干了护理工作六十多年。

高中毕业时,她听过有关南丁格尔的献身事迹,毅然选择了献身护理事业的道路。1925年她考入南京金陵女子文理学院护预科,1927年转入燕京大学理学院生物系护预科,1929年转入北京协和护校,1931年毕业,燕京大学授予理学士学位。协和护校毕业后她被借到天津水阁公主女医院,担任护理部领导和教学工作,因工作出色,深受院长赏识,挽留她在该院任职。佘韫珠却执意继续深造,又回到协和医院。1935年她被派往美国哥伦比亚大学和纽约医院妇产科进修,1936年回国,在协和医院妇产科担任护士长及护校教师。

1941年太平洋战争爆发,日寇封闭了协和医院,佘韫珠到天津天和医院负责后勤工作兼护校校长。抗战胜利后她被调往天津市立第一医院任护理部主任兼市立护士学校校长及卫生局专员。她亲眼目睹日伪政权留下的满目疮痍,决心在护理工作中干出一番事业。解放前夕,亲身的经历使她意识到没有好的政治制度、好的政府就不可能有医疗事业的发展,更谈不上有人道友爱和南丁格尔精神。当时进步的学生运动蓬勃发展,1947年,游行中的一位被军警打伤的学生来到医院,她不顾个人的得失和职务的权限,毅然出面收容了这位学生。天津解放了,她盼到了在黑暗中渴望已久的黎明,她继续担任护校校长,也担任过护理部主任等职。

1950年她参加抗美援朝医疗队。当时后方医院护理条件差,她身体力行,设法创造条件。她创办护理人员培训班,制订管理制度,出色完成了护理任务。

1969—1978年,她在下放到广西的几年间,也是全心全意为病人服务,不怕脏不怕累,对病人表现出高度责任感。1980年以来,她虽已年逾古稀,仍孜孜不倦为改进提高护理工作刻苦钻研,勇于创新,撰写多篇论文,编译有关护理技术操作的书籍。

1978年她被评为天津市"三八"红旗手,1979年被评为全国"三八"红旗手,1980年被评为天津市特等劳动模范。1992年11月起享受国务院发给的特殊津贴。面对荣誉,她总说:工作是大家齐心协力干的。

每当回忆起学生时代,她常说:"在燕大与协和学习和工作期间,对我日后几十年坚持高质量、严要求的护理管理、教学和科研工作都打下了坚实基础。"她六十多年如一日,公而忘私,一心一意为病人服务的精神,深受广大群众的尊敬和爱戴,人们亲昵地称她为护士妈妈。

(据《燕大文史资料》第八辑)

齐思和

齐思和教授(1907—1980)是我国著名的历史学家,以博古通今、学贯中西、学术上勇于创新著称。他对中国史学及西方史学的开创性研究与重要贡献,为史学界所称道。他的主要著作在国内外重要图书馆均有收藏。

齐思和教授是燕京大学从北京城内盔甲厂旧址,迁移至西郊海淀新址后,历史系培养出来的新一届毕业生。大学毕业后,被推荐到美国哈佛大学历史系深造,四年后获博士学位。是第一个获得哈佛—燕京学社奖学金的燕京学子,也是哈佛—燕京学社授予中国学生奖学金的第一人。1935年,学成归国。1937年,正式回到燕京母校任教,历任副教授、教授、历史系主任、文学院院长、《燕京学报》主编等。1952年,全国大学院系调整,齐思和在北京大学历史系任教,直到1980年逝世。

齐思和教授于1907年生于河北省宁津县(今属山东省)的一个开明士绅家庭。他的父亲齐璧亭是我国著名教育家,早年留学日本、美国等著名大学,学习师范教育,回国后长期担任天津直隶第一女子师范学校校长,后又创办天津河北省立女子师范学院。那里曾是我国妇女运动的发祥地和培养中小学优秀教师的重要基地。齐思和少年时期随父母在天津读书,由于天资颖慧又喜爱读书,考试成绩总是名列前茅。他从小学到中学以至大学都进的是当地著名学校,如天津私立第一小学、南开中学、南开大学等。这里应当特别提到的是,他在南开读中学及大学历史系学习时都直接受教于我国著名历史学家范文澜先生。在范老的长期培养与教导下,齐思和在历史及经学方面打下了深厚的基础,在大学一年级时便开始在《南开学报》发表史学论文《魏弁年代考》。又是在范老的鼓励与建议下,1928年暑假,他转入北京西郊燕京大学历史系三年级学习。经范老介绍,他一入燕京便结识了当时在经济系就读的连士升同学,并住在一楼男生宿舍的同一房间,直至毕业。由于两人都喜欢读书、作学问,志趣相同,结成了终生的友谊。连士升燕大毕业后,最初随顾颉刚先生编写《禹贡》。七七事变起,连士升辗转到了新加坡,成为著名记者及《南洋商报》总主笔。在南洋一带影响很大。

齐思和进入燕大历史系学习时,正值燕京大学以国内外一流大学为目标进行建校的重要转变时期。历史系重点发展国学教学与研究的办系方针、强大的师资阵容、中西兼顾的教学、注重对学生史学方法的训练与基础知识的培养,以及丰富的藏书和北京地区的浓厚学术空气等,使他在做学问的大路上更上了一个台阶。与此同时,他在历史学方面的基础与才华也很快的显现出来。1928

年,当他刚转入燕大学习不久,正值燕京历史学会筹备出版《史学年报》,他当选为《年报》主编。在老师们的帮助、鼓励与同学们的支持下,《史学年报》的学术质量一炮打响,而且愈办愈好,并在国内外产生一定影响。如美国哈佛大学著名的刊物——《东方学年报》、法国著名的《通报》对之评价很高,对它的每期刊登内容均有专门介绍。齐任主编期间,以身作则,每期都有文章发表。他任主编直至 1931 年毕业,离开燕大为止。

齐思和在燕京历史系学习期间所表现出的勤奋学习,认真思考,敢于创新的特点屡屡受到老师们的赞扬,并留下深刻印象。如在顾颉刚先生的日记中、洪煨莲先生的传记中均有提及。爱屋及乌,齐思和的女儿齐文颖 1979 年访美,在哈佛期间曾多次拜访洪先生,他最喜欢与之谈论燕京的往事,多次称赞齐思和教授是一个"最会念书,学习最好的好学生"。1931 年夏,齐思和以优异的成绩毕业,获取了作为奖励优秀毕业生的"金钥匙"。他的毕业论文《黄帝制器的故事》,曾受到不少好评。在著名英国学者李约瑟著《中国科学技术发展史》一书中,也曾引用,肯定了他的论断。

齐思和教授毕业时,正值新成立的美国哈佛大学哈佛—燕京学社要为哈佛大学试招研究生一名,由哈佛—燕京学社提供奖学金。条件是要出类拔萃的好学生,四年如期毕业取得博士学位。如成功,四年后还可再派第二人。经选拔齐思和获此殊荣。1931 年夏,齐思和赴哈佛大学研究生院主攻美国史。四年,取得博士学位,如期返国,并获取了金钥匙奖。30 年代的哈佛大学历史系是它的辉煌时期,是美国历史学的重镇,明星教授云集。齐在那里不但学习了美国的历史知识,更学到了专家权威们如何研究、分析历史的方法与教学、培养学生的途径,以及世界一流学校的办学规模,管理经验等。这些对于他日后的教学及主持历史系、文学院工作有重要的参考价值。

齐思和回国后,先是任职北平师范大学副教授,主讲美国史,并分别在北京大学主讲史学概论、清华大学主讲美国史、燕京主讲中国古代史。次年,应聘为北京大学历史系教授,未及赴任七七事变起,回到燕京母校任教,直至院系调整。他在长达近十年的燕京教学期间,除开设了先秦史、春秋史、战国史、西洋现代史、美国史等课程外,还担任历史系主任,改变了长期以来由西方传教士任历史系主任的作法。他还是燕京历史上第一位由燕大校友任文学院长及驰名中外的汉学杂志《燕京学报》总主编人。他担任上述工作直至 1950 年,并作出了重要成绩。

齐思和是一位爱国的历史学家,热爱祖国,热爱历史学。为研究、发展祖国的历史学事业,多作贡献,他一再放弃了到牛津大学、哈佛大学任教授的机会,执著地留在国内任教。

齐思和在历史学方面的著作是多方面的,生平著述五百余万字,他在学术上的成就与创新受到国内外学者的称道。他所培养出来的学生很多,都已成为学术界的骨干,这一切,除开他自身的努力与天资外,是与燕京的教育与培养分不开的。

(齐文颖)

郑 林 庄

郑林庄,祖籍广东省中山县平岚村,1908年10月24日出生于朝鲜汉城。从1915年2月起先后在汉城华侨小学、奉天省(今辽宁省)安东县甲等商业学校、上海圣约翰青年中学、河北通县潞河中学学习,1927年7月高中毕业后考入燕京大学经济系。

1931年7月,郑林庄以优异成绩在燕京大学经济系毕业,被选为斐陶斐学会会员,获得一枚标志该会会徽的金钥匙。七八月间,郑林庄在天津市《益世报》任国际新闻编辑兼《新北方月刊》编辑;9月赴美国纽约哥伦比亚大学研究院,继续攻读经济学,1933年5月获经济学硕士学位,同年6月回国,先后担任南京金陵女子文理学院经济系主任、南京国民政府实业部中央农业实验所农经系技正。

从1935年至1952年,郑林庄在燕京大学任讲师、副教授,教授共十七年。

1941年12月太平洋战争爆发后,燕京大学被日寇封闭。1942年4月下旬,郑林庄被日本宪兵队扣押、拷打。郑林庄坚决不为日寇和汉奸工作,遂决定离开北平,1942年辗转到达成都。1942年至1946年,郑林庄在成都燕京大学任教授、系主任,1944年兼任燕京大学法学院代理院长。

抗日战争胜利后,郑林庄于1946年夏回北平,仍任经济系教授和系主任。1947年10月到1949年7月,他先后在美国哥伦比亚大学、芝加哥大学、哈佛大学进修,1949年7月,郑林庄回国,任燕京大学经济系主任,讲授合作经济、农业经济课。

郑林庄治学严谨,讲课条理清晰,层次分明,深入浅出,课内课外都对学生热情指导。

郑林庄很重视教学与研究结合。在燕京大学十几年,他积极参加各种实地调查。1936年,他到山东、江苏、浙江、江西、湖北等省调查当地推广合作事业的情况,写出《中国合作运动史初稿》。1936年下半年,燕京大学经济系和南开大学经济研究所合作在山东济宁建立乡村建设实验区,他在济宁指导学生实习半年,写出《胶济铁路消费合作社的研究》。这两篇文章分别在1938年和1940年燕京大学办的刊物上发表。他通过调查,既研究了中国的经济问题,也充实和丰富了"合作经济"一课的内容。

为了配合"合作经济"课程学习,自1938年起,郑林庄主持在校园内建立了燕大消费合作社。合作社资金来源于教职员工和学生自愿入股的股金,商品销售价格与市价相同。合作社理事、经理、会计、出纳、采购、计价等人员,全部由学生义务担任。学生在参加合作社工作中,联系实际,深入地掌握了理论,而且还锻炼了工作能力和培养了无私服务的精神。

郑林庄在成都燕京大学期间,对中国农业金融作了调查研究,并被推选为工业合作协会理事,参加了手工业促进会。

1947年秋,郑林庄赴美国进修,研究美国农业经济,到美国南部农村进行了调查研究。当他得知祖国即将解放时,于1949年7月匆匆踏上了归国之路。

建国之初,先后担任了燕京大学教育工会的副主席、主席。1950年夏,他以特邀代表身份出席全国合作社工作者第一届代表会议,同年,参加新经济学会。1951年出席中央教育部召开的课程改革会议,任合作小组副组长。

1951年11月,郑林庄加入中国民主同盟,曾担任民盟燕京大学支部主任委员,民盟中央文教委员会副主任等。

1952年高等学校院系调整,郑林庄到中央财经学院任教授。后又转到中国人民大学,先后在合作系、贸易系、农业经济系和外国经济管理研究所任教授。1953年至1955年,他先后发表了《论农业互助合作运动的自愿原则》、《我国农业互助合作运动的发展》的文章,出版了与人合编的《合作社理论基本知识》一书,60年代初,农业经济系开设外国农业经济课,他承担了美国农业经济部分的教学。他结合教学需要开展科学研究,先后发表了《论战后美国农业危机的几个问题》、《美国农业效率的剖析》、《备受阶级压迫和各族歧视的美国黑人农民》等论文,1978年他与刘振邦合著的《英法农业现代化过程中的专业化与一体化》一书出版。

1979年,他到外国经济管理研究所时已近古稀之年,他不顾年迈体弱,继续结合我国的农业现代化的开展对美国农业经济进行研究。在几年之内,连续发表了多篇论文,如《美国农业发展中的问题》、《从美国农业的经历看农业劳动生产率问题》、《谈农业现代化的几个问题》、《美国的农业——过去和现在》(译文集)、《农业现代化的目标是提高农业生产效率》、《美国农业价格支持政策的分析》、《美国农业的合同经管制》、《农业现代化与农业生产效率》、《美国农业的生产集中及其趋势》等。这些论文,是他勤奋钻研的丰硕成果,具有较高的学术价值,受到学术界的广泛好评。

1985年,郑林庄在患重病期间,加入了中国共产党。1985年7月6日逝世。

和郑林庄共同生活了几十年的夫人关瑞梧教授,是燕京大学社会学系的毕业生,1931年以优异的成绩被选为斐陶斐学会会员,获金钥匙和芝加哥大学奖学金。她和郑林庄同时去美国留学。1933年,完成硕士论文,题目为《美国政府对儿童机关之管理》,获芝加哥大学硕士学位。同年和郑林庄在芝加哥结婚。回国后,她先后在香山慈幼院、燕京大学社会学系、北平师范大学工作。在北京师范大学保育系任专任教授,在教育系曾任副主任。

1947年,郑林庄赴美进修,关瑞梧后去,在美国期间曾在联合国秘书处任儿童福利咨议。关瑞梧毕生从事儿童福利教育方面的工作,她著有:《婴儿教保实际问题》、《家长手册》、《保育法》、《儿童教养机关之管理》、《区位儿童福利个案工作》,与李槐春合著《中国儿童福利工作》、《培养学龄前儿童的共产主义道德品质》等。解放后,她作为妇女界代表和幼儿教育专家,被选为第四届全国人大代表、政协全国委员会常委、全国妇联执委、中国人民保卫儿童委员会委员。1986年3月26日病逝于北京,享年79岁。

(王俊彦)

林 启 武

林启武,祖籍广东惠阳,1907年生于泰国。1924年回国,就读于广州培英中学,1927年考入燕京大学。1931年毕业于燕京大学社会学系,1936年获社会学硕士学位,后赴美进修,1938年获美国哥伦比亚大学体育硕士学位。

他自幼喜爱体育运动,在燕京大学学习期间,他的运动才能得以充分发挥,作为燕大篮球队、排球队、冰球队和田径队的主力队员,屡屡为校争光。特别是燕大排球队,他在校的四年中(1927—1931)年年获大学排球比赛冠军,他曾代表北京市参加在沈阳和济南等地举行的华北运动会并夺得冠军。解放后他指导的燕京大学篮球队"燕队",不仅在高校,在北京市以至天津等地都颇具声誉。

在燕京大学学习期间他曾获燕京大学最高体育运动奖"全能运动员"荣誉和"运动道德奖"。

他多才多艺,在绘画上也很有天分,特别是漫画。在燕大学习期间常常在墙报上发表漫画作品,在贝公楼放映电影时,他常常利用换片间歇,把自己创作的漫画投放到银幕上,供大家欣赏。他创作的漫画多为幽默、讽刺题材。在四川成都燕京大学时,他的爱国热情和不甘沦丧的心情在他的漫画中充分体现。当年大家都知道"075"。那是他按名字的谐音给自己起的笔名。

他曾在北京及广州基督教青年会做青少年工作,后在燕京大学、北京大学任教授。

他于1957年、1978年分别获得国家体委颁发的羽毛球、田径、跳水三项国家裁判称号。六人排球也是他介绍到我国的。1957年他带领首次出国访问的中国羽毛球队参加了在莫斯科举行的世界青年节,取得辉煌战果。并帮助苏联培训羽毛球国家运动员和裁判员,因此获得苏联颁发的奖状。1958年他向全国教练员、运动员首次介绍国际射箭技术和规则。80年代他第一个在国内培训羽毛球英语国际裁判。1985年获"全国优秀裁判员奖",1986年国家体委授予他"发展我国羽毛球运动有功人员"荣誉奖。同年国际羽联授予他"为发展世界羽毛球运动做出贡献"奖状。1987年中国羽毛球协会在首都体育馆为他80寿辰举行了隆重的庆祝会。国家体委授予他"体育运动一级奖章"。

为表彰他为发展我国高等教育事业做出的特殊贡献,1991年国务院颁发政府特殊津贴及证书。中国民主促进会北京市委员会也授予他"从事大学教育及在老龄委做出贡献"荣誉证书等。

1950年《新体育》杂志创办时,他任第一任名誉主编。1982年任《中国大百科全书》体育卷编写组主编之一。还曾任《简明大不列颠百科全书》体育编审。他一直担任全国体育总会委员、全国羽毛球协会副主席,北京市羽毛球协会主席和中国体育科学学会名誉理事等职务直到退休。

他出版和发表的论著有《羽毛球练习法》、《羽毛球裁判法》以及多年研究的成果《体育运动社会学》等。翻译出版《匈牙利游泳技术》、《羽毛球技术与战术》等。

在体育教学中,他一生始终坚持教书育人的方针,他认为:体育不仅要培养一个健壮的体魄,更重要的是培养一个有道德的,全面发展的人。这也是燕京精神的体现。

他对事业坚定执著,对祖国的热爱始终不渝。历次政治运动他都未能幸免,但他还是乐观地对待一切。他的亲属很多人都在国外。解放前后,在国外的家人曾多次动员他出国,都被他拒绝了。他说:"我是中国人,我的事业在中国,我爱我的祖国。我哪儿也不去!"

(朱宣慈)

编者注:林启武的夫人朱宣慈,1907年出生于山东省黄县的一个信奉基督教的医生家庭。她自幼立志当一名服务社会的医生。1926年高中毕业,被保送入济南齐鲁大学医预科学习,1927年春,由于北伐战争,她来到北京考入燕京大学社会学系。1931年毕业,在北京协和医院社会服务部工作。1935年与林启武结婚。抗战时期在成都金陵大学任职。抗战胜利后回北平,在燕京大学社会学系任教。

她历任燕京大学、北京大学妇女委员会委员、副主席及主席等职务。燕大时期曾任燕大社区救济委员会委员。解放后曾被燕大和北大妇女委员会选为代表参加了北京市第一届和第三届妇女代表大会。

她于50年代中期到北京大学图书馆工作,任俄文编目,直至1971年底从干校归来后退休。

她为人耿直、热情,富有爱国心,热心社会公益事业。从中学时期即参加暑期举办的夏令儿童义务学校教务职务,在燕大求学时期也曾在学生会主办的工人夜校授课。

林 观 得

林观得,1905年7月4日出生于福建省长乐县一个清贫家庭。从长乐县教会小学毕业后,被保送到福州英华中学学习。1927年中学毕业,因成绩优良,保送到燕京大学地理地质系。1931年夏大学毕业后回英华中学任地理学教员。1935年赴美国西北大学地质地理系深造,1939年获硕士学位。在这之后直到新中国成立以前,先后担任美国克拉大学地理研究所研究员、福建协和大学教授和训导长、重庆基督教青年协会学生干事、建阳国立暨南大学地貌学教授、美国埃姆大学讲师和福州英华中学校长。

新中国诞生后,他历任福州英华中学校长,福建师范学院教员、讲师,福建师范大学讲师、副教授、教授,并兼任国家海洋局第三海洋研究所研究员。此外,还担任过下述职务:国际海平面委员会中国小组负责人、中国科学院第四纪委员会对外通讯委员、中国第四纪专业学会理事、中国海洋湖沼学会、海岸河口学会理事、福建地理学会常务理事、福建海洋学会常务理事、中国地质学会永久会员、《地理学报》编委会编委等。

林观得长期从事海平面升降问题的研究。他认为做为一个中国地质工作者,为什么不对自己祖国的海岸进行研究,而要听命于外国学者的结论!在燕京大学毕业时,他的地质学老师支持他回福建从事海平面升降的研究,要求他为德国地质学权威李希霍芬的论断找出实地考察的论据。李希霍芬在他所著的《中国》一书中,曾作出中国"华南海岸为下降海岸"的论断。

林观得在1931年9月回到英华中学执教的一年后,利用暑假,自己花钱,从福州到平潭岛独自进行海岸地貌考察。他白天爬山涉水,晚上住在农民家里,以顽强的毅力,完成第一次考察任务。这是中国学者对福建海平面研究的开端。这次考察他得到大量第一手资料。在以后几年里,他又连续对闽江口地区的海岸地貌进行多次实地调查。

1935年,林观得在美国西北大学地质地理系学习期间,他进一步研究了在福建考察所得的资料,结合闽江口存在溺谷这一事实,写成了《福州附近海岸线的变迁》论文。在论文中他反驳了李希霍芬关于"华南海岸下降"的论断,提出福建海岸兼有"上升海岸"和"下降海岸"的特点。他在美国做过几次报告阐述他的观点。但由于触动了西方地质权威人物的论断,被一些外国同行斥为异端邪说,拒绝在美国发表他的论文。1937年,《中国地质学会会志》发表了这篇论文,他的观点逐渐引起国内外地学界的重视。后来的研究结果进一步证实:福建的海岸不是"下降",而是"上升"。

40年代,林观得继续在福州和长乐地区进行野外考察。抗战期间,学校内迁,他借此机会,对闽江流域进行区域考察。在长期积累野外考察资料的基础上,在他后来发表的一系列论文中,论述了闽江的两个入海口和南台岛的发育史,提出了"福州湾"的概念,根据闽江河岸上的5、10、15米蛤蜊层来划定福州湾的范围,又根据福州平原之下5、15、30米处存在着海相层的事实,阐明了福州湾的演变过程。他在福建沿海地区找到了大量古海岸线的证据,表明了福建海岸线多次上升的趋势。

50年代,林观得运用新构造运动的理论,对福建海岸地貌的成因进行了研究。福建海岸曲折,岛屿众多,陡岸溺谷广布,这些地貌特征,传统上都认为是"海岸下降"所致。但林观得研究结果,却认为这是福建沿海地质构造复杂、新构造运动断块差异升降的反映。他采用海平面升降运动和新构造运动相结合的研究方法,既合理地解释了福建沿海400—500米的古海岸线,又阐述了沿海存在的传统上称为"下降海岸"的成因。

50年代末,林观得继续深入对福建海岸地貌进行研究。他在福建沿海发现了大量不同高度的古海岸遗迹,通过碳-14测定,他们所发生的地质年代不同,表明海平面多次升降,因而,他从"上升海岸"论发展到"多次升降"的理论。

从50年代后期到70年代,由于政治原因,林观得的野外考察活动被迫中断。他利用一切允许的条件,先后阅读了六千余篇国外文献资料,从中选择刻印了地学译刊。"文革"结束后,他对福建沿海海岸线的变化进行了更深入的研究,发表了《福建第四纪海平面升降运动》等论文,提出了第四纪以来福建海岸线是"上升为主,多次下降,因地而异"的新论点,对过去"北降南升"、"大降小升"、"三升二降"等结论提出了疑问。

80年代以后,林观得和他的助手们继续深入开展中国海平面的研究。

由于他在中国海平面研究方面取得的成就,林观得多次应邀参加国内国际有关的学术会议,作专题报告或宣读论文。1982年,在中国地质学会成立60周年大会上,被授予荣誉证书和奖章。1983年,被200项执行局选为国际八个顾问之一,并在东京举行的学术讨论会上宣读了有关50年来中国海平面研究进展的论文。

他发表《50年来中国海平面及海岸研究进展》等研究专著、译著多部和论文100篇,林观得系获得国家特殊津贴的有突出贡献的专家。

(攀 皋)

1928

林 嘉 通

燕大美籍教授夏仁德曾给林嘉通写过一个幽默的评语:林的"最大缺点"是要把每件事都做得完美无缺。("Drive everything into perfection")

林嘉通,厦门鼓浪屿人。1908年生。1931年毕业于燕大心理系。1931—1935年在教务处工作。1935年获奖学金赴英国利物浦大学深造,获博士学位后放弃被邀请留英国的机会,于1938年回到燕京执教。1939年任教务长。

就任时,林对司徒雷登校务长说:"你让我做教务长,教务处就归我负全责。"教务处的一大工作是招生。每次招生,上层交往繁多的司徒雷登把一大摞信函名单给林,多是为达官贵人子弟要求照顾入学的求情信。林却不拆不看,一切按规定等考分下来定取舍。一位国民党要人为了白崇禧的女儿,曾多次打电话到教务处要求照顾,林不为所动。当时招生有两个考区:上海和北平。上海的录取分数线一般比北平的略高。林嘉通在上海的弟弟考分过了北平线,却没有达到上海线。招生委员会里有人建议录取,林说:"不行,如果这样做,我就不能坐在现在的位子上。"他的弟弟只得进上海的大学。而对林来说,供弟弟在上海读大学费用昂贵,如到燕京上学,吃住在自己家,可省不少钱。

其实,招生中的铁面无私只是林对工作极度认真负责的一个表现。认真和负责是林的行为准则。早年他在教务处勤工俭学时,有一项工作是为招生中的"智力测验"出试题,1935年他动身赴英国留学前,特意把三年的试题都出好留下。对招生的考题,他亲自监管排印密封,放到家里保存。除教务处繁忙的工作外,他还担任大学的高层会议记录。北平沦陷后,日本人一时还未侵入燕京,林意识到时局险恶,对教务处下属的注册课主任王宝兴千叮万嘱,要他保管好档案:"你人在哪里,档案就在哪里。"王先生如嘱遵行,为保存燕大档案尽了最大努力。

鲜为人知的是林嘉通默不作声的抗日行动。当时燕京局势比城里略有松动,林对此加以充分利用。城里的地下抗日力量制成一种铁器,可以放到路轨下掀翻日本军车。林屡次请外籍教师骑车把它们从城里带到学校,等人取走使用。1940年,他在作书房用的阁楼上装上一台发报机,请一位物理系的学生多次来发报,直到有一天林的妻子戴克范听说日本宪兵要进校查户口,她赶紧拆下发报机装箱,托一位外籍朋友送进物理楼。因为物理楼这类机具多,就不会被怀疑了。1941年12月珍珠港事件发生,日本宪兵队带走了陆志韦、张东荪、赵承信、蔡一谔等十多位学校负责人,其中也有林嘉通。不久,又赶他们的家属出燕东园宿舍。在戴克范搬走时,一位住在同园的西籍教授把一台收音机抱来还给戴克范,说它是林寄存他家的。戴大惊,因为她知道这台收音机内可有收密电的装置,心里想如给查出来林的命就完了。偏偏这事让日军的一个高丽翻译看见了。戴只好装作若无其事地问他能不能把收音机搬走带进城。这个翻译看来想要这台收音机,幸好他无法即刻拿走,让戴暂放在燕东园教师赵占元家。戴搬离燕东园后先是寄居在好友梁思庄(梁启超之女)家。戴到梁家后第一件事就是央告梁的懂电器的外甥和她一起到赵占元家把收音机里的那个特殊装置铰下来取走。这样戴才算松了口气。哪知过不久林家原先的厨师老刘和一位农民模样的人同到梁家找戴,对戴说,林嘉通在原住处小屋地板下还藏了一个军用发报机,和他同来的是后门隔墙花园的花匠。幸好原住房还无人进住。老刘就把发报机取出交给花匠,花匠把它扔在一口井里,才算完事。

林嘉通等人被捕后,先后被关押在日本宪兵队和铁狮子胡同陆军监狱。牢里缺水少食,有时从早晨6时饿到午夜2时,给一碗豆腐渣了事。林一次发烧,渴得忍不住喝了为扫地洗便所而备的水。他心里虽然放不下那收音机和发报机,但他只是沉默无言,日本人不管使什么办法都不能让他作出任何交代。1942年6月18日,在他的5月18日出生的大儿子刚满月的那天,他出狱回来了。(那时戴克范寄居在姑妈林巧稚大夫家)长长的胡须,长长的头发,天气已是初夏了,他身上还穿一袭带有很多跳蚤的烂棉袍。林告诉家里,日寇军事法庭判他徒刑一年,缓刑三年,罪名是亲重庆、亲英美。但总算出狱了,尽管三年内不能自由活动。当妻子把收音机、发报机怎样处理的事告诉他时,他平静地吐出了劫后余生的感慨之言:"拣了条命回来,往后的日子就是我多活的了。"

林嘉通一家在姑妈家熬过三年缓刑期后,正想设法离开北平,日本投降了。林嘉通积极参加燕大的复校工作,仍任教务长。

1962年,林嘉通,一个一丝不苟的教务长,一个缄默沉静的爱国者,因癌症在上海逝世。戴克范担起了养育儿女的责任,尽心尽力把林风、林晨、林霭培养成为受过高等教育的人才。戴本人也是燕京校友,1936年毕业于燕大。曾经是上海市徐汇区政协委员。

(林嘉通夫人戴克范校友口述 马玫丽记)

谭纫就

谭纫就,祖籍广东新会,1908年生于北京一个书香之家,10岁时南下广州,就读于真光小学,从此与真光结下不解之缘,定居香港后,任真光中学校监和校董,直至今日。1927年她考上中山大学,深受革命思想濡染。因时局动荡,1928年北上转入燕京大学,主修社会学,导师是著名人类学家吴文藻博士。吴的夫人冰心女士是班上的顾问,三人亦师亦友,情深谊长。

燕京大学对师资和学生的素质要求比较高。谭纫就当年在校学习勤奋刻苦,成绩突出,1931年大学毕业时被选入斐陶斐荣誉学会,获得金钥匙。随后在青岛山东大学任讲师。日寇发动侵华战争,她扶老携幼到香港避难,苦撑8年艰苦岁月。抗战胜利后,北京大学胡适校长聘请她去北大任教。但她经过反复考虑婉拒了,而选定了去基督教女青年会做义工这项清苦的献身社会的工作,而且一干就是五六十年,先后创办了家庭妇女部、托儿所、劳工妇女部及开设夜校等。至今,女青年会职员已发展到六百多人,她领导的女青年会在70年代盖了新的总会所和多所中心。自1946年至1973年间,谭纫就曾三次担任该会会长,80年代被选为名誉会长。在她担任会长期间,多次代表香港出席了世界女青年会各种会议。1954年从澳洲归来后还写了《南游鸿爪》一书以记此行。她除在女青年会服务外,也曾任香港扶幼会执行委员,燕京大学香港校友会会长。70年代,她同燕大校友合力创办燕京书院,20年来造就了上千个青年在燕大校训的精神下投入社会服务。

谭纫就和众多老一代知识分子一样,热爱祖国,热爱母校,尊师重道,身体力行,奉献社会。进入燕大时选读社会学,也出于爱国爱民之心。新中国成立后,她多次率团到内地访问,满怀拳拳赤子之情。

1984年5月4日,谭纫就与香港校友会几位代表一起到北京参加燕京大学北京校友会成立大会,她在大会上讲话,除介绍香港校友的情况外,还说到她为了这个大会,昨晚彻夜不成寐,今天清早漫步燕园,心情十分激动。会后她请同样年逾古稀的当年同学林启武教授骑自行车驮着她在校园内拜师访友,观赏阔别多年的燕园夜景,未明湖的湖光塔影。她还特别到中央民族学院去看望恩师兼密友吴文藻和冰心夫妇。久别重逢,感慨万千,临别依依,吴老步履蹒跚地和冰心送她到大门口。这是她和吴老师的最后一次见面。

谭纫就天赋聪明,坚毅自强,在校时是高材生,在社会上是个有高度组织才能和活动能力的工作者。半个多世纪以来,她在香港投身于教育和社会工作,循奉着母校燕京大学的校训"因真理,得自由,以服务",处事坚持原则,待人慈祥仁爱,勤勤恳恳,努力工作。她年逾古稀以后,仍退而不休,还热心助人为乐。1997年12月21日,她90高龄时,香港社会服务联会,在50周年纪念会时授予她杰出人才奖,被评选为香港义工,荣获奖励。燕大香港校友会会长、香港女青年会前任总干事高苕华写信致贺说:"其实你应是杰出中之杰出者"。她的儿子郑明训是香港商界政界杰出领袖之一,曾任香港立法局议员,总商会会长等职。谭单亲教子成器,所以他对母亲十分敬重。他曾这样描述说:"她一生帮过无数亲戚、同学、朋友,甚至朋友的朋友……她只想到付出而从不期望任何回报。"至于她本人,她只是平淡地说:"我将继续作盐、作光,在人生旅途上有所奉献。"

(哲 夫)

赵萝蕤

赵萝蕤，著名翻译家、英美文学专家，博士生导师。

赵萝蕤是浙江杭州人，1912年出生于一个高级知识分子家庭，从童年开始她一直受到严格的教育。她的父亲是著名神学家赵紫宸。受父亲影响，她七岁时，除读中国古典文学外，就已开始读西方文学了。

1928年考入燕京大学国文系，1930年转入英语系。1932年毕业时年仅20岁。同年考入清华大学外国文学研究所，为英美文学研究生。因受著名诗人戴望舒约稿，她成功地将当时震动整个西方世界的名作艾略特的《荒原》从英文译成中文，成为她翻译的第一部文学作品，在当时文学界引起很大的轰动。叶公超为之写了著名的序言，邢光祖写了评论，最后两句是："艾略特这首长诗是近代诗的'荒原'中的灵芝，而赵女士的这册译本是我国翻译界的'荒原'上的奇葩。"从而也开创了将英美现代派文学译介到中国的先河。

1935—1937年，赵萝蕤在燕京大学任教。1936年和知名诗人、古文字学家、考古学家陈梦家结婚。1944年，与陈梦家一同赴美，在芝加哥大学攻读英语语言文学，1946年获文学硕士学位，1948年获哲学博士学位。赵萝蕤认为这是她一生中很重要的四年。那时芝大的英语系在美国是第一流的，"40年代的芝大英语系正是它的全盛时期。"她得益于向许多著名学者学习。特别是世界知名学者克莱恩教授。克莱恩教授文艺理论和实践一课，不但学识渊博，讲解精湛，而且每一命题反复举例，详细剖析，要求学生每周交一篇学习心得，赵萝蕤获益匪浅。

在第四年，她专修美国文学。芝加哥大学是最早开设美国文学的大学。赵萝蕤的博士论文是研究小说家亨利·詹姆斯，由此成为国际上最早研究这位小说家的学者之一。她读了詹姆斯的全部作品，感到非常亲切，而且努力搜集詹姆斯的各方面的作品，不仅小说，还包括书评、多种旅行杂记、书信集、传记、自传、未完成小说等。可算得上是美国第三名詹姆斯图书收藏家。

1948年冬，赵萝蕤在芝大结束学业。而陈梦家已于前一年回国。她只身一人回到上海。这时北平西郊已经解放。她搭乘一架给傅作义部队运粮的飞机飞回北平，迎接古都的新生。

她回到母校燕大任教，并担任西语系主任。1952年院系调整后，任北京大学教授，同时从事英美文学的翻译和研究工作。

1957年她翻译的朗费罗（1807—1882）的诗《海瓦隆之歌》出版了。这首诗赞扬了美国印地安人的英雄事迹。

1964年她与杨周翰、吴达元教授共同主编《欧洲文学史》。这是一本积多年教学经验的大学教材，也是积学者多年研究成果的一本学术价值较高的著作。

1979年以后又翻译了詹姆斯的《黛西·密勒》等佳作。

自80年代后期她着手翻译惠特曼的《草叶集》。赵萝蕤花了近12年时间研究有关这位伟大诗人和他作品的文学资料，甚至出国访问众多的著名学者。她说："惠特曼的作品有难以克服的语言障碍。"有许多翻译者还不能正确理解诗里的内在涵义。经过艰苦和专心致志的准备，她花了三年时间成功地译完了惠特曼的诗集。为了最好地保留诗人的风格，她无数次地校对译稿。

"我认为一位好翻译家应该既谦虚又勤奋。他应该忠实于原文，而不应该随心所欲地用自己的风格去翻译。"由于赵萝蕤的不懈努力,她的中译本《草叶集》在中国读者中获得了盛誉。她被公认为将西方文学介绍给中国读者的当代最有成就的翻译家之一。

1996年出版了她的著作《我的读书生涯》。

赵萝蕤在世界文坛上颇负盛名。为了表彰她的成就,芝加哥大学在建校100周年的时候,授予她首次颁发的"专业成就奖"(1991年)。1994年她又获得"中美文学交流奖"和"彩虹翻译奖"。

她在耄耋之年仍十分关心并积极参加燕京研究院和燕大校友会的工作。1993年燕京研究院成立后,她出任英语研究所名誉主任。1995年起任新出版的《燕京学报》编委。在撰写英文摘要等方面做了大量工作。

1998年1月1日,赵萝蕤病逝于北京。她逝世之后,家人遵嘱将她的全部藏书捐赠给燕京研究院图书馆。

(夏自强)

王 明 贞

王明贞(1912—),女,1930年入学,1932年毕业于燕京大学研究院。1932—1938年在南京金陵女子文理学院任教。之后她考取了"庚款"公派留学第一名。就因为她是个女人,主考官说:"派个女的出去学物理,浪费钱,不如换个人!"计划落空。几经周折,王明贞终于在1938年进入了美国密执安大学。在那里,她简直成了"稀有人物",整个班上,只有一个外国人,就是她;只有一个女生,仍是她。不过,聪颖儒雅的王明贞并没有受到歧视,她入学的第二年就同其导师合作发表了论文。

1942年,王明贞获博士学位,毕业后到麻省理工学院雷达研究所工作,对布朗运动和噪声理论极富研究。她的论文,被评为"20世纪上半叶物理学方面最有影响的论文之一"。

1946年,王明贞回到祖国,接受云南大学邀请到那里任教。她与云南师范大学学生俞启忠相识。俞为人正直,聪明有才,两人一见如故。婚后,他们一起赴美。

1949年新中国成立了,在美留学生归心似箭,以求报国,王明贞夫妇为回国做了不懈的努力。王明贞在雷达研究所工作,参与了二战期间美国的雷达研制,移民局不可能放她回国。于是,她毅然辞职,只靠学教育的丈夫在一个旅馆做管理员,维持生计,在这种清苦的日子里,王明贞的家成了有志归国的旅美青年的联络站。1955年,在周总理的直接关怀下,她和丈夫回到祖国。

同年9月,王明贞来到清华,成为清华大学历史上的第一位女教授。当时国内没有科研条件,她中断了对"布朗运动"和"噪声理论"的研究,悉心搞起了教学,她在清华做的第一件事,就是成立理论物理教研室。

她淡泊名利。王明贞到校不久,就找到领导说:自己教授的级别要降一级,只因为同船回来的一位先生比她低一级,她认为这不合理。王明贞教授真挚朴素的爱国情感、淡泊名利的处世态度、谨慎温厚的长者风范、广博精深的学识,都给学生留下了深刻的印象。

"文革"的劫难到来了,1968年3月中旬的一个夜晚,两名公安人员强行把俞启忠带走,随后,王明贞也被"四人帮"迫害入狱。

这一段冤案整整 5 年 8 个月。面对冤狱,她并没有丧失理念。她以坦诚的心态直面厄运。她说理智和涵养是她战胜漫长铁窗生活的法宝。

1979 年中央组织部为黄敬平反时,才宣布俞家的一切冤案都是江青所为,黄敬本名俞启威,原第一机械工业部部长,他是王教授丈夫的哥哥。

王明贞教授从来没有向系里和学校提出过任何要求。分配给她住的那套公寓,她一住就是 36 年。

1996 年 10 月 3 日,王教授 90 岁生日那天,学校为她举办了生日宴会,当吹灭生日蜡烛的时候,她说:"我该许个心愿,我希望在自己的有生之年,台湾能够回来!"表现出一个老知识分子对祖国的无限赤诚与热爱!

(据《燕京大学史稿》)

邓嗣禹

邓嗣禹(1905—1988),湖南常宁人。1928—1932 年,入燕京大学历史系本科学习,1932—1935 年,为燕大研究生。当选为历史系学生会主席,并于 1933—1936 年主编《史学年报》。1988 年因车祸不幸逝世。印地安那大学在图书馆东亚部特立一个铜头像,以志。

君字持宇,1905 年生于湘南常宁。既卒业中学,北上,入燕京大学,从邓之诚、洪煨莲诸先生治国史;获交齐思和、顾廷龙、聂崇岐、朱士嘉、房兆楹、冯家昇、谭其骧、吴世昌、翁独健、张维华、周一良诸君。1932 年本科毕业,入同校研究院。后三年,得硕士学位,留校任教,与哲学系美籍博晨光教授合讲翻译义例。1937 年之夏,以房兆楹之邀,到美京华府,助纂《清代名人传记》。无何,转赴哈佛,1942 年得哲学博士。乃离校,任教芝加哥、印地安那、北京、明尼苏达、美利坚、香港中文,密尔士诸大学。然在芝七年(1941—1948)、印大二十六年(1950—1976),任最久。

君壮年薳美,出入名校,寝馈吾国文史。此邦名儒坐镇一方者,如毕乃德、顾立雅、狄培瑞、费正清,咸乐与之游。切磋道艺,历数十年不替。费以近代史权威,操持清议,为一时物望。每有撰述,辄邀君襄赞。虽云合著,而选题取材,诠释论议,唯君言是听。费又创立亚洲学会,延君为董事,首尾三年而后罢。是以四五十年代,治东亚文史者,鲜不知君名。然君治学勤且恒,识见高且远,范围广且邃,著述富且精,谈吐庄且谐,水到而渠成,非徒时彦推戴之功已也。

君勤于学,晨暮不废卷,周末出入图书馆,一如常日。值长假,则赴华府、纽约、麻省剑桥,甚或远走东瀛求异书。1933 年予入燕京,耳君名,固未知君之好学何等也。1937 年君受华府之约,将离国他适,予偶遇之图书馆,方督钞胥整理多年札记,硬卡密书凡十余盒,堆积盈楹,将分类纳诸库。叩询其详,则云:"苟有所见,有所悟,随时过录,日积月累,初不料其多且繁若是。"夫勤学者或以日,或以月,或以年。若君数十年如一日,积习久而成自然。求之古人,已甚罕见,况当代旅美学人哉。

君在燕京,初治古史、典章沿革史,抵美而攻清史,尤致意中外关系及太平天国之兴亡。其择题研究,必取其影响深而牵涉广者。如作《城隍考》,则博采史传及方志,以见社会信仰之动态,民俗心理之向背。治考试制度,从而畅论千余年来吾国文官进身之阶,科目之增减,乡、会、殿之兴,荐举诠选之变,并进论其所以影响欧美考选者。著《西风东应》,则阐释清初之朴学、雍乾间之文字狱,以见满汉民族间之猜忌。逮鸦片之战败,海禁大开,列强侵噬,朝野慑于凶焰,纷谋保全之计。于是一时名流,或求变法以自强,或谋攘外以自固。思潮激宕,政体阽危。此书独能举目提纲,择尤遍译,以明百余年来朝野思潮之所本。太平天国之兴也疾,其亡也渐。十余年间,据江东沃野,抗衡上京。其时列强方迫订天津、北京约。俄虎视鹰瞵,窥觎边境。美苦于内战,鞭长莫及。就诸强实力言,可以控制一方,操纵全局者,莫英国若。国人治天国史,谢兴尧、简又文、罗尔纲号巨擘,然多偏重天国之宗教思想,政经措设。君则鞭辟就里,特揭发其外交关系,彰其失欢友邦,渐趋败亡之道。秘密社会为吾国民间一大暗流。易代之际,活跃尤著,呼哨间可纠大众。汉之黄巾,唐之黄巢,元末之白莲红巾,其彰彰者。清乾嘉间有川楚教匪,咸同间有小刀会,光宣间有青洪帮,辄近从事革命者,或赖以举义。然素非士大夫之所重,文献缺焉。君1960年以还,即号召友朋,矢志共赴。尝草文发其端,书未成而君殁。然其气宇之磅礴,识见之深远,筹划之广邃,概可见。

君既兼才识,亦长于史笔。曩肄业燕京,学士论文曰《中国考试制度史》,即经考试院刊行。嗣与博晨光先生讲授翻译义例,又着手英译《颜氏家训》二十章。稿屡易,至1968年始由《通报》社出版,开南北朝经典英译之先河。马瑞志之译《世说新语》,予译《洛阳伽蓝记》,其余绪耳。其他出版诸书,陈述如次:《张喜与南京条约之签订》、《太平天国新释》、英译《中国近百年政治史》、《捻军及其游击战略》、《太平天国与欧洲列强》。其有关目录学者,先后有《燕京大学图书馆目录初稿—类书之部》,与毕乃德合编之《参考书目概要》、《研究日本及远东书目》及《太平天国之史学》。与费正清合撰之《清史研究》论文三篇,原散见《哈佛亚洲研究学报》,后又成书。君所著,先后十三种,而有关吾国语文专书四种,不计焉。论文之散见中外学术杂志者又五十余篇。其著述之富且精盖若是。

(王伊同)

黄 振 勋

黄振勋出生于1910年,1928年入学燕京大学,1932年毕业于物理系。他是我国著名的制糖工业专家,第二届全国人大代表,第二、五届全国政协委员,轻工业部原总工程师、一级工程师。黄振勋因病于1990年2月5日逝世,终年80岁。

他于燕大物理系毕业后,留学美国在路易斯安那大学糖业工程系学习,获硕士学位。他热爱祖国,怀着科技救国的心愿,毅然从美国回到祖国。

他长期从事制糖工业技术工作,参加过广东、广西、四川、云南、华北、东北等省区的糖业发展规划、建厂、技术指导等项工作,还参加过国外若干糖厂的援建工作。他在制糖学术研究方面造诣颇深,在制糖工程建设中具有丰富的实践经验,在国内外享有较高的声誉。1949年他在广东省糖业公司担任总工程师兼技术室主任。1953年至1986年在轻工业部(食品工业部)糖酒工业局等单位任总工程师。

黄振勋是我国现代制糖工业的创始人之一。他从事制糖工业半个多世纪以来,从不为名不为利,不计较个人得失,在开创我国制糖工业和制糖工业理论与实践相结合方面,都取得了显著的成就,他在培养制糖工业技术人员,为我国制糖工业的建设与发展,作出了重大贡献。他热爱党、热爱社会主义,几十年如一日地勤奋工作,为我国的制糖工业贡献了毕生的精力。

(摘自北京《燕大校友通讯》第9期)

熊 大 绛

熊大绛,原籍江西,1909年出生于北京。

自燕京大学化学系毕业后,进山西省在美国洛克菲勒(Rockefeller)基金会设于中国的炼钢部任研究员。1934—1946年,转至上海海关任化验师。1947年离开海关,任职一家西药进口公司。1952年经该公司在香港的总部召赴香港。不久公司歇业,他应聘华仁书院任化学教师。

1959年到美国加州,在EIMAC公司任化学工程师,后公司与另家合并,改名VARIAN,在此工作16年后退休,后在社会义务工作部服务社会多年。因鉴于中国文化有在异邦发扬之必要,遂于1981年在PALO ALTO由夫妇俩在此中文沙漠中成立一家不以盈利为目的的私人图书馆,名之曰华光中文阅览室,不仅为发扬中华文化,亦为下一代留下寻根之所。大绛自编与地理相结合的中国历史,每月开讲一次,并亲自教外国人学中文,新移民学英文,不分国籍,并请有关专家每月进行一次演讲,从而获得有心人士热忱协助、指导,已使小阅览室具有正规图书馆模样。捐书者很多,内有珍本,绝版本。可惜天不假年,熊大绛先生1996年突因中风离开人间。图书馆承热心人士义务协助,仍按期开放以慰他在天之灵。

(周谷籁)

刘 尊 棋

刘尊棋,原籍湖北鄂州市,1911年6月5日生于浙江宁波,在北京读过小学和中学,1928年春毕业于北平基督教青年会财政商业学校后,经学校推荐到燕京大学担任政治系的秘书,经系主任徐淑希教授同意,在政治系当旁听生。

他在燕京两年,一面工作,一面学习。秘书工作比较简单,主要为政治系用英文打字,打出每周的课程表,每学期记录全系的教职员姓名、职务和薪金;他经常打的是徐教授的英文著作和信件。徐教授当年研究"东三省问题",注意日本对东北的经济、军事和铁路等方面的侵略,曾撰文公开揭露,在国际上产生广泛影响。

在燕京上学期间,他曾在图书馆广泛地阅读中外古今图书,主要是文史方面的书,如《纲鉴易知录》、《资治通鉴》、《史记》、《诗经》、《红楼梦》、《三国演义》等等。在外国文艺方面,读了许多苏联小说的英文译本,印象最深的是苏联作家高尔基的《母亲》。由于苏联革命文艺的影响,他相信文艺是革命斗争的重要武器,并开始创作和翻译文艺作品,参加文学作者的组织。他翻译的第一篇小说是高尔基的《四十一个人和一个人》。他写的第一篇短篇小说题为《华生之死》。他还译了布哈林所著《历史唯物主义》一书中关于文学艺术和无产阶级的关系的一部分文章,发表在《新晨报》的副刊上。

在燕京这两年,他当过家庭教师,以此增加一些收入。在课余同新闻系的学生萧乾相识。但最熟的是社会学系的学生李安宅,1930年5月他经过李的介绍,到苏联塔斯通讯社北平分社工作。

1930年3月,他经燕京同学的朋友介绍,认识了北大同学娄凝先和王冶秋等,组织了文学团体"展望社",参加的有女师大的学生谢冰莹(《女兵日记》作者)和清华大学的学生冯仲云等。同年9月他经娄凝先的介绍,与杨刚、郑蜀子、陈沂等成立中国左翼作家联盟北平分盟,被选为分盟的理事。

1930年5月,他辞去了燕京政治系的工作,也停止了旁听的学习,开始进苏联在中国开设的塔斯通讯社北平分社工作。他担任翻译兼记者,翻译该社的英文电讯,也把一些中文报刊的消息译为英文,同时还以记者名义采访新闻。从此开始了他毕生的记者生涯。

1931年1月,他经左联的成员郑蜀子的介绍,加入了中国共产党。这时他已经同郑蜀子通过一段时间恋爱结成夫妻,一起从事党的地下活动。同年7月,他被捕入狱,被关在北平草岚子监狱。1933年5月经宋庆龄领导的中国民权保障同盟营救,东北大学校长王卓然保释,无条件出狱。狱中党的地下支部以为他自首出狱,将他开除出党。

他出狱后仍坚持同党员保持联系,响应党的号召。一度参与营救仍在狱中的薄一波等地下党员。同张友渔、徐冰等组织"世界论坛社",宣传进步理论。1934年秋,他被聘为《北平晨报》记者和评论员。抗战开始后,与胡愈之等从事国际宣传工作。1938年秋,同胡愈之、范长江等创办由共产党领导的国际新闻社。1939年任中央通讯社战地记者时到延安访问毛泽东主席,发表了毛主席的重要谈话。1941年"皖南事变"后转移到新加坡,在胡愈之任主笔的《南洋商报》任编辑主任。1943年在重庆任美国新闻处中文部主任,同时与孙伏园、陈翰伯等创办中外出版社。1945年8月日本投降后,到上海创办《联合日报》和《联合晚报》。1946年4月,到美国参观出版事业。北京解放后他重新入党,任出版总署国际新闻局副局长,1953年该局改为外文出版社,他改任副社长兼总编辑。1957年在反右运动中被错划为"右派分子",从此中断正常工作二十多年。

1978年2月,错划右派问题被改正后,一度在中国社会科学院工作。不久,参加中国大百科全书出版社创建工作,曾主持《简明不列颠百科全书(中文版)》的编辑工作,任中美联合编审委员会中方主席。1985年8月被调任英文《中国日报》总编辑。

解放后,曾参加第一届全国政治协商会议,任新闻界代表。改革开放后,任第五、六、七届全国政协委员,第六、七两届政协常务委员。80年代他被选任中华全国新闻工作者协会副主席。

他在1993年9月5日因久病去世。

(于 友)

邓 金 鎏

邓金鎏,1908年7月10日生,医学家,儿科学家。广东省开平县小海乡护龙村人。1928年至1932年就学于燕京大学,先入物理系,后改读医学预科。1937年毕业于北京协和医学院,即在协和任儿科医师和助教。1941年冬太平洋战争爆发,协和医院被日本军队封闭,遂与诸福棠、吴瑞萍等组建北京私立儿童医院,任副院长。解放后,私立儿童医院三位创办人毅然把私立儿童医院全部献给国家,作为新建儿童医院的基本力量。1952年起任北京儿童医院副院长,兼管内科业务及领导科研工作。1952年至1958年兼任北京医学院第一附属医院一级教授、儿科主任,北京医学院儿科教研室主任,1962年起兼任北京第二医学院一级教授、儿科系主任。1953年起兼中华医学会儿科学会常委,《中华儿科杂志》副总编辑,为北京市历届人民代表,第四届全国政协委员,九三学社成员。

邓金鎏在校期间就以学习成绩优异深得师生的赞赏。在燕京获得斐陶斐学会金钥匙奖,在协和获得公共卫生优秀奖。

邓金鎏从事儿科工作36年,在医疗、教学和科学研究方面都做出了显著的贡献。在医疗中满腔热情,认真负责,精益求精,除在医院工作外,曾于1965年积极带头参加农村巡回医疗工作,热情为农民防病治病,出诊随叫随到,风雨无阻,亲自在炕头抢救病人。每日清晨挑水扫院子,主动参加田间劳动。还多次奔赴包头、沈阳、大同、通县等地抢救危重病人。1966年6月前往沈阳抢救一批预防注射导致的严重过敏性休克患儿,经过连续三昼夜的紧张工作,使40余名患儿全部脱险,但他本人却因劳累过度,突发心肌梗塞而病倒。此后他经常带病工作,并协助改编《实用儿科学》。1971年山西大同有位贫农老人因电解质紊乱,特请他去会诊,领导考虑他已患心肌梗塞性心脏病,不同意他前往,但是出于对人民的热爱和责任感,他不仅参加了抢救工作,还为当地医务人员讲解水电紊乱问题和输液疗法。1973年2月底,邓金鎏多次在会议休息时间到病房参加疑难病例会诊,因再次发生了心肌梗塞,于3月13日逝世。

他热心教学工作,十分重视培养医务人员,作风平易近人,有问必答。讲课突出重点,生动活泼,深受学生的欢迎。1956年起多次应邀到沈阳、天津、上海、广州、桂林等地讲学,足迹踏遍大半个中国。对外地或援外医务工作者来信请教疑难问题,总是认真翻阅资料,及时复信。他主编的书籍有:《育婴指南》(协和印书局,1941年12月初版,1949年6月再版);《儿科学》(商务印书馆出版,1953年8月);《带娃娃的好方法》(中华全国科技技术协会出版,1956年);《基础儿科学》(人民卫生出版社出版,1960年);《实用儿科学》(第二版三人共同主编,人民卫生出版社,1965年);《体液平衡与输液》(北京人民出版社,1977年初版,1986年人民卫生出版社再版)。参加编写的书籍有:《消灭和防治21种疾病》、《小儿内科讲义》、《儿童医院学术论文》。发表于报刊、杂志的中英文论文近30篇。

1956年6月后,他患心脏病半休在家,深为不能全日参加医疗第一线查房、讲课而遗憾。他看到国内有些医务人员由于对体液平衡和补液问题缺乏必要的基础知识和理论依据,致使对病人输液不及时或不恰当,造成不良后果,甚至死亡。出于对病儿的强烈责任感,尽管身患严重的心脏病,还是不辞辛劳地把自己几十年来的临床经验进行总结，以供全国儿科工作者参考。十年动乱时期，他克服了种种困难和干扰，坚持写作，经过六年的艰苦努力，终于写完了三十多万字的《体液平衡与输液》初稿，在1973年逝世前病重住院的当天还伏案修改，他逝世四年后该书出版。1986年再版后，家属根据他本人遗愿将全部手稿和稿费无偿捐给北京儿童医院。该书被认为"对补液的理论和具体做法都作了充分的阐述，它是临床医生尤其是广大儿科工作者的一本很有价值的参考书"。

他的夫人梁毓利，1911年6月6日出生于广东省南海县丹灶村。1930年至1934年就读于燕京大学生物系，毕业时获斐陶斐金钥匙奖，毕业后在北京贝满女子中学教生物学。解放后先后在北京市医士学校及北京市第一中学任生理学与生物学教师，于1973年退休。

（据《中国科学家传略辞典》）

廖 泰 初

廖泰初，祖籍广东高要县，1910年2月出生；1926年秋，就读于通县潞河中学，1928年夏，他以优异成绩被保送到燕京大学教育系学习。1932年在燕大本科毕业后，继续攻读硕士学位。他认为要民富国强，必须实行全民教育，同时教育决不能脱离社会实际。他曾到河北省定县、无极、望都和山东汶上县进行社会调查，了解实际情况，寻求改进普及我国教育的具体措施。在这阶段，他著有：《变动中的农村教育》、《一个城郊的村落社区》、《河北省的教育经费》等。1935年获燕京大学、美国纽约大学硕士学位，他的硕士论文是《定县平民教育促进会工作评论》。

1936年结束了山东社会调研工作后，廖泰初回到燕大，在教育系任教。1937年，教育系指定他负责筹建诚孚和冉村两个实验区，并负责日后的指导工作。诚孚实验区设有小学及师范班，乡村教育工作以学校为中心而开展，师范生在受到一定的培训后，以开展乡村教育为实习内容，推动附近各村的教育与社会工作；冉村则因地处农村，以社区工作为中心，推进教育与农村改革。

1941年12月珍珠港事件后，燕大被封。1942年廖泰初经过长途跋涉，到达成都。成都燕大没有设教育系，他加入法学院教师队伍，开了"农村社会学"一课，并选定在成都北门外崇义桥办起了一个农村研究服务站。这个站为燕大法学院学生实习和进行社会调查研究，为失学儿童的学习，为农业生产、农村改革、农村的医疗卫生服务。这些任务都由他一人承担，工作量很大。

1946年燕大在北平复校，廖泰初出任教育系主任，1947年校方派他赴美进修。他到美国哥伦比亚大学教育学院攻读教育技术学，致力于视听教育（即现在的"教育传播与技术"）的研究。1948年祖国解放的前夕，为了迎接新中国的诞生，他放弃了赴英研究的优厚待遇，回到燕园，继续担任教育系主任。他把新兴的视听教育课引进到燕大教育系，亲自拟定教学大纲，结合中国实际，改进教学，设计教学仪器、图表，潜心研究和制作视听教具，制成的点画式幻灯机曾在附近学校试用，对教学改革起了一定的促进作用。在大学开设视听课，这在国内是项创举。

1952年高等学校进行院系调整，燕大教育系合并到北京师范大学教育系，廖泰初也随之到北师大任教，并担任北师大电化教育馆馆长。他确定电化教育馆的任务是为教学服务，领导全馆工作人员研制教具，与许多教师合作，利用新教具改进教学，并多方面对开展视听教育进行探索，提高教学效果，受到师生的欢迎和好评。

50年代后期,他又担起第二外语(英语)教研室主任的重任,为后来的北师大外语系打下了良好的基础。

1958年,辽宁大学成立,聘请廖泰初为外语系教授,担任高年级英语教学。他以渊博的学识、流畅的英语、风趣而幽默的语言和娴熟的教学方法,得到学生们的好评,使学生觉得听他的课是一种难得的享受。

1977年廖泰初被借调到钢铁研究总院为出国深造和技术交流的研究人员提高外语的口语水平,用了四五年的时间,完成了专题组以上人员的轮训任务。

1982年廖泰初应泉州华侨大学之邀,正式调往该校任外语系和电教中心的教授兼顾问。他穿梭各地,商调、招聘国内外外语教师,对青年教师进行培训,并着力改进教师的教学方法,发挥电化教学手段的作用,使外语教学质量有了明显提高。在这段时间里,他再度直接担任教育技术工作,与国内外同行又有了更广泛的接触与交流,并对教育技术内容及其在国内外的发展情况有了进一步的认识,他的研究成果发表在学术会议上以及他的著作之中,对这一学科的研究和发展做出了突出的贡献。为此,世界性的教育技术组织、美国AECT(Association for Educational Communication and Technology,教育传播与技术协会)于1993年1月在美国波士顿举行的年会上,授予他特殊贡献奖。他是我国第一位获此殊荣的人。AECT还聘请他为该会驻中国的首任顾问。

多年来他的研究成果颇为丰富,在社会调查、英语教学、教育传播与技术、体态语等方面都有许多论著。在国内外出版的中英文论文约一百六十篇、分册约四十本。

廖泰初是中国民主同盟盟员,曾任民盟福建省第六届委员会顾问;他还是北京大学电教中心和中国高校外语电教协会等十余所学术组织的顾问。

廖泰初的夫人刘庆衍,上海人,1918年2月出生,1936年入燕大教育系学习,1940年毕业后留校任教,全面负责诚孚实验区生产教育组工作。她认真管理教学,进行家访,既教书又育人。在成都燕大,她在图书馆搞编目,同时关注平民教育工作。婚后不到三天,她就积极参与了崇义桥农村研究服务站筹办农业展览的工作。1946年回到北平后,因客观条件所限,她未能继续从事平民教育工作。1950年以后,她改行从事体育教学,经过努力,做出成绩。1975年她提前退休后,在北师大、水利科学研究院、钢铁研究总院等处任讲师,为研究生开英语课,同时研究英语教学和教育传播与技术。她与廖泰初合著出版了《科技英语900句》第一册(医疗部分),还指导北师大教育系教师翻译出版了《一生的头三年——三岁前幼儿的发展与教育》,并在《外语电化教学》等刊物上发表了学术论文与译作。

(施承斌 刘庆衍)

编者注:廖泰初已于2000年10月19日病逝于北京。

郭 德 隆

我于1905年出生于山东临朐县,自幼家境贫寒。1928年以全班第一名和100银元之奖毕业于天津汇文中学,同年在同窗好友之父的主动资助下有幸第一次踏入燕京大学校园学习制革专业,学号为28061。1929年初我得知友人已无力助学,便鼓足勇气求助于曾教过我的燕大化学系韦尔巽教授(S.D.Wilson),他在协和医院为我谋一药房学徒之职,为维持生活被迫离开我热爱的燕大校园。

韦尔巽教授为帮助我恢复学业而奔走呼吁,其情感人肺腑。恰有美国赴中国北京道济医院工作的内科医师谷大夫(哈佛大学医学院博士)闻及此事,并了解了我的学习成绩之后,倾其好友所赠之圣诞资金助我学习医科。我第二次进入燕大校园,由制革一年级转入医预二年级学习。医预科毕业后,遵谷大夫意愿,我考入齐鲁医学院学习。为此,我第二次离开燕京大学校园。

1936年我以全班第一名和一等奖学金毕业于齐鲁医学院,进入谷大夫早已联系好的协和医院内科任医师。1938年转入道济医院内科任医师。当时结核病肆虐旧中国,我对抗结核病工作产生兴趣并决心从事此项工作。

1940年春偶然得知燕京大学欲招一名愿从事维护大学生健康工作的青年内科医生,我主动前往,为此我第三次进入燕京大学校园。在肺结核专家裘祖源教授的帮助和支持下开展了对燕大青年学生体检和肺结核病的防治工作,并在香山首创了国内大学生肺结核疗养所,免费为青年学生们治病,为维护大学生们的健康,保证他们顺利完成学业做出了贡献。直到太平洋战争爆发,不得已第三次离开美丽的燕京大学校园。

自40年代起我在全国领先搞起防痨抗痨活动,并在天津建立起第一家公立结核病防治院。80年代初,在全国带头搞起劝阻吸烟的工作。目前又带头在天津组织冠心病的预防工作。

正是这三进三出燕大校园的经历,使我今生与燕大结下了不解之缘,鼓舞我不断奋斗向前。如今我已95岁高龄仍对燕园魂牵梦绕,挥之不去。

(郭德隆)

杨 刚

著名的记者杨刚,人如其名,是位具有阳刚之气的女性。文化界前辈夏衍同志称她为"浩烈之徒"。

杨刚原名杨季徽,又名杨缤,笔名杨刚。原籍湖北沔阳。1905年1月10日出生于江西萍乡。1928年考入燕京大学新闻系。在校时积极参加爱国学生运动,在白色恐怖笼罩下加入中国共产党,是北方"中国左翼作家联盟"的发起者和组织者之一。她协助美国进步记者、燕京大学新闻系讲师埃德加·斯诺编译英文的中国现代短篇小说集《活的中国》,向世界人民介绍鲁迅、茅盾、巴金等人的作品。她自己也创作大量诗歌、小说和散文。1931年她因参加五一劳动节游行被捕,获释后与党失去联系。1938年重新入党。1939年她接替萧乾主编香港《大公报》文学副刊,积极宣传抗日民主,反对投降倒退,团结进步的、革命的作家,以各种可能的方式同反动势力作斗争。1941年太平洋战争爆发,香港沦陷,她在廖承志同志领导下,积极帮助许多进步人士通过东江游击队安全撤离,陆续到达桂林。她担任桂林版《大公报》文学副刊主编,并从事国统区党的统战工作。1942年秋,她以记者身份赴福建、浙江、江西等省进行战地采访,撰写了一系列通讯,除发表在《大公报》上,还出有《东南行》通讯集一书,向读者展示了东南半壁江山以及人民沉沦在敌顽压迫下的血泪生活。

1943年杨刚到了重庆,在周恩来同志领导下,利用《大公报》记者的身份进行了大量宣传和统战工作。她精通英语,才华横溢,议论风生,待人热忱,赢得同行有识之士的钦佩。1944年她到美国去学习,同时兼任《大公报》驻美记者,写了一系列美国通讯。她以记者的敏锐,思想家的睿智,加上文学家的生花妙笔,成为传诵一时的知名专栏作家。

1948年回国,继续在香港《大公报》工作。她在促使《大公报》转变立场,从所谓"第三条道路"转变到拥护中国共产党的进步方向发展中起了很大的作用。1949年初,她参与把天津《大公报》改组为《进步日报》的工作,并出任该报党组书记、主笔。不久,随第三野战军南下。上海解放后,她作为军代表、副总编辑主持上海《大公报》新生工作。

杨刚作为14名新闻界代表中惟一的女性,参加了1949年9月举行的首届中国人民政治协商会议。新中国建立后,她被调到外交部工作,任周总理主持的外交政策研究委员会秘书,深得周总理的器重。抗美援朝战争中,她调到总理办公室任主任秘书,直接协助总理处理朝鲜问题和国际宣传工作。1954年以后,她被调到中宣部国际宣传处主持工作。1955年被任命为《人民日报》副总编辑,分管国际宣传。不久不幸遭遇车祸,造成严重脑震荡。此后,她分管文艺副刊,过着半休养生活。1957年10月7日,杨刚突然逝世。

正像国际友人爱泼斯坦1997年10月7日,在首都举行纪念杨刚同志逝世40周年座谈会上所说的,"杨刚是一位我们永远不会忘记的同志。她的形象将永远活在我们大家的心中"。

(洪一龙)

林耀华

林耀华先生是我国著名的民族学家、人类学家和社会学家,现任中央民族大学终身教授,博士生导师。

林耀华出生于1910年3月27日,福建省古田县人。1928—1935年就读于燕京大学社会学系,1932年获学士学位,1935年获硕士学位。1937年入美国哈佛大学攻读人类学,1940年获哲学博士,并成为美国应用人类学会名誉会员。1941年回国,先后任教于云南大学、成都燕京大学和北京燕京大学。1952年调入中央民族学院,历任历史系主任、研究部负责人、民族研究所所长以及民族学系主任等职务。1986年后任民族研究所名誉所长及民族学系名誉主任。

此外,林耀华还曾担任《辞海》编委会编委兼分科主编、"民族问题五种丛书"编委会副主任、国务院学位委员会法学评议组成员、国家民族事务委员会委员,以及国家民委民族文化宫顾问、中国社会学研究会副会长、中国民族学研究会副会长等多种职务。

在长达半个多世纪的时间里,他潜心于原始社会史和民族学的教学工作,为中国民族学的发展作出了重要贡献。在他的学生中不乏博士生导师和中外知名的专家学者。

林耀华早年接受过社会学、民族学和人类学的系统训练,通晓英、法、德、俄四国文字。他致力于学术研究六十余年,除潜心研究中外各种理论著述外,还含辛茹苦乃至冒着生命危险,深入到偏远的民族地区进行实地调查,足迹几乎遍及整个中国。他撰写了大量的调查报告和研究论文,在科研方面取得累累硕果。从1930年至今,林耀华共发表了二十本学术专著和一百五十余篇学术论文,其中有十多篇(本)是在国外发表的。

林耀华的学士论文《严复研究》(后以《严复社会思想研究》为题发表在1933年《社会学界》第七卷)。他的博士论文《贵州少数民族》,1940年刊登在哈佛大学《亚洲研究》第3卷第5期上。直至70年代,此书仍被一些国外研究者引用。他的硕士论文《义序宗族研究》,在深入调查的基础上,全面剖析了福建农村社会的宗族制度。1941年,他用小说体裁撰写了《金翼——中国家庭制度的社会学研究》。该书以他自己的家族为背景,深刻而全面地反映了中国南方一个大家族的兴衰荣辱。此书内容翔实,文笔生动,出版后十分畅销。该书前后共出了中、英文7个版本,至今仍是国外学者研究中国社会文化的重要教学参考书。

40年代初期,他冒着被掠卖为奴隶的危险深入凉山地区,考察彝族的社会文化,写出《凉山彝家》一书,后在美国译成英文出版,海外学者称其为"对中国西南省份彝族所进行的第一次系统研究"。他后来又三上凉山,根据半个多世纪的变化写成专著《凉山彝家的巨变》,1995年出版,1996年获"中国第十届图书奖"。

解放后,他率先运用马克思主义指导人类起源研究。其著作《从猿到人的研究》,使国内的人类学研究转到新的方向。首先提出原始社会的三段分期法(即分为原始群、血缘家族公社和氏族公社三个阶段)。他主编的《原始社会史》采用了大量的民族学资料,侧重中国,兼顾世界,是国内原始社会研究中颇具特色的一本学术著作。该书获"北京市哲学社会科学和政策研究优秀成果一等奖"、国家教委"全国高校优秀教材奖"和国家民委"社会科学优秀科研成果荣誉奖"。

作为民族学的学术带头人,他为创建新中国民族学花费了巨大的心血。除了培养出一批民族学专业工作者外,还经过多方努力,于1983年在中央民族学院筹建了我国第一个民族学系。解放以来,他在中国的经济文化类型、新中国民族学的对象与任务等方面,进行了一系列的探讨。1990年他主编的《民族学通论》获"北京市第二届哲学社会科学优秀成果一等奖"和国家教委"全国高校优秀教材奖"。

林耀华在应用人类学方面也作出了很大贡献。50年代初期,他率队到云南参加民族识别工作。1954年主持编写出《云南省民族识别研究第一、二阶段初步总结》。这次所确认的云南少数民族,后经国务院正式批准公布。他后来多次出国以此为题进行演讲,宣传我国在民族识别方面所取得的成绩,受到国际民族学界的赞扬。

林耀华曾多次参加国际学术会议和出国讲学活动,访问过美、英、前苏联、日本、墨西哥、菲律宾、印度、泰国、韩国、香港、澳门等国家和地区,宣读和发表了不少论文。这些成果得到国际学术界的好评。曾被聘为国际人类学和民族学协会主编的《当代人类学》通讯编辑、日本国立民族学博物馆高级研究员和美国传记研究所的国际名誉顾问。其传记已被《美国世界名人录》、英国《当代成功的国际名人传》等十多部国际名人传记收录。

林耀华的夫人饶毓苏,1911年出生于上海,祖籍湖北省恩施县。她1924年到1930年就读于北京师范大学附中,1930年考入燕京大学经济系,1934年以优异的成绩毕业。1938年赴美留学,在美国麻省施密斯女子大学研究院攻读经济学,1941年获经济学硕士学位。同年,她和林耀华一同回国任教,在燕京大学先后任副教授、教授。解放后她先后担任燕京大学经济系教授、中央财经学院贸易系主任及贸易专修科主任、北京对外贸易专科学校外贸教研室主任、北京对外贸易学院政策理论教研室主任等职务。她于1952年加入中国民主促进会,1956年加入中国共产党。1957年至1958年曾赴苏联和捷克斯洛伐克参加国际学术会议,并在会上宣读有关中国对外贸易的论文。"文化大革命"期间,她受到不公正的对待,但并未动摇她对社会主义祖国的热爱。1976年外贸学院复校,她又回校任教。她一贯积极进取,严于律己,对工作一丝不苟。1979年病逝。

(陈长平)

编者注:林耀华先生已于2000年11月27日病逝于北京。

翁 独 健

翁独健,福建省福清县人,1906年生于贫寒之家。他资质卓著,学习专注,在融美中学时,各科成绩均名列前茅,作文常在全校传观,至今学校还陈列着他的作文卷,引为教学成功之例。1928年,他得亲友资助,赴北平,考入燕京大学历史系。系内有陈垣、洪业、邓之诚等名师授课。他勤奋学习,既打下扎实的史学基础,又广泛涉猎,旁通边缘学科,注意文字修养,逻辑思维,而外语也更为精进。他在大学一年级上课时,听陈垣先生说,外国人标榜汉学在法国巴黎,日本人不服气,要把它抢到东京去。汉学研究中心在外国,这是我们的耻辱,我们应该把它抢回到北京。外国汉学的研究侧重元史。在后来翁先生所写的《我为什么研究元史》一文中,专门谈了这件对他触动很深的事。翁先生决心研究元史,不久就写出了《元田考》、《元代政府统治各教僧侣的官司和法律考》等有创见的学术论文,在燕大先后取得学士和硕士的学位。他品学兼优,才华出众,在校深得同学称誉和系主任洪业先生的赏识。他幼年患小儿麻痹症,左足致残跛行,因名"独健"。在燕园,他与亦获众誉的吴世昌同住一寝室,吴先生少一目,同学邓嗣禹乃戏以一门联相赠:"只眼观天下,独脚跳龙门"。此联在燕园广为流传,而后来事实也证明其有预见。

1935年,翁先生赴美国哈佛大学攻读博士学位。翁先生很注意接受哈佛大学关于个案研究和史实考订的专业训练,注意国外史坛个案研究的范例,如法国史学名家伯希和审音、勘同、考证名物制度渊源之例就值得学习。从这些学习与观摩借鉴中,他更认识到,要开拓中国蒙元史研究的新局面,就必须发挥中国考据学的传统优势,吸取外国学者和近代科学方法和语言工具的长处、经验,把两者结合起来,在史料学研究的基础上对蒙元史一定时空范围内的历史结构和过程进行具体研究,或从某一研究课题入手,揭示这一课题所反映的主要历史关系和结构。这是他毕生所持的重要史学观点和方法,在哈佛,他运用这些观点、方法写出了他的博士论文《爱薛传研究》。爱薛是一个西方基督教徒,在元代中外文化交流史和宗教史上占有重要地位,对蒙古统治集团接受西方宗教文化影响起过重大的媒介作用。翁先生在资料缺乏的情况下,经过细密的考证,发掘出被埋没的许多重要史实,科学地说明了元代中外文化交流和宗教关系的历史面貌。这篇学术价值很高的著作,至今尤受国外学术界的重视。

1938年初,翁先生荣获哈佛大学博士学位后,又赴法国巴黎从伯希和学习审音、勘同之学,一年后返国。至此,他已全面掌握治元史的专业研究方法和语言工具。从1939年到1949年的十年中,他先在云南大学,后又在中国大学,燕京大学任教。当时尽管战火纷飞,环境复杂艰苦,但他仍努力于教学和科研。他教学以蒙元史为主,还先后开有辽、金、元史,亚洲史概论、东亚近代史、俄国史、中亚历史语言研究、中西文化关系、史学方法等多种课程。他讲授各课程决非一成不变而是不断更新,总有新史料、新观点,新的研究成果。他学识渊博,思想敏锐,说理透彻,讲课内容丰富、深刻、生动,能给学生以很多启迪,故深受欢迎。

在这十年中,他继续以新的科学方法治元史,也取得了许多开创性的成就,把我国元史研究推进到新的阶段,他与韩儒林、邵循正两教授同被誉为继承陈垣先生,用现代科学方法研究元史的开拓者。他在这方面的主要学术论者有:《新元史、蒙兀儿史记爱薛传订误》、《翰脱朵考》、《蒙元时代的法典编纂》。以后,翁先生还发表《元典章译语集释》一文,这些都为元史研究做出了重要贡献。

翁先生热爱祖国,追求光明,思想进步,为人热情正直。从抗日时期起,他就与中国共产党的地下工作者保持联系,支持帮助抗日工作。解放战争时期,爱国学生运动迭起,他始终和学生站在一起走在运动的前列。他的家成为进步学生,地下党员开会、秘密活动的场所。因此他更深受学生的爱戴,在社会上则成为名重一时的民主教授。中华人民共和国成立后,翁先生历任燕京大学代理校长、北京市教育局长、全国政协委员、民族事务委员会委员、民族历史研究工作指导委员会副主任、中国科学院民族研究所副所长、中央民族学院历史系主任等职,把很大的精力用于民族学的学科建设和培育研究人材上。他为筹建中央民族学院历史系花费了心血。该系建成后,他认为基础课程很重要,便亲自讲授。组织有关民族史上的重大问题的学术讨论,民族史研究从此走向深入,呈现出新面貌。从1956年起,他分工负责内蒙古东北少数民族社会历史的调查工作,指导少数民族简史简志的编写。在主编《蒙古族简史》的过程中,他不但通阅修改全稿,而且亲自动手撰写了部分章节,使该书达到高水平。他领导研究所工作,总是要求研究人员做好资料工作,使他们受到严格的训练。他还特别强调翻译工作对蒙古史、元史等民族史研究的重要性,留意吸收培养翻译人才,并常亲自审校译稿。现在,活跃在蒙古史、元史等研究领域的许多专家学者,就是当年被他引入科研之门的。

翁先生一身正气,敢于坚持真理。"文革"中,他挺身而出,抵制对吴晗《海瑞罢官》的批判;他痛恨林彪、四人帮的作恶,也为国家前途担忧。他虽因腿疾不便行走,1970年仍被下放到"五七"干校劳动,做清洁工作。翌年,被调回北京,在中华书局负责点校《元史》。他物色了一批中青年学者为助手,以百衲本为《元史》底本,并参考其他版本和前人对有关史料的校勘、考订的成果,于1974年完成了近270万字的《元史》的标点,校勘出原书中的讹错千余处,使这一新版的标点校勘本成为各版本中较完善的一个。

1984年燕京大学北京校友会成立后,他被选为名誉会长。

1986年5月28日,翁先生在北京逝世。但他的许多学生、学术界的人士还常常谈起这位史学前贤的高尚品格和在学术上的卓越贡献,大家都十分怀念他。

(丁君石)

吴 世 昌

吴世昌字子臧,浙江海宁人,1908年出生于海宁硖古镇,8岁丧母,10岁丧父,13岁当学徒。在其兄吴其昌的鼓励下,他刻苦自学,1925年考入嘉兴秀州中学,做工读生,仅用两年半时间,即学完全部中学课程,并考入南开大学预科。1928年入燕京大学英文系,毕业后,被破格吸收为哈佛燕京学社国学研究所研究生。1935年毕业,曾先后任历史研究所编辑,西北联大讲师,中山大学、湖南国立师范学院教授,国立桂林师范学院国文系教授兼系主任,中央大学教授。1947年应聘赴牛津大学讲学,兼任牛津、剑桥两大学博士学位考试委员。1962年应周恩来总理召唤归国,任中国科学院文学研究所研究员。自1978年起,兼任中国社会科学院文学研究所学术委员、中国社会科学院研究生院教授,亲自指导培养硕士、博士研究生。他是国务院学位委员会第一届学科评议组成员;第五、六届全国政协委员;六届全国人大以来,他曾担任全国人大常务委员会委员和教育科学文化卫生委员会副主任委员。现已出版的著作有:《散文甲稿》、《中国文化和现代化问题》、《红楼梦探源》(英文版)、《红楼梦探源外编》、《罗音室诗词存稿》、《词林新话》、《罗音室学术论著》(共四卷);在国内外上百个刊物发表文章三百余篇。1984年燕京大学北京校友会成立后,吴世昌曾任副会长。1986年8月31日吴世昌因病逝世,享年78岁。

吴世昌是一位学贯中西,融会古今,博大精深的大学者。

他以红学家著称于世。1961年他在牛津执教时,用英文写的鸿篇巨著《红楼梦探源》,对红学研究独辟蹊径,清理了许多尚未解决的问题,提出了新的见解。1980年出版的《红楼梦探源外编》,是就新发现的材料继续深入探索的成果。有人认为他在红学研究领域中,是继胡适、俞平伯之后出现的新的高峰之一;也是将《红楼梦》与红学研究向海外广泛传播的桥梁。

吴世昌在词学研究上的造诣极高,独具异彩。自80年代起,他针对多年来词学研究的某些观点,提出自己的见解。一是反对以所谓的"豪放"、"婉约"两大派来划分宋词及作者,因为二分说,无论如何也不能涵盖百家,更不能概括多姿多彩的两宋词坛的全貌。二是他对词学研究中"索隐派"的批判,正本清源,澄清了词学评论中的一些重要问题。三是对词话中许多材料的清理及辨伪。他把词学研究提升到一个新的高度。

在1936年日本汉学家桥川时雄主编的《中国文化界人物总鉴》中,专为吴世昌立了传,称:"吴氏就学期间以来,尝试多方面的著述,文史无所不通。"吴世昌自弱冠弄翰,至于皓首,50年间,写了大量学术论文,涉面极宽,包括:红学、词学、诗学、经学、古典文学、古文字学、甲骨文、音韵学、训诂、校雠学、宗教、文物、敦煌学、考据学、目录学、人类文化学、民俗学、烹饪等等。由于他既有十分坚实的古典文学的根底和修养,又引进和汲取了外国的文学观念和治学方法,能够用新的眼光、新的时代精神、新的学术思想,投入所从事的具体研究对象,从而取得了突出的成就。因此,被纳入王瑶先生主编的《中国文学研究现代化进程》一节中的20位代表人物之一,与王国维、梁启超、胡适、陈寅恪、鲁迅等先生同列。

吴世昌先生治学的特点:一是贵在求真。他曾说:"一字不识,寝食不安"。二是最讲创新。

吴世昌是一位赤诚的爱国者。1931年"九·一八"事变时,他正在燕大上学,这时当局封锁新闻,吴世昌得到消息,立即在燕大贴了《告全体同学书》,揭露日本的侵华罪行,呼吁同学们采取行动,旋即被推举为学生抗日会第一届主席。大会议决,罢课游行,吴世昌和学生抗日会的其他委员,冒着被开除的威胁,带领燕大800名同学,在全国率先走上街头,举行了第一次抗日游行。燕大的游行,成了导火线,立即引起连锁反应,北京的清华、师大、北大等校也纷纷行动;接着是上海、南京、杭州、广州、香港、武汉、长沙、重庆、成都、西安各大中学校同声响应。燕大学生游行一周后,吴世昌收到司徒雷登从香港打来的电报,要他转全体同学,原文是:"祝贺你们!我的学生的爱国运动使我非常自豪!"之后,为支援在黑龙江孤军奋战弹尽粮绝的马占山将军,吴世昌和其兄吴其昌教授联袂赴宁,以绝食逼蒋抗日,各大报纸争刊此事,轰动一时。抗战期间,吴世昌曾撰写大量文章,宣传抗日。抗日胜利后,他曾在《新华日报》发表文章,反对蒋介石发动内战。他旅英15年,身羁异域,心系中华,发表了许多关心研究中华的文章,并为英国《人人百科全书》写了二百余条介绍中国的条目。1962年,正值我国处于经济极端困难之际,吴世昌应周总理之召唤,毅然挈妇携女,告别优厚的生活待遇,谢绝美国、澳大利亚、新加坡一些大学高薪的聘请,自海外归来,与国人共渡难关。他说:"我是中国人,不怕中国穷!"十年浩劫,他虽备受折磨,家庭也遭到极大不幸,却始终不悔,爱国之心,毫不动摇。

(田 耕)

1929

叶 恭 绍

叶恭绍教授,祖籍广东番禺,1908年11月7日出生江西九江,1998年4月5日在北京逝世。

叶恭绍早年曾就读于南开大学,1929年考入燕京大学医预系,1935年毕业于北京协和医学院,获得医学博士学位。在校期间受到了当时的公共卫生学家"一盎司的预防胜于一磅的治疗"名言的启示,毕业后选择了预防医学事业,在北平市第一卫生事务所开展妇幼保健工作。为改善儿童营养不良的状况,经反复研究,调制出一种"加料炒豆浆",用以代替牛奶喂养缺奶婴儿,深受贫困劳动人民的欢迎。1943年赴重庆任中央卫生实验院实用营养组主任。抗战胜利后,1946年回北平转入中央卫生实验院北平分院,创办了妇婴保健所,任所长,并设立了孕妇花柳病门诊,直接服务于平民百姓

的预防保健工作。1947年秋，叶恭绍赴美国考察访问儿童发育问题。1948年秋，北平解放前夕，毅然回国。解放后叶恭绍历任北京大学医学院卫生系副主任、教授，儿童少年卫生教研组主任，北京儿童青少年卫生研究所名誉所长，第六、七届全国政协常委，九三学社中央委员、顾问，九三学社北京市副主任委员，北京市第一至五及七、八届人大代表，第七届常委会副主任。她还曾任中国教育学会副会长、中华医学会常务理事、中华医学会卫生学会主任委员、《中华卫生》杂志总编辑、JAMA（中文版）编委会顾问、中华预防医学会资深会员、儿童少年卫生学会名誉主任委员及多种全国性学会的名誉职务。

叶恭绍拥护1950年第一次全国卫生工作会议所确立的"面向工农兵"、"预防为主"、"团结中西医"的三大方针。为培养新中国的预防医学人才，她到北京大学医学院担任卫生系副主任、教授，并兼任妇幼卫生教研组主任。她团结同仁，共建卫生系，当年就招收了第一批公共卫生专业学生。之后，又为兄弟院校培养师资，为全国预防医学教育的发展做出了贡献。

50年代后期，叶恭绍主编，出版了全国医学院校试用教材《儿童少年卫生学》。尔后，她为几版教材的编审和修订工作倾注了大量的心血。在医学教育战线上，她兢兢业业、一丝不苟，对青年教师及研究生一贯严格要求，并亲自给他们逐字逐句修改论文。由于她的建议，1962年北京市成立了"北京市学校卫生研究组"，由她兼任领导，开展少年儿童生长发育研究。

在党的十一届三中全会后，叶恭绍向有关领导部门积极建议组织对我国儿童青少年的体质与健康状况进行全国性的调研，她担任了首席技术顾问。这一调研工作自1979年以来，每5年进行一次，积累了有百余万大、中、小学生的体质与健康状况的大量数据，为指导和改善我国学生预防保健工作提供了重要科学依据，在这一工作中，叶恭绍不顾年迈，北上新疆，南下云南少数民族地区，亲临第一线指导、检查，为这项多学科的综合调研做出了极大的贡献。

她还多次向领导和社会呼吁和建议，终于在1982年在北京医科大学创建了我国第一个全国性的"北京儿童青少年卫生研究所"，她任名誉所长。研究所在她的积极扶植和培育下，拓宽了儿童少年卫生学科领域，并培养了许多博士和硕士，使新生力量不断发展壮大。

十年动乱中，北医卫生系有一大批建系时的骨干教师被下放到西北。1976年粉碎"四人帮"后，叶恭绍积极向领导反映情况、提出建议，终于促成这些骨干教师较早地回校任教，为促进预防医学和公共卫生事业的发展做出了积极的贡献。

中华人民共和国成立以来，卫生系毕业生约有3500人，其中很多学生都听过叶恭绍教授生动的讲课。自80年代以来叶恭绍还主编了多部有关儿童少年卫生的书籍，并撰写了近百篇论文及科普文章发表在各种学术刊物和科普读物上。

她的丈夫黄祯祥院士，是著名的病毒学专家，也是燕京大学校友。

叶恭绍不仅是一位专家、教授，还是一位爱国的社会活动家，为人民做了大量有益的工作。她关心、巩固与扩大爱国统一战线，为了推进祖国统一大业，做出了自己的贡献。

在她病危时，她还用那微弱的声音唱着国歌，深深的爱国情思，一直伴着她的心脏停止了跳动。她生前立下遗嘱，将遗体捐给北京医科大学解剖研究，做最后一次贡献。

（据《叶恭绍教授生平》）

刘 修 业

刘修业先生,字君寄。1910年7月29日生于福建省福州市。她是家中三姐妹最小的一位。福州英华中学毕业后,1930年考入燕京大学国文专修科,1932年毕业。同班同学有周一良、和培元(后来在延安曾担任过毛主席的学术秘书)等。1933年初,到北平图书馆索引组工作,组长是王重民(有三)先生。刘先生从此和王重民先生合作一生。她先和王先生等人合作,从事《国学论文索引》的编纂。初编于1929年出版,主要由王重民编纂;续编于1931年出版,主要由徐绪昌编纂。三编于1934年出版,四编于1936年出版,均署刘修业主编。以上四编由中华图书馆协会出版。1955年,北京图书馆又出版油印本分上下册的第五编,署名为北京图书馆参考研究组,实系刘修业主编。同时,刘修业还主编了中华图书馆协会出版的《文学论文索引》续、三两编,分别于1934、1936两年出版。

1936年,北平图书馆委派刘修业先生赴法国巴黎工作,襄助王重民先生整理伯希和所劫敦煌遗书卷子,《敦煌遗书总目索引》中的《伯希和劫经录》,实为王、刘二氏协作的业绩。同时,分工研究巴黎法国国家图书馆所藏中文图书,刘先生的重点在其中的古代小说戏曲。

1937年4月,王重民与刘修业在巴黎结为伉俪。1937年9月,刘修业先生到英国伦敦大学图书馆专修科进修,1939年8月与王重民同赴美国,共同为华盛顿美国国会图书馆鉴定整理中国古籍。1945年联合国成立时,王重民、刘修业夫妇在美国接待了中共代表董必武先生。1947年回国,继续在北京图书馆担任索引编纂工作。解放后,1953年刘修业调入中国科学院哲学社会科学部历史研究所,主编在北京图书馆时未完成的《中国史学论文索引》,1957年出版,第二编于1978年出版。实际上主要均由刘修业以二十年之力(1947—1966)完成。1966年她以研究员身份退休,此后致力于教育子女和襄助王重民整理两人合作而尚未出版的图书资料。

1975年,王重民逝世。刘修业独立承担王重民遗著的整理与出版工作,并督促子女在学业方面各有专攻。经过多年艰苦努力,完成《中国古籍善本书提要》及其补编、《敦煌遗书论文集》、《中国目录学史论丛》、《冷庐文薮》等多种专业书的编纂与出版工作。以上各书作者均单署王重民,刘修业并没有留下自己的名字。她为了编纂王先生的这几部遗著,艰苦备尝。刘先生要求白化文先生为《冷庐文薮》作序,白化文先生在序文中说:"李清照的《金石录后序》,是饱含感情为学术伴侣所写的一字一泪感人至深的奇文。严格讲,《金石录》应该说是赵、李伉俪共同写出的著作;赵氏故后,如果没有李氏的卓绝努力,这部书就流传不下来。可是,李清照并没有写下自己的名字。刘老和王先生同治索引学、目录学、敦煌学,王先生的学术著作中,莫不闪耀着刘老的身影。王先生故后十余年间,刘老倾全力整理遗作,直到本书出版,终底于成。其工作量大大超过李氏整理《金石录》,而用心则同。后先辉映,又哪能使读者没有悲欣交集之感。'落日心犹壮',但是,在悲壮中,又哪能使晚学没有辛酸之感呢!"

刘修业先生还是著名的中国古典小说戏曲研究者。她校辑的《吴承恩诗文集笺校》,初版于1958年,定本由刘怀玉协助完成,1991年出版。早期的研究论文结集成《古典小说戏曲丛考》,1958年出版,其中曾推测有一部失传的明代话本集的一部分尚有残篇存于后世的改编本中。80年代,《型世言》全书在韩国发现,证实了她的推论。

刘修业先生夙有学术公有的高尚美德。她将所存的敦煌学资料,包括《敦煌遗书总目索引》中的《伯希和劫经录》全部手稿卡片等,无偿捐献给敦煌研究院。刘修业是中国敦煌吐鲁番学会总会和语言文学分会顾问,在敦煌学界享有极高的声誉。

1993年10月1日,刘修业病逝,享年83岁。中国社会科学院历史研究所和中国敦煌吐鲁番学会于10月5日在北京大学图书馆举行了追思会,许多著名学者与会,会上大多数学术界老前辈都发了言,赞美刘先生默默奉献的一生。可以看作这是学术界对刘先生的学术成就与苦心孤诣的寒霜节操的大力肯定。学会总会送挽联一副,文为:"断肠辑遗文,远同后序《金石录》;客游发祕麻,早识残篇《型世言》。"由程毅中、白化文合撰。分会送挽联一副:"相夫缀述传千载;教子专攻擅一家。"白化文撰。

(李鼎霞)

薛　正

薛正,1901年3月诞生于江苏省无锡市玉祁乡礼社镇。幼年打好了坚实的国学基础。1918年进上海圣玛利亚女校读书。高中毕业后在中华基督教全国女青年协会工作两年,又就读于东吴大学,1929年入燕京大学教育系学习,同时在燕大附小任教。1932年薛正受聘于中西女中,任教务长,1936年任校长,1940年和1948年先后两次赴美攻读教育学硕士和博士学位。1949年新中国成立的消息传到美国,薛正不顾导师的劝阻,毅然放弃了还有几个月即能取得的博士学位,几经周折,辗转万里,于1950年春回到了祖国。1952年中西女中与圣玛利亚女校合并为上海市第三女子中学以后,薛正历任副校长、校长、名誉校长。1951年薛正参加了中国民主促进会,先后当选民进上海市委委员、民进中央委员和中央参议员。从1954年起,她被选为上海市第一至第八届人民代表。此外她在60年代任长宁区副区长,80年代任区人大副主任。1985年9月,在她85岁高龄时光荣地加入了中国共产党,实现了多年的夙愿。

薛正是一位伟大的爱国主义者。早在少女时代,她就投入到五四爱国运动中,本着国家兴亡,匹夫有责的古训,积极组织圣玛利亚女校的罢课运动,上街宣传、演讲,呼吁捐款,声援被捕的北京学生。在她任中西女中校长期间,一直以爱国的思想教育学生,提倡加强中文教育,提高学生的中文水平,培养学生的爱国思想。她还亲自导演了在中西女中上演的第一出中国现代剧《一代爱国心》。抗战时期,她支持校内进步教师宣传抗日,还聘请了中国音乐工作者来校教唱革命歌曲,并组织学生演出曹禺的《雷雨》、郭沫若的《孔雀胆》、《屈原》等,激发学生的爱国热情。1941年珍珠港事变后,日本军方要将学校作为日军伤兵疗养院,为了学校的命运,薛正不顾个人安危,先后六次勇敢地赴日本陆军司令部交涉,后来学校被迫迁入海格路原英国女子小学校址里。在此期间,薛正拒绝了汪伪教育咨询委员会的聘书,巧妙地挫败了日军在中西女中讲授日文课的企图,拒绝了日本女子垒球队来校比赛……1948年深秋,薛正在美国留学期间,因患乳腺癌需动手术。入院前,她在宿舍桌上留了遗言:"若手术不成功,希望把我的心脏取出来烧成灰,带回我的祖国去。"她的爱国之心使周围的人无不动容。1949年当她听到新中国成立的消息后,立即启程回国参加新中国的建设。在她担任上海市人民代表期间,为国家的建设,教育事业的发展提出了大量有价值的提案。80年代以后,她仍广泛联系海外、港澳台校友,促使她们以各种不同的方式报效祖国和母校。她是燕京大学上海校友会名誉会长。

在她91岁高龄时,志愿参加全国"希望工程——百万爱心行动",资助10位贫困地区的孩子。1995年5月21日病逝于北京,享年94岁。

(据北京《燕大校友通讯》第20期)

张 宗 炳

张宗炳,1914年生,浙江杭州人,16岁考入燕京大学生物学系,1935年22岁时获燕京大学昆虫学硕士学位,同年赴美康乃尔大学就读,两年后获博士学位。回国后执教于东吴大学,1943—1945年任成都燕京大学生物系主任。抗战胜利后任北京师范大学和北京大学教授。

他有深厚的生物学及数理化基础,勤于读书,知识渊博,先后开设过动物学、生理学、组织学、遗传学、昆虫学、昆虫毒理学等14门课程,这些课程几乎涉及动物学的各个领域。这些课他讲起来都得心应手,生动活泼,深受学生们欢迎。

他一生勤于耕耘,效率颇高,著作甚丰,有25本专著,150余篇论文。其中《昆虫毒理学》(1964年、1985年出版)对推动我国毒理学的发展起了很大作用。

他性格开朗,兴趣广泛,在书法、油画和诗词方面也有相当的造诣。

1988年张宗炳先生去世。

(据《燕京大学史稿》)

周 科 征

周科征,浙江宁波人,1909年生于上海,1929年由上海光华大学转入燕京大学新闻系学习,1931年毕业。他又名周松鹤,笔名周勉之、周凯西(K.C.)。

周科征在青年时期就积极从事抗日救亡的进步活动。1935年,抗日救亡运动在全国兴起。他在中央银行总行秘书处任英文秘书的同时,在中国共产党的领导下,在天津参与创办了《中外新闻学社》,组织社员撰稿、摄影,报道"一二·九"运动、绥远抗战、七七事变等,积极进行抗日救亡的宣传工作。并于1938年10月加入了中国共产党。

抗战初期,周科征在武汉参与创办了全民通讯社,后在重庆任代理社长。全民通讯社是在周恩来直接指示和亲切关怀下建立的,尽管开始时是以私人经营面貌出现的通讯社,但实际上是由八路军办事处直接领导的中国共产党主办的一个新闻单位,是在国统区进行新闻斗争的一支重要力量。它所发的通讯稿中,着重正面报道包括游击区在内的广大人民的抗日活动,积极宣传中国共产党的全面抗战路线和抗日民族统一战线政策,同时揭露日本侵略军的暴行,揭露国民党反动统治的腐败与黑暗。当时周科征除从事公开职业外,用大量时间和精力负责全民通讯社的业务。他每周还撰写英文通讯稿,内容主要是比较系统而又扼要地报道中国抗战的形势,印发给外国友人。此外,他还加强了收集情报的工作。当时在八路军办事处工作的陈家康,经常到全民社同周科征联系,由周随时向陈提供情报材料。如国民党反动派于1939年3月秘密颁布的《限制异党活动办法》,同年10月秘密颁布的《异党问题处理办法》,就是周科征通过社会关系搞到后及时向党提供的。

1940年3月下旬,周科征为营救进步群众,被国民党特务机关扣押入狱,先在重庆白公馆、后转到贵阳附近的息烽集中营,被关长达6年之久。周科征在被捕后始终没有暴露共产党员的身份和党的任何机密,在长期监禁的黑暗岁月里,他对党的事业充满胜利的信心。面对敌特的摧残,他始终勇敢坚定,坚贞不屈,经受了严峻的考验,表现了一个共产党员的革命气节和情操。抗战胜利后,周科征的爱人、地下党员邵漪容,在党的领导下,乘此时机多方进行营救,通过周科征在燕京大学新闻系的同班同学吴椿(时任国民党政府文官长吴鼎昌的秘书)的关系,于1946年4月底,将周科征无条件保释出狱。周科征出狱后,即通过他的入党介绍人吴寄寒,向党组织汇报了息烽监狱的情况和被监禁同志的全部名单,使党组织知道了一些一直没有消息的同志的下落。随后,周科征又被派往香港继续从事秘密情报工作。他以经商、创办进出口公司为掩护,在复杂的斗争环境中,积极地完成了党交给的各项任务。特别是在1949年春,他根据上级指示,以公司名义租船,亲自护送大批民主人士到刚解放不久的天津,以便使他们能参加筹建新中国的工作。

1950年,李克农亲自为他恢复了党籍。从1955年到1961年,他按照党的要求妥善处理了在外秘密组织遗留下来的问题,受到组织的好评。1961年后在中国现代国际关系研究所工作,担任西欧研究所副处长。他认真负责,为情报研究工作做出了积极的努力。文化大革命中,他受到迫害,身心健康受到损害,但他一直怀着革命乐观主义精神,坚信党,热爱党,痛恨林彪、"四人帮"的倒行逆施。粉碎"四人帮"后,在身患肾动脉硬化导致尿毒症的情况下,为了缅怀敬爱的周恩来同志,同时也为了向中国新闻史研究工作者提供材料,1979年他同方仲伯、黄卓明一起撰写了《周恩来同志亲切关怀和培育的全民通讯社》一文,1979年12月由周科征最后定稿,1980年9月发表在由中国人民大学新闻系编辑的《新闻学论集》第一辑上。周科征于1980年4月9日逝世,此文也成为他的最后遗作。

(周 鸿)

白 寿 彝

编者按: 白寿彝先生,中国历史学家、教育家、思想家。他的学术研究领域广泛,涉及中国交通史、中国伊斯兰教史、中国民族史、中国思想史、中国通史和中国史学史,均有建树。尤其侧重于中国民族史、中国通史和中国史学史的建设和研究。

他曾创办多种杂志并担任主编。他主编的《史学史研究》和《北京师范大学学报》(社科版)在国内外学术界享有盛誉。他的著作或由他主编的著作有《中国交通史》、《中国通史纲要》、《中国伊斯兰史存稿》、《回民起义》(四册)、《回族人物志》(四册)、《史学概论》、《白寿彝民族宗教论集》、《白寿彝史学论集》等。其中《中国交通史》是受到广泛称赞的有关中国古代交通发展的历史专著。《中国通史纲要》有英、日、西班牙、法、德、蒙、罗马尼亚文版本,中文发行量近百万册,该书获国家优秀教材奖。目前,由他总主编、集合中国史学界专家和学者撰写的十二卷本二十二册《中国通史》是本世纪内最大的史学著作之一,已由上海人民出版社陆续出版。由他主编的多卷本《中国史学史》,也是国家哲学社会科学的重点项目之一。

白寿彝先生曾任北京师范大学历史系教授三十余年,他领导的历史系教学改革,曾获国家教委颁发的优秀成果奖。此外,他曾担任国务院学位委员会委员、国务院古籍整理工作规划小组成员、国家教委全国高校古籍整理与研究工作指导委员会副主任委员、中国史学会主席团成员、北京师范大学学术委员会主任、史学研究所所长、古籍研究所所长、中国民族史学会会长和多种学术组织的顾问。他是第一届全国政协代表、第三至六届全国人大代表、四至六届全国人大常委、国家民委委员、中国伊斯兰教协会副会长,是中国共产党第十次代表大会代表、第十三次代表大会列席代表、第十五次代表大会特邀代表。

白寿彝先生于2000年3月21日在北京逝世。

下面是他对燕京学习生活的回忆。

往事如烟。回忆起我在燕京大学国学研究所的一段学习生活,仿佛像发生在昨日一般。

我1909年2月出生在河南开封的一个回族家庭。幼年时期在家念私塾。后来,进入了由加拿大人开办的开封圣安得烈学校,学习英语。

1925年,上海发生了五卅惨案。我不愿留在外国人开办的学校里念书,认为是一种耻辱。在当时,上海很使我向往。于是,17岁的我征得父母的同意,来到了上海文治大学读书。以后,又回到河南,在中州大学(今河南大学)继续学习。

1929年,我考上了燕京大学国学研究所。这是当时老一辈学者相当集中的地方。陈垣先生、张星烺先生、郭绍虞先生、冯友兰先生、许地山先生、顾颉刚先生、容庚先生、黄子通先生,都在这里。一下子能见到这些前辈,这件事本身就使我大开眼界。我听过很多学者的课,有黄先生,他讲西洋哲学史、亚里士多德、康德和认识论等课程;有冯先生,讲中国哲学史;有许先生,他讲佛教文学和梵文。郭先生是我在中州大学时期的老师,顾先生在广州办的民俗学会,跟我早有联系,因而我入学后,就跟他们二位有较多的接触。

黄子通先生是我的导师,在治学上有独特的风格。我入学时的文章是《先秦思想三大师》,入校后我想用两三年的功夫就写出一本超过前人的哲学史。第一次见到黄先生,他就说:"你趾不高而气甚扬。你想用两三年时间写一本哲学史,把事情看得太容易。胡适写的《中国哲学史大纲》有不少缺点,你说说他有哪些缺点,你在哪些地方可以胜过他?"先生又说,"你要想研究学问,是要吃苦头的。要不想研究学问,现在还来得及,你可以离开学校,找个事情干干,干个两三年,还可以混个资格,要比这里好。"那时,我确实是少年气盛。先生的一席话,使我出了一身汗,一直到现在,还留着深深的印象。先生拿出康德的《纯粹理性批判》,指定了三十多页让我去读,并约我两星期后去见他。如期见面以后,我把我的理解说了一遍。先生说:"你全没有看懂,这跟你的外文水平不好有关系。你先看看中国哲学家的著作吧。"他把程颢的《识仁篇》拿出来,这是一篇很短的文章。先生说:"你认真把这一篇看一看,一个月以后来见我。"一个月后,见到先生,讲述一遍自己的看法。先生说:"你还是没有看懂,我给你讲讲吧。"他详细地给我讲了一遍,足足讲了两个小时。他讲得津津有味,我也听出一点味道。从此以后,慢慢懂得了读书不能只在字面上打圈子,还要深入地理解作者的思想。懂得了这一点,读书的味道就跟以前不同了。在先生指导下,大约经过一年的光景,自己感觉到学业上有显著的进步。此后三年,在黄子通先生的指导下,我着重研究两宋哲学,发表关于朱熹的论文多篇,后又编《朱熹辨伪书语》一书,由北京朴社1933年出版。

我在燕京的学习生活虽然只有三年,但对我日后所从事的各项学术研究工作都产生了很大的影响。我下了很大的气力整理朱熹的著作,编辑了《朱子语录诸家汇辑》、《朱子文集篇目系年》、《朱熹辨伪书语》等,写了《周易本义考》、《仪礼经传通解考证》、《从政及讲学中的朱熹》等文章。这些工作,实际上使我在历史文献学方面也得到很好的锻炼。三年的学习生活虽然很清苦,住在陋巷,一件蓝布大褂、一碗白菜炸酱面,几个烧饼加上麻辣汤,已很满足。重要的是精神上的饱满。

现在,人们称我是"著名的历史学家"、"民族史学家"、"教育家"、"社会活动家"等等,不管是什么家,他都要有一个起步的阶段。就算我对社会科学研究工作有所贡献,跟我在燕京的学习是分不开的。就我本人来说,不管我是什么家,我都不过只是一个普普通通的史学工作者,一个新中国的教书匠。

(白寿彝回忆 刘雪英记录)

萧 乾

我是1910年1月27日在北京出生的。父亲是管开关东直门的门工。可是没等我出生他就去世了。萧氏祖籍为内蒙商都(即今锡林浩特)镶黄族人,母亲是汉族,姓吴。我们孤儿寡母早年跟着我堂兄过日子。我小时读过私塾,后考入崇实小学三年级并成为一名工读生:我织过地毯,送过羊奶。初中毕业后,暑假期间考上北新书局,当上练习生。我校对过《语丝》、《呐喊》等。从九岁起,我就跟四堂嫂安娜(美国人)学英语。

五卅惨案(1925年)后,政治觉悟逐渐提高。1928年,只差半年就高中毕业时,由于领导学运,被校方勒令退学。于是,就流浪到广东汕头一家中学教国语。1929年考入燕京大学国文专修班,由于学无根底,对金石、音韵等学既跟不上,也不感兴趣,幸而这时深为清华客座教授杨振声讲授的"现代文学"课所吸引。杨先生是五四运动的闯将,曾在赵家楼带头造过保守派的反,也是现代最早以恋爱自由为主题的小说《玉君》的作者。上学期他讲的是五四以来的新文学,鲁迅、茅盾、郁达夫等作家的生平及作品。下学期讲的是托尔斯泰、屠格涅夫、契诃夫以及英国哈代等人的代表作,听了深受启发,获益良多。当时我还旁听了英文系包贵思教授的"英国小说"。她也是一位富于启发性的教授。

那时燕京大学有个学生辅导委员会,我就是靠那个委员会介绍各种工作来维持生活及学业的。在校内,我推过草坪,为洋教授看过孩子。校外工作包括给来华旅游者充当向导。我陪过美国小说家马昆德游览大半个北京城,也教过捷克汉学家菩萨克华语,还为《乾隆传》的作者门特夫人(丹麦人)口译过不少卷《东华录》。特别值得一提的是同一个美国青年威廉·阿兰的合作。我们的结识也是从教中文开始的。我把从杨振声老师那里贩来的知识讲给了他。这个美国青年听到中国五四文艺复兴以及兴起的新文学运动,兴奋极了。大学毕业后,他母亲本来要他去周游世界的。他却把旅费倾囊用在北平,办起一份《中国简报》(China In Brief)。我们选译了鲁迅、茅盾、郭沫若、闻一多、郁达夫等人作品片段,还为沈从文出了个专号。这也就是我同沈先生友谊的开端。中国现代文学馆还存有几份《中国简报》。

在燕京,我结识了后来对我影响很大的杨刚——当时名杨缤。她是英文系的学生。我虽然是国文专修班的,却也参加了每周五在美国教授包贵思家里举行的读书会。我们就是在那个聚会上相遇的。我们朗读过许多英国(特别是维多利亚时代)的名诗。

我最早的两篇文章《梨皮》及《人散后》是1930年先后在《燕大月刊》上发表的。

那年月,一张大学毕业的文凭可是宝贝。杨刚为了使我成为一个名正言顺的大学生,就帮我混进了天主教美国本笃会刚创办的辅仁大学。当时,她的一位堂兄任该校注册主任。我进的是英文系,很快就当上了系主任(一个十分浪漫的爱尔兰神父)的助理,帮他改卷子。当时校里出有一种行销世界各地爱尔兰文化机构的《辅仁杂志》。我曾为该刊英译过熊佛西的《艺术家》、郭沫若的《王昭君》和田汉的《湖上悲剧》。另外还写过一篇评介苏雪林《棘心》的文章。五四以来,在婚姻问题上,绝大多数作品写的都是采取个人自由,而《棘心》的女主人公则出于孝道,违心地嫁给了并非自己所爱的人。

1932年快放暑假时,燕大同学林观得被聘为他的母校福州英华中学的教务长,他邀我去那里教了一年书。转年回京,我就转入燕京大学新闻系。在那里,我结识了《西行漫记》的作者埃德加·斯诺,当时他是美国一家报纸的驻京记者,又兼了燕大新闻系的教职。我们很快就从师生成为朋友。我对"新闻学"并不感兴趣,(所以那时我常旷了本系的课去旁听"英国小说"课),但对斯诺的满世界驰骋,甚是神往。他在燕京只兼了两年课,那正是我在大学的最后两年。课余,我就成了他家的常客。他的夫人海伦也常去旁听文学课,我同她,因而有了同窗之雅。解放后,经过几年的隔绝,中美是通过斯诺访华重新恢复交往的,斯诺回国后,写了一本记载他重访中国的书,名《大河彼岸》。当中国作协宴请他时,他问起我的近况。回答是:"萧乾正在人民公社快活地劳动着,他对写作已经毫无兴趣了。"(见该书第389页)。斯诺在书中表示了他对此的疑窦。

我走上了新闻工作的道路,肯定是受到斯诺的影响。那两年在课堂里,他讲的最多的,是他驰骋各地采访各种人物事件的经历。至今我仍记得他要我们在采访时,务必多听、仔细听,少表示或不表示意见。他一再强调的就是要努力做到客观。

1936年,我去泰山访问了冯玉祥将军。当时蒋介石不许国人谈抗日,而那位将军同我先谈文字拉丁化,接着就大讲抗日。我的报道写出送检后,压了多时,最后抗战部分全被官方剪掉了,光登出了拉丁化部分。斯诺听说后,就要我介绍他去访冯。他代我写了,日本竟然还为此向美国提出抗议。

文学方面,我是1931年开始向熊佛西主编的北平《晨报》副刊投稿的。记得是谈爱尔兰的小剧院运动。1933年杨振声和沈从文两位从青岛来北平,编起《大公报·文艺》。我开始向他们投稿,第一篇是小说《蚕》。那是北平文艺最活跃的一段时期。卞之琳主编《水星》,郑振铎和靳以主编《文学季刊》。我早期的《篱下集》、《栗子》和《落日》三书中的小说,就大多刊登在这些刊物上。

当时,上海的巴金也来北平,并且就住在燕大蔚秀园夏斧心的家里。我有幸结识了他,并得到他的鼓励和指引。在文学道路上,沈从文是我最早也是主要的引路人。巴金对我的影响则更加广泛深刻。我深深为他那悲天悯人的情操和他那用心灵直接同读者对话的胸怀所感。从那以后,直到今天,他始终鼓励着我,感染着我。

1935年我毕业后就进了《大公报》,接编了作为我"文艺摇篮"的"文艺副刊"。报社还按照我本人的要求,让我兼任旅行记者。我写过修建中的滇缅路,也写过岭东的游击区。

1939年9月第二次世界大战前夕,我应伦敦大学东方学院之聘,赴英任教。1941年5月9日,在英国为印度诗人泰戈尔举行的追悼会上,我结识了英国作家福斯特,并在他及英国汉学家阿瑟·魏永的推荐下,赴剑桥大学皇家学院专攻英国心理派小说。1944年又任重庆《大公报》驻欧记者,采访了二战,踏访了战后的德国。

1946年回国后,任《大公报》社评委员兼复旦大学教授。解放后,先后任英文版《人民中国》副主编,《人民日报·文艺版》顾问、《文艺报》副主编,人民文学出版社顾问,第五、六届全国政协委员,第七、八届全国政协常委。目前任中央文史研究馆馆长,中国民主同盟中央委员会顾问,中国作家协会名誉顾问,第九届全国政协委员。

已出版中文著作《篱下集》、《人生采访》、《海外行踪》、《一本褪色的相册》及《萧乾文学回忆录》等53种,英文著作5种,共约400万字。其中用英文写的《土地回老家》有日、俄、德、法及印、缅等11种译本;《未带地图的旅人——萧乾回忆录》有英、日译本。译作有《好兵帅克》、《莎士比亚戏剧故事集》、《培尔·金特》、《尤利西斯》(与文洁若合译)等十余种。

改革开放后,曾多次赴英、美、德、挪威、新加坡、马来西亚、韩国以及香港等地讲学,并从事文学交流活动。

(萧 乾)

编者注:萧乾校友已于1999年2月11日病逝于北京。

约翰·戴维斯　J. P. Davies Jr.

约翰·戴维斯(John Paton Davies, Jr.)1908年出生于四川省嘉定县(今归乐山县),父亲是美国的传教士。1912年他们全家迁居成都。1925年他在上海的美国学校念书。1927年到美国威斯康星大学上学,两年以后,他重回中国,到燕京大学念三年级的课程。在燕京,他既是篮球队的主力队员,又是田径场上的好手。他还利用1930年的暑假,到内蒙去考察,写成长篇报道,刊登在北京的一家英文报纸上。

在燕京时,他结识了一位出色的美国外交官柯乐博。戴维斯决心以他作为自己的榜样,所以1931年从美国哥伦比亚大学毕业后,就进入外交界,被派到加拿大任职。1932年调到中国的昆明任领事。两年后,他被派到北平参加为期两年的语言进修班。1935年他被派到沈阳任副领事,1938年奉调到汉口美国大使馆和总领事馆。其时,中日战争已然开始,南京已被日军侵占,八方冠盖云集汉口。史沫特莱、斯诺、史迪威、陈纳德纷纷前来,戴维斯也是在这里认识了周恩来、博古、王明、章汉夫等。

1940年,戴维斯回到美国国务院东亚司中国科工作。翌年一度来到北平观察日本对美的动向。不久,日寇偷袭珍珠港,美日宣战。1942年,他被任命为重庆美国大使馆二等秘书,并任新组建的中缅印战区司令史迪威的政治顾问。从此他的学识才华、他的丰富的中国知识和他敏锐的分析能力,得到了发挥,为尽快打败日本法西斯做出了贡献。但也恰恰是这些贡献给他自己带来近二十年的坎坷岁月,使他成为50年代美国政治悲剧的主角之一。

在史迪威将军麾下,他穿梭往来于重庆、华盛顿、新德里、伦敦乃至延安。他曾陪同史迪威参加开罗会议。他看穿了当时重庆国民党政府的腐败无能、消极抗日、积极反共,他向美国政府报告一切,并说,"共产党一定会在中国扎根,中国的命运不决定于蒋介石,而决定于他们。"

戴维斯并非亲共分子。但从美国本身利益出发,为了早日打败日寇,他认为必须和中共密切合作,为此首先要和中共进行沟通。1942年6月29日他拜访了周恩来,几天后又会晤了新华日报总编辑章汉夫和一向支持中共的宋庆龄。7月下旬,美国总统罗斯福的特使柯里抵达重庆。戴维斯从事于柯里和周恩来沟通信息的工作。1943年3月,周恩来向戴维斯表示,欢迎美国派遣一批军官作为观察组常驻陕北以利打击日寇。美国的"中国通"们都认为这是好办法。谢伟思、戴维斯先后向政府提出派遣观察组到延安的主张。1944年7月,第一批观察组成员到达延安。他们访问了延安、晋察冀、晋绥等抗日根据地，一致认为美国应向八路军、新四军提供武器，中国未来的希望在延安。戴维斯在这一年的10月和12月两次访问了延安。

正当这些"中国通"们意见似乎被逐渐采纳时，美国政治风云突变。10月，史迪威被免职，由魏德迈继任。11月，代表极右势力的赫尔利任驻华大使，他公开宣称"戴维斯是共产分子，没有按美国指示支持中国国民党人"。戴维斯无法在中国待下去了。1945年2月，他奉调到莫斯科美国大使馆任一等秘书。1947年回国务院任政策设计员。

进入50年代，美国麦卡锡主义的政治大迫害年代来临了。当年国务院的"中国通"们一个一个地被开刀。先是谢伟思、继而柯乐博、范宣德，终于轮到戴维斯。尽管经过九次严格的审查都找不到把柄，1954年8月30日杜勒斯还是把他开除了。当时戴维斯正被派驻智利利马，他就在利马改行做家具行当，自己绘图设计。1969年美国国务院重新审查他的案件，并还他清白，但大好青春已经逝去了。

1972年，他写的《Dragon by the Tail》出版了，1996年商务印书馆出版了它的中文译本，名字叫《抓住龙尾——戴维斯在华回忆录》。

1999年12月23日，他病逝于美国北卡罗来纳州阿什维尔，享年91岁。

（林孟熹）

严　群

严群，字孟群，号不党。1907年出生于福州府侯官县。七岁进私塾，学习四书五经。1921年入福州教会学校英华中学，1927年毕业。在高中时，曾阅读了英国哲学家罗素的《哲学问题》一书，对其有条理的叙述，逻辑推理，对事物深邃的洞察力产生了浓厚的兴趣，因此就选定哲学作为终生的研究对象。当年考入福建协和大学哲学系，开始了哲学生涯。读了两年转入燕京大学哲学系，主攻希腊哲学史，1931年毕业。次年入燕京大学研究院，开始希腊哲学特别是柏拉图和亚里士多德的深入研究，毕业获硕士学位。

1933年入燕京研究院的第二年，整理并修改了大学本科毕业论文《亚里士多德之伦理思想》一书，由商务印书馆出版。该书每一章都附有简表，全书列一总表，这种用醒目的表解形式，较有系统地论述亚氏之伦理思想体系，使人一目了然。1934年写了《柏拉图》一书，作为研究院的毕业论文，由世界书局出版。这两本书的出版，奠定了他对柏拉图与亚里士多德研究的基础，也得到国内哲学界的重视。

1935年获洛克菲勒基金会奖学金，赴美国哥伦比亚大学研究院深造。此时已下了要将古希腊文的柏拉图全集译为中文的决心，因此牺牲了攻读博士学位的机会，除深研希腊哲学史外，又学习了古希腊文和拉丁文。后又赴耶鲁大学研究院，学习了梵文、希伯来文、马来文、泰文等多种古文字，以打下研究与翻译古典哲学著作的语言文字基础。这时年轻力壮，精力充沛，先后翻译了《泰阿泰德》《智术之师》《菲德罗士》《费雷泊士》《拉赫士》《吕锡士》《游叙弗论》等柏拉图著作二十余篇，约占柏拉图全集36篇的三分之二以上。又翻译了亚里士多德的《形而上学》，同时还教授美国学生中文，以此获得的报酬购买了大量的哲学书籍。当时曾有大学欲聘请他在美国工作，由于国内烽火连天，毅然牺牲这种机会，整理行装，带了数十箱书籍，奔回祖国。

1939年回国后,任教于母校燕京大学哲学系,1940年曾代理系主任。1941年珍珠港事件爆发,燕京停办。此时生活来源无着,陷入了困境,常以鬻书换米,以维持最低的生活。1942年进入北平中国大学任教授,直至抗战胜利。在当时极其艰辛的条件下,仍继续学术研究工作,先后完成了《朱子论理气太极》、《朱子论阴阳五行》、《说老之道》、《大学全书思想体系》、《中庸全书思想体系》等多篇著作。

抗战胜利后,来华讲学的美国康乃尔大学哲学系教授贝尔特回国后来函邀请严群赴康乃尔大学任教。由于不愿离开祖国而谢绝了。1947年受浙江大学校长竺可桢之邀,举家南迁,来到杭州,任浙江大学哲学系教授。又兼任了之江大学政治系教授,教授教育哲学。在这艰难的岁月中先后撰写发表了《古希腊学者与近代科学文明》、《完形进化——层次进化论》、《笛卡尔与斯宾诺沙哲学比较研究》、《希腊黑拉克类托唯物主义宇宙人生过程论》、《希腊皮萨革拉派宗教哲学》、《希腊原子论或'空''实'二元下的唯物多元论》等论文数十篇。

解放后,浙江大学哲学系停办,严群被调往该校外文系教授希腊文、拉丁文及英文翻译。1952年院系调整,转入浙江师范学院任逻辑学教授,并兼授浙江医学院及浙江卫生学校医用拉丁文课。1958年成立杭州大学,调入任政治系教授,并受聘中国科学院哲学研究所特约研究员。1962年在科学院哲学所贺麟先生的推动下,重操旧业,重新译校润色搁置多年的柏拉图著作旧稿,于1963年由商务印书馆出版了首部柏氏全集译著《泰阿泰德、智术之师》。同年参加了在北京召开的中科院哲学社会科学部第四次扩大会议。回杭州后自己订立了规划,准备在15年至20年内完成柏拉图全集的翻译与出版工作。

1966年十年浩劫降临,严群的身体与精神都受到了极大的摧残。书籍被抄,旧稿被焚,年轻时所译的二十余篇及新译的多篇柏氏全集稿仅残存8篇,半生的心血付之东流,伤心至极。"四人帮"打倒后,严群已是百病缠身的70岁老人了,但仍精神焕发,想追回文革十年虚度的光阴而加倍的工作。1978年10月出席了全国首届外国哲学史讨论会,与会期间欣然应允了为中年教师传授古希腊文和拉丁文。1979年开始带病给北大、杭大二校中年教师教授古希腊文、拉丁文,为期一年。该年交付柏氏全集另外三篇《游叙弗论、苏格拉底的申辩、克力同》译稿,于1983年由商务印书馆出版。这时杭州大学成立了哲学系,他兼任了古希腊哲学研究室主任、杭州大学学术委员会顾问、浙江省哲学学会副会长。1981年招收了四名研究生,并亲自教授近一年的希腊文和数星期的拉丁文基础课,他们均获硕士、博士学位。1982年出版了《分析的批评的希腊哲学史》,并交付了柏氏全集另外三篇《赖锡斯、拉哈斯、费雷泊士》译稿,由商务印书馆于1993年出版。1985年1月因高血压性心脏病突发不幸逝世,终年78岁。未能完成夙愿——将柏拉图全集由古希腊原文译成中文而抱憾终生。

(张安心)

褚圣麟

褚圣麟,浙江省天台县人,出生于1905年11月。他1927年毕业于杭州之江大学,后曾在苏州萃英中学任教。1931年他在燕京大学物理系取得硕士学位(论文题目是 Performance of a New Design of Gas X-Ray Tube,导师为班威廉),其后又于1935年在美国芝加哥大学获哲学博士学位(论文题目是 Positive Ray Analysis of Ions from a High Spark),并被选为 Sigma Xi 学会会员,这是美国大学成绩优异学生的荣誉性组织。同年归国,到广州岭南大学任教。抗日战争爆发后他进入内地,曾在迁至昆明的北平研究院物理研究所任研究员和在同济大学任教。1939年回到北平燕京大学物理学系任副教授,后因太平洋战事起,被迫离开燕大,其间曾在辅仁大学工作。抗战胜利后,褚圣麟返回燕大复职,任物理学系教授兼系主任。1950—1952年间他还兼任燕京大学教务长和理学院院长等职。1952年院系调整,燕京大学物理学系与北京大学和清华大学的物理学系合并,组成新的北京大学物理学系,褚圣麟出任系主任,在任达32年之久,对北京大学物理学系的建设作出了不可磨灭的贡献。1983年因年事渐高,遂退居二线,改任北大物理系顾问。褚圣麟在 X 射线和宇宙射线等方面作过许多研究工作,主要著作有《原子物理学导论》(1956年)、《铁磁学》(1976年,与他人合著)和《原子物理学》(1979年)等,单独或与他人合作发表的学术论文有《广州大气电势陡度和电流密度的测量》、The East-West Asymmetry of Cosmic Radiation at a Geomagnetic Latitute of 28°31′ and an Estimation of the Difference of the Exponents of the Absortion Law for the Polarand Equitorial Regions (*Physical Review*, 69, 1946), X-Ray Diffraction Pattern of a Strained Rock Crystal (*Acta Crystalloggraphica*, 1, 1948)等。历年来,褚圣麟在教学工作上耗费了大量精力,他担任过普通物理学、电磁学、电磁波理论、原子物理学等许多课程的讲授,以其十分娴熟的教学技巧和深入浅出、生动活泼的教学风格,深受学生的欢迎,并且影响了一代又一代青年教师。褚圣麟还曾作为导师先后指导过王光美、萧振喜、李宝贞、胡南琦等多位硕士研究生的学习和研究工作。褚圣麟是中国民主同盟盟员,曾长期担任民盟北京市委员会主任之职,他又曾任北京市物理学会理事长多年。他是燕京大学北京校友会的名誉会长。

(永 祥)

1930

丹 尼

丹尼,原名金润芝,祖籍安徽婺原(今属江西),1912年生于天津,生性活泼,从小喜好跳舞、溜冰。1924年考入天津中西女中,这是一所教会学校,以英语水平高、课外活动活跃而著称。该校英语教师多是外国人,课余常教学生排练英文戏剧。丹尼常在一些小戏中客串,渐渐地对戏剧产生了浓厚的兴趣,演技也日臻娴熟。毕业时她用英语演出《如愿》,首任主角,崭露了艺术才华。1930年从中西女中毕业后考入燕京大学,先读家政系,后转心理学系;1934年毕业,获学士学位。1935年获美国纽约哥伦比亚师范学院儿童教学系硕士学位。是年夏与黄佐临结婚,俩人同去英国学习戏剧。秋天,去伦敦学表演,佐临入剑桥大学研究莎士比亚。1936年,他们又一起进入伦敦戏剧学馆,丹尼在表演班,佐临在导演班,"丹尼"这个艺名就是由创办伦敦戏剧学馆的法国著名导演米歇·圣丹尼的名字衍化来的。金润芝取这个艺名,就是为了永远纪念自己的戏剧导师。

1937年夏,正当佐临和丹尼在伦敦戏剧学馆结业时,七七事变爆发了。他们当即启程回国,10月回到天津。他们一方面与在重庆国立戏剧学校任教导主任的曹禺取得联系,希望他能帮助解决日后的工作问题,一方面积极投入天津的戏剧活动,在故土上开始辛勤的耕耘。后来他们去重庆任国立戏剧学校教授。1940—1948年丹尼在上海一些剧团任演员,后任上海实验戏剧学校教授。1950年一直任上海人民艺术剧院演员,兼任该院演员培训馆馆长和表演教师。曾演过《关汉卿》(饰朱帘秀)、《日出》(饰翠喜)、《马克白斯》(饰马克白斯夫人)、《胆大妈妈和她的孩子们》(饰胆大妈妈)等中外名剧。70年代后期开始从事戏剧翻译,译有法国喜剧《油漆未干》、波兰格罗托斯基的《基本功训练》等。1995年12月病逝于上海。

(洪一龙)

周 一 良

我1913年1月19日生于青岛。原籍安徽东至县。我的学历是燕京大学文学士(1935)、哈佛大学哲学博士(1944)。工作经历除短期在中央研究院历史语言研究所作研究,在哈佛大学教日文之外,长期在北京任教:燕京大学国文系副教授(1946—1947)、清华大学外文系教授(1947—1949)、同校历史系教授并曾兼系主任(1949—1952)、北京大学历史系教授并曾兼副主任、主任(1952—)。1986年离休。

我在家塾读书10年,师从张潞雪先生。学写古文,同时也学习日文和英文。我在北京先后读过燕京大学国文专修科(一年)和辅仁(一年)、燕京(本科三年、研究院一年)两校的历史系。在燕京受邓之诚先生和洪煨莲先生影响较深。魏晋南北朝史的兴趣是由邓先生断代史课培养的,而洪先生的两门(初级与高级)史学方法课给了我治史的严格训练。我的大学毕业论文《大日本史之史学》,是洪先生出的题目并由他指导的。这是中国学人第一篇全面评价日本重要史学著作的文章。大学毕业时,我被选为斐陶斐荣誉学会会员。在清华"偷听"陈寅恪先生讲魏晋南北朝史之后,眼前放一异彩。经陈先生推荐,我进了中央研究院历史语言研究所工作一年,从而这段历史成为我主要研究范围。

30年代末,母校燕京大学推荐我领取哈佛燕京学社奖学金,赴美国哈佛大学远东语言系学习。在哈佛主要受教于叶理绥和柯拉克先生。叶理绥俄裔法籍,是明治年间日本东京帝国大学第一个在国文学科毕业的外国人,以后被誉为"西方日本学之父"。柯拉克是哈佛第一代梵文教授竺门的弟子,兴趣在印度佛教,故而指导学生通读《佛所行赞》、《妙法莲华经》等为教材。我在哈佛毕业的博士论文《唐代印度来华密宗三僧考》包括天竺密教三位大师汉文传记的英译,因是第一手资料,对西方佛教史学界颇有裨益。

1946年回国后,除在大学教日文的职业之外,还须在外面兼课才能糊口。当时我曾在燕京、清华、北大三校讲授日本史课。50年代初,北大历史系建立亚洲史教研室,要我负责。我担任草拟亚洲史教学大纲,编写教材,培养青年教师等工作。

作为教师,我所教过的课程有中国通史(上段)、魏晋南北朝史、中国历史文选、佛教翻译文学、日本史、亚洲史、初级及高级日文。我兼任北京大学历史系副主任10年(1956—1966),分管科研、研究生、进修教师、外国留学生工作。

60年代初,武汉大学吴于廑同志和我共同主编了四卷本的《世界通史》。四卷本未脱苏联教材窠臼,但多少有所改进。

80年代我主要负责了两项工作。一是主编了一部《中外文化交流史》。我发凡起例,邀约19位有关专家,分章撰写了中国与22个国家和地区文化交流的历史,是一部对史学工作者和外事工作者都有裨益的参考书。另一是在《中国大百科全书·中国历史卷》常务副主编孙毓棠同志逝世后,我代替了他,同时兼任魏晋南北朝部分的主编,自己也参加撰写。教科文组织主持编写七卷本巨著《人类科学文明发展史》,我应邀担任第三卷(公元前7世纪至公元后7世纪)编委会的委员。我所写本卷中日本、朝鲜两节,与旧版相比,有"事增于前,文省于旧"之誉。

解放后我多次到亚、非、欧、美国家访问。进行学术交流,增强了友好关系。1997年2月我去日本大阪,接受大阪府所赠的山片蟠桃奖。中国人得此奖尚属首次。

1996年起我得了帕金森症,右手不能写字。以后两年左右腿又相继骨折,长期卧床,但不废读书。现终于能站起来。

1998年秋辽宁教育出版社出版了《周一良集》五卷,包括:一、魏晋南北朝史论;二、魏晋南北朝史札记;三、佛教史与敦煌学;四、日本史及中外文化交流史;五、杂论与杂记。

我的研究工作主流在历史。60年来,我可说是经历了乾嘉朴学、西方近代史学和马克思主义史学三个不同阶段的训练。我今天的看法是,这三种类型的训练有一共同之点,即要求历史必须真实或尽量接近于真实,不可弄虚作假,编造篡改。只有真实的历史,才能成为"后事之师"。而研究历史最根本的态度和方法只有四个字:实事求是。

(周一良)

费 孝 通

费孝通,中国社会学家、人类学家、民族学家、社会活动家。1910年11月出生于江苏省吴江县同里镇一个重教育的家庭中。1928年入东吴大学医预科。受当时的革命思想的影响,在两年后毕业时,决定不再继续学医,而去学社会科学,因为觉得学好医也只能治一人之病,学好社会科学才能治万人之病。于是在1930年考入燕京大学社会学系。快毕业那年,美国芝加哥大学派克教授到燕京大学讲学,讲怎样在都市里实地调查,费孝通班上同学杨庆坤、林耀华、黄迪、廖泰初等和他一起商量要用同样方法研究中国社会。他了解到这种研究方法是从社会人类学里学来的,就想去学人类学。1933年燕京大学毕业后,就考入清华大学,在社会学及人类学系当研究生。1935年从清华研究院毕业后,协同夫人燕京校友王同惠去广西大瑶山调查。在调查中费孝通因迷路误陷虎阱受了重伤，王同惠外出觅援不幸溺水身亡。为纪念亡妻，他根据王同惠所遗的笔记和自己的记忆写成《花篮瑶社会组织》。费孝通伤愈后，利用回家乡休养的机会，对开弦弓村进行了系统的社会调查。1936年底，入英国伦敦经济政治学院，师从人类学家B.K.马林诺斯基，在其指导下以调查资料为基础撰写博士论文《中国农民生活》，中文译名《江村经济》，被认为是社会人类学实地调查的一个里程碑，国外许多大学的社会人类学系把它列为必读参考书之一。1938年获伦敦大学哲学博士学位。1938年回国后，他在云南大学和燕京社会学研究室任教，并主持内地农村调查，实践了他主张的在社区调查中采用不同类型比较研究的方法，形成了自己独特的风格。著有《禄村农田》(1943年)、英文版《Earthbound China》(1945年)中文本为《云南三村》。同期代表作有《生育制度》(1947年)、《乡土中国》(1948年)、《乡土重建》(1948年)。

1952年费孝通任中央民族学院教授、副院长，从事中国少数民族的教学和调查研究工作，并历任国家民族事务委员会副主任，中国社会科学院民族研究所副所长。

1978年后，他领衔承担了中国社会学学科重建工作。历任中国社会学会会长，中国社会科学院社会学研究所所长，北京大学社会学研究所所长、北京大学教授。作为社会活动家他历任中国人民政治协商会议全国委员会副主席、民盟中央主席、全国人民代表大会常务委员会副委员长。他把学术工作和社会活动相结合，利用一切可能的条件，深入探讨中国的乡镇企业与小城镇问题、边区与少数民族地区的发展问题。发表了引人注目的《小城镇大问题》、《中华民族的多元一体格局》等具有学术开创性的论文。他主张当代中国的社会学、人类学应是反映中国社会与中华民族特点的，迈向人民的社会学、人类学，必须立足于中国的社会实际，从科学的社会调查入手。为此他身体力行，把研究工作和培养年轻一代联系在一起。这一时期他的主要著作有《费孝通社会学文集》(1985年)、《论小城镇及其他》(1986年)、《边区开发与社会调查》(1987年)、《费孝通民族研究文集》(1988年)、《中华民族的多元一体格局》(1989年)、《城乡和边区发展的思考》(1990年)、《重访云南三村》(1991年)、《行行重行行——乡镇发展论述》(1992年)、《逝者如斯》(1993年)、《芳草天涯》(1994年)、《言以助味》(1995年)、《学者自述与反思》(1996年)、《行行重行行(续集)》(1997年)。

为表彰他在社会学、人类学学术工作中作出的杰出贡献，1980年3月，国际应用人类学会授予他该年度马林诺斯基名誉奖；1981年11月，英国皇家人类学会向他颁发该年度赫胥黎奖章；1982年12月，英国伦敦大学经济政治学院授予他荣誉院士称号；1987年，获澳门东亚大学社会科学博士；1988年，获美国大不列颠百科全书奖，是第一位获得此项荣誉的中国学者；1989年，获得香港大学文学博士；1993年8月，获日本福冈市亚洲文化大奖；1994年8月，获菲律宾拉蒙·麦格赛赛"社会领袖奖"；1998年11月，获霍英东杰出奖。

(潘乃谷)

编者注：照片右为王同惠校友。

瞿 同 祖

我1910年7月12日出生于湖南长沙。童年是在上海度过的。我父希马公(宣治)先后在驻瑞士及荷兰公使馆任职,1923年于回国探亲途中病故于马赛。次年我叔父兑之先生迎养祖母来北京居住,挈我同行。先后就读于育英、汇文中学。1930年毕业时以优异成绩保送燕京大学。

我主修社会学。杨开道、吴文藻两位老师因我对历史有一定的基础,都鼓励和培养我专攻社会史,以社会学的观点和方法研究中国过去的社会。我的硕士论文为《中国封建社会》(1937年出版),杨开道教授为导师。研究院毕业时获得金钥匙,为斐陶斐会员。

赵曾玖毕业于培华女中,1932年考入燕大,入国文系。我俩于同年8月结婚。女校的规定女生结婚后不得住在女生宿舍,我俩便于成府槐树街租屋居住。

日寇发动侵华战争,北平沦陷。我于1938年只身南下。在重庆街头巧遇杨开道师。他在贸易委员会任调查处处长,聘我在该处任职。呆了五个月,适吴文藻师在云南大学成立社会学系,邀我前去,于1939年夏到达昆明。任讲师、副教授、教授。开"中国经济史"、"中国社会史"及"中国法制史"三门课程。于课余写成《中国法律与中国社会》一书(1947年出版)。后来在美时我将该书译成英文,定名为《传统中国的法律与社会》(1961年出版)。

通过吴文藻师的介绍,我认识了来华访问的魏特夫(K.A.Wittfogel)。后来他在美国哥伦比亚大学成立中国历史研究室。同学费孝通访美时为我与他联系,聘我为研究员。我偕同曾玖及子女二人于1945年春抵达纽约。我完成《汉代社会结构》一书,因种种原因,迟到1972年才出版。我利用在哥大工作之便进修,选读社会学系及人类学系著名教授的课程多门。

1948年北京大学五十周年校庆,罗常培先生向我约稿,我写了《中国法律之儒家化》一文。1954年费正清(J.K.Fairbank)等汉学教授组织了一次关于中国思想史的讨论会。我应邀出席,提出一篇论文,题为《中国阶级结构与其意识形态》,载于费氏编辑的《中国思想与制度》一书(1957年)。

1955年费正清在哈佛大学成立东亚研究中心,通过该校杨联升教授的推荐,聘我为研究员兼讲师。完成《清代地方政府》一书(1962年出版)。

1962年荷兰(William Holland)在加拿大不列颠哥伦比亚大学成立亚洲系,聘我为副教授,讲授中国通史。

新中国成立后,曾玖携子女于1949年冬离美回国。为了与家人团聚,并参加祖国社会主义建设,我于1965年秋离加回国。当时已是"文革"前夕,无法为我安排工作。在北京住了一年,华侨事务委员会要我回原籍等候分配。1971年才安排我在湖南省文史馆学习。同年曾玖自贵州省科委退休来长沙。我与她合译《艾登回忆录》(1976年出版)。

1976年曾玖因胃癌病故,女儿接我来京小住。中国社会科学院近代史研究所借调我去该所编译《史迪威资料》(1978年出版)。1978年春调我来所任研究员。现为终身研究员。

1980年8月第15届国际历史科学会议在罗马尼亚布加勒斯特举行。中国历史学家代表团出席会议,夏鼐先生为团长我为团员之一。9月社科院派我出席在瑞士苏黎世举行的第27届欧洲汉学会议。我于开幕式上宣读论文,题为《清代法律的延续性和变化》。

1983年应香港大学之邀,作一公开演讲,题为"法律在中国社会中的作用——历史的考察"。除为中文及历史两系学生讲学三周外,并为港大师生用英语作一演讲,题为"清代司法"。

1985年春应美中学术交流委员会高级学者交流计划的邀请,访问美国并讲学,作了三次学术报告。在华盛顿大学的讲题为:"儒家思想与中国传统法律之发展"。在芝加哥大学的讲题为:"法律在中国社会中的作用——历史的考察"。在哈佛大学的讲题为:"中国的服制"。后又访问哥伦比亚大学及普林斯顿大学,与两校教授多人交换意见。

《中国法律与中国社会》问世后颇得好评。该书英译本及《清代地方政府》至今仍为美国各大学亚洲系的指定参考书,对美国汉学界有一定的影响。

(瞿同祖)

贺宗生

贺宗生,1912年生于山东德州市。1993年9月28日病故于大连市,享年81岁。

贺宗生是我国著名的制革专家,金州制革厂高级工程师,中国轻工学会、中国皮革学会理事,辽宁省政协三、四、五届政协委员,辽宁省轻工学会、辽宁省皮革学会副理事长。大连市人民政府、大连市委于1987年授予他老科学家"科技之光"的荣誉称号。

贺宗生1934年毕业于燕京大学化学系制革专业。1935年春赴美国密执安大学化工研究院攻读化学博士。1936年秋因病回国在北京协和医院治疗。1937年抗日战争爆发后,毅然放弃学业参加傅作义部队(35军),从事抗战救亡工作。抗日期间,在极为艰难简陋的条件下,他为前方作战部队自行设计制作了大量的防毒口罩。1940—1944年,在物资和技术人员极为缺乏的条件下,在内蒙河套地区创办制革厂,满足了抗战部队的军需用革,同时还为前方作战部队试制成功高纯度、完全中性的硫酸钠,满足了部队医药方面的急需,他亦受到了嘉奖。

1942年以前,绥远省陕坝(当时绥远省政府所在地)就有一进步组织——军人服务部,由民盟领导,负责人辛志超也是燕大校友(建国初期是政务院副秘书长,民盟中央组织部副部长)。军人服务部专为抗战部队服务。由于贺宗生与辛志超交往过密及对他的大力帮助,受到国民党特务的注视并加以诽谤、迫害,他于1944年以母病重为由请假离去,到宝鸡新西兰共产党员艾黎创办的"中国工合"工作,任西北区制革合作社的技术指导,积极促进中国民族工业的发展。

1946—1948年他在包头制革厂工作。1948年冬,因解放军撤离包头,他也离开包头到长沙。1949年8月应东北人民政府之聘到东北,参加新中国的建设工作。当年分配到大连金州制革厂。该厂当时只有二十多人是手工劳动的作坊。他到厂后,一面手把手地教徒弟,一面进行技术培训。通过他的辛勤劳动,为该厂打下了扎实的工艺技术基础,从而使一个作坊式的小厂一跃成为全国名列前茅的先进制革厂。

1957—1965年,他先后在辽宁省工业厅、辽宁省轻工业厅、省皮革公司负责全省的制革技术工作。通过强化技术管理的基础工作及新产品开发,使辽宁省的制革工业在全国居领先水平。他本人亦在全国享有很高的威望。

1972年,他重返金州制革厂,主要从事技术开发及技术培训工作,并组建了辽宁制革技术培训中心,他将一生的学识经验,无保留地传给后人。他为祖国忠心耿耿地工作到77岁才退休。

贺宗生严于律己,对工作精益求精,不图名利,生活简朴,作风正派,在工作上取得成绩时,从不骄傲自满,他性格内向,兢兢业业地为祖国的建设事业贡献了一生。

(摘自北京《燕大校友通讯》第 18 期　周纤裳文)

黄　肃　秋

黄肃秋原名黄毓霖,吉林省榆树县人,生于 1911 年。他青年时代就追求进步,热情投身于抗日爱国宣传和进步文化活动。1930 年至 1932 年在燕京大学国文专修科读书期间,曾作为燕大学生代表到西北地区演讲揭露日寇侵华的暴行,参加了以鲁迅先生为旗手的中国左翼作家联盟,担任宣传工作。1932 年 7 月至 1945 年,先后在山东、安徽、河北、江苏等地的中学任教。其间,曾因支持宣传抗日、反蒋活动被国民党和日伪当局列为拘捕对象或加以"反满抗日"等罪名,多次被迫逃离学校。1946 年随同一批进步文化人士到了台湾创建了台湾省立师范学院并任副教授,后任"国立"台湾大学国文系副教授。黄肃秋教授在台执教期间,始终与进步同学和台湾人民站在一起,因支持台湾同胞的革命进步活动,受到国民党特务机关的监视,被列入搜捕名单。1949 年 5 月,为反抗台湾国民党当局的迫害,抱着热爱祖国、热爱中国共产党的一片赤诚,毅然离开台湾回归祖国内地华北解放区。他的爱国行动受到党、人民政府和文艺界人士的热情欢迎和赞扬。1949 年 6 月至 1979 年,在华北大学政治研究所、中央文化部艺术局、人民文学出版社工作,并在北京大学、中国人民大学兼授中国文艺思想史、文心雕龙等专题讲座,还担任过人大研究班毕业论文导师。1979 年 3 月调中国人民警官大学任教授,同时担任中国韵文学会顾问和中国作家协会会员。

黄肃秋教授一生追求进步,追求革命,学识渊博,辛勤治学,著作丰富。他在《文心雕龙》、唐诗研究方面,造诣很深,是国内著名的中国古典文学的研究专家,著有新诗集《爱与血之歌》、诗歌散文集《寻梦者》,小说集《饥寒交迫下的人们》、小说《死城》。这些作品均有反帝的思想倾向。在学术研究方面,著有《论诗十稿》、《墨子研究》等。经他校注的古籍,有《西游记》、《史记选注》、《醒世姻缘传》、《侠义风月传》,译注了《间书》,选编著作有《杜甫诗选》、《历代散文选》、《唐人绝句选》,并参与"五四文学丛书"的编辑工作等。

黄肃秋教授非常关心祖国统一的神圣大业,不断教育学生,要努力促使台湾早日回归祖国。

黄肃秋教授于 1989 年 7 月 1 日不幸病逝,终年 78 岁。

(摘自《黄肃秋教授生平》)

卢 观 全

卢观全,广东中山人,生于1911年,天赋聪颖,秉性正直敦厚,从小勤奋好学。早年毕业于广州培正中学,1930年考入燕京大学主修医预科,后升学协和医学院,1937年毕业,以品学兼优,获全班最优异奖,随即在协和医院各部门任职,如耳鼻喉科、骨科、肿瘤科、泌尿科、胸外科、普通外科工作等至1941年升为驻院主任医师。抗日战争期间,流离转徙,生活艰苦,先后在同仁医院、唐山开滦煤矿医院等处当外科主任。

抗日战争胜利后,在北京德国医院及北京中央医院任外科主任,持续服务至1947年南返,出任广州中央医院外科主任,同时在岭南医学院兼任教职。

1948年曾赴英深造。1951年起先后担任香港玛丽医院及葛亮洪医院胸外科专家。

卢医生为战后香港胸肺及心脏手术之先锋,他乃香港政府胸肺外科之首位专家,对当时香港非常猖獗的肺结核病的治疗贡献良多。1964年离开政府医院后,自行在香港执业行医。

卢医生曾经多次出国参加国际医学会议,也经常到内地(天津、唐山、石家庄等地)医院讲学及作手术示范,他为内地之外科界作出了不小的贡献,又先后被聘为北京协和医院、广州中山医科大学名誉外科教授及广州暨南大学校董。

卢医生与家人商定,为北京协和医院捐款设立医学基金,以助攻读胸科学生出国进修,这一行动反映出卢医生敬业乐业、扶掖后学的可贵精神。他严于律己,不追求个人享受,除了喜爱古典音乐及收看电视网球、足球等体育比赛外,并无其他嗜好。为病人进行手术前必充分休息,临床时全力以赴,工作态度认真、负责,对求医者每多赠医施药,使病者受惠。故其精湛之医术固为人所推重,而其崇高之医德,尤有口皆碑。

1994年11月17日,卢医生不幸病逝香港养和医院,终年八十有三。他一生贡献于社会、乐于助人的精神,确为人所敬仰。

(卢光庭)

姚 曾 廙

姚曾廙,笔名天马,北京人。早年失怙,1931年入燕大政治系学习,得"金钥匙"荣誉。毕业后,执教于中国大学。全面抗战爆发,遭日伪当局通缉,转往大后方,就职于重庆国民政府财政部视察室任视察,兼代理室主任。

抗战胜利后,执教于东吴大学。后因肝硬化,不得不辞教职。解放后,上海市统战部推荐其从事翻译工作。1957年由三联书店出版《中华帝国对外关系史》(与人合译,三卷),1958年商务印书馆重新挂牌,外国学术著作选题大多划归商务印书馆出版,从此,他大部分译著即由商务印书馆出版,例如:《中国关税沿革史》(1958),《美国人在东亚》(1959),《日本维新史》(1962),《现代英国》(1963),《现代英国经济史》(三卷,1964,1975,1977),《墨西哥土地制度》(合译,1965),《远东国际关系史》(合译,2卷,1975),《富翁与超级富翁》(1977),《麦克米伦回忆录》(第2卷,1982)。

与此同时,他还给上海人民出版社译了下列各书:《现代资本主义》(1960),《卡斯特罗和古巴》(1975),《世界经济通史》(1981)。

1976年不幸病故,享年64岁。

(陈兆福)

叶 笃 义

叶笃义,1912年1月生,安徽安庆人,出生于天津市。中国民主同盟盟员。现任民盟中央名誉副主席。

叶笃义1930年进入燕京大学读书,1934年毕业于政治系。曾执教于北京临时大学。1945年在北平参与筹建民盟华北总支部,任宣传委员,后任民盟中央委员、民盟中央发言人、宣传部副部长。1946年6月代表民盟迎接赴南京请愿的上海和平代表团,在"下关惨案"中被国民党特务打伤。民盟被迫解散后,在上海坚持民盟地下工作。1954年后,历任法律出版社社长,政务院政法委员会委员、副秘书长,全国政协副秘书长,全国人大常委会法制委员会委员、宪法修改委员会副秘书长,中国国际文化交流中心理事,中国人民外交学会理事,民盟中央常委、副秘书长、副主席兼秘书长、执行局委员。1997年任民盟中央名誉副主席。是全国政协第一届全体会议候补代表,第一届全国人大代表,第五、六、七、八届全国政协常委,第九届全国政协委员。

译有《英使谒见乾隆纪实》、《美国外交史》。

(摘自《中国人民政治协商会议第九届全国委员会委员名录》)

袁 家 骝

袁家骝,物理学家,1912年4月5日生于河南安阳县。1932年毕业于北京燕京大学,1934年获硕士学位。1936年获得美国加州大学奖学金赴美深造,在加州伯克利研究院攻读,1937年至1940年获加州理工大学奖学金,在该校获得博士学位。1940年至1942年留校任物理学研究员。此后,他先后曾在美国无线电公司研究所作为物理学家参与研究工作,在普林斯顿大学任物理学研究员,在布鲁克海文国家实验室任物理学研究员及高级研究员,从事核子科学基本理论的研究,并曾任日内瓦西欧核物理研究所研究员和意大利罗马大学高能物理研究员。1954年加入美国国籍。1957年成为古根海木基金会特别会员。同年获台湾科学成就奖章。1972年至1973年在法国沙克雷原子研究中心和欧洲核子研究中心任访问教授。1979年受聘为苏联高能物理研究所访问教授。1982年受聘为巴黎大学访问教授。1975年至1985年获中国科技大学、南开大学名誉教授衔。他是美国物理学会会员,纽约科学院院士,中国科学院高能物理研究所学部委员,1978年至今任美国纽约阿德而菲大学能源研究中心董事会董事。1983年至今为台湾同步辐射研究中心指导委员会主席。袁家骝的学术成就和专著多达 74 项。他在高能物理、高能加速器、粒子探测系统、宇宙线、无线电定向、频率调制和雷达系统等项研究上,为世界物理学作出了巨大贡献。

袁家骝深深地热爱着中国。他和夫人吴健雄当年赴美留学,原想学成后即返回祖国效力,但由于战争等种种原因长期未能实现归国之梦,直到中美关系解冻后,才看到了希望。1973 年后,他和夫人多次回国访问、讲学、考察,受到国家领导人的接见。他关注中国科学事业的发展,提出了很多好的建议,国内很多科研机构和大学都聘请他为客座教授。近年他又为我国同步辐射耸立于世界做出了重要贡献。

袁家骝的夫人吴健雄,也是世界著名的物理学家,1912 年出生于江苏省太仓市,1934 年毕业于中央大学,1936 年赴美留学,1940 年获博士学位,她参与了世界上第一颗原子弹的研制工作,并于 1957 年成功验证了杨振宁、李政道发现的"宇称不守恒定律",从而使这两位年轻的科学家荣获 1958 年诺贝尔物理学奖。为此,吴健雄当选为美国科学院院士,并成为普林斯顿大学第一位女教授、女名誉博士。1975 年任美国物理学会第一任会长,同年获美国总统福特颁发的国家科学勋章,并先后获哈佛大学等 12 所美国著名大学名誉博士学位。1990 年中国科学院紫金山天文台将第 2752 号小行星命名为"吴健雄星"。1997 年 2 月 16 日,她因中风病逝,享年 85 岁。按她的遗愿,骨灰被送回中国安葬。

袁家骝、吴健雄夫妇,同为杰出的物理学家。他们 1912 年同年生,1936 年同年赴美留学,1940 年同获博士学位。1942 年在他们相识相爱 6 年后的 30 岁时结婚,1992 年 5 月,他们回中国共度 80 岁寿辰,共庆 50 年金婚之喜。他们伉俪情深,在漫长的岁月里,他们经年累月、夜以继日地苦干在各自的实验室,坚韧不拔地攀登科学高峰,创造一个个辉煌成果。他们同样热恋着中国,在耄耋之年还为中国的发展尽心尽力。他们的儿子也是学习核物理的博士。为了使儿子了解和热爱中国,1977 年,他们还特意带儿子儿媳回国考察,结交朋友,游览长城。

(蒋 晔)

1931

陈 芳 芝

陈芳芝,1914 年生,广东潮汕人,著名国际法学家,中外关系史学家,中国边疆史学家,北京大学教授。

陈芳芝自幼生长在香港,深刻感受到殖民统治的滋味,在幼小的心灵里,就萌发了强烈的爱国思想和民族自尊心。1931 年,也就是"九·一八"事变日本帝国主义占领我国东北的那一年,她才 17 岁,竟不顾家人的劝阻,坚持由香港考入北平燕京大学政治系学习。在 30 年代的时候,中国妇女能够进入高等学府学习的不多,而学习政治、国际法的就更少。陈芳芝决心打破传统,成为当时燕京政治系的惟一女生。

她才华出众,勤敏好学,成绩出类拔萃。她上课极专心听讲,但从不作笔记,写文章很少打草稿,而且往往一遍定稿。她不但学业出众,也是体育健儿,喜欢打网球,也擅长骑马。1935 年,本科毕业后进入燕大研究院。1936 年,获美国著名的女子学院拜扬麦尔学院(Bryn Mawr College)奖学金,出国深造,师从当时国际法大师芬维克(C.G.Fenwick)教授。正当攻读硕士的时候,爆发了抗日战争。突然接到燕京大学通知,要她提前回国。她不甘心于没有拿到学位就回去,遂向校方提出,缩短期限,越过硕士径直攻读博士,竟蒙破例许可。陈芳芝不负厚望,以优异成绩名列金榜,于1939年获博士学位。芬维克教授很欣赏她,要求她留校,共同进行国际法问题的研究。面对抗日战争已经爆发的形势,她认为,作为一个中国人,在祖国受难时,不能坐视,因此婉言谢绝了导师的盛情,于1940年初,毅然回到了烽火连天的北平,并任教于燕京大学。

1941年,太平洋战争爆发,燕大遭日寇关闭,她辗转到了抗日后方成都,投入了燕大成都复校工作。一度担任女部主任。她处处关心同学,有的同学生了病,她把自己订的牛奶让给同学喝。宿舍失火了,她和同学一起抢救。日寇投降的第二年,成都燕大迁回北平,陈芳芝出任政治系主任,研究院导师,时年32岁。她在燕大任教以来,教过许多课,她说,政治系所有的课差不多都开过。她教学认真,要求很严,给分很紧,传说学生有点怕她。其实选她课的人并不少,至今有人回忆起她的讲课,"内容之详实,论证之严谨、精辟,发人深省,令人叹服","内容广泛,有条不紊地印在脑海中"。"她的讲授是那样的深邃和宽广,她的知识是那样的渊博而系统,她所引的许多东西都是我闻所未闻,见所未见的,令我茅塞顿开"。

她出任政治系主任的时候,开始了对中国东北边疆的系统研究,她把对祖国的爱,对侵略者的恨,与自己的科学研究紧密结合起来,并为之倾注了毕生的心血。

她在前人研究的基础上,发挥所长,把国际法研究的成果运用于边疆问题的研究之中,提出了自己独到的见解。其精辟论述比较集中地反映在1948年至1950年中英文论文当中,她以英文发表在《燕京学报》(社会科学版)上的四篇文章,是我国较早系统阐述沙俄侵华史的力作,在国际上备受瞩目。于第四篇中,论述了沙俄步步向东扩张,不断掠夺我国领土、侵犯我国权益的种种行径。特别是她在反复对照了瑷珲条约的几种文本之后,从国际法的角度指出,在第二次鸦片战争期间,沙俄迫使清廷割让大兴安岭以南,黑龙江以北,乌苏里江以东及新疆西部的共约144万平方公里的土地,是违反国际法的。她的精辟论述早为国际学者所接受并一再引用,却被某些大国沙文主义者视为眼中钉。在60年代中苏边界纠纷升级时,他们纠集一些人进行围攻,说什么"彻头彻尾对俄国极为仇视"。而陈芳芝的声名则更为远扬。在当年她以爱厄妮丝·陈的名字发表文章,人们不知是何人,最后查明乃是陈芳芝。

新中国成立后,以新的面目步入世界外交舞台,有许多问题需要讨论研究。外交部不时召开高校国际法教授会议,咨询意见。陈芳芝事先都认真做好准备。陈芳芝的大学同窗龚普生大姐当时任职外交部,参预其事。龚大姐回忆道:"芳芝每次发言都很有内容,不像某些人空洞无物,徒负虚名。"

1952年,陈芳芝和燕大师生一起参加了广西的土地改革运动,身为副团长的她坚持与农民三同(同吃、同住、同劳动)。她后来回忆说:"最打动我的心情的是,作为一个中国人,我居然一直生活在城市里,年过三十,尚未看见过占我国80%的农村及其居民。"她认为参加土改是"我生命中一段愉快的时期。"

60年代,陈芳芝写出了另一篇重要论文《"九·一八"事变时期美国对日本的绥靖政策》,论述了20世纪初国际形势的新变化。她以大量的材料,包括新发表的外交文件,详尽、深入地揭露了帝国主义之间相互勾结又相互斗争的内幕与实质。日本逐步取代沙俄,得寸进尺,妄图独霸东北以至整个中国的狼子野心昭然若揭;新兴的金元帝国美国正极力向远东扩张,出现了老牌帝国主义与美、日在华的争夺战,而其中美日之间的矛盾表现得更为激烈,成为诸矛盾中的主要矛盾。由此可见,陈芳芝的论文不仅具有很高的学术价值而且有它的现实意义。

陈芳芝治学态度严谨,研究学问锲而不舍,强调要求详尽占有材料,进行系统研究。她从小在香港读英文书院,中文底子较差,到燕京跟冰心学到点像样的中文。而她要进行边疆史的研究,必须阅读大量的中国文献包括古典文献,这对她的困难是可想而知的。可是她知难而进,一点一滴,认真去做。她原本有个全面计划,准备从东北开始向西而南,循边定题,依历史顺序,对帝国主义侵夺我国领土主权的详情史实,撰写系列论文。可是由于种种客观条件,这项研究被长期搁置下来。

改革开放后,陈芳芝已身患重病,深知全面完成研究计划已然无望,而这时对她的历史问题已经平反,"文革"中所强加不实之词已经推翻,她不顾病痛,更加再接再厉,坚持致力于东北边疆的研究。她孜孜不倦地收集了大量的中外古今的文献、考古资料,用以论证东北地区自古以来就是中国领土不可分割的一部分,而且抱病又为学生开课,讲述这方面的内容。遗憾的是,她的病情愈来愈重,难以继续工作。她恋恋不舍地离开北京到香港治病疗养。可是她的心仍留在大陆,情思所系仍是她的边疆史研究。她最初没有再版旧作的意愿,经过学生们的再三恳请,她才选定了八篇论文结集,在重病中修订并亲自绘制了一幅彩色地图。经过多方努力,这本《东北史探讨》的论文集终于出版了。随之,1995年11月她离开了人世。

她留下的遗嘱是,将她的骨灰洒在长城以北。

陈芳芝对祖国之爱,对科学之爱,无怨无悔,至死不渝!

(夏自强)

许 汉 光

许汉光,像是男人的名字,但她是个杰出的华裔女性,投身于结核病防治有半世纪之久,孜孜不倦、眷眷不舍地攀登医学科学高峰。现年84岁高龄。

她从小就想当医生。1931年入燕京大学医预系。1934年考进协和医学院,因考试成绩优异获协和奖学金,得以继续学业。1939年在协和毕业后,先后在协和医院和上海儿童医院任住院医师。1948年美国儿科学会给中国一个进修的名额,许被选中赴美深造。她对中国肺病的流行有深切的感受,选定了结核病防治作研究对象。她在宾州大学完成进修后到该州儿童结核病院工作。1953年应德州休斯敦市长之请到休市开办该市第一个儿童结核病诊所(该所后成为休斯顿贝勒医学院的一部分)。此后她一直在休斯顿。

在许汉光从医之初的三四十年代,对结核病还没有特效药。治疗方法主要是卧床休息。许汉光十分可怜那些隔离在疗养院、半夜想家啼哭不止的孩子。1952年发明了治疗结核的有效新药异烟肼。许不仅将这种药用于治疗,她即时想到了预防。盘旋在她脑子里的是儿童结核性脑膜炎发病的可怕情景。她早年在上海儿童医院时每晚急诊室总有因结核性脑炎发病而昏迷惊疯的孩子。那时无药可医,她眼巴巴看着母亲哭着把孩子抱回去却无力救助。她想,光是治好已发病的人是远远不够的。有千千万万人已经受到感染,体内潜伏着结核菌,一旦发病,就是肺痨、骨痨、结核性脑炎或其他结核病。她想的就是阻止发病,把结核菌杀灭在发病之前。她于是首创把异烟肼用于防止发病。当时医药界对此做法有质疑,她于1956年发表题为《儿童的潜伏期结核病还要被忽视吗?》的著名论文,出色地阐述了异烟肼防止结核病发病的基本原理,揭示出对无症状的结核病采用异烟肼防治的根据。为了验证异烟肼防治疗法的效果,她对3000个感染了结核菌的儿童施用异烟肼,并对他们进行了长达30年之久的跟踪观察,结果是3000儿童中没有一个发病。"看样子他们将来也不会发病",她在这样大规模试验进行了30年后说。这是她对医学作出的第一个重大贡献。

她的第二个重大贡献是,对有效控制结核病的宣教、示范。在60年代初她对接触过结核病患者的人群进行广泛调查,以便早期发现和先期治疗那些无症状的带菌者。她广泛地宣讲这种调查的重要性和具体的操作。她的又一篇著名论文在标题中称这种调查为《逼近扑灭结核病》。论文的观点,在各地的"传染病控制中心"得到广泛宣传。她本人于1964—1968年成为德州休斯顿结核病控制机构的主持人,并使它成为美国城市中最好的结核病控制机构之一。

她的研究领域还不止于结核病,对哮喘、肺功能等等,她都有卓越的成果。她的三十年前的论著至今还鲜活有用,还被广泛引证。最近她选出她的8篇论著交由燕京研究院图书室保存。她在主持治病、研究的同时,有数十年的执教生涯,在80高龄时还未离开教席。一封祝贺她获奖的信中写着:"所有有幸亲蒙垂教和亲见您的教学的学生、教师、员工都对您授予的知识,您的高超的教学技能,您对学生以及病人的深切同情,表示衷心感谢。您教育了我们,不仅是用语言,而且是以您的行动和态度。"

她的成就赢得了荣誉。1994年美国胸腔协会颁给她"杰出成就奖",奖励她在研究、教育、诊治、宣传四方面的卓越贡献。她是第二位获此奖项的人,也是第一位得此殊荣的亚裔人。1998年她荣获英国剑桥国际名人中心的96/97年度"国际妇女"奖。1995年4月她获贝勒医学院最高荣誉"杰出教授"奖,同年10月获该院"小儿科学系终身杰出教授"奖。她的事迹载于《美国医学界名人录》、《美国科学界名人录》、《美国教育界名人录》。

是什么激发了她几十年如一日的奋进、奉献与牺牲?是什么激发了她爱科学、爱事业、爱儿童、爱人类的人道主义爱心?她,是个虔诚的基督徒,也许,耶稣基督的教义"爱人"溶入了她的血液;她,是燕京大学毕业生,把燕京校训"因真理得自由以服务"铭刻于心,她1998年5月致函北京的校友时,还不忘使她深受教育的校训。来函她萦萦于怀的是校内她身在其中的圣乐合唱团,每年圣诞节前乘校车到北京饭店演唱,将收入捐赠给小学校;还有冬日的未名湖溜冰场:"我在实验室工作后总想去溜冰,将满腔的化学污气呼出,换为甜美的新鲜空气,才回宿舍吃晚饭";还有那时飘荡着音乐之声的湖心亭和姊妹楼。"我住二院,离姊妹楼不远,路过时常听见优美的钢琴音乐。"

她于81岁退休在家,现在仍在写书,并且开始学习电脑,见到她的人说她"鹤发童颜",精神得很。

(马玫丽)

胡懋华

胡懋华出生于 1912 年 8 月 27 日，天津市人，1928 年天津南开女中初中毕业。1931 年在北平贝满女中高中毕业后，就读于燕京大学医预系。1934 年因患肺结核休学一年。毕业时曾获斐陶斐金钥匙奖章。1936 年至 1941 年继续就读于协和医学院本科，毕业时获医学博士学位。1942 年至 1947 年在中和医院（现北京人民医院）任放射科医师。1947 年至 1948 年在北大医学院附属医院放射科任讲师。1948 年回到协和医学院放射科工作，1953 年晋升为教授并开始担任放射科主任职务。1956 年加入中国共产党。1981 年被评为优秀共产党员。1990 年获得国家教委和中央保健委员会的奖励，曾任卫生部医学科学委员会委员，中华医学会理事，中华放射学会副主任委员，中华放射学杂志副总编辑，1997 年 11 月病逝。

胡懋华的父亲在旧社会曾任江苏省教育厅长。当时国家满目疮痍，民不聊生。她产生了科学救国、教育救国的抱负和理想。由于在协和医学院耳鼻喉科工作的哥哥胡懋廉的影响，她在中学时期就立下了学医的志愿。

1942 年，协和医学院停办后，胡懋华即随谢志光教授迁至北平中和医院，开始从事 X 线诊断专业，她跟随谢教授工作、学习了整整七年的时间，获得教益颇深。

新中国成立给她这个从旧社会过来的知识分子带来了无限的光明和希望。她决心跟上时代的步伐，把自己的全部精力贡献给祖国的医学事业。

在以后执行医疗保健任务中，胡懋华很荣幸地多次聆听周恩来总理等老一辈无产阶级革命家的谆谆教诲，更增强了为祖国医学事业献身的决心。

在面向工农兵卫生方针指引下，1958 年她曾随中国医学科学院矽肺研究组到江西省大吉山钨矿研究矽肺，对矽肺的发病率、诊断标准、发展过程、并发症、分期标准和防治措施等作了调查研究，并协助矿领导制订一些防治条例。并写出三篇论文，她还对矿区的 X 线诊断工作者进行了培训。

她积极支持中西医结合工作，曾运用现代医学的新技术（例如各种放射诊断的检查方法）探讨中医药对机体脏器的作用及疗效，并写出两篇论文。

随着国外新技术的引进，还开展了经内窥镜逆行胰胆管造影临床应用的研究，提高了对胰胆疾病的诊断水平；应用胃肠道双重对比检查法提高了早期胃癌的诊断能力。

她曾在 X 线诊断训练班上培养专业医师，毕业生分散全国各地。多年来她所在科室每年都培养进修生十余名，并培养研究生。

关于进行诊断的指导思想，胡懋华一向认为影像诊断不能单靠 X 线征象或图像特点进行诊断（所谓的"看图识字"或"对号入座"），而应有一定的诊断原则，强调掌握基本功，首先应了解机械构造和成像原理，熟悉人体组织器官所表现的正常图像，发现异常时要研究其反映的是什么病理基础，然后结合临床其他资料和化验结果进行全面分析，再提出诊断意见。

在组织领导工作中，她特别赞许协作精神，通过与院内外多科室合作的各种形式提高技术水平，培养青年医师，开展新技术学习，增长自己的专业知识和技能。他们与内、外、病理科合作组织胃肠协作组，开展胃肠道双对比检查和经内窥镜逆行胰胆管造影等，提高了消化系统疾病的诊断水平。在此基础上，又建立了胰腺疾病研究组，进行综合性的、较全面深入的科研工作；与妇产科合作研究绒毛膜上皮癌和恶性葡萄胎肺转移灶的 X 线表现及其动态变化;又与外科合作(成立血管造影组)开展选择性血管造影和经皮肝穿胆管造影等检查方法。这些工作成绩的取得,是放射科关门单干所办不到的。

胡懋华是我国第一代著名放射学家,是我国临床放射学的奠基者之一。她曾参加中国医疗组两次到印度尼西亚为苏加诺总统治病,名扬中外。

(据《中国现代医学家传略》、《协和名医》编写)

区 棠 亮

区棠亮,1914 年生,广东佛山市人。1938 年 5 月加入中国共产党。

1935 年夏北平燕京大学新闻系毕业,1935 年冬至 1938 年春,在广州编香港《循环日报》副刊,任佛山华英女中教员,广州星粤日报记者,在香港广州做支前和抗战宣传工作。

1938 年春至 1945 年秋,在西安八路军办事处和延安陕甘宁边区政府任林伯渠同志秘书。1946 年 2 月至 1948 年夏任中共辽北省委宣传委员会委员、东北民主联军总部交际处翻译、中共哈尔滨市南岗区委员会委员、哈尔滨日报总编辑。1948 年秋在法国巴黎世界民主青年联盟任中国代表。

1949 年 10 月至 1953 年春,在青年团中央任国际联络部副部长、部长、团中央常委、候补书记。1953 年夏至 1957 年任团中央书记、中华全国青年联合会副主席,1955 年秋至 1956 年夏,中共中央高级党校研究班学员。1956 年秋,中国共产党八大代表。

1957 年春至 1958 年春,任中央国际活动指导委员会副秘书长,1958 年夏至 1966 年,中共中央对外联络部处长、中国人民保卫世界和平委员会秘书长、副主席,中国亚非团结委员会副主席。1972 年后,任中共中央对外联络部党的核心小组成员,1978 年后任中共中央对外联络部副部长、顾问、中国人民争取和平与裁军协会副会长。

第一至第七届全国人民代表大会代表,第三、四、五、六、七届人大常务委员会委员,第六、七届全国人大外事委员会委员。

(区棠亮)

张 家 驹

张家驹先生生于 1914 年，卒于 1973 年。广东人。1935 年毕业于燕京大学历史系。1954 年到上海师范学院任教，1963 年评为副教授，曾任上海师范学院历史系副主任。

先生长期致力于宋史研究，早在 30 年代，还在燕京大学就读期间，就撰写了《宋代东南之繁盛》等论文。燕京大学严格的学习生活造就了他良好的学风与坚毅的意志，此后几十年孜孜不倦的追求，使他成为本世纪宋史研究领域的开拓者之一。

其所著《两宋经济重心的南移》（湖北人民出版社 1957 年版）是对宋代整个社会状况进行系统性研究的开创性著作。他在书中认为南方经济的发展可分三个阶段：从远古直至西晋末年为第一个阶段；从东晋建立至北宋末年为第二个阶段；从南宋渡江至鸦片战争为第三个阶段。东晋和南宋两次政治中心的南移，就成为经济发展的关键时期。而在这两个时期中间，"安史之乱"不仅是唐帝国衰败和崩溃的起点，而且是中国历史上经济发展南盛北衰的一个转折点。五代时由于北方战乱及南方相对安定，进一步奠定南方经济超过北方的优越地位。随着两宋中央集权专制主义统一帝国的再建，构成我国封建经济高度发展的时代，加上政治中心移动和大量人口南徙促使南方农业、手工业及商品经济的蓬勃发展，并对南方社会的全面繁荣产生深刻影响。可以说，以宋王朝的南渡为标志，这一时期是我国历史上经济重心完成由黄河流域南移行程的时代，表明中国社会完全进入了南盛北衰的新阶段。

该书虽然篇幅不大，但首先系统全面地阐述了我国社会经济史上这一重大现象，惠及后学不少。尤其是他在该书最后章节对经济南移现象的动因进行了深入的探讨，并将人口移动作为造成地区发展不平衡的主要因素来考虑，且围绕着这一点，对移动原因、方式、时间以及如何影响经济一一作了分析。显示了他在考据和理论上的紧密结合。

通过对历史上关键人物的把握来阐述解析当时社会的政治、经济、文化，是张家驹先生治史的又一个特点。在《论赵匡胤》（载《历史研究》1958 年第六期）一文中他列举了宋太祖加强专制、整顿内政、减轻赋役、奖励农业生产、促进工商业发展的种种措施及其对外政策，并分析了这些措施与政策是如何影响有宋一代的社会政治经济。文中实际上也论及了对历史人物的评价问题，表达了他"一个历史人物的产生，具有其一定的历史条件"，而某些历史人物如赵匡胤是能够"起着推动历史前进作用"的看法。此外，张先生还有《沈括》、《赵匡胤传》等著作，皆以流畅优美的文笔将这些历史人物形象生动地呈现在读者面前。尤其是将沈括定位为科学家来写，在当时是开风气之先的。

张家驹先生在教学上也勤勉而有方，深得师生们的敬重热爱。在上海师范大学，他所开辟的宋史研究长盛不衰，在史学界至今仍起着重要作用。

张家驹先生的夫人杨淑英，1936 年燕大社会学系毕业。他们有一个儿子，文革中不知所终。家驹先生逝世后杨淑英与孙儿张飚祖孙二人相依为命。杨长期在上海中学教书，极受学生的尊敬与爱戴，老年也经常得到她所教过的学生们的关心与照顾。

（严耀中）

陈 源 远

陈源远,江苏省兴化县白驹镇(今属大丰县)人,1908 年 8 月 22 日生。家有近百亩土地。父亲是前清武秀才。源远在家乡白驹镇小学毕业后,负笈江都县(今扬州市),考取第八中学(今扬州中学),中学毕业后,考取暨南大学,身居上海,一尘不染,保持书生本色。大学毕业后,于 1931 年考取燕京大学研究生,导师既是当代名流,同学亦为一时之选。源远不骛交游,潜心研究,撰成《唐代驿制考》论文,1933 年 8 月发表于《史学年报》(第 1 卷第 5 期),是我国学术界第一篇全面考述唐代驿制之作。

源远在燕京大学获得学位后,回到江南,先后在南京国民政府的水利资源调查委员会、苏州图书馆工作过一段时间。抗日战争爆发后,苏南苏北的大中城市纷纷沦陷,源远蛰居于家中。这时,江苏省政府从镇江迁至兴化,在兴化、东台一带的乡镇设立了四所临时中学,收容学生。江苏省立第一临时高级中学,设在东台县溱潼镇,源远被聘为历史、地理两门课程的教师,这是他第一次上讲台,从此教师成为他为之鞠躬尽瘁的终身职业。

抗日战争胜利后,一临中归并于南通中学,源远随往。不久,到南京第三中学任历史课教师,担任过一年训导主任,曾保护进步学生,脱离危险。中华人民共和国成立后,他继续在三中教书。调南京教师进修学院史地组期间,曾赴苏州参加过全省历史教材的编辑工作。还发表过关于中学地理教学的意见。扬州师范学院拟调源远去,因他已在南京教师进修学院而作罢。1958 年南京教师进修学院撤消史地组,源远调南京第九中学。"文化大革命"中,九中迁至八卦洲,源远随往。70 年代退休,仍回南京居住,他因患脑血栓而致脑萎缩,最后昏迷不醒,1993 年 9 月 4 日病逝,终年 85 岁。源远有五女一子。

源远简历,叙述如上,是向他的家属、同事、学生调查得来的。凡是了解源远的人,都对我说过:一、源远不慕名利,淡泊明志。他的燕京同学,都是海内外的著名学者,他如求旧同学推荐,何难到大学当教授!然而他终身从事中等教育事业,不求闻达,甘为人梯。40 年代源远改名从天,取"黄河之水天上来"诗意。他的旧同学、旧同事、旧学生,只知有陈源远而不知有陈从天,他的新同事、新学生,只知有陈从天而不知有陈源远。举此一例,可见其人品高尚,不宣扬自己。二、源远是名牌大学研究生出身,在中学教师队伍里,堪称凤毛麟角。他史学造诣高深,备课认真负责,凡是听过他讲课的学生,普遍反映好。他每讲一件事,都能抓住要点,带动全面,学生深受启发。而且他为人正直,待人厚道,身传言教,同事、学生都尊重他。三、源远晚年喜研明、清史,对兴化的两位历史人物——施耐庵(传为《水浒传》作者)、郑板桥("扬州八怪"之一),最有兴趣,多年搜集有关资料,准备退休后专心著述。在苏州读书的小女儿(陈瑱)为他在旧书店访求郑板桥诗集、画册等,可惜"文革"中被焚,他著书立说的愿望,也就不能实现了。四、源远不讲究吃穿,生活清苦,节省下来的工资,用于买书。他的四个女儿,都是学理工科的。他生前已将藏书分别赠与学校、同事、学生,不留给子孙。他退休后,南京师范大学拟请他去讲课,他婉言谢绝,认为既然退休就不必再上讲台了。他就是这样一个忠诚老实、言行一致的人。

(卞孝萱)

周 舜 莘

周舜莘(顺鑫),1915年生,原籍浙江上虞,后迁居上海。1929年考取圣约翰大学附中,在伯父资助下入学。因高中成绩很好,伯父同意继续供他读大学。

我1931年考入燕京大学,主修经济。1935年毕业后,由吴文藻教授介绍去平绥路局当事务员,一年后回燕京当助教,先帮助侯树彤和郑林庄教授教统计,后又单独教了一门货币银行学。1939年我得到美国伯克莱加州大学奖学金赴美进修,1940年获硕士学位后,转赴纽约,入哥伦比亚大学攻读博士学位,1945年初获博士学位。

在获博士学位前,我曾随张公权(嘉璈)参加在布雷顿森林举行的联合国货币基金及世界银行的筹备会议并于1945年夏联合国会议结束后赴英、法、荷等西欧国家考察其经济复建和币制整理的计划及措施。1945年底,我回国经重庆转赴东北,在张公权任主委的东北经济委员会担任金融处副处长,主管收兑伪满钞票和苏军在东北时发行的"红军票"。1947年3月,张公权调任中央银行总裁,我被任命为国库局副局长,后调任业务局副局长兼任美援会副秘书长。

上海解放时,中央银行南迁广州。我于1949年10月赴新加坡华侨银行任职三年。

1953年,我获洛克菲勒基金会的资助回哥伦比亚大学著书,写中国通货膨胀的历程。1955年完成初稿后去弗吉尼亚州的威廉和玛丽学院任副教授,暑期去哈佛大学东亚研究所做研究工作。1957年秋季到匹兹堡大学任教授,1970年至1974年任系主任,1985年退休。

在匹兹堡大学任教期间,我有一年曾去哥伦比亚大学任教,又有一年获富布赖特奖学金赴日本、香港、台湾做研究工作。生平著有《微观经济理论入门》、《金融市场与证券投资》和《中苏经济比较研究》(与查普曼教授合著)三本书,皆由匹兹堡大学出版社出版。另外,还写了几十篇论文,发表在各种杂志上。

在匹兹堡大学任教期间,有两项工作值得回忆。

第一件是促进系内行政民主化。在我当主任前,经济系的主任都由学校当局委派。在我任职后,经济系主任都先由系内教职员推选后,再由学校委派,且任期有限。现在匹大其他学系亦多采用类似办法委任主任。

第二件是协助匹大的国际化运动。在我任主任时,我曾去澳洲Melbourne及La Jrobe大学任教。除我外还有三位匹大同仁去澳洲访问。澳洲方面亦有四位教授来我系任访问教师。匹大有两位博士毕业生去澳洲任教。

1972年中美恢复邦交后,匹大当局亦希望能与中国大学联系,要我与几位华裔教授协助。从1979年到1989年,我五次回国。1979年匹大有20位教职员学生去中国访问,由我率领。1981年又陪同主管中国关系的院长去北京、上海、济南、天津、沈阳等处访问。1983年我与一位同事应邀去新疆大学等处讲学。1986年及1989年应联合国之聘,在北京人民银行及经贸大学任教。在过去十年中,匹大与上海交通大学、西安交通大学、天津、山东、东北、新疆等国内大学签订交换合约,国内政要、学者、研究生来匹大访问或进修者已逾千人。在经济系完成博士学位的亦有十余人,已分别在国内国外文化机关服务。同时,我们还购置了二十余万本图书分送国内学校。目前匹大的工程、医药、文、法、经贸各院系都有中国研究生。我们几个直接参与工作的同仁对这些成就很感自豪。

我与吴维光（吴若）于1945年在纽约结婚。她先在燕大主修社会学，1939年毕业，曾在协和医院、上海工部局、成都华西大学医学院担任社会服务工作，1946年进华盛顿州立大学研究院进修，1947年回国，在联合国救济总署美援会工作，1953年再度来美，进哥伦比亚大学教育学院，1954年完成硕士学位，到匹兹堡后曾在匹兹堡大学教育学院攻读博士课程，后应邀在 Community College of Allegheny County 数学系任副教授、教授，1988年退休。

我们三个孩子，一男二女。长子学医，现在华盛顿州立大学医学院任教，长女学公共卫生，现在芝加哥 LOYALA 大学医学院任职，幼女学电机软件，现在 LOCKHEED MARTIN 公司工作。他们都有硕士学位。我们有6个孙子、外孙。

（周舜莘）

编者注：1993年北京燕京研究院创办时，周舜莘教授被聘为董事。1996年，他把珍藏的经济学和数学类英文原版图书杂志2000册，连同几位美国友人捐赠的书刊，捐赠给燕京研究院。他亲自编写目录，负责将这一批书刊从匹兹堡运送到香港，然后由香港校友江可伯负责将它直接送到燕京研究院。对此，北京校友会和燕京研究院对他们表示深深的感谢。

蒋荫恩

1990年我国出版的《中国大百科全书》新闻出版卷中收录的"中国新闻界人物"仅105人，其中集记者、报刊主编、新闻教育家于一身的更是寥若晨星。蒋荫恩是这些佼佼者中的一位。

蒋荫恩，1910年出生于江苏淮安，祖籍浙江慈谿。1931年考入燕京大学社会学系，一年后转入新闻系。1935年毕业后留校任教。第二年应聘上海《大公报》社任记者。1938年去上海大美早报社作翻译和编辑工作。1939年由上海去香港，担任《大公报》社编辑。1941年到桂林《大公报》社担任编辑主任，主持《大公报》桂林版工作。次年8月由桂林去成都任燕京大学新闻系主任、副教授，从此开始了他的新闻教育生涯。1946年5月，成都燕京大学迁回北平，蒋荫恩继续任系主任。1947年7月提升为教授。1948年9月受学校委派去美国密苏里大学新闻学院从事研究工作，任研究员。回国后继续在燕大新闻系任教。1951年3月兼任燕京大学总务长。1952年院系调整后，任北京大学总务长，后又兼任大学办公室主任。1956年回到北京大学中文系新闻专业，继续新闻教学工作，同时仍兼任校总务长、大学办公室主任。1958年北大新闻专业合并到中国人民大学，蒋荫恩随之来中国人民大学新闻系任副系主任。

在长夜难明的旧中国，蒋荫恩曾寄希望于报纸，想凭借舆论改造社会和人心，达到革新中国的目的，因而选择了新闻工作为自己的职业。但日寇的入侵，国民党发动内战，以及凋敝的经济，腐败的政治，不断碾碎着他的梦想。他由苦闷、彷徨进而愤怒、抗争。"一二·九"运动中，他投身于如火如荼的爱国运动。1946年成都学生发起反内战、争民主的示威游行，身为系主任的他，又勇敢地与学生并肩走上了街头。

在美国研究期间,欣闻北平解放,他不顾一些人的"劝告"和反对,毅然决然启程回国,1949年10月1日,在中华人民共和国诞生的伟大节日之夜,终于赶回北京。当时天安门灯火辉煌,大街小巷一派欢腾,目睹此情此景,他激动难已,热泪不禁夺眶而出。从此,他把一个知识分子的学识、经验和热忱都奉献给了这个年轻的共和国。

次年参加民盟,积极参与民盟的各项活动。历任民盟燕京大学支部主任委员、民盟总部宣传委员会委员、民盟中央文教科技委员会委员。1951年,他当选为北京市人民会议代表。

蒋荫恩在新闻教育园地上耕耘20个春秋,无论是教学还是主持系务工作,都是兢兢业业、勤勤恳恳。他爱护学生、关心学生。他与学生们结下了深厚的情谊。

关于新闻教育,蒋荫恩有自己的独到见解。他认为新闻教育首先应该着重于基础知识和基本理论的学习,在博的基础上,学生可以再根据需要和兴趣,在某一方面深加研究,以达到学有专长。只有将上述两方面结合起来,才能造就优秀的新闻记者。

新闻学是一门应用性学科。蒋荫恩积极主张新闻学应该把理论与实际很好地结合起来。他到成都燕大任教后不久,就设法重新创办了公开发行的报纸《燕京新闻》。新闻系二年级学生当记者,负责采写;三年级学生当编辑,分编各版,他则负责指导并总其成。学生在实践中不仅加深了课堂中所学的理论知识,而且学到了许多在课堂上难以学到的东西。值得提出的是,《燕京新闻》不仅是新闻系学生实习的园地,也是当时燕京大学学生乃至在成都以及四川的大学生们反内战、争民主的阵地,是整个进步学生运动的喉舌。

蒋荫恩在教学和科研中十分重视了解和总结新闻工作的实际经验。1956年,在重开"报纸编辑"课前,就曾专门到东北、上海、浙江等地的报社进行调查,访问记者、编辑达百余人。1958年,他又借带领学生去天津实习的机会,在天津各报进行了调查。调查中得来的材料,他总是加以整理和分析,去粗取精,然后将它们充实到教学内容中去。

蒋荫恩认为讲课是一种"艺术",需要教师全身心地投入。他十分重视教学内容,也十分讲究教学方法。他主张"课要活讲,而不要死讲";教师讲课"必须有讲稿,但又要做到心里有讲稿,而嘴上无讲稿";讲课不仅要"讲得深透",而且要"引导学生思考问题";"讲课既要认真讲解,丝毫不苟,又要亦庄亦谐,议论风生;既要注意态度凝重,不指手画脚,轻举妄动,又要有适当风度,能举止自如,动定咸宜"。他自己讲课正是这样做的,因而深受学生欢迎。

蒋荫恩对自己要求严格,从不以"民主人士"、"教授"自居而要求特殊照顾。1964年,他参加山西定襄的社会主义教育运动,是当时队里最年长的教师,那时山西农村生活十分艰苦,经常是以糠窝、白薯为餐,他的体重急剧下降,身体也时有不适,但他还是积极工作,常工作到深夜。

蒋荫恩作为记者、编辑,写过大量的新闻、评论。仅主编《大公报》桂林版期间,撰写的社论就达一百多篇。

他对新闻理论、新闻采访与写作、报纸编辑、广告学都有很深的研究。他在美国期间,主要研究的是广告学,是我国到国外系统研究广告学的少数学者之一。

蒋荫恩曾为系的教学与科研工作,编写、翻译了大量教材和资料。他利用课余时间,从国外报刊上编译了大量新闻学方面的资料,以《国际新闻界》作为刊名,在系内外印发共24期。他公开出版的有《国际问题词汇》一书。

1968年,在"文化大革命"风暴中,蒋荫恩先生惨遭迫害致死,永远离开了他喜爱的新闻学讲台。岁月流逝三十余载,时至今日,他的学生、人大新闻学系的一些年长的教师和许多新闻界人士仍然常常怀念他。

(郑兴东)

周 华 康

1914年我出生于北京。1931年考入燕京大学医预科,学号31027。入校不久,沈阳发生了"九·一八"事变,日本帝国主义大规模侵略拉开了序幕。在医预科三年期间,燕大抗日救国运动汹涌澎湃,使人受到了深刻的爱国主义教育。我爱好体育,身高1.82米,除班级篮排球队外,还被选入篮球校队。1935年毕业,获学士学位,斐陶斐金钥匙荣誉奖及体育全能奖,即考入协和医学院。

1940年由协和医学院毕业,获医学博士学位,以本科五年学习最高成绩获文海奖。

1942年日本侵略者关闭了协和医院。我们一批青年医生和几名教授一起到西四中央医院任职(现称北京医科大学人民医院),并将该院改造成为一个比较现代的医院,在提供良好服务的同时,培养了许多各专科的青年骨干。

1946年我去美国明尼苏达大学医学院儿科进修。1947年应邀参加在纽约召开的国际儿科学术会议,介绍我国诊治黑热病的经验,1948年秋我按时回国。

1949年我被聘为北京协和医院儿科主任,创建儿科。1951年我和北京十余教授到陕西临潼县参加土地改革。通过空隙时间的医疗,我认为农村卫生工作重点应该放在预防保健、普及卫生常识上。回北京后,在中华医学杂志发表了一篇《从土改看农村医药卫生工作》。

50年代中期,政府组织专家制订长期科研规划。为了尽快发展儿科科学研究,协和儿科和新建的北京市儿童医院决定集中力量密切合作。1958年6月,协和儿科关闭,全体人员迁到儿童医院北面一块空地上成立我国第一个儿科研究所。诸福棠院长兼所长,我任副所长,边进行基建,边培养干部,边建立基础实验室,边结合临床开展科研。婴儿腹泻是儿科最常见的疾病之一。50年代后期,协和儿科着重研究了该病的病原菌及水和电解质平衡紊乱的规律,并在此基础上,提出了抗菌及液体疗法。经大量医疗实践,使该病死亡率显著降低。这项研究在1978年全国医药卫生科学大会上被评为部级成果奖。

1961年我被调回协和医院重建儿科,一直到1983年退居二线,1987年退休。

文革前后,我曾两次去农村,总计两年左右。除巡回医疗外,更重要的是在同吃同住同劳动的过程中向农民群众学习,使我了解一些偏僻落后农村的卫生情况,也培养了我勤劳俭朴的生活作风。我曾为三个农村癫痫病人寄药十余年,使他们能比较正常地生活和工作。

解放初期,我曾参加主编军医《儿科学》、《儿科学及护理》和高等医学院校用的《儿科学》教材。由农村回来后,我认为普及卫生知识提高农民自我保健能力很重要,编写了一本《农村儿童卫生常识问答》,在全国发行约两百万册,并被译成朝鲜文和蒙古文。

1950年我被选为中华医学会儿科学会秘书,1978年任副主任委员,1985年任主任委员,同年,在儿科学会内分设十个专业学组,促进了各专业的深入发展。根据"控制人口增长,提高出生人口素质"这个基本国策,我特别重视新生儿保健,1955年任《中华儿科杂志》编委,1962年任副总编,1981—1989年任总编辑。除参加具体工作外,特别重视普及与提高结合。从80年代初期开始,多次发表导向性文章。

从50年代后期开始,即到全国各地做学术报告。对外开放以后,曾三次率团参加国际儿科学术会议。除学术交流外,还进行了人民外交活动。作为个人,曾应邀去香港、马来西亚、英国和阿根廷进行学术活动。1985年在北京主持召开了大型的中美儿科学术会议。

在医疗方面,我经常参加疑难危重病人的诊断抢救工作,协助病人解决经济困难,有关我的医德,北京电台、人民日报等传媒曾对此做过一些报道,并多次获得各种奖励。其中全国性的有:1982年全国先进少年儿童工作者;1983年协和医院(当时称首都医院)儿科被评为全国卫生战线先进集体;1991年因"在中国儿童医疗保健事业中做出突出贡献",卫生部和加拿大中国儿童健康基金会授予第一届诸福棠奖;1994年因"在临床、学会、杂志工作做出重要贡献"获实用医学荣誉杯。1998年获得中日联合创立的首届中国内藤国际育儿奖。面对这些奖励,我清醒地认识到,成绩并不太突出,而且大部分是我的同事和我一起做出的。奖励用了我的名字,荣誉属于集体,属于许多勤勤恳恳、默默无闻的同事。

我的夫人林懿铿,1913年出生于厦门,是燕京同学,学号W31032,1935年毕业于英文系。先在贝满中学教英文,被称为"二林先生"。(因为她的姐姐林瑜铿,1932年自燕大教育系毕业后,也在贝满教英文,称"大林先生"。)后在辅仁大学及对外贸易学院教英文。她为人热情和蔼,工作认真负责,深受学生爱戴。1994年患脑血管栓塞引起重度偏瘫。几年来,我集中精力照顾她,很少参加其他活动了。

(周华康)

顾 廷 龙

顾廷龙,1904年生,版本目录学家、书法家。字起潜,号匋诤。江苏省苏州市人。10岁时进苏州草桥小学读书。1924年毕业于苏州省立第二中学。1926年考入上海南洋大学机械系。后又先后转入国民大学、持志大学,于1931年毕业,获文学士学位。同年夏天考入北平燕京大学研究院国文部。毕业后留校图书馆任采访部主任。顾廷龙甚为勤学,著有《吴愙斋先生年谱》,载《燕京学报》专号之十,时为民国二十四年三月,由哈佛燕京学社、燕京学报社出版。吴愙斋先生与晚清政治学术关系甚钜,此谱搜到遗事,纤巨毕载。关于政治方面,系从故宫博物院所藏清军机处档案中录出吴氏自任秀才以至去官所上折奏,择要附入。如对俄、葡,一再发勘界之议,督河时陈述河工利弊,皆有卓见之识。金石鉴别方面:凡吴氏题记、随笔均行采撷入谱。若《积古斋种鼎疑识》批语,从来未有传录。《季贞盨》,从未见有形拓,今得吴氏手摹之本,实甚珍贵,皆极有裨于考古事业。书画方面,凡所绘长卷巨册,精心名构,录其原题,记其原委,系诸年谱。此《年谱》材料,顾氏搜集垂六年,编订缜密,间有考证,实为研究近代史及金石书画者所当参稽者。

1936年他兼任国立北平研究院史学研究所特约编辑,著有《古匋文舂录》,民国二十五年六月国立北平研究院史学研究会出版石印本一册。六国匋器上的文字,从出土以来60年光景,他根据周季木、潘博山两家所珍藏的拓本,收录匋文总计800余字,同时对新认识的字,加以精细考释。他在自序里,考叙古匋的发现及前人已经研究的成绩甚为详尽。这部书,可以说是集古陶文字的大成,对于研究比较文字学以及先秦史的学者,都是不可少的参考资料。

此外,这时期,他还写有《绥远方志鳞爪》载《禹贡》二卷七期;《郁华阁金文跋》,载《燕京学报》第14期;《华夷图跋》,载《禹贡》四卷六期等。

1939年春，抗日战争的烽火已笼罩至藏书丰富的江南，公立图书馆纷纷迁往内地，私家藏书风流云散。为了保存祖国的文化遗产，为了使私家藏书不至流散，或流至国外，他接受了叶景葵的多次邀请，返回上海创立私立合众图书馆收集图书。解放后的1952年，合众图书馆董事会决定将"合众"全部藏书25万册、金石拓片1万余种全部献给国家。上海市人民政府接受后，改名为上海市历史文献图书馆，任命顾廷龙为馆长。

1958年，上海市历史文献图书馆等四个市级图书馆合并为上海图书馆，他于1962年任馆长。70年代末以来，他先后任中国图书馆学会副理事长，国务院古籍整理规划小组顾问，文化部国家文物鉴定委员会委员，中共上海市委宣传部特邀研究员，华东师范大学、复旦大学兼职教授。其专著、论文和编撰的书目有50多种，主要著述除上述《吴愙斋先生年谱》及《古匋文舂录》外，尚有《明代版本图录初编》（与潘景郑合编。开明书店影印，1941年）、《章氏四当斋藏书目》（燕京大学图书馆铅印，1938年）、《中国丛书综录》（主编，中华书局1959—1962年出版）、《中国古籍善本书目》（主编，上海古籍出版社1986年出版）、《版本学与图书馆》（上海图书馆《论文选编》（一），1962年出版）、《介绍顾颉刚先生撰〈购求中国图书计划书〉》（《文献》，1981年8期）、《张元济与合众图书馆》（《图书馆学通讯》，1987年2期）等。

解放以来，他为抢救、保护、整理古代典籍作了大量工作。其中最有学术影响的，是他先后主持编制的两部大型图书目录工具书：《中国丛书综录》和《中国古籍善本书目》。《综录》是1959年由中华书局出版的，它收录了国内41个图书馆的2797种丛书，具备联合目录的性质。全书分总目、子目、索引三巨册，750万字，问世以来，得到国内外学术界和图书馆界的普遍赞扬与重视，认为《综录》是中国历史上规模最大、收录最广的古籍书目，在中国古籍目录史上填补了空白。为了实现周恩来总理"尽快地把全国善本书目编出来"的遗愿，在国家文物局的统一领导及部署下，1980年5月成立了《中国古籍善本书目》编委会，顾廷龙任主编，《中国古籍善本书目》（经部）于1986年9月由上海古籍出版社出版。《书目》著录了国家图书馆、地方图书馆、学术团体图书馆等782处藏书单位收藏的善本书57500余种，计13万部之多，所收之书，均为我国线装古书的精华。

顾廷龙主编成功《中国丛书综录》及《中国古籍善本书目》（经部）这两部巨著书录及书目与他个人在事业上的努力钻研，及他在燕京大学研究院所受到的培养是分不开的。1998年8月22日他在京病逝。

（邓　瑞）

丁 汉 波

丁汉波，1912年11月3日生，福建古田县人。1931年在福州英华中学毕业后，考入燕京大学，1936年毕业于生物系，旋即考入研究生院攻读硕士学位，兼任生物系助教，后被选入美国生物学荣誉学会会员。他对生物个体发育和生命的奥秘颇感兴趣，刻苦钻研，连寒暑假都不回家，三年如一日，进行着两栖类性腺年周期变化、北京六种两栖动物的杂交等研究，并成功地养活了杂交子一代，进行反交和染色体的研究，1939年获硕士学位，即被聘为中华教育文化基金会生物学研究员。华北沦陷，他历尽险阻，于1940年回到福建，在福建协和大学任教，兼任福建研究院动植物研究所研究员。他辛勤教学，坚持科研，常到闽北和闽西等地进行两栖类资源调查和生态观察，连续发表了多篇论文，并形成了他一生学术方向——两栖爬行动物分类和胚胎发育。他在因病切除一侧肾脏后锐气不减，1947年，远涉重洋到美国俄亥俄州立大学深造，第二年被破例授予"穆氏博士后奖学金"，这在该校生物科学五个系中是惟一的，也是在博士学位前得到博士后奖学金的惟一学者。1949年他获博士学位时，即被选为美国科学进步荣誉协会会员，并留校任动物学研究员。1950年抗美援朝战争爆发，丁汉波爱国心切，毅然决定回国。他婉言谢绝导师的挽留，抛弃优裕的待遇，经过多方周折，于1951年回到福州，受聘于前福州大学、福建师范学院任教授、教研室主任，后任生物系主任，1979年任福建师范大学副校长。

丁汉波对动物受精机理和发育中的核质关系，有较深的造诣，成果累累。特别是对两栖类的受精、杂交、发育的研究积累了大量资料，回国后继续进行了16种蛙的杂交实验，最后深入到卵胶膜、细胞核移植的探讨，终于得出规律性的总结。他在国内外共发表论文与专著七十余篇(部)。他的博士论文提供的动物受精机理和核质关系等论据，至今还为国外有关细胞学、遗传学等学术刊物和胚胎学课本所引用。他有关两栖类杂交、染色体的研究成果，一再为世界知名的日本广岛大学两栖生物研究所的论文所引用。他在美国发表的、世界首创的醋酸洋红压片法观察蛙蝌蚪尾尖染色体技术，方法简便，可以快速活体检视染色体组数。现代染色体压片染色技术，就是在这基础上发展起来的。他多年来进行福建省两栖、爬行动物调查和实验动物学研究包括家禽卵蛋白或蛋黄调换、有性杂交、混精杂交等研究。他与助手们研究无尾两栖类杂交和卵胶膜实验，并以免疫学方法研究输卵管分泌物对于受精的作用，充实了两栖类受精机理的理论基础，受到国内外学者的好评。另一方面，他积极开创激光生物学研究，探讨微束激光对胚胎发育的影响，也是我国首先用这项技术研究胚胎发育者。

丁汉波从1954年开始鸭的人工授精和杂交的研究。通过3年反复实验，使杂交受精率达42%。他也用雄北京鸭与华南所产的雌麻鸭杂交，获得卵肉兼用的大型鸭。1984年，他对鸭的人工授精组织课题组攻关，并走出校门与工农结合，1986年终于获得突破性的成果，一举把受精率提高到60%以上，达到或略超过自然杂交受精率，可以应用于实际，为广大养鸭制种者所欢迎，其研究成果达到国内外先进水平，1986年底通过省级鉴定，获得福建省科学技术进步奖，现已在省内十几个县、市推广应用，减少了配种用雄番鸭数，节省成本，节约饲料，提高效率，取得较大的经济效益与社会效益，对发展我国水禽养殖业作出了积极的贡献。

丁汉波很重视培养和造就人才。1959年，福建师范学院生物系成立生物研究所，在丁汉波主持下的实验动物研究室开始系统地研究受精机理和核质关系等基础理论问题。后改名为发育生物学研究室，开展新项目研究。由于这个研究室成绩显著，基础较好，1984年被定为福建省重点学科之一，成为我国高等院校惟一的发育生物学研究室。以研究室为基地，丁汉波从1961—1988年共招收6届19名硕士研究生。

丁汉波教书育人，不愧为一位良师益友。他在高等学校讲授过脊椎动物学、比较解剖学、细胞学、胚胎学、实验动物学以及生育生物学等课程，深得好评。1964年，他接受教育部教材编审委员会的委托编著高等学校急用教材《脊椎动物学简明教程》就要交稿付印，由于十年动乱，原稿排版都被毁，数年心血付之东流。中共十一届三中全会后，出版社决定出版《脊椎动物学》，丁汉波为此重新编著，又整整费了3年时间。这本书于1983年出版以后销售一空，立即再版，并被选定为出国展览图书。发育生物学为生物学近期发展的一门新学科，不仅论述发育的规律，而且阐明发育的机理，反映分子生物学的成就。丁汉波以其精湛的理论基础和多年积累的资料，吸收学术发展新成就，在全国率先开设这门课程，为国内同行学者所推崇。他与8所高等院校10位专家教授合作，由他主编的高等学校教材《发育生物学》，1987年出版，是我国这方面惟一的新书，备受生物学界的欢迎。

丁汉波积极参加国际学术交流，1984年被选为世界两栖爬行动物国际会议委员，1985年出席中日国际两栖爬行动物学术会议并任大会主持人之一。他是福建师范大学与澳大利亚塔斯马尼亚大学动物系联合培养博士研究生的中方导师。

（据《福建留学生同学会成立十周年纪念专刊》）

邝 荣 禄

邝荣禄教授是广东台山市人，1911年出生，是我国老一辈著名动物医学家、禽病学家、教育家。早年就读于燕京大学，1935年获理学士学位后赴美留学，在康乃尔大学获动物医学博士学位。1939年回国参加抗日救亡工作，任西北防疫处技正，负责甘肃、青海、宁夏三省的家畜疾病防治工作，后又兼任甘肃畜牧兽医研究所研究员及西北农业专科学校教授等职。1946年抗日胜利后在南京任中央畜牧实验所技正，兼任国立中央大学教授。1947—1949年在台湾任台湾大学教授兼畜牧兽医系主任及台湾家畜卫生实验所所长。解放后在广州，历任岭南大学教授兼畜牧兽医系主任、广东省家畜保育所所长、华南农学院畜牧兽医系系主任及广东省农业科学院畜牧兽医系主任。他又是广东省畜牧兽医学会创始人并任多届理事长，中国农业科学院学术委员，中国畜牧兽医学会副理事长，全国禽病研究会名誉理事长，国务院学位委员会畜牧兽医学科评议组第一届成员。80年代后，他任广东省家禽科学研究所第一任所长，并创建了广东省家禽研究会及担任第一届理事长；又在华南农业大学动物医学系内创建了全国第一个大学本科的养禽与禽病防治专业；他创办的全国第一个禽病学专业的硕士学位点后由他的继承人发展成为博士学位点。他于1982年创办了《养禽与禽病防治》杂志，并一直担任主编至今，最初为双月刊，1995年后发展为月刊，至1996年12月时已出版了100期，此刊发行国内外。邝教授现已88岁高龄，仍能从事编辑及有关管理工作，真是老当益壮。由于他几十年的辛勤劳动,培养了大批学科继承人及生产能手,桃李满天下,他推动了动物医学及饲养学学科的发展,也推动了生产的发展。

(刘福安　辛朝安　毕英佐　凌育燊)

李有义

李有义,藏学研究专家,山西太原人,1911年生。1931年考入燕京大学。1936年在燕大社会学系毕业。1944年被调从重庆飞印度,转道赴拉萨工作。1948年经香港回到北京,在清华大学人类学系任教。

1951年他所著的《今日的西藏》在天津人民出版社出版,从而以研究藏学受人瞩目。1952年院系调整后调入中央民族学院从事教学和藏学研究。1958年调中国科学院民族研究所任研究员。1979—1981年任该所民族学室主任。同时在中国社会科学院研究生院讲授民族学、社会学和藏学等课程。

在研究工作中,他从大量国内外民族文献中整理出有关中国藏族的资料加以分析研究,并从国外资料中筛选出一批资料,亲自译出。他曾翻译过:著名藏学家杜齐(意)著:《西藏中世纪史》、黎吉生(英)著:《西藏简史》、霍夫曼(德)著:《西藏的宗教》、艾克瓦尔(美)著:《蹄上生涯——西藏的游牧业》、夏格巴·汪秋德丹(藏族)著:《西藏政治史》(美国哈佛大学亚洲研究杂志,第22期,1959年2月)。以上各文献均由中国社会科学院民族研究所陆续内部出版。从这些资料中可以看出,国外学者研究西藏的真实目的,同时也为我们了解研究西藏对外关系和西藏的各个方面,打下了良好基础,这些为我们制定西藏社会文化的发展政策具有重要意义。

此外,他还发表了以研究藏族为主的论文数十篇。

(据《燕京大学史稿》)

黎秀石

我1914年出生,广东南海县人,1935年毕业于燕大新闻学系,毕业后的工作单位依次如下:

广州英文日报记者,香港《士蔑西报》(HongKong Telegraph)记者,美国合众社香港分社记者,桂林大公报编辑,重庆大公报派往缅甸及英国太平洋舰队战地记者,大公报总馆驻英特派员。1950年回国,一度在天津进步日报工作,旋南返在家乡祖父创办的醒华学校及广州市立第七中学教学。1956年中央广播电台对外部英语组抽调我到Radio Peking任撰稿员。60年代调到北京广播学院教学。1978年调至广州中山大学外语系教学。职务:教授,退休年龄:73岁(1987)。

本人著作:

(一)新闻报道方面：

1. 1939年在香港访问七七事变时的宛平县长王冷斋先生谈两年前日军谎报有日本兵在宛平地区失踪，发动全面侵华的真相。我的报道在香港英文晚报 HongKong Telegraph 发表。美国合众社香港分社把它发到总社，以 How the war began 为标题，译成12国文字，传播全球。

2. 1945年在仰光报道我军新38师副师长齐学启将军因解英军被日军围困之危，不幸被俘，拒敌诱降在狱中被日军刺死。

3. 1945年8月26日盟军进驻日本之前，我与几个英美同业在东京登陆发出电讯：《东京死寂之夜》等多篇，向国内读者报道，日本各界对战争的反响。9月报道日本在美舰向盟军投降所见实况和中国代表徐永昌将军的感想。

4. 1946—1950年在伦敦采访并在大公报渝、沪、津、港各版见报的通讯《一个爱国的共产主义者——铁托被贬记》，记述苏联指使共产国际宣判南斯拉夫的革命领导人铁托为叛徒。《英国清共记》，记述英国政局内反共和拥共两大势力，在英国式的民主制度下，不带枪杆子的激烈斗争。《暴力能遏止赤化吗？》记英保守党年会旁听观感。

5. 1946年采访盟国在巴黎举行对意大利和会，所写报道之一，《从巴黎和会看日本》，记英、美、苏舆论谈对日缔结和约问题以供国内参考。

6. 《日本投降的前前后后》一书，香港明报出版社1995年出版。

7. 《日本果真无条件投降了吗？》一文，获《南方周末》1995年纪念二战征文的一等奖。

(二)在教学方面的著作：

1. 《英美报刊选读》教科书，湖南教育出版社出版，从1985年至1998年出四次修订版。

2. 《怎样阅读英语报刊》中山大学出版社1992年出版。

3. 《英美报刊小品101篇》中山大学出版社1988年出版。

4. 《当代英美小品201篇》中山大学出版社1994年出版。

5. 英汉对照《美国生活小品118篇》中山大学出版社1996年出版。

(三)母校光荣花絮：

1. 1945年9月2日我国共有三位记者持盟军邀请证，参加见证盟军接受日本投降仪式的是《大公报》的黎秀石（随英国太平洋舰队战地记者），《大公报》的朱启平（随美军战地记者）和中央通讯社的曾恩波（随美军战地记者）。我们三人都是燕京大学新闻系先后毕业的校友。

2. 1995年第二次世界大战胜利五十周年，《南方周末》征文纪念此事，各获一等奖的为两人：萧乾的"记欧洲战场"，黎秀石的"记日本投降"。两人都是燕大新闻系同班学友。

(四)燕园生活点滴：

我除主修新闻学系各门功课外，还选修了历史系和政治学系的功课，第二外语是日语。可惜只读一年，并且不够用功，以致1945年日本投降前后在日本采访不能很深入。燕大图书馆对我帮助很大，参考书多，借阅方便，有助于我们养成自学和独立思考的能力。

在燕大的四年，我们是在抗日的活动中度过的。同学们都分头做些有利于抗日的实际工作。我随队到热河慰劳抗日义勇军也算是其中之一。

我的妻子汪克柔，1914年生于安徽歙县。1941年毕业于燕京历史系后，曾在香港英华中学，桂林女青年会，广州市立三中、十七中，北京中央广播事业局对外部英语组，北京外贸学院，广州中山大学外语系等处工作，与我合编有《当代英美小品201篇》、《美国生活小品118篇》。

（黎秀石）

林 昌 善

林昌善,生于1913年10月1日,福建福州市人,汉族。北京大学生物学系教授,昆虫学专业博士生导师,北京大学环境科学研究中心顾问。曾两次当选为北京市政协委员。历任中国昆虫学会、中国动物学会、中国生态学会理事、常务理事、中国昆虫学会第一届主席。曾任《植物保护学报》、《动物学报》、《昆虫学报》、《生态学报》、《科学探索》、《武夷科学》等学术刊物的编委、常务编委,任《中国大百科全书》(生物学卷)生态学副主编,曾任中国环境科学研究院顾问,1991年被世界生产率科学学院选为该院院士。2000年12月23日病逝于北京。

1931年考入燕京大学理学院,攻读生物学。1934年开始于燕京大学生物学系任教,1935年获理学学士学位,随后在胡经甫教授指导下,研究昆虫学,1938年获理学硕士学位。1947年赴美国留学,留学期间从事昆虫生态学研究,1951年在美国明尼苏达大学获哲学博士学位。回国后,任燕京大学生物系教授兼系主任。1952年到北京大学生物系任教授,曾兼任昆虫学研究室主任。

几十年来,林昌善一直从事昆虫学教学和科研工作,曾先后讲授过无脊椎动物学、普通昆虫学、昆虫分类学、经济昆虫学、动物生态学、昆虫生态学等多种课程,并著译有多种讲义,如无脊椎动物学、无脊椎动物学实验指导、无脊椎动物学野外实验指导、昆虫生态学通论、动物生态学、昆虫生态学大纲等。

林昌善的主要研究领域是昆虫生态学,在各种学术刊物上发表数十篇具有重要学术价值的论文,合著《环境生物学》,合译《动物生态学》。30年代研究蟾蜍、雨蛙等生态学问题,后来研究果树害虫的防治。到50年代后期开始研究我国农业生产的重要害虫——粘虫的生态学及其防治问题,在国内首先发表了关于温积法则的文章。随着对粘虫生态学研究的深入,提出了粘虫季节性远距离迁飞的假说,并且从理论上和实践上证实了这一假说。连续在《昆虫学报》、《植物保护学报》、《北京大学学报》等刊物上发表了关于粘虫迁飞的一系列文章,为防治和预测粘虫的发生作出了重大贡献。80年代初,日本作者伊藤所著的《动物生态学》一书中还称赞中国关于粘虫迁飞理论的研究工作至今仍是世界第一流的。此项研究曾获得1985年国家教委科技进步二等奖。

1977年以来,他不仅继续粘虫生态学的研究,同时接受了国际上害虫生态学研究的新思想,将害虫置于农田生态系统中,对农田生态系统进行综合性研究,并选择了粘虫为害的主要作物(也是我国粮食生产的重要作物)——小麦,作为研究对象,借用现代科学方法和工具——系统分析和电子计算机——对麦田生态系统进行模拟模型的研究,把我国农作物病虫害综合防治工作推进了一大步。近些年来,人工智能与专家系统研究领域的成果又给生态系统的研究指出新的方向,于是他又将这些新技术引入到麦田生态系统的研究中,已经研制成功了麦田生态系统综合管理决策支持系统模型。

林昌善对人口问题也极感兴趣。他对我国人口控制问题有独到的见解,发表了多篇关于人口问题的论文,还在许多重要场合多次作过关于人口问题的学术报告,并为我国人口控制提出了新的方案。

当环境问题引起人类重视、环境科学研究兴起之际,林昌善又开展了环境科学的研究工作,探索新的研究领域,为发展国家的环境保护事业倾注了大量心血,并被聘为国家环境保护局顾问。

他通过涉猎大量中外书刊,对物理系统与生物系统的相互逼近,又提出了独到的见解。

林昌善勤学善思,治学严谨,其思想一直活跃在科学研究的前沿,善于接受新思想的挑战,勇于探索。特别重视宏观科学的研究。他认为要高度重视当前人类所面临的生态问题。

林昌善先生的夫人吴彩菱原籍江苏省江阴市,1916年1月3日生于北京。

1933年自北平贝满女中毕业后,考入燕大生物系,毕业后留校当助教,曾获国际生物协会奖,并成为该会会员。1940年考入协和医学院护士专修科学习。1944年与林昌善结婚。1946年7月回燕京大学卫生处工作。后来在北京大学校医院工作,1972年退休。1994年1月5日病逝于北京。

(林 茵)

刘 瑞 森

刘瑞森,原名李蔚昌,辽宁省昌图县人,1912年4月18日生。1931年8月至1932年8月在燕京大学法学院经济系学习。1931年10月在燕京大学参加中国共产党,介绍人毕仲文、杨缤。

1932年5月,刘瑞森任中共燕京大学支部书记、中共北平西郊区委书记。1932年8月至12月,任中共北平市委宣传部长、组织部长、军委书记。1933年1月至7月,先后担任河北省委秘书处交通科长,天津市委组织部长、宣传部长。同年7月底被捕,被解押南京,判无期徒刑。1937年10月国共合作抗战,由组织保释出狱,11月到达延安,恢复党籍,到中央党校学习。1938年1月后,刘瑞森历任陕北公学队主任、绥远省后套特委书记、伊克昭盟工委书记、西北局少数民族工委书记、统战部友军科长、办公厅秘书处长、延安中央医院副院长等职。

1946年后,刘瑞森历任辽吉省二地委副书记兼组织部长、四平保卫战期间的四平市长、临时市委书记兼卫戍司令部政委、辽吉省二地委副书记兼专员,一地委副书记、书记、辽西省民运部长等职。

1949年6月后,刘瑞森历任江西省委副秘书长兼统战部长、秘书长、赣南区党委书记、江西省委书记处书记。"文化大革命"期间,曾任江西省革委会常委。

(原载《战斗的历程》)

陈 纮

我生于1914年11月7日。福建闽侯人。由于祖父陈宝琛为末代皇帝溥仪的老师，随祖父长居北京。1930年入辅仁大学，攻读历史。1931年转入燕京大学，改读经济学。我在燕京的学号是31203号。1935年毕业，是年"一二·九"学生运动发生。时堂兄陈絜（又名矩孙）仍在燕大，为学生运动积极分子。"一二·九"运动第一次预备会议即在我们家中（灵境胡同七号）召开，我虽已离校，但为陈絜做一些掩护及协助工作。

以后由于战争发展，我离开北京，辗转异地。最后到达重庆，入中央银行发行局任会计工作。1944年考取自费留学生，就读于英国剑桥大学经济研究院，1947年回国。

1948年到达福州。时陈絜在福州，任福建省党的地下社会部长，表面上作为陈宝琛的后裔，以乡绅身份为掩护，进行社会活动。陈絜介绍我入福建省银行任董事会秘书，1949年初调任福建省银行香港分行经理。时已近解放前夕，福建省银行在港虽属小型银行，但在香港保管着全省外汇资产。解放前夕，国民党政府准备逃往台湾。此项资金，势必成其重要窥觊对象。如何进行护产工作，成为当急之务。到港后，首先团结员工，建立合作基础。

不久，陈絜在福州身份暴露，转船来港。广东解放后，新政府缺乏资金，拟在港发行黄金公债。陈絜友人刘朝缙欲向福建省行推销债券，商之陈絜，讨论后，认为此项资金实为国家财产，福建解放在即，如能完好进行护产工作，将全部财产交给新政府，何须购买黄金债券。经刘朝缙与广东驻港工作组商议后，认为如秘密起义，进行护产工作，福建属于华东局，应归其领导，不属于华南局范围。如我同意，可介绍华东局负责人与我见面。我乃与华东局陈明、张敏思、张锡荣等见面，商谈了护产工作。

不久，国民党福建省政府欲挪用省行资金购粮，我以手续不符，拒绝付款，随后总行又派总稽核林桢来港进行查账。我连夜与华东局负责人共商应付对策，并召集主要员工，共同协作，连夜将库存可转移资金移存"宝生银号"（华东局在港灰色机关），同时更改账簿，以应付查账。结果林桢查账，一无所获。福建解放后，福建省人民政府张鼎丞主席及毕飞、方毅两副主席于1949年12月16日，致函省行香港分行，嘉勉秘密起义，保护财产。1950年1月10日人民银行南汉宸行长及胡景沄副行长亦有电加勉。福建省行在港挂出第一面五星红旗。

福建解放后，物资严重缺乏，于是我用省行资金及人力，组织丰成公司，购买面粉、布匹、肥田料等等急需物资，多次租船趁夜晚通过台湾军舰封锁线，至莆田，再转运厦门或福州济急。并在莆田及厦门设立了丰成分公司。

福建华侨较多，解放初期，侨汇断绝，侨眷生活困难，省行联系香港各侨批局，将侨汇经省行拨汇到侨眷，既解决侨眷生活问题，同时又为人民政府取得急需外汇。

1950年福建人民政府召开"全省对外贸易会议"及"全省侨汇会议"，决定以香港为重点，进行福建省进出口业务，疏通海外侨汇。我参加了会议，后接通知前往北京，参加建国一周年国庆活动，并参加在中南海怀仁堂召开的第一届全国劳动模范大会，受到毛主席及其他领导人接见。并在中山公园听取周总理的抗美援朝讲话。

参加 1950 年国庆后，又接通知将丰成公司业务并入华润公司（外贸部驻港机构），将福建省银行全体员工并入新成立之南洋商业银行，该银行当时主要任务是沟通侨汇，是香港惟一的能与国内城乡通汇的银行，因此，汇款的人排成长龙有数条街之长，工作每至深夜方能结束。

抗美援朝战争爆发，港英政府追随联合国决定，对中国实施禁运。国际上，惯用凭货运单据付款之"信用证"（LETTER OF CREDIT）无法使用。为支持商人，应付禁运，而又能保障国家资金安全，新创凭验货收据付款之"保证书"（Letter of Guarantee 简称 L/G）方式，为此，我亲往广州，与中国银行洽商 L/G 使用细则及账务处理，并往蛇口（走私要点），取得贸易机构验货印鉴。由商人负责走私风险，将货物运至蛇口，凭 L/G 条款付款，因而打破禁运，完成抢运任务。1953 年中国银行总行在北京召开 L/G 会议，将 L/G 推广至中国银行集团内十三家兄弟行，由于 L/G 首先在南洋商业银行使用，经营国内贸易商人争与往来，后而推动了其他银行业务，四十余年来，南洋商业银行由一个数十人小机构，发展为两千余人的大银行。

1966 年我由南洋商业银行调往中国银行，时适国内"文化大革命"开始，银行业务瘫痪至十年之久。"文革"之后，银行业务逐渐恢复。1980 年中国银行联合美国大通银行及汇丰银行三家作为牵头银行，组织十二家银行的银团贷款（Syndication Loan），贷给中国水泥（香港）有限公司六亿一千七百万港元，成为中国第一笔银行批发业务。

1983 年与美国芝加哥第一国民银行、东亚银行、日本兴业银行、华润公司合营"中芝兴业财务公司"（CCIC Finance Ltd）。财务公司运作由芝加哥国民银行负责，中国及东亚两行派员参加，成为中国第一家合营财务公司。

翌年与法国兴业银行及东亚银行组织"鼎协租赁公司"（Trilease Ltd），成为中国银行第一个学习租赁业务场所。

我 1977 年任第五届全国政协委员，兼任第五届广东省人民代表大会代表。1983 年起连任第六、七、八届全国人民代表大会代表。我还是香港特别行政区第一届政府推选委员会委员。

1985 年获批准退休，现仅留任中国银行董事会董事，香港分行顾问，南洋商业银行董事，民安保险公司董事。

（陈　纮）

1932

张　淑　义

张淑义，河北省三河县人，生于 1914 年 4 月 18 日。1932 年 9 月入燕京大学社会学系，1935 年 11 月在燕大加入中国共产党，是"一二·九"运动的积极分子。1936 年从燕大毕业后，曾任上海基督教女青年会劳工部干事，办女工夜校等。1939 年任基督教女青年会全国协会劳工部兼民教部干事。1941 年获甘博奖学金赴美留学，入哥伦比亚大学社会研究学院攻读，获得硕士学位后，1943 年至 1944 年随美国女青年会组织访问美国各地女青年会。1945 年在美参加援华会进行抗日活动。1946 年与丈夫徐永煐携子回国。1947 年到延安，任中共中央外事组翻译。1948 年至 1949 年，在阜平苏家庄托儿所工作。1949 年 3 月参加全国妇女第一届代表大会后，到全国妇联工作，参加组建妇女儿童福利部，任科长，又参加筹建中国人民保卫儿童全国委员会,先后任处长、副秘书长。1962年任全国妇联国际联络部副部长。十年动乱中她挺身而出,为帮助许多受迫害的老同志澄清冤案、落实政策,做了大量工作。第四次全国妇女代表大会后,她任中国人民保卫儿童全国委员会秘书长,主编《中国儿童》英、法、俄文版,参加创建了中国儿童发展中心。她多次率团出国考察,出席国际会议。她是全国政协第三、四、五届委员。

1982年离休后,她还担任了大量的社会工作。她是欧美同学会副会长兼妇委会主任,北京市社会学会理事、顾问,燕京大学北京校友会副会长,北京玩具协会理事。她不顾年老体弱,为妇女儿童福利事业进行国际交往,为弱智儿童教育康复事业义务尽责。1994年6月27日病逝于北京,享年80岁。

(据《战斗的历程》)

龚普生

这里简记的是我国一位资深的女外交家的足迹。这足迹紧紧伴随着祖国的革命历程和世界形势的沧桑变幻。她,就是中国第一批女大使之一的龚普生。

龚普生,安徽合肥人,1913年出生于上海。父龚镇洲是老同盟会员,因反对袁世凯复辟遭通缉,携妻女去日本,两年后回国参加反袁斗争。龚普生随着父母辗转京、沪、穗等地,在上海进入圣玛琍亚女校读书,1931年"九·一八"事变爆发,正读高三的龚普生担任了学生的爱国组织国光会会长,她不顾学校的限制,热情领导同学参加抗日救国活动。

1932年,龚普生考入燕京大学,先后在政治系、社会系、经济系学习。在这里,她受开明进步的师长如夏仁德教授和同学们的影响,如饥似渴地阅读了马克思主义及有关中国革命和苏联的书籍,提高了思想,她从爱国逐渐发展成为对共产主义理想的追求。当时日本帝国主义强占我国东北三省后,正进逼华北,国民党政府对日本采取不抵抗政策,打内战并镇压人民救亡活动。1935年5月,进步学生在学生自治会选举中获胜,龚普生当选为副主席。她领导同学积极参加了"一二·九"学生运动,她负责对外工作。12月12日,在北平学生又一次举行更大规模游行后,她在临湖轩成功地主持了外国记者招待会,介绍学生运动情况。实际上也自此开始了她一生对外工作的生涯。也是在学生活动中,她结交了埃德加和海伦·斯诺夫妇,从此,同他们成为几十年的好朋友。龚普生在学习上是一个好学生,曾以学习成绩优异获安徽省在燕大设立的奖学金。1936年6月,在燕大毕业典礼上以四年"全面优秀"女生获得Goodridge Prize。

龚普生从燕京大学毕业后,到上海附近的宝山县做农民工作。七七事变后,她在上海、昆明、重庆等地做大学生工作。1939年,在第二次世界大战前夕,她曾担任代表团团长参加了在荷兰、巴黎、伦敦举行的青年和学生会议,宣传抗日,并与其他各国进步青年一道,参加国际反法西斯活动。

1941年,龚普生来到美国在哥伦比亚大学攻读硕士学位。1941年12月7日,日本帝国主义偷袭珍珠港。她在美即全力投入战时工作,应邀去美国一百多所大学和许多团体讲演,介绍中国人民坚持抗战、反对法西斯斗争的情况,她的足迹遍及美国半数以上的州。

在美学习工作两年后,龚普生回国直接参加抗日斗争。1945年春,她再度赴美。1948年回国到解放区河北省西柏坡。1949年,终于回到了阔别十三年的北平。在北平参加了中国人民政治协商会议的筹备工作并任代表出席全国政治协商会议第一次全体会议。直到50年后的今天,每当她谈起当年全国政协会议宣布通过成立新中国的各项决定,代表们选举国家领导人的情景时,1949年10月1日在天安门城楼上出席开国大典的盛况时,她仍然激动不已。

新中国成立后,龚普生在外交部任国际司副司长、司长。在新中国初建的17年,她参加了创建新中国"独立自主和平外交"的工作,并多次参加代表团,代表我国出席重要的国际会议。

1966年,中国人民遭到十年大浩劫,龚普生亦不例外,她家破人亡,直至1978年才恢复工作。1978年夏,她被派往联合国出席第二次世界裁军大会。1979年9月,她再度飞往纽约,参加联合国大会。年底,被任命为中国驻爱尔兰共和国首任大使,成为我国第一批两位女大使之一,她也是新中国派出的首任大使中的第一个女性。

在爱尔兰三年任内,她做了大量工作,建立了两国政府和人民的良好关系,发展和促进了两国经济和文化方面的合作,受到了爱尔兰各界的尊敬。

回国后,龚普生被推选为第六、第七届全国政协委员,参加政协的外事委员会。她受邀担任红十字国际委员会的国际顾问。红十字会聘任11个国家的资深外交家和国际法学者担任该会国际顾问,她是其中的一位。中国联合国协会成立时,她被推选为副会长;还任中国国际友人研究会名誉理事、斯诺研究中心副主任、北京市外国问题研究会名誉会长、外交学院教授、燕京大学北京校友会副会长、燕京研究院副董事长等。目前,龚普生是我国从事外事生涯时间最长的女外交家。

(李传琇)

邓 懿

我是1914年在北京出生的,原籍四川成都。1926—1932年我在南开女中读书,毕业后直接升入燕京大学。当时的国文系有郑振铎、容庚、陆侃如、郭绍虞、马鑑等大教授,但我最喜欢的还是顾随的诗、词。我的毕业论文就是在顾先生指导之下写的《纳兰词研究》。

燕京大学规定国文系的学生要选修二年级英语,所以我在学了"大一英语"之后就选了Grace Boynton的"大二英语"。她在英语系是出名的好老师,但也没想到30年后自己也做了英语教师,而且是一做就做了二十多年!

1934年春假与同学周一良结识相恋。1936年夏我从燕京大学毕业,并且获得奖给优秀毕业生的斐陶斐金钥匙。我接着报考清华大学的中国文学研究所。七七事变后,全家也迁到天津,1938年春天我和周一良结婚了。1939年他赴美到哈佛大学深造,1941年我也到哈佛选读法文,后改到远东语文系去作助教。后来,在赵元任创办的ASP中文班做助教工作。赵元任用英文给陆军上大课,大课之后就是助教训练学员说中文的练习课。

第二次世界大战后,我们又回到北平。我在燕京开了一门课:Overseas Chinese(华侨中文)。班上学生多半是华侨和外国教师的子女。

1950年,清华委任我开办东欧留学生的中国语文专修班。我克服重重筹备困难,从东欧几个国家招来第一批学员,开始上课了。

1952年院系调整,东欧留学生中国语文专修班调进北京大学,改为外国留学生中国语文专修班了。我除了上课之外还要编写教材。1958年时代出版社,出版了两本俄语注释的汉语教科书,接着又出了英语、法语、德语、西班牙语、印尼语、印地语、阿拉伯语等文本,对以后的汉语教学起了铺路作用。

1960年夏天,我又被调到西语系教英语,这以后一教就是20年。

改革开放后,北大又成立了对外汉语教学中心。当时的副校长朱德熙先生,推荐我再回汉语中心。在汉语中心,我们争分夺秒、精益求精地写出了《汉语初级教程》,并在1988—1992年全国对外汉语教学优秀奖评选中获得优秀教材一等奖。本想乘胜前进,再编出更多的东西给青年教师用,可惜由于各种原因,加之我也年逾古稀,精力不济,这些良好的愿望只有留给后人了。

(邓 懿)

编者注:邓懿已于2000年2月23日不幸病逝于北京。

张 兆 麟

张兆麟,辽宁省开原县人,1911年10月7日生。1930—1931年在东北大学工学院土木工程系学习。1932年秋入燕京大学文学院英文系,1933年秋转入新闻系学习,1936年毕业。他有强烈的爱国思想,积极投入抗日救亡运动。1933年他和王汝梅(黄华)、刘克夷、叶德光等十几个同学组织一个小型抗日团体,叫刻苦团,准备日后参加东北义勇军打游击。1936年1月在燕大入党,介绍人陈絜。1935年他被选为燕大学生会代表大会主席,他与副主席龚普生、文书陈絜、执行委员会主席王汝梅、委员陈翰伯、龚维航(龚澎)等积极进行团结、宣传工作,在著名的"一二·九"运动中起了很好的作用。他曾在1935年秋天在《燕大周刊》上发表一篇文章,题目就是《学生运动——燕大学生会的使命》,明确提出要掀起一次新的学生运动。在"一二·九"运动前后,他成了埃德加·斯诺的得力助手之一。海伦·福斯特·斯诺1984年在《我在中国的岁月》一书中写道:"张兆麟是改变中国1935—1936年历史的学生运动的一位最早的参加者。"

1936—1937年在西安任《西京民报》(后改为《解放日报》)社长、总编辑,积极宣传中国共产党统一战线、联合抗日的政治主张,为西安事变做出有益的贡献。1938—1939年在武汉,在郭沫若领导的政治部第三厅负责国际宣传工作。1939—1943年,历任《新疆日报》副总编、重庆东北救亡总会干部、《新蜀报》编辑、《反攻》主编。在重庆时曾担任叶剑英与美国军事代表团会谈的翻译。

1945—1949年,在北平、沈阳做地下工作,战斗在敌人的内部。解放后,1949年在东北公安部工作。1950年,任中央情报总署欧洲科科长。1952年任新华社《参考消息》编辑。1961—1988年,任吉林大学外语系讲师、教授。

1988年10月24日病逝长春。

(据北京《燕大校友通讯》第8期)

张 晓 楼

张晓楼,1914年出生于河北省正定县农村,整个学生时代,以刻苦读书著称。中学时在班上年龄最小而成绩最优。大学时,由于日寇侵华战乱,他不得不辗转于满洲医学大学、同济大学、清华大学,1932年考入燕京大学医预系。1940年,26岁的张晓楼毕业于协和医学院,获得博士学位,从此开始了他一生从事的眼科事业。他相继担任同仁医院眼科主任及副院长、协和医学院教授、北京市眼科研究所所长等职务。他经常废寝忘食地工作、学习,一心为开创眼科新的研究领域,赶超世界水平而奋斗。

沙眼是危害人类最广泛的眼病。由沙眼引起的眼睑内翻倒睫、角膜混浊等并发症而致失明者在发展中国家尤为常见。它给病人、家庭和社会都带来极大的痛苦和负担。

研究沙眼的病原体，大力开展沙眼防治，为广大劳动人民解除疾苦，早已在张晓楼的脑海里酝酿多年。1954年，他与生物制品研究所所长、微生物学家汤飞凡合作研究分离沙眼病原体。他们先是在小白鼠脑内接种分离沙眼病原体进行实验，花了一年时间，用了两千多只小白鼠，实验结果完全阴性。1955年，他们改用鸡胚接种实验获得成功。1957年，又经猴眼实验证实之后，面临的问题是必须有人体实验发生典型沙眼，这项研究才算获得最后证实和被国际上承认。当时张晓楼和汤飞凡教授毅然在自己的眼睛上做了人体实验，结果都发生了急性沙眼。然后又从自己眼中取下标本循环实验，从而证实了他们分离到的微生物就是沙眼病原体，1973年定名为沙眼衣原体。这是世界上第一次找到了分离和繁殖沙眼病原体的方法，因而震动了国际眼科学界和微生物学界。第一届国际沙眼病原体会议认为，这一重大成就结束了有关沙眼病原体近一个世纪的争论，为全世界的沙眼研究工作开辟了道路。

1981年，国际防治沙眼组织在巴黎国际大厦举行授奖大会，对张晓楼和汤飞凡合作成功的这一划时代的科研成果，授予国际防治沙眼金质奖章。

张晓楼教授常讲，我国临床医学要有所突破，必须加强病理学、生理学、生物化学、微生物学和免疫学及遗传学等基础学科的研究，这也是他创办眼科研究所的动机。

发现了沙眼衣原体，找到了沙眼的病原，如何治疗，则要研制出特效药物。1966年开始的十年动乱，使他"靠边站"了。但他在向科学进军的道路上却没有停步。他和同志们一起利用一切空闲时间，对220多种单味中草药和成方进行了筛选。1972年，根据国外杂志报道，衣原体含有赖DNA的RNA聚合酶，而抗结核药利福平具有阻断此酶的作用。他们在实验室证实后，首先将利福平用于临床治疗沙眼，疗效优于其他药物。从此，利福平眼药水在我国普及开来，这比国外早了两年。

1956年，国家颁布的《农业发展纲要》(草案)，把积极防治沙眼列为一项内容，张晓楼是倡导者、组织者和实践者之一。国家三年经济困难时期，大兴县是同仁医院的医疗挂钩县，张晓楼教授经常到该县走乡串户，与农民同吃同住，送医送药上门，一去就是几个月。通过积极防治，沙眼在我国明显减少，估计到20世纪末我国的沙眼将被消灭。这在英国用一百多年时间，而我国约五十年即可实现。

通过80年代眼科流行病学调查，我国致盲的主要原因是老年性白内障，目前估计有盲人约400万，其中约200万人是可以治好的。为使这200万人重见光明和防止出现更多盲人，张晓楼大力宣传开展公共卫生眼科学，积极组织和推动全国防盲治盲工作，并与世界卫生组织协作，在北京市眼科研究所成立了防盲协作中心，并于1984年成立了全国防盲指导组，领导全国防盲、治盲工作。

张晓楼进入古稀之年后，仍然继续进行眼病研究工作，培养硕士和博士研究生，而且一次又一次地到河北、河南、山西、内蒙等省区城乡为群众防治眼病，向基层医生传授知识和技术。他十分重视医学科普工作，自己动笔撰写科普文章，还经常鼓励青年医生写。

张晓楼从医50年，经他亲手治疗的眼病患者数以万计。他曾经担任过毛泽东、周恩来、朱德、刘少奇等党和国家领导人的眼保健工作。1959年他筹建并领导了我国第一座眼科研究所，长期担任过中华眼科学会主任委员、《中华眼科杂志》和《国外医学(眼科分册)》总编辑。1979年他被世界卫生组织聘为国际防盲组咨询委员。

为表彰他在我国和世界眼科工作上做出的重要贡献，1978年全国科技大会向他颁发了奖状；1981年国际防治沙眼组织授予他金质奖章，同年亚洲及太平洋地区眼科学会给他颁发了卓越工作奖状；1982年他荣获了国家自然科学二等奖；1984年美国视觉与眼科协会授予他荣誉会员称号。

张晓楼1990年9月14日病逝于北京。他生前多次倡导成立同仁眼库，并成为眼库成立后捐献遗体眼球的第一人。

(据《中国当代医学家荟萃》第一卷)

赵 宗 复

赵宗复,字近之,1915年2月11日生于山西省五台县东冶镇。1966年,在"文化大革命"中,由于"四人帮"的诬陷迫害,他含恨死去。

赵宗复的父亲赵戴文,历任国民政府内政部长、监察院长、山西省政府主席等职。赵宗复的少年和青年时代,正是中国处于军阀混乱、日寇入侵、内忧外患深重的时期。他对日本帝国主义的侵略暴行极其愤慨,对官场里的尔虞我诈、贪污腐化深恶痛绝。1932年,他考入北平燕京大学新闻系,后转入历史系。在大学里,他受到共产党人张磐石等的影响,阅读了大量进步书刊,接受了马列主义,1933年,在燕大加入了"反帝大同盟"并加入共产主义青年团,后转党。

1935年和1936年,他担任燕京大学党支部书记,并担任北平西郊区委的宣传和交通等工作,还参加过共产国际远东局的情报工作。在燕大校内,他积极开展革命活动,不仅编印刊物进行革命宣传,而且还掌握了学生会的领导权,使党在燕京的影响扩大,有些外籍教授,如夏仁德等,也同情和赞助过党的革命活动。1936年底,赵宗复在党的指示下,回到山西,参加了党领导下的抗日民族统一战线组织——战地总动员委员会(简称"战动总会"),从事抗日活动。战动总会是阎锡山同中国共产党公开合作的统战组织,1938年夏,赵宗复被任命为战动总会政治交通局局长,他选派精干的干部通过日伪封锁线,使总机关与当时被日伪分割的山西四大区取得联系,互通情报消息,对帮助牺盟会开展山西的抗日救亡工作,起了积极作用。晋西"十二月政变"后,赵宗复离开这个岗位,他先后在阎锡山统治区担任过战区政治部的组长、进山中学的校长、省新闻处长、代理教育厅长等职,并曾兼任山西《工商日报》的总编辑。他利用这些合法身份和职务,同阎统区的军政界、教育界、文化界保持密切联系,进行党的统战工作和地下工作。1944年,他陪同中外记者西北参观团到延安,毛泽东同志还接见了他。在晋西和抗战胜利后回到太原,组织搜集、传送阎方军事、政治、经济等各项重要情报,为中国人民的解放事业做出了贡献。解放战争期间,赵宗复在太原遭敌特两次逮捕,险遭杀害,由于太原的解放,才使他幸免于难。

赵宗复在阎统区时,曾以极大精力,从事进山中学的办学工作。赵宗复在该校任校务主任、校长时,忠实地实践了党在白区的办学方针,团结广大师生,主攻文化科学基础知识,为开创民主进步的新社会而奋斗。当时进山中学是党同蒋阎在教育战线上争夺青年的阵地之一,其中既有国民党、三青团,也有阎锡山的同志会。赵宗复严格遵守地下工作者的纪律,机智勇敢地进行合法斗争,宣传革命道理。在那白色恐怖、黑云翻滚的年代,晋西进山中学,革命空气极为浓厚,"流火"、"投枪"等社团如雨后春笋,进步墙报琳琅满目。图书馆里,有《新华日报》、《民主周刊》和鲁迅著作、左派作品,供师生阅读。这些革命活动为阎统区青年播下了革命的火种。

在阎统区,赵宗复除利用当时同志会、参议会等各种组织机构的合法讲坛发表意见、抨击时政以外,还利用《战时政治》、《抗战青年》、《复兴日报》、《工商日报》等报刊议论时事,阐述政见。他的文章有理有据,文词犀利,痛击敌人要害,深受广大进步的青年和人士的好评。

新中国成立以后,赵宗复先后担任山西省人民政府委员、文化教育委员会副主任、文教厅长、山西师范学院院长、山西大学副校长、太原工学院院长、党组书记、党委副书记、书记等职。他还当选和担任过中共山西省第三届代表大会的代表、山西省第三届人民代表大会代表、省政协第三届委员会常委、民革山西省委常委、九三学社中央委员、山西省历史学会理事长等职。他在党的统一战线工作中,团结爱国民主党派和无党派人士,发挥他们的积极作用。

赵宗复解放后在教育战线工作时期内,团结师生,关心职工,工作深入,认真执行党的教育方针和政策,培养了大批文教科技专业人才,为我国社会主义教育事业做出了贡献。

赵宗复不仅是一位著名的教育工作者,也是一位历史学者和作家。他博览群书,敏思善辩,文风旷达洒脱,语言清新隽逸。不论讲话,还是写作,总是用历史唯物主义和辩证唯物主义的观点,深入浅出地阐述历史事件,发人深思,引人入胜。早年,他曾在《燕京学报》和《历史教学》等期刊上发表过历史论文。60 年代初,他与别人合作曾以"弓冶文"为笔名,撰写批判形而上学和发扬民主精神的杂文,分载于山西报刊。著名杂文有:《新死鬼的故事》、《斗天赶鬼篇》、《犯颜直谏,从善如流》等。

1966 年"文化大革命"开始后,他受到围攻诬陷,于是年 6 月 21 日含恨离开人间,时年 51 岁。

"四人帮"被粉碎后,中共山西省委为赵宗复平反昭雪,恢复名誉。1979 年 1 月 12 日在太原双塔寺革命公墓,隆重举行了骨灰安放仪式。

(李蓼原)

陈 翰 伯

陈翰伯 1914 年 3 月 14 日出生于天津,1988 年 8 月 26 日在北京病逝,享年 74 岁。

陈翰伯同志在天津读中学时参加党的外围工作,积极投身于抗日救亡运动。1932 年入燕京大学新闻系学习。1935 年在党的领导下,参加"一二·九"学生运动的领导工作。1936 年 2 月加入中国共产党,任北平学联党团书记。从此,他把毕生精力献给党的事业,半个多世纪来,为中国革命和建设事业奋斗不息。

1936 年夏,他在燕大毕业后,受党组织的指派,去上海参加全国学联的筹备工作。同年 11 月赴西安,就任张学良将军主办的《西京民报》编辑,旋任总编辑。时值"西安事变"前夕,于尖锐复杂的斗争中主持报政。"西安事变"和平解决后,东北军东调,《西京民报》停办。1937 年 2 月,经宋绮云同志介绍,入杨虎城将军主办的《西北文化日报》任新闻版编辑,并主持笔政,继续从事协助进步人士的办报工作。

1937 年 5 月,他以燕大校友的身份,陪同美国记者、作家、中国人民的朋友埃德加·斯诺的前夫人尼姆·威尔斯赴延安采访。

1938 年底由陕入川,经中共四川省委安排进成都爱国人士钟汝为办的《新民报》社工作,仍主笔政。随后党组织又分配他负责全民通讯社的发稿工作。该社是党和民主人士李公朴先生联合创办的,这是在重庆《新华日报》之外,党在白区开辟的又一宣传渠道,着重报道八路军和新四军的战绩和揭露国民党的黑暗统治。与此同时,他受党组织的委派,负责与在成都的外国友好人士保持经常接触,向他们宣传党的政策和主张。

1942 年,全民通讯社在成都"抢米事件"后被迫停办。经党组织安排,去重庆孔祥熙主办的《时事新报》社工作,先后担任社论委员会委员、资料室主任和采访部主任等职。因言论、主张时时与该报立场相左,斗争激烈,在一次罢工斗争中被辞退。

1945 年,入陈铭德先生主办的《新民晚报》任副总编辑。在重庆一年多期间,除担任《新民晚报》公开职务外,他还积极利用一切合法机会,不遗余力地开展党的宣传工作。

1946年初,离重庆去上海,受南京中共代表团委派,协助潘梓年等同志筹办一张以民间面目出现的群众性报纸,以代替党中央原拟出版的《新华日报》上海版。1946年4月,以《联合晚报》命名的党在当地创办的第一张报纸创刊问世。他出任总编辑,随后又兼采访部主任。当时上海处在严重的白色恐怖之下,形势十分险恶。他遵循中共代表团和周恩来同志的指示,坚持原则,注意策略,千方百计坚持下去,能多办一天是一天,置个人安危于度外,进行了种种合法与非法斗争。1947年5月20日,南京爆发"五·二〇"事件,全国学潮风起云涌,以反饥饿、反迫害、反内战为内容的学生运动,成为反对国民党反动统治的"第二条战线"。《联合晚报》是上海人民在"第二条战线"中的积极宣传者和组织者,早已被国民党政府视为眼中钉,翰伯同志亦接到国民党特务的装有子弹的恐吓信,要予以李公朴、闻一多同样的处置。很快,《联合晚报》即被查封。《联合晚报》在敌人的营垒中坚持出报13个月,完成了党所赋予的任务,受到周恩来同志的嘉奖。

陈翰伯同志在白区工作12年后,奉调北上进入解放区。

1949年2月,他到达当时党中央驻地西柏坡,任新华社总社编委兼国际新闻部主任。6月,又改任总社新闻训练班主任,为迎接全国解放,担负培训新中国新闻事业人才的任务。

从1949年6月至1953年5月,他一直从事新闻教育和理论教育工作。四年中,新闻训练班改隶两次。更名北京新闻学校后,他任副校长,主持校务。1951年,更名中共中央宣传部宣传干部训练班,他任秘书长,主持班务。同时还应聘在燕京大学新闻系教课。

1953年6月,他调任中央宣传部理论宣传处副处长,主管理论刊物《学习》杂志的编辑工作,对传播马列主义基本知识起了很大作用。1958年2月,调任文化部直属出版机构商务印书馆总经理兼总编辑。1964年,任文化部出版局局长,仍兼商务印书馆职务。1971年调任人民出版社领导小组组长,不久即任国家出版事业管理局领导小组成员。1976年起,任国家出版事业管理局代局长。1978年兼任中国大百科全书总编辑委员会副主任。在担任国家出版事业管理局代局长期间,他为中国大百科全书出版社的创建作出了贡献。

陈翰伯历任中国人民政治协商会议第五、六、七届全国委员会委员,并当选为中国出版工作者协会第一、二两届主席,第三届名誉主席。一生从事新闻、出版工作,写下大量时评、政论、国际问题述评以及理论文章。专著有:《国会和政府》、《论美苏关系》等。

(高 崧)

陈 梦 家

陈梦家先生是我国著名的古文字学家、考古学家。生于1911年,原籍浙江上虞。

先生16岁时开始写诗,20岁便已是一位有名的"新月派"诗人。在1936年以前他先后出版了《梦家诗集》、《铁马集》、《梦家存诗》等专集,还编了一册《新月诗选》。

先生先在中央大学学法律,1932年到北平燕京大学,就读于宗教学院。1934—1936年在燕京大学攻古文字学。此后,他倾全副精力于古文字学及古史学的研究。仅1936年便写有《古文字中的商周祭祀》、《商代的神话与巫术》、《令彝新释》等七篇文章,发表在《燕京学报》、《禹贡》、《考古社刊》上。

1937年卢沟桥事变,先生离开北京,由闻一多先生推荐,到长沙清华大学教授国文。1937年秋到1944年夏在昆明西南联大任教,讲授古文字学、尚书通论等课程。授课之余,仍进行古文字学、年代学及古史的研究,写有《高禖郊社祖庙通考》《商代地理小记》《五行之起源》《商王名号考》《射与郊》《古文尚书作者考》《汲冢竹书考》《王若曰考》等,发表在《燕京学报》《清华学报》《图书季刊》和《说文月刊》上。此外还出版了《老子今释》《西周年代考》《海外中国铜器图录》等专著。

1944年由美国哈佛大学费正清教授和清华大学金岳霖教授介绍,到美国芝加哥大学讲授中国古文字学。但先生去美的主要目的是要收集编写一部流散于美国的中国铜器图录,也就是后来出版的《美帝国主义劫掠的我国殷周铜器集录》;为了能够得到每一件铜器资料,他遍访了美国藏有铜器的人家、博物馆,乃至古董商肆。他以极大的爱国热情与惊人的治学毅力,备尝艰辛,为祖国赢得了一大批可贵的资料。

1947年夏,先生游历了英、法、瑞典、丹麦、荷兰等国,致力于收集流散于欧洲的我国铜器资料。同年秋回到了芝加哥,完成了他去欧美的任务。这时有人劝他留在美国,但他毅然启程,于1947年秋回到了祖国,回到了他多年工作过的清华大学。他在美国三年,除编写庞大的流美铜器图录以外,还用英文发表了《中国青铜器的式样》《周代的伟大》《商代文化》《一件可以确定年代的早期铜器》《康侯毁》等论文。1946年他还和芝加哥艺术博物馆的凯莱合编了《白金汉所藏中国铜器图录》。

全国解放后,先生于1952年转到科学院考古研究所工作,任考古研究所研究员、考古所学术委员会委员、《考古学报》编委和《考古通讯》副主编,并主持考古书刊的编辑出版。此一时期,他在甲骨、金文、年代学及其他方面的研究,也进入了一个系统整理、综合研究的新阶段。在甲骨学方面,他写了《甲骨断代学》四篇,以后又编著了《殷墟卜辞综述》;铜器研究方面,有《殷代铜器》《西周铜器断代》六篇、《寿县蔡侯墓铜器》《宜侯夨簋和它的意义》,以后,又编纂出版了《美帝国主义劫掠的我国殷周铜器集录》;关于年代学的,则有《商殷与夏周的年代问题》《六国纪年》。其他尚有《尚书通论》《武威汉简》等专著。60年代以后始治汉简。《武威汉简》是先生1960—1962年对甘肃武威磨咀子出土的竹木仪礼简、日忌、杂占简和王杖十简的整理与研究。相继又对居延、敦煌和酒泉的汉简进行了大量的研究和考订,写有14篇论文,5篇已经发表。在此同时,除治简册还旁及我国历代度量衡制度的研究。《东周盟书与出土载书》载《考古》1966年5期,是先生生前发表的最后一篇文章。

陈先生从30年代后期开始研究金文、甲骨,30年来,继承王国维、郭沫若先生,在总结前人研究成果的基础上,对殷墟的甲骨、西周铜器铭刻进行系统的综合研究,使金文、甲骨之学进入了一个新的、更高的阶段。先生在这方面作出了重要的贡献,而《殷墟卜辞综述》《西周铜器断代》则是他在这方面的两部代表作。总之,当今有志于斯学者,无不以先生这两部书为主要读物;治斯学者,总要提到陈先生的考证;研究古代史的,也常常引述陈先生的著作。

先生对于形态学也有精到的研究,他编纂的《美帝国主义劫掠的我国殷周铜器集录》一书,按器分类,以期表现各种器形的变化和发展。尤其是做到不同类器在形制、花纹、铭文上的相互联系,这也是先生在器物分类学上的一大贡献。早在40年代编著《海外中国铜器图录》第一集时,收在卷首的《中国铜器概述》一文,就很重视器物分类的改进。这些也是资料整理与研究结合得比较好的撰著,可以做为范例。

先生文思敏捷,学识广博。然而更加难能可贵的是他几十年如一日,孜孜不倦地勤奋工作和写作。他白天上班,晚上还工作到深夜。他的著述除上面说到的以外,还有许多未及发表或未竟之作。1957年陈先生被错划成右派,但政治上的打击并未使他治学的毅力锐减。就在那批判他最严峻的时刻,他用了十天时间,将故宫的九百张铜器拓片与《三代》的著录一一核对。此事是我们在他逝世后见到他的工作日记及核验拓片的详细记录时才知道的。翻检遗篇回想起先生曾说,进行东周铜器断代须和陶器材料相配合,到那时需要一些同志的帮助;老年时再进行中国版画的研究,年岁大了,做些有兴趣的工作。后来见到先生的藏书中,确有一些精美的宋代以来的绣像、插图本小说、书刊及版画。手泽犹存,人已化去。

陈先生对于年长的学者,如徐森玉、杨树达、王献唐、于省吾等老先生,都极为尊敬。对于青年学生也很关心爱护,无论是新入校的学生,或是登门求教者,都给予热情的帮助和鼓励。先生没有门户之见,奖掖不拘一格。对青年学生不单指导文章写作,并从字体书写、句读标点,到目录、版本、金、甲、古史之学,都一一加以指点,因人施教,不弃顽劣。先生兴趣广泛,喜欢聊天,终日埋头工作,偶作休憩与大家海阔天空,谈笑风生。因他曾是诗人,虽写文字、古史等考证文章,也文笔清新,简括练达。

陈梦家先生于1966年9月含冤逝世,终年55岁。梦家先生的夫人赵萝蕤教授也是燕京大学校友,1998年1月1日病逝于北京。

(周永珍)

冯传汉

冯传汉教授祖籍在广东番禺,1914年1月出生于湖北汉口。1932年考入燕京大学医预科,学号32045,1936年获理学学士学位,并获Phi Tau Phi奖。1940年毕业于北平协和医学院,获医学博士学位。1949年至1950年去英国Robert Jones骨科医学院及Derby省医院进修骨科及手外科。

冯传汉教授曾任北京医学院附属人民医院医务主任、副院长、院长,北京积水潭医院创伤骨科研究所所长、顾问,北京医学院院长,北京医科大学—协和医科大学联合出版社社长。在学术团体兼职为:《中华医学》杂志英文版主编、《中华外科杂志》副主编、中华骨科学会首届主任委员、中华外科学会常务委员、美国骨科医师学会名誉会员、国际外科学会会员、澳大利亚骨科学会通讯会员、西太平洋骨科学会会员、中华医学会资深会员。现任北京医科大学人民医院骨科教授。

冯传汉教授从事医疗、教学、科研以及管理工作五十多年,各方面都做出了杰出的贡献。

冯传汉教授1951年在国内首先开展手外科、膝关节充气造影及肩关节复发性脱位的手术治疗等。1958年他发现在抗结核药物治疗下,结核菌培养的阳性率高达68%,这一发现作为骨结核病灶清除术的理论依据。1976年他组织设计了股骨颈粗隆切除后植骨重建法,此设计编入1983年出版的《骨肿瘤切除后骨与关节重建换物的设计与应用》一书中。

1978年以来,冯传汉教授致力于骨肿瘤的临床及实验室的系列研究,包括骨肿瘤的组织培养、显微电影动态观察、冷冻储存及复活研究、骨肿瘤细胞成分的免疫学研究等。近年来对骨巨细胞瘤和骨肉瘤的组织计量学、单克隆抗体、染色体DNA定量、P53抗癌基因、NM23抑癌基因等进行研究。这些研究在国内属领先地位,在国际也属先进行列。研究成果曾获北京市科技成果奖。1982

年他应邀在美国骨科医学会第 49 届年会上做专题报告,受到美国同行的高度评价。1984 年被列入英国出版的《国际当代对社会有杰出贡献者》的名人辞典中。他共培养硕士生 4 名,博士生 10 名。1988 年获北京医科大学桃李奖。

冯传汉教授认为一个医院的发展不仅要靠一批德才兼备的学科带头人,还要有完备的学科管理制度,在他任北京医学院副院长和人民医院院长期间,学校的研究生培养、管理和学位制度不断健全,逐步走上了正规化。

(戴 樾)

徐 献 瑜

徐献瑜,浙江吴兴县人,1910 年 7 月 16 日生。他在家乡读高小时,各科成绩俱佳,殊喜算术,演算能力突出;1922 年考入东吴大学第三附属中学,以第一名的成绩高中毕业,保送到东吴大学并获免学费奖。1928 年他进入东吴大学物理系,主修物理,副修数学和化学。1931 年"九·一八"事变后,国土沦丧,时局混乱,东吴大学实际停课。1932 年春,徐献瑜到北平燕京大学,插入物理系四年级寄读,同时旁听数学系的课。1932 年徐献瑜大学毕业,获理学士学位并被推选为中国学业全优 Phi Tau Phi 荣誉学会会员,得金钥匙奖。他继续在燕大念研究生,1934 年完成了题为《波动力学和相对论》的毕业论文,毕业后即被聘为数学助教。两年后校方又送他赴美留学,攻读博士研究生。

1936 年 8 月,徐献瑜进入密苏里州圣路易市的华盛顿大学,成为该校惟一的中国学生。他的导师是匈牙利籍著名数学家 G. Szego,第一学期结束时,他的数学成绩都是 A,并被推选为数学教育学会荣誉会(Pi Mu Epsilon)会员。

1938 年夏天徐献瑜获得博士学位,成为华盛顿大学第一个获得博士衔的中国留学生。他在美留学两年中还相继成为美国科学荣誉学会 Sigma Xi 和学业全优的美国荣誉学会 Phi Beta Kappa 会员,并获"金钥匙"奖。

徐献瑜获得博士学位后,留在华盛顿大学数学系担任助理,工作一年后于 1939 年 8 月回国,被聘为燕京大学数学系讲师、代理系主任。1941 年珍珠港事变后,燕京大学被封闭。徐献瑜拒绝到北京伪政府所辖的北京大学教书,赋闲隐居,直至 1942 年 9 月,开始到天主教会办的辅仁大学数学物理系任教,不久又应邀在中国大学数学系讲课。

徐献瑜于 1944 年 4 月和韩德常结婚。他们初识于 1940 年,韩正在燕京大学音乐系主修钢琴。婚后共同养育了六个子女。韩德常在自己的事业上也是成功的。她从 1954 年起在北京师范大学任教二十余年,创作了近百首幼儿歌曲和乐曲,是我国享有盛誉的幼儿音乐与教育工作者。她在 1990 年 7 月 14 日病逝于北京。

1945 年抗日战争胜利后,徐献瑜参加了燕大复校的筹备工作,担任了数学系教授、系主任。1946 年以后,北平反饥饿、反内战的学生运动如火如荼,出于爱护学生和希望国内和平民主的愿望,他在 1947 年 5 月 25 日燕京大学 32 位教授联名对学潮主张的宣言上签了名。1948 年 12 月,北平解放在即,他留在燕园,迎接解放。

1952年全国高等院校院系调整后,徐献瑜担任了北京大学高等数学教研室主任。1952年他加入了中国民主同盟。1952年至1954年他还曾担任北京大学工会的临时主席。

从1955年徐献瑜开始了学术生涯的一个重大转折。北京大学筹组计算数学教研室,徐被选中作为这个新学科的开拓人。1956年3月,他参加了在莫斯科召开题为"计算技术发展之道路"的国际会议,回国后参加周恩来总理领导制定"我国科学发展12年规划"中"计算技术建立"的规划工作。1957年春,他担任新组建的计算所计算数学研究室主任。从1956年至1959年,在计算所举办了三届计算技术培训班,带着实际应用的题目上机实习,完成了众多科学与工程计算问题,为国家经济和国防建设做出了贡献。

十年动乱期间,他于1969年至1971年被下放到江西"五七"干校种田养鸡。1971年秋才返回北京,编教材讲课。

"四人帮"被粉碎后,他在授课之余继续从事科学研究。他参加了化学系徐光宪教授领导的"串级萃取理论"研究,成功地采用计算机模拟出逆流萃取动态平衡的过程。这项工作1983年获教育部一等奖。他被中国科学院计算中心聘为兼职研究员和学术委员会委员。他与李宗楷、徐国良合著的《Pade,逼近概论》于1991年出版。他还主持并参加了切尼所著《逼近论导引》中译本的翻译工作。

1982年他与计算中心副研究员张绮霞等承担了国家"六五"科技攻关重点课题数学软件库的研制任务。经数学软件组和协作单位约五十人三年的努力,解决了软件可移植技术、软件性能评价、算法设计等技术关键,于1985年初冬,建成我国第一个数学软件库,并通过技术鉴定,该项目获得中国科学院"六五"科技攻关奖、院科技进步一等奖、北京市优秀软件一等奖和国家科技进步三等奖。

1978年中国计算数学学会成立,徐被推选为副理事长。他还担任《计算数学》、《数值计算和计算应用》和《Journal of Computational Mathematics》三个杂志的副主编和《高等学校计算数学学报》的顾问。1990年5月中国数学软件协会成立,他担任名誉会长。

徐献瑜1986年7月退休后,继续为计算中心研究小组做咨询工作,并仍担任《计算数学》杂志的编委。

(徐 泓)

黄 华

黄华,河北磁县人,1913年生。1932年入燕京大学读书,在校名王汝梅,学号:32155,经济系。

原在东北读书,"九·一八"事变后流亡关内,奋起救国,在校带头参加抗日救亡活动。1935年5月当选燕大学生会执行委员会主席,为"一二·九"运动领导骨干之一。1936年1月任"平津学生南下扩大宣传第三团"团长,带领燕大学生南下宣传抗日主张。回校后倡议成立中华民族解放先锋队。2月加入中国共产党,10月赴陕北协助埃德加·斯诺采访,担任翻译工作。抗战期间,在中共中央外事组任部门领导工作,1944年起参加接待驻延安的美军观察组,是中共早期的外事干部之一。1946年调北平军事调处执行部协助叶剑英委员进行制止内战工作。天津、南京、上海解放后,先后任三市军管会外事处长,任务是处理外贸外侨事务,包括外国原驻华使领馆人员事务。新中国建立后任外交部西欧、非洲司司长,参加朝鲜停战谈判、中美华沙谈判,任驻加纳、埃及、加拿大等国大使。1971年联合国恢复我国合法席位后,出任我国首任常驻联合国代表。1976年粉碎"四人帮"后任外交部长、国务院副总理,后当选为全国人大常务委员会副委员长。

黄华是中国共产党第十届、第十一届、第十二届中央委员会委员,1987年任中共十三届中央顾问委员会常务委员会委员。

现任中国国际友人研究会、中国福利会、宋庆龄基金会和中国国际友好联络会会长,为人民外交事业奔忙。他还是燕京大学北京校友会名誉会长,燕京研究院名誉董事。

(纪 锋)

李 肇 特

李肇特,祖籍四川省巴县,1913年生。1932年考入燕京大学医预科,四年级时兼任助教,1936年毕业后仍当助教,1939年考上研究生,研究工作在协和医学院解剖科进行。

李肇特在医预科学习期间,博爱理(Miss Boring)讲授的普通生物学、胡经甫讲授的无脊椎动物学课程,李汝祺讲授的胚胎学和遗传学课程都能抓住重点,讲的十分精练,课堂教学非常生动精彩,他们给学生们打下了扎实的基础。在协和医学院期间,李肇特又在解剖科主任、荷兰籍老师指导下研修学习,受到良好的训练。日本投降后,他在中国大学、师范大学、北京大学作兼任讲师,分别教生物学基础、比较解剖学、遗传学。

1947年9月,李肇特到美国圣路易华盛顿大学深造。1949年完成博士学位后,几经周折,于新中国开国大典前回到北京,长期在北大医学院工作,1953年后,历任组织胚胎学教研室教授、主任等职,兼任卫生部科委委员、中国解剖学会副理事长、《中国解剖学》杂志主编等。1987年退休后,仍返聘带博士生。

在科研方面,李肇特刻苦钻研,积极推动中西医结合。认为西医追探病源,对症下药,但往往忽略病人自身防卫系统。而中医自古就强调本身调节,从体表变化诊出经络哪不足、哪亢进,然后用药,扎针使经络重新调整,克服疾病,恢复正常。李肇特通过大量的科学试验、反复分析论证,证明中医理论中经络"内系脏腑,外联肢节"是正确的,共发表了六十多篇论文。现在西方也注意到了这个问题。李肇特对组织化学、细胞化学、免疫组织化学、荧光组织化学等也有深入的研究。其中关于小强荧光细胞的研究获北京市科技进步奖。论著有《组织胚胎学》等;译著有《苏联组织学》、《细胞与细胞器》等。

(王百强)

曾 宪 九

著名外科学专家、我国现代基础外科奠基人之一、中国医学科学院协和医院前外科主任曾宪九教授，既质朴无华、又孜孜不倦。他奋斗近五十年，在胰腺外科、胃肠外科、肝胆外科、外科代谢与营养、血管外科等方面，建立了许多创造性的业绩，获取了一批具有世界先进水平的成果。他的学识、文章、道德、业绩，处处表现出一位真正科学家的求实态度和探索精神。

1914年9月2日，曾宪九诞生在武昌一个信仰基督教的家庭里。进入中学后，他更以天资颖悟、善于学习而闻名同学间，成绩总是名列优等。

1932年，曾宪九从武昌文华中学毕业，进入了设在北平燕京大学的协和医学院医预系。三年学习期间，他获得过金钥匙奖。1935年他升入协和医学院本科，连续几年以优异成绩获得奖学金。

1940年，他从协和医学院毕业，获得医学博士学位，被选留校工作，任协和医院外科住院医师。1942年，协和医学院被日军关闭，曾宪九转到由原协和医学院几位教授主持的北京中和医院工作。

日本投降后，1947年协和医学院恢复。曾宪九很快回院工作，任外科主治医师、讲师，1949年升任副教授，1953年升任教授，1956年任协和医院外科主任，直到1985年5月30日去世。

他回到协和医院工作后不久，即开始注意有关胰腺疾病的问题。在50年代初期，我国外科学界一般认为急性胰腺炎是罕见的，而一旦发病，其病情则很凶险。但实际上，急性胰腺炎并非少见，而且多数病人属于轻型，只是因为临床医生对它认识不足，又缺乏有效的早期诊断手段，以致常常得不到正确诊断。为了解决这个难题，曾宪九将测定血清淀粉酶比较灵敏准确的Somogyi氏法首次引进国内，并在临床上验证多例，肯定其效果。他的论文发表后，使国内外科学界对急性胰腺炎的早期诊断水平提高了一大步。但他并不就此满足，又对各种外科病人的血清淀粉酶变化进行了大量观察，结果发现，外科病人尤其是急腹症和上腹部邻近胰腺脏器手术后的病人，血清淀粉酶常有增高现象，但其增高程度不及急性胰腺炎，可以结合病情分析、腹腔穿刺等，作出鉴别。这一观察结果，对于正确地诊断急性胰腺炎，具有重要指导意义。

曾宪九在外科临床实践中，从不停留在表面现象的观察，而是透过现象，力求揭示后面隐藏的病理生理本质；并且从个别病例的观察开始，从特殊到一般，寻求解释这种病理变化的普遍性原理。50年代中期，他发现在胃小弯侧患有溃疡的一些病人中，出现持续性幽门痉挛的现象。他从迷走神经与幽门括约肌的内在联系出发，推论持续性幽门痉挛是迷走神经受损害的表现；而这种损害的本质，可能是溃疡的恶性变——尽管这时在X线片上还看不到恶性变的明显征兆。他的这一推论，为早期诊断这类恶性变提供了有力的线索。

曾宪九非常重视外科基础理论的研究。他经常强调："没有外科基础科研，就不会有临床外科带根本性的改革。"他还指出："外科的实验室是基础医学和外科临床的桥梁。"为了架好这座桥梁，他从50年代后期就创建了外科实验室，领导并亲自动手参加实验研究。到60年代初期，他把注意力集中到水和电解质代谢这一外科基本问题上来。当时在国外，虽已对这个问题作了大量研究，但在国内，这方面几乎还是空白。曾宪九首先从测定人体水和血容量的研究入手，掌握了当时国际上先进的不稀释落滴测定法和放射性同位素红细胞量测定法。然而，他的实验研究工作受到"政治运动"的不断干扰，在打倒"四人帮"后，他又以坚强的毅力，重新组织人力物力，建立起外科实验室。在他领导下从事血清铜、锌、硒、镁、铁等微量和常量元素的含量，各类氨基酸的代谢，完全胃肠外营养支持，要素饮食等一系列开拓性的研究，先后发表论著达四十多篇，在我国外科界起了倡导和推进作用。尤其是在肠瘘和炎症性肠道病治疗中应用完全胃肠外营养支持取得显著效果，获得了卫生部甲级科研成果奖。

胰腺肿瘤是曾宪九长期研究的一个重要课题。在这个课题上，他积累了丰富的临床经验，及时利用了各个时期出现的先进技术，不断地观察，实践，研究，改进，终于达到世界先进水平，成为国内外在这方面的权威性学者之一。曾宪九的这项工作，为临床科学研究提供了一个优秀的范例，得到了卫生部的甲级科技成果奖。

曾宪九时刻关心我国外科的现代化，能够抓住国际外科发展的动向，敏锐地跟上潮流。1978年他就开始筹建协和医院的加强医疗病房（ICU），几经努力，到1982年正式建立。几年来已抢救了五百多名病人，成功率达76%。这为我国危重医学的发展，打下一定基础。

曾宪九治学严谨，写作勤奋。一生著有中、外文论文一百九十多篇，刊载在国内外近30种杂志上。他主编或参与编写的书籍有26种。

曾宪九深刻理解医学学术交流活动的重要性。从50年代起，他历任中华医学会常务理事，外科学会副主任委员、主任委员，《中华外科杂志》副总编辑、总编辑，《中华医学》杂志英文版副总编辑等工作，参与筹备和组织了历届全国外科学术会议和普通外科学术会议。在国际上，他多年来一直是国际外科学会会员，曾被聘为美国《临床外科杂志》(The Journal of Clinical Surgery)的咨询编委和《外科》(Surgery)的国际顾问。他多次访问英国、美国、法国、西德等国家，参加国际学术会议和进行讲学，赢得了声誉。美国著名外科学家汤姆逊(J.C.Thompson)赞扬："他是外科学界的一盏指路明灯，全世界都感到他的影响。"

他是第三届全国人民代表大会代表，第四、五、六届全国政协委员，并且多次获得国家级科技成果奖。然而他始终把自己看成一个普通的外科工作者，默默地勤奋地工作。1979年，他在一次身体检查中发现患有肺癌，经过手术和放射治疗后虽有缓解，但健康状况日见衰退，他却坦然处之，加紧工作，发表论文的数量逐年增加。1983年以后他每年发表的论文都在二十篇以上。1985年曾宪九病逝于北京。但病重之际，他还亲自主持《医学百科全书普通外科分册》审稿会，认真审阅修改全部原稿。

（廖有谋）

魏 宗 铎

魏宗铎,金融家。福建省福清人,1912年9月20日出生,现居美国加州。父魏光焰系进出口商,母魏杨氏。魏幼时随父长居日本横滨。小学在横滨中华学校,高小及初中在上海交通大学附属南洋模范中小学,高中在圣约翰大学附属高中,大学在北平燕京大学读书。1936年毕业,同年8月考取上海中国银行。1936年至1938年被派在该行上海分行服务。1938年至1940年升任昆明支行外汇专员。1941年至1945年任天津分行襄理副理。1946年至1949年任西贡分行襄理。1949年至1964年任西贡分行经理。1964年至1970年任东京分行经理。1970年至1971年任台北总行副总经理。1972年该行改组为民营,更名"中国国际商业银行"(简称"中国商银")。1972年至1975年担任该行总经理兼首席执行官。1975年至1982年任董事长。10年内,"中国商银"在其领导策划及努力经营下业务大为增加,分支机构遍布海内外各大都市,为世界500家最大银行之一。自1971年至1982年魏宗铎并兼任台湾下列各公司之董事:"中国开发信托公司",世界联合商业银行,阳明船务公司,还任亚东国际协会理事及台北银行公会理事。他经常参加国际金融会议,为国际银行界知名人物。曾列英、美各类名人录。美国传记中心(American Biographical Institute)并聘请魏氏为该公司之永久副总裁。1982年他自"中国商银"退休不久即移居美国。魏宗铎现为加州广东银行理事,旧金山国民俱乐部(San Francisco Commonwealth Club)会员。他1938年在上海结婚,夫人蒋舜华,育有一男二女。他喜爱旅行、古典音乐、游泳及高尔夫球。

(原载《海外华人名人录》)

金 荫 昌

金荫昌是我国药理学和分子药理学的奠基者和开拓者之一,是著名的神经药理学家。夫人唐冀雪早年从事微生物学的研究和教学,后来参加药理科研工作,在抗菌中药的研究中取得了丰硕的成果。两人合作或分别在国内外发表的学术论文共达一百五十多篇。

他们俩都出生于1915年,金荫昌1932年、唐冀雪1934年,先后在燕大生物系学习和工作十余年的时间,分别获得硕士学位,并担任助教、讲师职务,二人相知、相爱、志同道合,结合于燕大。他们说:"燕大生物系的教学为我们毕生从事医药工作打下了专业知识和技术的根基,更重要的是30年代的燕大率先奋勇组织抗日救亡和反蒋斗争的学运,培养了我们热爱祖国和革命意识,至今坚持不懈。"

抗战后期,1942年他们由北平奔赴成都燕京大学,在十分困难和艰苦的条件下,唐冀雪认真负责,一丝不苟的进行教学给学生们留下深刻印象。更加可贵的是,在极差的条件下,他们还坚持了理论联系实际,教学与科研相结合的方针,共同研究DDT对人体皮肤和昆虫的影响,所写论文曾发表在1946年Science杂志上。

1946年他们回到北平燕京大学。随之,1946年和1948年,金、唐先后赴美留学,同在美国加州大学旧金山医学中心攻读博士学位,金荫昌继续研究药理学,唐冀雪从事微生物学的研究。

1948年底到1949年夏,国内解放战争胜利喜讯频传。金荫昌这时已完成论文,取得博士学位,并经中国共产党在旧金山地下组织吸收入党。为了在科学工作者中宣传周总理号召留美学者和学生早日回国,参加祖国建设,他们在美国西部组织了"留美中国科学工作者协会"分会,并向各地散发通讯,通报旧金山湾区会员提出"祖国建设需要我"的共识,金荫昌在建国初期,为在美国掀起留美学者、学生归国,参加祖国建设热潮,起到了重要的作用。

1950年8月底他俩谢绝了各方面的挽留和劝阻,毅然离开美国,途经香港,经广州于9月29日回到了北京。10月1日参加了天安门庆祝建国一周年纪念活动。之后,他们便开始在协和医学院工作。

1950年当他们进入协和医学院,看到当年的医学殿堂,经日本侵略军占领,历经沧桑已面目全非。他们想到"这里正是祖国需要我们投身做出贡献的地方"。决心将自己在美国学习的一切知识无保留地介绍给同事和学生们。几十年的事实,证明他们是"超标准"地做到了这一点。他们认为:"这正是燕大的老师们传授给我们的'燕大精神'的延续。"

他们从事了几十年的科研工作,除了十年动乱被迫中断外,基本上都是根据国家需要进行的,如对丹参、洋金花的作用和制剂等的研究项目,都对中医、中药、药理学的发展作出了巨大贡献。

1978年迎回了"科学的春天",他们心情振奋,日夜耕耘不息,和青年人一起继续前进,再创佳绩。80年代他们主持和领导的研究工作进入了神经药理、分子药理的领域。其选题和成果都是国际上具有尖端水平的神经药理的研究课题。同时正是通过这些研究课题培养出了一批掌握世界高科技水平的年轻人,为我国药理学赶超世界水平打下了基础。

在日常生活中,他们关心他人、乐善好施、助人为乐。他们爱好音乐、书画、诗词,这些艺术爱好,使他们的精神生活怡然并丰富多彩。同时,他们胸襟坦荡、处事达观、顺境不骄、逆境不馁,并永葆开拓进取精神。

近半个世纪以来,他们在中国医学科学院协和医科大学承担着繁重的教学和科研任务,他们坦荡做人,辛勤工作,于1986年先后退休离岗,现在他们虽然身不在岗,但是还愿意为祖国21世纪的科技事业贡献力量。

(据《燕京大学史稿》)

李　晋　华

李晋华,广东梅县人,1929年毕业于广东中山大学。1932年入燕大,1933年夏毕业于燕京大学研究院。

据顾颉刚《明史纂修考》序言:"李君晋华居平数载,学于燕京大学研究院,专力研究明代史事,未尝稍倦。先于去春(1932)作《明代勅撰书考》,又于去冬写此《明史纂修考》一卷,以为其治《明史》之初步工作。喜其黾勉,为之绍介于《燕京学报》,此稿刊行,治史者固得钻研之便,而清社覆亡二十余载,三百年间史事,尚无完书,他日史馆重开,定例发凡,必求依据,则是书也,足以示其典型,是又有致用之需也。"时为1933年。可见李君用功甚勤。他在燕京大学研究院时所写的《明史纂修考》近年已收入《民国丛书》,可称不朽的史学名著。

此书首列一、四朝(顺、康、雍、乾)诏谕。记康熙十八年博学鸿儒科所选中之共五十位学者,参预修史。二、朝野学者之建议。三、纂修中的三时期。第一期,自顺治二年至康熙十七年,共三十四年。第二期,自康熙十八年至六十一年,共四十四年。第三期,自雍正元年至十三年,共十三年。

乾隆继位,诏以史稿付武英殿雕版印刷。至乾隆四年,全书刊成,共计本纪二十四卷,志七十五卷,表十三卷,列传二百二十卷,目录四卷,凡三百三十六卷,即今传世之《明史》。

《明史纂修考》四、历任纂修各官姓氏。附万季野先生传略,有黄梨洲先生送万季野北上诗四首,有诗句:"四方声价归明水,一代贤奸托布衣。"五、明史稿与明史通评。附吴晗《明史小评》及施间章《修史议》。六、纂修各官所拟史稿考略。七、明史因袭成文之例证。八、明史诸本卷数比较表。李君认为"《明史》勒成盖经六、七次之改变矣,数千百人所费之心血当不可汩没也。"故《明史》号称为佳史,诚不易之论。

李君于1933年9月任历史语言研究所第一组助理员,1934年即受所长傅斯年及第一组主任陈寅恪之命,校刊明列朝实录,约三年之久。李晋华将史语所所藏晒蓝红格本《明实录》与广方言抄本《明实录》互相比勘,后来又在南浔以三个半月从事抱经堂本《明实录》的校勘,并搜集不少明代稀见之史书。整个工作很繁重,后继有人,直至1968年6月才全部告成,全书共133册之多。这项工作历时三十余年,数十人参加,而李晋华是最初开创者。

回顾当李君于1936年8月间到达南浔,他向史语所报告:"连日翻阅嘉业堂藏书,得知该堂收藏明代史籍甚富,明别集近千部,几与北平图书馆相伯仲,而钞本孤本,尤多不易见者,……昨查有熹宗实录一部,崇祯实录一部,又万历邸钞一部,三书同为珍贵史料,且为海内孤本。"(《档案》元42-14,转引自王汎森《李晋华与明实录》)。李君已感身入书海,如鼹鼠饮河,有同感矣。坐对书城,不啻望洋兴叹。

南浔校书是非常辛苦的事,因嘉业堂部分房屋被《四明丛书》的工作人员借住。故此他们不得不另租屋,为了节省经费,李晋华住在一间卑湿污秽的小旅舍。他于1936年12月23日由南浔返回南京,随即入医院,住院18天,1月10日出院。而不幸沉疴难挽,李晋华于1937年2月7日上午11时半病逝于中央医院。

傅斯年曾说过:"书生辛苦,死于勤劳,为之感痛。……弟在中山大学……教诲青年,所得良士,寥寥可数,今弱一个,尤觉凄甚。"(《档案》元42-33,同上引。)李君致傅斯年之信,有"生患心病十余年矣。……曾忆五年前入燕大研究院时,校医不允注册,……迨入协和检验及照X光,据医生言,心比寻常大一倍,动脉管漏血,不能治癒,惟静养可不致增剧,……"(《档案》元42-90,同上引。)当他去世时,医生写的死亡报告,断定他是"心力衰竭。"

李晋华去世不久,史语所决定购买嘉业堂所藏《明实录》,于1937年2月间由那廉君、张政烺往南浔洽购,于4月间以重金购归。

李晋华在史语所工作五年,在《历史语言研究所集刊》发表《明懿文太子生母考》(《集刊》第6本,1936)、《明成祖生母问题汇证》(同上)及死后刊于集刊的《明史德王府世系表订误》(第8本,1939)。他最重要的工作就是《明实录》初期的校勘。

(邓 瑞)

刘 柯

刘柯,原名刘克夷,1911年生。辽宁昌图县人。1932年考入燕大新闻系,后转入政治系,"一二·九"学生运动时曾主编《燕大周刊》,1936年3月加入中国共产党,同年暑假毕业。后曾任《西京民报》编辑。抗日战争时期历任山西战地总动员委员会宣传部编委,《晋察冀抗敌报》编辑科长,中共北方分局党校教员,晋察冀军区司令部秘书科长,中央北方分局宣委干事,晋察冀军区联络处秘书主任,晋察冀军区司令部秘书处副处长。

解放战争时期历任《东北日报》专职总支书记,东北民主联军交际处交际科长,中共中央东北局宣传部国际宣传科科长,编译局副局长。

建国后历任南京市外侨事务处副处长、云南省外事处处长、北京外国语学院党委书记、院长。刘柯为党的宣传工作、军事工作、以及建国后的外事工作、教育工作献出自己的全部精力。1984年离休。

(据《燕京大学史稿》)